探究対応版

斎藤の

世界史
一問一答

学研プライムゼミ特任講師

JN048607

　イスラーム世界を代表する医学者に**イブン=シーナー（アヴィセンナ）**がいます。彼の名著『**医学典範**』はヨーロッパにも伝わり、17世紀頃まで最も権威のある医学書として尊敬を集めました。その他にもシーナーは多数の哲学書を残すなど、イスラーム世界が生んだ万能の天才と言ってもよいでしょう。

　ところがシーナーの勉強法はいたってシンプルなものでした。それは「らせん（反復）学習法」と言われるものです。シーナーは、とにかく根気よく繰り返したのです。シーナーは、ある本に挑戦した時、1回目よりも2回目、さらに3回目となるともっと理解が深まり、記憶も定着することに気が付きました。木の板に、らせん状のネジを打ち込む時に、何度も回すと深く入るのと同じ原理です。これがらせん学習法です。シーナーがアリストテレスの哲学書に挑戦した時は、40回も読み込んだと言っているのです。

　イブン=シーナーという天才は「らせん（反復）学習法」によって生まれたのです。

　シーナーは生まれつきの天才ではなく、反復することによって生まれた天才なのです。

　「世界史一問一答」探究版は、みなさんがどんな難関校に挑戦しても合格できるように、基本問題から難問まですべてを網羅して作成しました。その分、この本の知識量は豊富ですが、いろんなエピソードを交え、楽しく飽きずに学習できるよう工夫してあります。

　それだけではありません。「探究学習」に合わせて、「なぜか？」という原因や理由も理解できるように、脚注にコメントを入れています。このコメントは意外に大切です。しっかりと読み込むことで知識を暗記しやすくなります。また**思考力を試す探究問題にも対処できる**ようになるのです。

　でも一番大切なのは「反復」することです。「反復」することで合格がぐっと近づきます。

　それだけではありません。シーナーと同じ学習法が身に付き、みなさんが社会に出ても役立つ、一生の財産となってくれることでしょう。

学研プライムゼミ特任講師

斎藤　整

本書の特長と使い方

本書では、入試での出題頻度の高い用語を一問一答形式で確認することができます。問題を歴史の流れに合わせて配列していますので、一問一答に解答していくと通史のおさらいをすることもできます。

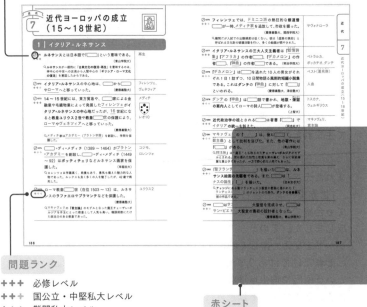

> ### ⊘ チェックボックス
>
> 2回チェックを入れられます。くり返し問題を解く際に役立ちます。

問題ランク

+++　必修レベル
+++　国公立・中堅私大レベル
+++　難関私大レベル

各問題の出題頻度の表示が、効率的な学習に役立ちます。まずは「必修レベル」の問題にしぼって学習し、基礎を確認しましょう。基礎知識が定着したら次のレベルの内容に進みましょう。

赤シート

まずは、ページ右側の解答の部分を赤シートで隠しながら問題に解答しましょう。さらに、問題文中の重要語句を赤シートで隠すと、メインの問題とは別の角度から知識を確認することができます。

☞ 指差しマークについて

学習上のアドバイスや、重要ポイントのまとめなどを豊富に掲載しています。

⛏ 探究マークについて

出来事の歴史的背景や人物の置かれた状況を用語と結びつけて理解することで、世界全体の課題を探究するための知識を身につけることが出来ます。

無料暗記アプリの使い方

[アプリの始め方]

① スマートフォン・タブレットで右の二次元コードを読み取り、LINE 公式アカウント「学研 高校 Study」が表示されたら LINE の「友だち」に追加する。

② トーク画面の「メニュー」を選び、一覧から『斎藤の世界史一問一答＜探究対応版＞』をタップする。

※通信料はご利用者のご負担となります。

※見本の画面は実際のものと異なる場合がございます。

本書掲載の内容を、無料アプリで時間・場所問わず復習可能！
テーマごとに、クイズ形式で効率良く学習を進められます。

斎藤先生の映像授業が配信中！

学研プライムゼミへの無料会員登録で、斎藤先生のすべての映像講座を１講義まるごとお試し視聴することができます。他の教科も充実したカリキュラムをご用意しています。

学研プライムゼミ 斎藤 で検索！

https://gpzemi.gakken.jp/prime/teacher/saito/

contents

contents

10 帝国主義とアジア諸地域の民族運動

11 2つの世界大戦

contents

学習の計画と記録

記憶を定着させるためには反復学習が重要です。下の表に学習し終えたページと月日を記入して、学習の管理に役立てましょう（予定を書き込めば学習計画表としても活用することができます）。

ページ	月日	ページ	月日
	/		/
	/		/
	/		/
	/		/
	/		/
	/		/
	/		/
	/		/
	/		/
	/		/
	/		/
	/		/
	/		/
	/		/
	/		/
	/		/
	/		/
	/		/

先史

0 先史時代

☑0001 約400万年前には<u>猿人</u>が、約150（または180）万
+++ 年前には（　　　）が、約20万年前には（　　　）が、約
<u>4</u>万年前には（　　　）が出現したとされる。（関西学院大）

> 種々の説があるが、入試で出題されるのは、年代ではなく「〜人」である。

原人、旧人、
新人

☑0002 地質年代では、<u>猿人</u>、<u>原人</u>、<u>旧人</u>の存在した時代が
+++ （　　　）世、<u>新人</u>の登場していた約<u>1</u>万年前から現代
までが（　　　）世に分類される。　　　（青山学院大）

> 一般的に教科書で用いられている<u>先史時代</u>という用語は歴史学上の区分を意味することに要注意！　地質年代では<u>氷期</u>が続き、人類の生存が困難であった時期を<u>更新世</u>、氷期が終わって温暖化が進み、人類が増加した現代までを<u>完新世</u>と呼ぶ。

更新、
完新

☑0003 使用した道具の視点から見ると、<u>猿人</u>、<u>原人</u>、<u>旧人</u>
+++ は（　　　）時代、<u>新人</u>は後半から（　　　）時代に分けられる。　　　　　　　（中央大）

> 旧石器とは主に<u>打製石器</u>を、新石器とは主に<u>磨製石器</u>を指す。<u>新人</u>は、当初高度な<u>打製石器</u>を用いていたが、次第に<u>磨製石器</u>や<u>土器</u>を用いるようになった。

旧石器、新石器

☑0004 <u>打製石器</u>には自然石を打ち砕いた最も単純な<u>礫器</u>
+++ や、原石から剥がされた（　　　）石器などがある。
　　　　　　　（青山学院大、関西学院大）

> 剥片石器の製作にはやや高度な技術が必要で、主に<u>旧人</u>が使用した。礫器は非常に単純な構造で主に<u>猿人</u>が使用し、自然石との見分けが難しい。<u>猿人</u>といえども石器は用いていた。<u>猿人</u>を意味するホモ=ハビリスとは「器用な人」の意味である。

剥片

☑0005 経済的観点では、<u>猿人</u>、<u>原人</u>、<u>旧人</u>は狩猟・漁労・
+++ 採集などの（　　　）経済、<u>新人</u>以降が農耕・牧畜などの
（　　　）経済と規定されることが多い。　（関西学院大）

獲得、
生産

☑0006 <u>最古の人類</u>は（　　　）と呼ばれ、<u>ホモ=ハビリス</u>、<u>ラミ</u>
+++ <u>ダス猿人</u>、「南方の猿」を意味する（　　　）はすべて
（　　　）で発見された。　　　（駒澤大、上智大）

猿人、
アウストラロピテクス、アフリカ

☑0007 **東アフリカ**の◯◯で、**猿人**の一種である**ジンジャ** +++ **ントロプス**の化石が発見された。　　（西南学院大） 　　🗒 同じアフリカのエチオピアでは、東京大学の諏訪教授が**ラミダス** 　　　**猿人**を発見した。	タンザニア
☑0008 **猿人**は◯◯**歩行**を行った。　　（早稲田大、関西学院大） +++ 🗒 脳の容量は猿人で約650ccとされる。なお、ゴリラは約600cc 　　　で、猿人はゴリラとほぼ同程度といえる。	直立二足
☑0009 ◯◯**世**（旧石器時代）に登場した**原人**は**脳の容積量** +++ が約1,000ccあり、◯◯を使用して**言語を話し**、握 　　斧（ハンドアックス）のような◯◯**石器**に代表され 　　る、**より洗練された道具の製作と使用**が確認されて 　　いる。　　　　　　　　　　　　　（慶應義塾大、早稲田大） 　　🗒 原人は骨が太く、成人男性で約350kgのものを持ち上げることが 　　　できたといわれる。	更新、 火、 打製
☑0010 代表的な**原人**には、**北京原人**、◯◯**原人**、ドイツの +++ ◯◯**人**などがある。　　　　　　　　　　　（駒澤大） 　　🗒 十数体の**北京原人**の骨は1940年代に行方不明となった。おりし 　　　も**日中戦争**中であったため日本軍が持ち運んだとされたが、日本 　　　軍の記録にもなかった。多額の懸賞金がかけられたが、所在はい 　　　まだ不明である。	ジャワ、 ハイデルベルク
☑0011 **旧人**は脳の容積量が約1,500〜1,600ccと**現代人**（**現** +++ **生人類**、**ホモ=サピエンス**）と同程度で、◯◯の風 　　習も認められる。　　　　　　　　　　　　　（上智大） 　　🗒 **旧人**は**イベリア半島**から**西アジア**まで広い地域に居住していた。 　　　現在では、我々現代人と旧人の間に直接のつながりはなく、まっ 　　　たくの別の人種であったと考えられている。	埋葬
☑0012 代表的な**旧人**は、**ドイツで発見された**◯◯**人**であ +++ る。彼らは「**知恵のある人**」を意味する◯◯とも呼 　　ばれる。　　　　　　　　　　　　　　　　　（駒澤大） 　　🗒 1856年ドイツの**ネアンデル渓谷**で、石灰岩を掘る作業員たちが 　　　偶然、骨の化石を発見した。最初は太い骨から人間ではなくクマ 　　　の骨かと思われた。念のため調べたところ**旧人**の化石と判明し 　　　た。	ネアンデルタール、 ホモ=サピエンス
☑0013 **原人**の後、◯◯が現れるが、精神文化の発達なども +++ 指摘されている。これに代わったのが、現在、我々 　　◯◯**人類**の**直接の祖先**にあたる◯◯であり、世界 　　各地にその居住域を拡大していった。　　　（早稲田大）	旧人 現生、新人

☑0014 約4万～1万年前に登場した<u>新人</u>は<u>グリマルディ</u> +++ <u>人</u>、中国の（◯◯◯）人、南フランスの（◯◯◯）人が代表的 である。　　　　　　　　　　　（慶應義塾大、早稲田大） 🗐新人の特徴として<u>高い環境適応力</u>と<u>集団性</u>が挙げられる。新人は世界全体へ拡大した。	周口店上洞、 （しゅうこうてんじょうどう） クロマニョン
☑0015 <u>クロマニョン人</u>は<u>フランス西南部</u>の（◯◯◯）、<u>スペイ</u> +++ <u>ン北部</u>の（◯◯◯）などの洞穴壁画を残した。 　　　　　　　　　　　　　（センター試験、同志社大） 🗐1879年、5歳の女の子マリアは<u>アルタミラの洞穴</u>に入って偶然壁画を発見した。その第一声は「牛がいる！牛がいる！」。	ラスコー、 アルタミラ
☑0016 <u>新人</u>は武器として<u>打製石器</u>や（◯◯◯）を用いて、<u>集団</u> +++ <u>で狩猟</u>を行った。　　　　　　　　　　　（学習院大） 🗐骨角器は骨などを槍や針などに加工する高度なもの。	骨角器 （こっかくき）
☑0017 <u>骨角器</u>は（◯◯◯）時代後期から用いられた。 +++ 　　　　　　　　　　　　　　　　　（関西学院大） 🗐<u>旧石器時代</u>とは、やや単純な<u>打製石器</u>が使われた時代を指し、<u>新石器時代</u>とは少し高度な<u>磨製石器</u>が使われた時代を指す。しかし旧石器時代の後期には<u>骨角器</u>も用いられるようになった。	旧石器
☑0018 <u>新人</u>は<u>石核</u>から大量の<u>剝片</u>を作り出す（◯◯◯）技法と +++ 呼ばれる優れた石器製作技術を生み出した。 　　　　　　　　　　　　　　　　　（西南学院大） 📌用語集にもほとんど載っていない、かなり細かい知識。	石刃 （せきじん）
☑0019 <u>新石器時代</u>には新しい種類の石器である（◯◯◯）石器 +++ が製作されるようになった。　　　（上智大、関西学院大） 🗐これは砂や石による<u>研磨</u>を施された石器で、製作には<u>打製石器</u>よりも高度な技術を要した。	磨製 （ませい）
☑0020 <u>新石器時代</u>の前8,000～前6,000年頃の間に、<u>イラ</u> +++ <u>ク</u>の（◯◯◯）で<u>農耕集落</u>が形成された。 　　　　　　　　　　　　（慶應義塾大、西南学院大）	ジャルモ
☑0021 <u>新石器時代</u>には<u>食糧の貯蔵や調理、儀式</u>に用いるた +++ めに（◯◯◯）が作られるようになった。　（東京都立大）	土器
☑0022 <u>新石器時代</u>の土器は彩色された（◯◯◯）土器が特徴的 +++ である。　　　　　　　　　　　　　　（西南学院大） 🗐主に<u>イラン</u>から<u>小アジア</u>で用いられ、中国では<u>彩陶</u>と呼ばれる。	彩文 （さいもん）

0

先史時代

☑0023 イギリスでは**新石器時代**に（◯◯◯）と呼ばれる**巨石建**
+++ **造物**が造られた。　　　　　　　　　　　（関西学院大）

ストーンヘンジ

　📖 このような**巨石文化**は世界各地に広がっており、フランスのブル
ターニュにある**カルナック**、日本の秋田県十和田にある**ストーン**
サークルなども有名。宗教施設、天体観測所など、その用途や目
的には様々な推測がなされているが、詳細は不明である。

☑0024 **石器時代**が終わると（◯◯◯）や鉄器などが使用された
+++ **金属器時代**に移行した。　　　　　　　　　　（早稲田大）

青銅器

MEMO

第1部
前近代

古代オリエントと地中海世界

1 | オリエントの諸国家①（メソポタミア）

☑0025 メソポタミアとは北の◯◯◯川と南の◯◯◯川との
+++ 間の地方を意味する。　　　　　（早稲田大、センター試験）

ティグリス、
ユーフラテス

☞2つの川の位置関係は地図問題でよく出題されるので地図の確認が必要。

☑0026 **メソポタミア**地方には、◯◯類を栽培する世界最
+++ 古の農耕文明が開けた。　　　　　　　　　　（明治大）

麦

☞米と間違う生徒が多いので要注意。
🗒エジプトも同様で、麦からパンやビールが生産された。

☑0027 **シュメール人（スメル人）**は**ウル**、**ウルク**、◯◯な
+++ どの都市を建設し、王を中心とした◯◯政治を行っ
た。　　　　　　　　　　　　　　　　　（慶應義塾大）

ラガシュ、
神権(神政)

☞シュメール人の民族系統が不明であることも入試ではよく問われる。彼らは多くの都市国家を建設した。
🗒「シュメール」の表記を使うのは世界で日本のみで、海外では**スメル（あるいはシュメル）**と呼ぶ。

☑0028 **シュメール人**は◯◯文字を発明し、**最古の法典**とい
+++ われる◯◯法典を作った。　　　　　　（学習院大、早稲田大）

楔形(キュニフォーム)、ウル=ナンム

☞「**楔**」の字に注意！　この法典の次に2番目に古いのが**リピト=イシュタル法典**で、早稲田大学が出題している。

☑0029 **サルゴン1世**が**メソポタミア**を統一し、◯◯王朝を
+++ 建てた。　　　　　　　　　　　　　　　　　（法政大）

アッカド

☞**アムル人**による王朝と同じく、この王朝も**セム語系**。なお、**サルゴン1世**も入試で問われる頻度が高いので要注意！
🗒**サルゴン1世**は生まれてまもなく、ユーフラテス川に籠で流されていたところ、偶然にも善良な男性に拾われて育ったという伝説を持つ。

☑0030 第4代の王◯◯は**アッカド**の最盛期を築き「**四方世**
+++ **界の王**」と称した。　　　　　　　　　　　（早稲田大）

ナラム=シン

🗒この王の時代に領土は最大となった。「四方世界の王」という呼び名は日本にまで伝わり、「四天王」の語源となったといわれている。なお、この称号は**サルゴン1世**が最初に用いたといわれている。

☑0031 **シュメール人**によって栄えた王朝としては、（　　）が | ウル第3王朝
+++ 最後である。　　　　　　　　　　　　　　（駒澤大）

　📖 シュメール人はこの後、オリエント世界から姿を消した。なお、シュメール人の王が十六菊花紋を王の紋章としたことから天皇家のルーツはシュメール人であるとする学者もいる。

☑0032 **セム系の**（　　）**人**は、**バビロン第1王朝**（**古バビロニ** | アムル（アモリ）
+++ **ア王国**）を建てた。　　　　　　　　　　　（同志社大）

☑0033 「**目には目を、歯には歯を**」で有名な（　　）**法典**は、 | ハンムラビ、
+++ 1901年頃に（　　）で発見された。　（センター試験） | スサ

☑0034 （　　）**法**を集大成した**ハンムラビ法典**は、**同害**（　　） | シュメール、
+++ **法の原則に従っている**が、**身分により刑罰に差が** | 復讐
あった。　　　　　　　　　　　　　　（早稲田大）

　📖 古代では目をつぶされた仕返しに相手を殺すこともあった。この法の成立により、**目をつぶされた場合、仕返し（復讐）が許されるのは相手の目をつぶすまで**という上限が設けられ、メソポタミアに安定がもたらされた。

☑0035 **バビロン第1王朝**の（　　）**王は治水事業**でも成果を | ハンムラビ
+++ あげた。　　　　　　　　　　　　　　（早稲田大）

☑0036 **小アジア**（**アナトリア**）の（　　）に都を置いた**インド** | ボアズキョイ（ハッ
+++ **=ヨーロッパ語族**の**ヒッタイト**は（　　）**武器**を最初に | トゥシャ）、鉄製
使用した。　　　　　　（立教大、センター試験）

　☛ 入試の必須知識である。ただし、実は**ヒッタイト**がこの武器を作り出したという考古学的根拠はまだ発見されていない。今後の研究を待ちたい。

☑0037 **インド=ヨーロッパ語族**には、**バビロニア地方**を支配 | カッシート、ミタン
+++ した（　　）、**メソポタミア北部**を支配した（　　）、**小** | ニ、ヒッタイト
アジアを支配した（　　）がある。　　　（立教大）

　☛ この3つの国家は**場所（地域）**も資料集などでチェックしておこう！　なお、それぞれの王朝を構成する民族がすべて**インド=ヨーロッパ語族**とは断定されていない。

2 ｜ オリエントの諸国家②（エジプト）

☑0038 「**エジプトはナイルのたまもの**」とは、歴史家（　　） | ヘロドトス
+++ の言葉である。　　　　　　　　　（日本大、立教大）

　📖 彼は**ペルシア戦争**に関連する歴史書を著し、「歴史の父」と呼ばれている。

☑0039 **エジプト**では国家統一以前に各地に（　　）と呼ばれる地域の政治的まとまりが形成されていた。（南山大）	ノモス
📖領域国家や領土国家などと訳される。<u>エジプト</u>には約42の<u>ノモス</u>があったとされる。	
☑0040 <u>上エジプト</u>の（　　）王が**全エジプト**を統一した。（早稲田大）	メネス
☞難関校で好んで出題される人名。<u>上エジプト</u>（ナイル川<u>中流</u>）がキーワード！	
☑0041 **古王国時代の都は**（　　）で、王は（　　）と呼ばれ、**神の化身**とされた。（関西大）	メンフィス、ファラオ
☑0042 **ナイル左岸にある、<u>ギゼー</u>（ギザ）の3大ピラミッドは、**（　　）**、**（　　）**、メンカウラー**の**3人の王**のものを指す。（慶應義塾大）	クフ、カフラー ※順不同
📖**ピラミッド建設の目的**は完全には判明していない。<u>クフ王のミイラ</u>はいまだに発見されていない。9世紀にアッバース朝のカリフのマームーンがピラミッドを調査したときにはすでにミイラは無く、盗掘の形跡も無かった。そのためピラミッド＝墳墓説には疑問が多い。	
☑0043 **中王国時代の都は**（　　）に置かれていた。（学習院大、上智大）	テーベ
☑0044 **中王国時代末期、セム系の戦士集団**（　　）がエジプトに侵入した。（センター試験）	ヒクソス
📖<u>ヒクソス</u>とは民族名ではなく「異邦人（外国人）の支配者」の意味。シリア方面から侵入し、約100年間エジプトを支配した。	
☑0045 **新王国時代の**（　　）**世**は、**シリアとヌビア**（現在のスーダン）を征服し、**「古代のナポレオン」**と呼ばれる。（早稲田大）	トトメス3
☑0046 <u>アメンホテプ4世</u>は、多神教の（　　）神から唯一神の（　　）神に信仰の対象を替える**宗教改革**を行った。（慶應義塾大）	アモン（アメン）、アトン（アテン）
📖**アモン神官団の権力を排除し、王権を強化すること**が目的だったが、この改革は彼一代で挫折した。	
☑0047 （　　）に**遷都**した<u>アメンホテプ4世</u>は（　　）と称した。（中央大、センター試験）	テル＝エル＝アマルナ、イクナートン
📖<u>イクナートン</u>とは「アトンに愛される者」「アトンを満足させる者」という意味。	

☑ **0048** 宗教の規制から**解放された**エジプトでは自由で写実
+++ 的な◯◯美術が生まれた。 （センター試験）

アマルナ

☑ **0049** **アメンホテプ4世**時代に交わされた**外交文書**は
+++ ◯◯文書と呼ばれて、◯◯語で書かれていた。
（早稲田大、上智大）

アマルナ、アッカド

　🗊 エジプトといえば**神聖文字（ヒエログリフ）**であるが、この文書
はアッカド語を用いて**楔形文字**で記されていた。アッカド語は当
時の国際語で、現在の英語のような存在であった。

☑ **0050** ◯◯王の遺跡は、20世紀にイギリスの**カーター**と
+++ カーナヴォンがほぼ完全な形で発掘した。
（早稲田大）

ツタンカーメン

　🗊 発掘に関わった人間が多く死んだので「**ツタンカーメンの呪い**」
として知られているが、カーターは生き残った。カーナヴォンは
エジプトの別荘で数分間の停電中に死亡した。同時刻に彼の愛犬
も死んだ。死因は不明である。

☑ **0051** **アブ＝シンベル**神殿を造営した◯◯世は、前1286
+++ 年頃の**カデシュの戦い**で、◯◯のムワタリ王と戦っ
た。 （早稲田大）

ラメス2（ラムセス
2、ラメセス2）、
ヒッタイト

　🗊 この戦いの勝敗は、はっきりとは解明されていない。後に両国に
和平条約が結ばれ、シリアに平和が訪れた。**アブ＝シンベル神殿**
は年に2回、太陽光が神殿内部の4体のうち3体の神像を照らす
構造になっていたが、1960年代に**アスワン＝ハイダム**の建設に
より神殿は移築され、3体のみを照らす目的も不明となった。

☑ **0052** エジプト王国は前7世紀には◯◯の、前525年に
+++ は◯◯朝の侵入を受けて滅亡した。
（センター試験、東京大）

アッシリア、
アケメネス

☑ **0053** エジプトでは◯◯神が**冥界を支配する**と考えられ
+++ ていた。 （南山大）

オシリス

　🗊 冥界とは**死後の世界**のこと。

☑ **0054** 古代エジプト人の宗教思想を示す「**死者の書**」は
+++ ◯◯に記されている。 （明治大）

パピルス

☑ **0055** 古代エジプトで用いられた**絵文字書体**で、当時の楷
+++ 書体に相当し、**フランスの**◯◯によって**解読**された
のは◯◯である。 （成蹊大）

シャンポリオン、
神聖文字
（ヒエログリフ）

　🗊 彼は「語学の天才」といわれ、18歳で大学の准教授に就任してい
る。

☑0056 +++ 神聖文字の解読の手がかりとなった石碑は、（　　）軍によるエジプト遠征の1799年にロゼッタで発見されたことから、（　　）と呼ばれている。 (立教大、早稲田大)	ナポレオン ロゼッタ=ストーン（ロゼッタ石）
☑0057 +++ ロゼッタ=ストーンには上から順に神聖文字、（　　）、（　　）の3種類の文字が刻まれている。　(慶應義塾大)	民用文字（デモティック）、ギリシア文字
☑0058 +++ 神聖文字を簡略化した（　　）は、主に公文書や宗教書に用いられた。　(早稲田大)	神官文字（ヒエラティック）

3 ｜ オリエントの統一

☑0059 +++ セム系のアッシリアは前14世紀に（　　）から独立し、前（　　）世紀の前半に全オリエントを統一した。 (慶應義塾大)	ミタンニ、 7
📖 アッシリアは鉄の武器を持った最強の軍団でオリエントを統一した。残酷な恐怖政治で支配したが、反発も多く数十年間で帝国は崩壊した。	
☑0060 +++ アッシリアの（　　）世は、前722年にイスラエル王国を征服した。　(早稲田大)	サルゴン2
☑0061 +++ アッシリアのアッシュル=バニパル王は都の（　　）に世界最古の（　　）を設立した。　(筑波大)	ニネヴェ、 図書館（大図書館）
📖 アッシュル=バニパル王は図書と文書の収集に情熱を傾けた。図書を集めるためには戦争もいとわなかった。当時、文字や言葉には力があると思われていたため、その目的は「呪文」への関心であったかもしれない。	
☑0062 +++ アッシリアは重税と圧政により、前612年に（　　）と（　　）に攻撃され、滅亡した。　(筑波大、青山学院大)	新バビロニア（カルデア）、 メディア ※順不同
☑0063 +++ アッシリアの滅亡後にリディア・エジプト・（　　）・（　　）の4王国分立の時代となった。 (センター試験、明治大)	メディア、 新バビロニア（カルデア）※順不同
☛ リディアとメディアは混同しやすいので要注意！	

☑0064 小アジア西部の◯◯◯では**世界最古**の金属貨幣が造
+++ られた。　　　　　　　　　　　　　　　　　　（関西大）

　　　■金属貨幣がキーワード！　この技術はギリシア・ローマへと伝わっていった。

リディア

☑0065 **新バビロニア**はセム語系◯◯◯人の国で、都は◯◯◯
+++ に置かれた。　　　　　　　　　　　　　（駒澤大、立命館大）

　　　🗎 この国では占星術や夢分析の研究が盛んだった。例えばバビロニアでは「夢の中でネコを捕まえると願いが叶う」とされる。稚拙にも思えるが夢判断は現代の**精神分析学**にも影響を与えた。

カルデア、
バビロン

☑0066 ◯◯◯語族のアケメネス朝は◯◯◯世時代にメディ
+++ アの支配から独立した。　　　　　　　　　　　　（上智大）

　　　🗎 ペルシア人は言語的にも民族的にもヨーロッパの人種に近い。古い歴史を持ち、現代の諸制度の大部分がイランにその起源を持っている。

インド=ヨーロッパ、
キュロス2

☑0067 アケメネス朝の◯◯◯世は、前◯◯◯年にエジプトを
+++ 征服し、全オリエントを統一した。　　　　　　　（上智大）

　　　🗎 アケメネス朝はエジプト攻略に手を焼いた。ある伝承によると、エジプトの軍隊が守る城の中に多くの猫を投げ入れたといわれる。猫を神聖視するエジプト人が、猫を救うのに夢中になっている間に城が陥落したという。ちなみに、アケメネス朝では犬を神聖視していた。

カンビュセス2、
525

☑0068 アケメネス朝は◯◯◯世の時代に最盛期を迎えた。
+++ 　　　　　　　　　　　　　　　　　　　　　　　（明治大）

　　　■彼の治世でアケメネス朝のすべての制度が完成したといってよい。

ダレイオス1

☑0069 スサとサルデスの間には「◯◯◯」が建設され、全国
+++ に◯◯◯制が整備された。　　　　　　　　（センター試験）

　　　■スサとサルデスの位置は資料集で必ずチェックしておこう！

王の道、
駅伝

☑0070 アケメネス朝では◯◯◯と呼ばれる知事を全土に派
+++ 遣し、さらに「◯◯◯・王の耳」と呼ばれる監視役を
　　　派遣する**中央集権制**を確立した。　　　　　　（早稲田大）

　　　🗎 アケメネス朝は「情報」を重要視した。「王の耳」は商人などに変装しては町に入り色々な情報を集めた。日本の忍者（公儀隠密）のようなイメージである。

サトラップ、
王の目

☑0071 アケメネス朝には儀式用の都として◯◯◯が、行政用
+++ の都として◯◯◯があった。　　　　　　　（慶應義塾大）

ペルセポリス、
スサ

☑0072 **ベヒストゥーン碑文はイギリスの**◯◯**によって解**
+++ **読された。** （関西大）

　🗒 軍人でもあった彼は、25歳の時にイランのザクロス山脈にある
　　ベヒストゥーンの断崖絶壁に生命の危険を冒して登り、碑文の解
　　読に成功した。

ローリンソン

☑0073 **ペルセポリス碑文はドイツの**◯◯**によって解読さ**
+++ **れた。** （慶應義塾大）

グローテフェント

☑0074 **ゾロアスター教は悪神**◯◯**と善神**◯◯**の二元論**
+++ **的性格を持っていた。** （関西大、関西学院大）

　🗒 ゾロアスター教は現在のイランとインドにわずかに残るのみで
　　ある。ちなみに、日本の自動車メーカーであるマツダ（MAZDA）
　　はアフラ＝マズダに、その名を由来する。

アーリマン、
アフラ＝マズダ

☑0075 **ゾロアスター教の**◯◯**、天使と悪魔という二元論的**
+++ **な宗教思想は、ユダヤ教やキリスト教にも影響を与**
えた。 （立教大）

　☞ 30字程度の論述問題でしばしば出題されるので要注意！

最後の審判

☑0076 **アケメネス朝は**◯◯**大王によって前330年に滅ぼ**
+++ **され、さらに大王の死後にはイランに**◯◯**朝シリア**
が成立した。 （センター試験、日本大）

アレクサンドロス、
セレウコス

☑0077 **セレウコス朝シリアからギリシア系の**◯◯**とイラ**
+++ **ン系の**◯◯**が自立した。** （センター試験、日本大）

　☞ ギリシア系とイラン系が重要なキーワード。

バクトリア、
パルティア

☑0078 **パルティア（前248頃〜後226）は建国者の名前**
+++ **から**◯◯**朝ともいわれ、その音から中国では**◯◯
と呼ばれた。 （東京都立大、早稲田大）

アルサケス、
安息

☑0079 **パルティアは**◯◯**に都を置き、「絹の道」を支配し**
+++ **て交易で栄え、**◯◯**世時代に最盛期を迎えた。**
（早稲田大）

　🗒 ササン朝の都も同じくクテシフォン。パルティアは東西交易路を
　　支配して繁栄した。また戦闘力も高く、馬上で後ろ向きに矢を放
　　つパルティアン・ショットは敵を震え上がらせた。

クテシフォン、
ミトラダテス1

☑0080 **226年、アルダシール1世が**◯◯**朝を建国し、**
+++ ◯◯**教を国教とした。** （成城大）

　☞ 難関大ではアルダシール1世の名前も問われるので要注意！

ササン、
ゾロアスター

☑0081 サザン朝初期の（＿＿）世はエデッサの戦いでローマ +++ 皇帝ウァレリアヌスを捕えた。　　　　　　　　（明治大）	シャープール1
☑0082 6世紀の（＿＿）世時代にサザン朝は全盛期を迎え、ビ +++ ザンツ帝国の（＿＿）帝と戦い、また突厥（とっけつ）と同盟して （＿＿）を滅ぼした。　　　　　　　（センター試験、立教大）	ホスロー1、 ユスティニアヌス、 エフタル

4 | セム系諸民族の活動

☑0083 「（＿＿）」の侵入によりヒッタイトは滅亡し、エジプ +++ トも以後、衰退した。　　　　　　　　　（西南学院大）	海の民（たみ）
🗐 これは1つの民族名ではなく、ペリシテ人を代表とする諸部族の 総称である。非常に強力な鉄製武器を持つヒッタイトも、彼らに は敗れ去った。	
☑0084 アラム人は（＿＿）を中心に陸上貿易（中継貿易）で活 +++ 動した。　　　　　　　　　　　　　　（立命館大）	ダマスカス
🗐 アラム人はラクダを家畜化して、陸上運送に利用した。	
☑0085 アラム語は国際商業用語として西アジアに普及し、 +++ 新バビロニアや（＿＿）で広く用いられ、また（＿＿）の 公用語となった。　　　　　　　　　（東京大、立教大）	アッシリア、 アケメネス朝
🗐 アラム語は現在の英語のような国際語であり、イエス・キリスト もアラム語で説教した。イエス・キリストが死んだ娘を蘇らせた 言葉「タリタ・クム（娘よ、目を覚ましなさい）」もアラム語。	
☑0086 （＿＿）文字はアラビア文字、ソグド文字、ウイグル文 +++ 字などに影響を与えた。　　　　（センター試験、近畿大）	アラム
☑0087 アラム文字は主に（＿＿）に記され、エジプトの神聖 +++ 文字は主に（＿＿）に記された。　　（駒澤大、明治大）	粘土板（ねんどばん）、 パピルス
☑0088 フェニキア人は北（＿＿）から（＿＿）半島東岸にかけ +++ て植民市を建て、（＿＿）、ティルスを中心に海上貿易 で活動した。　　　　　　　　（センター試験、早稲田大）	アフリカ、イベリア、 シドン
🗐 他にもビブロス、ウガリトが有名である。フェニキア人は抜群の 航海技術を持っており、西はイングランドまで、東は東南アジア 方面まで活動範囲を広げていたという。最近では南米のブラジル でもフェニキア文字が発見されている。	

☑0089 **フェニキア人**は（　　）文字をもとに22の子音からなる**フェニキア文字**を作り、（　　）・**ローマ**に伝えた。 +++ （慶應義塾大） 　🗓 **フェニキア文字**が一般的に**アルファベット**の起源といわれる。	シナイ、 ギリシア
☑0090 **前1500年頃、ヘブライ人**は地中海東岸の（　　）に移 +++ 住し、その一部は**エジプト**に移った。（上智大、明治大） 　🗓 **ヘブライ人（イスラエル人）**は現代では**ユダヤ人**という。民族的エリート意識（選民思想）が強く、現在でも民族としての純粋性を保っているが、それゆえに迫害などの苦痛を味わってきた。	パレスチナ （カナーン）
☑0091 （　　）が指導した**エジプト脱出**は「（　　）」として +++ 『**旧約聖書**』に記録が残っている。 （上智大） 　🗓 彼が**紅海**を渡る時、海が2つに裂ける奇蹟が起こる。ちょうどこの頃には地中海で巨大地震が発生していたとされ、津波が発生する直前に潮が引いた現象ではないかとする説がある。	モーセ（モーゼ）、 出エジプト
☑0092 **ヘブライ人**は（　　）人との抗争を通して王国を建国 +++ し、（　　）**王**と**ソロモン王**の時代に最盛期を迎えた。 （青山学院大） 　🗓 **ソロモン王**は世界最古の動物園を開設した人物といわれる。自然科学への造詣も深かった。	ペリシテ、 ダヴィデ
☑0093 （　　）**王**は、**イェルサレム**に**ヤハウェ**の神殿を建設し +++ た。 （早稲田大） 　☞ 入試ではこの空欄に別の王の名を入れた正誤問題で問われやすいので要注意！	ソロモン
☑0094 **ソロモン王**の死後に王国は分裂し、北の**イスラエル** +++ **王国**は（　　）の**サルゴン2世**に、南の**ユダ王国**は**新 バビロニア**の（　　）**世**に滅ぼされた。 （上智大、関西大） 　☞ **サルゴン1世**は**アッカド**の王、**サルゴン2世**は**アッシリア**の王として有名。	アッシリア、 ネブカドネザル2
☑0095 **ユダ王国**の滅亡後、多数の**ヘブライ人**住民が連行さ +++ れた（　　）という事態は、前（　　）年、**アケメネス朝** の（　　）**世**による解放で終結した。 （明治学院大） 　☞ 重要人物がどこかに連行されることを「○○捕囚」と呼ぶことがある（「教皇のバビロン捕囚」など）。ヘブライ人のバビロン捕囚は前586〜前538年。「<u>こばむ（586）</u>抵抗むなしくユダ降参や（538）」で覚えよう！	バビロン捕囚、 538、キュロス2

26

☑0096 前◯世紀の**バビロン捕囚**後に成立した<u>ユダヤ教</u>
+++ は、◯を唯一神とする<u>一神教</u>である。 （東京大）

6、

ヤハウェ（ヤーヴェ）

　🔊同じ頃、インドでは**仏教**と**ジャイナ教**が誕生した。

☑0097 **ユダヤ教の特徴**は◯思想であり、経典の『<u>旧約聖
+++ 書</u>』は◯語で書かれている。

（センター試験、青山学院大）

選民、

ヘブライ

　📖『<u>旧約聖書</u>』はアレクサンドロス時代には**世界市民主義（コスモ
ポリタニズム）**の波に押されて**ギリシア語**に**翻訳**された。これは
「**七十人訳聖書**」と呼ばれている。

☑0098 <u>ユダヤ教</u>には<u>律法</u>を**遵守**する厳格な◯派や<u>メシ
+++ ア（救世主）</u>を期待する<u>エッセネ派</u>などがある。

（上智大、近畿大）

パリサイ

　📖他にもローマ帝国に妥協的な世俗派の**サドカイ派**がある。

☑0099 ローマの◯帝時代に**第1次ユダヤ戦争**（66〜74）
+++ があったがローマが勝利し、ユダヤ人は降伏した。

（早稲田大、慶應義塾大）

ネロ

　📖ユダヤ人は難攻不落の砦**マサダ**に籠城したが、最後は約1000人
が自害して敗北した。**マサダ**の城塞遺跡は現存している。イスラ
エルの軍人の入隊式は「2度と敗北はしない」という誓いのため、
マサダで行われている。

☑0100 ローマの◯帝時代に**第2次ユダヤ戦争**（131〜
+++ 135）が起こったが、再びローマの勝利に終わり、ユ
ダヤ人は世界中に◯する結果となった。

（早稲田大、慶應義塾大、上智大）

ハドリアヌス

離散（ディアスポラ）

　📖ユダヤ人は独自の生活習慣やしきたりを固守して、ローマへの同
化を拒否したために歴代皇帝の弾圧を受けることが多かった。

☑0101 1947年、パレスチナの**クムラン洞窟**でエッセネ派が
+++ 書いたとされる大量の◯文書が発見された。

（早稲田大）

死海

　📖現存する『<u>旧約聖書</u>』（**ヘブライ語**で記述）は925年に発見され
た比較的新しい版だが、この文書は驚いたことに紀元1世紀頃に
成立した古い聖書。20世紀最大の発見とされたが、まだ研究発表
は遅れている。

5 | エーゲ文明

☑0102 **エーゲ文明**とはエーゲ海周辺に生まれた◯◯◯器文
+++ 明である。 （駒澤大、近畿大）

青銅

☛鉄器文明は青銅器文明の後であることを覚えておこう。

☑0103 **エーゲ文明**の**前半期**は◯◯◯文明、**後半期**は◯◯◯文
+++ 明と呼ばれる。 （センター試験、明治大）

クレタ、ミケーネ

☑0104 1900年、**イギリス**の◯◯◯が**クレタ文明**の中心地
+++ ◯◯◯宮殿の遺跡を発掘した。 （立教大、関西大）

エヴァンズ、
クノッソス

📖この宮殿の構造は**巨大な迷路（ラビリントス）**になっていたが、
その目的は解明されていない。若い男女の遺骨が見つかったこと
から、**生贄**などの**宗教的儀式を行う場所**と考えられている。エジ
プトにもかつて巨大な迷路が存在したといわれている。

☑0105 **クレタ文明**の絵文字である◯◯◯は**未解読**である。
+++ （明治学院大、立教大）

線文字A

📖他にも文字が刻まれた「**ファイストスの円盤**」が1908年に発見
されたが、**線文字A**と類似性はなく、刻まれた文字も未解読であ
る。

☑0106 **クレタ文明**は伝説的なクレタの王**ミノス**に由来する
+++ ことから◯◯◯文明とも呼ばれる。 （明治学院大）

ミノス

☑0107 **ミケーネ文明**は**ギリシア系**の◯◯◯人が建設した。
+++ （早稲田大）

アカイア

📖**アカイア人**とは、古い時代のギリシア人の総称。後に一部がイオ
ニア人になっていったと思われる。

☑0108 **ミケーネ文明**では**ミケーネ**、◯◯◯、**ピュロス**などの
+++ 小王国が生まれ、**戦闘的要素が強かった**。
（早稲田大）

ティリンス（または
オルコメノス）

☑0109 **イギリス**の建築家◯◯◯が◯◯◯の解読に成功した。
+++ （國學院大、同志社大）

ヴェントリス、
線文字B

📖彼は歴史家としてはアマチュアだったが、小学生の時に**エヴァン
ズ**の講演に感動して古代文字の解読を志した。1952年に解読に
成功するも、4年後に交通事故で亡くなった。

☑0110 **ドイツの**（　　）**が**ホメロス**の詩『**イリアス**』をヒント**
+++
に（　　）**遺跡を発掘した。**　　　　　（中央大、京都産業大）

　『古代への情熱』の著者としても有名。実業家として成功し、その資金で発掘を成し遂げた。しばしば汚い手段を使って金儲けをしたために世間の評判は悪かった。またこの人物はカリフォルニアのゴールドラッシュで一攫千金の富を得て（高利貸として）、その資金で遺跡を発掘した。

| シュリーマン、トロイア（トロヤ） |

☑0111 ミケーネ文明**は、前1200年頃に**（　　）**人の南下、あ**
+++
るいは**民族系統不明の「**（　　）**」の攻撃によって滅亡**
したといわれる。　　　　　（筑波大、青山学院大）

　滅亡の原因は未だに確定していない。

| ドーリア（ドーリス）、海の民 |

6 | ポリスの成立

☑0112 ギリシア人は**アカイア人、アイオリス人、**（　　）**人な**
+++
ど**の東方方言群と**（　　）**人の西方方言群とに分かれ**
る。　　　　　（早稲田大）

　古代ギリシアにおける「○○人」は人種や見た目ではなく方言の違いである。

| イオニア、ドーリア（ドーリス） |

☑0113 **前12世紀頃からバルカン半島を南下してきた人々**
+++
は（　　）**人である。**　　　　　（関西学院大）

| ドーリア（ドーリス） |

☑0114 **前12〜前8世紀のギリシアは史料に乏しく不明な**
+++
点が多いために「（　　）**時代」と呼ばれる。**
　　　　　（法政大）

| 暗黒 |

☑0115 **前8世紀頃、貴族たちの指導のもとに人々が**（　　）**し**
+++
都市（ポリス）が形成された。　　　（東京大、日本女子大）

　混乱の中で貴族たちは利害関係から団結して居住するようになった。

| 集住（シノイキスモス） |

☑0116 **ギリシア市民は**私有地**である**（　　）**を所有した。**
+++
　　　　　（慶應義塾大、早稲田大）

　もともとは「くじ」の意味。スパルタでは市民に平等に農地が分配されていた。

| クレーロス |

☑0117 **ポリスの中心部には**小高い丘**の**（　　）**と、**広場**であ**
+++
る（　　）**があった。**　　　　　（中央大、明治大）

　アクロポリスは非常時に市民が立てこもる最後の砦、アゴラは民会の開催場所である。

| アクロポリス、アゴラ |

☑0118 ギリシア人は◯◯の神託（しんたく）を信奉し、◯◯の祭典に
+++ 参加するなど**同一民族としての誇り**を維持した。

(東京大、駒澤大)

デルフィ（デルフォイ）、オリンピア

🔲 この祭典をモチーフにして、現在の**オリンピック（近代オリンピック）**が開催されている。現代と同じく当時の暦で**4年に1度**、開催されていたが、古代ではレスリングなどの格闘技が中心で死者も多かった。競技場も狭く、円盤投げでは観客にも死傷者が出たといわれる。観戦するのも命がけだった。

☑0119 ギリシア人は自らを◯◯、その国土を◯◯と称
+++ し、異民族を◯◯と蔑称した。 (明治学院大)

ヘレネス、ヘラス、バルバロイ

🔲 バルバロイは「**野蛮人**」を意味する**バーバリアン（barbarian）**の語源である。

7 │ ギリシア人の植民活動

☑0120 **人口増加**に伴って、ギリシア人は**地中海や黒海沿岸**
+++ に◯◯を建設し、移住した。 (同志社大、関西学院大)

植民市（しょくみんし）

🔲 ギリシア人は**航海技術が巧み**で、沿岸部に数多くの植民市を建設した。

☑0121 ギリシア人は植民活動の中で、◯◯（現在の**イスタ**
+++ **ンブール**）、◯◯（現在の**ナポリ**）、◯◯（現在の
マルセイユ）などを建設した。 (センター試験、近畿大)

ビザンティオン、ネアポリス、マッサリア

🔲 この中で名称の変遷が激しいのはイスタンブール。**ビザンティオン**（ギリシア時代）➡**ビザンティウム**（ローマ時代前期）➡**コンスタンティノープル**（ローマ時代後期の330年〜）➡**イスタンブール**（イスタンブルと書くこともある。15世紀オスマン帝国の支配下〜）の順となる。

☑0122 **シチリア島**における代表的なギリシア人の植民市に
+++ は◯◯がある。 (上智大)

シラクサ

☑0123 **イタリア半島南東部**における代表的なギリシア人の
+++ 植民市には◯◯がある。 (早稲田大)

タレントゥム

🔲 この都市はギリシア系の最強都市であったが、前272年にローマによって滅ぼされた。

☑0124 ギリシア人が建設した植民市である**ニカイア（ニ**
+++ **ケーア）**は、現在の◯◯である。 (早稲田大)

ニース

☑ 0125 ギリシア人による植民活動の結果、経済活動が活発
+++ 化し、ギリシア人の**平民の中には富を蓄積する者**が
現れ、彼らは（＿＿＿）として**国防**の**主力**を担うように
なった。 （同志社大、関西学院大）

重装歩兵

☑ 0126 前**7**世紀頃、（＿＿＿）から**ギリシア**に**金属貨幣**が伝わっ
+++ た。 （慶應義塾大）

リディア

8 | スパルタの国政

☑ 0127 （＿＿＿）**人**に属する**スパルタ**は、**メッセニア**戦争に勝利
+++ して（＿＿＿）**地方**の**先住民**を征服し**ポリス**を建設した。
（早稲田大）

ドーリア、
ラコニア

📖 この戦争の名称は、超難関大でまれに出題される。

☑ 0128 **スパルタ**では**劣格市民**の（＿＿＿）が（＿＿＿）に従事して
+++ いた。 （立命館大）

ペリオイコイ、
商工業

🗒 彼らに参政権はなかったが、**自由民であり奴隷とは異なる。**

☑ 0129 **スパルタ**では被征服民は（＿＿＿）と呼ばれ、（＿＿＿）に従
+++ 事していたが、**頻繁に反乱を起こした。** （早稲田大）

ヘイロータイ（ヘ
ロット）、農業

📖 被征服民は国家の所有（国有奴隷）とされ、市民に平等に分配された。これは正誤問題のポイントなので要注意！

☑ 0130 **スパルタ**では多数の**ヘイロータイ（ヘロット）**を支
+++ 配するため、（＿＿＿）**制**の下で厳しい**軍国主義**と**鎖国政策**が採られた。 （法政大）

リュクルゴス

🗒 リュクルゴスはスパルタの伝説的立法者の名前である。スパルタでは強い戦士こそ良き市民であり、未熟児は谷に捨てられることもあった。

☑ 0131 **スパルタ**には（＿＿＿）**人の王**と、**長老会**、**最高決定機関**
+++ としての（＿＿＿）が存在した。 （早稲田大）

2、
民会

☑ 0132 哲学者（＿＿＿）は**スパルタ**の社会を賛美した。
+++ （明治大、関西大）

プラトン

🗒 **プラトン**はアテネ民主政に批判的で、**スパルタ**の方が彼の理想とする**イデア世界**に近いと考えた。

☑0133 **スパルタ**では（ ）貨幣の使用は禁止されており、**鉄銭のみ使用**できた。　　　　　　　　（青山学院大）

貴金属

+++

　　📖 つまり、金貨や銀貨は使用できなかった。これはスパルタ市民の贅沢化を避けるためで、徹底的な平等化を目標とした。しかし**ペロポネソス戦争**に勝利してギリシアの覇権を握ると平等は崩れ、スパルタは弱体化した。

☑0134 **スパルタ**では、（ ）と呼ばれた分配された<u>土地</u>の<u>譲渡が禁止</u>されていた。　（青山学院大、立教大）

クレーロス

+++

9 ｜ アテネ民主政

☑0135 （ ）**人**は<u>アッティカ地方</u>に**アテネ**を建設した。（慶應義塾大、東海大）

イオニア

+++

　　📖 日本で関西人などと呼ぶようなもの。

☑0136 <u>前621年</u>頃、**アテネ**で（ ）の<u>成文法</u>が誕生し、市民間における法の平等が実現した。　（津田塾大）

ドラコン

+++

　　■ 前621年は「無に等（621）しい**ドラコンの成文法**」で覚えよう！

　　📖 法の定める内容は厳しく、「血に塗られた法」ともいわれた。例えば、「怠惰」（今でいう、"ひきこもり"）は死刑とされた。

☑0137 <u>前594年</u>、（ ）は貴族と平民の調停者として登場し、<u>債務奴隷の禁止</u>、（ ）の帳消し、**市民を**<u>財産額</u>**に応じて4等級に分ける**（ ）<u>政治</u>などの改革を実施した。　　　　　　　　　　　　　（早稲田大）

ソロン、
負債、
財産

+++

　　■ この改革の内容は論述の超頻出テーマ。問題文をそのまま暗記しよう！

☑0138 <u>前561年</u>頃、（ ）が武力で**貴族政**を倒し、<u>僭主政</u>と呼ばれる独裁政治を行った。　（センター試験）

ペイシストラトス

+++

☑0139 **ペイシストラトス**は（ ）の保護に努力し、民衆から高い支持を受けた。　　　　　　　（日本大、早稲田大）

中小農民

+++

☑0140 （ ）は旧来の4部族制を解体し、10部族制を新設した。また、<u>僭主</u>の出現を防ぐために（ ）の制度を創設した。　　　　　　　　　（センター試験、京都大）

クレイステネス、
オストラシズム
（陶片追放）

+++

　　📖 この制度は民主主義を守るために定められた。危険と思われる人物の名前を市民が投票し、6,000票以上集まった中での最多得票者を10年間、国外追放処分にした。

☑0141 （　　　）の時代に<u>アテネ</u>**民主政は完成**し、黄金時代を迎
+++ えた。　　　　　　　　　　　　　　　　　　（東京大、南山大）

｜ペリクレス

　🔲 この時代は文化面でも黄金期を迎え、悲劇詩人の<u>ソフォクレス</u>や
　　喜劇作家の<u>アリストファネス</u>などが活躍した。

☑0142 <u>アテネ</u>**民主政の特徴**は（　　　）**民主政**を採用し、**将軍職**
+++ **を除いたすべての公職**は（　　　）で選出され、その任期
を（　　　）**年**としたことである。また、**すべての職には**
手当（日給）が支給された。　　　　　　　　　　　（早稲田大）

｜直接、
抽選、
1

　☞ ちなみにローマでは、公職は<u>ディクタトル</u>（独裁官）に代表され
　　るように任期が半年間以内のものがある。しかも、**名誉職のため**
　　無給だった。難関私大の比較問題で、この知識を問われることが
　　多いので要注意！

☑0143 前5世紀における<u>アテネ</u>の**国政の最高機関**は、**成年**
+++ **男子**で構成された（　　　）であった。　　　　　　（成蹊大）

｜民会

☑0144 <u>アテネ</u>**民主政の限界**として、（　　　）や奴隷に参政権は
+++ なく、さらに<u>前451年</u>制定の（　　　）**法**で、**市民権保**
有者は両親がアテネ出生者に限られていたことが挙
げられる。　　　　　　　　　　　　　　　（東京大、早稲田大）

｜婦人（女性）、
市民権

　🔲 当時、貴族は外国から美人の妻をめとる風潮があった。しかし、
　　この法により貴族の子弟も市民権を得られなくなり、**貴族の衰退**
　　に拍車がかかった。

☑0145 <u>アテネ</u>では市民の他に、（　　　）と呼ばれる**在留外人**と
+++ 奴隷が存在した。　　　　　　　　　　　　　　　（早稲田大）

｜メトイコイ

　🔲 哲学者の<u>アリストテレス</u>も**在留外人**であった。

☑0146 **国有奴隷**の<u>スパルタ</u>とは異なり、<u>アテネ</u>では（　　　）**奴**
+++ **隷は商品として扱われ**、（　　　）**銀山**での労働などに
従事していた。　　　　　　　　　　　　（東京大、青山学院大）

｜私有（購買）、
ラウレイオン

　☞ 過去に東京大や早稲田大では、<u>アテネ</u>と<u>スパルタ</u>**の奴隷の違い**
　　について出題されている。
　🔲 アテネでは基本的に奴隷の用途はまちまちで、掃除、洗濯、雑事
　　に使われる**家内奴隷**なども存在した。

10 ｜ ペルシア戦争（前500～前449）

☑0147 <u>ペルシア戦争</u>は、（　　　）**朝**に対する反乱（<u>イオニア人</u>
+++ の植民市（　　　）が指導した<u>イオニア</u>**植民市の反乱**）か
ら始まった。　　　　　　　　　　　　　（センター試験、立教大）

｜アケメネス、
ミレトス

☑0148 第1回ペルシア戦争で◯◯世の派遣したペルシア +++ 軍は、暴風雨でギリシア本土への侵入に失敗した。 　　　　　　　　　　　　　　　　　（センター試験、立教大）	ダレイオス1
☑0149 第2回ペルシア戦争では、前490年の◯◯の戦い +++ で、アテネの重装歩兵部隊がペルシア軍に勝利した。 　　　　　　　　　　　　　　　　　（関西大、共通テスト） 　📖 この戦いにおけるアテネの勝利はギリシアの自信を高めた。また 　　マラトンからアテネまで走った伝令が、勝利を伝えた後に息絶え 　　たという感動的なエピソードが伝わっていて、この戦いが近代マ 　　ラソンの語源となったとされる。しかしこの逸話は伝説と考えら 　　れている。	マラトン
☑0150 第3回ペルシア戦争においてペルシアは、前480年 +++ の◯◯の戦いでスパルタ軍を破ったものの、同年の 　◯◯の海戦でテミストクレス率いるアテネ海軍に 　敗北した。　　　　　　　　　　　　　（成城大、中央大） 　📖 前480年のテルモピレーの戦いでは、レオニダス王が率いる約 　　300人のスパルタ軍が全滅した。ペルシア軍を率いたのはクセル 　　クセス（1世）であった。	テルモピレー（テ ルモピュライ）、 サラミス
☑0151 アテネ海軍を支える主要な軍船は◯◯であった。 +++ 　　　　　　　　　　　　　　　（センター試験、成蹊大） 　📖 無産市民が船の漕ぎ手として活躍したことで、彼らの政治的発言 　　権が大いに高まった。	三段櫂船 （かいせん）
☑0152 アテネ海軍の増強とサラミスの海戦での勝利をもた +++ らした政治家◯◯は、後に◯◯によってアテネを 　追放された。　　　　　　　　　　　　　（京都産業大）	テミストクレス、 オストラシズム （陶片追放）
☑0153 前479年の◯◯の戦いでアテネ・スパルタ連合軍 +++ がペルシア陸軍に勝利し、ギリシア側の勝利が確定 　した。　　　　　　　　　　　　　　（日本大、共通テスト）	プラタイア（プラテ ーエ、プラタイアイ）
☑0154 前478年頃、ペルシアの来襲に備えるため、アテネ +++ が盟主となり◯◯同盟が結成された。 　　　　　　　　　　　　　　　（センター試験、東京女子大）	デロス
☑0155 ◯◯同盟の貢租の一部を用いて、アテネに◯◯神 +++ 殿が再建された。　　　　　　　　　　　　（学習院大） 　📖 アテネは同盟へ加わる各地のポリスに厳しい上納金を課し、強い 　　反発を招いた。この支配は「アテネ帝国」とも称される。	デロス、パルテノン

☑0156 アテネに対抗するスパルタは、◯◯同盟を率いてア
+++ テネと争った。 （同志社大）

ペロポネソス

11 | ペロポネソス戦争（前431〜前404）

☑0157 前431年、ギリシアの覇権をめぐって、アテネ中心
+++ の◯◯同盟とスパルタ中心の◯◯同盟がペロポ
ネソス戦争を開始した。 （東京大、成城大）

デロス、
ペロポネソス

☑0158 アテネでは**伝染病の流行**で指導者◯◯を失い、
+++ ◯◯（煽動政治家）に操られた無謀な◯◯遠征も
失敗し、**ペロポネソス戦争はスパルタ**の勝利に終
わった。 （駒澤大、京都大）

ペリクレス、
デマゴーゴス(デ
マゴーグ)、
シチリア

🔲アテネを襲った伝染病が何だったのかは判明していない。かつて
はペストとされたが、現在では天然痘という説が有力。近年、ア
メリカの科学誌では「エイズ説」が唱えられたこともあった。

☑0159 ◯◯が告発され刑死した当時のアテネは、デマゴー
+++ ゴス（煽動政治家）による◯◯に陥っていた。
（センター試験）

ソクラテス、
衆愚政治

☑0160 ペロポネソス戦争後、アテネでは◯◯などが率いる
+++ 30人による傀儡政権が樹立された。 （青山学院大）

クリティアス

☛かなり細かい人名だが、世界史で満点を目指す人は覚えてほし
い。「三十人僭主」といわれ、スパルタが裏で操っていた。

☑0161 アテネの歴史家◯◯はペロポネソス戦争の歴史を
+++ 著した。 （同志社大、早稲田大）

トゥキディデス

🔲彼は将軍としてこの戦争に参加したにもかかわらず、この戦争を
客観的かつ科学的に分析した。

☑0162 ペロポネソス戦争に勝利したスパルタも、前371年
+++ の◯◯の戦いで、名将◯◯率いるテーベに敗北し
て覇権を失った。 （早稲田大）

レウクトラ、
エパメイノンダス
（エパミノンダス）

☛難関私大でよく出題される問題である。
🔲ギリシア最強を誇ったスパルタ軍であったが、テーベには150組
同性愛の若者300人からなる**神聖隊**があった。「死ぬときは一
緒」と誓い合った神聖隊の前にスパルタ軍は完敗した。

☑0163 長年の戦争でギリシア世界は疲弊し、**重装歩兵**が没
+++ 落することによって、軍の主力は◯◯に移行した。
（一橋大、慶應義塾大）

傭兵

☑0164 **ドイツの◯◯は** <u>トロイア（トロヤ）</u> **とミケーネの遺** | シュリーマン、
+++ 跡を、**イギリスの◯◯は** <u>クノッソス宮殿</u> **を発掘し** | エヴァンズ
た。 (西南学院大)

  🗐 シュリーマンは日本を訪問したこともあり、その紀行文を残している（『シュリーマン旅行記　清国・日本』）。その中には、東京の町田〜八王子間をつなぐ通称「絹の道」を歩いたことなどが記録されている。

☑0165 <u>クレタ文明</u> **の中心地は◯◯で、◯◯という文字を** | クノッソス、
+++ **使用していたが、現在でも未解読である。** | 線文字A
(津田塾大、早稲田大)

  🗐 クレタ文明は前 20 世紀頃から前 15 世紀頃まで、<u>クレタ島</u>を中心に栄えた<u>青銅器文明</u>である。伝説上の王の名をとって<u>ミノア文明</u>ともいわれる。

☑0166 **クレタ文明の特徴としては、躍動的、◯◯（平和）** | 開放、
+++ **的、◯◯（海洋）的という点がある。** (関西学院大) | 写実

  ➡文明の特徴は正誤・論述問題でも問われる。

☑0167 **ミケーネ文明の代表的遺跡には◯◯や◯◯など** | ピュロス、
+++ **があり、** 獅子門 **を代表とする堅固な城壁が特徴的で** | ティリンス※順不同
ある。 (立命館大)

  🗐 ミケーネ文明には強力な王権の存在を示すものとして、巨石を用いた堅固な城壁が多い。

☑0168 **オリンポス 12 神の主神は◯◯であり、その妻は** | ゼウス、
+++ ◯◯**という。また、海と大地の神は◯◯、太陽神** | ヘラ、ポセイドン、
は◯◯、知恵の女神は◯◯、美と愛の女神は | アポロン、アテナ、
◯◯**という。** (慶應義塾大) | アフロディテ

  🗐 ギリシアの神々は**人間的性格が強く**、教義・経典・神官などがなかった点が特徴とされる。

☑0169 **オリンポス 12 神以外では、ブドウ酒の神◯◯が有** | ディオニュソス
+++ **名である。** (関西学院大)

☑0170 **ギリシア人は、◯◯文字から◯◯文字を作り出** | フェニキア、
+++ **し、多くの著作を書き残した。** (一橋大) | ギリシア

☑0171 前13世紀頃のトロイア戦争を題材にしたホメロス
+++ の二大叙事詩『◯◯◯』と『◯◯◯』が、**ギリシア人の古典**となり、後世にも大きな影響を与えた。

（京都府立大）

イリアス（イーリアス）、オデュッセイア
※順不同

📖 トロイア戦争で有名なものに「**トロイの木馬**」の記録がある。これは巨大な木馬に人間が隠れて城内に忍び込み、見事に敵を攻略した逸話である。シュリーマンの発掘でトロイア国の実在は実証されたが、木馬の痕跡は発見されていない。

☑0172 ヘシオドスは『◯◯◯』で農民生活について歌い、
+++ 『◯◯◯』では神々の系譜をまとめた。 （青山学院大）

労働と日々、
神統記（しんとうき）

📖 彼は前7世紀の詩人。『労働と日々』はぐうたらな弟ペルセスにあてた教訓詩である。『神統記』では**オリンポス12神**を系譜化した。

☑0173 ◯◯◯は**女流叙情（じょじょう）詩人**で恋愛詩を歌った。 （明治大）
+++

サッフォー

☑0174 ◯◯◯の**神託**はギリシア人の運命を左右するほどの
+++ 権威を持った。 （早稲田大）

デルフォイ（デルフィ）

📖 ギリシアの聖地の巫女がアポロンの神託を受けるもので、戦争の吉凶などを予言した。

☑0175 ギリシア悲劇詩人の代表作として、◯◯◯の『アガメムノン』、◯◯◯の『アンティゴネ』『オイディプス王』、◯◯◯の『メディア』がある。 （日本大）

アイスキュロス、
ソフォクレス、
エウリピデス

➡作品テーマやストーリーにも要注意！ 『オイディプス王』は「伝染病の流行と人間の運命」、『メディア』は「女性の情念」である。

☑0176 ギリシアの**喜劇作家**◯◯◯の代表作は『女の平和』
+++ 『雲』などである。 （実践女子大）

アリストファネス

➡彼はペロポネソス戦争中に現れた喜劇作家で**反戦劇**などを発表した。平和思想史の中でよく出題される。

☑0177 タレス（タレース）は◯◯◯**学派**の代表的な**自然哲学者**で、前585年の日食を予言したとされる。
+++

（センター試験、慶應義塾大）

イオニア

📖 学問の中心となったのは**イオニア**地方の**ミレトス**市である。

☑0178 ◯◯◯は万物の根源を「数」とした。
+++

（慶應義塾大、西南学院大）

ピタゴラス

📖 彼は宇宙の秘密を解く鍵が「数」であると考え、また神秘主義教団を設立した。彼の名に由来する「**ピタゴラス**の**定理**」は中学数学でも扱う。

☑0179 +++ （　　　）は万物の根源を「<u>火</u>」と考え、そこからすべて は「（　　　）する」と推測した。 （センター試験、慶應義塾大） 🔖彼は人間嫌いで「暗い哲学者」と呼ばれた。「<u>火</u>」はすべてを燃 やし、そこからすべては流転すると考えた。	ヘラクレイトス、 流転（変化）
☑0180 +++ （　　　）は万物の根源を「<u>原子（アトム）</u>」と考えた。 （センター試験、早稲田大） 🔖彼の考えは唯物論。つまり生命に魂や精神はなく、肉体を「<u>原子 （アトム）の集合体</u>」とみなす。後世の<u>エピクロス派</u>に与えた影 響などが大きい。	デモクリトス
☑0181 +++ （　　　）は万物の根源を「<u>無限なるもの（ト・アペイロ ン）</u>」と考えた。 （慶應義塾大） ➡難問だが、文化史好きの慶應義塾大やミッション系大学では出題 されることがある。	アナクシマンドロ ス
☑0182 +++ <u>アテネの哲学者</u>（　　　）は普遍的真理の存在と<u>知徳の 一致</u>を説き、（　　　）の<u>詭弁</u>を論難した。（学習院大）	ソクラテス、 ソフィスト
☑0183 +++ （　　　）は「（　　　）は万物の尺度」といい、絶対的真理 を否定した<u>ソフィスト</u>の代表的人物である。 （上智大、明治大） 🔖<u>ソフィスト</u>は弁論・修辞の職業教師で、しばしば詭弁を用いた。	プロタゴラス、 人間
☑0184 +++ <u>ソクラテス</u>の弟子である（　　　）は<u>イデア論</u>を説き、そ の弟子となる（　　　）が、哲学をはじめとしたあらゆ る学問を体系化した。 （駒澤大、京都大） 🔖いずれの人物もギリシアを代表する知者である。<u>ポリス</u>（彼らに とっての国家）の考察に力を入れ、その理想を追究した。	プラトン、 アリストテレス
☑0185 +++ <u>プラトン</u>は<u>アテネ</u>郊外に（　　　）という学園を創設し た。 （慶應義塾大） 🔖この学園で最優秀だったのが<u>アリストテレス</u>。だが、師であるプ ラトンとの関係は良好でなく、彼はこの学園を去った。プラトン の言葉に「想起せよ」がある。生まれ変わりを信じていたプラト ンは、過去世を思い出せば勉強など不要と確信していたが、アリ ストテレスには、この考えが理解できなかった。	アカデメイア
☑0186 +++ <u>アリストテレス</u>は<u>プラトン</u>の（　　　）論を批判した。 （青山学院大、上智大） 🔖師である<u>プラトン</u>の神秘主義的な思想（<u>輪廻</u>など）に批判的で あった。	イデア

☑0187 **アリストテレス**は<u>アレクサンドロス大王</u>の家庭教師
+++ を務めた後に、<u>アテネ</u>郊外に◯◯という学園を創
設した。 （青山学院大）

　🛈 この学校は逍遥（散歩）しながら講義したので**逍遥学派**と呼ばれた。

リュケイオン

☑0188 <u>ヘロドトス</u>は『<u>歴史</u>』で◯◯戦争史を**物語的に叙述**
+++ し、◯◯は同じ書名となる『<u>歴史</u>』で◯◯戦争史
を**客観的かつ科学的**に記した。 （早稲田大、大阪大）

　☞超がつくほどの入試頻出の知識！

ペルシア、
トゥキディデス、
ペロポネソス

☑0189 **アテネ**出身の**軍人・歴史家・哲学者**だった◯◯は
+++ 『<u>アナバシス</u>』を著した。 （早稲田大）

　🛈 彼はペルシアの内乱に従軍。その退却記である。<u>ソクラテス</u>の弟子であり、著作『ソクラテスの思い出』も有名。

クセノフォン

☑0190 **ギリシアの建築様式**は、柱の形状によって、<u>荘重</u>な
+++ ◯◯式、**優雅**な◯◯式、**繊細華麗**な◯◯式に分
かれる。 （関西大）

ドーリア、イオニア、
コリント

☑0191 **ギリシア建築の三大様式**に関して、以下の空欄にあ
+++ てはまる適語を答えよ。

【前期】◯◯式：柱の形状は太く短い、荘
重、◯◯神殿が代表

ドーリア
パルテノン

【中期】◯◯式：上記の様式よりも柱の形
状は太くない、優雅、◯◯神殿が代表

イオニア
エレクティオン

【後期】◯◯式：上記2つの様式よりも柱
の形状は細く長い、繊細華麗、ヘレニズム・
ローマ時代に流行
（センター試験）

コリント

☑0192 **ギリシアの彫刻家**では、「<u>アテナ女神像</u>」を代表作と
+++ する◯◯がいる。 （明治学院大）

フェイディアス

☑ 0193 **フェイディアス**はアテネ指導者の（＿＿）と親交があ
+++ り、現在の（＿＿）<u>神殿</u>を再建する際には総監督を務め
たといわれる。　　　　　　　　（青山学院大、慶應義塾大）

ペリクレス、
パルテノン

> 🗋 <u>フェイディアス</u>は最も美しく見える**黄金比**（１：1.618）の発案
> 者とされる。黄金比を示す記号「Φ（ファイ）」はフェイディア
> スの頭文字に由来する。ちなみに、現在の標準的なテレビの縦横
> 比率もほぼ黄金比である。

13 | アレクサンドロス大帝国

☑ 0194 <u>アテネ</u>の政治家・雄弁家（＿＿）は<u>マケドニア</u>の台頭に
+++ 対抗して、反<u>マケドニア</u>運動を指導した。
（学習院大、早稲田大）

デモステネス

> 🗋 逆に、マケドニアを支持し、マケドニア中心の**パン（汎）＝ギリシ
> ア主義**を説いたのが思想家の<u>イソクラテス</u>である。マケドニアも
> 同じギリシア人であったが、王国であったため、ポリス社会のア
> テネやスパルタとは対立した。

☑ 0195 マケドニアの<u>フィリッポス２世</u>は<u>前338</u>年の（＿＿）
+++ <u>の戦い</u>で<u>アテネ</u>・（＿＿）連合軍に勝利した。
（センター試験）

カイロネイア、
テーベ

> 🗋 この戦いで初陣を飾って見事勝利に貢献したのが、若干17歳の
> アレクサンドロスであった。

☑ 0196 <u>フィリッポス２世</u>は（＿＿）を除いて（＿＿）同盟を結
+++ 成し、**ギリシア世界の覇者**となったが、**後に暗殺さ
れた**。　　　　　　　　　　（早稲田大、共通テスト）

スパルタ、
コリント（ヘラス）

☑ 0197 （＿＿）の子である<u>アレクサンドロス大王</u>の若き日の
+++ 家庭教師は（＿＿）が務めた。　　　　（立命館大）

フィリッポス２世、
アリストテレス

> 🗋 アリストテレスの影響は強く、<u>アレクサンドロス大王</u>は遠征の
> 先々で珍しい動植物に関心を持ち、記録を残している。

☑ 0198 父である<u>フィリッポス２世</u>の遺志を継いだ<u>アレクサ
+++ ンドロス大王</u>は、前（＿＿）年に**東方遠征**に出発し、前
<u>333</u>年の<u>イッソスの戦い</u>、前331年の（＿＿）の戦い
でペルシア軍を破った。　　　　（筑波大、青山学院大）

334、
アルベラ（ガウガメ
ラ）

> 🗋 <u>アレクサンドロス大王</u>は強運の持ち主で、常に先頭に立って戦っ
> たが、敵の弓矢は彼に致命傷を負わせることがなかった。

☑ 0199 <u>アケメネス朝</u>は（＿＿）世が暗殺されて滅亡した。
+++ （成蹊大）

ダレイオス3

☑0200 東方遠征の際に<u>アレクサンドロス大王</u>は、東方的な
+++ ◯を取り入れ、植民や◯などの**異民族交流を**
積極的に行った。 (駒澤大)

専制君主政、通婚

🗐 アレクサンドロス大王の唯一残されている言葉は「希望、それさえあればよい」。

☑0201 <u>アレクサンドロス大王</u>の征服地には多くの◯**市**
+++ が建設されて**ギリシア人の移住が進み**、◯と呼ば
れる共通ギリシア語も広まった。
(慶應義塾大、上智大)

アレクサンドリア、
コイネー

🗐 ギリシア人は中央アジアからインドの北方まで移住した。そこで彼らは**インドの仏教**と出会い、新たな仏像彫刻を造った。

☑0202 <u>東西融合</u>が進んだ結果、<u>アレクサンドロス大王</u>の征
+++ 服地には◯の考え方が広まった。
(青山学院大、共通テスト)

世界市民主義(コ
スモポリタニズム)

☑0203 西方の<u>ギリシア文化</u>と東方の<u>オリエント文化</u>とが融
+++ 合した新しい文化は◯**文化**と呼ばれた。これは、
19世紀ドイツの歴史家◯による造語であり、
◯風文化という意味を持つ。 (駒澤大、立教大)

ヘレニズム、
ドロイゼン、
ギリシア

🗐 <u>ヘレニズム</u>という言葉は<u>ドロイゼン</u>が『<u>アレクサンドロス大王史</u>』で用いた。**アレクサンドロス大王**の東方遠征から**プトレマイオス朝の滅亡**までの約300年間に生まれた新しい文化である。

☑0204 東西文明の<u>融合</u>を推進し、世界帝国の実現を目指し
+++ た<u>アレクサンドロス大王</u>は、若くして現在の**イラク**
に存在した都市◯で急死した。 (駒澤大)

バビロン

☑0205 <u>アレクサンドロス大王</u>の死後、「◯」と呼ばれる
+++ <u>後継者</u>同士の<u>争い</u>が発生し、◯<u>の戦い</u>を経て帝国
は分裂した。 (青山学院大)

ディアドコイ、
イプソス

🗐 後継者がはっきりと指名されなかったために争いが起こった。

☑0206 ヘレニズム世界には◯<u>朝マケドニア</u>、◯<u>朝シ</u>
+++ <u>リア</u>、◯<u>朝エジプト</u>の3つの王国が分立する状態
が生まれた。この3つの国を総称して◯という。
(明治大)

アンティゴノス、
セレウコス、
プトレマイオス、
ヘレニズム3国

🗐 特に、エジプトでは学問の発達が著しかった。後に、エジプトにはギリシア系の"絶世の美女"<u>クレオパトラ</u>も生まれている。

14 | ヘレニズム文化

☑0207 ヘレニズム文化の特徴は（　　　）と（　　　）（**コスモポリ** +++ **タニズム**）である。　　　　　（センター試験、京都女子大）

個人主義、
世界市民主義

☑0208 ヘレニズム文化の中心はエジプトの（　　　）、小アジア +++ の（　　　）と**ロードス島**であった。　　　　（学習院大）

🗐 アレクサンドリアとペルガモンには大図書館があった。

アレクサンドリア、
ペルガモン

☑0209 エジプトでは、**プトレマイオス朝**の保護下で**王立の** +++ **研究所**（　　　）が設立され、**文化の中心**を担った。

（センター試験）

🗐 絶世の美女とされる**クレオパトラ**も**プトレマイオス朝**の女王。家庭教師は**ムセイオン**の最高の学者たちがついた。クレオパトラは、特に数学などの理数系が抜群で、頭脳明晰だったと記録されている。

ムセイオン

☑0210 （　　　）は**地球の周りの長さ**を測定し、（　　　）は**地球の** +++ **自転・公転**と**太陽中心説**（　　　）を唱えた。

（センター試験）

🗐 **ムセイオン**を中心に発達した**自然科学**は**ヘレニズム文化**を象徴する学問で、**イスラームの自然科学に影響を与えた**。

エラトステネス、
アリスタルコス、
地動説

☑0211 （　　　）は**浮力の原理**や（　　　）**の原理**など様々な原理 +++ を発見した。　　　　　　　　　　　　（津田塾大、明治大）

アルキメデス、てこ

☑0212 （　　　）は**平面幾何学**を大成し、『**幾何学原本**』を著し +++ た。　　　　　　　　　　　　　　　　　　　　（津田塾大）

エウクレイデス
（ユークリッド）

☑0213 前300年頃の医者（　　　）は、（　　　）に医学校を設立 +++ して**人体解剖の研究に成果をあげた**。

（東京都立大、津田塾大）

ヘロフィロス、
アレクサンドリア

☑0214 **ヘレニズム世界**の共通語は（　　　）と呼ばれるギリシ +++ ア語である。　　　　　　　　　　　　（東京都立大、上智大）

🗐 コイネーはヘレニズム時代に口語的になったギリシア語。『**新約聖書**』は**コイネー**で書かれている。

コイネー

☑0215 **ヘレニズム時代**には、**ストア派**が（　　　）によって創 +++ 始された。また、**エピクロス**は（　　　）**派**を創始した。

（学習院大、千葉大）

ゼノン、
エピクロス

☑0216 エピクロス派はデモクリトスの唯物主義的な◯◯◯
+++ 論を継承した。 （慶應義塾大、中央大）

原子（アトム）

☑0217 哲学では禁欲的な◯◯◯派とともに、唯物的で快楽的
+++ な◯◯◯派が盛んだった。 （センター試験）

ストア、
エピクロス

　🗊 誤解されやすいが、エピクロス派がいう「快楽」とは肉体的快楽
　ではなく精神的快楽である。

☑0218 「◯◯◯」は女性美の極致とされ、「◯◯◯」は勝利の
+++ 女神像といわれている。また、「◯◯◯」はトロヤの
神官が大蛇にかみ殺される場面を表している。
（センター試験）

ミロのヴィーナス、
サモトラケのニケ、
ラオコーン

　🗊 ミロのヴィーナスは、1820年に農民がミロス島の洞窟で発見し
　た。洞窟に隠されていた理由は明らかではない。

☑0219 「◯◯◯」はガリア人に対する戦勝記念像群の1つで
+++ ある。 （関西学院大）

瀕死のガリア人

☑0220 ヘレニズム文化は東方に伝わって、後に◯◯◯様式と
+++ 呼ばれる仏教美術を生んだ。 （法政大、明治大）

ガンダーラ

　🗊 ギリシア美術はバクトリアを経てインドに伝わり、仏教美術に影
　響を与えた。この影響は中国や日本にも伝わった。

15 | ローマの建国と共和政

☑0221 イタリア人の一派である◯◯◯人は、イタリア半島中
+++ 央部のティベル河畔にローマを建国した。 （南山大）

ラテン

　🗊 ローマも最初は小さな都市国家で、ギリシアのポリスと同じく民
　会があった。

☑0222 前509年頃にローマは◯◯◯人の王を追放して共和
+++ 政を開始した。 （新潟大、慶應義塾大）

エトルリア

　🗊 エトルリア人は謎深き人々である。民族系統はわかっていない
　が、土木建築、美術、歯の矯正（ブリッジ）など高度な技術を
　持っていた。彼らが後世のローマに与えた影響は大きい。

☑0223 300名の◯◯◯議員からなる◯◯◯と、貴族2名で構
+++ 成される任期1年のコンスル（執政官、統領）が共
和政ローマの柱となった。 （早稲田大）

終身、元老院（セナ
トゥス）

☑0224 非常時には、**任期が半年以内の◯◯◯**が<u>元老院</u>の提案で◯◯◯の中から**1人任命**された。　　(関西学院大)	独裁官(ディクタトル)、コンスル
⏹ 元老院はローマの最高決定機関。300人の名門貴族で構成されていて、死ぬまでその職に就くことができた(**終身議員**)。元老院の弊害を取り除こうとした<u>カエサル</u>は、元老院派(共和派)の**ブルートゥス**らに暗殺された。	
☑0225 前494年の◯◯◯事件によって、<u>平民</u>の権利を擁護する◯◯◯が設置された。　　(新潟大、上智大)	聖山(せいざん)、護民官(ごみんかん)
⏹ この事件でローマの平民は一斉にローマ市内から退去して<u>近隣の丘(聖山)</u>に立てこもった。	
☑0226 <u>共和政</u>を確立した頃、ローマの法は世代から世代へと口承で伝えられる◯◯◯であり、◯◯◯と呼ばれた**貴族**が法の解釈を独占していた。　　(立命館大)	慣習法、パトリキ
☑0227 <u>前450</u>年頃、**ローマ最初の成文法**となる◯◯◯が制定された。　　(センター試験、聖心女子大)	十二表法
☛ ローマでは法の制定によって順次、平民が権利を獲得していった。なお、民法中心の十二表法が市民法として最初のもの。法の下での平等を定めたのは<u>ホルテンシウス法</u>である。	
☑0228 共和政ローマの◯◯◯は、当初は**参政権**を認められていなかったが、**重装歩兵部隊を形成し、参政権を求めて**貴族(**パトリキ**)との**身分闘争**を繰り広げた。　　(早稲田大)	平民(プレブス)
☑0229 <u>前367</u>年の◯◯◯法により、**公有地の占有面積は制限**され、また◯◯◯の**1人は平民から選出**されるようになった。　　(中央大、立教大)	リキニウス・セクスティウス、コンスル(執政官、統領)
⏹ この法律は<u>グラックス兄弟</u>が後に復活を図ったが頓挫した。	
☑0230 <u>前287</u>年の◯◯◯法により、平民会の決議は◯◯◯の承認を経ずに国法として認められた。　　(センター試験、明治大)	ホルテンシウス、元老院
☛ 「**元老院の承認を経ず**」がポイント。正誤問題で問われる！	
☑0231 ローマは、イタリア半島中南部の山岳民族である◯◯◯**人**や南部の**ギリシア人植民市群**◯◯◯を攻略し、<u>前272</u>年に半島を制圧した。　　(上智大)	サムニウム、マグナ=グラエキア
☛ 難関大の頻出問題！　なお、最後まで抵抗したギリシア都市は<u>タレントゥム</u>であった。	

☑0232 ローマは服属都市を◯◯市、同盟市、植民市に分 | 自治
+++ け、**各都市と個別に条約を締結して利害の一致を防**
ぐ◯◯統治を行った。　　　　　　（東京大、慶應義塾大） | 分割

　☞ローマ人は「支配の天才」といわれる。このことについては、上
位～難関大の論述問題でも問われるので要注意！

☑0233 前4世紀にローマ最古の舗装軍用道路として◯◯ | アッピア街道
+++ が建設された。　　　　　　　　　　（中央大、近畿大）

16 | ポエニ戦争

☑0234 地中海支配をめぐり、◯◯人の植民都市◯◯と | フェニキア、
+++ **ローマ**が衝突した。　　　　　　　　　　（学習院大） | カルタゴ

　▯この植民都市は北アフリカにあり、「地中海の女王」と呼ばれて
経済的繁栄を誇っていた。

☑0235 **第1回ポエニ戦争**でローマは辛勝し、◯◯を**最初の** | シチリア島
+++ **属州**とした。　　　　　　　　（センター試験、関西学院大）

　☞基本中の基本の知識！

☑0236 **第2回ポエニ戦争**は、カルタゴの名将◯◯が**イベリ** | ハンニバル、
+++ **ア半島**の◯◯を出発し、前◯◯年の**カンネーの戦** | カルタゴ=ノヴァ、
いでローマに勝利した。　　　　　　　　　（早稲田大） | 216

　☞彼はアフリカ象を引き連れ、**アルプス山脈を越えてイタリアに侵**
入した。連戦連勝だったが**ローマ侵入には失敗**する。このことは
正誤問題でも問われる。**ハンニバル**の遠征ルートと戦場は、地図
問題でもよく出るので必ず確認しておくこと。

☑0237 ローマの将軍である**大スキピオ**が北アフリカに上陸
+++ し、**前202年**の◯◯の**戦い**で**ハンニバル**を破って | ザマ、
◯◯を属州化した。　　　　　　　　　　　（上智大） | イベリア半島

　▯ハンニバルを真に苦しめたのはローマの将軍**ファビウス**だった。
彼は至近距離にいるにもかかわらずハンニバルとの決戦を避け、
心理的に相手を追いつめた。ちなみにファビウスの名前は、イギ
リスで漸進的に社会主義を目指す**フェビアン協会**の語源となっ
た。

☑0238 第**3**回ポエニ戦争はローマの将軍（◯◯◯）が**カルタゴ**を完全に破壊し、前**146**年に**カルタゴ**は**滅亡**した。 (日本大)	小スキピオ
🔲 ヨーロッパの人名には「大」「小」がつくことがある。この場合、「小」は「大」の孫、あるいは子どもを指すケースが多い。例えば、**大スキピオ**に対して、**小スキピオ**は孫にあたり、イギリスの政治家大ピットの家系で首相になった**小ピット**は、大ピットの次男にあたる。	
☑0239 第**2・3回ポエニ戦争**の間にローマは、東地中海に進出して**ヘレニズム世界を支配下に入れ**、前**168**年に（◯◯◯）、前**64**年に（◯◯◯）の**2**つの王国がローマと戦って敗北した。 (学習院大)	マケドニア、シリア

17 | 革命（内乱）の1世紀

☑0240 **属州**から連れて来た**奴隷**を農作業などにも従事させる（◯◯◯）が広がり、**安価な穀物流入**もあって、ローマの（◯◯◯）は没落した。 (専修大、明治大)	ラティフンディア（ラティフンディウム）、中小農民（自作農民、重装歩兵）
☞ これはローマ社会が劇的に変わる重大事件。農業の担い手が**中小農民**→**奴隷**へと変化していった。	
☑0241 **中小農民**は没落して離農し、「（◯◯◯）」（無産市民）となって各地をさまよい、ローマに流れ込んで「**パンとサーカス（見世物）**」を要求した。 (早稲田大)	ゆうみん 遊民
🔲 ローマの無産市民は落ちぶれても**市民権**を持っていたので、政治的発言権はあった。そのためローマの有力者は彼らの好意を得ようと食料や娯楽（**パンとサーカス**）を提供した。	
☑0242 属州の徴税請負人として（◯◯◯）が政界に進出した。 (立命館大)	きし 騎士（エクイテス）
☑0243 **平民派**は、（◯◯◯）とも呼ばれ、反元老院派として**元老院中心の政治体制を変革**しようとした。(慶應義塾大)	民衆派（ポプラレス）
☑0244 平民派の（◯◯◯）は、**ユグルタ戦争**で初めて（◯◯◯）を用いた。 (青山学院大、早稲田大)	マリウス、私兵
🔲 ユグルタ戦争は北アフリカのヌミディア王ユグルタとローマの戦い。前111年に始まり前105年にローマの勝利で終わった。	
☑0245 **閥族派（オプティマテス）**とは、（◯◯◯）中心の政治体制を保とうとした**保守的な党派**である。 (日本大)	元老院

☑ 0246 +++ **閥族派**の（　　）は（　　）**戦争**を鎮圧し、ほぼ**イタリア半島全土**に**ローマ市民権を拡大**した。（新潟大、東洋大） 　⚐ 彼は地位や才能、容姿に恵まれた幸運児で、しかも暗殺されることなく天寿をまっとうした。	スラ、同盟市
☑ 0247 +++ **閥族派**の（　　）は小アジアの**ミトリダテス戦争**を鎮圧した。 （青山学院大、早稲田大） 　⚐ **ミトリダテス戦争**はポントス王ミトリダテス6世とローマとの戦争。ミトリダテス6世は敗れて自殺した。	ポンペイウス
☑ 0248 +++ ローマでは奴隷が酷使され、**前135年**に（　　）の**奴隷反乱**、**前133年**に小アジアの（　　）の**蜂起**などが発生した。 （青山学院大、早稲田大） 　⚐ 小アジアではアリストニコスが奴隷中心の平等な社会「**太陽の国**」を建設しようとしたが失敗した。	シチリア、 アリストニコス
☑ 0249 +++ **自作農**の育成と（　　）**法**の復活を図るべく行われた（　　）**兄弟**による**改革**は**頓挫**した。 （センター試験、新潟大） 　⚐ この改革は共和政時代の最大の政治闘争。兄の**ティベリウス゠グラックス**は撲殺され、9歳下の**ガイウス゠グラックス**は自殺に追い込まれ敗北した。兄弟の支持者3000人も殺害されてティベル川に投げ捨てられたという。	リキニウス・セクスティウス、 グラックス
☑ 0250 +++ **グラックス兄弟の改革**が頓挫した後、（　　）**派**と（　　）**派**の対立が深刻になっていった。 （共通一次試験）	平民、 閥族※順不同
☑ 0251 +++ **剣奴**（けんど）の反乱から発生した（　　）の**反乱**は南イタリアを席捲したが、**ポンペイウス**と（　　）により鎮圧された。 （新潟大、慶應義塾大） 　⚐ 剣奴（剣闘士）はグラディアートルとも呼ばれ、戦って相手を殺すことが仕事であり、生き残っていくことは難しかった。	スパルタクス、 クラッスス
☑ 0252 +++ **第1回三頭政治**（**前60年**）の一翼を担った（　　）は、**前53年**にイラン系の（　　）との**カルラエ（カラエ）の戦い**で敗死した。 （近畿大）	クラッスス、 パルティア
☑ 0253 +++ **第1回三頭政治**の（　　）はエジプトに逃れたが暗殺された。 （明治学院大） 　⚐ 彼はクレオパトラと結んでいたが最後に裏切られた。	ポンペイウス

☑0254 第1回三頭政治の◯◯は独裁権を握ったが共和派 +++ によって暗殺された。 （センター試験） 🗂彼はユリウス暦を定めたことでも有名。暗殺者の1人にカエサルが寵愛したブルートゥスがいたことに衝撃を受けた言葉「ブルートゥス（ブルータス）よ、お前もか」は裏切りを表す言葉として使われる。	カエサル
☑0255 カエサルは◯◯に遠征し、この地を征服した。ここ +++ には当時◯◯人が居住していた。 （学習院大） ☛現在のフランスとベルギーにあたる。	ガリア、 ケルト
☑0256 第2回三頭政治（前43年）の◯◯は最も早く失脚 +++ した。 （早稲田大）	レピドゥス
☑0257 第2回三頭政治は、プトレマイオス朝エジプトのク +++ レオパトラ（ヘレニズム世界）と結んだ◯◯と、 ローマ（ラテン世界）を背景とした◯◯の一騎討ちとなり、後者が前31年の◯◯の海戦で勝利した。 （慶應義塾大） 🗂クレオパトラは美人で知性もあったが、つくづく男運がなかった。彼女が愛したポンペイウスもカエサルもアントニウスも最期は天に見放されたといえる。	アントニウス、 オクタウィアヌス、 アクティウム

18 | ローマ帝政（元首政）

☑0258 オクタウィアヌスは自ら◯◯と称して元老院と共 +++ 同統治の形をとる◯◯を開始したが、実質は帝政であった。 （京都大） 🗂共和政はいわば建前で、実際には皇帝独裁であった。彼の死後、その地位は養子のティベリウスに引き継がれた。	プリンケプス、 プリンキパトゥス （元首政）
☑0259 プリンケプスという称号は「第一の◯◯」という意 +++ 味である。 （明治大）	市民
☑0260 前◯◯年、元老院はオクタウィアヌスに「◯◯な +++ る者」の意でアウグストゥスの称号を与えた。 （成蹊大） ☛アウグストゥスをキリスト教の教父アウグスティヌスと混同しないように！	27、尊厳

0261 アウグストゥスの時代、後9年の（ ）の戦いで（ ）将軍率いるローマ軍はゲルマン人に完敗した。

（学習院大、早稲田大）

トイトブルク、
ウァルス

この戦いでローマは3個師団（約2万人）をすべて失った。アウグストゥスは「ウァルス（将軍）よ、余の軍隊を返せ」と嘆いた。

0262 ネロ帝はストア派の（ ）を家庭教師としたが、彼に自殺を命じ、64年のローマ大火を機に（ ）の迫害も行った。

（関西学院大）

セネカ、
キリスト教徒

この迫害でペテロ（初代ローマ教皇）、パウロ（異邦人の使徒）が殉教したとされる。

0263 アウグストゥスから五賢帝（ごけんてい）時代までの約200年間はローマの最盛期で「（ ）」と呼ばれた。

（南山大、センター試験）

ローマの平和
（パックス=ロマーナ）

0264 五賢帝時代とは（ ）年から180年までの間を指し、世襲ではなく（ ）制であった。　（慶應義塾大）

96、
養子

「苦労（96）したと威張れ（180）五賢帝」と覚えよう！　4人の皇帝には幸か不幸か皇位継承者としての子どもがいなかったとされる。

0265 五賢帝の最初の皇帝は、元老院出身の（ ）帝である。

（慶應義塾大）

ネルウァ

0266 五賢帝の2番目となる（ ）帝はイベリア半島（スペイン）出身で、アルメニアとルーマニア（ ）を獲得し、最大版図を実現した。

（青山学院大、早稲田大）

トラヤヌス、
ダキア

この結果、カスピ海付近のアルメニアは、周辺諸国がイスラームを信仰する中、現在でもキリスト教を信仰し、ローマ文化が根強く残っている。

0267 五賢帝の3番目となるハドリアヌス帝は（ ）に長城（じょう）を築くなど異民族に対する防備を固めた。

（早稲田大）

ブリタニア（イングランド）

この皇帝の頃からローマは守りに入り、拡大をストップさせた。

0268 五賢帝の4番目の（ ）帝は公正・寛大な統治を行った皇帝として知られる。　（上智大）

アントニヌス=ピウス

地味な皇帝だが「ベスト（最良）の皇帝」と唱える学者も多い。

☑0269 **五賢帝の5番目の◯◯◯帝**は、「哲人皇帝」とも呼ば
+++ れる**ストア派**の哲学者でもあり、『自省録』を◯◯◯
語で著した。当時の中国（後漢）では◯◯◯という名
で伝えられている。　　　　　　　　　　（慶應義塾大）

- 「自省録」は皇帝が死んだ後、偶然にもポケットの中から発見さ
  れたという。自分向けの内省の記録であり、他人が読むことを想
  定していなかった。しかし、自分の思いの赤裸々さが逆に後世の
  人々の感動を呼んだ。

マルクス=アウレリ
ウス=アントニヌス、
ギリシア、
大秦王安敦

☑0270 **212年、◯◯◯帝はアントニヌス勅令により、ロー**
+++ **マ帝国内の全自由民にローマ◯◯◯権を付与した。**
　　　　　　　　　　　　　　　　　　　　（東京大、立教大）

- 彼の本名はマルクス=アウレリウス=アントニヌス。五賢帝の1人
  と同姓同名のため、このようなあだ名がついた。彼は好んでフー
  ドつきのマント（これをカラカラという）をまとっていた。

カラカラ（アントニ
ヌス）、市民

☑0271 **235年に始まる◯◯◯時代**には、即位した25人の皇
+++ 帝が暗殺や戦争で倒れた。唯一の自然死は**サ サン朝**
に捕われた◯◯◯帝のみだった。　　　　　　　（立教大）

- 彼はサ サン朝のシャープール1世に捕えられて、運よく暗殺を免れ
  た（だが、天寿をまっとうしたという記録も残っていない）。

軍人皇帝

ウァレリアヌス

---

19 | ローマ帝政（専制君主政）

☑0272 ◯◯◯帝は**ローマ帝国の四分統治（テトラルキア）**を
+++ 始めて、自らは◯◯◯正帝と◯◯◯皇帝を兼ねた。
　　　　　　　　　　　　　　　　　　　　（北海道大、法政大）

ディオクレティアヌ
ス、東方、全ローマ

☑0273 **ディオクレティアヌス帝**は東方的な**専制君主政（ド**
+++ **ミナートゥス）**を始め、◯◯◯を民衆に強要し、それ
に従わない◯◯◯の大迫害を行った。（明治大、千葉大）

- ディオクレティアヌス帝は愛する妻と娘がキリスト教徒であっ
  たため、キリスト教には共感していた。しかし、帝国の分裂を阻
  止するために弾圧を決行した。

皇帝崇拝、

キリスト教徒

☑0274 **コンスタンティヌス帝はローマ帝国を再統一**し、
+++ **313年の◯◯◯でキリスト教を公認、325年**には
◯◯◯公会議で◯◯◯派を正統と決めた。**イエスを人**
間と見なす◯◯◯派は異端となった。　　　（上智大）

- コンスタンティヌス帝はキリスト教を利用してローマの統一を
  図った。アリウス派はゲルマン人の間で広まっていた。

ミラノ勅令、

ニケーア、

アタナシウス、

アリウス

☑0275 <u>コンスタンティヌス帝</u>は、（　　）年にビザンティウ
+++ ムを（　　）と改称し、帝国の首都とした。

（南山大、北海道大）

　🗊 この都市はギリシア人のメガラ市の植民都市で、かつては<u>ビザン</u>
　<u>ティオン</u>と呼ばれ、後にローマ風に呼び名が変わった。

330、
コンスタンティノープル

☑0276 <u>コンスタンティヌス帝</u>は、<u>330</u>年に（　　）へ遷都し
+++ て、その地をコンスタンティノープルと改名した。ま
た、（　　）<u>法</u>で<u>コロヌス</u>の移動を禁止した。

（東京大、慶應義塾大）

ビザンティウム

コロヌス土地定着強制

☑0277 後期帝政時代、征服戦争の停止による<u>奴隷の減少</u>や
+++ 奴隷反乱などにより（　　）は崩れ、<u>小作農民</u>に土地を
貸与させて耕作させる（　　）が成立した。

（同志社大）

　🗊 この結果、ローマは自給自足的な経済となり、貨幣経済も衰退へ
　向かった。

ラティフンディア（ラティフンディウム）、コロナートゥス（コロナトゥス、コロヌス制）

☑0278 「<u>背教者</u>」と呼ばれた（　　）帝は、キリスト教を敵視
+++ した。

（早稲田大）

ユリアヌス

☑0279 （　　）年、キリスト教はローマの国教となったが、
+++ <u>395</u>年の（　　）帝の死後、ローマ帝国は東西に分裂
した。

（西南学院大）

　🗊 ローマ帝国は東西に分裂したのち二度と統合されることはな
　かった。西ローマ帝国は476年に滅亡し、東ローマ（ビザンツ）
　帝国は1453年にオスマン帝国に滅ぼされた。最後の東ローマ皇
　帝コンスタンティヌス11世は「神よ、帝国を失う皇帝を許すな
　かれ。都の陥落と共に、我死なん」の言葉を最後に、剣を抜きオ
　スマン帝国軍に飛び込み命尽きた。

392、
テオドシウス

20 | キリスト教の成立とローマ

☑0280 キリスト教の起源は（　　）<u>教</u>で、ともに<u>一神教</u>であ
+++ る。

（立教大）

　☞ 慶應義塾大でキリスト教の経典を問う問題があった。一見簡単に
　思えるが、「聖書」のみは不正解となる。「旧訳聖書」「新訳聖書」
　の2冊を書いて正解となる。

　🗊 ユダヤ教の教典はヘブライ語で書かれた『旧訳聖書』。キリス
　ト教の教典は「旧訳聖書」の他に、イエスの言行録などをまとめた
　<u>『新訳聖書』</u>の2冊。

ユダヤ

☑ 0281 +++ <u>イエス</u>は、ユダヤ教の祭司による**権威主義**や（◯◯◯） **思想**、**極端な戒律主義**や（◯◯◯）**主義**、**形式主義**を批判 したために、これを危険視した祭司たちによりロー マに告発された。 （センター試験、立正大） ☞キリスト教の創始者を問われたらイエスでも、イエス・キリスト でも正解となる。 🗒<u>イエス</u>自身はユダヤ人だったが、その排他性を批判していた。な お、イエス・キリストという場合、**イエス**が名前で、キリストは **救い主**の意味となる。	選民、 律法
☑ 0282 +++ <u>イエス</u>は、ローマ総督（◯◯◯）によって**十字架**に架け られ処刑された。 （慶應義塾大） 🗒<u>イエス</u>は、ローマに対して納税を拒否し、独立運動を企てた罪で 捕えられ、**ゴルゴダの丘**で架刑死した。なお、このローマ総督は ユダヤ人の圧力で渋々**イエス**を処刑した。後に自殺、またはキリ スト教に入信したとも伝えられ、彼を聖人視している国もある。	（ポンティウス=）ピ ラトゥス
☑ 0283 +++ 『**新約聖書**』の原典は（◯◯◯）といわれる**共通語のギリ** **シア語**で書かれた。 （成蹊大、早稲田大） 🗒後に**ヒエロニムス**が**ギリシア語からラテン語**に訳して「**ヴルガタ** （ヴルガータ）」と呼ばれ、最も権威のある聖書となった。	コイネー
☑ 0284 +++ <u>イエス</u>が選んだ**12人の直弟子**を（◯◯◯）と呼ぶ。 （京都産業大）	し と 使徒
☑ 0285 +++ 使徒（◯◯◯）は<u>イエス</u>の最初の弟子となり、伝説的に **ローマ=カトリック教会**の<u>初代教皇</u>とされている。 （立教大）	ペテロ
☑ 0286 +++ 使徒（◯◯◯）は**小アジア出身のユダヤ人**で、**東方**への 伝道を行い、「<u>異邦人の使徒</u>」と呼ばれた。 （立命館大）	パウロ
☑ 0287 +++ 『**新約聖書**』の中で、<u>イエス</u>の言行を記録した部分で ある『（◯◯◯）』は、<u>マタイ</u>、<u>マルコ</u>、<u>ルカ</u>、<u>ヨハネ</u>の **4人**の人物によるイエスの伝記となっている。 （上智大） 🗒四人の使徒の中では特にルカの人気が高い。知的なルカは医者で あり、医学の守護聖人となっている。子どもにルカと名付ける親 もいる。	ふくいんしょ 福音書
☑ 0288 +++ 『**新約聖書**』の中で、<u>ペテロ</u>や<u>パウロ</u>の**伝道**について 著されている部分を『（◯◯◯）』という。 （青山学院大）	し と ぎょうでん 使徒行伝

☑0289 キリスト教徒は皇帝礼拝を拒否したために、（　　　）
+++ 帝から（　　　）帝に至る**約250年間、迫害を受け続け**
た。　　　　　　　　　　　　　　（センター試験、学習院大）

ネロ、
ディオクレティアヌ
ス

☑0290 迫害を逃れたキリスト教徒が礼拝を行った<u>地下礼拝</u>
+++ <u>所</u>を（　　　）という。　　　　　（東京大、関西学院大）

カタコンベ（カタ
コーム）

⚐ 地下で礼拝していた礼拝所と墓所とを兼ねたものである（地下墓
所）。ローマ市の地下にあり迷路のように入り組んでいて、全長
は約560kmもあった。ここでキリスト教徒は信仰を守った。

☑0291 **信徒の団体や集会所を意味する**（　　　）**という言葉**は、
+++ キリスト教徒の団体を示す語であり、**ギリシア市民**
の**「民会」を語源とする**。　　　　　（上智大、立命館大）

教会

⚐ イエスの教えは**「人のために」**という愛の教えであった。とても
シンプルな実践の教えであったが、次第に教会組織や教義などが
生まれ、複雑化していった。これに異を唱えたのが16世紀の**ル
ターの宗教改革**であった。

☑0292 **313年、**（　　　）**帝はローマ帝国統一**の必要性から
+++ （　　　）**勅令**を発し**キリスト教を公認**した。
　　　　　　　　　　　　　　　　　（センター試験、慶應義塾大）

コンスタンティヌス、
ミラノ

⚐ 画期的な事件。ここからヨーロッパのキリスト教世界が生まれた
といっても過言ではない。

☑0293 **テオドシウス帝**は（　　　）年に**キリスト教を国教化**し
+++ た。　　　　　　　　　　　　　　　　　　　　　　（法政大）

392

☑0294 **392年、**エジプト起源の（　　　）**教**、イラン起源の
+++ （　　　）**教**などの**異教はすべて禁止**された。
　　　　　　　　　　　　　　（慶應義塾大、上智大、共通テスト）

イシス、
ミトラ

⚐ 勇気を理想とする**ミトラ教**は、特にローマ軍人の間に人気があっ
た。入信の儀式には7つの階梯（部屋）があり、それぞれに課さ
れる試練のすべてをクリアしなければ信者になれなかった。

☑0295 **325年**の<u>ニケーア公会議</u>では、後の（　　　）**説**をとる
+++ （　　　）**派が正統**とされ、（　　　）**派は異端**とされた。
　　　　　　　　　　　　　　　　　（センター試験、日本大）

三位一体、
アタナシウス、
アリウス

⚐ 前者は**「聖霊・父なる神・子なるイエス」を一体とする説**で、三
位一体説としてはこの公会議以降に確立した。後者はイエスの神
性を否定する説で、イエスを**神に最も近い人間**とした。

☑0296 教会によって承認された、**古代および中世初期のキ**
+++ **リスト教の著作家たち**は（ ）と呼ばれ、<u>使徒</u>の後
を受けて正統教義の確立に努めた。

(上智大、慶應義塾大)

教父（きょうふ）

☑0297 教父（ ）は『**教会史**』『**年代記**』を著した最初の教
+++ 会史家で、**325年**の<u>ニケーア</u>公会議を指導した1人
でもある。彼が唱えた（ ）**理念**は、後世の**王権神授**
説の根拠となった。 (上智大、センター試験)

🗒 彼はカイサリアの司教で、キリスト教初の教会史家。なお、その
理念は、皇帝の位とは神から与えられた恩寵（おんちょう）であるというもの。

エウセビオス

神寵帝（しんちょうてい）

☑0298 **381年**の（ ）**公会議**では**ニケーア公会議の決定事**
+++ **項が再確認**された。 (青山学院大)

☞これは上位〜難関大で出題されることが多い問題。

コンスタンティノープル

☑0299 **431年**の（ ）**公会議**では（ ）**派**が異端とされた。
+++ この派は主に**シリアやエジプトに拡大**し、後に中国
まで伝わり（ ）と呼ばれた。 (共通テスト、法政大)

🗒イエスの神性と人性を分離する教派である。彼らの中には学識の
高い者が多く、**サ サン朝**で学者として活躍するなどした。

エフェソス、
ネストリウス、
景教（けいきょう）

☑0300 451年の（ ）**公会議**では**キリスト単性論（たんせいろん）**が**異端**と
+++ された。 (法政大、慶應義塾大)

🗒単性論派はイエスの神性を強調するグループ。東ローマ帝国内で
は一定の支持を得た。

カルケドン

☑0301 **アウグスティヌス**の代表的著作は『（ ）』と**自伝**の
+++ 『（ ）』などである。 (日本女子大)

神の国（神国論）、
告白録

☑0302 **最大の教父**といわれる（ ）は北アフリカの**ヌミ**
+++ **ディア出身**で、青年期に一時（ ）**教**に入信した。

(上智大)

🗒マニ教は極端な**善悪二元論を説く宗教**。**キリスト教・ゾロアス**
ター教・仏教を融合したもので大きな影響力を誇った。アウグス
ティヌスは若いころにマニ教からキリスト教に回心している。

アウグスティヌス、
マニ

21 | ローマ文化

☑0303 ローマ文化は（　　）と（　　）の分野で優れた文化的財産を後世に残した。　　　　　　　　　（近畿大）
+++
　　🗋 ローマは実用面においては優れていたが、芸術などはギリシア文化に圧倒され、模倣が限界だった。

建築、法律※順不同

☑0304 （　　）法は中世ヨーロッパに継承され、ヨーロッパ法学の源流の１つとなった。　　　　（共通一次試験）
+++

ローマ

☑0305 古代ローマ人は、（　　）文字から派生した（　　）字を使い、（　　）語を帝国領土内に普及させた。
+++　　　　　　　　　　　　　　　　　　　　　　　（東洋大）

ギリシア、ローマ、ラテン

☑0306 （　　）帝の時代はラテン文学の黄金時代であり、当時、ローマ最大の詩人といわれた（　　）は『アエネイス』を著した。　　　　　　　　　（センター試験）
+++
　　🗋 この詩人の大ファンだったダンテは、著書『神曲』の地獄・煉獄の水先案内人としてこの人物を登場させた。しかし、天国の案内人としては恋人のベアトリーチェを登場させている。

アウグストゥス、ウェルギリウス

☑0307 （　　）は『国家論』『義務論』を著したラテン散文作家である。　　　　　　　　　（明治大、京都大）
+++

キケロ

☑0308 （　　）の著書『ガリア戦記』は、ケルト人と（　　）人の風俗や習慣、社会を知る重要史料となっている。
+++　　　　　　　　　　　　　　　　　　　　　（慶應義塾大）

カエサル、ゲルマン

☑0309 ローマの詩人で『叙情詩集』を著したのは（　　）である。　　　　　　　　　（明治学院大、甲南大）
+++

ホラティウス

☑0310 ローマの詩人で『転身譜』を著したのは（　　）である。　　　　　　　　　（明治学院大、甲南大）
+++
　　🗋 彼はアウグストゥス帝の娘を口説き、皇帝の怒りをかって黒海沿岸に流され、その地で亡くなった。

オウィディウス

☑0311 （　　）はギリシア人奴隷出身のストア派哲学者である。また、同じくストア派哲学者で『自省録』を著した皇帝（　　）は「（　　）皇帝」と呼ばれる。
+++　　　　　　　　　　　　　　　　　　　　　　　（甲南大）

エピクテトス、マルクス=アウレリウス=アントニヌス、哲人

☑ 0312 **エピクロス派**では（＿＿＿）が『<u>物体の本性</u>』（『<u>物の本質</u> +++ <u>について</u>』）を著した。 （早稲田大）	ルクレティウス
🗌 彼は徹底した無神論（唯物論）の立場に立ったが、晩年精神に異 常をきたし『物体の本性』は未完に終わった。	
☑ 0313 **エジプト出身の哲学者**（＿＿＿）は<u>新プラトン主義</u>の祖 +++ といわれる。 （早稲田大）	プロティノス
🗌 新プラトン主義は仏教に似ている面があることから、日本の仏教 学者も関心を寄せている。	
☑ 0314 **共和政期の歴史家**（＿＿＿）は『<u>歴史</u>』（『<u>ローマ史</u>』）を +++ 著した。 （慶應義塾大）	ポリビオス（ポリュ ビオス）
☛ <u>政体循環史観</u>というキーワードとともに出題されることがある ので要注意！	
☑ 0315 （＿＿＿）は**アウグストゥス時代の歴史家**で『<u>ローマ建国</u> +++ <u>史</u>』を著した。 （上智大、立教大）	リウィウス
🗌 彼はアウグストゥスの庇護を受けたため、ローマの歴史に好意的 とされ、批判的精神に欠けるという評価も受けている。	
☑ 0316 **小アジア出身**の**地理学者**（＿＿＿）は『<u>地理誌</u>』を著し +++ た。 （上智大）	ストラボン
☑ 0317 **帝政ローマ時代の政治家**である（＿＿＿）は『<u>ゲルマニ</u> +++ <u>ア</u>』『<u>年代記</u>』を著す歴史家でもあった。 （上智大、明治大）	タキトゥス
☑ 0318 <u>タキトゥス</u>は著書『（＿＿＿）』の中で共和政を讃え、**帝** +++ **政を暗に批判**した。 （早稲田大）	年代記
☛ <u>リウィウス</u>とは正反対の立場。正誤問題で問われるポイント！	
☑ 0319 **帝政ローマ時代の哲学者**（＿＿＿）は『<u>対比列伝</u>』（『<u>英雄</u> +++ <u>伝</u>』）を著した。 （関西大）	プルタルコス（プル タ—ク）
🗌 この本はギリシアとローマの「英雄比較書」である。	
☑ 0320 **ローマの博物学者**（＿＿＿）は『<u>博物誌</u>』を著した。 ++﹢ （青山学院大）	プリニウス
🗌 彼はウェスウィウス（ヴェスヴィオ）火山が噴火した際、火山近 郊の別荘に滞在していた友人の妻を救出中に命を落とした。	
☑ 0321 （＿＿＿）は『<u>天文学大全</u>』を著し、**地球が宇宙の中心**で +++ あるとする（＿＿＿）を唱えた。 （青山学院大）	プトレマイオス、 天動説
🗌 『<u>天文学大全</u>』の別名は『<u>アルマゲスト</u>』。この本は中世キリスト 教会を支配した。	

☑0322 ペルガモン出身の医学者◯◯◯は動物の解剖実験を
+++ 行った。 （早稲田大）

　🔖 彼はマルクス=アウレリウス=アントニヌス帝の侍医も務めた。

ガレノス

☑0323 ローマにおいて諸神を祀った神殿は◯◯◯と呼ばれ
+++ る。 （明治大）

　🔖 パンテオンはローマの円蓋建築の代表的なもので、現存するもの
　　はハドリアヌス帝が再建したもの。

パンテオン

☑0324 ◯◯◯街道はローマ最古の板石舗装の軍用道路であ
+++ る。また、ローマにあった円形闘技場は◯◯◯と呼ば
れる。 （センター試験、中央大）

　🔖 この街道はイタリア半島統一戦争で物資輸送を円滑にするため
　　に造られたものである。

アッピア、
コロッセウム

☑0325 ローマの公共浴場では◯◯◯帝が建造したものが有
+++ 名である。 （明治大）

　🔖 ローマの公共浴場は大娯楽センターであった。ローマ市内に
　　1000軒以上もあり、入場料は10円くらい（諸説あり）と破格の
　　安さだった。今でいうマッサージルーム・スポーツコーナー・レ
　　ストランなどが付属しており、1日を飽きることなく過ごせる工
　　夫があった。

カラカラ

☑0326 ローマの凱旋門では◯◯◯帝が建造したものが有名
+++ である。 （センター試験、立命館大）

コンスタンティヌス

☑0327 ローマ帝政期にはペルシア起源の◯◯◯教などの神
+++ 秘的な密儀宗教が流行し、◯◯◯帝の信奉を得た。
（上智大、同志社大）

　🔖 彼はミトラ教を信仰し、またギリシア文化の愛好者でもあったの
　　で"背教者ユリアヌス"と呼ばれた。

ミトラ、
ユリアヌス

☑0328 「ローマの平和」と呼ばれたローマ帝国の最盛期に
+++ は、インドとの間で◯◯◯を利用した交易が行われ
ていた。 （センター試験、早稲田大）

　☞ インド洋の季節風は、ギリシア人のヒッパロスが発見したので
　　「ヒッパロスの風」とも呼ばれる。これは早慶などの難関校で出
　　題される。

モンスーン（季節
風）

2 南アジア・東南アジア世界の成立

1 | インダス文明

☑0329
+++ （＿＿＿）は、チベットに源を発し、インド西北部を南西
に流れる大河である。 （法政大、東京都立大）

> 🔖 チベットの氷河は、急速に温暖化の影響で後退しつつある。危惧
> されるのは洪水や河川の氾濫であるが、将来的には水資源の減少
> にもつながり、深刻な未来が予想されている。**インダス文明滅亡
> の要因にも環境破壊**があげられている。人類は過去の反省を生か
> せるのだろうか。

インダス川

☑0330 **インダス文明はインド最古の文明**とされ、（＿＿＿）**人**
+++ によって作られたものと推定される。（上智大、同志社大）

ドラヴィダ

☑0331 **インダス文明**の遺跡としては、**インダス川**<u>中流</u>の
+++ （＿＿＿）、**インダス川**<u>下流</u>の（＿＿＿）、**ドーラヴィーラー**
などがある。 （東海大、同志社大）

> 🔖 モエンジョ＝ダーロは「死者の丘」の意味。折り重なった数多く
> の死体が発見された。

**ハラッパー、
モエンジョ＝ダーロ
（モヘンジョ＝ダロ）**

☑0332 **象形文字**の（＿＿＿）**文字**は現在も解読されていない。
+++ （センター試験、上智大）

> 🔖 ドーラヴィーラーで発見された看板には約10文字の**インダス文
> 字**が刻まれてあった。解読に成功すればノーベル賞級の功績とい
> われるが、現在も未解読である。

インダス

☑0333 **インダス文明**では**整然とした都市計画**に沿って建設
+++ がなされたが、強大な権力を示す（＿＿＿）や（＿＿＿）の跡
は見当たらない。 （上智大、同志社大）

**神殿、王宮（宮殿、
陵墓）※順不同**

☑0334 **インダス文明**では、金・銀・（＿＿＿）**器**が使用されてい
+++ た。 （中央大）

青銅

☑0335 **インダス文明滅亡の原因**として洪水、（＿＿＿）**破壊**、気
+++ 候の変化などの諸説がある。 （上智大）

> 🔖 かつては**アーリヤ人の侵入**が滅亡の要因とされたが、現在、その
> 説は否定されている。

自然（環境）

☑0336 （ ）は、**インド南部とスリランカ**に居住する民族 ／ タミル人
+++ で、インダス文明の継承者を自称している。
（慶應義塾大）

　🗒 日本の国語学者・大野晋（1919 ～ 2008）は、日本語のルーツを
　　 タミル語に求めた（例：「原っぱ→ハラッパー」など）。

2 ┃ インド古代文明

☑0337 前 1500 年頃、（ ）語族の**アーリヤ人**が（ ）峠 ／ インド=ヨーロッパ、
+++ を越えて**西北インド**に進出した。　（中央大、明治大） カイバル

　🗒 **アレクサンドロス大王**の軍隊もこの峠を越えてインドに進出し
　　 た。

☑0338 **カイバル峠**は（ ）山脈南部に位置する。　（明治大） ／ ヒンドゥークシュ
+++
　🗒 ヒンドゥーは「インド人」、クシュは英語の "kill" に相当する。つ
　　 まり、現地のインド人さえ山を越える際には命の保証がないくら
　　 いに険しい山脈であるという意味。

☑0339 西北インドに進出した**アーリヤ人**は（ ）地方に住 ／ パンジャーブ
+++ みついた。　（法政大、東京都立大）

☑0340 **アーリヤ人**は**自然現象を神として崇め**、聖典**ヴェー** ／ リグ=ヴェーダ、
+++ **ダ**を残した。成立の時代順に『（ ）』→『（ ）』 サーマ=ヴェーダ
　　 →『**ヤジュル=ヴェーダ**』→『**アタルヴァ=ヴェーダ**』
　　 の 4 種がある。　（明治大、南山大）

　🗒 ヴェーダは**「知恵」**の意味。入試では『リグ=ヴェーダ』が出題
　　 されることが圧倒的に多い。

☑0341 **ヴェーダ**は（ ）**教**の聖典となっている。　（関西大） ／ バラモン
+++
　🗒 民衆には『アタルヴァ=ヴェーダ』が人気。いわゆる呪術本の類
　　 である。頭髪をよみがえらせる方法なども記されている。

☑0342 前 1000 年頃、**アーリヤ人**は（ ）川流域に進出し ／ ガンジス
+++ た。　（明治大、南山大）

☑0343 **ガンジス川**に進出した後、**アーリヤ人**の間で（ ） ／ 鉄器
+++ の使用が始まり、農業生産が伸びた。（立教大、一橋大）

　🗒 鉄器の使用が開始された時期は、はっきりとは解明されていな
　　 い。

☑0344 <u>バラモン</u>（司祭）を頂点として、（◯）→（◯）
+++ →（◯）と身分の階層が続く<u>ヴァルナ制</u>が誕生した。

(同志社大)

クシャトリヤ、
ヴァイシャ、
シュードラ

> 🔲<u>クシャトリヤ</u>は武士や貴族、<u>ヴァイシャ</u>は一般庶民、<u>シュードラ</u>は隷属民を意味する。

☑0345 <u>ヴァルナ制</u>ではさらに職業の分化や世襲化に伴い、
+++ 数千もの社会集団である（◯）が生まれた。 (明治大)

ジャーティ

☑0346 16世紀にインドに入った<u>ポルトガル人</u>は、<u>ヴァルナ</u>
+++ と<u>ジャーティ</u>の区別がわからず、これらをまとめて
（◯）制と呼んだ。 (明治大)

カースト

> ☞整理すると→ ヴァルナ（制）＝4階級 ｝カースト制
> 　　　　　　　 ジャーティ＝約3,000

☑0347 <u>バラモン教</u>の祭式万能主義に反発し、（◯）と<u>アート</u>
+++ <u>マン</u>（我）の一体を説く（◯）哲学が成立した。

(慶應義塾大、南山大)

ブラフマン(梵)、
ウパニシャッド

> 🔲この哲学は宇宙と人間が一体になる神秘体験でもあり、19世紀ヨーロッパの文化人を魅了した。ロマン派の作家ノヴァーリスはこの体験を「恍惚の境地」と呼んだ。

☑0348 当時、生物は生死を繰り返すという（◯）の思想が
+++ 現れ、この思想は仏教に継承された。 (慶應義塾大)

輪廻転生

> 🔲何度も生まれ変わる、といっても無限ではなく、完成形に近づくと高い境地へと旅立つという思想。仏教の根本思想の1つであるが、マニ教やイスラーム教のアラウィー派も同様の思想を持つ。アラウィー派はシリアで現在も大きな力を持っている。

☑0349 <u>シャカ族</u>のカピラ国の王子（◯）は、前5世紀頃に<u>仏</u>
+++ <u>教</u>を開いた。 (明治大)

ガウタマ=シッダールタ(ブッダ)

> 🔲<u>ブッダ</u>（仏陀）とは「悟りを開いた者」という意味。

☑0350 <u>仏教</u>では8つの正しい思想や行いを（◯）として具
+++ 体的に挙げている。 (明治大)

八正道

☑0351 <u>仏教</u>において、<u>輪廻</u>から脱却して<u>生老病死</u>の4つの
+++ 人生苦を超越することを（◯）という。 (明治大)

解脱

☑0352 <u>仏教</u>は苦行を否定し、また（◯）制を批判し、主に
+++ （◯）やヴァイシャの支持を得た。

(センター試験、慶應義塾大)

ヴァルナ、
クシャトリヤ

☑0353 **クシャトリヤ出身の**◯◯は<u>ジャイナ教</u>を開いた。
+++
（センター試験、明治大）

🔶 <u>マハーヴィーラ</u>とは「偉大な英雄」という意味の尊称である。

ヴァルダマーナ
（マハーヴィーラ）

☑0354 <u>ジャイナ教</u>は苦行を肯定して極端な◯◯主義に立
+++ ち、◯◯の<u>商人層</u>の支持を得た。 （明治大、南山大）

🔶 <u>ジャイナ教</u>徒は微生物を殺すことさえ嫌う。したがって、微生物を吸い込まぬよう口にマスクをすることが多い。土の中の野菜は、掘る際に微生物を殺すため、大根やジャガイモなども食べてはいけない。そのため農業を嫌う宗教である。しかし**商人の支持**を得て成長した。

不殺生、
ヴァイシャ

☑0355 商工業も発展し、<u>前6</u>世紀頃には**ガンジス川中流域**
+++ に◯◯国、◯◯国などの小王国が誕生した。
（早稲田大）

☛難関校では**コーサラ国**が出る。叙事詩「ラーマーヤナ」の英雄ラーマ王子の故国とされる。コーサラ国は**アレクサンドロス大王**以降、インドに建設されたギリシア人国家のインド・グリーク（ギリシア）朝と激しく戦った。

マガダ、
コーサラ※順不同

☑0356 <u>仏教</u>とジャイナ教は◯◯国で生まれた。 （法政大）
+++

マガダ

3 ｜ マウリヤ朝の成立

☑0357 ◯◯国を滅ぼして<u>ガンジス川</u>流域を統一した
+++ ◯◯国では<u>仏教</u>が栄えた。 （センター試験、法政大）

コーサラ、
マガダ

☑0358 ◯◯は<u>アレクサンドロス大王</u>の侵入に対抗し、<u>マ</u>
+++ <u>ガダ</u>国の◯◯朝を倒して<u>マウリヤ朝</u>を建国した。
（早稲田大、立命館大）

☛「チャンドラグプタ」を「チャンドラ=グプタ」としないこと。入試では×となる。ギリシア人はこの人物を**サンドラコットス**と呼んでいた。

チャンドラグプタ、
ナンダ

☑0359 **マウリヤ朝**は◯◯に都を置いた。 （中央大）
+++
🔶 グプタ朝も同様にこの都市を都とした。この名は「**華の都**」を意味する。

パータリプトラ

☑0360 **マウリヤ朝**は<u>セレウコス朝シリア</u>から◯◯を獲得
+++ した。 （早稲田大）

アフガニスタン

☑0361 **セレウコス朝シリア**のセレウコス１世は『**インド誌**』 +++ の著者でもある◯◯を**マウリヤ朝**に派遣した。 （予想問題） ■11世紀の地理学者ビールーニーもガズナ朝のマフムードに仕え、 『インド誌』を著した。同じ著作名なので要注意！	メガステネス（メガ ステネース）

4 ｜ アショーカ王時代のマウリヤ朝

☑0362 **マウリヤ朝**では、第３代の◯◯王の頃に、**領土が南** +++ **部を除くインド亜大陸の全域におよび、最盛期**を迎 えた。　　　　　　　　　　　　　　　　　（法政大）	アショーカ
☑0363 **アショーカ王**は◯◯**国**を征服後、**仏教に帰依**した。 +++ （明治大、立命館大） 🖝この征服戦争でマウリヤ朝は10万人以上の敵兵を殺害した。そ の惨状を見て、アショーカ王は仏教に帰依したといわれる。	カリンガ
☑0364 **アショーカ王**は、中国では漢字で◯◯**王**と表され +++ る。　　　　　　　　　　　　　　　　　　　（明治大） 🖝アショーカ王（阿育王）は、仏教では理想の君主とされる。彼は 動物病院を創設したとされる。	阿育
☑0365 **アショーカ王**は◯◯に基づく政治を行って**磨崖碑** +++ や**石柱碑**、◯◯の**仏塔（ストゥーパ）**などを建築し た。　　　　　　　　　　　　　　　（上智大、早稲田大） 🖝仏塔（ストゥーパ）はブッダ（釈迦）の遺骨を納める建物で、信 仰の対象となっている。代表的なものはインド中部にあるサーン チーの仏塔で、日本では御殿場（静岡県）などに存在する。	法（ダルマ）、 サーンチー
☑0366 **アショーカ王**は第◯◯回の**仏典結集**を◯◯語で +++ 行った。　　　　　　　　　　　（法政大、共通テスト） 🖝仏典結集とはブッダ（釈迦）の教説を整理する作業のこと。第 1・2回は数多くの弟子たちが集まって行われた。	3、パーリ
☑0367 **アショーカ王**は王子◯◯を派遣し、**仏教の**◯◯**布** +++ **教**に成功した。　　　　　　　　　　（中央大、法政大） 🖝他の人物によるエジプト布教も成果をあげたが、数百年間で衰退 した。	マヒンダ、 セイロン（スリラン カ）
☑0368 **インド南部**では◯◯**朝**が**マウリヤ朝**から独立を維 +++ 持していた。　　　　　　　　　　　　　　（早稲田大）	パーンディヤ

☑0369 前**2**世紀頃に発見された（＿＿＿）の概念は、**イスラーム世界**の<u>数学</u>の発展に大きく貢献した。　（東京大） 　▯<u>ゼロ</u>の概念は**グプタ朝時代**に広く用いられるようになった。	ゼロ

5 ｜ クシャーナ朝（1～3世紀）

☑0370 **クシャーナ朝**はイラン系といわれる<u>クシャーナ族</u>が（＿＿＿）から自立して建国された。　（センター試験）	大月氏 <small>だいげっし</small>
☑0371 **クシャーナ朝**は（＿＿＿）に都を置いた。（上智大、立教大） 　▯**クシャーナ族**はペルシア（イラン）系の民族といわれ、「**ペルシア人の都（ポリス）**」の意味を込めて、このように都市の名を呼んだ。現在のペシャワールにあたる。	プルシャプラ
☑0372 <u>ギリシア式</u>**仏像彫刻**を特徴とする（＿＿＿）美術が発展した。　（センター試験、青山学院大） 　▯この美術様式は現在のパキスタンに位置する**ガンダーラ**地方を中心に発展した。ギリシア人は**オリンポス12神**を造るかのように仏像を製作した。	ガンダーラ
☑0373 <u>ガンダーラ美術</u>は**中央アジア**を経由して、「（＿＿＿）→（＿＿＿）→**日本**」へと広まった。　（センター試験）	中国、 朝鮮
☑0374 **クシャーナ朝**の全盛期となる（＿＿＿）**王**の時代に第（＿＿＿）回**仏典結集**が（＿＿＿）語（梵語<small>ぼんご</small>）で行われた。　（日本大、関西学院大） 　▯この王は仏教を保護したことで知られるが、**ゾロアスター教**の遺跡なども見つかっており寛大な政策をとっていた。この寛容さが王朝の繁栄を生んだ。またこの王の姿を刻んだ金貨が発見されている。イラン系というよりも横顔はギリシア系に近い。	カニシカ、 4、サンスクリット
☑0375 <u>クシャーナ朝</u>は**通商と交易**を重視し、（＿＿＿）の金貨と純度や重量を同じくした。　（立教大） 　▯**クシャーナ朝**は人種や国籍を問わず自由に領内に入ることを許可するなど、**極めて寛大な国家**だった。	ローマ（帝国）
☑0376 （＿＿＿）が大衆の救済を説く<u>大乗仏教</u>を**大成**した。彼の代表作として『（＿＿＿）』がある。　（明治大、早稲田大） 　▯彼は医者もしくは仏教学者であったといわれる。90歳近くまで生きたという伝説的な人物で、その名は遠くローマ帝国にも知れ渡っていた。しかし、若い頃はかなりのワルだったらしい。	ナーガールジュナ （竜樹<small>りゅうじゅ</small>）、中論

☑0377 ＋＋＋ （ ）の中心的思想として、**利他の行為（万人の救済）を実践する救済者としての（ ）への信仰がある。** （センター試験）	大乗仏教、 菩薩（ぼさつ）
☑0378 ＋＋＋ **大乗仏教**に対して**旧来の仏教**は（ ）**仏教**と呼ばれる。 （センター試験、明治大） 🗊 小乗とは「1人（または少人数）しか乗れない船」の意味で**大乗仏教**側が蔑称として用いた。したがって、正式名称ではない。	上座部（小乗）（じょうざぶ しょうじょう）
☑0379 ＋＋＋ **大乗仏教**は、（ ）と（ ）の兄弟によって発展した。 （慶應義塾大、早稲田大）	無著（アサンガ）（むじゃく）、 世親（ヴァスバンドゥ）（せしん）※順不同
☑0380 ＋＋＋ **クシャーナ朝**は（ ）の侵入を受けて衰退した。 （南山大、早稲田大） ➠入試で頻繁に問われる。<u>エフタル</u>との混同に要注意！	ササン朝

6 ┃ グプタ朝（320頃～550頃）

☑0381 ＋＋＋ **グプタ朝**は（ ）**世**が（ ）に都を置いて建国された。 （立命館大） 🗊 **グプタ朝**は**マウリヤ朝**を模範としたため都は同じ場所に置いた。また、同じ理由から**チャンドラグプタ**という王の名を好んで用いた。	チャンドラグプタ1、 パータリプトラ
☑0382 ＋＋＋ **グプタ朝**全盛期の王（ ）**世**は**最大版図**を実現し、中国の文献では**超日王**（ちょうにち）と呼ばれた。（同志社大、立命館大）	チャンドラグプタ2
☑0383 ＋＋＋ **グプタ朝**時代に（ ）が戯曲『**シャクンタラー**』を書いた。また、この頃には『（ ）』、『（ ）』の二大叙事詩（じょじし）が完成した。 （共通テスト、東京都立大） 🗊『**シャクンタラー**』は30代のドゥフシャンタ王と10代の美女シャクンタラーのラブロマンス。**チャンドラグプタ2世**がモデルとされる。また、ヒンドゥー教の聖典の1つといわれる『**バガヴァッド・ギーター**』は『**マハーバーラタ**』の一部であり、インドの独立運動家ガンディーも**愛読**した。	カーリダーサ、 マハーバーラタ、 ラーマーヤナ ※順不同
☑0384 ＋＋＋ **グプタ朝**時代に、**バラモン**の優位や各**ヴァルナ**の義務などを定めた『（ ）』が完成した。（センター試験）	マヌ法典

☑0385 ＿＿教にインド古来の民間信仰などが融合することで＿＿教が誕生した。　（センター試験、東京大）

バラモン、ヒンドゥー

> ヒンドゥー教には教祖もいなければ成立年代もない。自然発生的である点で、中国の道教と似ている。

☑0386 ヒンドゥー教の３大神とは、創造神のブラフマー、破壊神の＿＿、維持神の＿＿である。
　（慶應義塾大、明治大）

シヴァ、ヴィシュヌ

☑0387 グプタ朝時代には数学が発達し、＿＿とともにゼロの概念が用いられた。　（慶應義塾大）

十進法

> インドでは古代から数学が発達し、グプタ朝期に最盛期を迎えた。有名な数学者にアリヤバータがいる。現在でもインドでは数学教育熱が高く、IT産業発展の礎になっている。

☑0388 古代インドでは、グプタ朝時代に数学のみならず、＿＿や＿＿の分野でも著しい発達がみられた。
　（東京大）

天文学、医学
※順不同

☑0389 純インド的な美術様式の＿＿様式が生まれ、その代表として＿＿やエローラの石窟寺院が残っている。
　（センター試験、北海道大）

グプタ、アジャンター

> アジャンターは、1815年に密林で虎に襲われたイギリス軍人によって、エローラは、その４年後に同じイギリス軍人によって、偶然発見された。

☑0390 仏教では＿＿僧院が設立され、多くの僧が学んだが、民間では仏教への信仰は廃れていった。
　（上智大、早稲田大）

ナーランダー

> ナーランダーは水竜の名前。英語の火竜（サラマンダー）に音が似ている。

☑0391 東晋の僧＿＿は陸路でグプタ朝を訪れ、＿＿路で帰国した。　（センター試験、立教大）

法顕、海

☑0392 グプタ朝は５世紀後半から衰えを見せ始め、特に遊牧民＿＿が中央アジアから西北インドに侵入すると国内は分裂し、各地の地方政権が成立した。
　（法政大、京都大）

エフタル

> この遊牧民は謎が多い。インドではフーナ、中国では白匈奴と呼ばれるので、おそらくフン人（匈奴）と何らかの関係があると思われる。一時強勢を誇ったが歴史の闇に消えた。

7 | ヴァルダナ朝（7世紀）

☑ 0393 **ヴァルダナ朝**は◯◯に都を置いた。　　　（早稲田大） +++	カナウジ
☑ 0394 **ヴァルダナ朝**は◯◯王が**北インドを統一して建設** +++ した。　　　（中央大、日本大）	ハルシャ=ヴァルダナ
☑ 0395 **ハルシャ=ヴァルダナ**は中国名で◯◯と呼ばれ、**ヒ** +++ **ンドゥー教や仏教を保護**した。　　　（早稲田大）	戒日王_{かいにち}
☑ 0396 **ハルシャ=ヴァルダナ**は◯◯路で**インドを訪れた唐** +++ の僧◯◯と会見した。　　　（日本大、中央大） 📖 玄奘は三蔵法師の名でも知られ、『西遊記』のモデルにもなった。 ナーランダー僧院で学び、多くの仏典を中国に持ち帰った。	陸、 玄奘_{げんじょう}
☑ 0397 **唐**はチベットの◯◯に対抗するために**ヴァルダナ** +++ **朝と友好関係を築く必要**があり、使者として◯◯ をこの王朝に派遣した。　　　（中央大、早稲田大） ☞ この使者の名を問うのは超難関校。この使者は勇敢で武勇にも優 れ、一部に熱狂的なファンがいる。	吐蕃、_{とばん} 王玄策_{おうげんさく}
☑ 0398 **仏教**では秘儀的な◯◯思想が広まったが、**仏教自** +++ **体の衰退を止めることはできなかった。**　　　（早稲田大） 📖 日本の真言宗もこの思想に属し、呪術的な性格が強い。日本には 空海が伝えた。	密教_{みっきょう}
☑ 0399 **インド混乱期**に、◯◯路で**インドを訪れたのは唐** +++ の僧◯◯である。　　　（立教大） ☞ 帰路も海路を利用したことは覚えておこう。	海、 義浄_{ぎじょう}
☑ 0400 **ヴァルダナ朝**が分裂した後、北インドに侵入した勢 +++ 力は◯◯である。　　　（立命館大）	イスラーム

8 | 南インド、デカン高原の王朝

☑ 0401 前**1**～後**3世紀**の◯◯朝は**ローマとの交易で栄え** +++ た。この状況はギリシア人が著した『◯◯』に詳し い。　　　（立教大） ☞ この案内記は難関校では非常によく出題される。	サータヴァーハナ （アーンドラ）、 エリュトゥラー海案 内記

☑0402 **ドラヴィダ系の**◯◯**朝の王プラケーシン2世は、ハ**
+++ **ルシャ=ヴァルダナの侵入を撃退した。** （早稲田大）

チャールキヤ

　■南インドの王朝は世界規模の交易で栄えたが、あまり研究が進ん
　でおらず、入試において王朝名など基本的な事柄以外が問われる
　ことは少ない。

☑0403 **ドラヴィダ系の**◯◯**朝の王ラージェンドラ1世は、**
+++ **11世紀にスマトラの**◯◯**への遠征も行った。**
　　　　　　　　　　　　　　　　　　　　　（早稲田大）

チョーラ、
シュリーヴィジャヤ

☑0404 **シヴァ神やヴィシュヌ神などヒンドゥー教の最高神**
+++ **に絶対的な帰依を捧げる**◯◯**信仰が広がる中で、**
　◯◯**は神への絶対的な愛を歌って各地を歩いた。**
　　　　　　　　　　　　　　　　　（法政大、明治大）

バクティ、
吟遊詩人（ぎんゆう し じん）

9 ｜ スマトラ、ジャワ、マラッカ

☑0405 **東南アジアにおいて、海や河川に面した港町を拠点**
+++ **として交易によって支えられた国家を**◯◯**と呼ぶ。**
　　　　　　　　　　　　　　　（センター試験、東京大）

港市国家（こう し）

☑0406 **マレー半島やスマトラ島に住む人々を**◯◯**と呼ぶ。**
+++ **彼らはジャワ語やタガログ語と同じく、マレー=ポリ**
ネシア語系のマレー語を使用する。 （早稲田大）

マレー人

☑0407 **スマトラ島の**◯◯**を都としたマラユが、7世紀中頃**
+++ **に中国に朝貢した記録が残っている。**（慶應義塾大）（ちょうこう）

パレンバン（ジャンビ）

　🔲 スマトラ、ジャワでは6世紀に巨大噴火があったとされ、6世紀
　以前の文明は判明していない。史書に登場するのは7世紀のマラ
　ユからである。

☑0408 **7世紀、スマトラ南部に**◯◯**王国が成立し、中国で**
+++ **は**◯◯**または三仏斉と記された。**（明治大、甲南大）（さんぶつせい）

シュリーヴィジャヤ、
室利仏逝（しつ り ぶっせい）

　🔲 漢字名があるということは中国と関係が深かった証である。

☑0409 **シュリーヴィジャヤ王国は、**◯◯**を中心に海上貿易**
+++ **で繁栄した。** （立教大、同志社大）

パレンバン

　🔲 シュリーヴィジャヤ王国は商人たちが中国に朝貢して利益を得
　るために作った連合国家だという説がある。

☑ 0410 +++ シュリーヴィジャヤ王国には『◯◯◯』を著した唐の仏教僧である義浄が訪問した。 （立教大、同志社大）	南海寄帰内法伝
⬚ シュリーヴィジャヤは仏教が非常に盛んだったことが、この本に記されている。義浄の几帳面な性格を反映し、この国の歯磨きの作法からトイレ作法まで、細かに記した珍しい本になっている。	
☑ 0411 +++ シュリーヴィジャヤ王国はインドのチョーラ朝の侵入を受け、14世紀になるとジャワ島の◯◯◯王国の台頭によって衰退した。 （立教大、早稲田大）	マジャパヒト
☑ 0412 +++ 8世紀半ばにジャワ島を支配したシャイレーンドラ朝は大乗仏教寺院の◯◯◯を建設した。（センター試験）	ボロブドゥール
⬚ 19世紀初め、イギリスのラッフルズが発見した。大乗仏教の寺院であることも重要ポイント。東南アジアでは巨大な遺跡が忘れ去られることが珍しくない。密林の成長が早いのもその一因である。この寺院遺跡も、偶然村人が発見したのを、ラッフルズが噂に聞いて発掘したものだった。	
☑ 0413 +++ ジャワ島の◯◯◯朝（928頃～1222）は、影絵芝居（ワヤン）などのジャワ文化を生んだ。 （上智大、南山大）	クディリ
☑ 0414 +++ ◯◯◯朝（1222～92）は、元のフビライの使者を追い返すも、元のジャワ遠征による混乱の中で滅亡した。 （上智大、関西大）	シンガサリ
☞ 混乱の中で滅亡したのであって、元によって滅ぼされたのではない。正誤問題ではこのことをよく問われるので要注意！	
☑ 0415 +++ 元軍を撃退したラーデン=ヴィジャヤは、◯◯◯王国（1293～1520頃）を建国し、14世紀には現在のインドネシア全域を支配する◯◯◯教国として繁栄した。 （センター試験、上智大）	マジャパヒト ヒンドゥー
⬚ 現在、東南アジアにおけるヒンドゥー教はバリ島に残るのみとなった。	
☑ 0416 +++ 14世紀、マジャパヒト王国は宰相◯◯◯の活躍の下、ハヤム=ウルク王時代に最盛期を迎えた。 （専修大、早稲田大）	ガジャ=マダ
☞ かなりの難問。難関私大で問われることがある。	
☑ 0417 +++ 15世紀初めにはマジャパヒト王国へ明の◯◯◯が立ち寄った。 （専修大、早稲田大）	鄭和

☑0418 イスラーム教の浸透に伴い、**16世紀**には<u>マジャパヒト王国</u>に代わって、**ジャワ東部**に◯◯**王国**、**ジャワ西部**に◯◯**王国**といった**イスラーム教国**が成立した。　　　　　　　　　　　　　　（早稲田大）

マタラム、バンテン

☞「東部」「西部」が重要なキーワード！

☑0419 **東南アジア初**の**イスラーム教国**として、**14世紀末**に◯◯**王国**が成立したが、**1511年**、ポルトガルの◯◯により占領されて滅んだ。　（東京大、同志社大）

マラッカ、アルブケルケ

🗊ポルトガル人の勢力が**イスラーム（ムスリム）**商人の勢力を排して、**マラッカ王国**を滅ぼした。**アルブケルケ**は第2代のインド総督。好戦的で死後は軍神としてあがめられ、初代のインド総督<u>アルメイダ</u>とは激しい権力闘争を展開した。

10 | ビルマ（ミャンマー）

☑0420 1044年、◯◯川中流域に<u>ミャンマー</u>**最初**の**ビルマ人**による**統一王朝**である◯◯**朝**が成立した。　（立教大、甲南大）

イラワディ、パガン

🗊なお、それ以前には**ピュー**（驃、剽）と呼ばれる民族が<u>イラワディ川流域</u>に国家を建設していた。

☑0421 **パガン朝**は、**12世紀**に◯◯**仏教**を取り入れ、**ビルマ文字**を使用した。　（慶應義塾大、早稲田大）

上座部（小乗）

☞**ミャンマー**で一番出題されるのが、この**パガン朝**。しっかりと記憶して欲しい。
🗊これ以前の東南アジアではヒンドゥー教と大乗仏教が主流だった。

☑0422 **マレー半島部**では**大乗仏教**に代わって、**スリランカからビルマに伝わった**<u>上座部仏教</u>が◯◯や◯◯に広がった。　（センター試験）

タイ、カンボジア
※順不同

☑0423 **パガン朝**は◯◯の使者を殺害し、その侵入を受けて滅亡した。　（学習院大、上智大）

元

🗊元の使者を殺したのは日本（鎌倉幕府）と<u>パガン朝</u>。元の激しい怒りを買った。

☑0424 <u>元</u>の侵入後に分裂が続いていたが、**16世紀**に◯◯**朝**によって再び統一された。　（南山大）

トゥングー（タウングー）

☑0425 <u>トゥングー朝</u>（1531 ～ 1752）の時代には、1556年 +++ にチェンマイを占領するなどタイへも領土を広げ、 またポルトガル人が来航して<u>火器</u>が伝来したが、 ◯◯人の反乱で王朝は滅亡した。 （センター試験、上智大） 🗊 <u>モン人</u>の「モン」とは「人間」という意味とされる。	モン
☑0426 ◯◯朝（<u>1752 ～ 1885</u>）は<u>タイ</u>の<u>アユタヤ朝</u>を +++ 滅ぼし、<u>清</u>の◯◯帝の軍隊を撃退した。 （センター試験、上智大） 🗊 この王朝は<u>アユタヤ朝</u>を滅ぼしはしたものの、タイへの侵入は タークシン王に撃退されて失敗した。	コンバウン（アラウ ンパヤー）、乾隆
☑0427 <u>コンバウン朝</u>は<u>イギリス</u>との3度の◯◯戦争に敗 +++ 北し、<u>1886</u>年に<u>イギリス領</u>◯◯帝国に併合され た。 （センター試験） 🗊 ミャンマーは13世紀の元（モンゴル）、19世紀のイギリス（大英 帝国）、といった当時世界最強国家に抵抗して、あえなく敗れた。 閉鎖的な国家体質が生んだ悲劇であり、これは現代ミャンマーに もいえる。逆にタイは国家を開く方向で繁栄をみた。	ビルマ、 インド

11 ｜ タイ

☑0428 <u>チャオプラヤ（メナム）川下流域</u>では、<u>6 ～ 8</u>世紀 +++ 頃に<u>モン人</u>が◯◯を建国した。 （慶應義塾大、上智大）	ドヴァーラヴァ ティー
☑0429 <u>10 ～ 13</u>世紀にかけて中国の<u>雲南</u>に成立していた +++ ◯◯国は、一説にはタイ系民族が築いた国といわ れる。 （明治大） 🗊 この国の産物はコメと大理石である。	大理
☑0430 <u>1257</u>年、タイ人初の統一王朝として◯◯朝が成 +++ 立した。 （同志社大、甲南大） ☛ 13世紀はタイでもビルマ（パガン朝）でも民族主義的な王朝が 出現していた。これは入試の頻出テーマである。	スコータイ

☑0431 <u>スコータイ朝</u>の（＿＿）<u>王</u>は<u>元</u>を訪問し、**朝貢**した。
+++
（上智大、早稲田大）

🗋 この王は賢明で、自ら元を訪問して情報収集にあたり、元に抵抗することの無謀さを認識した。彼の時代に**スコータイ朝の最盛期を迎えた**。

ラームカムヘーン

☑0432 <u>スコータイ朝</u>は（＿＿）<u>仏教</u>を導入し、（＿＿）<u>文字</u>を創
+++
案した。
（慶應義塾大）

☞ タイもミャンマーも仏教国となったが、<u>上座部（小乗）仏教</u>であることに注意！　日本は**大乗仏教**がほとんどでタイプが少し異なる。

上座部（小乗）、
タイ

☑0433 （＿＿）<u>朝</u>（1351 ~ 1767）は**タイ史上**<u>最大の版図</u>を
+++
実現し、日本人の（＿＿）が宮廷で**活躍**した。
（慶應義塾大、上智大）

🗋 彼は現在の静岡県出身で、傭兵のリーダーとしてタイで活躍した。最高の官位まで授かったが、毒殺された。

アユタヤ、
山田長政

☑0434 <u>アユタヤ朝</u>は、18世紀後半に<u>ビルマ</u>の（＿＿）<u>朝</u>に
+++
よって滅ぼされた。
（明治大）

コンバウン

☑0435 1782年、<u>ラーマ1世</u>が（＿＿）<u>朝</u>を建て、**清に朝貢**し
+++
た。
（早稲田大、明治大）

ラタナコーシン
（チャクリ）

☑0436 1855年、<u>ラーマ4世（モンクット王）</u>は（＿＿）条約
+++
を結び、<u>イギリス</u>に**治外法権と低関税**を認めたが、**独**
立を維持した。
（早稲田大、明治大）

🗋 彼は英語とフランス語を話し、ラテン語にまで通じていた第一級の教養人だった。ちなみに、映画『王様と私』（『アンナと王様』）のモデルでもある。

バウリング

☑0437 （＿＿）は、国王による仏教の一元化や**西欧的近代化**
+++
である<u>チャクリ改革</u>に取り組んだ。
（慶應義塾大、早稲田大）

ラーマ5世（チュラロンコン）

☑0438 **タイ系民族**を主要な構成民族として成り立っている
+++
（＿＿）は、<u>14世紀</u>に建国された（＿＿）<u>王国</u>の流れを
くんでいる。
（明治大）

🗋 ランサンとは「百万頭の象」の意味。ラオスでは象は神聖な生き物とみなされ、国王のみ乗ることができた。ラオスでは現在でも象を大切に保護しており、ケガをした象のためのエレファント・キャンプなども充実している。

ラオス、ランサン
（ラーンサーン）

☑0439 前**4**世紀頃、ベトナム北部で中国文化の影響を受け
+++ て、**青銅器**や**鉄器**を使用する◯◯◯文化が現れた。こ
の文化の代表的な金属器が◯◯◯である。

（センター試験、立教大）

ドンソン、
銅鼓（どうこ）

　□この金属器は**青銅製**の太鼓である。この太鼓の響きには、ある種
のバイブレーションがあり、宇宙と共振して、雨を降らせるなど
の神秘的な力があると思われていた。つまり儀式用の太鼓であ
る。

☑0440 **秦**（しん）の**始皇帝**（しこうてい）はベトナム北部まで進出し、◯◯◯、
+++ ◯◯◯、**桂林**（けいりん）の**3郡**を設置した。　（中央大、明治大）

南海（なんかい）、
象（しょう）※順不同

☑0441 **前漢**（ぜんかん）の**武帝**（ぶてい）は、秦末の混乱に乗じて**広東**（カントン）、**広西**、さ
+++ らにはベトナム北部に**趙佗**（ちょうだ）が建国した◯◯◯を滅ぼ
して◯◯◯、**日南**（にちなん）、**九真**（きゅうしん）など**南海九郡**を設置した。

（明治大、早稲田大）

南越（なんえつ）、
交趾（こうし）

　■早稲田大の入試では、最南端の日南が問われていた。

☑0442 オーストロネシア語系の◯◯◯人は、インドシナ半
+++ 島東岸で早くからインド文化を受容した。　（近畿大）

チャム

　□この民族は現在のカンボジアやベトナムに居住する少数民族で、
かつてはチャンパーを建国した。

☑0443 **後漢**（ごかん）の**光武帝**（こうぶてい）時代、◯◯◯姉妹の反乱が起きたが、**後**
+++ **漢の将軍**◯◯◯によって平定された。　（立教大）

徴（チン）、
馬援（ばえん）

　□微側（チュンチャック）・微弐（チュンニ）の姉妹による反乱は、姉の夫が交趾郡の官僚に殺さ
れたことから始まったとされる。中国の郡県支配に対する反発は強
く、反乱は急速に規模を拡大した。

☑0444 **166年**、◯◯◯郡に**ローマ帝国**の◯◯◯の使者と称
+++ する者が南海の産物を持って到着した。

（青山学院大、駒澤大）

日南、大秦王安敦（たいしんおうあんとん）
（マルクス=アウレ
リウス=アントニヌ
ス帝）

　□当時、南インドのサータヴァーハナ朝（アーンドラ朝）を中心に、
ローマ帝国と後漢を結ぶ交易ネットワークが盛んであった。

☑0445 **唐代**には、**交趾**（とうし）付近に◯◯◯**都護府**（とごふ）が設置され、**8世**
+++ **紀**後半には日本人の◯◯◯が**節度使**（せつどし）（都護）として赴
任した。　（上智大、早稲田大）

安南（あんなん）、
阿倍仲麻呂（あべのなかまろ）

　□彼は遣唐使（けんとうし）として唐に渡り、わずか4年で科挙に合格した秀才。
玄宗（げんそう）皇帝のお気に入りで、帰国をなかなか許されなかった。

☑0446 **939年**、中国の**五代十国時代**の混乱期に◯◯が南漢軍を破り、◯◯朝を開き独立した。 （予想問題）
　☞超難問！ まれに難関私大で出題される。

呉権、
呉

☑0447 1009年、**李公蘊**（りこううん）が◯◯朝（1009〜1225）を開き、都を◯◯（現在のハノイ）とした。 （上智大）
　☞李朝は中国の宋の軍隊を撃退し、独立を確かなものにした。

李、
昇竜（しょうりゅう）

☑0448 **李朝**の第3代**聖宗**（せいそう）が国号を◯◯とし、仏教を保護した。 （日本大、立教大）
　☞かつてベトナムは国号を南越としたが、李朝は新しい国号を用いた。

大越（だいえつ）

☑0449 1225年に成立した**陳朝**（ちんちょう）（1225〜1400）は、13世紀後半に◯◯の活躍で◯◯軍の侵入を3度撃退した。 （センター試験、京都大）
　☞船で侵入する相手の船底を、川底にくいを刺して突き破った。相手は遊牧民で、船と海には弱かった。

チャン=フンダオ（陳興道）（ちんこうどう）、
モンゴル（元）

☑0450 ◯◯朝では**ベトナム独自の文字**である◯◯が作成された。 （センター試験、京都大）
　☞この文字は漢字をもとにして作られたが、現在ではあまり使用されていない。

陳、
字喃（チュノム）

☑0451 **1407年**、ベトナムは**明**の◯◯帝によって支配され、**一時独立を失った**。 （慶應義塾大、東洋大）
　☞1407年という年号から当時の中国の皇帝を推測しよう！

永楽（えいらく）

☑0452 1428年、◯◯が明の支配を破り、**黎朝**（れいちょう）（1428〜1527、1532〜1789）を建国した。 （早稲田大）
　☞彼は陳朝の軍人で、1418年に挙兵した。明は、北京の紫禁城（しきんじょう）が雷で全焼（1412）し、この反乱を鎮圧する余裕を失っていた。

黎利（れいり）

☑0453 **16**世紀後半以降、北に◯◯氏、南に◯◯氏が台頭し、ベトナムは南北分裂状態となった。 （早稲田大）
　☞この混乱に乗じて、阮（グエン）**三兄弟が蜂起**したが、彼ら阮氏と南の王朝の阮氏とは無関係。なお、ベトナムで「グエン」とは、日本の「やまもと」や「さいとう」のような一般的な姓で、名乗る人が多い。

鄭（てい）、阮（げん）

☑0454 +++	1773 年、阮の**三兄弟**は◯◯の**乱**を機に南北分裂状 態から国家統一を果たし、◯◯**朝（1778 ～ 1802）** を建国した。　　　　　　　　　　（センター試験、上智大）	西山(タイソン)、 _{せいざん} 西山

📖 阮(グエン)の姓を名乗る 3 人の兄弟が**西山(タイソン)**で蜂起 して統一政権を樹立した。

13 | カンボジア

☑0455 +++	ベトナム南部とその隣接地域は中国の史料で◯◯ と記され、インドや中国との交易によって繁栄した 国が**1 世紀末**から**7 世紀**まで続いた。　（慶應義塾大）	扶南 _{ふ なん}
☑0456 +++	**扶南**の外港であった◯◯の遺跡からは青銅の仏像、 **ヒンドゥー神像**、**後漢の銅鏡**に混じって◯◯の金貨 が出土している。　　　　　（センター試験、慶應義塾大）	オケオ、 ローマ
☑0457 +++	**6 世紀**、**クメール人**が◯◯を建国し、**9 世紀**の ◯◯朝の下で全盛期を迎えた。　（明治大、青山学院大）	真臘、 _{しんろう} アンコール

☞難読の国名だが、記述問題で出題されることがあるので要注意！

☑0458 +++	**9 世紀**頃には**王都**として◯◯が建設された。 　　　　　　　　　　　　　　　　（上智大、同志社大）	アンコール=トム

📖 **アンコール=トム**とは「大きな都」の意味。

☑0459 +++	**12 世紀**になると、◯◯世が**ヒンドゥー教**の寺院と して◯◯を建立した。これは**後に上座部仏教**の寺院 となった。　　　　　　　　　　　（上智大、同志社大）	スールヤヴァルマ ン2、アンコール= ワット

📖 この遺跡は、1860 年にフランスの博物学者アンリ=ムーオーが発見 した。現在でも数多くの遺跡が密林の中に隠されている。

☑0460 +++	ベトナム南部に**チャム人**が建てた◯◯は中継貿易 で栄え、◯◯、**環王**、**占城**と呼ばれた。　（駒澤大） 　　　　　　　　_{かんおう}　_{せんじょう}	チャンパー、 林邑 _{りんゆう}

☞唐代中期までは林邑、唐末期は環王、宋以降は占城と呼ばれた。
　　_{とう}

☑0461 +++	**13 世紀**、**元**の**周達観**はカンボジアを訪問して『◯◯』 を著した。　　　　　　　　　　　　　　　（早稲田大） 　　　_{しゅうたつかん}	真臘風土記

📖 周達観は初めてカンボジアを訪問したが、あまりの中国人の多さ に「なぜこんなところにも中国人がいるんだ？」と、驚きを隠せ なかったらしい。

MEMO

前近代の東アジア世界（〜14世紀）

1 | 中国文明（黄河文明・長江文明）と殷・周時代

☑0462 **黄河文明**は堆積した肥沃な◯◯◯を利用して農耕を
+++ 発達させた。　　　　　　　　　　　　　　（予想問題）

> 🖉これはゴビ砂漠などから偏西風で日本列島まで飛来する。

黄土

☑0463 **黄河文明**の前期の◯◯◯を特色とする◯◯◯文化は、
+++ **スウェーデン人**の◯◯◯が発見した。
　　　　　　　　　　　　　　（早稲田大、明治大）

> 🖉ヴァイキングの血が騒ぐのか、北欧出身の探検家や考古学者は多
> い。同じスウェーデン人では楼蘭を発見した**ヘディン**がいる。

彩陶、彩陶、
アンダーソン

☑0464 **彩陶文化**は◯◯◯省で発見され、その遺跡のある地
+++ 名から◯◯◯文化ともいわれる。　　　　　（早稲田大）

河南、
仰韶

☑0465 **陝西省西安市郊外**の◯◯◯遺跡は◯◯◯文化の有名
+++ な遺跡の1つである。　　　　　　　　　　　（龍谷大）

> 🖉当時の人々はアワやキビを栽培し、竪穴の住居に住んでいた。日
> 本の縄文時代に似ている。

半坡、
仰韶（彩陶）

☑0466 **黄河文明**の後期の◯◯◯を特色とする◯◯◯文化は、
+++ **山東省**の遺跡のある地名から◯◯◯文化と呼ばれる。
　　　　　　　　　　　　　　　　　　　　（早稲田大）

黒陶、黒陶、
竜山

☑0467 ◯◯◯遺跡は**長江下流**で**新石器時代初期**に栄えた
+++ ◯◯◯文明を代表する集落遺跡である。　　　（龍谷大）

> 🖉近年、長江（揚子江）流域で高度な文明の遺跡が発見され注目を
> 集めている。これは黄河文明に対して**長江文明**と呼ばれている。
> また、**四川省の三星堆**では目の突出した青銅製の仮面が発見され
> たことから、**長江文明**は俗に**仮面文明**などと呼ばれることもあ
> る。

河姆渡、
長江

☑0468 集落や都市は◯◯◯と呼ばれ、その内部は**氏族制的**
+++ **なまとまり**を持っていた。　　（慶應義塾大、駒澤大）

> 🖉これは都市国家の一種といえる。古代中国では「**都市国家→領域**
> **国家→統一国家（秦）**」へと発展していった。

邑

☑0469 伝説的な中国<u>最初</u>の王朝は◯◯である。 +++ 　　　　　　　　　　　　　　　　（駒澤大、慶應義塾大） 　　☞伝説の王朝だが、名前だけは覚えておきたい。	^か 夏
☑0470 現在確認できる最古の王朝は<u>殷</u>で、都は現在の<u>河南</u> +++ 　　<u>省</u>◯◯<u>市小屯村</u>に置かれ、王朝は◯◯とも呼ばれ 　　る。　　　　　　　　　　　　　　（上智大、京都大）	^{あんよう}　^{しょう} 安陽、商
☑0471 <u>殷</u>は◯◯国家（<u>邑</u>の集合体）であり、都の遺跡は +++ 　　◯◯と呼ばれている。　　　　　　　　　　（明治大）	邑制、 ^{いんきょ} 殷墟
☑0472 殷代の政治は祭政一致の◯◯政治で、◯◯文字が +++ 　　使われた。　　　　　　　　　（東北学院大、学習院大） 　　⬚甲骨文字は亀の甲羅（亀甲）や獣骨に刻まれた。漢字の起源とさ 　　れる。	神権、^{こうこつ} 甲骨
☑0473 <u>甲骨文字</u>は占いに使用されたため◯◯とも呼ばれ +++ 　　た。　　　　　　　　　　　　　　　　（慶應義塾大） 　　⬚甲骨文字は、ある政治家が偶然、漢方屋（中国の薬屋）に立ち 　　寄ったことで発見された。「竜骨」と呼ばれる高価な薬を買った 　　ところ、驚いたことに、骨の表面に文字らしいものが刻まれてい 　　たのだ。そして甲骨文字の発掘地こそ殷の都の跡、殷墟であった。	^{ぼくじ} 卜辞
☑0474 <u>甲骨文字</u>は◯◯によって解読された。　　（法政大） +++ 　　⬚彼は、若い頃日本に留学し、東京理科大で学んだ。解読の天才と 　　いわれたが、1927年に入水自殺した。	^{おうこくい} 王国維
☑0475 銅と◯◯の合金である<u>青銅器</u>は儀式に用いられ +++ 　　◯◯ともいわれた。　　　　　　　（センター試験）	^{すず} 錫、 祭器
☑0476 前11世紀、<u>周</u>の◯◯が殷の<u>紂王</u>を◯◯の戦いで +++ 　　破り、殷は滅亡した。　　　　　　　　　　（早稲田大） 　　⬚紂王は暴君として有名な人物で、『封神演義』にも登場する。武 　　王に敗れて焼身自殺したとされる。	^{ぶおう} ^{ぼくや} 武王、牧野
☑0477 <u>殷</u>を滅ぼしてから前770年までの<u>周</u>を◯◯とい +++ 　　い、都は<u>渭水盆地</u>の◯◯に置いた。　　（学習院大）	^{せいしゅう} 西周、 ^{こうけい} 鎬京
☑0478 周代には<u>血縁を基盤</u>とした氏族制的な政治形態であ +++ 　　る◯◯制が行われた。　　　（駒澤大、東京女子大） 　　⬚これは血縁中心の主従関係であって、双方の契約に基づく西欧の 　　主従関係とは本質的に異なる。	^{ほうけん} 封建

☑ 0479 +++ 周の封建制は、**一族と功臣に◯◯◯を与えて諸侯**とし、祭祀への参加と◯◯◯の義務を負わせた。また、諸侯の下にも家臣の卿、◯◯◯、士がおり、彼らにも◯◯◯が与えられた。　（センター試験、立命館大）	封土、 軍役と貢納、 大夫、 采邑（封土）
☑ 0480 +++ 家族制度では、本家の家長を中心に◯◯◯が構成された。また団結を守るため◯◯◯が定められていた。　（早稲田大） 🔖 これらは儒家（儒教）が理想とする社会的枠組みの1つであった。	宗族、 宗法
☑ 0481 +++ 『孟子』によると◯◯◯制と呼ばれる土地制度が行われていたとされる。　（同志社大） 🔖 ただし、この制度は実在性が疑われている。『孟子』には土地を「井」の字形に9等分し、中心の土地を公田として皆で耕して収穫を上納し、残りの8区画を私田として皆が自分のものとするとある。	井田
☑ 0482 +++ 前770年、西周は都が異民族である◯◯◯に攻略され、◯◯◯に遷都した。以後の周は◯◯◯と呼ばれた。　（東京大、立教大） 🔖 中国は西方の異民族を「戎」（えびす）と呼んで忌み嫌ったが、四方を海に囲まれた島国の日本では、西方から訪れる物体は「魚」であると捉えられ、「えびす」は魚を手にした七福神に数えられた。	犬戎、 洛邑、東周
☑ 0483 +++ 周の東遷から前403年までを◯◯◯時代、前403年から前221年までを◯◯◯時代という。　（センター試験）	春秋、 戦国
☑ 0484 ++⊹ 春秋時代の名称は孔子が著したといわれる◯◯◯国の年代記『◯◯◯』に由来する。　（学習院大）	魯、 春秋
☑ 0485 +++ 春秋時代、諸侯は「◯◯◯」を唱えて周王室を尊重した。また、諸侯の同盟の盟主となった有力諸侯のことを◯◯◯という。　（東京大、学習院大）	尊王攘夷 覇者
☑ 0486 +++ 「臥薪嘗胆」という故事成語は、越王◯◯◯と呉王◯◯◯の宿命のライバル関係に由来する。　（慶應義塾大） 🔖 「臥薪嘗胆」とは、痛い薪の上に寝て、苦い胆を嘗めて屈辱を忘れないようにするという意味。	勾践、 夫差

☑ 0487 斉の（　　）、晋の（　　）、楚の（　　）などは春秋の五
+++ 覇と呼ばれた。　　　　　　　　　　　　　　　　（立命館大）

> 5人（五覇）を誰にするかは定説がない。確実なのはこの3人だけで、難関大もこの3人を覚えておけばよい。

桓公、文公、荘王

☑ 0488 戦国時代の名称は、前漢の劉向が編纂した『（　　）』
+++ に由来する。　　　　　　　　　　　　（早稲田大、立命館大）

■この人名は難関私大で問われる。

戦国策

☑ 0489 （　　）時代は（　　）が韓、魏、趙に分裂してそれぞれ
+++ 諸侯に任ぜられたことから始まった。（龍谷大、近畿大）

戦国、晋

☑ 0490 強国の晋が韓、魏、趙に倒され、（　　）と呼ばれた実
+++ 力主義の時代が始まった。　　　　　　　　　　（立命館大）

下剋上

☑ 0491 戦国時代には、周王室の権威が失墜し、秦、（　　）、
+++ （　　）、楚、韓、魏、趙の（　　）と呼ばれた有力諸侯
が王を称するようになった。　　　　　　　（センター試験）

■入試では各国の位置を地図で問われることが多いので要注意！

斉、燕 ※順不同、戦国の七雄

☑ 0492 秦の（　　）は都を咸陽に移し、法家の（　　）を登用し
+++ 郡県制を実施して国力を強大にした。　　　　　　（中央大）

> 紀元前350年頃、咸陽に遷都した孝公は、法家の商鞅を登用し、富国強兵策を推し進めた（商鞅の変法）。後の始皇帝時代に李斯が整備した郡県制は、その頃に導入されたといわれる。

孝公、商鞅

☑ 0493 戦国時代には、（　　）農具や（　　）農法が普及し農業
+++ 生産力が高まった。　　　　　　　　　　　（東京大、京都大）

鉄製、牛耕

☑ 0494 趙の（　　）や斉の臨淄などの商業都市が出現した。
+++ 　　　　　　　　　　　　　　　　　　　　　　　（京都大）

■臨淄の漢字は難しいが、慶應義塾大は書かせたことがあるので注意が必要。
> どちらの都市も繁栄を極めた。臨淄は文化都市として有名。斉の王が文化人を保護して邸宅、多額の生活費を提供したので孟子など儒家の学者が多く集まった。

邯鄲

☑0495 戦国時代の頃には、秦の◯◯◯、楚の◯◯◯、斉や燕
+++ の◯◯◯、韓、魏、趙の◯◯◯などの**青銅貨幣**が流通
した。 (上智大、センター試験)

> 🗒 貨幣の形は土地柄を表す。農耕地域は農具の形の布銭、狩猟地域
> は刀の形の刀銭、西方の合理的思想の強い地域は円銭などであ
> る。

円銭(環銭)、蟻鼻銭、刀銭(刀貨)、布銭(布貨)

→ 主に 布銭

円銭
(環銭)

趙
魏
韓

秦

燕 → 刀銭
斉

楚 → 蟻鼻銭

---

2 | 秦・漢古代帝国

☑0496 **秦王の政**は**法家**の◯◯◯を起用し、◯◯◯年に**中国を
+++ 統一**して**皇帝の称号を創始**した。
(名古屋大、中央大、共通テスト)

> 🗒 「政」とは王の名前。始皇帝に対する近年の評価はすこぶる高い。
> 残酷な人物とかつてはいわれたが、最近では映画や小説でも思慮
> 深く決断力のある人物として描かれている。

李斯、前221

☑0497 前221年、◯◯◯を滅ぼすことによって秦の**中国統**
+++ **一**が実現した。 (慶應義塾大)

> 🗒 秦の最大のライバルだった楚は、前223年に滅亡している。

斉

☑0498 **始皇帝**は陝西省中部の◯◯◯を都として、全国の富
+++ 豪を集めた。 (センター試験、上智大)

> 🗒 始皇帝の"ラッキーナンバー"は「12」。そのため、全国から12万
> 戸の富豪を都に集めたといわれる。

咸陽

☑0499 秦は全土を36郡(後に48郡)に分け、◯◯◯制を実
+++ 施した。 (東京女子大)

> 🗒 この制度は孝公時代、法家の商鞅が始めたもので、**始皇帝時代に
> 全国に拡大**された。

郡県

☑0500 **始皇帝**は度量衡や**車軌**、貨幣である◯◯◯、文字であ
+++ る◯◯◯を統一した。 (立命館大)

> 🗒 車軌とは馬車についている2つの車輪の幅のこと。また当時は1
> 両が24銖であったので、「12」にこだわった始皇帝は、1両を半
> 分として半両銭とした。

半両銭、小篆

☑0501 **始皇帝**は思想統制として◯◯を行った。　（学習院大）
+++
焚書・坑儒

☑0502 **焚書**では◯◯、◯◯、占いに関する書物は除外さ
+++ れた。　　　　　　　　　　　　　　　　（上智大）
農業、医薬※順不同

☑0503 **坑儒**では約460人の◯◯が生き埋めになったとさ
+++ れる。　　　　　　　　　　　　　　　　（駒澤大）
儒者

　　　🗋「**坑儒**」とは儒学者を殺す（生き埋めにする）という意味。しか
　　　し実際に生き埋めとなったのは、不老不死の霊薬があると始皇帝
　　　をだました方士（神秘思想家）たち。なお、これに先立って方士
　　　の**徐福**が不老不死の薬を入手するために日本に旅立っている。徐
　　　福は約3000人の若い男女も同伴させたという。徐福が建設した
　　　日本の理想郷の場所は不明である。

☑0504 **始皇帝**は辺境防備のために◯◯を完成させた。
+++ 　　　　　　　　　　　　　　　　　　　　（龍谷大）
長城（万里の長
城）

　　　🗋戦国時代の趙や燕が築造したものを**始皇帝は修築し、完成させ
　　　た。**

☑0505 **始皇帝**は将軍◯◯を派遣し、**オルドス**地方から
+++ ◯◯を排除した。　　　　　　　　（立教大、立命館大）
蒙恬、
匈奴

　　　🗋合理主義者の始皇帝も占いは信じた。不老不死の薬を求めて徐福
　　　（神秘思想家）を当時の日本に遣わし、また「胡（異民族）が秦
　　　を滅ぼす」との予言を信じて匈奴に対しては神経質になった。こ
　　　の予言は的中した。ただし、秦を滅ぼしたのは匈奴ではなく息子
　　　の胡亥だった。

☑0506 **始皇帝**はベトナム北部に進出し、◯◯、**象**、**桂林**の
+++ 3郡を置いた。　　　　　　　　　　　　（早稲田大）
南海

　　　🗋象郡は文字通り象が多く生息していたことから、名付けられた。

☑0507 都の壮大な宮殿◯◯の建設や**始皇帝**の陵墓の造営
+++ は民衆に多大な負担を与えた。　　　　　（早稲田大）
阿房宮

　　　🗋始皇帝の陵墓は、入り口に隠し弓が仕掛けてあった。

☑0508 ◯◯は、**始皇帝**の陵墓近くから発掘された大規模
+++ な遺跡である。　　　　　　　　　　　（センター試験）
兵馬俑

　　　🗋中国では、王が死去すると側近や兵士が一緒に埋められるのが通
　　　例であった。合理的な始皇帝は「自分が死んだからといって兵士
　　　が死ぬ必要はない」と思い、兵士を模した陶製の人形をたくさん
　　　埋めた。

☑0509 +++ 過酷な遠征や土木事業、厳格な<u>法治主義</u>などへの不満から◯◯の乱が起こり、国内が乱れて、<u>前206</u>年に<u>秦</u>は滅亡した。 （北海道大、立命館大）	陳勝・呉広 （ちんしょう・ごこう）
☑0510 +++ 農民反乱軍の陳勝は「◯◯いずくんぞ種あらんや」と言ったとされる。 （予想問題） ☐ 当時の実力主義の風潮を示す言葉で、「王も諸侯も将軍も宰相も我々平民となんら違いはない」という意味。	王侯将相 （おうこうしょうしょう）
☑0511 +++ 秦末の動乱の中、<u>農民出身</u>の◯◯と最後まで覇を争ったのが◯◯国の<u>貴族出身</u>の◯◯であった。 （早稲田大、立命館大）	劉邦、 （りゅうほう） 楚、項羽 （こう）（う）
☑0512 +++ 項羽は◯◯の戦いで劉邦に敗れ、自殺した。 （早稲田大） ☐ 項羽は武勇に優れていたが、秦軍20万人を生き埋めにするなど残忍な面もあり、次第に人望を失っていった。	垓下 （がいか）
☑0513 +++ 劉邦は◯◯年に現在の<u>西安</u>付近の◯◯に都を置いて<u>前漢</u>を建て、◯◯として帝位に就いた。 （慶應義塾大、上智大） ☐ 劉邦は沛（現在の江蘇省徐州市）出身の農民で、昼から飲み屋で酔いつぶれるなどアウトローな人物だった。しかし魅力と人望があり、優秀な人材が彼の下に集まって漢の建国を助けた。	前202、長安、 （せいあん）（ちょうあん） 高祖 （こうそ）
☑0514 +++ 高祖は<u>中央</u>付近には◯◯制を用い、遠隔地には<u>封建制</u>を用いるという◯◯制を執行した。 （センター試験、東京女子大） ☞ 秦の急激な改革は反発を招いたため、妥協策としてこの制度を実施した。論述問題では超頻出！	郡県、 郡国
☑0515 +++ <u>前154</u>年、諸侯の反乱である◯◯の乱を鎮定した第6代◯◯の頃から、<u>皇帝権力が強大</u>となった。 （青山学院大、立命館大、共通テスト） ☞ この乱の鎮定により前漢は実質的に郡県制に移行した。論述問題の超頻出分野であり、郡国制から郡県制移行の契機となった事件として必ず問われる。「以後よく（154）く広まる呉楚七国の乱」で覚えよう！	呉楚七国、 （ごそしちこく） 景帝 （けいてい）

☑0516 第7代（＿＿＿）は、諸侯たちの勢力を弱体化させるため
＋＋＋ に（＿＿＿）の令を出した。 （早稲田大）

武帝、
推恩

■ かなり細かい知識だが、難関大で出題される。この内容は諸侯の子弟すべてに領地を分け与えることを認めるもので、諸侯の土地は細分化された。

☑0517 **武帝**は**地方長官の推薦**による（＿＿＿）を官吏登用法と
＋＋＋ して制定した。 （センター試験、駒澤大）

郷挙里選

🔲 地方の有徳者を推薦する制度だったが、**実際は豪族の子弟**が官職を独占した。

☑0518 **武帝**は（＿＿＿）の献策によって**儒教の国教化**を行い、
＋＋＋ （＿＿＿）を設置した。 （中央大、同志社大）

董仲舒、
五経博士

☑0519 **武帝**は貨幣を（＿＿＿）に統一し、（＿＿＿）、**鉄**、**酒**の**専売**
＋＋＋ を行った。 （センター試験、学習院大）

五銖銭、塩

☑0520 **武帝**は**物価の安定**を図る（＿＿＿）**法**と**価格の統制**を行
＋＋＋ う（＿＿＿）**法**を実施した。 （共通テスト、同志社大）

均輸、
平準

🔲 これらは商人の利益を奪うものとして反対の声が強かった。前者は特産物を不足地に輸送するもの。後者は政府が物資を買い占めたりすることにより価格の調整を行うもの。

☑0521 **武帝**の主な経済政策は財務官僚の（＿＿＿）が立案した。
＋＋＋ （学習院大、関西学院大）

桑弘羊

🔲 儒者はこの人物の経済政策に猛反対した。約60名の優秀な儒者が論戦に挑んだが、抜群の頭の切れを誇るこの財務官僚の前にことごとく敗れ去った。このことは『塩鉄論』という書物に詳しい。

☑0522 **武帝**は**匈奴**を**討伐**するために、将軍の（＿＿＿）とその甥
＋＋＋ で同じく将軍の（＿＿＿）を北方に派遣した。

（立命館大、関西学院大）

衛青、
霍去病

🔲 衛青は父から虐待され、奴隷のような状態から立身した苦労人であった。霍去病は彗星のごとく現れ、18歳で早くも将軍として連戦連勝の無敗を誇った。親はこの人物に健康の願いを込めて「去病（病を去る）」と命名した。しかし、その願いも空しく23歳で病死した。

☑0523 **武帝**は**匈奴挟撃**のために、**前139年**に（＿＿＿）を
＋＋＋ （＿＿＿）**国**へ派遣した。 （中央大、立教大）

張騫、
大月氏

■ 大月氏国はかつて君主を匈奴に殺され、憎しみを抱いていた。「いざ苦難（139）の道のり張騫出発！」で覚えよう！

☑0524 <u>張騫</u>の目的は果たせなかったが、これを機に◯◯◯ の事情が知られるようになった。　(学習院大、立教大) +++ 　🔲 彼は途中で匈奴の捕虜となり、帰国まで14年かかった。	<ruby>西域<rt>さいいき</rt></ruby>
☑0525 <u>張騫</u>が<u>大月氏国</u>に派遣されたことが端緒となって、 ◯◯◯による交易が発展した。　(センター試験、名古屋大) +++	絹の道(シルク= ロード)
☑0526 シル川上流の◯◯◯は<u>汗血馬</u>の産地として知られ、 <u>武帝</u>はこの地に将軍◯◯◯を派遣した。 +++ 　　　　　　　　　　　　　　　　　(同志社大、関西大) 　🔲 武帝の愛妃の兄が李広利。武帝は彼に手柄を立てさせようと簡単 な命令(馬を連れて来るだけなど)を出していたが、1度目は失 敗し、2度目でやっと成功したといわれる。	<ruby>フェルガナ<rt></rt></ruby>(<ruby>大宛<rt>だいえん</rt></ruby>)、 <ruby>李広利<rt>りこうり</rt></ruby>
☑0527 <u>武帝</u>は<u><ruby>武威<rt>ぶい</rt></ruby></u>、<u><ruby>張掖<rt>ちょうえき</rt></ruby></u>、<u><ruby>酒泉<rt>しゅせん</rt></ruby></u>、◯◯◯の<u><ruby>河西<rt>かせい</rt></ruby>四郡</u>を設置し た。　　　　　　　　　　　　　　(早稲田大、立命館大) +++ 　☛早慶上智レベルでは4郡すべての名前が問われる可能性がある ので要注意。なお、早稲田大では「最も西に位置する郡」として、 この郡について出題している。ちなみに「最も東に位置する郡」 は武威。	<ruby>敦煌<rt>とんこう</rt></ruby>
☑0528 <u>武帝</u>は<u>前111年</u>に◯◯◯を征服し、◯◯◯郡をはじ め、ハノイ付近の◯◯◯<ruby>郡<rt>にちなん</rt></ruby>、<u>日南郡</u>、<u><ruby>九真<rt>きゅうしん</rt></ruby>郡</u>など9つ の郡を置いた。　　　　　　　　　　　　　　(中央大) +++ 　🔲 南越は秦に一時服属していたが、秦末の混乱を利用して<u><ruby>趙佗<rt>ちょうだ</rt></ruby></u>が独 立していた。	<ruby>南越<rt>なんえつ</rt></ruby>、南海、 <ruby>交趾<rt>こうし</rt></ruby>
☑0529 南方に置かれた9つの郡の中で、<u>最南端</u>に位置した のは◯◯◯郡である。　　　　　　　　　　　(早稲田大) +++	日南
☑0530 <u>武帝</u>は<u>前108年</u>に◯◯◯を滅ぼし、◯◯◯、<u><ruby>真番<rt>しんばん</rt></ruby>郡</u>、 <u><ruby>臨屯<rt>りんとん</rt></ruby>郡</u>、<u><ruby>玄菟<rt>げんと</rt></ruby>郡</u>の4郡を設置した。　　　(上智大) +++ 　☛東方に置かれた4郡の中ではこの郡が最も重要だが、選択肢で他 の3郡が問われることもあるので要注意!	<ruby>衛氏<rt>えいし</rt></ruby>朝鮮、楽浪郡
☑0531 <u>武帝</u>の死後、<u><ruby>宦官<rt>かんがん</rt></ruby></u>や皇帝の母方の一族である◯◯◯ が宮廷内の実権を掌握し、皇帝権力は弱体化した。 +++ 　　　　　　　　　　　　　　　　　　　　(立命館大)	<ruby>外戚<rt>がいせき</rt></ruby>
☑0532 <u>前7年</u>、<u><ruby>哀帝<rt>あいてい</rt></ruby></u>は◯◯◯<u>法</u>を発布し<u>大土地所有を制限</u> した。　　　　　　　　　　　　　(龍谷大、早稲田大) +++ 　🔲 豪族の反対にあって、実施までには至らなかった。	<ruby>限田<rt>げんでん</rt></ruby>

☑0533 後8年、外戚の（　　）が前漢を倒して長安に都を置
+++ いて（　　）を建てた。　　　　　　　（駒澤大、日本大）

> 王莽、
> 新

☑0534 王莽は（　　）代の政治を理想とした復古主義政策を
+++ 行ったが、豪族の反抗を招いた。　（慶應義塾大、駒澤大）

> 周

　🗎『周礼』に基づいて土地所有の制限や商業の抑圧を行い、反発を
　受けた。

☑0535 農民反乱である（　　）の乱を契機に、国内は混乱し、
+++ 23年に新は滅亡した。　　　　　　　　　　（早稲田大）

> 赤眉

　🗎陰陽五行説では青、白、黒、赤、黄の5色にそれぞれ意味があり、
　歴代の王朝もシンボルカラーが決まっていた。民衆は漢の復興を
　願って、そのシンボルカラーである赤色を用いた。

☑0536 （　　）は漢（後漢）を再興し、25年に（　　）として
+++ 即位した。　　　　　　　　　　　（新潟大、学習院大）

> 劉秀、光武帝

　☞「にご（25）りを一新、光武帝」で覚えよう！

☑0537 光武帝は都を河南省の（　　）に置き、赤眉の乱を平
+++ 定した。　　　　　　　　　　（センター試験、立命館大）

> 洛陽

　🗎光武帝の「光」は漢を再興した功績を、「武」は武勲を表す。つ
　まり文武両道に優れた名君。昆陽の戦いでは、たった13騎で包
　囲を抜け出して味方を募り、100万人（実数は40万らしい）もの
　王莽の軍を破った。中国史上最強の皇帝の1人。

☑0538 光武帝は倭国の使者に金印である「（　　）」を与え
+++ た。　　　　　　　　　　　　　　　　　　　（日本大）

> 漢委奴国王印

　🗎「委」を「倭」と書き間違えないように！『後漢書』東夷伝の中に
　光武帝が「印綬」を与えたとする記述があり、江戸時代に偶然、
　この金印が福岡県志賀島の畑の中から発見された。本物か偽物か
　で論争も起きている。

☑0539 ベトナムの交趾郡で（　　）の反乱が起こるが、2年ほ
+++ どで鎮圧された。　　　　　　　　　　　　（早稲田大）

> 徴姉妹

　🗎この姉妹の反乱は後漢の将軍馬援によって鎮圧された。後に中国
　の直接支配が強化された。

☑0540 和帝の治世時に（　　）に任ぜられた班超は、漢に対
+++ して（　　）以東の50余国を服属させた。（慶應義塾大）

> 西域都護、
> カスピ海

☑0541 **97**年、**班超**の部下である（　　　）が（　　　）（ローマ帝国）に派遣されたが、**シリア（条支国）で引き返し**た。 （慶應義塾大）	甘英、大秦国
□甘英は地中海沿岸まで到達したが、通商を妨害しようとした**パルティア**（安息）の商人にあざむかれ引き返したとされる。	
☑0542 **166**年、（　　　）（マルクス＝アウレリウス＝アントニヌス帝）の**使者**が**日南郡**に至った。 （関西学院大）	大秦王安敦
□この使者が持ってきた貢ぎ物は東南アジアの物産がほとんどで、ローマ帝国のものはなかった。そのため、本物の使者であるという確証はない。	
☑0543 **宦官**と儒者の抗争の激化によって、**166**年と**169**年に（　　　）が起こった。 （センター試験、関西大）	党錮の禁
☑0544 （　　　）年、宗教結社である（　　　）の**張角**が主導して農民反乱である（　　　）**の乱**が起こった。 （明治大）	184、太平道、黄巾
□この宗教結社は呪文によりどんな病気でも治癒できるとして、民衆の圧倒的支持を得た。しかし、教祖の**張角**本人が病死したため急速に衰退した。	
☑0545 後漢は群雄割拠の中、**曹丕**によって（　　　）年に滅亡した。 （上智大）	220
☑0546 漢代の儒教では、後漢の**馬融**や（　　　）が（　　　）**学**を大成した。 （青山学院大、慶應義塾大）	鄭玄、訓詁
□これは字句の注釈や五経（『詩経』『書経』『易経』『春秋』『礼記』）を中心とした経典の整理を行うもので、学問の自由な発展が失われた。	
☑0547 前漢の歴史家（　　　）は**紀伝体**で『　　　』を、後漢の（　　　）も**紀伝体**で『　　　』を著した。 （センター試験、慶應義塾大）	司馬遷、史記、班固、漢書
□『漢書』は未完のうちに班固が亡くなったため、博学の才女と呼ばれた妹の**班昭**が、亡き兄の事業を受け継いで完成させた。	
☑0548 班固の弟の（　　　）は**西域都護**として活躍した。 （立命館大）	班超
□班超は「奇跡の武人」といっても過言ではない。班超は固い絆で結ばれた僅か36人の部下と共に草原を駆け巡り、数万もの匈奴に対抗した。班超の一生は冒険に次ぐ冒険であった。	

☑0549 紀伝体は⬭⬭（皇帝年代記）、⬭⬭（臣下の伝記 **本紀、列伝**
+++ など）、表（年表）、志（諸制度）の4部構成からな
り、中国正史の形式となった。　　（上智大、早稲田大）

　　📖 列伝は伝記風に書かれたユニークなもので、特に暗殺者たちを描
　　　いた『刺客列伝』は映画化もされている。

☑0550 漢代には、**道教の源流**ともなる⬭⬭の**太平道**や**張陵** **張角、**
+++ の⬭⬭などの秘密結社が生まれた。　　（明治大）　 **五斗米道**

　　📖 張陵をリーダーとする結社は天師道ともいわれ、現在も名を変え
　　　ながら続いている。米5斗（当時の1斗＝約2ℓ）で病気を治療
　　　してやることからこの名が付いた。

☑0551 **太平道**は河北、河南、⬭⬭を、**五斗米道**は陝西、 **山東、**
+++ ⬭⬭を中心にそれぞれ広まった。　　（早稲田大）　 **四川**

☑0552 **後漢**の⬭⬭の治世時に⬭⬭が改良した**製紙法**は、 **和帝、蔡倫**
+++ **8世紀頃にイスラーム世界**に伝えられた。

　　　　　　　　　　　　　　　　　　　（東京大、明治大）

　　☞ 以前は紙を「発明」したとされていたが、現在は「改良」したと
　　　いう表現が適切である。

☑0553 ⬭⬭は地震計と天球儀を発明した人物といわれる。 **張衡**
+++ 　　　　　　　　　　　　　　　　　　　（予想問題）

　　📖 彼はいわゆる万能人であり、名文家としても知られている。彼の
　　　発明した地震計（地動儀）は、138年に都の長安から500km以上
　　　も離れた甘粛の地震を正確に感知したとされる。

3 ┃ 三国時代と晋の統一

☑0554 華北の⬭⬭、江南の⬭⬭、四川の⬭⬭の三国が **魏、呉、蜀**
+++ 分立・抗争した時代を**三国時代**と呼ぶ。

　　　　　　　　　　　　　　　　　（センター試験、日本大）

☑0555 **魏**は、**曹操**の子である⬭⬭が**後漢**を倒して、都を **曹丕、**
+++ ⬭⬭に置き建国した。　　（明治大、早稲田大）　 **洛陽**

　　📖 『三国志』の中では悪役として扱われる魏の曹操だが、実は文武
　　　両面を兼ね備えた英雄だった。優れた詩文を数多く残している。

☑0556 **呉**は、⬭⬭が都を現在の**南京**である⬭⬭に置いて **孫権、建業**
+++ 建国した。　　（明治大、早稲田大）

　　📖 呉の軍事力の中心は水軍だった。

☑ 0557 蜀は、（____）が名宰相（____）を得て、都を現在の四川
+++ 省にある（____）に置いて建国した。　（明治大、早稲田大）

　🖉『三国志』の主人公的な劉備は、「情」の人として描かれているが、
　　部下を殴るなど粗暴な面があった。彼の人柄は後世になって脚色
　　された部分が多い。

劉備、
諸葛亮（孔明）、
成都

☑ 0558 208年、魏は（____）の戦いで呉と蜀の連合軍に敗れ
+++ た。　　　　　　　　　　　　　　　　　　（早稲田大）

　🖉『三国志』のクライマックス。火攻めによって魏の10万人もの水
　　軍は壊滅した。これによって魏の天下統一の野望は消え失せ、天
　　下三分の形勢となった。

赤壁

☑ 0559 263年に魏が蜀を滅ぼし、265年には魏の将軍
+++ （____）が魏の王位を奪って（____）を建国した。
　　　　　　　　　　　　　　　　　　（東京都立大、共通テスト）

司馬炎、西晋（晋）

☑ 0560 西晋は（____）年に呉を滅ぼして中国を統一した。
+++ 　　　　　　　　　　　　　　　　　　　　（予想問題）

280

☑ 0561 313年に高句麗が朝鮮の（____）を滅ぼした。
+++ 　　　　　　　　　　　　　　　　　（東京都立大、明治大）

楽浪郡

☑ 0562 西晋は、帝位をめぐる一族の争いである（____）の乱
+++ で動揺した。　　　　　　（上智大、早稲田大、共通テスト）

　🖉一族諸王の内乱で、各王は五胡（異民族）を軍事力として利用し
　　た。

八王

☑ 0563 311年から316年にかけて、匈奴による兵乱であ
+++ る（____）の乱で西晋が滅び、晋の一族である（____）が
　江南に逃れて東晋が建国された。　　　（上智大、立教大）

　☞選択問題で出題されることが多い知識なので要注意！　永嘉の
　　乱を起こした匈奴の劉淵は、劉邦がかつて匈奴に嫁がせた宗室の
　　子孫にあたり、漢文の素養も備えた劉邦直系の貴公子であった。

永嘉、司馬睿

☑ 0564 西晋の南走後、匈奴、（____）（匈奴の一派）、鮮卑（モ
+++ ンゴル系かトルコ系）、（____）（チベット系）、羌（チ
　ベット系）が漢人とともに華北各地に政権を樹立し
　たため、この時代を（____）時代という。
　　　　　　　　　　　　　　　　　　（法政大、明治大）

　☞「匈奴の一派」、「チベット系」というキーワードに注目！

羯、
氐、

五胡十六国

☑0565 江南では、◯◯に都を置いた**東晋**が、**383**年に
+++
◯◯の戦いで**五胡十六国**の**前秦**を破って江南を守
り、**南北朝の分立**が確定した。 （早稲田大）

建康、
淝水

> この戦いは、前秦軍が約90万人、東晋軍が約8万人といわれ、総勢約100万人の大規模な戦いだった。

4 | 南北朝時代

☑0566 **北魏**は鮮卑族の◯◯氏が建国し、**439**年には
+++
◯◯帝が**華北を統一**した。 （立命館大）

拓跋、
太武

> ☞「世を裂く（439）北魏、華北統一」で覚えよう！

☑0567 ◯◯は**道教**の一派である◯◯を開いて**道教を大**
+++
成し、**太武帝**に重用された。 （明治大、京都産業大）

寇謙之、新天師道

> 太武帝は道教の予言を信じ、政治や戦争に利用し、寇謙之の助言で仏教を弾圧した。しかし、後の孝文帝になると**仏教が保護された**。

☑0568 北魏の◯◯帝は、土地制度である◯◯制、村落制
+++
度である◯◯制を実施した。 （慶應義塾大）

孝文、均田、
三長

> 三長制は人民を「隣（5家）」＜「里（5隣）」＜「党（5里）」の3つの段階に分けた村落制度で、**治安と徴税の安定**を目的とした。

☑0569 **485**年に◯◯制が実施された。これは、**土地の授**
+++
給と回収を行うものだが、◯◯や◯◯にも給田され**豪族に有利**だった。 （中央大）

均田、
奴婢、耕牛※順不同

☑0570 中国史上初めて**均田制**を実施した王朝は◯◯であ
+++
る。 （明治大）

北魏

☑0571 **孝文帝**は、◯◯から◯◯に遷都し、鮮卑族の風習
+++
を禁止して儒教尊重などの◯◯政策を推進した。
（東京大、共通テスト）

平城、洛陽、
漢化（中国化）

> 孝文帝は自民族の服装や姓、言語すら禁止したために**鮮卑族の反発**を招いた。

☑0572 **北魏**の時代に、**平城（大同）**付近の◯◯や**洛陽**付近
+++
の◯◯の石窟寺院が開かれた。 （明治大）

雲岡、
竜門

> ☞平城と洛陽が重要なキーワード！ どちらも都の近辺に造られた。日帰りできる距離にあり、今で言うならばテーマパークのようなものであった。

☑0573 **孝文帝の漢化政策は軍人の反発を招き、◯◯◯の乱が** +++ **起こり、北魏は解体した。** (予想問題)	りくちん 六鎮
🗊 六鎮とは平城付近の首都防衛軍。しかし、洛陽に遷都されたこと で辺境防衛軍に格下げされ、冷遇される地位に陥り、王朝に対す る不満が爆発した。	
☑0574 **北魏は東魏と西魏に分裂し、後に東魏は◯◯◯に、西** +++ **魏は◯◯◯になった。** (関西学院大)	ほくせい 北斉、 ほくしゅう 北周
☑0575 **魏晋南北朝時代を通して採用された官吏登用制度は** +++ **◯◯◯である。** (センター試験、東京都立大)	きゅうひんちゅうせい 九品中正(九品官 人法)
☛この制度が中正官が人物を9つの品等(ランク)に評価して中央 に報告するものである。 🗊 この制度は漢代の郷挙里選に代わる制度であった。郷挙里選では **地方の豪族が中央進出の手段にするという弊害があったので、九 品中正では人物評の公平化を図るねらいがあった。しかし逆に門 閥貴族を生む結果となった。**	
☑0576 **九品中正によって◯◯◯貴族が形成され、俗に** +++ **「◯◯◯」といわれる状態が作り出された。** (青山学院大、同志社大、共通テスト)	もんばつ 門閥、 じょうひん かんもん 上品に寒門なく かひん せいぞく 下品に勢族なし
🗊 門閥貴族が上級官職を独占するようになり、この言葉が生まれ た。	
☑0577 **魏では、無主の土地(荒廃地)を官有として人民に** +++ **耕作させる土地制度の◯◯◯制を採用した。** (立教大、早稲田大)	とんでん 屯田
🗊 魏の曹操が制度化した。	
☑0578 **西晋では、大土地所有を制限させる◯◯◯法を採用し** +++ **た。** (立教大、早稲田大)	せんでん かでん 占田・課田
☛制度の詳細はあまりよくわかっていない。したがって、論述問題 では内容までを問われることはない。	
☑0579 **西晋では1戸ごとに生産物を徴収する◯◯◯という** +++ **税制が採られた。** (関西学院大)	こちょうしき 戸調式
☛かなり細かい知識。難関私大で出題されることがある。	
☑0580 **東晋では、流民を豪族の勢力下に入れず公民として** +++ **編成させる◯◯◯法が創始された。** (上智大)	ど だん 土断
☛当時、華北の政治的混乱を嫌って100万人以上の人々が江南に逃 れた。「ヒトの移動」をテーマにした問題で、近年、この制度に ついて出題されるケースが増えている。	

☑0581 東晋の僧◯◯◯はグプタ朝時代のインドへ赴き、旅行記として『◯◯◯』を著した。 （立教大、関西学院大）

法顕、
仏国記

🔲 この僧は60歳を過ぎてから長安を出発した。しかも**往路は困難を極める陸路**を用いて、復路は75歳の時に**海路で帰国**した。当時の旅の困難さを考えると奇跡的な行動といえる。

☑0582 仏教において**西方浄土の往生**を祈願するのは◯◯◯信仰とされる。 （慶應義塾大）

阿弥陀

🔲「**南無阿弥陀仏**」を唱えて祈願すれば救済への道がひらけるとする信仰。語源はイランのアフラ=マズダ→インドのアミターバ→日本の阿弥陀という説があり、ゾロアスター教の影響がある、という説が根強い。

☑0583 南朝最初の王朝は、東晋を滅ぼして◯◯◯が建てた◯◯◯である。 （立命館大）

劉裕、
宋

☛ かなりレベルの高い知識である。間違えて「東晋」と答えてしまうことが多いので要注意！

☑0584 南朝の諸王朝に共通する都は◯◯◯である。 （立教大、福岡大）

建康（南京）

🔲 呉の時代のみ建業と呼ばれた。

☑0585 ◯◯◯では南朝文化が最盛期となり、建国者の**武帝**は仏教を保護した。 （関西学院大、早稲田大）

梁

☑0586 南朝とは「宋→◯◯◯→◯◯◯→◯◯◯」の順に興亡した**4つの王朝**を指す。 （近畿大、大阪大）

斉、梁、陳

5 ｜ 隋

☑0587 ◯◯◯の**外戚**◯◯◯が権力を握り、581年に**文帝**と称し、国号を隋とした。 （中央大、立教大）

北周、楊堅

🔲 彼は、軍事よりも内政の安定に努めたことから文帝と呼ばれた。

☑0588 ◯◯◯年、**文帝**は南朝の◯◯◯を滅ぼして**中国を統一**した。 （明治大）

589、陳

🔲 強大な皇帝権力（政治権力）を持つ北朝は、南朝を統合する形で中国を統一した。

☑0589 **文帝**は新しい都◯◯◯を長安近くに造営した。 （東京女子大）

大興城

☑ 0590 **文帝**は、**土地制度**は**北魏**の◯◯制、**兵制**は**西魏**の +++ ◯◯制をそれぞれ改良し、継承した。　　　　　（明治大）	均田、 府兵^{ふへい}
📖 これらの制度は整備され、さらに**唐**へと受け継がれた。つまり文帝が独自に考案した制度はなく、ほとんどが前時代の制度の継承であった。文帝は新しい制度を作る国家のエネルギーの浪費を嫌った。文帝は地味に見えるが賢い皇帝であったといえる。	
☑ 0591 **文帝**は**税制**として成年男子（**丁男**^{ていだん}）に穀物・絹布などの税や力役^{りきえき}を課す◯◯制を確立した。 +++ 　　　　　　　　　　　　　　　　（センター試験、日本大）	租庸調^{そようちょう}
☑ 0592 **文帝**は**九品中正**を廃して◯◯を実施し、豪族の**門閥** +++ **貴族**による世襲を打破しようとした。　　　　（東京大）	科挙（選挙）^{かきょ}
📖 真の実力主義の試験とはいえなかったが、幅広く教養のある貴族に官吏登用の門戸を広げた。試験内容は詩文の才能を試すものや容姿、貴族的な話し方などユニークであった。	
☑ 0593 **文帝**はトルコ系騎馬民族の◯◯を撃破したが、その +++ 後この民族は**583年**に東西に分裂した。　　　（東京大）	突厥^{とっけつ}
☑ 0594 父の**文帝**を殺して第**2代皇帝**に即位したとされるの +++ は◯◯である。　　　　　（立命館大、関西学院大）	煬帝^{ようだい}
📖 本名は**楊広**。この皇帝の名の一部である「火」には親殺しの意味が込められていることから、父の文帝を殺したという説がある。	
☑ 0595 **煬帝**は**均田制**における◯◯や**奴婢**への給田を廃止 +++ した。　　　　　　　　　　　　　　（関西学院大）	女性
☞「**耕牛**」と間違えて答えることが多いので要注意！　耕牛への給田廃止は文帝時代からである。	
☑ 0596 **煬帝**は、現在の**天津**^{てんしん}から**江南**の**杭州**^{こうしゅう}に至る◯◯を完 +++ 成させた。　　　　　　　　　　　（青山学院大）	大運河
📖 数十万人の死者を出すほどの大工事だったが、唐代には現在のパナマ運河と同じ水門式の運河技術を導入するなど、当時の土木技術のレベルは非常に高いものだった。	
☑ 0597 ◯◯渠は北方に伸びる運河で、**煬帝**の**3度**にわた +++ る◯◯遠征に使用された。　　　　　（青山学院大）	永済^{えいさい}、 高句麗
☑ 0598 ◯◯渠は、**黄河**から**淮河**^{わいが}間にわたる運河で、**江南の** +++ **物資を華北に運送する**のに役立った。　　（青山学院大）	通済^{つうさい}
📖 運河を通じて華北の政治力と江南の経済力が結び付けられ、中国の政治形態の統一が進んだ。他にも**広通渠**や**江南河**などの運河がある。	

☑0599 ◯◯◯遠征が**失敗**し、各地で農民反乱が勃発する中で +++ 煬帝は殺され、**隋**は滅亡した。　　　（立教大、早稲田大）

高句麗

🗒 遠征は3度にわたり強行された。第1回遠征は30万人の兵を動員したものの、帰還できたのはわずか3,000人弱のみという悲惨な結果に終わった。

6 | 唐の盛時と政治組織

☑0600 隋末の混乱の中、◯◯◯が**唐**を建国し、第1代**高祖** +++ となった。　　　　　　　　　　　　　　　　（同志社大）

李淵（り えん）

☑0601 **唐**は◯◯◯年に建国され、都は◯◯◯に定められた。 +++ 　　　　　　　　　　　　　　　（法政大、神奈川大）

618、長安

🗒 人口は100万人を超え、当時の**アッバース朝**の都**バグダード**と肩を並べた。

☑0602 **高祖**の子である◯◯◯が第2代**太宗**となり、**628年** +++ に中国を統一した。　　　　　　　　　　　　　（明治大）

李世民（り せいみん）

🗒 この人物は626年、玄武門で兄と弟を殺して即位した（玄武門の変）。しかし彼の息子たちも同様の陰謀をめぐらし、晩年は失意のうちに過ごした。

☑0603 **太宗**は「◯◯◯の治」と呼ばれる**善政**を行った。 +++ 　　　　　　　　　　　　　　　（中央大、明治大）

貞観（じょうがん）

🗒 **太宗**を中国歴代皇帝の中で最も理想的な君主とする人は多い。例えば、明の洪武帝も太宗の政治を模範とした。

☑0604 **太宗**の政治は後に『◯◯◯』としてまとめられた。 +++ 　　　　　　　　　　　　　　　　　　　　（早稲田大）

貞観政要（じょうがんせいよう）

☑0605 **太宗**は**突厥**を撃破し、西北アジアの諸遊牧騎馬民族 +++ の首長から◯◯◯の称号を贈られた最初の人物である。　　　　　　　　　　　　　　　　　　　（早稲田大）

天可汗（テンクリ＝カガン）

🗒「王の中の王」の意味。

☑0606 **太宗**治世の**629年**、後に『**大唐西域記**（だいとうさいいきき）』を著した僧 +++ ◯◯◯がインド**求法**（ぐほう）の旅に出奔した。　　　（早稲田大）

玄奘（げんじょう）

☞ **往復路ともに陸路を用いていること**がポイント。「**ろくに食わず（629）**にインド出発」と覚えよう！ 玄奘は、遣唐使として来た日本人の**道昭**を大切にした。玄奘が砂漠で死にかけたとき、謎の僧が現れて助けてくれたのだが、道昭はこの謎の僧に生き写しだったからである。

☑0607 **玄奘**が持ち帰った経典は長安の◯◯◯に保管された。 +++ （慶應義塾大） 🗊 玄奘が設計した五重塔（現在は七重塔）の呼び名。玄奘と日本の縁は意外に深く、**日中戦争**の最中の1942年、日本軍が稲荷神社を造ろうとして偶然に玄奘の頭蓋骨を発見し、一部は埼玉県の慈恩寺に保管されている。	だいがんとう 大雁塔
☑0608 第3代**高宗**は、**663年**に**白村江の戦い**で日本と◯◯◯の連合軍を破り、**668年**には◯◯◯を滅ぼした。 +++ （学習院大、立命館大）	ひゃくさい 百済、高句麗 くだら
☑0609 後に『**南海寄帰内法伝**』を著した僧◯◯◯は広州から +++ **海路**インドに入った。 （立教大、早稲田大） ☛ **往復路ともに海路**を用いた。スマトラの**シュリーヴィジャヤ**（室利仏逝）に立ち寄ったことも入試で問われることが多いので要注意！	ぎじょう 義浄
☑0610 698年に**中国東北部**を中心に建国された◯◯◯は、唐 +++ の**長安**を参考に都を造営した。 （立命館大） 🗊 この国は「**海東の盛国**」と呼ばれ、当時の日本と活発に通交した。	ぼっかい 渤海
☑0611 隋から唐にかけての国家体制は一般に◯◯◯体制と +++ 呼ばれ、**刑法**の◯◯◯、**行政**や**民法**の◯◯◯、追加規定の◯◯◯、施行細則の◯◯◯が基本法典として定められた。 （センター試験、慶應義塾大） 🗊「**人を罰するのが法**」という伝統が強い中国では、「**律→令**」の順に重きが置かれる。	りつりょう 律令、 りつ れい 律、令、 かく しき 格、式
☑0612 中央行政機関は**三省**・◯◯◯・**九寺**・◯◯◯となった。 +++ （早稲田大） 🗊 **一台**とは監察機関である**御史台**を指す。	りくぶ いちだい 六部、一台
☑0613 **三省**について、◯◯◯**省**は**詔勅を作成**する機関、 +++ ◯◯◯**省**は**詔勅の審議**を行う機関、◯◯◯**省**は**詔勅を実施**する機関であった。 （東京大、明治大） ☛ **各省の実務内容は短い論述問題でよく問われるので要注意！**	ちゅうしょ 中書、 もんか しょうしょ 門下、尚書
☑0614 **六部**では、**官僚の人事**を司る◯◯◯**部**が最重要視さ +++ れ、**財政**を司る◯◯◯**部**、**祭祀や教育**を司る◯◯◯ **部**、その他にも**兵部**、**刑部**、**工部**があった。 （上智大） ☛ **六部すべての部署名を覚えてほしい。**特に、**人事権を握る吏部**と、**科挙を作成する礼部**が問われる。なお、**兵部**は**軍事**を、**刑部**は**司法**を、**工部**は**土木事務**を司る。	り 吏、 こ れい 戸、礼

☑0615 唐代の土地制度は◯◯制が隋代から継承された。
+++
（センター試験）

均田

☑0616 唐代の均田制では、**丁男（成年男子）一代に**◯◯田
+++ を与え、**世襲で**◯◯田を与えた。 （青山学院大）

口分、
えいぎょう
永業

　口分田が80畝、永業田が20畝とされた。

☑0617 唐代の兵制は◯◯制が隋代から継承された。
+++
（早稲田大）

府兵

☑0618 全国各地に630余りの◯◯府が置かれ、**府兵の徴**
+++ **集や訓練**にあたった。 （慶應義塾大、上智大）

せっしょう
折衝

　府兵は農民などからなるアマチュア兵であるため、訓練する必要
があった。

☑0619 **都の警備**にあたる兵士は◯◯、**辺境の防備**にあたる
+++ 兵士は◯◯と呼ばれた。 （慶應義塾大）

えいし
衛士、
ぼうじん
防人

☑0620 税制は、土地から徴収する税である◯◯、**年20日**
+++ の労役である◯◯、**絹、真綿、麻布**などを納める調
が採用された。 （センター試験、関西大）

租、
よう
庸

☑0621 地方税として**年40日以内**の労役である◯◯が課せ
+++ られた。 （慶應義塾大）

ざつよう
雑徭
ぞうよう

　庸と合わせると年60日程度の労役となり、農民への負担は大き
かった。

☑0622 官吏登用制度は**隋代からの**◯◯制が採用され、**貴族**
+++ は◯◯の制により優遇された。 （立教大）

科挙、
おんい もんいん
蔭位（門蔭）

　蔭位（門蔭）の制によって、貴族は父祖の官位により実質的に無試
験で官僚となり高位に就けるようになった。

☑0623 周辺諸民族に対しては各地に都護府を置き中央から
+++ 都護を派遣する一方で、現地の**部族の長を都督など**
に任命し自治を許す◯◯政策を採用した。
（東京女子大）

きび
羈縻

　☛60字程度の論述問題でも問われることがあるので要注意！

☑ 0624 ++++ （＿＿）都護府は朝鮮の平壌（へいじょう）（ピョンヤン）に、（＿＿）都護府はベトナムの河内（ハノイ）に、安北（あんぼく）都護府は外モンゴルに、安西（あんせい）都護府はタリム盆地に、（＿＿）都護府は内モンゴルに、（＿＿）都護府はイリ地方に設置された。 （早稲田大） 🗐 安南都護府は南海交易の拠点となり、東南アジアから多くの物産が唐に持ち込まれた。	安東（あんとう）、安南（あんなん） 単于（ぜんう）、 北庭（ほくてい）
☑ 0625 ++++ 唐代では外国貿易が盛んとなり、**陸路ではイラン**系の（＿＿）**人、海路では**（＿＿）**商人**が中継商人として来訪した。 （立教大、関西学院大） 🗐 ソグド人はサマルカンドなどに居住し、幼少の頃から商人になるように鍛えられ、7歳で5〜6カ国語を話せる者も珍しくなかった。	ソグド、ムスリム （アラビア、イスラーム）
☑ 0626 ++++ 異文化を受容した唐代において、胡舞（こぶ）や胡楽（こがく）などの（＿＿）**人の風俗**が流行した。 （立命館大、センター試験） 🗐 ここでいう胡人とはソグド人を指す。	胡
☑ 0627 ++++ 唐代には（＿＿）と呼ばれる陶器が作られ、その技法が各国に伝わった。 （センター試験） 🗐 この陶器は、ラクダに乗っているソグド人が描写されていることが多い。	唐三彩（とうさんさい）
☑ 0628 ++++ **海上貿易の管理を行う役所として**（＿＿）**に**（＿＿）**が**置かれた。 （東京大、慶應義塾大） 🗐 現代の税関に近いもの。私貿易が活発だったことを物語っている。	広州（こうしゅう）、市舶司（しはくし）
☑ 0629 ++++ 唐代では**貨幣経済の進展**に伴い（＿＿）という**送金手形**が使われた。 （中央大） 🗐 宋（そう）では紙幣へと発展した。	飛銭（ひせん）
☑ 0630 ++++ **高宗の死後**、皇后の（＿＿）が国号を（＿＿）に改め自ら帝位に就いた。第4代中宗の皇后韋后（いこう）も政権を奪い国勢を乱したので、この時期は（＿＿）と呼ばれた。 （立命館大、明治大） 🗐 武后は、高宗の前皇后や寵愛（ちょうあい）する妃（側室）の手足を切断して酒樽に放り込むなど残忍極まりない人物として語り継がれているが、最近では武后の業績に関して貴族政治を打破した革命的なものとして、プラスの評価を与える学者も多い。	則天武后（そくてんぶこう）、周（ちゅうそう） 武韋の禍（ぶいのか）

☑0631 第6代**玄宗**は、即位当初は「（＿＿）の治」と呼ばれる
+++ **善政**を行った。 （関西学院大）

☞「太宗の貞観の治」と混同しないように。正誤問題では要注意！

開元（かいげん）

☑0632 **玄宗**の時代になると均田農民が没落して（＿＿）制が
+++ 乱れたので、（＿＿）制という**職業兵士を雇用する兵
制に移行**した。 （中央大）

🖉 つまり、アマチュアからプロの兵士に変わったということ。

府兵、
募兵（ぼへい）

☑0633 **玄宗**の時代には辺境地帯に10の（＿＿）を置き、強力
+++ な軍事力で固めようとした。 （センター試験、中央大）

節度使（せつどし）

☑0634 **突厥**は**東西に分裂**後、**東突厥**は（＿＿）時代の唐に服
+++ 属するも、680年頃に復興を果たし、**モンゴル高原**
を本拠地に勢力を誇ったが、**玄宗**時代の745年に
（＿＿）に滅ぼされた。 （早稲田大）

太宗

ウイグル

☑0635 **玄宗**は晩年（＿＿）を寵愛し、政務を怠った。（上智大）
+++
🖉 "ぽっちゃり"な女性が好まれた当時、"絶世の美女"楊貴妃も体
重70kgほどだったという。汗かきで常に侍女が団扇であおいで
いた。

楊貴妃（ようきひ）

☑0636 **ソグド系**の**節度使**である（＿＿）と**史思明**（ししめい）が（＿＿）の
+++ **乱（755〜763）**を起こした。 （國學院大）

🖉 漢人の名前を名乗っているが、ともにイラン（ソグド）人である。
前者の名はアレクサンドロス（イスカンダル）もしくはペルシア
語で光を意味する「ロクサーヌ」がなまったものと思われる。

安禄山、安史（あんろくざん あんし）

☑0637 唐は（＿＿）人の援助を得て**安史の乱を鎮圧**するも、
+++ 王朝の衰退は決定的となった。 （日本大）

ウイグル（回紇）（かいこつ）

☑0638 **チベット系**の（＿＿）は**安史の乱**の発生とともに唐に
+++ 侵入し、**長安**を占領した。 （上智大）

🖉 この乱に対する**ウイグル**と吐蕃の対応の違いに注目！

吐蕃（とばん）

☑0639 **751年**の（＿＿）の戦いで、**高仙芝**（こうせんし）率いる唐軍は**アッ
+++ バース朝に敗北**したが、この時に（＿＿）が**中国**から
イスラーム世界に伝わった。 （東京大、成城大）

☞世界史入試全体の中で、出題頻度の非常に高い問題である。

タラス河畔（かはん）、
製紙法

☑0640 780年、宰相◯◯が租庸調制に代わる税制として、
+++ 夏と秋の2回にわたり資産に応じて徴税する◯◯
法を施行した。　　　　　　　　　　　　（北海道大、東京大）
　🖉 この結果、土地の私的所有が実質的に承認され、荘園の拡大が進
　んだ。中国税制史上の画期的事件である。

楊炎、
両税

☑0641 823年に唐と◯◯の講和を記念してラサに石碑が
+++ 建てられた。この石碑を◯◯という。　　　　（京都大）

吐蕃、
唐蕃会盟碑

☑0642 均田制の崩壊や節度使の専横などによって国内は乱
+++ れ、875年から884年にかけて農民反乱である
◯◯の乱が起きた。　　　　　（センター試験、専修大）
　🖉 彼は塩の密売商人で、仲間の王仙芝とともに挙兵した。乱の被害
　は大きく、広州にいた約10万人のムスリム商人も殺害された。

黄巣

☑0643 ◯◯の乱によって唐王朝は事実上崩壊し、907年、
+++ ◯◯によって滅亡した。　　　　（成蹊大、関西学院大）
　🖉 朱温という無頼の輩（今の反社会的勢力）がいた。朱温は黄巣の
　乱鎮圧に功があったので、唐から全忠（「忠義を全うする＝全部、
　忠義の男」の意味）という名をもらって朱全忠と名乗った。しか
　し直ぐに唐を裏切って滅ぼしてしまった。

黄巣、
朱全忠

7 ｜ 五代十国

☑0644 唐を滅ぼした◯◯が後梁を建国して以降、華北に興
+++ 亡した後梁、後唐、後晋、後漢、◯◯の5つの王朝
と江南などに建国された10国の時代を◯◯時代と
いう。　　　　　　　　　　　　　　　（明治大、南山大）

朱全忠、
後周、
五代十国

☑0645 五代の中で後唐・後晋・後漢の3王朝は◯◯系の王
+++ 朝である。　　　　　　　　　　　　（上智大、早稲田大）
　🖉 五代の最初（後梁）と最後（後周）が漢民族の王朝である。

突厥

☑0646 洛陽に都を置いた後唐以外の4つの王朝は◯◯に
+++ 都を置いた。　　　　　　　　　　　　　　　（上智大）

汴州（開封）

☑0647 ◯◯は建国支援の代償として契丹に河北省および
+++ 山西省の一部である◯◯を与えた。
　　　　　　　　　　　　　　　（京都府立大、京都産業大）
　🖉 現在の北京などを含む地域。

後晋、
燕雲十六州

☑0648 **五代十国時代**には、**貴族階級**の没落によって、武人
+++ 勢力が◯◯◯政治を行った。 （予想問題）

武断（ぶ だん）

　⬚ 武力を前面に押し出した血なまぐさい政治が続き、中国史上でも
　　 突出して暗い時代だった。

☑0649 ５世紀から10世紀にかけて行われた何回かの**国家**
+++ **的仏教弾圧**は総称して◯◯◯と呼ばれる。 （立命館大）

三武一宗の法難（さん ぶ いっそう の ほうなん）

　⬚ 中国仏教は北魏の**太武帝**、北周の**武帝**、唐の**武宗**、後周の**世宗**の４
　　 人の皇帝の弾圧を受けた。しかし仏教弾圧の真の目的は、仏像を
　　 破壊して通貨の銅銭を作ることなど、経済的動機が主であった。
　　 第二次世界大戦中、日本軍もお寺の鐘や銅像を武器に変えた。

8 ｜ 宋（北宋）の成立

☑0650 ◯◯◯年、**後周**の部将である◯◯◯が◯◯◯を都とし
+++ て**宋（北宋）**を建国し、**太祖**となった。 （明治大）

960、趙匡胤（ちょうきょういん）、
開封（汴京）（べんけい）

　⬚ 彼は巨大なヌンチャクのような武器（多節棍）を片手で振り回し
　　 て敵をなぎ倒したといわれる。人望があり、部下に推されて皇帝
　　 の位に就いた。

☑0651 ◯◯◯年、第２代**太宗**が中国を統一した。 （早稲田大）
+++

979

　⬚ 太宗は趙匡胤の弟。兄を暗殺して即位した説が有力である。この
　　 時代に君主独裁体制が成立した。

☑0652 宋は徹底した◯◯◯主義で、**節度使を主体とする軍閥**
+++ **勢力**の◯◯◯を解体した。 （成城大、明治学院大）

文治（ぶん ち）、
藩鎮（はんちん）

　⬚ 趙匡胤は血を流すことを嫌い、説得によって節度使から文官に切
　　 り替えていった。

☑0653 宋は皇帝直属の軍隊である◯◯◯**軍**を強力にして、地
+++ 方軍の弱体化を図った。 （慶應義塾大）

禁

　⬚ 中央の軍隊は140万人に達することもあった。

☑0654 「◯◯◯」には当時の**宋**の都である**開封**の様子が描か
+++ れている。 （予想問題）

清明上河図（せいめいじょうが ず）

　⬚ この絵には支柱のない橋（虹橋）の図が描かれているが、力学的
　　 にも説明がつかない建築困難な形であることから、現代建築家の
　　 興味を駆り立てている。

☑0655 中央では、◯◯◯が行政を、◯◯◯が軍事を、**御史台**
+++ が監察を、**三司**が財政をそれぞれ司った。 （早稲田大）

中書省（すうみついん）、枢密院

☑0656 <u>科挙</u>の最終試験に<u>皇帝</u>が直接試験する（　　）が加えられ、<u>皇帝権力の強化</u>に役立った。　（東京大、立教大） ☞論述問題の重要ポイント！　この制度の実施によって皇帝が官僚の人事権を握った。科挙合格者の皇帝への忠誠心が高まったこともあり<u>皇帝権力は強化</u>された。	殿試 <small>でん し</small>
☑0657 <u>文治主義</u>は軍事力の低下を招き、<u>1004年</u>に宋は<u>契丹（キタイ）</u>と（　　）を結び、<u>契丹（キタイ）</u>に<u>歳賜</u>を贈ることを約束した。　（京都大、京都府立大） 🗒歳賜とは絹や銀などのこと。歳幣ともいう。これらの貢ぎ物を贈る代わりに攻めて来ないことを約束させた。	澶淵の盟 <small>せんえん めい</small>
☑0658 <u>1044年</u>に宋は（　　）と<u>慶暦の和約</u>を結んで、<u>歳賜</u>を贈ることを約束した。　（成城大、中央大）	西夏 <small>せい か</small>
☑0659 第6代（　　）の時代には、宰相（　　）が<u>新法</u>と呼ばれる改革を行った。　（京都府立大、東洋大） 🗒<u>王安石</u>は22歳（20歳という説もある）で最難関の<u>科挙</u>に合格した秀才。当時20代での合格は珍しかった。	神宗、王安石 <small>しんそう おうあんせき</small>
☑0660 <u>新法</u>のうち、（　　）法は<u>物資の流通と物価の安定を図</u>るのが目的だった。　（関西大） 🗒前漢の<u>武帝</u>時代と同様のもの。	均輸 <small>きん ゆ</small>
☑0661 <u>新法</u>のうち、（　　）法は<u>中小農民に低利で銭や穀物を貸し付け</u>、農民の没落を防ごうとしたものであった。　（駒澤大） ☞新法の中で最も重要な法の1つ。	青苗 <small>せいびょう</small>
☑0662 <u>新法</u>のうち、（　　）法は政府が中小商人から物資を買い上げ、**彼らに低利で資金を融資すること**などによって、富商の営利独占を防ぐものであった。　（京都府立大） 🗒重要な法の1つであるが、実際には抵抗も強かった。	市易 <small>し えき</small>
☑0663 <u>新法</u>のうち、（　　）法は富者に<u>免役銭</u>を出させて農民の徭役を免じ、無職者を雇うものであった。　（早稲田大、東洋大） 🗒この徭役は税の運搬などを指す。<u>募役法</u>は富者（お金持ち）から激しい抵抗にあった。	募役 <small>ぼ えき</small>

☑0664 <u>新法</u>のうち、◯◯◯法は**検地して土地の良否により税**
+++ **額に差をつける**ものであった。 （早稲田大）

方田均税

☞細かな知識だが、難関私大で出題される。

☑0665 <u>新法</u>のうち、◯◯◯法は**民兵制度を組織し軍事教練を**
+++ 行って、兵力を増大することを目的とした。
（立命館大）

保甲

☑0666 <u>新法</u>のうち、◯◯◯法は**民間に馬を飼育させる**ことに
+++ よって、平時は使役に供し戦時の軍馬を確保してお
くことを目的とした。 （明治大、立命館大）

保馬

☑0667 ◯◯◯ら保守派の官僚の反対意見が起こり、<u>新法党</u>と
+++ ◯◯◯の党争が発生した。 （慶應義塾大、成城大）

司馬光、

旧法党

🗌 彼は<u>1086</u>年に宰相となり、即座に<u>新法</u>を廃止して<u>旧法</u>を復活させた。その直後に病死している。

☑0668 <u>北宋</u>を代表する**文筆家であり政治家**であった**欧陽脩**
+++ や◯◯◯は、◯◯◯の推進した<u>新法</u>に反対する<u>旧法党</u>
に属した。 （センター試験、東京都立大）

蘇軾、王安石

🗌 蘇軾も<u>旧法党</u>のリーダーの1人。しかし、<u>新法</u>の長所も認めており、<u>司馬光</u>と対立した。

☑0669 <u>王安石</u>の死後、<u>新法</u>のほとんどは廃止され、国家財
+++ 政は悪化して**中小農民の没落**が進み、12世紀初めに
は◯◯◯の乱が江南で起こった。 （早稲田大）

方臘

🗌 乱の指導者は宗教結社（マニ教徒）を率いて蜂起したとされ、約100万人を動員して乱を指導したが敗れ去った。

☑0670 第8代◯◯◯は**文芸の保護**に努め、◯◯◯**画**の代表者
+++ でもあったが、1125年、**金**に都を包囲されて**譲位**した。
（慶應義塾大、早稲田大）

徽宗、

北宗（北、院体）

☑0671 **金**が都を攻略し、<u>徽宗</u>や<u>欽宗</u>などの宋の皇族らが北
+++ 方に連れ去られる◯◯◯の<u>変</u>が起きて、◯◯◯年に<u>北</u>
<u>宋</u>は**滅亡**した。 （センター試験、京都大）

靖康、1127

🗌 この事件で連行されたのは皇帝たちだけではなかった。王妃や幼い皇女など1万人以上もの若い女性も連行された。その多くは洗衣院という名前の娼婦小屋に入れられ、過酷で不遇な生涯を送った。中国史上、最も屈辱的な事件とされる。

9 | 宋の社会と経済

☑0672 1127年の北宋滅亡の際に、江南に逃れた高宗（こうそう）は、都
+++ を◯◯（現在の杭州（こうしゅう））に置いて◯◯を建国した。

（学習院大、九州大）

| 臨安（りんあん）、南宋（なんそう）

🄭 高宗が難を逃れたのは偶然であったが、この偶然により宋は滅亡
を免れた。臨安とは、臨時の行（安）在所の意味で、もともとは
一時的な都とされていた。

☑0673 南宋の内部では、金に対する主戦派の◯◯らが和平
+++ 派の◯◯らに敗れて屈辱的な和議を結んだ。

（立教大）

| 岳飛（がくひ）、
秦檜（しんかい）

🄭 現在、主戦派の岳飛は国民的英雄になっているが、和平派の秦檜
は売国奴として最も嫌われている。

☑0674 南宋は金に対して臣下の礼（しんか）を行い、毎年銀と◯◯を
+++ 贈ることを約束した。 （京都大）

| 絹

☑0675 南宋では江南の開発が進み産業も発達したが、1279
+++ 年に元の◯◯に滅ぼされた。 （センター試験、九州大）

| 世祖（せいそ）（フビライ、ク
ビライ）

🄭 1279年の崖山（がいざん）の戦いで宋は滅亡した。この時、宋の宰相で最
後まで抵抗したのが文天祥（ぶんてんしょう）であった。彼は科挙試験に一番で合
格し、状元という称号を得た逸材。フビライ（クビライ）は彼
の才能を惜しんで宮廷に迎えようとしたが、彼はこれを拒否し自
ら死刑を受け入れた。フビライ（クビライ）は「文天祥に真の漢
（男）を見た」と語り、その死を惜しんだという。

☑0676 宋代の支配階層である新興地主階級は◯◯戸と呼
+++ ばれ、このうち官僚を出した家は◯◯戸と呼ばれ
た。 （上智大、早稲田大）

| 形勢（けいせい）、
官（かん）

☑0677 荘園内の農奴的小作人は◯◯戸と呼ばれ、種々の労
+++ 役も担わされていた。 （立教大）

| 佃（でん）

🄭 小作人は収穫物の約50％を納めなければならない過酷な環境下
にあった。しかし、中世ヨーロッパに見られる農奴のように身分
的支配が強く存在したわけではなかった。

☑0678 江南では、湿地帯を堤防などで囲み作った水利田（でん）で
+++ ある◯◯田や圩田（うでん）、湖を囲った湖田（こでん）などが開発さ
れ、生産力の増大に貢献した。 （上智大）

| 囲（い）

☑ 0679 **11世紀初め**には、<u>ベトナム</u>から**早稲種(わせ)**の◯◯◯が導
+++ 入され、**江南の水田地帯**に普及した。　　（立命館大）

占城稲(せんじょうとう)

　🔲 **日照り**や**干ばつ**などの自然災害に**強く**、**二期作**も可能だったので、中国の農業生産力は大幅に上昇した。

☑ 0680 宋代では**江南の長江下流域**が農業生産の中心とな
+++ り、「◯◯◯」といわれた。　　　　　　　　（中央大）

蘇湖(そ こ)(江浙(こうせつ))熟すれば天下足る

　☞ <u>蘇州</u>・<u>湖州</u>（あるいは<u>江蘇</u>・<u>浙江</u>(こう そ)(せっこう)）の意味。「**下流域**」がポイント！

☑ 0681 宋代に江南で広く栽培されるようになった◯◯◯は、
+++ やがて**中国の代表的な輸出品**の1つとなった。これ
は薬にも用いられ、その薬効は明代の<u>李時珍</u>(り じ ちん)が著し
た『◯◯◯』に記されている。　　　（センター試験）

茶

本草綱目(ほんぞうこうもく)

☑ 0682 ◯◯◯の風習が広まり、**陶磁器生産**も盛んになり**窯業**
+++ **都市**として◯◯◯が発展した。　（上智大、関西大）

喫茶、景徳鎮

　🔲 中国の陶磁器はヨーロッパで高く売られたが、日本の<u>伊万里</u>も人気があり、西欧で伊万里はブランドとなった。

☑ 0683 城内の<u>市</u>に対して、城外の要地や寺社の門前には
+++ ◯◯◯が開かれ、ここから**地方の小都市**となる◯◯◯
に発展した。　　　　　　　　　　　　　　（上智大）

草市(そう し)、鎮(ちん)

☑ 0684 宋代では外国貿易が盛んになる中で、**広東省珠江下**
+++ **流**の◯◯◯やマルコ=ポーロに「**ザイトン**」と紹介さ
れた◯◯◯、後の寧波(ニンポー)である◯◯◯などの海港都市が
発達した。　　　　　　　　（慶應義塾大、早稲田大）

広州(こうしゅう)、
泉州(せんしゅう)、明州(めいしゅう)

　🔲 <u>明州</u>は日本と関係が深く、**日宋貿易の中心地**であった。(にっそう)

☑ 0685 海港都市には**貿易管理局**の◯◯◯が設置された。
+++ 　　　　　　　　　　　　　（センター試験、東京大）

市舶司(し はく し)

　🔲 唐代のものが拡大され、<u>泉州</u>、<u>明州</u>、<u>杭州</u>などにも設置された。

☑ 0686 海港都市には**外国人居留地**の◯◯◯が設置され、外国
+++ 商人の招来や軽犯罪の処断などを行った。　（早稲田大）

蕃坊(ばんぼう)

　🔲 唐代にすでに存在し、一種の治外法権が認められ、内部では自治が行われていた。

☑0687 北宋の時代から世界最初の紙幣である（　）が発達
+++ し、南宋では（　）が発行された。

（センター試験、東京都立大）

交子、
会子

🔲中国の高度な木版印刷技術が紙幣の発行を可能にした。中国は新しい技術をすぐ活用し、紙幣の発行も一番早かった。西欧ではフランスがフランス革命中にアシニア（アッシニア）紙幣を発行したのが最初で、次にアメリカが南北戦争中にグリーンバック紙幣（裏が緑だった）を発行した。

☑0688 商人は（　）、手工業者は（　）という同業組合を結
+++ 成し、相互扶助や営業の独占を行った。

（立命館大、関西学院大）

行、作

☑0689 城内の一等地には（　）と呼ばれる繁華街ができ、
+++ （　）や酒楼という飲食店、勾欄という演芸場などが
設けられた。　　　　　　　　　　　　　　（早稲田大）

瓦市、
茶館

🔲瓦市は酒場、劇場などの集まった娯楽センターのような場所。茶館は喫茶店のような場所である。

10 | 宋と北方民族

☑0690 契丹（遼）はモンゴル系（　）族の（　）が、10世
+++ 紀初めに都を上京臨潢府に置いて建国した。

（成蹊大、同志社大）

契丹（キタイ）、耶
律阿保機

■耶律阿保機の「耶」を「邪」と誤って書いてしまうことが多いので要注意！

🔲中国風の遼という国号を使用するのは947年以降で、それ以前は契丹を国号としていた。契丹は「キタイ」「キタン」「カタイ」とも呼ばれる。

☑0691 926年、契丹（遼）は中国東北部から朝鮮半島北部
+++ にかけて勢力を誇り、「海東の盛国」とも呼ばれた
（　）を滅ぼした。　　　　　　（慶應義塾大、立命館大）

渤海

🔲渤海は日本に使者を34回派遣し、日本からも13回使者が派遣された。しかし、これほど使者の往来があったにもかかわらず、その実態は謎に包まれている。

☑0692 第2代耶律堯骨（太宗）の時、（　）の建国援助の
+++ 代償として（　）を獲得した。　　　（京都大、学習院大）

後晋、

燕雲十六州

☑0693 第6代聖宗の時、北宋を圧迫して1004年に（　）
+++ を結んだ。　　　　　　　　　　　　　　　（早稲田大）

澶淵の盟

🔲宋を兄、契丹（キタイ）を弟と定めた。

☑0694 契丹（キタイ）は、遊牧民に対しては◯◯◯官を設け
+++ て固有の部族制で統治し、一方で漢民族などの農耕
地に対しては◯◯◯官を設けて州県制で統治すると
いう◯◯◯体制をとった。 （東京大、慶應義塾大）

北面
なんめん
南面、

二重統治

🗐 歴史学者のウィットフォーゲルは契丹（キタイ）の政治制度を研
究し、これを征服王朝と名付けた。しかし、この国も中国文化に
飲み込まれ、次第に独自性を失っていった。

☑0695 契丹（キタイ）は、漢字やウイグル文字をまねて
+++ ◯◯◯文字を作成し、仏教を受容した。
（東京大、上智大）

契丹

🔜 独自の文化を持つことも征服王朝の特徴の1つとされる。

☑0696 1125年、契丹（キタイ）は宋と金の連合軍により
+++ 滅亡し、逃れた王族の◯◯◯が中央アジアのカラハ
ン朝を滅ぼして、◯◯◯を建国した。
（東京学芸大、立教大）

や りつたいせき
耶律大石、

カラキタイ（西遼）

☑0697 西夏は、チベット系◯◯◯族の◯◯◯が1038年に
+++ 吐蕃とウイグルを破り興慶府に都を置いて建国し
た。 （名古屋大、関西大）

タングート（党項）、
り げんこう
李元昊

🗐 正式な国号は大夏だが中国では「西夏」と呼んだ。なお、西夏は
二重統治を行っておらず、いわゆる征服王朝ではない。

☑0698 西夏は、宋を圧迫し、1044年に宋は銀、絹、茶な
+++ どの◯◯◯を西夏に贈る◯◯◯の和約を結んだ。
（上智大）

けいれき
歳賜（歳幣）、慶暦

🗐 宋を君主、西夏を臣下とするもの。君臣の関係なので宋と契丹
（キタイ）との間における澶淵の盟よりワンランク下がる。

☑0699 西夏は、中継貿易に活躍した。また、漢字をもとに
+++ ◯◯◯文字を作成し、儒教や仏教を取り入れた。
（東京学芸大）

西夏

🗐 この文字は建国者の李元昊が制定したとされる。彼は芸術方面で
も素晴らしい才能を発揮したが、この文字にもセンスの良さが表
れている。

☑0700 1227年、◯◯◯はモンゴルの◯◯◯によって滅ぼさ
+++ れた。 （センター試験、日本大）

西夏、

チンギス=ハン

☑0701 金は、半農半猟生活を送っていたツングース系 +++ 　◯◯族の◯◯が、契丹（キタイ）より自立して 　1115年に都を<u>会寧府</u>（<u>上京会寧府</u>）に置き建国し 　た。　　　　　　　　　　　　　　　　　（京都大） 　🖉「金」の国号は、豊富な砂金が産出されることに由来する。契丹 　（キタイ）による砂金の激しい収奪から脱するために、完顔阿骨 　打は部族を統合して自立した。	<ruby>女真<rt>じょしん</rt></ruby>（<ruby>女直<rt>じょちょく</rt></ruby>）、 <ruby>完顔阿骨打<rt>ワンヤンアグダ</rt></ruby>
☑0702 <u>金</u>は<u>契丹（キタイ）</u>を滅ぼした後、<u>宋</u>と◯◯をめ +++ ぐって対立を深め、<u>1126 ～ 27</u>年に◯◯の変で、 　<u>宋</u>の上皇や皇帝などの皇族を捕えた。 　　　　　　　　　　　　　　　（國學院大、駒澤大） 　🖉明の永楽帝が政権を奪った<ruby>靖難<rt>せいなん</rt></ruby>の役（1399 ～ 1402）と混同しな 　いこと。	燕雲十六州、 <ruby>靖康<rt>せいこう</rt></ruby>
☑0703 <u>南宋</u>と<u>金</u>は◯◯を境界とした。 +++ 　　　　　　　　　　　　　　　（立教大、関西学院大）	<ruby>淮河<rt>わいが</rt></ruby>（<ruby>淮水<rt>わいすい</rt></ruby>）
☑0704 <u>金</u>は<u>契丹（キタイ）</u>の<u>二重統治</u>体制をまねて、<u>女真</u> +++ 族固有の部族制である◯◯制を採用し、<u>華北</u>の<u>漢</u> 　<u>人</u>に対しては◯◯制を採用した。（東京大、早稲田大） 　🖉<u>女真人</u>は漢民族（中国人）とは別個に居住地を設け同化を避けた。 　しかし、ほどなくして漢文化に飲み込まれ、弱体化した。	<ruby>猛安<rt>もうあん</rt></ruby>・<ruby>謀克<rt>ぼうこく</rt></ruby>、 州県
☑0705 第4代<ruby>海陵王<rt>かいりょうおう</rt></ruby>の時、<u>現在</u>の<u>北京</u>である◯◯に遷都し +++ た。　　　　　　　　　　　　（上智大、慶應義塾大）	<ruby>燕京<rt>えんけい</rt></ruby>
☑0706 <u>金</u>は<u>契丹文字</u>や<u>漢字</u>をもとに◯◯文字を作成し、 +++ 　◯◯という<u>紙幣</u>を発行したが、財政窮乏を切り抜け 　るために<ruby>濫発<rt>らんぱつ</rt></ruby>したため、経済が<ruby>破綻<rt>はたん</rt></ruby>した。（学習院大）	女真、 <ruby>交鈔<rt>こうしょう</rt></ruby>
☑0707 1214年、<u>金</u>は<u>モンゴル</u>の侵攻を恐れて、現在の<u>開</u> +++ <u>封</u>である◯◯に遷都したが、<u>モンゴル</u>の◯◯によ 　り<u>1234</u>年に<u>滅亡</u>した。　　　　　　　　　（早稲田大）	<ruby>汴州<rt>べんしゅう</rt></ruby>（<ruby>汴京<rt>べんけい</rt></ruby>）、 オゴデイ(=カアン)
☑0708 <u>金代</u>の<u>道士</u>である◯◯は<ruby>全真教<rt>ぜんしんきょう</rt></ruby>を創始した。 +++ 　　　　　　　　　　　　　　　　　　　　（明治大） 　🖉<u>全真教</u>は道教の改革派。唐代の道教が国家の保護を受けて堕落し 　たことを受け、平易だが厳格な教えを説いた。**全真教**は現在も中 　国で存続している。全真教は日本にも伝わり、福島県の道観（修 　行場）を中心に、気のトレーニングなどを推奨している。	<ruby>王重陽<rt>おうじゅうよう</rt></ruby>

☑0709 道教では道士の居所を◯◯と呼ぶ。 道観
+++ （明治大）

☑0710 華北の◯◯教は江南の◯◯教と対立した。 全真、正一
+++ （学習院大）

🗊 正一教も道教の一派で、「お札」を用いた願望達成を説いた。例えば、右のイラストのような病気を治す「病符」は民間療法として人気が高い。

11 | 北・中央アジアの遊牧民

☑0711 騎馬戦術を導入し、高い戦闘能力を持つ遊牧民を
+++ ◯◯と呼ぶ。 （駒澤大）
騎馬遊牧民（遊牧騎馬民族）

☑0712 前7〜前4世紀に南ロシアで活躍したイラン系の
+++ ◯◯は武器、馬具といった騎馬文化を◯◯などに
伝えた。 （北海道大、千葉大）
スキタイ、匈奴

🗊 ヘロドトスの『歴史』によると、ギリシア人はスキタイと黒海沿岸で平和的な通商活動を行っていたらしい。騎馬遊牧民（遊牧騎馬民族）だからといって、常に暴れ回っていたわけではない。

☑0713 モンゴル高原を支配した匈奴は、前209年に即位し
+++ た◯◯時代に最盛期を迎え、前200年の◯◯の
戦いで前漢の高祖を破った。 （駒澤大）
冒頓単于、平城（または白登山、大同）

☞「于」の文字を「干」と書き間違えないこと。入試では致命的なケアレスミスとなるので要注意！

☑0714 匈奴の代表的な王族の遺跡には、ウランバートルと
+++ キャフタの中間に位置する◯◯遺跡がある。
ノイン＝ウラ
（早稲田大）

☑0715 前60年頃、◯◯に分裂した匈奴は、後48年に再
+++ び◯◯に分裂し、そのうちの北匈奴は西走して
◯◯になったといわれる。 （早稲田大）
東西、南北、フン人（ヴォルガ＝フン）

🗊 初めてヨーロッパに侵入したアジア系遊牧民はフン人といわれる。戦い慣れしたゲルマン人も彼らには勝てず逃げ続けた。

☑0716 匈奴に次いでモンゴル高原を支配した◯◯は、後の
+++ 五胡の1つとして華北に侵入し、その中の部族で
あった拓跋氏が◯◯を建国した。 （上智大）
鮮卑

北魏

☑0717 +++ 5〜6世紀にモンゴル高原を支配した（　　　）は、北魏と激しく対立し、君主の称号として単于（ぜんう）ではなく（　　　）を初めて用いた。　　　　　　　（東京大、早稲田大）	柔然（じゅうぜん） 可汗（カ ガン）（ハガン）
☑0718 +++ （　　　）系の突厥は552年に柔然を滅ぼして自立した。　　　　　　　　　　　　　　　　　　　　（上智大） ■北アジアでは、「匈奴→鮮卑→柔然→突厥→ウイグル」の順で勢力が興亡した。「ここに（552）突厥が建国」と覚えよう！	トルコ
☑0719 +++ 突厥は（　　　）朝のホスロー1世と結び（　　　）を制圧し、モンゴル高原から（　　　）山脈を支配した。　　　　　　　　　　　　　　　　　　　（明治学院大）	ササン、エフタル、 アルタイ
☑0720 +++ 中国北方の諸民族のうち、最初に自らの文字を持った突厥は、アラム文字に由来するといわれる（　　　）文字を考案し、イェニセイ碑文や（　　　）碑文を残した。　　　　　　　　　　　　　　　　（早稲田大、上智大） 🗐突厥は中国（漢民族）から碑文を建てる発想を学んだ。また、彼らの製鉄技術も有名である。ちなみに、日本の学者の中には聖徳太子（しょうとくたいし）を突厥の王子とする説を唱える者がいる。	突厥、 オルホン
☑0721 +++ トルコ系の（　　　）は、744年に東突厥を滅ぼして王国を建国し、755年に（　　　）の乱が発生すると唐王朝を支援した。　　　　　　　　　　　（日本女子大、筑波大） ■唐を「支援した」のがキーポイントとなる。入試の正誤問題で必ず出題される頻出問題。	ウイグル（回紇）（かいこつ）、 安史（あん し）
☑0722 +++ 8世紀にモンゴル高原に興ったウイグルは、（　　　）人の商業活動を保護するとともに、その文化から大きな影響を受けた。彼らの用いた（　　　）文字がソグド文字に由来することや、（　　　）教を受容したことは、その表れである。　　　　　　　　　　（センター試験） 🗐ゾロアスター教とキリスト教に仏教を融合したものがマニ教といわれる。占星術などを使いアジア人にも理解されやすかった。	ソグド ウイグル、 マニ
☑0723 +++ ウイグルは840年の（　　　）の侵入で滅亡した。　　　　　　　　　　　　　　　　　（東京大、早稲田大）	キルギス

12 | 中央アジアの都市と民族

☑0724 中央アジアは、9世紀になり◯◯◯人の定住が進むと
+++ ◯◯◯と呼ばれるようになった。（センター試験、東京大）

ウイグル、
トルキスタン

☞ **トルキスタン**とは、「**トルコ人の住む土地**」という意味。短い論述問題で問われることが多い知識である。ウイグルは**キルギス**の侵入により滅亡した後、移住してきた人々が9世紀中頃に**西ウイグル王国**を建てた。

☑0725 パミール高原以西の西トルキスタンでは、ティムー
+++ ル帝国の都となった◯◯◯や、サーマーン朝の都
  ◯◯◯などが栄えた。　　　　　（京都大、慶應義塾大）

サマルカンド、
ブハラ（ボハラ）

📖 **ブハラ**は文化都市として知られる。**イブン=シーナー**などの傑物を輩出した。イブン=シーナーは高名な**医学者・哲学者**。現在もブハラの図書館にはイブン=シーナーの肖像画が飾られ、シーナーを目指して多くの若者が勉学に励んでいる。

☑0726 パミール高原以東の東トルキスタンでは千仏洞の石
+++ 窟寺院で有名な◯◯◯、19世紀にスウェーデンの地
  理学者ヘディンが発見した楼蘭、後漢の西域都護府
  が置かれた◯◯◯などの都市が栄えた。　（学習院大）

敦煌

クチャ（亀茲）

📖 20世紀初頭、1人の僧が敦煌の廃寺で隠し部屋を見つけ、その中から莫大な量の文書＝**敦煌文書**を発見した。だが、そのほとんどがイギリスやフランスの探検家たちによって持ち去られた。

☑0727 ドイツ人の◯◯◯が命名した絹の道（シルク=ロード）
+++ では、◯◯◯都市を結んだ隊商交易が盛んであった。
　　　　　　　　　　　　　　　　（慶應義塾大、早稲田大）

リヒトホーフェン、
オアシス

☞「ホーフェン」は「ホーヘン」と書くと誤りになるので要注意！
📖 **シルク=ロード**のロマンは多くの日本人を魅了する。詩人・作家の**宮沢賢治**はシルク=ロードを題材とする作品を多く残した。

☑0728 天山山脈、クンルン（崑崙）山脈、パミール高原に囲
+++ まれた◯◯◯盆地周縁部のオアシス諸都市は、ラクダ
  などを輸送手段とする◯◯◯による東西交易の重要
  な中継地としての役割を果たした。　　　　（明治大）

タリム、

隊商（キャラバン）

📖 イスラーム世界では、各地に隊商宿（**キャラバンサライ**）が整備されていた。オアシス都市として玉（ぎょく）で有名な**ホータン**や、**カシュガル**（疏勒）などがある。

☑0729 「（　　　）の道」は南ロシアからカザフ草原を通ってモ　　　草原
+++ ンゴル高原に至り、中国に達する交通路である。

(立命館大)

☞これは「ステップ=ロード」ともいわれている。

☑0730 （　　　）川とシル川に挟まれたソグディアナでは、イラ　　　アム、
+++ ン系の（　　　）人がサマルカンドを中心に交易で活躍　　　ソグド
した。

(センター試験、中央大)

13 | 中央アジアの諸国家

☑0731 前255年頃、（　　　）はセレウコス朝シリアから自立　　　バクトリア
+++ し、ギリシア系の国家としてヘレニズム文化を守っ
た。

(中央大、早稲田大)

🗇セレウコス朝シリアから自立したもう1つの王朝が、イラン系の
パルティアである。

☑0732 イラン（スキタイ）系といわれる（　　　）はバクトリア　　　大夏（トハラ）
+++ を滅ぼしたが、前1世紀に大月氏に支配された。

(早稲田大)

☞この国名は受験生のウィークポイントなので要注意！

☑0733 匈奴や（　　　）に追われ、イリ地方からアム川上流に移　　　烏孫、
+++ 動した月氏の一派である（　　　）は、東西交易路を支配　　　大月氏
した。

(センター試験、京都大)

☞「烏」と「鳥」の文字を混同しないこと。また、バクトリア地方の
支配民族は、バクトリア→トハラ→大月氏という変遷をたどる。
覚えておこう！

☑0734 中央アジアでは古くからゾロアスター教、（　　　）教、　　　仏（またはマニ）
+++ 景教（ネストリウス派キリスト教）が信仰されてい
た が、イラン系のイスラーム国家（　　　）朝（875～　　　サーマーン
999）が西トルキスタンを支配していたことによりイ
スラーム化が始まった。

(東京大、京都大)

☑0735 トルコ系の（　　　）朝が10世紀に集団でイスラーム　　　カラハン
+++ 教に改宗したことによって、中央アジアのイスラー
ム化が決定的となった。

(センター試験)

☞中央アジアのイスラーム化は現代史的な観点からも重要事項。論
述や正誤問題で問われるので要注意！

14 | モンゴルと世界の一体化

3

前近代の東アジア世界（〜14世紀）

☑0736 **テムジン**は、モンゴル語で「集会」を意味する（　　）
+++ で**ハン**に選ばれ、（　　）と名乗り、（　　）年に**大モンゴル国**を建国した。　　　　　　　　（日本女子大、立教大）

　📝「集会」は部族会議のような大げさなものではなく、「宴会」のようなものであった。チンギス=ハンの墓はまだ発見されていない。墓の場所は馬で踏み固められて平らになり、墓掘人もすべて殺されたためである。

クリルタイ、チンギス=ハン（成吉思汗）、1206

☑0737 **チンギス=ハン**は旧来の部族制を廃して、（　　）制と
+++ いう**行政・軍事制度**を組織した。　　　　　　（立教大）

　📝十進法を用いて組織を作った。

千戸（せんこ）

☑0738 **チンギス=ハン**は、**1218**年に**トルコ系**の（　　）を滅
+++ ぼした。　　　　　　　　　　　　（早稲田大、青山学院大）

　📝**ナイマン**は比較的高度な文化を持ち、一部はネストリウス派キリスト教の文化を信奉していたとされる。

ナイマン

☑0739 **チンギス=ハン**は、**1220**年に**トルコ系**のイスラーム
+++ 王朝である（　　）朝を征服し、中央アジアから南ロシアまでを帝国とした。　　　　　　　（慶應義塾大、上智大）

　📝諸部族の**ウルス**（遊牧民の共同体）を束ねたチンギス=ハンの「**大モンゴル帝国**」は、広大かつ強大な**モンゴル帝国**を築き上げた。

ホラズム
（=シャー）

☑0740 第2代（　　）は、**1234**年に**金**を滅ぼし、（　　）に都
+++ を定めた。この都を漢字では（　　）と書く。
　　　　　　　　　　　　　　　　　　　　（日本大、明治大）

オゴデイ（太宗たいそう）、カラコルム、和林

☑0741 **1236〜42**年、**チンギス=ハン**の長子ジョチの子で
+++ ある（　　）がヨーロッパ大遠征を行い、（　　）**の戦い**
（**1241**）で**ドイツ・ポーランド連合軍**を撃破した。
　　　　　　　　　　　　　　　　（慶應義塾大、日本女子大）

　📝モンゴル軍は川が凍って渡りやすいという理由から冬の最も寒い時期に遠征を開始した。冬季攻勢を予期していなかった**キエフ（ロシア）公国は壊滅**し、ドイツ・ポーランド連合軍も完敗した。なお、この戦地は**ワールシュタット**（死体の地）といわれたところから**ワールシュタット**の戦いと呼ばれる。

バトゥ、ワールシュタット（リーグニッツ）

☑0742 第4代（___）の命で **フビライ（クビライ）** は 大理 を滅ぼした。 （同志社大） 🗍 **彼とクビライ、フレグは兄弟**で団結は強かった。また、彼らの母親がキリスト教を信仰していたため、**キリスト教徒に対して理解があった**。	モンケ(=ハン)（憲^{けん}宗^{そう}）
☑0743 （___）の遠征によって **1258年**に アッバース朝 は滅亡した。 （センター試験） 🗍 フレグの母や妃もキリスト教徒であったため、**バグダード**は徹底的に破壊された。殺された人々の数も 80万人以上 とされる。	フレグ（フラグ）
☑0744 第5代 **フビライ（クビライ）**（___祖^そ）は、（___）（**現在の** 北京）に遷都し、（___）年に国号を中国風の 元 とした。 （センター試験、中央大）	世^{せい}、大都^{だいと}、 1271
☑0745 **1279年**に **クビライ（フビライ）** は 崖山^{がいざん}の戦い で（___）の軍を壊滅させて、中国全土を掌握した。 （京都大、早稲田大） 🗍 幼い皇帝の兄弟が流浪の末に海に身を投じたために、南宋の最期は壇ノ浦の戦い（1185）における平家の末路と比べられることが多い。	南宋
☑0746 （___）の時代に元の領土は **最大** となり、モンゴル高原、中国、中国東北地方を 直轄地^{ちょっかつち} とし、チベットと朝鮮半島の（___）を属国^{ぞっこく}とした。 （早稲田大）	クビライ(フビライ)、 高麗
☑0747 元 は、**1274年**の（___）の役、**81年**の（___）の役と 2度にわたる（___）への遠征を行ったが、いずれも失敗に終わった。 （立命館大） 🗍 2度の遠征（日本では 元寇^{げんこう} と呼ばれる）は、いずれも暴風雨と日本側の反撃で失敗したとされるが、1度目は元軍が圧勝したともいわれる。突然の帰還理由についても諸説が唱えられている。	文永^{ぶんえい}、弘安^{こうあん}、 日本
☑0748 **フビライ（クビライ）** の ベトナム 遠征は（___）朝によって撃退された。 （センター試験、中央大）	陳^{ちん}
☑0749 **1292年**の **フビライ（クビライ）** の ジャワ 遠征は、現地人の団結によって失敗し、**ジャワ**には（___）王国が成立した。 （立教大） 🗍 遊牧民のモンゴル人にとって、亜熱帯の湿気と海上での遠征生活は過酷なものであった。	マジャパヒト

☑0750 +++ フビライ（クビライ）の即位に反対していた**オゴデイ（=カアン）**の孫の◯◯◯は、即位後から**約40年**にわたって反乱を続けた。 (立教大、立命館大) ⚐ ハイドゥは<u>キプチャク</u>と<u>チャガタイ</u>の両ハン国と同盟して戦った。	ハイドゥ(カイドゥ)
☑0751 +++ **ハイドゥ**は**フビライ（クビライ）**の弟◯◯◯を支援して蜂起したが、支援された◯◯◯がすぐに降伏した。 (立命館大) ⚐ これは**ハイドゥの乱**と呼ばれる。このような場合、最後まで闘った人物の名前が反乱名となる。例えば、唐の**黄巣の乱**も挙兵したのは王仙芝だったが、乱を戦い抜いたのは黄巣だった。	アリクブケ、アリクブケ
☑0752 +++ **オゴデイ（オゴタイ）=ハン国**は、◯◯◯によって◯◯◯を都とし**西北モンゴル**に建国され、後に**チャガタイ=ハン国**に併合された。 (早稲田大) ⚐ オゴタイ=ハン国は1229年から1251年頃までの、わずか20年あまりしか存在しなかった国家だったため、最近の世界史教科書には記述がほとんどない。しかし難関私大では出題されることがあるので注意が必要。	オゴデイ(オゴタイ)、エミール
☑0753 +++ **チャガタイ=ハン国**はチャガタイ=ハンによって**中央アジア**に建国された国で、◯◯◯を都としたが、後に東西分裂した。 (早稲田大)	アルマリク
☑0754 +++ **キプチャク=ハン国**は、**1243年**に◯◯◯によって◯◯◯を都として**南ロシア**に建国された。 (立命館大)	バトゥ、サライ
☑0755 +++ **キプチャク=ハン国**は14世紀の◯◯◯=ハンの時代に最盛期を迎え、**イスラーム教**を受容した。 (早稲田大、明治大)	ウズベク
☑0756 +++ **キプチャク=ハン国**は**1480年**の◯◯◯国の自立によって衰退し、**クリミア=ハン国**によって滅ぼされた。 (センター試験、上智大) ⚐ この国は<u>イヴァン3世</u>の時代に独立した。	モスクワ大公
☑0757 +++ **イル=ハン国**は、◯◯◯によって◯◯◯を都として、<u>イラン地方</u>に建国された。 (早稲田大、立命館大)	フレグ、タブリーズ

☑0758 **13世紀末、イル=ハン国**は（　　）**=ハン**の時代に**イスラーム教**を国教とした。 （上智大、明治大） 　🗐 **イル=ハン国**は建国当初、ネストリウス派キリスト教保護の姿勢を打ち出したが、次第にイスラーム化した。	ガザン
☑0759 **ガザン=ハン**は『**集史（蒙古集史）**』を著した**歴史家**（　　）を**宰相に任命**し、土地制度や税制の改革にあたらせた。 （早稲田大） 　🗐 モンゴルでは才能があれば人種や出自を問わず高級官僚に登用された。宰相となった彼も、もとはユダヤ教徒であった。	ラシード=ウッディーン（ラシード=アッディーン）
☑0760 **イル=ハン国**は1353年に瓦解し、最終的に（　　）**帝国**によって滅ぼされた。 （慶應義塾大）	ティムール
☑0761 **元**は、地方には行政区画として（　　）**省**と**路**を設け、路以下には**モンゴル人**の（　　）を任命して派遣するなど、中央集権的支配機構を組織した。 （予想問題） 　🗐 ダルガチはモンゴルの官僚で、徴税やジャムチの管理などを任とした。モンゴル語で「鎮圧する者」の意味。	行中書省、 ダルガチ
☑0762 **大都**への物資輸送の円滑化を図るため、（　　）が建設・整備された。 （センター試験、九州大） 　🗐 海運と直結することで海外からの物資を都の**大都**まで運ぶことができた。 　🗐 元の都は**大都**であった。大都は現在の北京に当たる。元はサブの都（副都）として**上都**も置いた。上都は草原地帯なので、モンゴル人は自分たちの原点である上都に時々帰ってはリフレッシュした。上都は西欧では**ザナドゥ**と呼ばれ、桃源郷の語源となった。	運河
☑0763 **元**は、厳格な**モンゴル人第一主義**に基づいて、モンゴル人の協力者として準支配者層に（　　）**人**という**西方諸国人**を用いたといわれる。 （東京大、京都大） 　☞この厳格な差別支配は、最近の研究では存在しなかったともいわれているが、入試では従来の説を問われる場合があるので要注意！	色目
☑0764 かつての**金朝支配下**の**華北**の住民、**契丹人、女真人、渤海人、高麗人**は（　　）**人**と呼ばれた。 （東京大、京都大）	漢
☑0765 かつての**南宋支配下**の**江南**の住民は（　　）**人**と呼ばれ、冷遇された。 （東京大、京都大） 　☞モンゴル人➡色目人➡漢人➡南人という、モンゴル人を頂点とした4階級を上から順番に書けるように！	南

☑0766 中央の高級官僚の任用は世襲となり、隋代より続い
+++ た◯◯制は1313年まで中断された。　（学習院大）
　🖉暗記中心のこの試験では、人物の才能は測れないとされた。
科挙

☑0767 フビライ（クビライ）がチベット仏教の高僧◯◯に
+++ 命じて作らせた◯◯文字が、ウイグル文字ととも
に公文書に多く用いられた。　（関西大）
パクパ（パスパ）、
パクパ（パスパ）

☑0768 ◯◯文字は公式・儀式用であったために普及せず、
+++ 一般的にはウイグル文字や◯◯文字が用いられた。
　（慶應義塾大、上智大）
パクパ（パスパ）、
モンゴル

☑0769 フビライ（クビライ）の死後、チベット仏教である
+++ ◯◯教の狂信などによって国費は困窮し、◯◯
（紙幣）の濫発によるインフレで社会不安が増大し
た。　（センター試験、明治大）
　🖉ラマ教はお布施を奨励し、モンゴル人支配層は競って寺院を建立
した。このことによる財政破綻が元朝滅亡の一因とされる。
ラマ、交鈔

☑0770 韓山童と韓林児に指導された◯◯教徒が、1351年
+++ に◯◯の乱を起こした。　（青山学院大）
　🖉この乱の中心となったのは仏教系の宗教結社である。起源は魏晋
南北朝時代の東晋にまでさかのぼる。救世主として弥勒菩薩の降
臨を期待した。
白蓮、
紅巾

☑0771 ◯◯の乱に参加した◯◯が1368年に明を建国
+++ し、元は滅亡した。　（青山学院大）
紅巾、朱元璋

☑0772 モンゴル帝国では、◯◯と呼ばれた◯◯制が元代
+++ には完成し、また◯◯と呼ばれた通行証明書も発達
した。これらは東西文化の交流に大いに役立った。
　（京都府立大、慶應義塾大）
　🖉駅伝制では人間のみならず、動物の能力を最大限に活かした。例
えば、犬を訓練して手紙などを運ばせた。
ジャムチ（站赤）、
駅伝、牌符

☑0773 元代には、イランからコバルト染料を使う技法が伝
+++ わり◯◯が生み出され青花とも呼ばれた。（東京大）
染付（染付磁器）

☑0774 ヴェネツィア商人の◯◯が大都に至りフビライ（ク
+++ ビライ）に仕え、帰国後『◯◯』を口述した。
　（センター試験、関西学院大）
マルコ゠ポーロ、
世界の記述（東方
見聞録）

☑0775 <u>モロッコ</u>の旅行家◯◯は、泉州から大都に至り、 +++ 『◯◯』を口述した。 　　　　　　　　(立教大、関西学院大) 　🖉彼は21歳で世紀の大旅行に出発した。今でいう大学生の卒業旅 　　行のような感じで旅立ったのだが（ちなみに彼は法学生）、結果 　　的には29年間の大旅行になってしまった。	イブン=バットゥー タ、三大陸周遊記 (旅行記)
☑0776 フランチェスコ会修道士◯◯は、ローマ教皇インノ +++ ケンティウス4世の命により、グユク=ハン時代のモ ンゴル帝国の都◯◯を訪れた。 　　　　　　　　　　(上智大)	プラノ=カルピニ カラコルム
☑0777 フランチェスコ会修道士◯◯は、フランス国王 +++ ◯◯世の命により、第4代モンケ時代のモンゴル 帝国の都<u>カラコルム</u>を訪れた。 　　　　　　(関西学院大)	ルブルック、 ルイ9
☑0778 フランチェスコ会修道士◯◯は、イル=ハン国を経 +++ て大都に至り、教会を建設して、モンゴル帝国に初 めて◯◯の布教を行った。 　　　(上智大、関西学院大) 　🖉モンゴル帝国を訪れた宣教師の中で最も出題されるのがこの人 　　物。彼だけが<u>大都</u>に到着したことに注意！ 　初めて正統教義で 　　あるカトリックを布教したのも重要ポイントである。	モンテ=コルヴィノ カトリック
☑0779 <u>モンテ=コルヴィノ</u>の後継者として◯◯が有名であ +++ る。 　　　　　　　　　　　　　　　　(慶應義塾大) 　🖉フランチェスコ派の宣教師で、数年間の布教の後に帰国した。	マリニョーリ
☑0780 ウイグル人のネストリウス派司祭◯◯は、イル=ハ +++ ン国から西欧にわたり、教皇ニコラウス4世に謁見 した。 　　　　　　　　　　　　　　　　(早稲田大) 　☞この人名は早慶などの難関大で時々問われる。	ラッバン=サウマー (バール=サウマー)
☑0781 ◯◯は<u>イスラーム</u>の天文学の影響を受け、天体観測 +++ に基づいて、新しい暦である◯◯を作成した。 　　　　　　　　　　　　　　　(慶應義塾大、関西大)	<ruby>郭<rt>かく</rt></ruby><ruby>守<rt>しゅ</rt></ruby><ruby>敬<rt>けい</rt></ruby>、 <ruby>授<rt>じゅ</rt></ruby><ruby>時<rt>じ</rt></ruby><ruby>暦<rt>れき</rt></ruby>
☑0782 日本の◯◯は<u>授時暦</u>をもとに◯◯を作成した。 +++ 　　　　　　　　　　　　　　　　　　(早稲田大)	<ruby>渋<rt>しぶ</rt></ruby><ruby>川<rt>かわ</rt></ruby><ruby>春<rt>はる</rt></ruby><ruby>海<rt>み</rt></ruby>、<ruby>貞<rt>じょう</rt></ruby><ruby>享<rt>きょう</rt></ruby><ruby>暦<rt>れき</rt></ruby> <ruby>春<rt>しゅん</rt></ruby><ruby>海<rt>かい</rt></ruby>

MEMO

イスラーム世界の成立と発展（7〜13世紀）

1 | ムハンマド朝

☑0783 +++ **ムハンマド**は（　　）**族**の**ハーシム家**に生まれた。
(明治大)

クライシュ

> ムハンマドは布教に際して「最後の審判」などの様子を視覚的に訴えた。墓から死者がよみがえるシーンはとてもリアルで、多くの若者の支持を得た。

☑0784 +++ 6世紀後半に（　　）**帝国**と（　　）**朝**の抗争で従来の**交易路が途絶**したため、**アラビア半島西部**の（　　）**地方**が新たな通商路として繁栄した。
(筑波大、明治大)

ビザンツ(東ローマ)、ササン、ヒジャーズ

☑0785 +++ （　　）**年**、ムハンマドは**メッカ**から迫害を逃れて（　　）に移住した。これを（　　）と呼び、この年が**イスラーム元年**とされた。
(センター試験、学習院大)

622、メディナ、ヒジュラ(聖遷)

> イスラーム教では**メッカ**が第1の聖地、**メディナ**が第2の聖地とされている。

☑0786 +++ （　　）**年**に**ムハンマド**は**メッカを征服**し、偶像を破壊して（　　）**神殿**を**アッラー**のみの神殿とした。
(明治大、東京都立大)

630、カーバ

> この神殿の中心には黒石があるが、西欧の地質学者の間では「隕石説」が唱えられている。

☑0787 +++ **イスラーム教**は（　　）を**唯一神**とする**一神教**であり、（　　）**崇拝を厳しく批判**した。
(センター試験、日本大)

アッラー、偶像

> **アッラー**は古くからの神で宇宙創造神であったが、民衆には人気がなかった。あまりに格が高すぎたことから、民衆が身近な願いごとを寄せる対象とはなりにくかったためである。したがって、**ムハンマド**のイスラーム教は**アッラー**の再評価を求めるものであった。

☑0788 +++ **イスラーム教**の聖典『（　　）』は（　　）語で書かれている。
(成城大、センター試験)

コーラン(クルアーン)、アラビア

☑0789 +++ 信者には**六信**・（　　）が課せられた。
(明治大)

五行

☑0790 **五行**とは**信仰告白・礼拝**・◯◯◯・**喜捨・巡礼**の5つ
+++ の義務を指す。　　　　　　　　　　　　　　　　（上智大）

断食（サウム）

　　🗒 **喜捨**は自ら進んで寄附すること。アラビア語で**ザカート**という。
　　なお、**ラマダン（ラマダーン）**はイスラーム暦で第9番目の月で、
　　断食を行う月となっている。

☑0791 **六信・五行**の他に◯◯◯と呼ばれる**慈善事業**も存在し
+++ た。　　　　　　　　　　　　　　　　　　　　　　（早稲田大）

ワクフ

　　🗒 この慈善事業の資金は**マドラサ**（教育機関）や**ハンマーム**（公衆
　　浴場）の運営などに使われた。そのため**マドラサ**の授業料はほぼ
　　無償、ハンマームも無料のことが多かった。

☑0792 **ムハンマド**は**最後にして最大**の◯◯◯とされる。
+++ 　　　　　　　　　　　　　　　　　　　　　　　（京都産業大）

預言者

　　🗒 モーセやイエスなど**預言者**は他にも存在するが、イスラームでは
　　ムハンマドが**最後にして最大の預言者**であるとされる。

☑0793 **ユダヤ教徒、キリスト教徒**は◯◯◯とされ、◯◯◯を
+++ **支払う**ことで信仰が認められた。　（東京大、横浜国立大）

啓典の民
（ズィンミー）、
ジズヤ（人頭税）

　　🗒 後にゾロアスター教徒や仏教徒も同じ扱いを受けたが、それは税
　　収目当てで、彼らの信仰を正当に認めたからではなかった。

☑0794 **イスラーム教徒**は**アラビア語**で◯◯◯という。
+++ 　　　　　　　　　　　　　　　　　　　　　　　（慶應義塾大）

ムスリム

☑0795 **イスラーム共同体**は◯◯◯という。
+++ 　　　　　　　　　　　　　　　　　　　　　　　（慶應義塾大）

ウンマ

☑0796 **ムハンマド**の死後、その**後継者**は◯◯◯と呼ばれた。
+++ 　　　　　　　　　　　　　　　　　（センター試験、東京大）

カリフ

☑0797 **イスラーム**の**集団礼拝**は◯◯◯という。
+++ 　　　　　　　　　　　　　　　　　　　　　　　（慶應義塾大）

フトバ

2 ┃ 正統カリフの時代

☑0798 **ムハンマド**の死後、**4人**の**カリフ**が◯◯◯制で選ばれ
+++ た。　　　　　　　　　　　　　　　　　　　　　　　（上智大）

選挙

☑0799 **初代カリフ**は**ムハンマド**の**義父**の◯◯◯であった。
+++ 　　　　　　　　　　　　　　（慶應義塾大、共通テスト）

アブー=バクル

☑0800 **第2代カリフの◯◯は異教徒に対する◯◯（聖** | ウマル、ジハード
+++ **戦）を行い、ビザンツ（東ローマ）帝国からシリア**
と◯◯を奪い、642年にササン朝を◯◯の戦い | エジプト、
で破った。 （学習院大） | ニハーヴァンド

⯃ 627年にササン朝はビザンツ（東ローマ）帝国のヘラクレイオス
1世にも大敗し、すでにかつての勢いはなくなっていた。

☑0801 **第3代カリフの◯◯の時代に『コーラン（クルアー** | ウスマーン
+++ **ン）』がほぼ完成した。** （早稲田大）

⯃ カリフといえども『コーラン（クルアーン）』の内容を勝手に変
更できない。したがって、『コーラン（クルアーン）』は当時から
現在までほとんど変わっていない。これに対して、キリスト教の
『新約聖書』は公会議で若干の修正が加えられている。

☑0802 **第4代カリフの◯◯はシリア総督◯◯と戦う中** | アリー、
+++ **で暗殺された。** （センター試験、上智大） | ムアーウィヤ

⯃ アリーを暗殺したのはイスラーム最初の分派とされるハワーリ
ジュ派で、戒律に厳格なグループである。

3 | ウマイヤ朝

☑0803 **◯◯が創始したウマイヤ朝のカリフは◯◯制で** | ムアーウィヤ、世襲
+++ **継承された。** （センター試験、中央大）

⯃ アリーの血を引くフサイン（シーア派）はウマイヤ家に反旗を翻
したが、カルバラーの戦いで支持者とともに虐殺された。シーア
派の人々は、この「カルバラーの悲劇」を忘れまいと毎年イス
ラーム暦1月10日を殉教日として追悼行事を行っている。

☑0804 **ウマイヤ朝は◯◯に都を置いた。** | ダマスクス
+++ （センター試験、上智大）

☑0805 **◯◯朝ではアラブ人が支配者層を形成したことか** | ウマイヤ、
+++ **ら、◯◯帝国と呼ばれた。** （関西学院大） | アラブ

☑0806 **非アラブのイスラーム教徒は◯◯と呼ばれて差別** | マワーリー、
+++ **され、◯◯の支払いを求められた。** | ジズヤ（人頭税）
（東京大、関西学院大）

⯃ この頃よりクルド人やペルシア人（イラン人）などからイスラー
ム教に改宗する者が相次いだが、差別は解消されなかった。

☑0807 **イスラーム世界下の異教徒で、税の支払いなどに** | ジンミー
+++ **よって保護される庇護民は◯◯と呼ばれる。**
（慶應義塾大）

☑ 0808 イェルサレムでムハンマドが昇天したと伝えられる +++ 場所に◯◯◯が建立された。 （早稲田大）	岩のドーム
☑ 0809 第5代カリフの◯◯◯時代にアラビア語が公用語と +++ された。 （早稲田大） ■☞難関私大で出題される難問である。	アブド=アルマリク
☑ 0810 第6代カリフの◯◯◯は、711年にイベリア半島に +++ あった◯◯◯王国を滅ぼして最盛期を現出した。 （法政大、関西大）	ワリード1世、 西ゴート
☑ 0811 732年、ウマイヤ軍は◯◯◯の戦いでフランク王国 +++ のカール=マルテルに敗北した。 （センター試験） 🗊 キリスト教世界が守られた重要な戦いである。718年に東ローマ（ビザンツ）皇帝レオン3世が、イスラーム教徒からコンスタンティノープルを防衛したことと一緒に覚えておこう！	トゥール・ポワティ エ間
☑ 0812 イスラーム教は4代目カリフであるアリーの子孫の +++ みを正統とする◯◯◯派と、代々のカリフを正統とする◯◯◯派に分かれた。 （名古屋大、立命館大）	シーア、 スンナ（スンニー）
☑ 0813 シーア派では最高指導者を◯◯◯と呼ぶ。 （東京大） +++ 🗊 この最高指導者はカリフと異なり聖俗両権を保有した。	イマーム
☑ 0814 征服地の拡大に伴い、イラクのクーファやバスラ、 +++ チュニジアのカイラワーン（ケルアン）などの◯◯◯（軍営都市）が建設された。 （早稲田大）	ミスル
☑ 0815 非アラブの住民には地租である◯◯◯と、人頭税であ +++ る◯◯◯が課せられた。 （センター試験） 🗊 本来、地租は土地所有者であれば人種を問わず支払う義務があったが、ウマイヤ朝ではアラブ人は免除された。	ハラージュ、 ジズヤ
☑ 0816 貨幣経済が発展し、◯◯◯金貨やディルハム銀貨が発 +++ 行された。 （予想問題）	ディーナール

☑0817 ◯◯◯は◯◯◯派の協力を得て、**ウマイヤ朝**を倒して
+++ **アッバース朝**を創始した。　　　　　　　　　（日本大）

> **ウマイヤ朝**が滅んだ時、たった1人生き残った19歳の青年がい
> た。この勇気ある青年はユーフラテス川を泳ぎ切って対岸に渡
> り、コルドバを都に後ウマイヤ朝を開いた。この青年が**アブド=
> アッラフマーン1世**であった。彼は後に「**クライシュの鷹**」と呼
> ばれ、**カール大帝**と対決することになる。

アブー=アルアッ
バース、シーア

☑0818 **アッバース朝**は、**第2代カリフ**である◯◯◯が建設し
+++ た◯◯◯に都を置いた。　　　　　　（センター試験、上智大）

> **ティグリス川**沿いに建設されたこの都は**平安の都（マディーナ=
> アッサラーム）**とも呼ばれ、**円形**になっていた。カリフはその中
> 心に住んで人前にめったに姿を現さず、神秘性が増していく中で
> カリフ権神授の思想が生まれた。

マンスール、
バグダード（バグ
ダッド）

☑0819 **イスラーム教徒**の**平等**が実現したことから、◯◯◯朝
+++ は◯◯◯帝国と呼ばれた。　　　　　　　　　　（立教大）

アッバース、
イスラーム

☑0820 **アッバース朝**ではアラブ人以外でも◯◯◯が免除さ
+++ れ、**ペルシア人**も政府の要職に就いたが、◯◯◯派だ
けは弾圧された。　　　　　　　　　　　（東京大、立教大）

ジズヤ、
シーア

☑0821 **アッバース朝**が全盛期を迎えるのは**第5代カリフ**の
+++ ◯◯◯時代で、**フランク王国**の◯◯◯と使節を交わし
た。　　　　　　　　　　　　　（センター試験、青山学院大）

> **カール大帝**は親書とともに巨大な象を贈られて、ごきげんだった
> といわれる。

ハールーン=アッラ
シード、
カール大帝

☑0822 **751年**の◯◯◯の戦いでは◯◯◯率いる**唐**軍を破り、
+++ **製紙法**が伝わった。　　　　　　　　（学習院大、同志社大）

> **アッバース朝**は黒をシンボルカラーとしており、中国名で「**黒衣
> 大食**」と呼ばれていた。唐も陰陽五行説から黒を王朝の色として
> おり、この戦いは黒の軍勢同士の戦いとなった。

タラス河畔、
高仙芝

☑0823 **9世紀**以降、**白人奴隷**である◯◯◯が**イスラーム**の兵
+++ 力として導入された。　　　　　　　　　　（一橋大、東海大）

> 主に**トルコ人**が兵力として利用され、カリフの親衛隊のような役
> 割を担った。

マムルーク

☑0824 869年には**黒人の農耕奴隷**が（⬜）**の乱**を起こした。
+++
（上智大）

ザンジュ

　彼らは遠くアフリカから連れて来られた黒人奴隷で、南イラクの湿地帯で重労働を強いられていた。

☑0825 **イスラーム教の形式化に反発して、都市や農村では**
+++
（⬜）**が流行**した。
（一橋大、東京大）

スーフィー信仰（スーフィズム）

　この信仰は修行（苦行）によって**神との一体化を目指す**もので、インドのヨガに似ている。**インドや東南アジアにイスラーム教が浸透するのに大きな役割**を担った。

5 ｜ ブワイフ朝

☑0826 **ブワイフ朝の民族系統**は（⬜）系で、（⬜）**派の十二**
+++
イマーム派を国教とした。
（上智大、南山大）

イラン、シーア

　ブワイフ朝は穏健派で、同じシーア派の**ファーティマ朝**と対立した。

☑0827 946年頃、**ブワイフ朝**は（⬜）に入城し、**カリフ**か
+++
ら（⬜）**の称号を授かった**。
（東京大）

バグダード（バグダッド）、大アミール

　この事件で**カリフは実質的な政治的権限を失った**。1055年の**セルジューク朝のバグダード入城**とともに超頻出の知識である。

☑0828 **兵士に俸給の代わりに土地の徴税権を与える**（⬜）
+++
制を創始した。
（法政大、明治大）

イクター

　イクター制について、30字ほどの論述試験において問われることが多いので要注意！

6 ｜ セルジューク朝

☑0829 1055年、**セルジューク朝**の（⬜）が（⬜）朝を倒し
+++
て**バグダードに入城**し、**カリフから**（⬜）**の称号を得**
た。
（東京大、京都大）

トゥグリル=ベク、ブワイフ、スルタン

　アッバース朝のカリフは宗教的権威を残すのみで、イスラーム世界の政治的権限はスルタンに移った。

☑0830 **セルジューク朝の民族系統**は（⬜）系で（⬜）派を
+++
国教とした。
（センター試験、横浜国立大）

トルコ、スンナ（スンニー）

☑ 0831 ＋＋＋ （　　）時代にセルジューク朝は**最盛期**を迎え、文化人では『**ルバイヤート**』の作者として有名な（　　）が活躍した。　　　　　　　　　　（上智大、東京都立大）	マリク=シャー、オマル（ウマル）=ハイヤーム
🔍 宝石をちりばめた豪華な『ルバイヤート』（『四行詩集』）の原本は、数奇な運命をたどった後に、あのタイタニック号とともに大西洋の海底に沈んだ。	
☑ 0832 ＋＋＋ ^(さいしょう)宰相（　　）は**イクター制**を整備し、各地に（　　）学院を設立した。　　　　　　　　　　　　（慶應義塾大、立教大）	ニザーム=アルムルク、ニザーミーヤ
🔍 この宰相はスンナ派の振興を図ったため、シーア派の過激派によって暗殺された。	
☑ 0833 ＋＋＋ **セルジューク朝**は**1071**年の（　　）の戦いで**ビザンツ**（**東ローマ**）**帝国**を破り**シリア**と（　　）を奪った。　　　　　　　　　　　　　　　　（上智大、早稲田大）	マンジケルト、小アジア
🔍 この戦いで勝利を収めた君主（スルタン）はアルプ=アルスラーン。彼の名は「ライオン」を意味する。このことをヒントに、20世紀イギリスの小説家C.S.ルイスはアスラーンを軸とした『ナルニア国物語』を書いた。	

7 | ファーティマ朝

☑ 0834 ＋＋＋ **ファーティマ朝**は（　　）で成立し、途中**アグラブ朝**を倒して**エジプトに進出**、**969**年には（　　）を建設した。　　　　　　　　　　　　　　　　　　　　（早稲田大）	チュニジア、カイロ
☞ ファーティマ朝をエジプトで成立した王朝と思い込まないこと。正誤問題では要注意！	
☑ 0835 ＋＋＋ **ファーティマ朝**は、**シーア派**の中でも過激な（　　）派を国教とした。　　　　　　　　　　　（上智大、共通テスト）	イスマーイール
🔍 この派に属する1グループは暗殺教団（アサシン派）ともいわれ、政治上のライバルを次々と暗殺していった。この一派はイランのアラムート山に^(とりで)砦を建設し、数多くのテロ活動を行ったが、**13世紀にはモンゴルによって滅ぼされた**。	
☑ 0836 ＋＋＋ **ファーティマ朝**の君主は（　　）を称し、**後ウマイヤ朝**、（　　）朝と対立した。　　　　（センター試験、関西大）	カリフ、アッバース
☑ 0837 ＋＋＋ 当時は地中海と（　　）、**インド洋**との間を結ぶ**中継貿易**が繁栄を極めた。　　　　　　　（上智大、慶應義塾大）	^(こうかい)紅海
☞ 地図で必ずチェックすること！	

☑0838 **ファーティマ朝**は、**カイロ**に**シーア派**の大学として
+++ （　　　）学院を創設した。　　　　　　　　（東京大）

アズハル

> 現在も**世界最古の大学**として多くの学生が学んでいる。イスラーム教徒以外は入学できない。

☑0839 **ファーティマ朝**は、12世紀の後半に（　　　）率いる
+++ （　　　）朝に滅ぼされた。　　　　　　　（関西学院大）

サラディン、
アイユーブ

> ファーティマ朝の6代目カリフであった**ハーキム**は、1021年の闇夜の晩に突然行方不明となった。現在の**ドルーズ派**とは、ハーキム生存説を信じて再来を待っている宗派。

8 | アイユーブ朝

☑0840 **アイユーブ朝**は（　　　）派の王朝で、**エジプトとシリア**
+++ を支配した。　　　　　　　　　　　　　　（立命館大）

スンナ（スンニー）

☑0841 **クルド人**の武将（　　　）が**ファーティマ朝**を倒して建
+++ 国した。　　　　　　　　　　　　（センター試験、専修大）

サラディン（サラーフ=アッディーン）

> サラディンは西欧世界でも人気があり、イギリスの作家スコットの著作『タリズマン』のモデルにもなった。

☑0842 **アイユーブ朝**の**サラディン**は**1187年**の（　　　）の戦
+++ いで**十字軍**を撃退し、（　　　）**王国**を滅ぼした。
　　　　　　　　　　　　　　　　　（早稲田大、立命館大）

ヒッティーン（ハッティーン）、
イェルサレム

> これによってイスラーム側は約80年ぶりに**聖地イェルサレム**を奪回した。

☑0843 **アイユーブ朝**は、兵士（戦士）に土地の（　　　）権を与
+++ える（　　　）制を、シリアとエジプトに導入した。
　　　　　　　　　　　　　　　　　（一橋大、青山学院大）

徴税、
イクター

9 | マムルーク朝

☑0844 （　　　）朝の民族系統は**トルコ系**で、**スンナ派**のイス
+++ ラーム国として（　　　）に都を置いた。　（同志社大）

マムルーク、
カイロ

☑0845 軍司令官の◯◯は、**1260年**の◯◯の戦いで**モンゴル（イル=ハン国）**軍を破り、第5代スルタンとなった。　(早稲田大)	バイバルス(1世)、アイン・ジャールート
🔲 この戦いまでモンゴル軍は連戦連勝で無敗を誇っていた。**マムルーク朝の兵士にはあきらめムードが漂っていたが、彼の活躍で奇跡的な勝利を収めた。**	

☑0846 **マムルーク朝**は、**1291年**に**十字軍**最後の拠点◯◯を攻略した。　(國學院大)	アッコン

☑0847 ◯◯商人が**地中海とインド洋を結ぶ**香辛料貿易を行った。　(東京大)	カーリミー(ムスリム)
🔲 **イスラーム（ムスリム）商人はダウ船と呼ばれる三角帆船でインド洋を航海した。**この様子は『シンドバッドの冒険』に詳しく描かれている。	

☑0848 **14世紀頃**に◯◯が大流行して人口が激減した。　(慶應義塾大)	ペスト(黒死病)
🔲 この病気はヨーロッパでは「黒死病」と呼ばれた。地中海全域で推定7,500万人が命を落としたとされる。現在のイタリアの人口が約6,100万人、フランスが約6,500万人であるから、その被害の甚大さがわかる。	

☑0849 **マムルーク朝**は**1509年**の◯◯の海戦で**ポルトガル**に敗れ、紅海とアラビア海の制海権を失った。　(上智大、早稲田大)	ディウ沖

☑0850 **マムルーク朝**は**1517年**に**オスマン帝国**の◯◯世に滅ぼされた。　(明治学院大)	セリム1

10 │ 後ウマイヤ朝

☑0851 **後ウマイヤ朝**は**スンナ派**の王朝で◯◯に都を置いた。　(同志社大、共通テスト)	コルドバ
🔲 **イスラームによるイベリア半島支配は711年から始まり、その支配は800年近く続いた。**これはスペインによるイベリア半島支配（約520年間）よりも長い。	

☑0852 **後ウマイヤ朝**は◯◯世が建国し、当初彼は自らを**アミール**と称した。　(早稲田大)	アブド=アッラフマーン1
🔲 アミールは**地方総督**のこと。カリフの権威を認めて、あえてこの称号を用いた。	

☑0853 **10世紀の◯◯世の時代が後ウマイヤ朝の全盛期** +++ **で、彼は◯◯の称号を用いた。** （上智大）	アブド=アッラフ マーン3、カリフ
📝 本来カリフはイスラーム世界に唯一無二の存在だが、**アッバース 朝**、後ウマイヤ朝、ファーティマ朝の3人のカリフが同時に立つ こととなった。（カリフ鼎立）。	

☑0854 **イベリア半島ではウマイヤ朝、◯◯朝とイスラーム** +++ **支配が続いた。** （センター試験）	後ウマイヤ

11 │ ナスル朝

☑0855 **ナスル朝の都◯◯には◯◯宮殿が建てられた。** +++ （センター試験、明治学院大）	グラナダ、 アルハンブラ

☑0856 **ナスル朝では◯◯語を唯一の公用語とした。** +++ （同志社大、東洋大）	アラビア

☑0857 **歴史家の◯◯が王朝の廷臣として仕えた。** +++ （慶應義塾大）	イブン=ハルドゥー ン
📝 世界的名著である『世界史序説』を著した彼は、この書物の中 で、歴史は単なる偶然ではなく法則に従って動くことを証明しよ うとした。	

☑0858 **◯◯年、キリスト教徒による◯◯が進む中、首都** +++ **が陥落しナスル朝は滅亡した。** （センター試験、日本大）	1492、レコンキス タ（国土回復運動）
☞ この年はコロンブスの新大陸到達と同じ年である。	

☑0859 **ナスル朝は別名◯◯王国と呼ばれた。** +++ （立教大）	グラナダ

12 │ マグリブ地方のイスラーム王朝

☑0860 **チュニジアで成立した◯◯朝（800 〜 909）は、シ** +++ **チリア島を征服したがファーティマ朝に滅ぼされ** **た。** （早稲田大）	アグラブ
☞ 超難問の1つ。この王朝はシチリア島にイスラーム文化を導入す ることに一役買った。	

☑0861 ____朝（1056 ～ 1147）は、<u>ベルベル人</u>の王朝で
+++ 都を____に置き、<u>レコンキスタ</u>に対抗した。また、
南下して____<u>王国</u>を実質的に滅ぼした。

（センター試験、立教大）

ムラービト、
マラケシュ、
ガーナ

🗐「ムラービト」とはアラビア語で「修道士」を意味する。モロッ
コ沖の小さな島に住んでいた修道士たちが、アッラーのお告げで
レコンキスタに対抗するために王朝を建てた。したがって、熱狂
的な宗教運動を伴っている。

☑0862 ____朝（1130 ～ 1269）は、<u>ムラービト朝</u>を倒し
+++ て____<u>人</u>が<u>マラケシュ</u>に都を置いて建国した。支
配下のイベリア半島では哲学者の____が活躍した。

（センター試験、早稲田大、共通テスト）

ムワッヒド、
ベルベル、
イブン=ルシュド

☛王朝の成立時期も重要ポイント。センター試験では「<u>11世紀成
立＝ムラービト朝</u>」、「<u>12世紀成立＝ムワッヒド朝</u>」と出題され
ることが多い。

---

13 | サーマーン朝

☑0863 <u>サーマーン朝</u>の民族系統は____系で、<u>スンナ派のイ</u>
+++ <u>スラーム王朝</u>として中央アジアと____東部を支配
した。 （慶應義塾大）

イラン、
イラン

☑0864 <u>サーマーン朝</u>は____に都を置き、<u>東西貿易</u>で繁栄し
+++ た。 （立教大）

ブハラ（ボハラ）

🗐この都市は多くの文化人を生んだ文化都市でもあった。<u>イブン=
シーナー</u>もこの都市でプトレマイオスの天文学やアリストテレ
スの哲学を学んだ。

☑0865 <u>サーマーン朝</u>は<u>10</u>世紀に____朝に滅ぼされた。
+++ （上智大、関西大）

カラハン

---

14 | カラハン朝

☑0866 <u>カラハン朝</u>は____系のイスラーム王朝で、<u>10</u>世紀
+++ に____朝を滅ぼして中央アジアを支配した。

（南山大、立命館大）

トルコ、
サーマーン

🗐「カラ」は「黒」を意味する。トルコ人にとって黒は強さや権力
の象徴であり、トルコ人男性はこの色を好んで身に着ける。カラ
ハン、カラキタイなど王朝名として用いられることも多い。

☑0867 10 世紀の**カラハン朝**の集団改宗により**中央アジア**の（___）化が進んだ。 　（東京大、一橋大）	イスラーム
☑0868 **耶律大石**は**カラハン朝**を倒して、**1132** 年に新たに（___）を建国した。 　（早稲田大）	カラキタイ（西遼^{せいりょう}）

15 | ホラズム（=シャー）朝

☑0869 **ホラズム（=シャー）朝**はトルコ系奴隷が（___）朝より自立して中央アジアに建国した。 　（早稲田大）	セルジューク
☑0870 **ホラズム=シャー朝**は（___）朝から**アフガニスタン**を奪った。 　（早稲田大）	ゴール
☑0871 **1220** 年に**モンゴル**の（___）の使節を殺害したことからその侵攻を招き、**ホラズム=シャー朝**は滅亡した。 　（センター試験、関西大） 🔲 王朝滅亡後に**ホラズム**の王はカスピ海の孤島に逃れたが、そこで病没した。	チンギス=ハン

16 | イスラーム文化

☑0872 イスラーム文化はイスラーム教と（___）語を基調とし、学問体系は**神学**、**法学**、**歴史学**などの「（___）の学問」と、**哲学**、**数学**、**医学**などの「（___）の学問」に分かれる。 　（センター試験、関西学院大） 🔲 イスラーム法は**シャリーア**と呼ばれる。	アラビア、 固有、 外来
☑0873 『（___）』を著した**歴史家**は**イブン=ハルドゥーン**である。 　（立教大） ☛ イスラーム世界最高の歴史家。入試最頻出の人物である。著書名以外では出身地である**チュニス**もよく問われるので要注意！	世界史序説
☑0874 『**預言者**^{よげんしゃ}**たちと諸王の歴史**』を著したのは（___）である。 　（早稲田大） ☛ アッバース朝時代の歴史家。主に難関大で問われることがあるので要注意！　著書名から著者を答えさせるパターンが多い。	タバリー

☑0875 **ラシード=ウッディーン**は『＿＿＿』を著した。彼は ＋＋＋ ＿＿＿国の **ガザン=ハン**に仕えた。　　　　　　（明治大）	集史(蒙古集史)、 イル=ハン
🗋ペルシア人（イラン人）である彼は宰相であり、医者であり、歴 史家でもあった。才知に恵まれ、ガザン=ハンに重宝された。	
☑0876 ＿＿＿は『<u>医学典範</u>』で**医学**を集大成した。彼はラテ ＋＋＋ ン名で＿＿＿とも呼ばれる。　　　　　　　　　（慶應義塾大）	イブン=シーナー、 アヴィケンナ
▶イスラームの哲学者では入試最頻出の人物。イスラーム医学の集 大成であるこの著作以外にも <u>アリストテレス</u>の研究で有名。<u>サー</u> <u>マーン朝</u>のブハラで活躍したことにも注目！	
☑0877 ＿＿＿は＿＿＿**哲学の注釈**を行い、＿＿＿朝下の <u>コル</u> ＋＋＋ <u>ドバ</u>で活躍した。彼はラテン名で<u>アヴェロエス</u>と呼 ばれる。　　　　　　　　　　　　　（東京大、慶應義塾大）	イブン=ルシュド、 アリストテレス、 ムワッヒド
🗋彼はイスラームの哲学者で生涯、イブン=シーナーを攻撃（口 撃？）したが、世間の評価はシーナーが上回っていた。	
☑0878 **ニザーミーヤ学院**を創設したのは <u>セルジューク朝</u>の ＋＋＋ 宰相＿＿＿である。　　　　　　　　　　　　　（上智大）	ニザーム=アルムル ク
☑0879 **ニザーミーヤ学院**の教授には <u>思想家</u>の＿＿＿がいる。 ＋＋＋ 　　　　　　　　　　　　　　　　　　　　　　（東京大）	ガザーリー
🗋晩年は神秘主義に傾倒し、後に教授の地位を捨て、家族も捨て、 放浪者となった。神学と哲学の融合を試みて最後に厭世的になっ たのはトマス=アクィナスとよく似ている。	
☑0880 **ニザーミーヤ学院**では詩人の＿＿＿が学んだ。 ＋＋＋ 　　　　　　　　　　　　　　　　　　　　　　（立教大）	サーディー
🗋彼の代表作には『薔薇園』がある。	
☑0881 ＿＿＿出身の旅行家＿＿＿は、『<u>三大陸周遊記</u>』（『<u>旅</u> ＋＋＋ <u>行記</u>』）を著した。　　　　　　　　　　（中央大、立教大）	モロッコ、イブン= バットゥータ
▶イスラームの旅行家では入試最頻出の人物。主な訪問地としてイ ンドの <u>トゥグルク朝</u>、元朝の <u>泉州</u>（ザイトン）、アフリカの <u>マリ</u> <u>王国</u>などがあることも覚えておこう。	
☑0882 『**ヴォルガ・ブルガール紀行**』の著者は＿＿＿である。 ＋＋＋ 　　　　　　　　　　　　　　　　　　　　　　（上智大）	イブン=ファドラー ン
🗋著書『ヴォルガ・ブルガール紀行』は、ロシア方面の旅行記で、 謎のユダヤ人国家ハザールやブルガール族に関する記述が詳し い。彼の著書は1923年に偶然発見された。	

☑0883 +++ モロッコ生まれの◯◯は**世界地図**を作った。 （慶應義塾大）	イドリーシー	
☑0884 +++ **ガズナ朝のマフムード**に同行した◯◯は『**インドの書**』（『**インド誌**』）を著した。　（慶應義塾大）	ビールーニー	
☑0885 +++ **オマル=ハイヤーム**は詩集『◯◯（四行詩集）』を残した。また、彼は◯◯暦を制定した。 （青山学院大、日本大） ⛶ 彼はペルシア人（イラン人）。いわゆる万能人であり、彼の制定した太陽暦はグレゴリウス暦よりも正確である。	ルバイヤート、ジャラリー（ジャラール）	
☑0886 +++ ◯◯朝時代のイランの詩人**フィルドゥシー**は**民族叙事詩**の『◯◯』を残した。　（駒澤大） ⛶ フィルドゥシーはイラン史上最高の民族叙事詩の詩人。この作品はイランの神話、伝説、歴史を題材に約35年かけて作った。6万の対句からなる。彼はこれをガズナ朝の君主に捧げたが、長すぎて読んでもらえなかった（そして、失意のうちに亡くなった）。	ガズナ、シャー=ナーメ（王の書）	
☑0887 +++ 『**光学**』を著した物理学者は◯◯である。 （予想問題） ⛶ この人物は西欧では**アルハーゼン**（または**アルハゼン**）の名で知られ、月のクレーターの名にもなっている。	イブン=アル=ハイサム	
☑0888 +++ 『**医学集成**』を著した臨床医は◯◯である。 （予想問題）	アル=ラーズィー	
☑0889 +++ 『**天文学集成**』を著した科学者は◯◯である。 （予想問題）	ファルガーニー	
☑0890 +++ イベリア半島の**グラナダ**にある◯◯**宮殿**は**スペイン=イスラーム**の代表的な建築物である。 （東海大、明治学院大） ☞ グラナダにあるナスル朝の宮殿である。	アルハンブラ	
☑0891 +++ **アラビア数学**を確立し**代数学**を発展させた**数学者**は◯◯である。　（上智大）	フワーリズミー	
☑0892 +++ **ファーティマ朝**時代の**カイロ**に◯◯**学院**が建てられた。また、イスラームの高等教育機関は一般的に◯◯と呼ばれる。　（センター試験、東京大） ☞ イスラームの教育機関では入試最頻出。10世紀に建立され、世界最古の大学として有名。現在のアズハル大学である。	アズハル マドラサ	

☑0893 +++ アッバース朝のバイト=アル=ヒクマ（知恵の館）では、◯◯語の文献が◯◯語に組織的に翻訳された。 （東京大、名古屋大）	ギリシア、アラビア
▯ 9世紀、文化に理解の深かった**第7代カリフのマームーン**が創設。**ギリシア**語文献を**アラビア**語に翻訳する一大センターだった。	
☑0894 +++ **16世紀にカイロで完成したイスラーム文学（アラブ文学）の代表作**は『◯◯』である。 （京都産業大）	千夜一夜物語(アラビアン=ナイト)
▯ この本は特定の人物が書いたものではない。インドとペルシア（イラン）の説話集が8世紀にアラビア語に翻訳されながら、次第に増えていったのだが、実際は282夜分のストーリーだった。	
☑0895 +++ **ゼロの概念**は◯◯からイスラームに伝わった。 （センター試験）	インド
▯ **グプタ朝**時代に数学が発展した。今でもインド人は数学に強い。	
☑0896 +++ イスラーム世界では、◯◯の**数学**が研究され、その成果は西方の◯◯に伝えられた。 （東京大）	インド、ヨーロッパ
☑0897 +++ イスラームの**幾何学的文様**を◯◯という。 （センター試験、学習院）	アラベスク
▯ イスラームでは**偶像崇拝**が禁止されているため、文様が発達した。	
☑0898 +++ イスラーム圏で流行した**細密画**を◯◯という。 （センター試験、京都大）	ミニアチュール
▯ 中国の細かな絵画技法の影響を受けている。	
☑0899 +++ **タラス河畔の戦い**で伝わった◯◯は、サマルカンド、続いて◯◯へと伝わった。 （関西学院大）	製紙法、バグダード
▯ 唐軍を率いた高仙芝は、それまでほぼ無敗の将軍であったが、タラス河畔の戦いでは"地の利"に詳しい**アッバース朝**軍に善戦するも敗北した。	
☑0900 +++ **卑金属を貴金属に変えようとする**◯◯術が化学の発展に貢献した。 （慶應義塾大）	錬金
▯ 貴金属に変化させる"鍵"となるものが「賢者の石」とされているが、まだ誰もそれを発見してはいない。	
☑0901 +++ イスラーム世界では、**礼拝堂**を◯◯、都市の**街区**を◯◯、**市場**を◯◯という。 （上智大、慶應義塾大）	モスク、ハーラ、スーク(バザール)

☑0902 モスクの尖頭は◯◯と呼ばれる。　　　　　　ミナレット
+++
　　　　　　　　　　　　　　　　（上智大、慶應義塾大）

ヨーロッパ世界の成立と発展（4〜15世紀）

前近代 5

1 | ゲルマン民族の移動

☑0903 **ゲルマン民族**は（　　）**語族**に属し、**牧畜と狩猟が主業**であった。　　　　　　　　　　（センター試験、名古屋大）

> ☐ ヨーロッパのほとんどの人種がこの語族に属する。例外はウラル語族のハンガリー人や言語系統不明の**バスク人**などである。

インド=ヨーロッパ（印欧）

☑0904 **民族大移動以前**の古ゲルマン人は、各部族の（　　）または複数の長老によって統率され、部族の重要問題は（　　）において決定された。　　　　　（日本大）

王

民会（みんかい）

☑0905 **ゲルマン民族の史料**として、**タキトゥス**の『（　　）』と**カエサル**の『（　　）』がある。　　（学習院大）

> ☐ **タキトゥス**の本にはゲルマン人の男たちが、ギャンブルに熱中する様子が描かれている。中には家財を失うどころか、奴隷にまで身を落とす者がいたという。西欧のポーカーや競馬の起源も、こんなところにあったのかもしれない。

ゲルマニア、ガリア戦記

☑0906 **アジア系の遊牧民**である（　　）**人**はドン川を越えて侵入し（　　）**人**を征服、さらに（　　）**人**を圧迫した。　　　　　　　　　　　（同志社大、名古屋大）

フン、東ゴート、西ゴート

☑0907 （　　）年、**西ゴート人**は**南下を開始**し、翌年には（　　）川を越えた。　　　　　　　　（東海大）

> ☐「中世ヨーロッパ」という時代区分は、この事件から始まるのが定説になっている。

375、ドナウ

☑0908 **フン人の起源**は（　　）とする説が有力で、彼らは（　　）に大帝国を築いた。　　　（中央大、明治大）

> ☐ **パンノニア**には、後に**マジャール人**が**ハンガリー**を建国した。

匈奴（きょうど）、パンノニア

☑0909 378年、**西ゴート人**は（　　）**の戦い**でローマ帝国の（　　）**帝**を敗死させた。　　　　　　（早稲田大）

> ☐ **ウァレンス帝**は自分の兵力（3万人）を過信して、援軍が来るのを待たずに西ゴート軍（1万8千人）に戦いを挑んだ。しかし西ゴートの機動力の前に完敗し、ウァレンス帝は戦死した。この戦いを機に、ゲルマン人は**ドナウ川**を次々と越えた。

アドリアノープル、ウァレンス

☑0910 ＋＋＋ （　　　）に率いられた**フン人**は**ガリアに侵入**したが、 **451**年の（　　　）**の戦い**で敗北した。　　（青山学院大） 　🗒 この戦いで**フン人**は**西ローマ・西ゴート連合軍**に敗れた。さらに 　伝染病も流行し、**フン人**の帝国は崩壊していった。	アッティラ、 カタラウヌム
☑0911 ＋＋＋ （　　　）年、**西ローマ帝国**は**ゲルマン人**の傭兵隊長 （　　　）により滅ぼされた。　　　　　　（慶應義塾大）	476、 オドアケル

2 ｜ ゲルマン民族の王国支配

☑0912 ＋＋＋ **493年**に（　　　）は**ラヴェンナ**を都としてイタリアに （　　　）**王国**を建国した。　　　　　　　　（立教大） 　🗒 彼は人質として東ローマ帝国の宮廷で育ち、ローマ文化に心酔し 　ていた。この建国も東ローマ皇帝ゼノンの命令によるもの。	テオドリック、 東ゴート
☑0913 ＋＋＋ （　　　）は**ローマに侵入**したが、その部下が**415年**、 **イベリア半島**に（　　　）**王国**を建国した。　（立命館大） 　🗒 この王はアフリカ北岸を目指して進軍したが、泳ぎが苦手でイタ 　リア南部の川で溺死した。	アラリック、 西ゴート
☑0914 ＋＋＋ **429年**、（　　　）は**アフリカ北岸**にある**カルタゴ**の 故地に（　　　）**王国**を建国した。　　　　　（早稲田大） 　☛ この国王の名前は難関私大で出題される。	ガイセリック、 ヴァンダル
☑0915 ＋＋＋ 現在の**フランス東南部からスイス**にかけて（　　　）**王 国**が建国されたが、**フランク王国**に滅ぼされた。 　　　　　　　　　　　　　　　　　（立教大、名古屋大）	ブルグンド（ブルグ ント）
☑0916 ＋＋＋ 北イタリアの**東ゴート王国**の故地に（　　　）**王国**が建 国されたが、**フランク王国**の（　　　）**大帝**によって滅ぼ された。　　　　　　　　　　　　　　　（センター試験） 　🗒 この王国はローマ教皇を圧迫していたため、**フランク王国**に滅ぼ 　された。イタリア北部の地域名もこの民族（王国）に由来する。	ロンバルド（ランゴ バルド）、カール
☑0917 ＋＋＋ （　　　）**人**は**ブリタニア（イングランド）**に渡り、先住 民の（　　　）**人**を征服して王国を建国した。　（成城大） 　🗒 **ケルト人**はかつてヨーロッパ全土に居住していたが、**ゲルマン人** 　に圧迫され、**アイルランド地方**にのみ居住するようになった。	アングロ=サクソン、 ケルト

☑0918 9世紀前半に**ブリタニア南部**の◯◯は**ウェセック** +++ **ス**の王◯◯により統一された。 （関西学院大） 📖「**ヘプターキー**」とは、ギリシア語の数詞「7」と「国」や「支 配」を表す語を合わせた造語に由来し、ノーサンブリア、マー シア、イースト=アングリア、エセックス、ケント、サセックス、 ウェセックスの7つの王国を指す。**アングロ=サクソン七王国**と も呼ばれる。	七王国（ヘプター キー）、エグバート （エグベルト）
☑0919 **ガリア**に建設された◯◯**王国**のみが、◯◯と提携 +++ して**西ヨーロッパ世界を統合**した。 （センター試験、東京大）	フランク、 ローマ=カトリック

3 | フランク王国の発展

☑0920 ◯◯年、**クローヴィス**は**フランク人を統一**し、 +++ ◯◯**朝**を開いた。　（中央大、共通テスト）	481、 メロヴィング
☑0921 **クローヴィス**は◯◯**派キリスト教**に改宗し、また +++ ◯◯**語を公用語**とするなどローマ人との融和を 図った。　（上智大、早稲田大） 📖**クローヴィスのアタナシウス派キリスト教への改宗**は、イエスに 祈ったら戦いに勝てたからとされるが、多数派であるローマ人の 支持を得るための戦略とも推測される。	アタナシウス、 ラテン
☑0922 **732年**、◯◯**職**の**カール=マルテル**が、**イスラーム** +++ 勢力である**ウマイヤ朝の軍隊**を◯◯の戦いで破っ た。　（センター試験） ☞**キリスト教世界を防衛した戦い**として、入試には必ず出題され る。年号もよく問われるので要注意！	宮宰（マヨル=ドム ス）、トゥール・ポワ ティエ間
☑0923 **カール=マルテルの子**◯◯は**751年**、ローマ教皇 +++ から王位継承を承認されて◯◯**朝**を開き、その代 償として**北イタリア**の◯◯**地方**を教皇に**寄進**した。 （慶應義塾大、関西学院大） 📖ピピンとは可愛らしい名前だが、背が低く「**短躯王**」というあだ 名があった。身長の記録は残っていないが、おそらく150cm超く らいだったであろう。これは当時のフランス人の身長が低かった からである。**アンリ4世**も165cm以下だったという。現代とは栄 養状態が違ったのだ。	ピピン（3世）、 カロリング、 ラヴェンナ
☑0924 **756年**のいわゆる「◯◯**の寄進**」により始まった、 +++ **教皇の経済的基盤となる所領**を◯◯という。 （上智大、立教大）	ピピン、 教皇領

4 | カール大帝の業績

☑0925 **カール大帝（シャルルマーニュ）**は外征においてド
+++　イツの**バイエルン**と◯◯を平定した。また、北イタ
　　　リアの◯◯王国を滅ぼし、**イベリア半島のイスラー
　　　ム教徒を討ち**、東方でアルタイ語系の◯◯人の侵入
　　　を撃退した。　　　　　　　　　（センター試験、名古屋大）

　　　■アジア系民族は他にも**フン人**、**マジャール人**などがいる。混同し
　　　ないように要注意！

　　　📖**アヴァール人**の起源をモンゴル系の遊牧民・柔然とする説もあ
　　　る。カール大帝が戦ったイスラーム教徒は、後ウマイヤ朝のアブ
　　　ド=アッラフマーン1世であった。「クライシュの鷹」と呼ばれた
　　　アブド=アッラフマーン1世は強敵で、カール大帝は苦戦した。

ザクセン、
ロンバルド（ランゴ
バルド）、
アヴァール

☑0926 **カール大帝**は都の◯◯にイングランドから神学者
+++　◯◯を招き、聖職者のラテン語教育を行った。これ
　　　らの文化事業を◯◯と呼ぶ。　　　　　（慶應義塾大）

　　　📖聖書はラテン語で書かれていたが、フランク王国の聖職者の多く
　　　はゲルマン人であるため、それを読むことができなかった。

アーヘン、
アルクイン、
カロリング=ルネサ
ンス

☑0927 ◯◯年、**カール大帝**はローマ教皇◯◯世から<u>西
+++　ローマ皇帝</u>の冠を受けた。これを「◯◯」と呼ぶ。
　　　　　　　　　　　　　　（センター試験、明治学院大）

　　　📖ローマ帝国の唯一の後継者を自認していた東ローマ（ビザンツ）
　　　皇帝は非常に不快感を示し、カール大帝を敵視した。

800、レオ3、
カールの戴冠

☑0928 **カールの戴冠**を機に、◯◯、◯◯、**キリスト教**の
+++　**3つの要素が合体した西ヨーロッパ世界が成立し
　　　た。**　　　　　　　　　　　　　（東京大、一橋大）

　　　■論述問題の重要ポイントとしてよく出題される。

ゲルマン、ローマ
帝国※順不同

☑0929 843年、**フランク王国**は◯◯条約で**シャルル2世**
+++　の**西**フランク、**ルートヴィヒ2世**の**東**フランク、
　　　◯◯の**中部**フランクの各王国に**3**分された。
　　　　　　　　　　　　　　　　（早稲田大、東京都立大）

　　　■「ハシで3分裂（843）のフランク王国」で覚えよう！

ヴェルダン

ロタール1世

☑0930 **フランク王国**は870年の◯◯条約で分裂が確定し
+++　た。　　　　　　　　　　　　（学習院大、東京都立大）

　　　■「ついに離れ（870）たフランク王国」で覚えよう！

メルセン

☑0931 **ノルマン人**はゲルマン人の一派で◯◯半島や +++ ◯◯半島に居住していた。　　　　(慶應義塾大、立教大)

スカンディナヴィア、ユトランド※順不同

☑0932 **ノルマン人**は◯◯と呼ばれ、<u>8〜11</u>世紀にヨー +++ ロッパに侵入した。　　　　(関西大)

ヴァイキング

🗒 優れた航海技術を持ち、商業活動にも従事した。現在の研究ではコロンブス以前に新大陸に到達したことも確定的になっている。

☑0933 **ノルマン人**が石碑に刻んだ**独特の文字**は◯◯文字 +++ と呼ばれる。　　　　(近畿大)

ルーン

🗒 ルーンは「神秘」の意味とされる。今は"魔法オタク"が占いなどで用いる。1903年に**ノルウェー**で、9世紀のノルマン人の王妃と侍女と思われる遺体を乗せた船が発掘された。ノルマン人は船葬という珍しい習慣を持っていた。

☑0934 ◯◯人の**リューリク**は**スラヴ人を征服**して、<u>862</u> +++ 年に◯◯国を建国した。　　　　(早稲田大、立命館大)

ルーシ(ルス)、ノヴゴロド

▪️「リューリク野郎に (862) 率いられ**ノヴゴロド**国建国」で覚えよう!

☑0935 ◯◯の部下**オレーグ**は南下して◯◯公国を建国 +++ した。　　　　(成城大)

リューリク、キエフ

▪️公国は王国よりもワンランク下がる。

☑0936 10世紀末から11世紀初めにかけて在位した**キエフ** +++ **公国**の◯◯世は◯◯教に改宗し、**公国の全盛期を築いた**。　　　　(北海道大)

ウラディミル1世、ギリシア正

🗒 **キエフ公国**では雷などの自然崇拝や偶像崇拝はあったが、定まった宗教は無かった。そこで**ウラディミル1世**はイスラーム教の受容を考えたが「イスラーム教では酒が飲めない」と聞いて絶望し、結局キリスト教を受容した (キリスト教では飲酒を禁止していない)。

☑0937 <u>911</u>年に**ノルマン人の首長**◯◯はフランス北西部 +++ に◯◯公国を建国した。　　　　(学習院大、京都産業大)

ロロ、ノルマンディー

🗒 この地方は第二次世界大戦の際に、連合国が**反撃作戦(上陸作戦)**を行ったことでも有名。

☑0938 **ノルマンディー公国**は◯◯川の下流域一帯を支配 +++ した。　　　　(学習院大)

セーヌ

☑0939 **1130**年、◯◯世は**シチリアと南イタリア**にまたが ┼┼┼ る◯◯**王国**を建国した。 （名古屋大、慶應義塾大）

ルッジェーロ2、両シチリア

☑0940 ◯◯**王国**の首都◯◯は、イベリア半島の**トレド**と ┼┼┼ 並んで◯◯**文化**が西ヨーロッパに流入する接点の 1つとなった。 （東京大、東京学芸大）

🗋**パレルモ**と**トレド**は**12世紀ルネサンス**の中心地となった。

両シチリア、パレルモ、イスラーム

6 | スラヴ人などの活動

☑0941 現在、東ヨーロッパで**スラヴ人**が中心となっている ┼┼┼ 国には◯◯、◯◯、◯◯などがある。 （北海道大）

☞**スラヴ人**を**スラブ人**と書くと間違いとなるので要注意！
🗋**スロヴァキア、ブルガリア、ウクライナ**なども**スラヴ人**が中心と なっている国々である。

ポーランド、チェコ、セルビア※順不同

☑0942 西**スラヴ人**の一派である◯◯**人**は**スロヴァキア人** ┼┼┼ とともに、**スラヴ人**最初の王国とされる◯◯**王国**を 建てた。 （センター試験、法政大）

🗋彼らは**カトリック**を受容した。なお、この王国は100年足らずで アジア系の**マジャール人**により滅亡した。

チェック（チェコ）、モラヴィア

☑0943 南**スラヴ人**の◯◯**人**は**フランク王国**に服属して**カ** ┼┼┼ **トリック**を受容し、**10**世紀初めに王国を建てたが、 **11**世紀には**ハンガリー**に服属した。
（慶應義塾大、法政大）

🗋この国は地理的な面でも民族性の面でもイタリアに近く、ローマ ＝カトリックを受容した。

クロアティア

☑0944 南**スラヴ人**に由来する◯◯**人**も**フランク王国**に服 ┼┼┼ 属して◯◯を受容し、後に**神聖ローマ帝国**の影響下 に入った。 （慶應義塾大）

スロヴェニア、カトリック

☑0945 南**スラヴ人**の◯◯**人**は、**ビザンツ帝国**の影響下で**ギ** ┼┼┼ **リシア正教**を受容し、**11**世紀から**12**世紀にかけて 王国を建てた。 （センター試験、法政大）

セルビア

☑0946 **クロアティア人**と**スロヴェニア人**は◯◯文字を、**セ** ┼┼┼ **ルビア人**は◯◯文字をそれぞれ用いた。
（慶應義塾大、上智大）

ラテン（ローマ）、キリル

☑ 0947 **アジア系の**<u>マジャール人</u>**はパンノニア平原に**（　　　）**王国を建て、やがてキリスト教の中の**（　　　）**を受容した。** （センター試験、北海道大）	ハンガリー、カトリック(ローマ=カトリック)
🔖王国を建てたのはアールパード王。王は杖を持ち、その先端には光る鳥がとまっており、建国の案内をしたという。同じ伝承が日本の天皇家にもあり、日本人のルーツをアジア系騎馬民族とする学者も多い。	
☑ 0948 **1386年、**<u>リトアニア</u>**と**<u>ポーランド</u>**が合同し、**（　　　）**朝が成立した。** （センター試験）	ヤゲウォ(ヤゲロー)
📖この王朝の名前は「超」がつくほどよく出題される。	

7 | 封建制（封建社会）の成立

☑ 0949 **ゲルマンの**（　　　）**制とローマの**（　　　）**制が融合し、8～9世紀頃にヨーロッパに**<u>封建制</u>（**フューダリズム**）**が成立**した。 （関西学院大）	じゅうし おんたいち 従士、恩貸地
🔖従士制は君主が臣下に生活の保障を与える代わりに忠誠を誓わせるもの。恩貸地制はローマ帝国末期の混乱期に生まれたもので、地方豪族にいったん土地を譲り、再び借り受けるもの。	
☑ 0950 **ヨーロッパの**<u>封建制</u>**では「国王→**（　　　）**→**<u>騎士</u>**」という階層的主従関係が結ばれていた。** （センター試験）	しょこう 諸侯
☑ 0951 **西欧の封建制が**<u>自由人</u>**との間の**（　　　）**的契約関係であるのに対して、中国の封建制は**<u>血縁中心の</u>（　　　）**的契約関係であった。** （立教大、早稲田大）	そうむ 双務、 へんむ 片務
🔖ヨーロッパでは諸侯（騎士）が複数の主君に仕えることは常識的であった。一方、中国と日本では主君は絶対であり、主君のために命を投げ出すことは当然とされた。	
☑ 0952 **ヨーロッパの**<u>封建制</u>**において、**（　　　）**が封建法上の義務に違反すれば、**（　　　）**は主従契約を解消できた。** （センター試験、同志社大）	主君、 家臣
☑ 0953 <u>封建領主</u>**は王の役人の**<u>立ち入り</u>**や課税を**<u>拒否</u>**することができる**（　　　）**権を持っていた。** （センター試験）	ふゆふにゅう 不輸不入
📖<u>インムニテート</u>とも呼ばれる。	
☑ 0954 <u>荘園</u>**は領主の**（　　　）**地と農民の**（　　　）**地、さらには**<u>入会地</u>**から形成されていた。** （日本大）	直営、保有
🔖スイスなどの山間地は自由農民が多く、領主が誕生するケースは少なかった。なお、入会地とは山林などの農民の共有地。	

☑0955 直営地と保有地からなる荘園は（＿＿＿）荘園と呼ばれ
+++ る。　　　　　　　　　　　　　　　　　　（國學院大）

古典

☑0956 農法の改良では耕地を（＿＿＿）、（＿＿＿）、休耕地に分け
+++ て耕作する（＿＿＿）制とともに、農具である（＿＿＿）が普
　　　及した。　　　　　　　　　（センター試験、早稲田大）
　　　■中世農業革命と呼ばれるほどの重要事件。入試で最も問われやす
　　　い知識の1つである。

春耕地、秋耕地、
三圃（さん ぽ）、
（重量）有輪犂（ゆうりんすき）

☑0957 荘園成立の背景には、10世紀以降の気候の（＿＿＿）化
+++ や農法の改良などがあった。　　　　　　　（岡山大）
　　　🔲温暖化や寒冷化は当時の山の風景画からも判断できる。氷河の長
　　　さ、高山植物の分布なども手がかりとなる。近年、環境に関する
　　　出題が増加傾向にあるので要注意！

温暖

☑0958 中世農民は農奴と呼ばれ、領主に対して（＿＿＿）、貢納（こうのう）
+++ の義務だけでなく（＿＿＿）税、（＿＿＿）税、教会に対する
　　　（＿＿＿）税など各種の税負担があった。
　　　　　　　　　　　　　　　　　　（立教大、早稲田大）

　　　🔲親が死亡して子がその財産を相続する場合、家畜を一頭領主に差
　　　し出した。これは現在の相続税に相当する。

賦役、
死亡、結婚※順不同
十分の一

☑0959 賦役は地代の種類としては（＿＿＿）地代と呼ばれる。こ
+++ れに対して貢納は（＿＿＿）地代と呼ばれる。
　　　　　　　　　　　　　　　　　（関西大、関西学院大）

労働、
生産物

☑0960 農奴は（＿＿＿）の世襲が可能であり、家畜や（＿＿＿）など
+++ の生産手段を有していた。　　　（学習院大、早稲田大）
　　　🔲農奴は家畜を狼などから守るためマスチフ犬（大型犬）を飼っ
　　　ていた。中世の狼は恐怖の対象であった。例えばフランスのア
　　　キテーヌ地方のボスの狼は、300頭もの狼の群れを率いて人間を
　　　襲ったという。

土地、農具

☑0961 領主は農民に対して（＿＿＿）権や警察権などの経済外
+++ 的強制を持っていた。　　　　　（慶應義塾大、早稲田大）
　　　🔲中世の裁判はいい加減なものが多かった。現在のように証拠に基
　　　づく裁判ではなく7つの方法で決めた。その1つに「乾いたパン
　　　飲み込み裁判」がある。この場合、乾いたパンを飲み込めなかっ
　　　た場合は有罪であった。

領主裁判

☑0962 保有地は垣や堀などで仕切らない◯◯◯制となっていた。 (早稲田大) +++ 🗋 牛（4〜6頭）が重い有輪犂を引いて、耕地を耕した。牛は簡単に後戻りする動きができず、そのため耕地は垣根や柵などがない約200mの細長い地条（紐状地）となっていた。	開放耕地

8 | 封建制（封建社会）の動揺

☑0963 ◯◯◯経済の進展で封建（荘園）制は動揺した。 +++ (センター試験)	貨幣
☑0964 領主は◯◯◯を農奴に貸し出して地代を取るようになった。このような荘園は◯◯◯荘園と呼ばれる。 +++ (國學院大) ▪️この結果、領主と農奴の関係は純粋に経済的関係（金を払う、金を受け取る）のみとなり、次第に農奴解放が進んだ。古典荘園から純粋荘園への移行は入試の頻出ポイントなので要注意！	直営地、 純粋（地代）
☑0965 13世紀頃から荘園の地代は◯◯◯地代から金納による◯◯◯地代へと移行した。 +++ (中央大)	生産物、 貨幣
☑0966 14世紀中頃にイタリアから◯◯◯が大流行し、労働人口が激減すると◯◯◯の地位は向上した。 +++ (共通テスト、関西学院大) 🗋 1340年代にイタリアから流行が始まり、瞬く間に全ヨーロッパに拡大した。貴族は別荘などに退避して難を逃れたが、都市民や農民などの下層民が多く死亡した。	ペスト（黒死病）、 農奴
☑0967 黒死病によってヨーロッパの人口の約◯◯◯が失われたとされる。 +++ (同志社大) 🗋 約4分の1とする説もある。この時、ユダヤ人が井戸に毒を流したという噂が流れて、ヨーロッパ中でユダヤ人虐殺が横行した。	3分の1
☑0968 農奴の中にも財産を持つ者が現れて◯◯◯が進み、イギリスでは◯◯◯と呼ばれる富裕な農民が出現した。 +++ (立教大、明治大)	農奴解放、 ヨーマン（独立自営農民）
☑0969 フランスでは百年戦争中の1358年に農民による◯◯◯の乱が発生した。 +++ (日本女子大) 🗋 乱の指導者はギョーム=カール。諸侯側の猛反撃で鎮圧された。1350年代は中国でも大規模な農民反乱（紅巾の乱）が発生している。全世界的に伝染病が蔓延し、農民にとっては苦しい時代だった。	ジャックリー

☑0970 イギリスでは◯◯を精神的指導者として、<u>1381年</u>
+++ に◯◯の<u>乱</u>が発生した。　　（慶應義塾大、日本女子大）

ジョン=ボール、
ワット=タイラー

☑0971 <u>ジョン=ボール</u>は「◯◯が耕し◯◯が紡いだ時、誰
+++ が貴族であったか」と当時の階級社会を批判した。
　　　　　　　　　　　　　　（関西学院大、共通テスト）

アダム、イヴ

　　🗋ジョン=ボールは反乱鎮圧後に捕らえられ、残酷な方法で処刑された。

☑0972 1450年、イギリスでの◯◯の<u>乱</u>を機に、<u>農民の自</u>
+++ <u>由化</u>がほぼ達成された。　　（慶應義塾大、早稲田大）

ジャック=ケイド

　　🗋彼は農民反乱の指導者であったが捕らわれて処刑され、遺体は四
　　分割されて見せしめとなった。その犠牲のもと、農民の自由化は
　　進んだ。

☑0973 ◯◯の普及や戦術の変化で<u>騎士</u>は没落していった。
+++ 　　　　　　　　　　　　　　（センター試験）

火器（鉄砲）

9 | ローマ教皇権の盛衰

☑0974 <u>キリスト教の五本山</u>とは<u>ローマ</u>、<u>コンスタンティ</u>
+++ <u>ノープル</u>、◯◯、◯◯、◯◯を指す。　　（上智大）

イェルサレム、アン
ティオキア、アレク
サンドリア※順不同

　　☞ヒントは3つの都市すべてが<u>イスラーム圏</u>に入ってしまったこ
　　と！
　　🗋残った2つの本山の中で、ローマの最高位が<u>ローマ教皇</u>、コンス
　　タンティノープルの最高位が<u>コンスタンティノープル総主教</u>と
　　なる。しかしお互いの関係は良くなかった。

☑0975 教皇◯◯世は<u>アッティラ（フン人）</u>のローマ侵入を
+++ 説得によって阻止し、<u>451年</u>の◯◯<u>公会議</u>でロー
マ教皇の<u>首位性</u>を確立した。　　（法政大）

レオ1、
カルケドン

　　☞この公会議では<u>単性論</u>の一派も異端となった。

☑0976 教皇◯◯世は<u>イングランド</u>への布教に成功し、教
+++ 皇の権威が確立した。　　（上智大、東洋大）

グレゴリウス1

☑0977 6世紀にイタリアの◯◯<u>修道院</u>で◯◯が修道士の
+++ 戒律である◯◯<u>戒律</u>を定めた。　　（東洋大）

モンテ=カシノ、
ベネディクトゥス、
聖ベネディクトゥス

　　🗋<u>モンテ=カシノ</u>は人名でなくて地名で「カシノ山」という意味。

☑ 0978 ＿＿＿戒律では、「＿＿＿」が標語とされた。 +++　　　　　　　　　　　　　　　　　　（東洋大、早稲田大）	聖ベネディクトゥス、 祈り、かつ働け（祈り、働け）
☑ 0979 13世紀の＿＿＿世時代に**教皇権は絶頂期を迎え**、彼 +++　は**イギリス王**＿＿＿を破門、**フランス王**フィリップ2 　世を屈服させ、「**教皇は太陽、皇帝は月**」と豪語し、 　第＿＿＿回十字軍も提唱した。　　　　　　（明治大）	インノケンティウス3、 ジョン 4
☑ 0980 13世紀には、**清貧を守り、都市での説教に重きを置 +++　く**＿＿＿修道会や＿＿＿修道会などの＿＿＿修道会 　が現れた。　　　　　　　　　（青山学院大、東京都立大）	フランチェスコ、 ドミニコ※順不同、 托鉢^{たくはつ}
☑ 0981 ＿＿＿修道会は進歩的、情緒的であり、自然や小動物 +++　を重んじた。　　　　　　　　　　　　　　（関西大）	フランチェスコ
☑ 0982 ＿＿＿はイタリアのアッシジで生まれ、「**アッシジの +++　聖者**」と呼ばれる。　　　　　　　　　　（上智大） 　📖 彼は環境保護の守護聖人でもある。凶暴なオオカミを説得し、最 　　後はオオカミが自らの肉球を彼の手のひらに差し出して従った 　　という逸話が残っている。	フランチェスコ
☑ 0983 ＿＿＿修道会は意志的、戦闘的であり、＿＿＿派など +++　の**異端撲滅**^{ぼくめつ}に全力を注いだ。　（早稲田大、関西大）	ドミニコ、 アルビジョワ
☑ 0984 **フランスの**＿＿＿修道院は、**10 ～ 11世紀の教会刷 +++　新運動の中心**となった。　　　　　　　　（明治大） 　📖 修道院は当時貴族が老後を過ごす場でもあり、さらに土地と財産 　　を所有し、世俗的傾向が強かった。そのため、教会刷新運動が何 　　度も発生した。	クリュニー
☑ 0985 **フランスの**＿＿＿修道会は**大開墾運動**で大きな役割 +++　を果たし、＿＿＿**植民**にも参加した。 　　　　　　　　　　　　　（共通テスト、明治大、立教大） 　📖 この植民は11 ～ 12世紀の人口増加によるエルベ川以東への植 　　**民活動**であり、ドイツ騎士団も参加した。	シトー、 東方

☑0986 ＋＋＋ 〔　〕修道会と関係の深い教皇**グレゴリウス7世**は聖職者の妻帯や〔　〕を禁止する改革運動を行った。
（上智大）

クリュニー、聖職売買

　📖聖職者の妻帯はプロテスタントでは認められているが、カトリックでは禁止されている。

☑0987 ＋＋＋ **グレゴリウス7世**が神聖ローマ皇帝から**聖職**〔　〕**権**を奪おうとしたことから〔　〕が始まった。
（センター試験）

叙任、叙任権闘争

　📖「西欧世界で一番偉いのは誰か？」をめぐっての権力抗争である。

☑0988 ＋＋＋ 神聖ローマ皇帝〔　〕**世**が、教皇〔　〕**世**と対立して破門され、1077年に教皇へ謝罪してやっと許されるという「〔　〕」事件が起きた。
（上智大）

ハインリヒ4、グレゴリウス7、カノッサ（の屈辱）

　📖神聖ローマ皇帝は、雪が降りしきる中、麻の服を着て3日間立ちつくし、やっと破門を解いてもらった。**ローマ教皇の権威が勝利したことを象徴する事件。**

☑0989 ＋＋＋ 1122年、〔　〕**協約**で神聖ローマ皇帝**ハインリヒ5世**と教皇〔　〕**世**が妥協し、叙任権闘争は終結した。
（慶應義塾大）

ヴォルムス、カリクストゥス2

　📖この協約の内容は**ローマ教皇に有利なもの**だった。

☑0990 ＋＋＋ 1215年、教皇権の絶頂期にあった**インノケンティウス3世**により主催された〔　〕**公会議**で**教皇権が確立**したほか、〔　〕**人**への差別が決定した。
（早稲田大、学習院大）

ラテラノ、ユダヤ

　📖**インノケンティウス3世**は、過酷な反ユダヤ人政策を打ち出した人物でもあった。**ユダヤ人**はマラーノ（豚）と蔑称され、ゲットー（強制居住区）と呼ばれる劣悪な環境へと押し込められた。

☑0991 ＋＋＋ ローマ教皇〔　〕**世**（在位1216〜27）は、**ドミニコ会**や**フランチェスコ会**などの托鉢修道会を承認した。
（慶應義塾大、早稲田大）

ホノリウス3

　📖後世、この教皇の名前で『奥義書』と呼ばれる魔法本が見つかったため、「魔法使いの教皇」という噂が絶えなかった。

☑0992 **1303**年、**教皇**（◯）**世がフランス王フィリップ4** +++ <u>世</u>**に捕えられて憤死する**という（◯）**事件**が発生し た。 　　　　　　　　　　　　　　　　　　（立命館大） 🗒「憤死」とは憤って死ぬということだが、そんなことで簡単に人 間が死ぬものなのかという疑問が残る。本当の死因は心臓発作か 心筋梗塞らしい。	ボニファティウス8、 アナーニ
☑0993 **フィリップ4世**は教皇庁を南**フランス**の（◯）**に移** +++ し、**教皇クレメンス5世**を支配下に置いた。この事 件を「（◯）」と呼ぶ。 　　　　　　（東海大、日本大）	アヴィニョン、 教皇のバビロン捕 囚
☑0994 <u>**1378**</u>～**1417年**の間、（◯）**とアヴィニョン**にそ +++ れぞれの教皇が並び立つ（◯）が起きた。 （同志社大） 🗒この間に教皇の権威は地に堕ちた。	ローマ、 教会大分裂(大シ スマ)
☑0995 **イギリス**の（◯）**はローマ教会を批判**し、**聖書を** +++ （◯）**訳して宗教改革の先駆**となった。 　　　　　　　　　　　　　　　　（慶應義塾大、中央大） 🗒当時の聖書はラテン語で書かれており、民衆にはまったく理解で きなかった（現代日本人にとっての古文書のようなもの）。その ため、各地で翻訳運動が起きた。	ウィクリフ、 英
☑0996 （◯）**大学教授のウィクリフ**は聖書の尊重を唱えた。 +++ 　　　　　　　　　　　　　　　　　　　　（青山学院大）	オクスフォード
☑0997 <u>**ボヘミア**</u>（**ベーメン**）の**プラハ大学教授**であった +++ （◯）も聖書の（◯）**語訳**を行い、**ローマ教会を批判** して火刑となった。 　　　　　　　　（東京大、慶應義塾大）	フス、チェコ
☑0998 <u>**1414年**</u>に始まった（◯）**公会議**で、**フスの火刑と教** +++ 会大分裂の終結が決まった。 　　　　　（國學院大、上智大） 🗒この結果、フスの支持者たちは1419年からフス戦争を起こした。 彼らのスローガンはフスの最期の言葉である「真実は勝つ」で あった。	コンスタンツ
☑0999 **コンスタンツ公会議**では（◯）も異端とされた。 +++ 　　　　　　　　　　　　　　　　　　　　　（早稲田大） 🗒彼の墓が暴かれて、遺体が火あぶりにされた。	ウィクリフ

10 | 東ローマ（ビザンツ）帝国①（ユスティニアヌス帝の治世）

☑1000 **ユスティニアヌス帝**の即位後、**重税への反発**から市
+++　 民による◯◯◯の反乱が発生した。　　　　　（早稲田大）

　　　🗊 この反乱の名称は「**勝て！**」の意味で、市民のスポーツ大会から
　　　　 発生し、一時は皇帝も劣勢だった。皇后**テオドラ**の活躍もあり、
　　　　 最後は鎮圧された。

| | ニカ |

☑1001 法学者◯◯◯らにより、『**ローマ法大全**』が編纂され
+++　 た。　　　　　　　　　　　（慶應義塾大、共通テスト）

　　　🗊 編纂には 16 人の法学者が関わったという。**ユスティニアヌス帝**
　　　　 は才能ある人物を次々と登用した。この法学者もずる賢い人物で
　　　　 はあったが、法の抜け穴に詳しかったので採用された。

トリボニアヌス

☑1002 **529 年**、**ユスティニアヌス帝**は**プラトン**が開設した
+++　 ◯◯◯などの**ギリシア系諸学校**を閉鎖した。
　　　　　　　　　　　　　　　　　　　（慶應義塾大、上智大）

　　　🗊 閉鎖の理由は、**人間中心のギリシア思想と帝国が最重視するキリ
　　　　 スト教思想が相反すること**だった。

アカデメイア（アカ
デミア）

☑1003 ユスティニアヌス帝は、首都の◯◯◯にビザンツ様
+++　 式の◯◯◯聖堂を建設した。　（慶應義塾大、國學院大）

　　　🗊 **セント＝ソフィア聖堂**ともいう。巨大な**ドーム**が売り物の建造物
　　　　 だが、過去にドームが 2 度倒壊し、多くの死傷者を出した。

コンスタンティノー
プル、ハギア＝ソフィ
ア

☑1004 **ユスティニアヌス帝**は◯◯◯業を振興し、**絹織物**は
+++　 帝国の主要産業になった。　　　　（慶應義塾大、早稲田大）

　　　🗊 ユスティニアヌス帝は利益の出る政策であればなんでも実施し
　　　　 た。絹織物業の振興もその 1 つである。変わった政策では空中税
　　　　 があった。これは高層住宅の高層階の住民にかけられる税金で
　　　　 あった。「眺めがいいのだから払え」ということかもしれない。何
　　　　 よりこの時代に高層住宅があったことが驚き。

養蚕

☑1005 **ユスティニアヌス帝**は**ササン朝**の◯◯◯世と交戦し、
+++　 **和議**を結んだ。　　　　　　　　　　　　（慶應義塾大）

　　　🗊 この君主は**ササン朝**の**全盛期**を築いた人物。

ホスロー1

☑1006 **ユスティニアヌス帝**の治政下には、イベリア半島の
+++　 ◯◯◯**王国**の一部を支配下に置いた。
　　　　　　　　　　　　　　　　　　（センター試験、近畿大）

西ゴート

☑1007 将軍◯◯が◯◯王国を滅ぼし、**カルタゴ**に総督府 ベリサリウス、
+++ を置いた。 　　　　　　　　　　　　（青山学院大、日本女子大） ヴァンダル

　☞総督府の都市名である**カルタゴ**も超難関大では問われることが
　　あるので要注意！

☑1008 宦官（かんがん）出身の◯◯が◯◯王国を滅ぼし、**ラヴェンナ** ナルセス、
+++ に総督府を置いた。 　　　　　　　　　　（日本女子大、立教大） 東ゴート

　☞**ラヴェンナ**が重要なキーワード！
　◻彼は財務官出身だが、軍事的才能も兼ね備えた稀有な人物。宦官
　　でありながら人望も厚かった。

☑1009 6世紀半ばに**ラヴェンナ**に建立された◯◯聖堂に サン=ヴィターレ、
+++ は、**ユスティニアヌス帝**と随身たちを描いた◯◯壁 モザイク
画が残されている。 　　　　　　　　　　　　　（上智大、近畿大）

　☞「**ラヴェンナ**に建立」がキーワード！

☑1010 ユスティニアヌスの治世中、◯◯が大流行して**人口** ペスト（黒死病）
+++ が激減した。この伝染病は「**ユスティニアヌスの**
◯◯」と呼ばれた。 　　　　　　　　　　　　　　（慶應義塾大） ペスト

11 ｜ 東ローマ（ビザンツ）帝国②（ヘラクレイオス1世の治世）

☑1011 皇帝◯◯世は正統カリフ時代の**ウマル**に◯◯と ヘラクレイオス1、
+++ ◯◯を奪われた。 　　　　　　　　　　　　　　　（法政大） シリア、
エジプト※順不同

　◻領土を奪われただけでなく、イエスが磔（はりつけ）になったとされる十字架
　　も奪われ、帝国が受けた精神的ダメージは大きかった。

☑1012 外敵の侵入に対して◯◯制と呼ばれる**地方防衛シ** 軍管区（テマ）
+++ ステムを整備した。 　　　　　　　　　　　　　（同志社大）

　☞司令官（将軍）を派遣して**軍事・行政権を与える制度**。中国（唐）
　　の節度使に似ている。

☑1013 **没落農民**などに土地を与え、**平時には農民、戦時に**
+++ は兵士とする◯◯制を創始した。 　　　　　　　　（早稲田大） 屯田兵（とんでんへい）

☑1014 帝国の公用語は◯◯語から◯◯語へと変わって ラテン、ギリシア
+++ いった。 　　　　　　　　　　　　　　　　　　（慶應義塾大）

12 | 東ローマ（ビザンツ）帝国③（レオン3世の治世）

☑1015 皇帝（　　）世は、<u>718</u>年に新兵器の（　　）を用いて
+++ イスラーム勢力の（　　）包囲を解いた。　　　（明治大）

レオン3、
ギリシア火、
コンスタンティノー
プル

> 🗒 この兵器の製法は現在でもよくわかっていない。この火は水でも
> 消えることはなく、相手の船を焼き払った。イスラーム側は何度
> もスパイを送ったが製法技術が漏れることはなかった。

☑1016 <u>レオン3世</u>は（　　）年、イスラーム教徒に対抗し、ま
+++ た国内の（　　）勢力を抑えるために（　　）令を出し
たが、<u>ローマ教皇庁</u>との対立を生んだ。
（センター試験、立教大）

726、
修道院、聖像禁止

☑1017 <u>ローマ教皇庁</u>との対立は（　　）論争に発展し、11世
+++ 紀には最終的に（　　）を首長とする<u>ローマ=カトリッ
ク</u>（西方教会）と、（　　）を首長とする<u>ギリシア正教
会</u>（東方教会）に分離した。　　（東京大、上智大）

聖像崇拝、
ローマ教皇、
コンスタンティノー
プル総主教

> 🗒 西方教会は聖像（イエス像など）の使用を肯定し、東方教会は聖
> 像の使用を否定した。また、ギリシア正教会の実質的な首長は東
> ローマ皇帝だった。

☑1018 東ローマ皇帝が政治と宗教の両方の権力を握る制度
+++ （政教両権）は（　　）主義といわれた。　　（学習院大）

皇帝教皇

13 | 東ローマ（ビザンツ）帝国の衰退

☑1019 皇帝（　　）世が開いた（　　）朝の下で帝国は最盛期
+++ を迎え、（　　）世は<u>ブルガール人</u>を討伐し「ブルガー
ル人殺し」と呼ばれた。　　　　　　　　（早稲田大）

バシレイオス1、
マケドニア、
バシレイオス2

> ☛ 普通の用語集には載っていないが、2人の皇帝名は難関校では出
> 題される。

☑1020 東ローマ（ビザンツ）帝国の首都<u>コンスタンティノー
+++ プル</u>は（　　）、（　　）、（　　）の三大陸を結ぶ要衝と
して繁栄した。　　　　　　　　　　　（予想問題）

ヨーロッパ、アジア、
アフリカ※順不同

☑1021 帝国の（　　）金貨はヨーロッパで流通した。
+++ 　　　　　　　　　　　　（慶應義塾大、共通テスト）

ソリドゥス

> 🗒 <u>ノミスマ</u>とも呼ばれた。「中世のドル」と呼ばれるくらい流通量
> は多かった。ソリドゥスは現在の通貨にも大きな影響を与えてお
> り、アメリカのドル（$）マークもソリドゥスからきている。

☑ 1022 +++ 1071年、東ローマ（ビザンツ）帝国は（　　）の戦い でセルジューク朝に敗れ、小アジアを失った。 （東京大、慶應義塾大） ☞ トルコ人の小アジア進出が決定的になった重要な事件。論述問題 でも問われる。	マンジケルト
☑ 1023 +++ 11世紀に、皇帝が貴族などに軍事奉仕の代償として 土地の管理権を与える（　　）制が導入された。 （慶應義塾大） 🗐 これは「ビザンツ封建制」と呼ばれる。	プロノイア
☑ 1024 +++ （　　）世はセルジューク朝撃退のため、ローマ教皇に 十字軍を要請した。 （学習院大、明治大） 🗐 教皇ウルバヌス2世は東西両教会を統一するチャンスと考えて、 十字軍派遣を決めた。	アレクシオス1
☑ 1025 +++ 第（　　）回十字軍によって東ローマ帝国は一時滅亡 し、ヴェネツィアの支援する（　　）帝国に取って代わ られた。 （センター試験、明治大） 🗐 東ローマ帝国は1261年にいったん復活するが、かつての勢いは なくなっていた。	4、 ラテン
☑ 1026 +++ 旧ビザンツ帝国の貴族はジェノヴァの支援で（　　） 帝国を建国した。 （早稲田大）	ニケーア（ニカイ ア）
☑ 1027 +++ 1453年、オスマン帝国の（　　）世により東ローマ （ビザンツ）帝国は滅亡し、最後の皇帝（　　）世は戦 死した。 （青山学院大、学習院大）	メフメト2、 コンスタンティヌ ス11

14 ｜ 十字軍

☑ 1028 +++ 十字軍の内的事情として、ヨーロッパ諸国の国王や （　　）たちの領土的野心と（　　）諸都市の商圏拡大 要求があった。 （明治大、共通テスト）	諸侯、北イタリア
☑ 1029 +++ 十字軍の外的事情として、イスラーム勢力である （　　）朝による聖地イェルサレム占領とビザンツ帝 国の圧迫があった。 （東京大、中央大） 🗐 実は、一般的にいわれている聖地巡礼者の迫害はなかったのだ が、迫害があったとされ、長い間十字軍の原因とされていた。	セルジューク

☑1030 **東西教会の統一を図る教皇**◯**世**は、**1095年の**◯**公会議**で十字軍派遣を決めた。（筑波大、上智大） +++	ウルバヌス2、 クレルモン
☑1031 **第1回十字軍は**◯**の諸侯と騎士が中心**となった。 +++ （上智大） 🗋 イスラーム側はこの軍事遠征をまったく理解できず、十字軍を「**フランク**」と呼んだ。	フランス
☑1032 ◯**年に始まる第1回十字軍は聖地奪回に成功**し、 +++ ◯**王国**を建設した。 （慶應義塾大） 🗋 ロレーヌ公ゴドフロアが初代の王となった。十字軍は植民的性格を持っており、他にも小国が建国された。	1096、 イェルサレム

☑1033 **第2回十字軍**の後、**1187年にアイユーブ朝の**◯
+++ （サラーフ=アッディーン）が**ヒッティーン（ハッティーン）の戦い**でイェルサレムを奪回した。
  （津田塾大、関西大）
  🗋 彼は寛大な人物で、決して報復はしなかった。高い人格はヨーロッパでも評価され、ロマン派の作家スコットは『**タリズマン**』を著して彼を讃えた。
	サラディン

☑1034 **第3回十字軍**は、神聖ローマ帝国**フリードリヒ1世**、 +++ フランス王◯**世**、イギリス王◯**世**が連合して聖地回復を目指したが失敗した。 （早稲田大） 🗋 このイギリス王は「戦闘オタク」。治世10年のうち6カ月しかイギリスに戻らず、戦いに明け暮れた。	フィリップ2、 リチャード1
☑1035 **第4回十字軍**は、教皇◯**世**の主導で行われたが、 +++ 主導権を北イタリアの◯**商人**に握られ、ビザンツ帝国の都である**コンスタンティノープル**を攻略した。 （センター試験、学習院大） 🗋 当時の北イタリア商人はエジプトのイスラーム商人と交易を行っており（東方貿易）、イスラームは良きパートナーであった。むしろ、コンスタンティノープル商人と利害で対立していた。	インノケンティウス3、 ヴェネツィア
☑1036 **第4回十字軍**の結果、**ヴェネツィア**の支援で◯ +++ **帝国**が建てられ、帝国は約◯**年間**続いた。（東洋大） 🗋 第4回十字軍は1202〜04年にかけて行われた。また、ラテン帝国は1204〜61年の間存続した。	ラテン、 60

☑1037 神聖ローマ帝国◯◯◯世が率いた第5回十字軍は、外交交渉により聖地を一時的に取り戻した。（上智大） 　🖉彼は神聖ローマ皇帝という立場にありながら、イスラーム文化の大ファンで、昼は頭にターバンを巻いていた。遠征もローマ教皇に脅されて渋々行ったものだった。	フリードリヒ2
☑1038 第6回、第7回十字軍はフランス王◯◯◯世が中心となったが失敗した。（上智大、立正大） 　🖉彼は理想の君主として敬われ、「聖王」とも呼ばれた。	ルイ9
☑1039 1212年、ドイツやフランスの少年少女たちによって◯◯◯十字軍が派遣されたが、ほとんどが奴隷として売られた。（上智大）	少年
☑1040 ◯◯◯年に十字軍が勢力下に置いたシリアの都市◯◯◯が陥落し、十字軍は失敗に終わった。（南山大） 　🖉アッコンを陥落させたのはエジプトのマムルーク朝である。	1291、 アッコン（アッカー）
☑1041 修道士と騎士道精神を合わせた◯◯◯騎士団などの宗教騎士団も病人の医療・看護活動や巡礼者の保護などで活躍した。（学習院大） 　🖉ソロモン神殿に拠点を置いたのでテンプル騎士団と名付けられた。入会儀式が秘密であったため、後に異端の疑いをかけられた。	テンプル（ヨハネ、ドイツでも可）
☑1042 ◯◯◯騎士団は莫大な財を成したが、フランス王◯◯◯世により解散させられた。（センター試験）	テンプル、 フィリップ4
☑1043 ◯◯◯騎士団は医療活動でも活躍し、現在も◯◯◯騎士団として存続する。（法政大、立教大） 　🖉ヨハネ騎士団はきわめて勇敢で、ロードス島をめぐる攻防では、オスマン帝国のスレイマン1世軍およそ20万人に対して、わずか数千人で立ち向かい、善戦した。	ヨハネ、マルタ
☑1044 十字軍の失敗によりローマ教皇権は失墜し、反対に◯◯◯による中央集権化が進んだ。（東京大、一橋大） 　☞論述問題でよく問われる重要ポイント！	国王
☑1045 十字軍により、イスラーム文化とビザンツ文化の刺激を受けて◯◯◯への道が開けた。（東京大、同志社大）	12世紀ルネサンス

☑ 1046 **貨幣経済**が進展し、（◯◯◯）**の解放**が促進され、**東方**
+++ （◯◯◯◯◯）**貿易**も**活発化**した。 　(東京大、南山大)

🄳 この時代については十字軍による「戦い」の側面が誇張されること
が多いが、実際には平和的に交易を行う時期の方が長かった。

農奴、
レヴァント

15 | 中世ヨーロッパ都市の成立

☑ 1047 農業生産力が上昇すると、交通の要地となる領主の
+++ 領内に（◯◯◯）が生まれ、（◯◯◯）や**手工業者**が定住して
中世都市が成立した。 　(中央大、法政大)

🄳 領主は不輸不入権（インムニテート）を持っていたため、領内に
生まれた都市も国王の権力がおよばない場合が多かった。

（定期）市、商人

☑ 1048 中世都市は治安のために（◯◯◯）を持つことが特徴的
+++ で、中心部には（◯◯◯）や**教会**、**市庁舎**があった。

　(法政大、早稲田大)

🄳 中世都市は不衛生でほとんどの住居がトイレを持たず、街じゅう
に悪臭が漂っていた。道路は糞尿だらけで危険だった。フランス
のルイ 6 世の息子は肥溜めから飛び出してきたブタが馬に衝突
したため落馬して亡くなった。

城壁、
市場

☑ 1049 都市は、次第に**領主**から（◯◯◯）権を獲得していった。
+++ これを（◯◯◯）運動という。 　(筑波大、上智大)

自治、
コミューン

☑ 1050 封建制度下のヨーロッパでは、**都市民は**（◯◯◯）**裁判権**
+++ に服さず、市民間の訴訟を自らの裁判所において解
決することができた。 　(センター試験、早稲田大)

領主

☑ 1051 「（◯◯◯）」とは**都市の自由**を表したドイツ地方のこと
+++ わざである。 　(一橋大、慶應義塾大)

🄳 農奴が**都市に逃れて 1 年と 1 日たつと自由身分になれる**ことを
意味しているが、都市内部は厳しい階級社会（ギルド）や様々な
義務があり、決して甘くはなかった。

都市の空気は（人
を）自由にする

☑ 1052 都市内部には**ギルド**（**組合**）が生まれて、当初は
+++ （◯◯◯）が**市政を独占**した。 　(早稲田大)

🄳 ギルドはパン屋・肉屋・靴屋・床屋など職種別にあった。染物屋
は特に流行に敏感でなければならなかった。流行色が毎年違った
からである。都市民は現代同様にオシャレだった。

商人ギルド

☑1053 **手工業者**は商人から離反して、後に◯◯◯を作り、<u>市政参加</u>を要求した。これを◯◯◯闘争という。 +++ （センター試験、慶應義塾大）	同職ギルド（ツンフト）、ツンフト
☞中世ヨーロッパでは、生産・流通の独占を保障するために同職ギルド（ツンフト）が組織されていった。都市自治への市政参加の達成のプロセスは正誤問題のポイントとなるので要注意！	
☑1054 **手工業者**は<u>親方</u>、◯◯◯、◯◯◯に階層が分かれていて、<u>親方のみ</u>が◯◯◯に<u>参加</u>できた。 +++ （センター試験、成城大）	職人、徒弟^{とてい}※順不同、同職ギルド
☞この「親方のみが参加できた」というのが正誤問題の頻出ポイント！	
☑1055 **ドイツ**では、有名な都市が<u>皇帝直属</u>の◯◯◯都市となった。 +++ （慶應義塾大）	（帝国）自由
☑1056 **イタリア**では、独立した◯◯◯が生まれて互いに競い合った。 +++ （慶應義塾大）	都市共和国
☞ヴェネツィア、ジェノヴァなどがこのケースとなる。	
☑1057 ドイツの<u>リューベック（リューベク）</u>は◯◯◯同盟の<u>盟主</u>として栄えた。 （センター試験、立教大）	ハンザ
☞<u>ハンブルク</u>もこの同盟の中心都市だった。	
☑1058 古代地中海世界では◯◯◯<u>織物</u>が珍重されていたが、中世以降のヨーロッパで生産された主要な織物は◯◯◯<u>織物</u>である。 （センター試験）	絹 毛
☑1059 南ドイツの◯◯◯は<u>銀</u>の産地であり、商業資本家の◯◯◯家が台頭した。 （成蹊大、中央大）	アウクスブルク、フッガー
☞銀が重要なキーワードになるので要注意！ また「アウクスブルク」を間違って「アウグスブルク」と書かないこと！	
☑1060 **イタリア**では12世紀以降、**ローマ教皇支持派**の◯◯◯と**神聖ローマ皇帝支持派**の◯◯◯が対立した。 +++ （関西学院大）	教皇党（ゲルフ）、皇帝党（ギベリン）
☞『神曲』^{しんきょく}の作者<u>ダンテ</u>は教皇支持派であり、この抗争に巻き込まれて最後は<u>フィレンツェ</u>を追放された。	
☑1061 北イタリアの◯◯◯は<u>毛織物業</u>で繁栄し、◯◯◯家が市政に影響力を持った。 （成蹊大、関西学院大）	フィレンツェ、メディチ
☞**メディチ家**はルネサンスの文化運動も保護し、**アカデミー（プラトン学園）**を創設した。	

☑1062 『神曲』で有名な（　　　）の出身地である（　　　）は、毛
+++ 織物業で富を蓄積した。　　　　　　　　　（センター試験）

ダンテ、
フィレンツェ

☑1063 北イタリアの都市は主に（　　　）、宝石、象牙などのぜ
+++ いたく品を扱った。　　　　　　　　　　　　　　　（上智大）

香辛料（こうしんりょう）

☑1064 東方貿易で繁栄した（　　　）はジェノヴァと覇を競い
+++ 合い、1380年の（　　　）の戦いで勝利した。

（東京大、早稲田大）

ヴェネツィア、
キオッジャ

　　　☞この２つの都市がライバル関係にあった点が重要だが、戦いの名
　　　　称を答えさせる難問。

16 | ハンザ同盟

☑1065 ハンザ同盟は13世紀に（　　　）を盟主として成立し、
+++ 加盟市は100を超えた。　　　　　　　　　（上智大、名古屋大）

リューベック
（リューベク）

　　　☞加盟市が100くらい（100を超えた説もあり）であったことは、
　　　　正誤問題で問われるので要注意！

☑1066 ハンザ同盟は陸海軍を有し、1370年には（　　　）の海
+++ 軍を破った。　　　　　　　　　　　　　　　　　（早稲田大）

デンマーク

☑1067 ハンザ同盟は在外商館として（　　　）、（　　　）、ノヴゴ
+++ ロド、ベルゲンを設けた。　　　　　　　　（東京大、成城大）

ロンドン、ブリュー
ジュ※順不同

　　　🗐在外商館は海外支部のようなもの。商品売買の中心となった。

☑1068 ハンザ同盟は主に穀物、海産物、木材などの（　　　）を
+++ 扱った。　　　　　　　　　　　　　　　　　（慶應義塾大）

生活必需品

☑1069 17世紀の（　　　）戦争以降、ハンザ同盟は衰退した。
+++ 　　　　　　　　　　　　　　　　　　　　　　　（早稲田大）

三十年

　　　☞三十年戦争の主戦場はドイツだった。

17 | ロンバルディア同盟

☑1070 1167年、ロンバルディア同盟は（　　　）を盟主として
+++ 北イタリアの諸都市が中心となって成立した。

（東京大、成城大）

ミラノ

　　　🗐加盟したのは約30くらいの都市といわれている。

☑1071 <u>ハンザ同盟</u>が**商業同盟**だったのに対し、<u>ロンバル</u>
+++ <u>ディア同盟</u>は（　　　）**同盟的性格**が強かった。

（東京大、早稲田大）

　🔟 神聖ローマ皇帝の**イタリア政策**（南進、南下政策）に対して独立
　を守るために結成された。

政治

☑1072 **神聖ローマ皇帝の南進**に対抗し、**1176年**の（　　　）の
+++ 戦いで**ロンバルディア同盟**の軍は**皇帝軍**を破った。

（慶應義塾大）

　☞ 難関私大向けのハイレベルな知識である。

レニャーノ

18 | ヨーロッパ商業の中継点

☑1073 **12世紀以降**、（　　　）**地方**が**北海**（バルト海）と（　　　）
+++ の**両商業圏**の<u>中継点</u>として繁栄し、**年5回**（または
年6回）の**大規模**な**定期市**が開かれた。

（上智大、立教大）

シャンパーニュ、
地中海

☑1074 <u>シャンパーニュ地方</u>はフランス（　　　）部に位置する。
+++

（國學院大）

北東

☑1075 <u>北イタリア商人</u>が（　　　）船を使い始めると、交易の中
+++ 継点は**14世紀以降**に**フランドル北海岸**の（　　　）へ
と移った。 （立教大、早稲田大）

　🔟 **ガレー船**は風のない地中海では船をこいで、風のある太平洋では
　帆をあげて航行した。

ガレー、
ブリュージュ

☑1076 <u>ブリュージュ</u>、<u>ブリュッセル</u>、<u>ガン</u>（ヘント）など
+++ の（　　　）**地方**の諸都市は、（　　　）の**生産地**として有名
である。 （関西学院大、南山大）

　🔟 中世ヨーロッパでは綿織物がまだなかった。綿織物は16～17世
　紀にインドから輸入されて広まった。そのため中世の衣類は毛織
　物が一般的であった。しかし毛織物、つまりセーターは洗うと縮
　むので、洗うことはまれで不潔だった。それがノミなどを通して
　ペスト（黒死病）が一気に拡大する要因にもなった。

フランドル、
毛織物

☑1077 **フランドル地方**が（　　　）**戦争**の惨禍（さんか）に巻き込まれる
+++ と、交易の中継点は（　　　）へと移った。

（明治大、同志社大）

　🔟 **12世紀以降**の**シャンパーニュ**から**ブリュージュ**を経て、百年戦
　争後の**アントウェルペン**（アントワープ）に至る**ヨーロッパ交易**
　における中継点の変遷は頻出の問題！

（英仏）百年、
アントウェルペン
（アントワープ）

19 | 中央集権国家の形成①（ドイツ）

☑1078 **911年**に（　　）朝が断絶した後、**919年**に（　　）世 +++ が**ザクセン朝**を開いた。 （明治大）

カロリング、
ハインリヒ1

☑1079 **ザクセン朝**第2代の王（　　）世は、**955年**の（　　） +++ の戦いで**マジャール人を撃退**し、（　　）年に教皇ヨハ ネス12世より帝冠を授かり**神聖ローマ帝国の初代 皇帝**となった。 （青山学院大、学習院大）

オットー1、
レヒフェルト、962

　⏾西進を阻止されたマジャール人はパンノニア地方に進出した後 に、**ハンガリー王国**を建国した。マジャール人はアジア系で騎馬 戦術にもすぐれていたため、オットー1世は苦戦した。騎馬の伝 統は今でもハンガリーに残っている。

☑1080 **神聖ローマ帝国**は約**300**の（　　）の集合体であった。 +++ （慶應義塾大）

領邦

　⏾神聖ローマ帝国は、**領邦**という小さな国家の集合体のようなもの だった。

☑1081 歴代**ドイツ皇帝**は（　　）政策に没頭した。 （上智大） +++

イタリア

　⏾「偉大なるローマ」という理念（幻想？）の下、「神聖ローマ」の 名にふさわしく南下した。

☑1082 **12世紀**以降、（　　）川以東への**東方植民**が行われ、 +++ この中で（　　）領や（　　）**辺境伯領**が成立した。

エルベ、
ドイツ騎士団、
ブランデンブルク

（一橋大、中央大）

　⏾**東方植民**は一大移住活動で、農民や騎士団、大人から子どもまで 多様な階層に属する人々が参加した。童話『**ハーメルンの笛吹き 男**』の中で突然失踪した子どもたちも（実際に失踪はあったが）、 東方植民に参加していた可能性が指摘されている。

☑1083 **シュタウフェン朝**（1138〜1208、1215〜54）の +++ （　　）世は、**第3回十字軍**に参加して死亡した。 （慶應義塾大）

フリードリヒ1

　☞中世ドイツ初の王朝は**ザクセン朝**（919〜1024）である。

☑1084 （　　）世は諸侯に多くの特権を与えたが、その死後に +++ 事実上、皇帝位が空白となる（　　）時代（1256〜 73）を招いた。 （センター試験、学習院大）

フリードリヒ2、
大空位

　☞「いつ頃（1256）始まる**大空位時代**」で覚えよう！

☑1085 **ベーメン王**（　　）世は神聖ローマ皇帝に選出されて +++ **カール4世**となった。 （立教大）

カレル1

☑1086 **カール4世**は◯◯◯年に◯◯◯を発して<u>七選帝侯</u>を +++ 決定し、皇帝選挙制度を確立した。　　（センター試験） 　📖**ドイツの分裂は決定的**となった。なお、<u>大空位時代（1256～</u> 　<u>73）</u>の開始から**ちょうど100年後**なので覚えやすい。	1356、金印勅書
☑1087 **七選帝侯**とは◯◯◯、◯◯◯、<u>ケルン</u>の**3大司教**と、 +++ ◯◯◯公、◯◯◯辺境伯、**ファルツ伯、ベーメン王**を 指し、**多数決で皇帝を選出**した。　　（早稲田大） 　📖「3」は神（**三位一体**）を表し、「4」は全世界（東西南北）を表 　す。つまり、「3＋4＝7」は神と全世界を合わせたものであり、 　キリスト教的な完全数であることと相まって最も神聖な数とさ 　れる。**これにより七選帝侯も3人の聖界諸侯と4人の俗界諸侯の** 　**合計7人が選ばれた。**	マインツ、トリーア ※順不同、 ザクセン、 ブランデンブルク

20│中央集権国家の形成②（フランス）

☑1088 **カロリング朝**断絶後、**パリ伯**◯◯◯が◯◯◯年に<u>カ</u> +++ <u>ペー朝</u>を開き、◯◯◯に首都を置いた。 　　　　　　　　　　　　　　　（大阪大、東京女子大） 　📖12世紀になると、ルイ6世の時代に王権が伸長した。	ユーグ＝カペー、 987、パリ
☑1089 **カペー朝**の<u>フィリップ2世</u>は、フランス国内におい +++ て◯◯◯**十字軍**を開始した。　　（上智大） 　📖1209年より20年間にわたるこの十字軍には、当時の南フランス 　で大きな勢力を持っていた**キリスト教異端**派である<u>アルビジョ</u> 　<u>ワ</u>の名が冠される。アルビジョワ派は**善悪二元論**を説き、<u>マニ教</u> 　の影響が強かった。	アルビジョワ
☑1090 <u>アルビジョワ派</u>は西ヨーロッパ一帯に広まった異端 +++ の◯◯◯派の一派である。　　（早稲田大） 　📖アルビジョワ派もカタリ派もほとんど同じものと考えてよいが、 　フランスについては前者の名称を用いる。	カタリ
☑1091 **国王**◯◯◯**世**は<u>イギリス王</u>**ジョン**から**領土を奪い**、 +++ **1214年**の◯◯◯**の戦い**でイギリス軍を撃破した。 　　　　　　　　　　　　　（早稲田大、共通テスト） 　📖この戦いで敗北したジョン王の権威は失墜し、翌1215年には 　渋々**マグナ＝カルタ**に従った。	フィリップ2、 ブーヴィーヌ
☑1092 **国王**◯◯◯**世**は<u>アルビジョワ十字軍</u>を**完了**させて、 +++ ◯◯◯**への王権の浸透**に**成功**した。　　（一橋大、成城大）	ルイ9、 南フランス

☑1093 +++	**ルイ9世**は宣教師◯◯をモンゴルの◯◯に派遣した。 （成城大）	ルブルック、カラコルム
☑1094 +++	**フィリップ4世**は1302年に◯◯を招集した。 （センター試験、日本大）	三部会
	⬚聖職者への課税問題がテーマとなった。	
☑1095 +++	**三部会**は、第一身分である◯◯、第二身分である**貴族**、第三身分である◯◯の三身分の代表からなり、第一身分と第二身分は◯◯**特権**を持っていた。 （センター試験）	聖職者、平民、免税
☑1096 +++	**三部会**は、◯◯**主義**が成立すると弱体化し、**17世紀初めに解散**されたのち、◯◯**革命**直前まで開かれなかった。 （上智大、センター試験）	絶対、フランス
☑1097 +++	**フィリップ4世**は教皇ボニファティウス8世を捕らえ、さらに教皇◯◯世を南フランスの◯◯に移した。 （同志社大）	クレメンス5、アヴィニョン
	⬚フィリップ4世はイケメンだったので「端麗王」のあだ名があったが、内面は残忍でどん欲だったとされる。	
☑1098 +++	**フィリップ4世**は◯◯**騎士団**の莫大な財産を没収し、**王権強化**に利用した。 （センター試験、慶應義塾大）	テンプル
	⬚テンプル騎士団は世界史上、最も謎めいているグループ。ソロモン神殿（イェルサレム）に本部を置いたため、この名で呼ばれる。モーセの十戒を収めたアーク（聖櫃）を探索するために結成されたともいわれる。	

21 | 中央集権国家の形成③（イギリス）

☑1099 +++	**アングロ=サクソン王国**の◯◯が、**デーン人**の侵入を撃退した。 （立教大）	アルフレッド大王
☑1100 +++	**1016年**、◯◯が**イングランドを征服**して**デーン朝**を開いた。 （京都産業大、共通テスト）	クヌート（カヌート）

☑ 1101 +++ <u>1066</u>年、（　　）が（　　）の戦いでイングランドを破って、<u>ノルマンの征服（ノルマン＝コンクェスト）</u>が果たされた。　　　　（青山学院大、専修大） ⬜ この年、約76年間に1回地球に接近するハレー彗星が観測された。当時の人々にとって彗星は不吉なものであり、イングランド王は自分の死を予感して恐れおののいたとされる。この場面はバイューのタペストリーに描かれている。	ノルマンディー公ウィリアム、ヘースティングズ
☑ 1102 +++ <u>1066</u>年に成立した（　　）朝の（　　）世は<u>土地調査簿</u>の（　　）を作成するなど、当時の**王権は比較的強かった**。　　　　（慶應義塾大） ⬜ 土地調査簿の名は「最後の審判の日」に由来している。	ノルマン、ウィリアム1、ドゥームズデー＝ブック
☑ 1103 +++ フランスのアンジュー伯が<u>1154</u>年に（　　）世として即位し、（　　）朝が始まった。　（成城大、関西大）	ヘンリ2、プランタジネット
☑ 1104 +++ 「<u>欠地王</u>」と呼ばれた（　　）は、**フランス王フィリップ2世**に敗北し、また教皇（　　）世に破門された。　（関西大） ⬜ 当初から土地を持っていなかったので「失地王」ではなく「欠地王」。イギリス史上、最も評判の悪い王の1人である。イギリス王はヘンリ〜世、エドワード〜世と何代も続くが、ジョン王はあまりに不人気なため、ジョン〜世は存在しない。	ジョン、インノケンティウス3
☑ 1105 +++ <u>1215</u>年、（　　）に関する**貴族の同意の必要、封建的特権の確認**などを明記した（　　）が成立した。　　　　（センター試験、京都大） ☞ **イギリス議会制の原点**ともいえる事件。	徴税、大憲章（マグナ＝カルタ）
☑ 1106 +++ （　　）世が**大憲章（マグナ＝カルタ）**を無視したことに対して、**フランス系貴族**（　　）が王に反抗し、<u>1265</u>年に**身分制議会**が招集された。　（センター試験） ⬜ 彼は身分制議会の召集には成功したものの、1265年に国王軍に敗れ戦死した。	ヘンリ3、シモン＝ド＝モンフォール
☑ 1107 +++ <u>1295</u>年、（　　）世は**聖職者や貴族**に加え、**各州2人**の（　　）と**各都市2人の市民**からなる（　　）を召集した。　　　　（早稲田大）	エドワード1、騎士、模範議会
☑ 1108 +++ **エドワード3世**時代に（　　）（**貴族院**）と（　　）（**庶民院**）からなる**二院制議会**が成立した。　（早稲田大）	上院、下院

22 | 英仏百年戦争

☑1109 フランスで**フィリップ6世**が即位して◯◯◯朝を開
+++ くと、**イギリスのエドワード3世は王位継承を主張**
した。　　　　　　　　　　　　　（センター試験、上智大）

　　🗂 当時イギリスとフランスは王国としてはっきり分離しておらず、
　　　 王位継承をめぐるトラブルが頻発した。

｜ ヴァロワ

☑1110 **百年戦争**の争点の1つは、イギリスが◯◯◯を輸出す
+++ る◯◯◯**地方**の支配権だった。
　　　　　　　　　　　　　　　（センター試験、共通テスト）

　　☛フランドル地方で有名な都市はブリュージュとガン（ヘント）で
　　 ある。これは慶應義塾大で出題されている。

｜ 羊毛、
フランドル

☑1111 **百年戦争**の**経済的動機**として、**毛織物業**の◯◯◯
+++ **地方**をめぐる争いとともに、**ブドウ酒（ワイン）の**
◯◯◯**地方**をめぐるイギリスとフランスとの対立が
あった。　　　　　　　　　　　　　（明治大、共通テスト）

｜ フランドル

ギュイエンヌ(ギエ
ンヌ)

☑1112 **エドワード黒太子**率いる**イギリス軍**は、1346年の
+++ ◯◯◯**の戦い**、1356年の◯◯◯**の戦い**と**相次いでフ**
ランスに勝利した。　　　　　　　　（早稲田大、共通テスト）

　　🗂 当初はイギリスの長弓隊が活躍し、圧勝ムードが漂った。

｜ クレシー、
ポワティエ

☑1113 **百年戦争**の途中でヨーロッパでは◯◯◯が流行し、自
+++ 然休戦となった。　　　　　　　　　　（学習院大、同志社大）

｜ ペスト(黒死病)

☑1114 **ジャンヌ=ダルク**が◯◯◯**の包囲**を破ってから形勢は
+++ **フランスに有利**となった。　　　　　　　（上智大、中央大）

　　🗂 彼女は14歳頃から天使の幻聴を耳にするようになり、17歳でそ
　　　 の言葉を信じ立ち上がった。奇跡的な勝利でフランスを救った
　　　 が、最後は裏切りにより火刑に処された。

｜ オルレアン

☑1115 **1453**年、フランス王◯◯◯**世**は**百年戦争に勝利**し
+++ た。　　　　　　　　　　　　　　　　　　　（関西大）

　　☛同じ年に東ローマ（ビザンツ帝国）が滅亡したことも重要！

｜ シャルル7

☑1116 **百年戦争**に負けたイギリスは◯◯◯を残し、**大陸から**
+++ **撤退**した。　　　　　　　　　　　　　（慶應義塾大、上智大）

　　🗂 ドーヴァー海峡沿岸の都市。1558年にフランス領へ戻った。

｜ カレー

☑ 1117 **百年戦争によって**封建諸侯**や**騎士**が没落し、（　　）が
+++ 伸長**した。 （センター試験）

王権

　☞この文章が、そのまま論述問題で問われることがあるので要注意！

☑ 1118 **封建制下のヨーロッパでは、**火砲**や**鉄砲**の発明が
+++ （　　）の衰退を早めた。** （一橋大）

騎士

☑ 1119 **百年戦争後、フランスの**シャルル7世**は（　　）を用い
+++ て財政改革を行い、（　　）世はフランス全土の統一に
成功した。** （早稲田大）

ジャック=クール、
シャルル8

☑ 1120 **百年戦争後、イギリスでは**赤バラ**を**紋章**とする（　　）
+++ 家、白バラ**を**紋章**とする（　　）家が**バラ戦争（1455
～85）**を開始した。** （学習院大）

ランカスター、
ヨーク

　☐ バラ戦争という優雅な名称は後世にロマン派のウォルター=スコットが命名したものであり、本当に両家が紋章にバラを使用していたのかどうか、実は疑わしい。

☑ 1121 **1485年、（　　）世が**テューダー朝**を開いて混乱を収
+++ 拾し、（　　）裁判所をウェストミンスター宮殿に設置
して王権を強化した。** （法政大）

ヘンリ7、
星室庁(せいしつちょう)

　☐ もともとは大物貴族の権力を奪う目的で設置された。

☑ 1122 **1066年以降、**イギリスの王朝**は「（　　）朝→（　　）
+++ 朝→（　　）朝」の順に続いた。** （センター試験、中央大）

ノルマン、
プランタジネット、
テューダー

　☐ プランタジネット朝の後継として、「**ランカスター朝**」、さらには「**ヨーク朝**」とするケースもまれにあるが、一般的にそれらは**プランタジネット朝**の支派（分枝）とする説が強い。

☑ 1123 **987年以降、**フランスの王朝**は、「（　　）朝→（　　）
+++ 朝→（　　）朝」の順に続いた。** （センター試験、日本大）

カペー、ヴァロワ、
ブルボン

23 | 中央集権国家の形成④（北ヨーロッパ）

☑ 1124 **（　　）は**バルト海北東部に居住するウラル=アルタイ
+++ 語系の（　　）人を13世紀末に統合した。** （札幌大）

スウェーデン、
フィン

　☐ ウラル=アルタイ語は日本語と文法的に近い。フィン人は現在の**フィンランド人の祖先。**

☑1125 14世紀末に（　　）、**ノルウェー、スウェーデン**の**同
+++　君連合**である（　　）**同盟**が成立した。

（神奈川大、関西学院大）

デンマーク、
カルマル

☑1126 **カルマル同盟**はデンマーク女王の（　　）が主導した。
+++

（関西学院大）

マルグレーテ

☑1127 **カルマル同盟**は16世紀前半に（　　）が独立して解消
+++　された。

（早稲田大、関西学院大）

スウェーデン

　⛊ 北ヨーロッパ史は**デンマークとスウェーデンの覇権争い**として
　捉えるとわかりやすい。当初はデンマークが優勢だったが、17世
　紀頃からはスウェーデンの勢力が強まった。

☑1128 16世紀、**宗教改革**の波が到達したデンマークには
+++　（　　）**派**が広まった。

（センター試験）

ルター

24 | 中世ヨーロッパ文化

☑1129 中世ヨーロッパの**学問の中心**は（　　）であった。
+++

（センター試験、中央大）

神学

　⛊ 古代では哲学が学問の中心であったが、中世では**キリスト教の教
　理**に基づいた信仰を研究する神学が中心となった。

☑1130 西ヨーロッパでは**ギリシア**文字から（　　）文字が生
+++　まれ、広く普及した。

（中央大、南山大）

ラテン（ローマ）

☑1131 東ヨーロッパでは**ギリシア**文字から（　　）文字が生
+++　まれ、さらに（　　）文字へと発達し、広く普及した。

（中央大、南山大）

グラゴール、
キリル

　⛊ グラゴール文字の考案者はキリル兄弟（弟のキュリロス）。聖書
　を伝えるため情熱をこめて考案したが、丸みを帯びすぎて（つま
　り丸文字っぽくて）廃れてしまった。皮肉にも時を隔て日本で普
　及した携帯（スマートフォン）などで用いられる絵文字として見
　事に（？）よみがえった。

☑1132 （　　）**語**は**中世ヨーロッパ共通の学術語**であった。
+++

（慶應義塾大）

ラテン

☑1133 中世ヨーロッパの**哲学**と**神学**は、（　　）**哲学**と総称さ
+++　れる。

（センター試験、近畿大）

スコラ

　⛊ これは「学校」を意味し、現代の "school" の語源である。

☑ 1134 +++ 古代最大の教父であり、スコラ哲学の先駆者◯◯◯は著書『◯◯◯』でマニ教からキリスト教に改宗するまでの記録をまとめ、また『◯◯◯』によって教会の最高権威を確立した。　　　　　　　　　（上智大）	アウグスティヌス、告白録、神の国（神国論）
☑ 1135 +++ カロリング=ルネサンス期に◯◯◯によってイングランドから◯◯◯が招かれ、首都の◯◯◯などに学校が開設された。　　　　　　　　　（東京大、日本大）	カール大帝、アルクイン、アーヘン
☑ 1136 +++ カンタベリ大司教の◯◯◯はスコラ哲学の父と呼ばれる。　　　　　　　（首都大学東京、学習院大）	アンセルムス
☑ 1137 +++ イタリアの◯◯◯修道会出身のトマス=アクィナスは『◯◯◯』を著し、中世のスコラ哲学を大成した。　　　　　　　　　（学習院大） 🗋 彼は信仰と理性の調和を図った。しかし、晩年は神秘主義的傾向を強め、自分の書いた『神学大全』をわらくずと評して途中で書くのをやめた。	ドミニコ、神学大全（たいぜん）
☑ 1138 +++ ◯◯◯は、アリストテレスの哲学をキリスト教思想に導入した。　　　　　　　　　　（センター試験）	トマス=アクィナス
☑ 1139 +++ 中世の哲学における最大の論争は、実在論（じつざいろん）と唯名論（ゆいめいろん）との◯◯◯であった。　　　　（西南学院大）	普遍論争（ふへん）
☑ 1140 +++ ◯◯◯論は信仰を重視して教会の権威を擁護する立場であり、◯◯◯論は理性を重視して教会の権威を否定する立場である。　　　　　　　　　（上智大）	実在、唯名
☑ 1141 +++ 実在論の代表的人物には◯◯◯、唯名論ではアベラールや◯◯◯らがいる。　　　　　　　　（駒澤大） ☞入試で唯名論の代表的人物を1人だけ挙げる場合には、まず「アベラール」を答えること！	アンセルムス、ウィリアム=オブ=オッカム
☑ 1142 +++ 文学的価値が認められるエロイーズとの『往復書簡』を著した人物は◯◯◯である。　　　（慶應義塾大） 🗋 彼はフランスの神学者で、女性の弟子エロイーズとの禁断の恋愛でも有名である。2人が交わした『往復書簡』はラテン語文学として名高い。	アベラール

☑1143 +++	イギリス人の◯◯◯はギリシアやアラビアの科学を手がかりに**近代科学への道**を切り開いた。（立命館大）	ロジャー=ベーコン
	☞「中世最大の自然科学者」というキーワードから問われる場合もあるので要注意！	
☑1144 +++	**大学**は教授や学生の◯◯◯的組織に端を発する。（國學院大）	ギルド
	🗊 大学の先駆的存在としては、古代ギリシアのプラトンが設立したアカデメイア、アリストテレスのリュケイオン、ヘレニズム時代のエピクロスの庭園学校がある。	
☑1145 +++	◯◯◯学で有名な**南イタリア**の◯◯◯大学は**ヨーロッパ最古の大学**の１つといわれる。同じく、**北イタリア**の◯◯◯大学は◯◯◯学で有名で、学生組合が中心となって発足した。（名古屋大、成城大）	医、サレルノ ボローニャ、法
	🗊 前者は９世紀の医学校が起源でイスラーム医学を導入した。大学のテキストはイブン=シーナーの『医学典範（てんぱん）』を使った。	
☑1146 +++	**ヨーロッパやイスラーム世界の医学**は、◯◯◯の医学を共通のルーツとしていた。（センター試験）	古代ギリシア
☑1147 +++	フランスの◯◯◯大学は教授の組合が中心となって発足し、**神学**の最高権威であった。（東京女子大、成城大）	パリ
☑1148 +++	**イギリス最古の大学**である◯◯◯大学は神学で有名で、この**大学から分離・独立した大学**が◯◯◯大学である。（東京女子大、成城大）	オクスフォード、ケンブリッジ
☑1149 +++	**南イタリア**の◯◯◯大学は神聖ローマ皇帝**フリードリヒ２世**が、◯◯◯大学は神聖ローマ皇帝**カール４世**（ベーメン王**カレル１世**）が、それぞれ設立した。（成城大）	ナポリ、プラハ
	🗊 ナポリ大学ではイスラームから流入した先進文化が学ばれていた。	
☑1150 +++	**オーストリア**の◯◯◯大学は**ハプスブルク**家の**ルドルフ**が設立した。（成城大）	ウィーン
☑1151 +++	**ポーランド**の◯◯◯大学はポーランド王**カジミェシュ３世**が設立した。（成城大、早稲田大）	クラクフ
	☞ コペルニクス（天文学者）の出身大学であることも問われるので注意しよう。	

☑1152 フランク王国の歴史家**アインハルト**は**カール大帝**に +++　仕えて『◯◯◯』を著した。 （青山学院大）	カール大帝伝
☑1153 『◯◯◯』は**カール大帝**のスペイン遠征と騎士の活躍 +++　を歌った武勲詩である。 （関西大） 　🖉 カール大帝がイスラーム軍と戦った時の騎士ローランの活躍と 　悲壮な死を歌った。ローランは実在の人物だが、実際はバスク人 　と戦って戦死した。	ローランの歌
☑1154 『◯◯◯』は**ブルグンド人**の英雄**ジークフリート**の活 +++　躍と死、妻クリームヒルトの復讐が歌われている。 　 （センター試験、立教大） 　🖉 中世ヨーロッパの文学は、フランス、イギリス、ドイツなどの**国** 　**語文学**と**ラテン語文学**に分かれる。	ニーベルンゲンの 歌
☑1155 『◯◯◯』は**ケルト人**（ブリトン人）の**英雄伝説**を題 +++　材とした。 （センター試験、同志社大） 　🖉 ブリテン島から北欧、さらにはガリア地方までを支配した**ア** 　**ーサー王**の活躍を描くストーリーは、聖杯伝説と円卓の騎士を主軸 　にファンタジックに展開する。当時の若者を夢中にさせ、かの聖 　フランチェスコさえもハマってしまうほどだった。	アーサー王物語
☑1156 中世に宮廷で活躍した**吟遊詩人**のことをフランスで +++　は◯◯◯と訳し、ドイツでは◯◯◯と訳す。 　 （東京大、立命館大） 　🖉 吟遊詩人たちはギターを片手に宮廷をまわった。現在のシンガー 　ソングライターのようなものだった。歌うテーマは宮廷での愛が 　メインだった。これは動乱の中世では女性の人口比率が圧倒的に 　高く、女性のニーズに応える必要があったからである。	トルバドゥール、 ミンネジンガー
☑1157 中世ヨーロッパの代表的建築様式として、時代順に +++　**ビザンツ様式**、◯◯◯様式、◯◯◯様式の3つがあ 　る。 （関西大）	ロマネスク、 ゴシック
☑1158 **ビザンツ美術**は**モザイク壁画**と◯◯◯に独自の発達 +++　を見た。 （明治大）	イコン（聖画像）
☑1159 **ビザンツ様式**の特徴は大きな◯◯◯と◯◯◯壁画で +++　ある。 （法政大）	ドーム（^{まる}円屋根）、 モザイク

☑1160 **ビザンツ様式**の代表として**コンスタンティノープル**
+++ の（　　）聖堂、**ラヴェンナ**の（　　）聖堂がある。
（学習院大、成蹊大）

> ☐ ハギア=ソフィア聖堂は、オスマン帝国の**メフメト2世**時代からイスラームの聖堂となった。

ハギア=ソフィア、
サン=ヴィターレ

☑1161 **ロマネスク様式**の特徴は、**半円状アーチ**で重厚かつ
+++ （　　）のイメージが強い点にある。
（青山学院大、法政大）

> ☛ロマネスク様式の特徴については30字ほどの小論述で出題されることが多い。なお、「重厚かつ荘重」とは「どっしりとしていて、重々しい」という意味合いである。

荘重

☑1162 **ロマネスク様式**の代表として**イタリア**の（　　）**大聖**
+++ **堂**、**ドイツ**の（　　）**大聖堂**、**フランス**の（　　）**修道院**
がある。
（上智大、青山学院大）

ピサ、
ヴォルムス、
クリュニー

☑1163 **ゴシック様式**の特徴は、（　　）を用い、**垂直線の美し**
+++ **さ**があることである。
（慶應義塾大）

> ☛ゴシック様式の特徴については30字ほどの小論述で出題されることが多い。

ステンドグラス

☑1164 **ゴシック様式**の代表として、**ドイツ**の（　　）**大聖堂**、
+++ **パリ**の（　　）**大聖堂**、**フランス**の（　　）**大聖堂**がある。
（法政大、青山学院大）

ケルン、
ノートルダム、シャルトル（ほかにアミアン、ランスなど）

☑1165 （　　）**様式**の建造物で知られる**フランス**の**シャルト**
+++ **ル大聖堂**には、聖書に関する図像を描いた（　　）がある。
（センター試験、青山学院大）

> ☐ シャルトル大聖堂は象徴（シンボル）の宝庫だが、その多くは目的や意味が解明されていない。

ゴシック、
ステンドグラス

☑1166 **宗教的情熱の高まり**により、11世紀以降になると西
+++ ヨーロッパ世界では聖地への（　　）が流行した。
（上智大）

巡礼

☑1167 中世ヨーロッパにおいて、キリスト教徒の巡礼地と
+++ してスペイン西北部の聖地（　　）などが人気を博した。
（早稲田大）

> ☐ ここには**十二使徒**の1人、聖ヤコブの墓があるとされている。

サンティアゴ=デ=
コンポステーラ

☑1168 中世ヨーロッパで骸骨と人間が踊る姿などを描いた +++ ものは「◯◯◯」と呼ばれ、14世紀に◯◯◯に襲わ れたヨーロッパにおける人々の死への観念が反映さ れたものとされる。　　　　　（センター試験、駒澤大）	死の舞踏、ペスト （黒死病）
☑1169 ◯◯◯教は、「最後の審判」の思想により規定される +++ 中世ヨーロッパのキリスト教における死生観に大き な影響を与え、遠く中国にも伝わり拝火教とも呼ば れた。　　　　　　　　　　（センター試験、上智大）	ゾロアスター

MEMO

前近代 6 アジア諸地域の発展（14〜18世紀）

1｜明の成立（朱元璋＝洪武帝の中国統一）

☑1170
+++
朱元璋は、1368年に現在の南京である◯◯に都を定め、◯◯帝として即位し、明を建国した。
（上智大、法政大、共通テスト）

金陵、
洪武

■明が江南の経済力を背景に中国を統一したことに注目！
🗐 朱元璋の墓には17歳の時の心情がこう刻まれてある。「わが身には技能もなく、天を仰いで茫然とするばかり」。しかし地に平和をもたらすという志の高さが、彼に天下を取らせる結果となった。

☑1171
+++
朱元璋は年号を◯◯と改めて、◯◯の制を採り入れた。
（上智大、早稲田大）

洪武、一世一元

🗐 一世一元の制は君主一代において1つの元号を用いるもの。20世紀になると、中国は辛亥革命で王朝が消滅したため、現在、この制度を続けているのは世界中で日本くらいである。

☑1172
+++
洪武帝は◯◯（宋学）を官学とした。 （中央大）

朱子学

🗐 儒教の一派だが、皇帝を頂点とした君主独裁体制を擁護し、皇帝にとっては都合の良い思想内容だった。

☑1173
+++
◯◯省と宰相の職を廃止して◯◯部を皇帝直属とした。
（京都府立大）

中書、六

🗐 中国行政史上の最重要事件。このことで皇帝がすべての行政権を握った。と同時に、皇帝は死ぬほど忙しくなり睡眠時間は3時間にも満たなかったといわれる。

☑1174
+++
皇帝の政務補佐として◯◯を置いた。 （早稲田大）

殿閣大学士

🗐 あくまでも皇帝の御意見番であったが、次第に政治に関与するようになった。

☑1175
+++
軍事を統括する◯◯府や監察機関の都察院を置いた。
（早稲田大）

五軍都督

■難関私大で問われるかなり細かい知識である。

☑1176
+++
刑法典である◯◯と、唐令を範とした行政法典である◯◯を定めた。
（上智大、南山大）

明律、
明令

🗐 これらの法典は洪武帝自らが作成したといわれる。唐を模範としたことがポイント。洪武帝は次第に猜疑心が強くなり、何でも自分で作成した。

170

☑1177 農村統治のため、◯◯制を施行し、年長の人格者を
+++ ◯◯という役職に任じ、**儒教思想に基づく6カ条**
の◯◯を公布した。　　　　　　　　（上智大、立命館大）

里甲、
里老人、
六諭

📖 六諭とは「父母を大切にし、地域（地元）と仲良く暮らしていき
なさい」といった日常生活の常識を促すような内容である。

☑1178 **戸籍・租税台帳**である◯◯と、**土地台帳**である
+++ ◯◯を作成した。　　　　　　（センター試験、成城大）

賦役黄冊、
魚鱗図冊

📖 賦役黄冊は表紙が黄色であるために、魚鱗図冊は測量した土地の
図面が魚の鱗に似ていたために、それぞれこの名が付いた。

☑1179 軍人を◯◯として、**一般の民間人**である◯◯と戸
+++ 籍を別にした。　　　　　　（慶應義塾大、早稲田大）

軍戸、民戸

☑1180 唐の**府兵制**を範として◯◯制を定め、軍事力を強化
+++ した。　　　　　　　　　　　　　（札幌大、成城大）

衛所

📖 プロの兵ではなくアマチュア（民間）の兵を用いる点では唐と同
じだが、世襲的な軍戸を兵としたために、兵の質は高かった。

☑1181 1388年、**洪武帝の外征**によって**元朝の残存勢力**であ
+++ る◯◯が滅んだ。　　　　　　（センター試験、京都大）

北元

☑1182 **中国人の海外渡航と私貿易を禁ずる**◯◯政策を実
+++ 施した。この政策に不満な人々は東南アジアなどに
移住し、**華僑**と呼ばれるようになった。　（東京大）

海禁

☑1183 **海禁政策**では◯◯貿易のみを認めたが、その思想的
+++ 背景には◯◯思想（**中華思想**）があった。
　　　　　　　　　　　　　　　　　（東京大、京都大）

朝貢、
華夷

📖 世界の中心を中国と考える**文化的な優越意識**である。

2 | 明の興隆（永楽帝の治世）

☑1184 第2代**建文帝**の諸王抑圧政策に反抗した叔父の**燕王**
+++ が◯◯の役を起こし、**建文帝を廃して**自ら第3代
◯◯帝として即位した。（成蹊大、中央大、共通テスト）

靖難、
永楽

📖 この内部抗争は1399〜1402年に起こった。官僚は燕王に反対
し皇帝としての即位に同意しなかったため、官僚に代わって**宦官**
が重用された。

☑1185 **永楽帝**は1421年に北平を◯◯と改称して遷都
+++ し、**金陵**を◯◯と改称して副都とした。　　（立教大）

　🗒 遷都されたその年に、たった1回の落雷によって北京の**紫禁城**は
　　焼失し、結果として**永楽帝**の権威は地に落ちた。

北京、
南京

☑1186 **永楽帝**は政治の最高機関を**内閣**とし、◯◯を皇帝の
+++ **顧問**として最重要の政務に参加させた。

　　　　　　　　　　　　　　　　　（中央大、南山大）

　🗒 洪武帝時代の**殿閣大学士**が、この名に変わった。

内閣大学士

☑1187 1410〜24年の間、5度にわたり**永楽帝**は◯◯に
+++ 親征し、◯◯やオイラトを撃破した。

　　　　　　　　　　　　（センター試験、南山大）

　🗒 **親征**とは皇帝自らが遠征に参加すること。

モンゴル、
タタール

☑1188 **永楽帝**はベトナムに軍を派遣して、◯◯朝滅亡後の
+++ ベトナムを一時支配下に置いた。　　　　（立教大）

陳

☑1189 **永楽帝**は◯◯教徒の宦官◯◯に7回におよぶこ
+++ とになる**南海遠征**を命じた。　（センター試験、駒澤大）

　🗒 近年の歴史研究で注目度が高まっている事件である。西ヨーロッ
　　パのガレー船の数十倍規模の巨大帆船（**宝船**）に、2万人以上を
　　乗せた大航海を敢行した。だが、航海日誌は失われ、航海そのも
　　のの目的や到達地もはっきりしていない。

イスラーム、鄭和

☑1190 **鄭和**の大艦隊は、**東アフリカ**の◯◯にまで達し、**南**
+++ **海遠征**の結果、◯◯余国が明に服属して◯◯貿易
を行った。　　　　　　　　　　（立教大、早稲田大）

　☞「**航海の目的**」を問われたら、「**明の国威を海外に示し、朝貢を促**
　　すため」と答えておくのが無難。確実に点がもらえる。

マリンディ、
30、朝貢

☑1191 **鄭和**の用いた巨大帆船は**宝船**と呼ばれる中国特有の
+++ ◯◯船であった。　　（センター試験、専修大、同志社大）

　🗒 この船は安定感に優れ、中国の名産品である**陶磁器**などの運搬に
　　も適していた。

ジャンク

3 ｜ 明の衰退

☑1192 **永楽帝**の死後、◯◯と呼ばれる**モンゴル族**の侵入と
+++ ◯◯と呼ばれる**倭寇**の外患によって、明は衰退して
いった。　　　　　　　　　　（センター試験、中央大）

北虜、
南倭

☑1193 1449年、**オイラト**の◯◯によって、第6代**正統**
+++ **帝（英宗）**が**土木堡**で捕えられた事件を◯◯とい
う。　　　　　　　　　　　　　　　　　（京都大、明治大）

☞捕われた正統帝（英宗）の名前もしっかりと覚えよう！

エセン=ハン、
土木の変

☑1194 16世紀半ば以降のモンゴル高原では、**タタール**に
+++ ◯◯が出現すると、**オイラト**に代わって勢力を伸ば
し、明に迫った。　　　　　　　　　　　　（京都府立大）

🗐 アルタン=ハンは明からの移住者を歓迎して、漢民族のための都
市フフホトを建設した。

アルタン=ハン

☑1195 **アルタン=ハン**は、**チベット仏教に帰依**し、◯◯の
+++ 称号を初めて用いた。　　　　　　　（明治大、東京都立大）

🗐 ダライ=ラマの称号は、チベット仏教の最高指導者が現在も用い
ている。

ダライ=ラマ

☑1196 **前期倭寇**は、**14世紀を中心に**◯◯人が主体となっ
+++ て、朝鮮半島沖で活動した。　　　　　　　　　　（千葉大）

☞前期倭寇と後期倭寇との比較は、小論述の問題でも問われる。

🗐 フィリップ=ゴスの『海賊の世界史』を読むと、倭寇に多くのペー
ジを割いている。ヨーロッパ人がイメージする海賊とは、意外に
も日本の倭寇であったことがわかる。日本人＝海賊のイメージを
知らないのは日本人だけである。

日本

☑1197 **前期倭寇**は**洪武帝**が日本の◯◯**幕府**に対処を求め、
+++ 日明間で◯◯**貿易**が開かれたことにより収拾した。
　　　　　　　　　　　　　　　　　　　（千葉大、早稲田大）

室町、
勘合

☑1198 日本との◯◯**貿易**が開かれた際に、◯◯が**日本国**
+++ **王**に封じられた。　　　　　　　　（東京大、東京学芸大）

勘合、足利義満

☑1199 **後期倭寇**は、**永楽帝**以後に◯◯政策が厳しくなった
+++ ことから、緩和を求める◯◯人が主体となった。
　　　　　　　　　　　　　　　　　　　（東京大、早稲田大）

🗐 倭寇のリーダーである王直は商人として日本と中国を往来した。
日本では九州の平戸に滞在し、「五峯先生」と呼ばれ尊敬された。
また、ポルトガルと日本の通訳を務めるなど学識のある人物だっ
た。

海禁、

中国

☑ 1200 16世紀後半に海禁政策は緩和され、中国人の海外渡
+++ 航が許可されたが、それ以前の移住者も含めて移住
先に住み着いた中国人は◯◯◯◯と呼ばれる。

(東京大、法政大)

華僑

🗊 現在では彼らは**現地に国籍を持ち華人**と呼ばれる。

☑ 1201 **明末から清代にかけて増加した中国人の海外移住**の
+++ 主たる要因として、当初は◯◯◯◯の民衆が、貧しさか
らの解放を求めて大量に◯◯◯◯へと移住したことが
挙げられる。

(東京大)

華南、
東南アジア

☑ 1202 第14代**万暦帝**に仕えた**内閣大学士**の◯◯◯◯は、外政
+++ では◯◯◯◯=ハンと講和し、内政では宦官勢力の抑制
や、**戸口調査**などを行い、一時的に国政が安定した。

(明治大、同志社大)

張居正、
アルタン

🗊 中国史上、早熟の天才とされるのが張居正。彼は12歳で科挙試
験を受ける資格を得た（資格を得るだけで1万倍くらいの倍率で
あった）。しかしあまりにも優秀なため、人間として人格を磨か
せるため、不合格となる悲運に見舞われた。世の不条理に涙しな
がら科挙に合格したのは22歳の時であった。

☑ 1203 **万暦帝**の親政になると、朝廷内部で争いが起こり、
+++ ◯◯◯◯が江南で◯◯◯◯を再興して政府への批判を展
開し、批判を受けた**魏忠賢**などの**宦官勢力**は◯◯◯◯
と結んで◯◯◯◯を弾圧した。

(慶應義塾大、上智大、共通テスト)

顧憲成、東林書院、
非東林派、
東林派（東林党）

🗊 後漢、唐、明の各王朝では**宦官の弊害**が強かった。腐敗した政治
に反対して顧憲成は江南に私塾を開き、その門下生が政治運動を
展開したが、彼らの運動は成功しなかった。

☑ 1204 「◯◯◯◯の三大征」と呼ばれる**モンゴル人将軍のボハ**
+++ **イの乱**、日本の◯◯◯◯の朝鮮侵略（**壬辰・丁酉の倭**
乱）、**貴州省**の**楊応龍の乱**のため、増税や鉱山開発な
ど民衆の負担が多くなった。 (京都府立大、早稲田大)

万暦、
豊臣秀吉

🗊 難関大では、まれにボハイや楊応龍の名が問われることがあるの
で要注意！

☑1205 第17代〔　　　〕は魏忠賢を排除して政争を収拾し、キ
+++ リスト教にも深い関心を示した〔　　　〕を内閣大学士
に任用して財政再建に努めた。

（慶應義塾大、日本女子大）

　徐光啓はキリスト教に入信し、マテオ=リッチと協力して西洋諸学の導入に努めた。

崇禎帝、徐光啓

☑1206 中国東北地方より女真族の〔　　　〕が南下し、また各地
+++ で起きた民変が明を疲弊させた。

（センター試験、中央大）

　民変とは都市労働者の暴動のこと。

ヌルハチ

☑1207 〔　　　〕年、農民反乱の指導者〔　　　〕が北京を陥落させ
+++ て、明は滅亡した。 　　　　　　（札幌大、上智大）

　この人物の名をとって、李自成の乱とも呼ばれる。中国にしては珍しく宗教色のない農民反乱であった。

1644、李自成

☑1208 明朝最後の皇帝は〔　　　〕帝である。 （立命館大）
+++ 　李自成率いる反乱軍に包囲される中、明朝の軍人や官僚たちは皇帝を見捨てて逃亡し、最後まで残った皇帝は自ら命を絶った。

崇禎

4 | 明の社会

☑1209 「〔　　　〕」といわれたように長江中流域で米の生産高
+++ が増加した。 　　　　　　（立教大、関西学院大）

　☞宋の時代から地域が変化していることに要注意！　この地域は現在の湖南省、湖北省を指す。

湖広熟すれば天下足る

☑1210 江西省の〔　　　〕を中心として陶磁器生産が盛りに
+++ なった。 　　　　　　（日本大、センター試験）

　中国や日本（特に伊万里）の陶磁器はヨーロッパで圧倒的な人気を得た。ヨーロッパでもなんとか同じような水準の陶磁器を作ろうと努力した結果、錬金術師のベトガーが独自の高級ブランドのマイセンを作ることに成功した。

景徳鎮

☑1211 明代にはポルトガル人やスペイン人による〔　　　〕銀
+++ や〔　　　〕銀が流入し、貨幣経済が発達した。

（東京大、東京都立大）

　1567年に行われた海禁政策の緩和策により、中国への銀の流入量が一気に増大した。銀は主にメキシコのアカプルコからマニラ経由で流入した。

メキシコ、
日本※順不同

☑ 1212 明代の後半になると、銀の流通を反映して、<u>土地税</u>
+++ と<u>人頭税</u>を一括して<u>銀納</u>する（　　）が施行された。
（東京都立大、南山大）

一条鞭法
いちじょうべんぽう

☞ 超がつくほどの頻出問題。30字以内で説明できるように！

☑ 1213 商工業の発展に伴って、<u>同郷</u>や<u>同業</u>の商人が集まり、
+++ 親睦や互助のために（　　）や（　　）を設立させた。
（東京大、日本大）

会館、公所※順不同
かいかん　こうしょ

☑ 1214 安徽省出身の（　　）商人、山西省出身の（　　）商人が
+++ 全国的に活躍した。
（立教大）

新安（徽州）、山西
しんあん　きしゅう

☞ 新安商人は主に<u>塩</u>を扱い、山西商人は主に<u>金融業</u>で成長を遂げた。

☑ 1215 <u>佃戸</u>が地主との間で佃租をめぐって起こした**反地代**
でんこ
+++ **闘争**を（　　）という。
（東京大、早稲田大）

抗租運動
こうそ

☞ 小作料の減免運動のこと。

☑ 1216 <u>抗租運動</u>の代表例として、1448年の（　　）の乱がある。
+++
（予想問題）

鄧茂七
とうもしち

𐄂 最大で数十万人を動員する大乱となったが、翌1449年に鎮圧された。

☑ 1217 <u>科挙</u>合格者や官僚経験者で郷里に隠退した者など、
かきょ
+++ 地方社会における実力者を（　　）という。
（南山大）

郷紳
きょうしん

5 ｜ 清の中国統一

☑ 1218 ツングース系女真族の<u>ヌルハチ</u>は（　　）年に**中国東**
+++ **北地方（満州、満洲）**をほぼ統一し、（　　）を建国した。
まんしゅう
（センター試験、立命館大）

1616、
後金
こうきん

𐄂 この人物は25歳で自立し、建州女真（建州部）を統一した。優れた指導力で他の部族を破り、**女真族の統一に成功**した。

☑ 1219 <u>ヌルハチ</u>は軍事社会組織である（　　）を編成し、**モン**
+++ **ゴル文字**をもとに（　　）文字を作成した。
（上智大）

八旗、
はっき
満州

☑1220 **1619年、◯◯の戦いで後金は明を破り、遼東地方**
+++　**を制圧して瀋陽を都とし、後に盛京と改称した。**

（早稲田大、同志社大）

｜ 当時は完顔阿骨打が建国した金の再興を目指し、後金を名乗った。明に不満のあった少数民族も清に呼応した。苗族の「アマゾネス」と呼ばれた女性戦士は3000人の部下を連れて奮戦したという。

サルホ（サルフ）

☑1221 **第2代ホンタイジ（太宗）は、1635年に◯◯を平**
+++　**定した。**（京都府立大）

｜ チャハルはモンゴル系（タタール）の一部族。チャハルに勝利したことで八旗の優秀さが証明された。

チャハル（部）

☑1222 **ホンタイジは◯◯年に国号を清と改称し、◯◯**
+++　**（朝鮮王朝）を属国とした。**（北海道大）

1636、李氏朝鮮

☑1223 **ヌルハチの組織した女真族からなる満州八旗に加え**
+++　**て、モンゴル兵からなる◯◯八旗、投降してきた**
　　◯◯からなる◯◯八旗を創設した。（上智大）

｜ 女真族の人口はわずか数十万人しかなく、他民族との妥協と融和が必要不可欠であった。

蒙古、

漢人、漢軍

☑1224 **第3代順治帝は◯◯から中国本土に入り、◯◯の**
+++　**乱を平定した。**（北海道大、慶應義塾大）

｜ 順治帝は女真族でありながら、漢文を使いこなし、読書家で学識深く優秀な皇帝であったが、23歳の若さでこの世を去った。

山海関、李自成

☑1225 **順治帝は瀋陽から◯◯に遷都した。**
+++　（上智大、青山学院大）

北京

☑1226 **順治帝は八旗とは別に、漢人で構成される正規軍で**
+++　**ある◯◯を設けた。**（センター試験）

｜ 主に治安の維持にあたった。旗の色により緑旗とも呼ばれた。

緑営

☑1227 **明滅亡に際して功績のあった◯◯、尚可喜、耿継茂**
+++　**の明の降将たちをそれぞれ◯◯として中国南部に**
　　封じ、彼らを三藩と呼んだ。

（北海道大、駒沢大、東京女子大）

▪️ 呉三桂は雲南を、尚可喜は広東を、耿継茂は福建を支配した。なお、難関大ではそれぞれの勢力圏をヒントに人名を問われることがあるので要注意！

呉三桂、

藩王

☑1228 第4代◯◯◯帝は呉三桂らの◯◯◯の乱を平定し、**中国支配を確立した。** (センター試験、北海道大)	こうき さんぱん 康熙、三藩
☑1229 ◯◯◯年、鄭成功は◯◯◯城を攻略し、台湾のオランダ勢力を退けた。 (慶應義塾大、早稲田大)	1661、 ゼーランディア
🔲 鄭成功の母親は田川マツという名の日本人であった。鄭成功は台湾では今でも英雄であり、母親と一緒の銅像が建っている。	
☑1230 康熙帝は鄭氏の孤立を図り、**沿海の住民を奥地へ強制移住させる◯◯◯令を出した。** (早稲田大)	せんかい 遷界
🔲 これは台湾対岸の東南5省の住民を強制的に内地に移住させるもので激しい反発を受けたが強行された。	
☑1231 **1683年、康熙帝は◯◯◯一族を降伏させ、◯◯◯を領有した。** (慶應義塾大、早稲田大)	鄭成功、台湾
🔲 鄭成功の父である鄭芝竜はキリスト教徒で海賊という変わった経歴の持ち主。彼は息子を降伏させようと説得して失敗し、処刑された。また、1683年の時点で彼ら親子はすでに死亡していたことにも要注意！	
☑1232 鄭成功は**日本人の母を持ち、日本では◯◯◯と呼ばれた。** 彼の活躍は日本に伝えられ、江戸時代の浄瑠璃作家◯◯◯によって紹介された。 (予想問題)	こくせんや 国姓爺 ちかまつもん ざ え もん 近松門左衛門
☑1233 康熙帝は1689年、ロシアの◯◯◯世と◯◯◯条約を締結し、**アルグン川と外興安嶺を国境としてロシアの南下を阻止した。** (センター試験、東京大)	ピョートル1、 ネルチンスク
➡条約の内容も超頻出！	
☑1234 康熙帝は天山北路付近の◯◯◯を破り、**外モンゴルを領有し、チベット北東部の◯◯◯地方も支配下とした。** (慶應義塾大、南山大)	ジュンガル(部)、 せいかい 青海 チンハイ
🔲 ジュンガルはオイラトの一部族で最後の遊牧民国家であった。なお、青海地方は1724年の雍正帝時代に、完全に清の服属下となった。満洲人は狩猟民族であり、康熙帝は生涯で虎を135頭狩るなどの武勇伝の持ち主であった。現在中国の虎(アムールトラ)は絶滅の危機にある。	

☑1235 第5代雍正帝は（ ）年、ロシアと（ ）条約を締結
+++ し、**モンゴル方面の国境を画定**し、**通商・交易場の
設置**などを決めた。 （一橋大、早稲田大）

1727、キャフタ

　▪この2年前にロシアの皇帝ピョートル1世が亡くなっている。これは正誤問題のポイントとなる。

☑1236 第6代乾隆帝は、**ジュンガル**と（ ）を合わせて
+++ （ ）と命名した。 （学習院大、明治大）

回部、
新疆

　🗒新疆は「新しい土地」という意味。

☑1237 清は領有した地域を3つに分けて、**中国内地、東北
+++ 地方、台湾**を（ ）に、**モンゴル、青海、新疆、チ
ベット**を（ ）に、**朝鮮、ベトナム、タイ、ビルマ**を
（ ）として統治した。 （筑波大、成蹊大）

直轄領、
藩部、
属国

　🗒論述問題や正誤問題で問われることがあるので要注意！

☑1238 **モンゴル、チベット**の住民の多くと**新疆**の住民の一
+++ 部は（ ）を信仰していた。 （北海道大、大阪大）

チベット仏教（ラマ教）

☑1239 現在、**新疆**（ ）**自治区**の住民の大半が（ ）を信仰
+++ している。 （東京大、関西大）

ウイグル、
イスラーム

　🗒**共産党**政権下の中国では宗教は弾圧される傾向にある。乾隆帝によって征服されたこの地域の**イスラーム教徒**も迫害を受けており、国際社会の批判を浴びている。

☑1240 清朝の最盛期は**第4代**（ ）、**第5代**（ ）、**第6代**
+++ （ ）の三代とされる。 （センター試験）

康熙帝、雍正帝、
乾隆帝

　🗒**イエズス会**の宣教師によると、**康熙帝**と**雍正帝**は幾何学や天文学など理数系の学問に抜群の才能を示したという。雍正帝は繊細な感情の持ち主で、歩くときは虫さえも踏まないように注意した。康熙帝を狩りを好む「陽の人」とすると、雍正帝は1人で座禅を好む「陰の人」であった。

7 | 清の社会と経済

☑1241 清は漢民族に対して（ ）の獄や禁書など思想統制
+++ をし、（ ）令を発布して**北方民族の伝統的な髪形を
強要**した。 （学習院大、明治大）

文字、
辮髪（弁髪）

　🗒髪型は清朝への帰順の証として強要された。中国人本来の髪型は束ねるものであり、髪を剃り上げるのはかなり恥ずかしく男性は抵抗した。江陰という町では17万人（諸説あり）もの男性が殺され、生き残った男性は53人だけだった。

☑1242 +++ 漢民族の懐柔策（かいじゅう）として、官吏登用試験に（　　）を継承し、（　　）制によって満州人と漢人を同数任命した。 （千葉大、慶應義塾大） 🔎 かつてキタイや金（きん）は自民族のみを優遇した政策で失敗した。清は満州人と漢人の勢力均衡の上に皇帝が権力を保持しようとした。	科挙、 満漢併用（満漢偶数官）（まんかん）
☑1243 +++ 雍正帝は（　　）を設置し、軍事行政の最高機関とした。 （成蹊大、成城大） ➡ジュンガル征服時に設置され、後年、最高の政務機関となった。入試の必出なので書けるようにすること。	軍機処（ぐんきしょ）
☑1244 +++ 乾隆帝はホンタイジ（太宗）が設置した蒙古衛門（がもん）を起源とする（　　）を整備した。 （東京大、京都大）	理藩院（りはんいん）
☑1245 +++ 理藩院は（　　）を統括する役所であるが、一方で（　　）には大幅な（　　）が認められていた。 （立命館大、千葉大） 🔎 自治を認めた点は、唐代の羈縻（きび）政策と共通している。	藩部、 藩部、自治
☑1246 +++ （　　）帝は現代の中国にほぼ重なる領土を獲得し、「十全老人」と称した。 （中央大、早稲田大）	乾隆
☑1247 +++ 康熙帝と雍正帝の時代に、税制は明代から続く一条鞭法（ていぜい）から（　　）制となり、土地税に人頭税（丁税）を繰り込み、一括して銀納させた。 （センター試験、一橋大） 🔎 中国税制史上の重大事件。土地税のみに一本化されて税制は簡素化されたが、以後、清朝は地主からの税金に依存することとなり、地主には頭が上がらなくなった。	地丁銀（ちていぎん）
☑1248 +++ 中央政府の厳しい徴税に対して、地方の地主勢力は納税を拒否する（　　）を起こした。 （早稲田大） 🔎 抗租（こうそ）は地主に対する小作農の闘争であるのに対して、抗糧は中央政府に対する地主勢力の闘争である。	抗糧（こうりょう）
☑1249 +++ 綿織物は（　　）と上海（シャンハイ）、絹織物は（　　）と杭州（こうしゅう）、生糸は湖州（こしゅう）が有名となった。 （早稲田大）	松江、蘇州（しょうこう、そしゅう）

☑1250 18世紀になると◯◯◯が**最大の輸出品**となった。
+++
（千葉大、東京大）

　貿易の相手先の大半は**イギリス（東インド会社）**である。西欧での中国の人気商品は次のように移り替わった。古代から唐くらいまでは**絹（絹織物）**、宋から明くらいまでは**陶磁器**、清からは**茶**であった。

| 茶 |

☑1251 清代に流通した銀は、その形状から◯◯◯と呼ばれた。
+++
（早稲田大）

| ばていぎん
馬蹄銀 |

☑1252 **康熙帝**の時代に台湾の鄭一族が降伏したことで**海禁**が解かれ、4つの港に◯◯◯という**税関**が設置された。
+++
（東京大、早稲田大）

　政府は展海令を発布して海禁を解いた。これにより海外との交易が認められた。

| かいかん
海関 |

☑1253 **乾隆帝**は◯◯◯年に外国船の来航を◯◯◯の1港に限り、**特許商人の組合**である◯◯◯が貿易を独占した。
+++
（センター試験、明治学院大）

　公行は広東十三行という場合もある。といっても正確に13の商人団があったわけではない。彼らは巨万の富を築いたが、1842年のアヘン戦争後の南京条約で廃止され没落していった。

| 1757、広州、
こうこう
公行
コ ホン |

☑1254 ◯◯◯**崇拝**などを容認した**イエズス会**宣教師に対し、ローマ教皇クレメンス11世が中国における**イエズス会**の布教を禁止した。
+++
（東京大、一橋大）

| こうし
孔子（または祖
先） |

☑1255 **イエズス会**は現地の文化や習慣を尊重して布教しようとしたが、厳格な◯◯◯教団やドミニコ教団はこれに反対した。
+++
（東京大、慶應義塾大）

　イエズス会の宣教方法は「**適応主義（accommodation）**」といわれ、現地の宗教や伝統を尊重するものだった。しかし日本では、ザビエルが毅然とした対応をとって仏教との違いを明確にしたことが、その後の迫害につながった。

| フランチェスコ |

☑1256 **カトリック内部**での中国に対する**布教方法をめぐる論争**を◯◯◯問題と呼ぶ。
+++
（東京大、慶應義塾大）

　「**イエズス会**vs**フランチェスコ会＆ドミニコ会**」というのが対立の構図である。

| てんれい
典礼 |

☑1257 ◯◯◯帝は一連の**典礼問題**を受けて、**イエズス会以外**
+++ **のキリスト教布教を禁止**し、<u>1724</u>年には◯◯◯帝が
キリスト教布教を全面禁止とした。 （東京大、一橋大）

　■☞キリスト教が禁止されるまでの経過は国公立大が好んで論述問
　題にする。上記の☑1254 ～ ☑1257 の問題文を理解し、100字
　程度で論述できるようにしよう！

康熙、
雍正

8 | 清と東アジア世界

☑1258 **チベット仏教の教主**は◯◯◯と呼ばれ、**チベットの政**
+++ **教両権の最高指導者**である。 （大阪大、明治大）

ダライ=ラマ

☑1259 ◯◯◯世紀に**チベット**の◯◯◯に建造された<u>ポタラ</u>
+++ <u>宮殿（ポタラ宮）</u>は、**ダライ=ラマの宮殿**であり**チ**
ベット仏教（◯◯◯教）の中心地でもある。
（センター試験）

17、ラサ

ラマ

☑1260 **チベット仏教**においては、<u>ダライ=ラマ</u>が遺言した地
+++ 方に1年以内に誕生した幼児の中から、神意ある者
を選んで**ダライ=ラマの転生者**とする。これを◯◯◯
という。 （予想問題）

活仏
（かつぶつ）

☑1261 **チベット仏教の改革者**◯◯◯は、◯◯◯の**開祖**とし
+++ て、**明の時代**に従来の**チベット仏教の堕落**に対し、**厳**
しい戒律と徳行を主張した。 （センター試験、立命館大）

　□堕落した紅帽派（こうぼうは）に対する改革派が黄帽派である。

ツォンカパ、
黄帽派
（こうぼうは）

☑1262 日本の◯◯◯は、15世紀後半より<u>勘合貿易</u>と南蛮貿
+++ 易で発展した<u>自由都市</u>である。 （予想問題）

堺
（さかい）

☑1263 日本の◯◯◯は、古くは中国船渡来の寄港地であり、
+++ **16世紀**に<u>ポルトガル船</u>が<u>来航</u>して以来、貿易港とし
て賑わうようになった。 （関西学院大）

平戸
（ひらど）

☑1264 **豊臣秀吉**は◯◯◯を目論んだが、朝鮮民衆の抵抗や明
+++ の援軍、さらには自らの死によって頓挫した。
（中央大、立命館大）

朝鮮侵略

☑1265 **日本最後の武家政権**である◯◯◯は、**封建制を再編**
+++ し、対外的にはいわゆる**鎖国**と呼ばれる一種の**海禁**
政策を続けた。　　　　　　　　　　　　　（予想問題）

　🗒江戸幕府を開いた**徳川家康**は、開府当初は交易で利益を得ようと
朱印船貿易に力を入れ、日本の商人たちが東南アジアに進出し、
各地に多くの**日本町**が作られた。

→ 江戸幕府（徳川幕府）

☑1266 **17世紀**からは平戸に代わって◯◯◯が外国貿易の中
+++ 心として発展した。**鎖国以後は唯一**となる**オランダ**
船の来航地となった。　　　　　　　　（上智大、東京大）

　🗒オランダはこの港町を窓口として日本の銀、銅、工芸品を交易し、
莫大な利益を得た。

→ 長崎

☑1267 **15世紀の琉球**では◯◯◯**王が統一を実現**した。
+++ 　　　　　　　　　　　　　　　　　　　（関西学院大）

　🗒琉球とは**沖縄**のこと。当時は中国と関係が深く、**明**に朝貢した。

→ 中山

☑1268 **琉球**は、**1609年**に薩摩の◯◯◯に**征服**された後も中
+++ 国との**朝貢関係を維持**していく「◯◯◯」の姿勢を
とった。　　　　　　　　　　　　　　（センター試験）

　☞センター試験の出題だが難問！　東大では論述問題で出題され
た。

→ 島津氏、
（日中）両属

☑1269 ◯◯◯（**朝鮮王朝**）は**高麗**に次ぐ朝鮮最後の王朝であ
+++ る。**16世紀**には**豊臣秀吉の侵攻**を受け、**17世紀**に
は**清の属国**となり、**19世紀**には**帝国主義国の争いの**
場となった後、**1910年**に◯◯◯に併合された。
　　　　　　　　　　　　　　　（センター試験、立教大）

→ 李氏朝鮮

→ 日本

☑1270 ◯◯◯は**高麗**を滅ぼして朝鮮半島を支配し、**朝鮮王朝**
+++ である**李氏朝鮮**を建てた。◯◯◯を官学と定め**明との**
親交を図った。　　　　　　（センター試験、京都産業大）

→ 李成桂、
朱子学

☑1271 **初代の王、李成桂**は◯◯◯と名乗り、**漢城（漢陽）**を
+++ 都として**朱子学を官学**とした。　　（立命館大、関西大）

→ 太祖

☑1272 **15世紀中頃**、李朝第4代の王◯◯◯は、◯◯◯（**ハ**
+++ **ングル**）という**朝鮮文字を制定**し、**仏教を抑圧**した。
　　　　　　　　　　　　　　　　　　（東京大、立教大）

　🗒ハングルは現在韓国で使用されている文字だが、その制作過程は
謎のままだった。1940年頃に偶然民家から「**訓民正音**」の原本
が発見されて一挙に謎が解けることになった。

→ 世宗、訓民正音

☑1273 ベトナムの陳朝の武将であった黎利(れい り)は、明の支配か +++ ら独立して◯◯◯を建国した。　　　　　(立教大、早稲田大)	黎朝(れいちょう)
☑1274 インドシナ半島の◯◯◯は13世紀末までに最盛期 +++ を迎え、アンコール=ワットなどが建てられた。 　　　　　　　　　　　　　　　(慶應義塾大、明治大)	カンボジア
☑1275 ビルマ人の王朝であるトゥングー朝の滅亡後に、再 +++ びビルマ人によって◯◯◯朝が建国された。この王朝 はタイのアユタヤ朝を滅ぼしたが、イギリスに滅ぼ された。　　　　　　　　　　(センター試験、青山学院大)	コンバウン(アラウ ンパヤー)
☑1276 ◯◯◯は周辺のベトナム、ビルマ、タイに圧迫され、 +++ 19世紀にはフランスの保護領とされた。　(予想問題)	ラオス
☑1277 阮福暎(げんふくえい)は、フランス人宣教師ピニョーの援助を受け +++ て、ベトナム最後の王朝である◯◯◯を建国した。 　　　　　　　　　　　　　(センター試験、青山学院大)	阮朝(げんちょう)

9 │ オスマン帝国の拡大

☑1278 ルーム=セルジューク(セルジューク)朝の混乱に乗 +++ じて、1299年に◯◯◯がアナトリア西部にオスマン 帝国を建国した。　　　　　　　(東京都立大、京都大) 　🔖セルジューク朝分裂後は、小アジアのルーム=セルジューク朝な 　どが、その伝統を継承していた。	オスマン1世(オス マン=ベイ)
☑1279 1326年にはアナトリア西北部の都市◯◯◯に都が置 +++ かれた。　　　　　　　　　　　(慶應義塾大、早稲田大)	ブルサ
☑1280 1366〜1453年の間、首都は◯◯◯に遷(うつ)された。 +++ 　　　　　　　　　　　　　　　　　　　(早稲田大)	アドリアノープル (エディルネ)
☑1281 オスマン帝国の都は、建国当時のブルサから◯◯◯、 +++ さらに◯◯◯へと遷っていった。　　(東洋大、同志社大) 　☛この首都の3変遷は難関私大でよく出題される。	アドリアノープル、 イスタンブル

☑1282 1396年、◯◯世は◯◯の戦いでハンガリー王ジ
+++ ギスムント率いる十字軍を撃破した。 （明治学院大）

　📖ジギスムントは後に神聖ローマ皇帝になった人物であり、当時
　ヨーロッパ最高権力者の1人であった。その彼が敗れたのだから
　ヨーロッパの衝撃は大きかった。この戦いが行われた1396年は
　十字軍開始（1096年）のちょうど300年後にあたる。

| バヤジット1、 |
| ニコポリス |

☑1283 1402年、◯◯の戦いでバヤジット1世は新興の
+++ ◯◯に敗れ、オスマン帝国は一時滅亡した。
　　　　　　　　　　　　　　　（センター試験、明治大）

　📖この戦いによってヨーロッパは救われた。西欧人はティムールに
　愛情を込めて「タメルラン（片足の不自由な男）」と呼んだ（ティ
　ムールは片足に障害があった）。

| アンカラ、ティムー |
| ル（ティムール朝） |

☑1284 1453年、◯◯世はビザンツ（東ローマ）帝国の都
+++ コンスタンティノープルの攻略に成功し、皇帝◯◯
　世は戦死し、帝国は滅亡した。
　　　　　　　　　　　　　（青山学院大、学習院大）

| メフメト2、 |
| コンスタンティヌス |
| （コンスタンティノ |
| ス）11 |

☑1285 1453年、オスマン帝国の都はコンスタンティノープ
+++ ルに遷されて◯◯と名を改められた。
　　　　　　　　　　　　　（センター試験、南山大）

　📖この都市はかつてはギリシア人の植民市であり、名称も「ビザン
　ティオン→ビザンティウム→コンスタンティノープル」と移り変
　わってきた。

| イスタンブル |

☑1286 イギリスの歴史家◯◯が著した『ローマ帝国衰亡
+++ 史』は、ビザンツ（東ローマ）帝国の滅亡で最後の
　章を終える。 　　　　　　　　　　（明治大）

　📖かなりの難問。コンスタンティヌス11世が剣を抜き、オスマン
　帝国軍に突入するラストシーンは読者の涙を誘った。

| ギボン |

☑1287 メフメト2世は1459年に◯◯を、1478年に
+++ ◯◯を征服した。 　　　　　　　　（早稲田大）

　📖ほとんど無敗のメフメト2世だったが、「ドラキュラ」のモデル
　にもなったワラキア公ヴラド=ツェペシュには手痛い敗北を喫し
　た。ツェペシュは「串刺し公」の意味。敵対する勢力やトルコ人
　を何万人も串刺しにした残忍さからこのあだ名がついた。

| セルビア、 |
| アルバニア |

☑1288 1514年、◯◯世は◯◯の戦いでイランのサファ
+++ ヴィー朝に勝利した。 　（明治大、立教大）

　📖彼は「冷酷者」と呼ばれ、残忍な所業が多かった。

| セリム1、 |
| チャルディラーン |
| （チャルドラン） |

☑1289 +++	1517年、<u>セリム1世</u>はエジプトの◯◯朝を滅ぼし、聖地<u>メッカ</u>と◯◯の支配権を得た。 (明治大、立教大)	マムルーク、メディナ
☑1290 +++	1517年、<u>セリム1世</u>はカリフの地位を奪って、いわゆる◯◯制と呼ばれる政教一致体制の基盤が整った。 (センター試験、東京大)	スルタン=カリフ
	🗒 この制度は18世紀の外交文書に初めて登場したため、制度の存在そのものを疑問視する歴史学者も少なくない。	

10 | スレイマン1世の時代

☑1291 +++	<u>スレイマン1世</u>は帝国の行政制度を完成させたことから◯◯と呼ばれ、**オスマン帝国の全盛期**を築いた。 (明治大)	立法者(カーヌーニー)
☑1292 +++	◯◯と呼ばれる制度によって、**バルカン半島のキリスト教徒の子弟を強制的に徴用**し、その一部を<u>常備歩兵軍</u>の◯◯に配属した。 (東京大、青山学院大)	デウシルメ イェニチェリ
	🗒 徴用されたキリスト教徒の子弟は、トルコ人家庭での2年間のホームステイが義務づけられた。その後、**軍人(親衛隊)か官僚**に進路が振り分けられた。いずれも出世コースであり、喜んで徴用される者が多かった。	
☑1293 +++	オスマン帝国内には宗教別共同体の◯◯が存在し、◯◯の自由と自治を許された。 (センター試験、東京大)	ミッレト、信仰
	☞**オスマン帝国の宗教別共同体**については、約30字以内の論述問題でよく問われる。問題文をそのまま暗記しよう!	
☑1294 +++	シパーヒー(トルコ系騎士)に土地の<u>徴税権</u>を与える◯◯制が実施された。 (青山学院大)	ティマール
☑1295 +++	1526年、**スレイマン1世**は◯◯の戦いで**ハンガリー**を破ったが、1529年の◯◯包囲には失敗した。 (センター試験、慶應義塾大)	モハーチ(モハチ)、第1次ウィーン
	🗒 ハンガリー王ラヨシュ2世はこの戦いで戦死した。弱冠18歳の若さだった。	

☑ 1296 **1520年代、◯◯騎士団**との激戦の結果、エーゲ海
+++ の◯◯**島**を奪った。 （上智大）

　🖉 この騎士団は**ホスピタル騎士団**とも呼ばれ、医療活動でも活躍した。現在は**マルタ騎士団**と改名し、難民救助など人道面で功績を残している。

ヨハネ、
ロードス

☑ 1297 **1535年頃、◯◯世はフランス**の◯◯**世に治外法**
+++ **権の一種**である◯◯を与えて同盟関係を築いた。
　　　　　　　　　　　　　　　 （センター試験、学習院大）

　🖉 **カピチュレーション**を与えたのは、**スレイマン1世**ではなく次のスルタンである**セリム2世**という説もある。

スレイマン1、
フランソワ1、
カピチュレーション

☑ 1298 **オスマン帝国のスレイマン1世**と対立が続いたのは
+++ 神聖ローマ皇帝でありスペイン王の◯◯世である。
　　　　　　　　　　　　　　　　　　　　 （東京都立大）

カール5

☑ 1299 **1538年、スレイマン1世は**◯◯の海戦でローマ教
+++ **皇、スペイン、**◯◯の連合艦隊を破り、**東地中海の**
　　制海権を握った。 （上智大、立教大）

　🖉 この海戦で活躍したのは、「**バルバロッサ**」（赤い鬚）の異名を持つアルジェリアの大海賊だった。オスマン帝国は**トルコ人**なので騎馬戦は強かったが、海戦はまったくダメだった。これは日本に侵攻した**モンゴル人**と同じであった。そこでオスマン海軍はバルバロッサを起用したのである。

プレヴェザ、
ヴェネツィア

☑ 1300 **1557年、スレイマン1世がイスタンブルに**◯◯を
+++ **建立**した。 （上智大、関西学院大）

　🖉 **スレイマン1世**は容姿端麗の美形だったので、西欧では「**壮麗者**」と呼ばれた。彼は寛大な能力主義を採用したため「羊飼いでも大臣になれる」とまで言われた。

スレイマン=モスク
（スレイマニエ=モ
スク）

☑ 1301 **スレイマン=モスク**の設計者は天才建築家といわれ
+++ た◯◯である。 （慶應義塾大）

　🖉 彼は**イェニチェリ**出身。生涯に数百もの建造物を手がけた。

ミマーリ=シナン
（スィナン）

11 │ オスマン帝国の衰退

☑ 1302 ◯◯◯年、レパントの海戦でスペインの◯◯◯世に敗
+++ れたが、まもなく海軍を再建した。

(センター試験、東海大)

> スペイン側の指揮官はアウストリアという当時24歳の若者だっ
> たが、巧みな作戦でオスマン帝国に勝利した。オスマン側の死者
> は3万人にのぼった。

1571、フェリペ2

☑ 1303 **1683年**、◯◯◯包囲が**オーストリアと**◯◯◯**などの**
+++ **連合軍に撃退された。** (早稲田大、同志社大)

> 1529年の第1次、1683年の第2次いずれもウィーン包囲は失
> 敗に終わった。

第2次ウィーン、
ポーランド

☑ 1304 **1699年**、◯◯◯条約で◯◯◯やトランシルヴァニア
+++ をオーストリアに、翌1700年には◯◯◯をロシアに
割譲し、**オスマン帝国の衰退は決定的になった。**

(一橋大)

> ロシアではピョートル1世の治世を迎えており、この時代から南
> 下政策が始まった。

カルロヴィッツ、
ハンガリー、
アゾフ地方(アゾ
フ海)

☑ 1305 **18世紀前半のアフメト3世の時代に「◯◯◯時代」**
+++ **と呼ばれる西欧趣味が流行した。** (予想問題)

チューリップ

☑ 1306 18世紀後半に即位した◯◯◯世は西欧式の新軍ニ
+++ ザーム=ジェディットを創設したが、軍の主力であっ
た◯◯◯らの反対で殺害された。 (慶應義塾大)

☛難関校はニザーム=ジェディットも出題するので注意!

セリム3

イェニチェリ

12 │ ティムール朝 (ティムール帝国)

☑ 1307 **ティムールは**◯◯◯**=ハン国**から自立して◯◯◯朝
+++ (帝国) を建国した。 (立命館大)

西チャガタイ、
ティムール

☑ 1308 **ティムール朝の都は中央アジアの**◯◯◯**に置かれた。**
+++

(早稲田大、立命館大)

> この都市にはイスラーム世界で初めて製紙工場が建てられた。

サマルカンド

188

☑1309 ティムールは（ ）=ハン国や北インドの（ ）に侵
+++ 入し、1402年には（ ）の戦いでオスマン帝国を
破った。　　　　　　　　　　　　　　　（東京都立大、立教大）

キプチャク、
デリー、アンカラ

🔲 当時の北インドはトゥグルク朝（1320〜1414）が支配していた。
デリーに都を置いたのでデリー=スルタン朝の1つとされる。ア
ンカラの戦いは超がつくほど重要。オスマン帝国軍は先に着いた
ので狩りに没頭し、疲れたころにティムール軍と遭遇して完敗し
た。油断も敗北の一因であった。

☑1310 1405年、ティムールは（ ）帝時代の明遠征の途上
+++ で病死した。　　　　　　　　　　　　　　　　（早稲田大）

永楽

🔲 自らをモンゴルの子孫とする彼にとって、元（モンゴル）を滅ぼ
した明は宿敵であった。どちらも戦上手で、しかも最盛期の人
物同士、もし両雄がまみえていたら勝者はどちら？　と思うが、
ティムールの病死で両雄決戦は消えた。

☑1311 ティムール朝第3代君主の（ ）は、明やオスマン帝
+++ 国と和解し平和を維持した。　　　　　　　　（早稲田大）

シャー=ルフ

☑1312 ティムール朝第4代君主の（ ）は、サマルカンドに
+++ 天文台を建設したが暗殺された。　　　　　（慶應義塾大）

ウルグ=ベク

🔲 この君主は優秀な学者でもあったが、即位2年後に自分の息子に
よって暗殺された。

☑1313 15世紀に（ ）がティムール朝の都となり、文化の
+++ 中心都市ともなった。　　　　　　　　　　（予想問題）

ヘラート

☑1314 （ ）人のシャイバニ=ハンの侵入で、ティムール朝
+++ は滅亡した。　　　　　　　　　　　　　　　（早稲田大）

ウズベク

☛ 意外に盲点となる問題。難関校志望者はしっかりと記憶するこ
と。

☑1315 1500年にシャイバニ=ハンが中央アジアにシャイバ
+++ ニ朝を建て、後に（ ）=ハン国と呼ばれた。
（南山大）

ブハラ（ボハラ）

☛ 1868年にロシアの保護国となった。
🔲 ブハラ（ボハラ）はかつてサーマーン朝の都にもなっており、イ
スラーム教徒が多い。しかしブハラは古代インドのサンスクリッ
ト語で「僧院」を意味し、かつては仏教徒も多かった。

☑1316 1512年には、アム川下流域のホラズム地方に（ ）
+++ =ハン国が建てられた。　　　　　　（南山大、立命館大）

ヒヴァ

☛ 1873年にロシアの保護国となった。

☑1317 **18**世紀初めには◯◯=ハン国が中央アジアの**フェルガナ盆地**に建てられた。 (南山大、立命館大) ☞ **1876**年に**ロシア**に併合された。	コーカンド

13 | サファヴィー朝

☑1318 神秘主義教団の教主である◯◯世がイランを平定し、◯◯朝を建国した。 (上智大、関西学院大) 🗒 イスマーイール1世は**13**歳の美少年。彼を神と崇めたトルコ系山岳民族キジルバシュは、彼に絶対忠誠を誓い、たった2年でサファヴィー朝建国に成功した。	イスマーイール1、 サファヴィー
☑1319 サファヴィー朝は◯◯（**十二イマーム**）派を国教とした。 (成蹊大) 🗒 この一派はアリーに始まる12人の**イマーム（教祖）**を正統とする。12人目のイマームは現在身を隠しており（隠れイマームという）、その再臨を待ち望むという神秘主義的な面がある。現在のイラン=イスラーム共和国の国教となっている。	シーア
☑1320 サファヴィー朝の君主は**イランの伝統的な君主の称号**である◯◯を用いた。 (東京大、中央大)	シャー
☑1321 サファヴィー朝の首都は◯◯から**カズヴィーン**へ、さらには◯◯に遷り、「**世界の半分**」といわれるほどの繁栄を見せた。 (慶應義塾大、上智大) ☞ 首都の変遷は難関私大で問われるので要注意！ これらの首都の中で入試最頻出なのはイスファハーン。	タブリーズ、 イスファハーン
☑1322 **16**世紀、サファヴィー朝は**カスピ海西南**の◯◯をめぐり**オスマン帝国**と対立した。 (早稲田大) 🗒 この地方はトルコ系のイスラーム教徒が多く、**バクー油田**でも有名。第二次世界大戦中、ドイツはこの油田を狙って南下したが**スターリングラード**（現在のヴォルゴグラード）で敗北した。	アゼルバイジャン
☑1323 サファヴィー朝は、◯◯世時代に**最盛期**を迎え、ポルトガルから◯◯島を奪回した。 (早稲田大) 🗒 彼は**17**歳で即位。寛大な統治により、名君主と称される。黒い瞳とルックスの良さから「悪魔のように美しい」と形容された。	アッバース1、 ホルムズ
☑1324 サファヴィー朝が◯◯人の侵入で**1736**年に**滅亡**した後、イランでは**ナーディル=シャー**が◯◯朝を開いた。 (早稲田大、中央大)	アフガン、 アフシャール

14 | アフガニスタン、北インドのイスラーム王朝

☑1325 962年、**アフガニスタン**に初の**イスラーム王朝**であ
+++ る◯◯朝が成立したが、**1186**年には◯◯朝に
とって代わられた。 （学習院大、中央大）

☞「**苦労人**（962）と**言い張る**（1186）ガズナ朝」で覚えよう！

ガズナ（ガズニ）、
ゴール

☑1326 **ガズナ朝**の◯◯による**17回のインド遠征**は、**イン
+++ ド=イスラーム化の契機**となった。 （早稲田大）

🗹 侵略の目的は**インドの富の収奪**という経済的な動機だったが、こ
れによりインドがイスラーム化するきっかけとなった。

マフムード

☑1327 **1206**年から**1526**年にかけて**デリー**に都を置いた
+++ **5つの王朝**を総称して◯◯朝と呼ぶ。 （センター試験）

デリー=スルタン

☑1328 1206年、**デリー=スルタン朝**の最初に登場したのが
+++ ◯◯で、**奴隷出身**の◯◯が建てた。
（早稲田大、共通テスト）

奴隷王朝、
アイバク

☑1329 **1290** 〜 **1320**年の間は◯◯朝が存続し、**アラー=
+++ ウッディーン=ハルジー**がモンゴル軍を撃退した。
（早稲田大）

☞ この王朝はデリー=スルタン朝2番目の王朝。

ハルジー

☑1330 **1320**年に成立した◯◯朝は、**『三大陸周遊記』（『旅
+++ 行記』）**で有名な◯◯が滞在したが、◯◯軍の侵入
で衰退した。 （中央大、立教大）

☞ デリー=スルタン朝の中でも入試に頻出の王朝。明の鄭和の艦隊
も訪れている。
🗹 **イブン=バットゥータ**がインドを訪問した時、**スーフィー**（イス
ラーム神秘主義者）の弟子たちが空中を浮遊しているのを見て驚
いている。この現象が事実かどうか、意見が分かれている。

トゥグルク、
イブン=バットゥー
タ、ティムール

☑1331 1347年に**トゥグルク朝**から◯◯朝が自立し、**デカ
+++ ン高原**を支配した。 （慶應義塾大）

☞ 超難問だが、早慶大は時々出題する。

バフマン（バフマ
ニー）

☑1332 1414〜51年には◯◯朝がデリー周辺を支配した。
+++ （早稲田大）

サイイド

☑1333 **サイイド朝**が成立した同時代には、中国では◯◯に
+++ 都を置く◯◯朝の時代であった。 （早稲田大）

☞ 明の永楽帝による**北京遷都**は**1421**年のこと。

南京、
明

☑ **1334** <u>1451 年</u>に<u>アフガン人</u>が建てた◯◯朝は、<u>1526 年</u>
+++ の◯◯の<u>戦い</u>で<u>ムガル帝国に滅ぼされた</u>。

（明治大、関西学院大）

　ロディー、
　パーニーパット

　☞ <u>デリー=スルタン朝</u>はこの王朝のみがアフガン系で、他の4つの
　王朝はトルコ系である。これは正誤問題でも問われる。

☑ **1335** 14 世紀以降、南インドでは<u>ヒンドゥー教国の</u>◯◯
+++ <u>王国</u>が栄え、<u>1498 年</u>には<u>ポルトガルのヴァスコ=ダ</u>
<u>=ガマ</u>が、この王国の港町である◯◯に<u>到達した</u>。

（センター試験、神奈川大）

　ヴィジャヤナガル

　カリカット

---

15 | ムガル帝国

☑ **1336** <u>1526 年</u>に◯◯が◯◯朝の軍を<u>パーニーパットの</u>
+++ <u>戦い</u>で破り、<u>ムガル帝国</u>を建国した。

（センター試験、上智大）

　バーブル、ロディー

　🔲 彼は<u>モンゴルの子孫</u>を自称し、ムガル帝国（モンゴルのなまり）
　の建国を宣言したが、実は<u>トルコの血筋</u>もひいていた。

☑ **1337** 第3代皇帝<u>アクバル</u>は◯◯を廃止し、<u>ラージプー</u>
+++ <u>ト族</u>の王女と結婚するなど◯◯教徒との和解を
図った。

（センター試験、國學院大）

　ジズヤ(人頭税)、

　ヒンドゥー

　🔲 ムガル帝国最盛期の人物。<u>インドの諸宗教との融和</u>を図り、<u>ジズ</u>
　<u>ヤを廃止</u>したことで有名だが、融合宗教の神聖宗教（<u>ディーネ=</u>
　<u>イラーヒー</u>）は信者らが集まらず頓挫している。

☑ **1338** 1558 年、<u>アクバル帝</u>は◯◯を首都に定め、<u>土地を</u>
+++ <u>測量</u>し、◯◯を<u>統一</u>した。　（青山学院大、法政大）

　アグラ、

　貨幣

☑ **1339** ◯◯帝は官僚に官位を定め、それに応じた<u>給与地と</u>
+++ <u>騎兵の保持</u>を規定した◯◯制を導入した。

（早稲田大）

　アクバル、

　マンサブダール

　☞ かなりの難問。文武の官僚はすべて33の等級（マンサブ）に分
　けられ、それに応じて俸給を受けていた。

☑ **1340** 第5代皇帝◯◯は、死んだ愛妃のために<u>白い大理石</u>
+++ を用いて<u>タージ=マハル</u>（廟^{びょう}）を建てた。

（共通テスト、津田塾大、明治大）

　シャー=ジャハーン

　🔲 <u>タージ=マハル</u>（廟）は<u>インド=イスラーム建築の傑作</u>といわれて
　いる。<u>シャー=ジャハーン</u>は黒い大理石を用いて自らの廟を建て
　ようとしたが、その浪費ぶりを見かねた息子（次の皇帝）<u>アウラ</u>
　<u>ングゼーブ</u>に幽閉された。

☑ 1341 第6代皇帝（　　）は帝国の**最大版図を実現**したが、厳
+++ 格な**スンナ派**で（　　）を復活し、（　　）**派**や**ヒン
ドゥー教徒を弾圧**した。　　　　　（青山学院大、上智大）

> アクバル帝を**寛容**とするなら、この人物は**不寛容**である。熱狂的
> なイスラーム教スンナ派の信奉者で、非イスラーム教徒の反乱を
> 招いた。

アウラングゼーブ、
ジズヤ（人頭税）、
シーア

☑ 1342 **スーフィズム**の影響を受けて、**ヒンドゥー教の神々
+++ への絶対的帰依**を通じてあらゆる人々が救われると
いう（　　）**信仰が盛ん**になった。　　（早稲田大）

> 古くからある信仰形態で、ラーマ神、クリシュナ神などへの献身
> 的な愛と信仰に重きを置いた。特に、13世紀以降インド各地で盛
> んとなった。

バクティ

☑ 1343 （　　）は**ヒンドゥー教とイスラーム教の融合**による
+++ 神への絶対的帰依と平等の救いを説いた。　（東京大）

カビール

☑ 1344 **16**世紀初め、（　　）が**イスラーム教**の影響の下、**一
+++ 神教的**で偶像を否定する（　　）**教を創始**した。
　　　　　　　　　　　　　　　　（東京大、駒澤大）

☞ 創始者や特徴などが50字程度の短い論述問題でよく問われる。
> キリスト教、イスラーム教、仏教、ヒンドゥー教などのメジャー
> な宗教に次ぐ、世界で5番目に信者が多いのがシク教。インドの
> パンジャーブ地方に多い。頭にターバンをまく習慣があるので、
> すぐにシク教徒とわかる。

ナーナク、
シク

☑ 1345 ムガル帝国後期には**デカン高原**の（　　）**王国**、**パン
+++ ジャーブ地方**の（　　）**教徒**、**インド西部**の（　　）**族**が
反乱を起こした。　　　　（慶應義塾大、京都産業大）

☞ **アウラングゼーブ帝**の政策への反発が離反の要因。また、地域名
も重要なキーワード！

マラーター、
シク、ラージプート

☑ 1346 **ヒンドゥー教国**の**マラーター**の指導者・建国者は
+++ （　　）である。　　　　　　　　　　（早稲田大）

> 彼の死後、一時期、勢力が衰えたが、18世紀前半に有力な諸侯た
> ちが**マラーター同盟**を結び、ムガル帝国に対抗するヒンドゥー教
> の一大勢力となった。

シヴァージー

☑ 1347 ムガル帝国では、**公用語**として（　　）**語**が用いられ、
+++ さらに**ヒンディー語**とアラビア語、ペルシア語など
が融合した（　　）**語**が生まれた。これは**現在のパキス
タンの公用語**となっている。　　（共通テスト、上智大）

ペルシア

ウルドゥー

☑ 1348 アグラ東部に建てられた◯◯◯は、**インド=イスラーム建築の代表的建造物**である。　（センター試験、上智大）
+++

タージ=マハル

☑ 1349 **ペルシア**の◯◯◯の影響で**ムガル絵画、ラージプート絵画**が生まれた。　（センター試験、東京大）
+++

ミニアチュール(細密画)

　🔲 ムガル帝国は建国当初からイランのサファヴィー朝と友好関係にあったために、政治や文化の面で<u>ペルシア（イラン）</u>の強い影響を受けた。

16 ｜ インドの植民地化

☑ 1350 **イギリス**は◯◯◯、◯◯◯、<u>マドラス</u>を**インド進出の主要な拠点**とした。　（関西学院大）
+++

カルカッタ、
ボンベイ※順不同

　☛ 地図を使って問われることが多い。資料集などで確認しておこう！　なお、現在<u>カルカッタ</u>はコルカタ、<u>ボンベイ</u>はムンバイと呼ばれている。

☑ 1351 **フランス**は◯◯◯と◯◯◯を主要な拠点とした。　（関西学院大）
+++

シャンデルナゴル、
ポンディシェリ
※順不同

　☛ 地図を使って問われることが多い。資料集などで確認しよう！

英・仏の拠点

シャンデルナゴル(仏)
カルカッタ(英)
ボンベイ(英)
マドラス(英)
ポンディシェリ(仏)

☑ 1352 1744〜63年に行われた<u>南インド</u>における**イギリス**と**フランス**との戦争を◯◯◯戦争と呼ぶ。　（法政大）
+++

カーナティック

☑ 1353 **フランスのインド総督**◯◯◯の活躍もあり、1746年以降はフランスがイギリスを圧倒した。　（青山学院大）
+++

デュプレクス

　🔲 彼は有能であったが独裁的傾向が強く、フランス本国に召還された。その間隙を突いてイギリスが勢力を拡大した。

☑1354 <u>1757</u>年、<u>東インド会社</u>の◯◯の活躍によって、**フ
+++ ランスとの◯◯の戦い**は**イギリスの勝利に終わり**、
インドにおけるイギリスの主導権が確立した。

（センター試験、中央大）

⬚ 彼は32歳の若さでイギリスを勝利に導き、帰国して男爵の位を
得た。議員職にも就いたが、後に収賄の嫌疑をかけられ、自殺し
た。彼のペットの亀が、驚くことに2006年まで生きていた。250
年以上も生きたことになる。

クライヴ、
プラッシー

☑1355 <u>1765</u>年、**イギリス東インド会社**は<u>ベンガル地方</u>の
+++ ◯◯を獲得した。 （法政大）

⬚ 東インド会社がインドを政治的に支配する第一歩となった。

ディーワーニー（徴
税権）

☑1356 **4回**におよぶ◯◯**戦争**（<u>1767</u>〜<u>99</u>）は、**イギリ
+++ スの勝利に終わり**、**イギリスの南インド支配が確定**
した。 （慶應義塾大）

マイソール

☑1357 **3回**におよぶ◯◯**戦争**（<u>1775</u>〜<u>1818</u>）で、**イ
+++ ギリスは最大のヒンドゥー勢力を撃破**した。

（慶應義塾大）

マラーター

☑1358 **2回**行われた◯◯**戦争**（<u>1845</u>〜<u>49</u>）に**イギリス
+++ は勝利**し、<u>パンジャーブ地方</u>を併合した。

（センター試験、早稲田大）

⬚ 当時、世界最大のダイヤモンドとされる「コーイ・ヌール」がシ
ク王国からイギリスの手に渡り、イギリスの王冠に飾られた。日
本円に換算すると時価数百億円だったらしい。なお、シク王国は
19世紀初頭に**ランジート=シング**によって建国され、**ラホール**を
首都とした。

シク

☑1359 **イギリス**は、主に<u>北インド</u>で<u>旧来の地主</u>を利用して
+++ 租税の<u>間接徴収</u>を行う◯◯制を実施した。

（中央大、明治大）

☛ 地主を利用した**間接徴収**を行ったことがポイント！

ザミンダーリー

☑1360 **イギリス**は、主に<u>南インド</u>で**耕作農民**から<u>直接</u>、税
+++ を徴収する◯◯制を実施した。 （明治大、早稲田大）

☛ 農民から直接、税を徴収したことがポイント！

ライヤットワーリー

☑1361 +++ 1813年、（　　　）の対インド貿易独占権が廃止され、イギリスの（　　　）がインドに逆流し、1820年代にインド伝統の綿織物業は壊滅的打撃を受けた。 （一橋大、早稲田大）	東インド会社、綿製品
☑1362 +++ 1820年代のインド綿業の壊滅的惨状を、インド総督の（　　　）は「木綿職人の骨は、インドの平原を白色に染めている」と報告した。 （早稲田大） 🗐 彼は1833～35年の間、インド総督を務めた。未亡人（寡婦）の殉死の風習であるサティー禁止の功績がある。またこの時期、カルカッタで横行していた少年のいけにえの儀式もイギリスは禁止した。これはカーリー女神に子どもの首を切ってささげる儀式であった。	ベンティンク
☑1363 +++ 1857年、インド大反乱と呼ばれる（　　　）の反乱が発生し、一時は都（　　　）を占領したが、最終的にイギリスに鎮圧された。 （センター試験、國學院大） 🗐「インド独立戦争」とも呼ばれるこの反乱では、インド在住のイギリス人の女性や子どもまで虐殺されたため、イギリス側の報復もすさまじかった。	シパーヒー（セポイ）、デリー
☑1364 +++ 1857～59年にかけて発生した（　　　）の反乱には、傭兵のみならず農民や手工業者も加わった。 （センター試験、東京大） ☞ 広範囲な階層におよぶ大規模な反乱に発展したことからインド大反乱とも呼ばれる。	シパーヒー（セポイ）
☑1365 +++ シパーヒー（セポイ）とは、イギリス（　　　）のインド人傭兵の呼び名である。 （東京大、同志社大） 🗐 シパーヒー（セポイ）はヒンドゥー教徒とイスラームの混成軍であり、その扱いが難しかった。	東インド会社
☑1366 +++ インド大反乱では小国の王妃（　　　）がイギリス軍に対して奮戦したが、戦死した。 （慶應義塾大） 🗐 彼女は「インドのジャンヌ=ダルク」と呼ばれ、現在もインドの人々の間で人気が高い。	ラクシュミー=バーイー
☑1367 +++ 1858年、（　　　）世が退位し、ムガル帝国は滅亡した。 （立教大、立命館大）	バハードゥル=シャー2

☑1368 +++ <u>1858</u>年にインド大反乱発生の責任をとって◯◯◯は解散し、**インドはイギリスの<u>直接統治</u>下に入った。** （センター試験、明治大）	（イギリス）東インド会社	
☑1369 +++ <u>1877</u>年、イギリス国王である◯◯◯が**インド**皇帝を兼ねる形で◯◯◯が成立した。 （センター試験、青山学院大）	ヴィクトリア女王、インド帝国	
☑1370 +++ 東インド会社に協力したために、インド帝国成立後も存在を認められた**旧地方王権**を◯◯◯という。 （予想問題）	藩王国	

MEMO

第2部

近代

近代ヨーロッパの成立（15〜18世紀）

1 | イタリア=ルネサンス

☑ 1371
+++
ルネサンスとは日本語で「（◯◯◯）」という意味である。 （青山学院大）

再生

　ルネサンスが一般的に**「古典文化の復活・再生」**を意味するのは、神中心の中世への反発から人間中心の「**ギリシア・ローマ文化の復活**」を意図したからである。

☑ 1372
+++
イタリア=ルネサンスの中心地は、（◯◯◯）から（◯◯◯）や**ローマ**へと移っていった。 （慶應義塾大）

フィレンツェ、
ヴェネツィア

☑ 1373
+++
14〜15世紀には、東方貿易や、（◯◯◯）家による金融業や毛織物業によって発展した**フィレンツェ**が**イタリア=ルネサンスの中心地**だったが、**16世紀**になると**教皇ユリウス2世**や**教皇（◯◯◯）世**の保護により、**ローマ**や**ヴェネツィア**へと移っていった。
（慶應義塾大）

メディチ

レオ10

　メディチ家は**アカデミー**（**プラトン学園**）を創設し、学問を保護した。

☑ 1374
+++
（◯◯◯）=ディ=メディチ（1389〜1464）が**プラトン=アカデミー**を創設し、（◯◯◯）=ディ=メディチ（1449〜92）は**ボッティチェリ**などルネサンス画家を保護した。 （早稲田大）

コジモ、
ロレンツォ

　ロレンツォは学識高く、教養もあり、勇気も備えた魅力的な人物であった。ルックスも良く多くの人を魅了したが、42歳で病死した。

☑ 1375
+++
ローマ教皇（◯◯◯）世（在位1503〜13）は、ルネサンスの**ラファエロ**や**ブラマンテ**などを保護した。
（慶應義塾大）

ユリウス2

　マキァヴェリの『**君主論**』のモデルとなった魔王チェーザレ=ボルジアを手玉にとった教皇として人気も高い。権謀術数にたけた政治力のある教皇であった。

☑ 1376 フィレンツェでは、ドミニコ派の熱狂的な修道僧
+++ （ ）が一時、メディチ家を追放して、市政を握っ
た。 （慶應義塾大、関西学院大）

 ☛難問だが入試での出題頻度は低くない。彼は「虚飾の焼却」と呼
ばれる文化財の破壊活動を行い、多くの絵画が燃やされた。

サヴォナローラ

☑ 1377 イタリア=ルネサンスの三大人文主義者は『叙情詩
+++ 集』『アフリカ』の作者（ ）、『デカメロン』の作者
（ ）、『神曲』の作者（ ）である。 （明治学院大）

 🔖『アフリカ』は、ローマ時代のポエニ戦争における（大）スキピ
オの活躍を描いた叙事詩的作品。ペトラルカは歴史家としての一
面も持っていた。ルネサンスとはギリシア・ローマ時代に再度光
を当てることであった。

ペトラルカ、
ボッカチオ、ダンテ

☑ 1378 『デカメロン』は（ ）を逃れた10人の男女がそれ
+++ ぞれ1日1話ずつ、10日間物語る風刺的短編小説
である。これはダンテの『神曲』に対して『（ ）』と
いわれる。 （共通テスト、慶應義塾大）

ペスト（黒死病）

人曲

☑ 1379 ダンテの『神曲』は（ ）語で書かれ、地獄・煉獄の
+++ 案内人としてローマの詩人（ ）が登場する。
（上智大）

 🔖「神曲」の地獄篇に登場する言葉、「この門より入るものは一切
の希望を捨てよ」はあまりにも有名。数々の映画や文学作品に引
用されている。ちなみに作中での天国の案内人はダンテの恋人の
ベアトリーチェであった。

トスカナ、
ウェルギリウス

☑ 1380 近代政治学の祖とされる（ ）は著書『（ ）』でイ
+++ タリアの統一を訴えた。 （同志社大）

 🔖マキァヴェリは若者に対して数々の名言を残している。「運命の
女神は、勇気ある者、そして準備するものに微笑む」。決意を胸
に、日ごろの準備を怠らないものに運命の女神は微笑む、という
意味。

マキァヴェリ、
君主論

☑ 1381 マキァヴェリの『君主論』は、後に（ ）（権謀術数
+++ 主義）として批判を浴びた。また、他の著作には
『（ ）』がある。 （青山学院大）

 🔖『君主論』は"魔王"とも称されたチェーザレ=ボルジアがモデル
とされる。彼は優れた知性と教養を兼ね備え、さらに容姿端麗な
貴公子であったが、一方で野心的な人物でもあった。

マキァヴェリズム

ローマ史論（また
はフィレンツェ史）

☑1382 「聖フランチェスコの生涯」を描いた（　　　）は、**ルネサンス絵画の先駆者**である。また、（　　　）は「**ヴィーナスの誕生**」「**春**」を描いた。　　　　（日本女子大）	ジョット、ボッティチェリ
🗊 **アッシジ**にある聖フランチェスコ聖堂の壁画に描かれた「**聖フランチェスコの生涯**」がジョットの代表作。**ダンテの肖像画**も彼の作品である。	
☑1383 （　　　）は**サンタ=マリア大聖堂**を完成させ、（　　　）は**サン=ピエトロ大聖堂**の最初の設計者となった。　　　　　　　　　　　　（慶應義塾大、青山学院大）	ブルネレスキ、ブラマンテ
☞この2人の建築家は混同しやすいので要注意！	
☑1384 （　　　）は「**万能の天才**」「**万能人**」といわれた。　　　　　　　　　　　　　　　　　（上智大、近畿大）	レオナルド=ダ=ヴィンチ
🗊 彼は芸術においては「**モナ=リザ**」「**最後の晩餐**」などの傑作を世に送り出したが、飛行の原理の発見や死体解剖といった**自然科学や医学の分野**でも大きな功績がある。	
☑1385 （　　　）は、**ヴァチカン宮殿内**の（　　　）**礼拝堂**に描いた「**最後の審判**」や「**天地創造**」などの絵画をはじめ、（　　　）などの彫刻でも知られる。　　　　（慶應義塾大）	ミケランジェロ、システィナ、ダヴィデ像（またはモーセ像）
☑1386 **ミケランジェロ**は、**教皇ユリウス2世**に強制されて「（　　　）」を描いた。　　　　　　　　　　　　（京都大）	天地創造
☑1387 「**カルデリーノの聖母**」「**アテネの学堂**」は（　　　）の代表作である。　　　　　　　　　（明治学院大、同志社大）	ラファエロ
🗊「**アテネの学堂**」はソクラテス、プラトン、アリストテレス、ピタゴラスなど多くの偉人たちを一堂に描いた作品。	
☑1388 理想社会を描いた『**太陽の都**』はイタリアの（　　　）の作である。　　　　　　　　　　　　　　　（早稲田大）	カンパネッラ
☞①トマス=モアの『**ユートピア**』、②カンパネッラの『**太陽の都**』、③フランシス=ベーコンの『**ニューアトランティス**』がユートピア（理想郷）小説のベスト3なので要注意。なお、『**太陽の都**』は26年間にもおよぶ獄中生活の中で執筆された。	
☑1389 ルネサンスを保護した富豪に（　　　）**家**がいる。教皇（　　　）**世**もこの一族の出身である。　　　（上智大）	メディチ、レオ10

☑1390 **ヴェネツィア派の代表的画家**として、「**聖愛と俗愛**」
+++ を描いた◯◯や「**眠れるヴィーナス**」を描いた
◯◯がいる。　　　　　　　　　　　　　（青山学院大）

ティツィアーノ、
ジョルジョーネ

　🖋 後期ルネサンスの代表である**ヴェネツィア派**の絵画は、華麗かつ
　　豊満さ（ふくよかさ）が特徴である。

☑1391 **イタリア=ルネサンス衰退**の一因として、**新航路の発**
+++ **見**による◯◯革命がある。　（センター試験、駒澤大）

商業

☑1392 **イタリア=ルネサンス**は、**フランス国王フランソワ1**
+++ **世**と神聖ローマ皇帝◯◯**世**が対立した◯◯**戦争**
などによって衰退に向かった。　　　　　　　（上智大）

カール5、イタリア

　🖋 北イタリアは経済力のある都市が多く、これを狙ってフランスと
　　ドイツ（神聖ローマ帝国）が対立した。

☑1393 **イタリア戦争**（1494〜1559）は、フランス国王
+++ ◯◯**世**による**イタリア侵入**に始まり、**フランソワ1**
世時代に対立がピークに達し、**1559**年の◯◯**条約**
で終結した。　　　　　　　　　　　　　（慶應義塾大）

シャルル8、
カトー=カンブレジ

　🖋 結局、フランスはイタリアから撤退した。**イタリア戦争**中の
　　1527年、神聖ローマ帝国軍がローマで暴行や略奪の限りをつく
　　した。これは「**ローマの略奪**」といわれ、ローマのルネサンスが
　　衰退する原因となった。

2 | 西欧のルネサンス

☑1394 **エラスムス**の代表作は『◯◯』である。また、彼は
+++ 『**自由意志論**』において◯◯と論争した。
　　　　　　　　　　　　　　　　（青山学院大、同志社大）

愚神礼讃、
ルター

　📢 いずれも超頻出の知識である。難関私大では出身地のロッテルダ
　　ムも出題されることがあるので要注意！　なお、『愚神礼讃』は
　　当時2万部も売れるベストセラーとなった。

☑1395 『**農民の踊り**』で知られる画家の◯◯は**フランドル**
+++ **地方**の農民の生活や風俗を描いた。　　　（立命館大）

ブリューゲル

☑1396 **フランドル画派**の創始者は◯◯**兄弟**であり、宗教
+++ 画に傑作を残した。　　　　　　　（日本大、慶應義塾大）

ファン=アイク

　📢 ファン=ダイクと混同しないように要注意！　ファン=ダイクは、
　　ロンドンでチャールズ1世の首席画家として活躍した。

☑ 1397 +++ ドイツの人文主義者〇〇〇は**ヘブライ語**の**古典**を研究した。 (上智大)	ロイヒリン
⬚ 中世ヨーロッパでは「**聖書**」の文字であるラテン語が権威を持っていた。これに対して<u>ロイヒリン</u>は**ヘブライ語**の研究を進めたため、異端の疑いをかけられて、あやうく死罪になるところであった。	
☑ 1398 +++ 〇〇〇は「**ヘンリ8世**」「**エラスムス像**」などの**肖像画**で有名である。 (センター試験、立教大)	ホルバイン
☑ 1399 +++ 〇〇〇は「四使徒」など**聖書**を**題材とする絵**を残した。 (青山学院大)	デューラー
☞ 問題文のキーワードを見落とさないこと。<u>デューラー</u>は宗教画（「四使徒」など）、<u>ホルバイン</u>は肖像画（「ヘンリ8世」など）で知られる。	
☑ 1400 +++ <u>モンテーニュ</u>の主著は『〇〇〇』である。また、政治家でもあった彼は、〇〇〇**戦争**時、**新旧両徒の調停**に功績があった。 (慶應義塾大)	随想録（エセー）、ユグノー
⬚ <u>ボルドー市長</u>として、**ユグノー戦争の調停**にも活躍した。	
☑ 1401 +++ 『**ガルガンチュアとパンタグリュエルの物語**』を書いた風刺作家は〇〇〇である。 (中央大)	ラブレー
⬚ 南フランスのモンペリエ大学で医学を学んだ名医であった。この作品はスカトロジー（糞尿譚）の代表作とされる。作品のほとんどに糞尿の場面が描かれていて、読者の度肝を抜いた。これは当時の秩序への挑戦であった。	
☑ 1402 +++ フランスでは国王〇〇〇世の保護の下、**ルネサンスが開花**した。 (上智大、早稲田大)	フランソワ1
☑ 1403 +++ フランス国王**フランソワ1世**は、「**万能の人**」との異名を持つ〇〇〇を保護した。 (立教大)	レオナルド=ダ=ヴィンチ
☑ 1404 +++ **フランソワ1世**は、航海士〇〇〇を新大陸へ派遣し、**セントローレンス川**を探検させた。 (立教大)	カルチェ
☞ カルチェは難問！ <u>セントローレンス川</u>の河口周辺をフランス領と宣言した人物である。	

☑1405 「羊が人間を食う」という言葉で有名な作品は、**トマ**
+++　**ス=モア**の『＿＿＿』である。　（学習院大、明治学院大）

　　🗐 この作品は毛織物生産のための第1次エンクロージャー（囲い込み）を批判した作品として有名。「羊が人間を食う」とは、農地から追われる農民を指した風刺的表現である。

ユートピア

☑1406 **トマス=モア**は**オランダ**の＿＿＿と親交を結び、イギ
+++　リスに招いた。　　　　　　　　　　　　　（青山学院大）

　　🗐 『愚神礼讃』も**トマス=モア**の別荘で執筆された。

エラスムス

☑1407 『**カンタベリ物語**』の作者はイギリスの＿＿＿である。
+++　　　　　　　　　　　　　　　　　　　　　　（駒澤大）

　　🗐 当時は詩人だけで食べていける時代ではなかった。この人物も、国王側近として百年戦争に従事して捕虜となっている。

チョーサー

☑1408 **エリザベス朝時代**を代表する詩人の1人で『**神仙女**
+++　**王**』を書いたのは、叙情詩人＿＿＿である。

　　　　　　　　　　　　　　　　　　　　　　（早稲田大）

スペンサー

☑1409 ＿＿＿の**四大悲劇**とは『＿＿＿』『**マクベス**』『**リア王**』
+++　『**オセロー**』である。　　　　　　　（東海大、上智大）

　　🗐 実は直筆の原稿や日記、手紙は現存しておらず、謎の多い人物とされている。

シェークスピア、
ハムレット

☑1410 **シェークスピア**による喜劇『＿＿＿』は、**ユダヤ人**へ
+++　の偏見を反映している。　　　　　　　　　（上智大）

　　🗐 **ユダヤ人**は土地の所有を禁じられていたため、金融業に従事する者が多かった。

ヴェニスの商人

☑1411 代表作『**ドン=キホーテ**』で知られる＿＿＿は、**1571**
+++　年の＿＿＿の**海戦**に参加し、負傷した。

　　　　　　　　　　　　　　　　　　　　　（関西学院大）

セルバンテス、
レパント

☑1412 ルネサンス期の**三大発明**とは「**火薬**」「**羅針盤**」「＿＿＿」
+++　である。　　　　　　　　　　　　　　　　（東海大）

　　🗐 三大発明といってもその起源はすべて中国にある。

活版印刷術

☑1413 キリスト教会が支持する＿＿＿説に対して、**地球の自**
+++　**転と公転**を認める＿＿＿説が登場した。（センター試験）

　　☞ キリスト教公認は**プトレマイオス**の『**天文学大全**』である。

天動、
地動

☑ 1414 ◯◯◯は、**ポーランド**の**クラクフ大学**で学び、著書
+++ 『◯◯◯』（1543）で地動説を唱えた。

(明治学院大、早稲田大)

📖 彼の宇宙観は、従来の天動説を全面的に否定する革命的なもの
だった。このことから「**コペルニクス的転回**」（ものの考え方が
180度変わるという意味）の言葉が生まれた。

| コペルニクス、 |
| 天球回転論 |

☑ 1415 **イタリア**の◯◯◯は、**コペルニクス**の説を支持して地
+++ 動説を唱え、異端とされて火刑に処された。

(慶應義塾大)

| ジョルダーノ= |
| ブルーノ |

☑ 1416 **惑星運行の法則**の発見者は◯◯◯である。 また、
+++ ◯◯◯は宗教裁判にかけられ「**それでも地球は動く**」
と述べたといわれる。

(東海大)

📖 ガリレイは、イタリアの天文学者。主著は『**天文対話**』。「物体の
落下速度はその物体の重さによらず一定である」ということを証
明するために、ピサ大聖堂の斜塔で**物体落下の実験**（重力実験）
を行ったことでも知られる。

| ケプラー、 |
| ガリレイ |

☑ 1417 **ローマ教皇**◯◯◯世（在位1623～44）は、**ガリレ**
+++ **オ裁判**で地動説を撤回させた。

(予想問題)

📖 実はこの教皇は**ガリレイ**（ガリレオ=ガリレイ）の友人であり数
学者でもあった。**コペルニクス**の地動説を支持した開明的な教皇
であったが、この裁判では政治的な判断から撤回を迫った。

| ウルバヌス8 |

☑ 1418 **グレゴリウス暦**の制定者は**グレゴリウス**◯◯◯世で
+++ ある。

(上智大)

☞暦の変遷も要注意！「(エジプト) **太陽暦**」→「**ユリウス暦**」(前
46年) →グレゴリウス13世の「**グレゴリウス暦**」(1582年)。

| 13 |

---

3 | 大航海時代（大商業時代）の到来と背景

☑ 1419 西欧人の間で**インド・東南アジア**産の◯◯◯や、**中国**
+++ 産の◯◯◯に対する需要が増大した。

(センター試験、駒澤大)

☞中国産のこの物産は**茶**ではない。**茶**がヨーロッパに入るのは、**17**
世紀以降である。

| こうしんりょう |
| 香辛料、 |
| 絹 |

☑1420 **マルコ=ポーロ**の『〔　　〕』は**西欧人のアジアへの憧**
+++ **れを誘った。** （センター試験、日本大）

世界の記述（東方<ruby>見聞録<rt>けんぶんろく</rt></ruby>）（<ruby>東方<rt>とうほう</rt></ruby>）

　🔲アジアへの憧れとは、特に日本への憧憬であった。**マルコ=ポー**ロの本では、日本はジパングの名で黄金にあふれた国として紹介されていた。そして魔法の石を体内に埋め込んだ不死身のサムライがいるなど、神秘の国として書かれていた。

☑1421 **オスマン帝国**が〔　　〕**貿易路を支配したため、新航路**
+++ **開拓の要求が高まった。** （センター試験、慶應義塾大）

東方（レヴァント）

　🔲オスマン帝国は東洋の物産に課税したため、価格が急騰した。

☑1422 **西欧人**は伝説の〔　　〕が支配する**キリスト教国**を求
+++ めて探索した。 （予想問題）

プレスター=ジョン

　🔲この国のモデルになったのはアフリカのエチオピア（**アクスム王国**）ではないかといわれている。この国はセム系民族の国でキリスト教を信仰していた。

☑1423 **天文学の発達**や〔　　〕の利用により、<u>航海術が発達し</u>
+++ <u>た。</u> （センター試験、神奈川大）

羅針盤

☑1424 **フィレンツェ出身の地理学者**〔　　〕は、地球は球形で
+++ あるという〔　　〕を主張し、**西航すればインドに到達**
することを説いた。 （立命館大）

トスカネリ、
地球球体説

　🔲コロンブスの航海に最も影響を与えた人物。

4 ｜ ポルトガルのアジア進出

☑1425 **ポルトガル王国**は<u>1143</u>年に〔　　〕**王国から分離・**
+++ **独立**する形で誕生し、首都〔　　〕は16世紀には**香辛**
料貿易で繁栄した。 （慶應義塾大、上智大）

カスティリャ、
リスボン

　☞16世紀前半、<u>リスボン</u>は世界商業の中心地の1つとなった。

☑1426 **領域を支配せずに、海洋ルートを支配することで交**
+++ **易の独占を図る国**は〔　　〕と呼ばれ、大航海時代の代
表的な国の1つが〔　　〕である。 （予想問題）

海洋帝国、
ポルトガル

☑1427 **ポルトガル**の〔　　〕は**新航路開拓**を奨励した。
+++ （早稲田大）

エンリケ航海王子

　🔲彼自身、船酔いがひどくて船に乗ることはめったになかったといわれている。

☑ 1428
+++
1488年、ポルトガル王◯◯世の治世に◯◯がアフリカ大陸南端の喜望峰に到達した。

（慶應義塾大、上智大）

📖 航海の難所であるアフリカ南端の喜望峰を、バルトロメウ=ディアスは「嵐の岬」と名付けた。

ジョアン2、
バルトロメウ=
ディアス

☑ 1429
+++
1498年、◯◯はイスラーム教徒の◯◯の水先案内を得てインドの◯◯に到達し、インド航路を開拓した。

（慶應義塾大、上智大）

📖 実は、アフリカ南端を回るルートはすでに発見されていた。記録によるとフェニキア人は紀元前にアフリカを一周している。しかし、ヨーロッパ人にとっては航路の「発見」であった。

ヴァスコ=ダ=ガマ、
イブン=マージド、
カリカット

☑ 1430
+++
1509年、アルメイダが率いるポルトガル艦隊は、◯◯の海戦でマムルーク朝を撃退して、紅海とアラビア◯◯海の制海権を得た。

（早稲田大）

📖 制海権がイスラームからヨーロッパに移った重大な事件。

ディウ沖、
アラビア

☑ 1431
+++
1505年にポルトガルはセイロンに到達、さらに1510年にはインドの◯◯を占領し、アジア初の植民地とした。

（センター試験、関西大）

📖 ポルトガルは、アジアの国々を滅ぼすのではなく、各地に交易の拠点（港市）を建設する方法を採用した。

ゴア

☑ 1432
+++
1510年にポルトガルはゴアを、翌11年には南海貿易の要地として繁栄していたマレー半島の◯◯を占領し、さらに◯◯諸島にも到達、ヨーロッパにおける香辛料の独占的提供者となった。

（センター試験）

📖 香辛料は西ヨーロッパでは原価の約400倍で売れ莫大な富を生んだ。しかし、その航海は危険を伴い、ヴァスコ=ダ=ガマの時代には乗組員の3分の2が死亡したといわれている。

マラッカ、
モルッカ

☑ 1433
+++
1557年、ポルトガルは◯◯の居住権を得て、対明貿易の拠点とした。

（東京大、岡山大）

マカオ

☑ 1434
+++
1543年、◯◯に漂着したポルトガル人が日本に鉄砲を伝えたとされる。

（法政大、中央大）

種子島

☑ 1435
+++
インド洋航路の開拓により、ポルトガルの◯◯と日本の◯◯を結ぶ海路が誕生した。

（明治大）

リスボン、
平戸

---

5 | 新大陸の「発見」

☑1436 <u>1479</u>年、◯◯◯王国の国王**フェルナンド2世**と
+++ ◯◯◯王国の女王**イサベル**の結婚によって**スペイン**
王国が成立し、<u>1492</u>年にはイスラームの**ナスル朝**
を滅ぼして◯◯◯を完成させた。　（センター試験）

☞**フェルナンド2世**は、スペイン王としては**フェルナンド5世**である。

| アラゴン、 |
| カスティリャ |
| レコンキスタ |
| （国土回復運動） |

☑1437 <u>1492</u>年、イタリアの◯◯◯出身の航海者**コロンブス**
+++ は、**スペイン女王**◯◯◯の支援を得て**バハマ諸島**に
到達し、上陸した島を◯◯◯と名付けた。　（早稲田大）

☞年号は必ず覚えよう！　この島の名はスペイン語で「聖なる救世
主」。なお、<u>コロンブス</u>の船の名前は**サンタ=マリア号**である。

| ジェノヴァ、 |
| イサベル、 |
| サンサルバドル |

☑1438 イタリアの探検家◯◯◯（父子）は、イギリス国王の
+++ **ヘンリ7世**の命で**ニューファンドランド**などの北米
を探検した。　（早稲田大）

| カボット |

☑1439 <u>1500</u>年、<u>ポルトガル</u>の海軍提督（ていとく）◯◯◯は**ブラジル**に
+++ **漂着**し、その領有を宣言した。　（京都産業大）

🗇 ブラジルには期待された金や銀は存在せず、パウ=ブラジルの木
が染料として西ヨーロッパへの輸出品とされた。ブラジルの国名
は、この木に由来する。

| カブラル |

☑1440 **イタリア**の◯◯◯は4度にわたって新大陸を探検し、
+++ この地がアジアではないことを報告した。　（上智大）

☞「アメリカ大陸」の名称は彼の名に由来する。

| アメリゴ=ヴェス |
| プッチ |

☑1441 ヨーロッパ人はアメリカ大陸を発見した当初、そこ
+++ をアジアだと信じて疑わなかったため、**アジアを指**
す言葉である◯◯◯と名付けた。　（慶應義塾大）

| インディアス |

☑1442 **南北アメリカ大陸**がつながる最狭部を◯◯◯という。
+++ 　（予想問題）

| パナマ地峡 |

☑1443 **スペインの探検家**◯◯◯は、<u>1513</u>年に**パナマ地峡**を
+++ **横断**して**太平洋**に到達した。　（上智大、早稲田大）

🗇 彼は発見の栄誉を称えられて**パナマの総督**となったが、1519年
には反逆罪で処刑された。

| バルボア |

☑1444 +++	1522年、◯◯◯の艦隊が**世界初の世界周航に成功し**たが、彼自身は◯◯◯諸島で原住民の王ラプラプに殺害された。　　　　　　　　　　　（センター試験、立教大） 🔹5隻の船と乗組員280人で出発したが、帰還できたのは1隻の船と乗組員18人で、世界周航（一周）は困難を極めた。	マゼラン（マガリャンイス）、フィリピン
☑1445 +++	1580年、イギリスの海賊◯◯◯は史上2番目の世界周航に成功した。　　　　　　　　　　　　　　　　（立教大） 🔹当時としては異例の小型船ペリカン号という船で出航したが、小型である強みを活かし、航海上の難所であった**マゼラン海峡**通過に成功した。	ドレーク
☑1446 +++	1571年、スペインの**フィリピン経営の拠点として**レガスピが◯◯◯という都市を建設した。　　（東京大） ☞レガスピはスペインの**フィリピン初代総督**である。	マニラ
☑1447 +++	1493年、教皇◯◯◯世は**教皇子午線（植民地分界線）**を設置し、**スペインとポルトガルの勢力圏を決定し**た。　　　　　　　　　　　　　　　　　　（慶應義塾大）	アレクサンデル6
☑1448 +++	1494年、◯◯◯条約で教皇子午線は**西方**に移動し、◯◯◯は**ポルトガル領**となった。　　（日本大、早稲田大）	トルデシリャス、ブラジル
☑1449 +++	1529年、◯◯◯条約で太平洋側にもスペインとポルトガルの境界線が引かれた。　　（慶應義塾大、上智大） ☞この条約は難関私大でよく出題される。	サラゴサ
☑1450 +++	スペインのラテンアメリカ征服者たちは◯◯◯と呼ばれた。　　　　　　　　　　　　　　　　（慶應義塾大） 🔹彼らの征服の目的は"3G"と呼ばれる。すなわち、"Glory"（スペイン王の栄光）、"Gospel"（福音、伝道）、"Gold"（黄金）の3つである。その中で、真の目的は"Gold"であった。	コンキスタドール（コンキスタドーレス）
☑1451 +++	◯◯◯は、**トルデシリャス条約**でも認められていたが、**カブラル**の発見により**中南米唯一のポルトガル領**となった。　　　　　　　　　　　（センター試験）	ブラジル
☑1452 +++	1521年、スペインの征服者◯◯◯が**メキシコ高原**で栄えていた◯◯◯**帝国**を滅ぼした。　（明治学院大） 🔹アステカ帝国では、白い神が現れて国が滅びるという予言があった。そしてその年号を**1519年**と考えていた。偶然にも白人のコルテスたちスペイン人が上陸したのも、1519年であった。他にマヤ文明でも予言が多用された。	コルテス、アステカ

☑1453 **1533**年、スペインの征服者の（　　）が**ペルー**の
+++ （　　）**帝国**を滅ぼした。　　　　　（明治学院大、同志社大）

ピサロ、インカ

🗋金はスペイン人が予想したほどには多く産出されなかった。そのため、中南米のどこかに黄金郷（エル=ドラド）があるという風聞が広まった。

☑1454 **1545**年、新大陸で最大となる<u>銀</u>の埋蔵量を有する
+++ （　　）**銀山**が、**ボリビア**で発見された。
　　　　　　　　　　　　　　　　　　　（中央大、立教大）

ポトシ

☑1455 新大陸では、<u>銀</u>**鉱山**などでの**過酷な強制労働や疫病**
+++ によって**インディオの人口が激減**したため、アフリカから連行されてきた（　　）を使役することで労働力不足が補われた。　　　（センター試験、千葉大）

黒人奴隷

☑1456 **大航海時代**には、**スペイン**などの西欧諸国は主に
++✦ （　　）**船**を**交易や移動**に用いた。
　　　　　　　　　　　　　　　　　（立命館大、関西学院大）

ガレオン

☑1457 輸出用の商品作物を栽培する**大農園制**を（　　）とい
+++ い、ラテンアメリカでは**アシエンダ制**として普及した。　　　　　　　　　　　　　　　　　　　　（立教大）

プランテーション

☑1458 **スペイン**は、<u>メキシコ</u>の（　　）から**銀**を**フィリピン**の
+++ （　　）に運び、**中国の絹や陶磁器と交換する**<u>アカプルコ貿易</u>を行った。　　　（東京大、東京外語大）

アカプルコ、
マニラ

☛アカプルコ貿易は近年、難関大の論述問題で出題される。60字以内で書けるように練習しておこう！

☑1459 **16世紀**、（　　）<u>銀</u>や<u>メキシコ銀</u>の中国への流入で、
+++ **明**では新税制の（　　）が成立した。　　　（北海道大）

日本、
一条鞭法

☑1460 16世紀には、大量の<u>銀</u>の流通により、**東アジアと**
+++ （　　）とが<u>銀</u>を介して結びついた。中でも、日本の（　　）<u>銀山</u>などで産出された銀は、東アジアにおける銀の流通に大きく作用した。　　　（センター試験）

ヨーロッパ、
石見

🗋石見銀山は現在の島根県にあり、2007年にはUNESCO（ユネスコ：国連教育科学文化機関）より「世界遺産」に指定された。

☑1461 新航路の開拓で◯◯◯諸都市は衰退し、<u>大西洋沿岸都</u>
+++ <u>市</u>に繁栄が移る◯◯◯革命が起きた。

(北海道大、南山大)

🗍 この結果、<u>ヴェネツィア</u>などは衰退に向かう。しかし、それは「突然」ではなく「次第に」訪れる衰退であった。

北イタリア、商業

☑1462 **新大陸から大量の<u>銀</u>が流入し、物価が高騰する◯◯◯**
+++ **革命が発生したことは、<u>貨幣地代</u>で生活していた<u>領</u>**
<u>主層の没落</u>を促した。 (センター試験、東京都立大)

☞論述問題でもよく問われる重要ポイント! 商業革命が「地域」の変化、価格革命が「経済」の変化であることに注意。

価格

☑1463 **新大陸からの安価な<u>銀</u>の流入により、<u>アウクスブル</u>**
+++ **<u>ク</u>の富豪◯◯◯家は衰退した。** (センター試験、法政大)

フッガー

☑1464 **16世紀の<u>ネーデルラント</u>の地理学者◯◯◯**は、地球
+++ 儀を円筒に投影する◯◯◯図法を用いて**世界地図**を
作製した。 (慶應義塾大)

🗍 彼は世界地図を作製したために異端とされ、投獄されたという。この図法では地球が球体であることが前提だったが、カトリック教会では地球を平面と考えていたので、異端とされたのであった。つまりカトリックの考えでは地平線の向こうは滝のようになり、ストンと落ちてしまうというイメージであった。

メルカトル、メルカトル

☑1465 <u>ポルトガル</u>の首都◯◯◯や、<u>スペイン</u>の海港都市
+++ ◯◯◯が繁栄した。 (早稲田大)

リスボン、セビリャ(セビーリャ)

☑1466 ◯◯◯説を否定していたカトリック教会の権威が大
+++ きく揺らいだ。 (青山学院大)

地球球体

☑1467 **新大陸原産**で他の地域に伝わった植物には<u>トウモロ</u>
+++ <u>コシ</u>、<u>ジャガイモ</u>、◯◯◯、◯◯◯、◯◯◯などがあ
る。 (センター試験、東京大)

🗍 これらの栽培作物は世界中に広まり、人類の食糧危機を何度も救うことになった。

落花生、トマト、タバコ※順不同

☑1468 <u>16</u>世紀前半から**スペイン領**となり、新大陸への**毛織**
+++　**物輸出で発展**したが、<u>1585</u>年の<u>オランダ独立戦争</u>
　　中にスペイン軍によって破壊された都市は（　　）で
　　ある。　　　　　　　　　　　　　　　　　　　（慶應義塾大）

アントウェルペン
（アントワープ）

7 ｜ドイツの宗教改革

☑1469 ローマ教皇（　　）世は、（　　）**大聖堂修築費捻出**のた
+++　め、ドイツにおいて<u>免罪符（贖宥状）</u>を販売した。
　　　　　　　　　　　　　　　　　　　　　　　　（青山学院大）

レオ10、
サン=ピエトロ

　☞免罪符（贖宥状）を買うと現世のすべての罪が許される、といっ
　たいい加減なものであった。なお記述試験では「免罪符」と書い
　た方が、ミスが少ない。

☑1470 ドイツは、ローマ教会にとって搾取の対象であった
+++　ことから「（　　）」と呼ばれた。　　　　　　　（立教大）

ローマの牝牛

☑1471 <u>1517</u>年、<u>ルター</u>は<u>免罪符（贖宥状）</u>の販売を批判
+++　して「（　　）」を（　　）**教会**で発表した。
　　　　　　　　　　　　　　　　　　　　　　　　（慶應義塾大）

九十五カ条の論
題、ヴィッテンベル
ク

　☞ルターは**ヴィッテンベルク大学**の教授であった。

☑1472 1520年、<u>ルター</u>は『（　　）』を著した。
+++　　　　　　　　　　　　　　　　　　　　　　　（関西学院大）

キリスト者の自由

☑1473 <u>ルター</u>の思想の中心的な要素は（　　）説、<u>聖書主義</u>、
+++　<u>万人祭司（司祭）主義</u>である。　　　　　　（日本女子大）

信仰義認

　☞ルターは、「人は信仰によってのみ義とされる」すなわち信仰に
　よって救済されると説いた。

☑1474 1521年、（　　）議会で<u>ルター</u>は**法律上の権利を奪わ**
+++　**れた**。　　　　　　　　　　　　　　　　　　　（関西大）

ヴォルムス帝国

☑1475 **ザクセン選帝侯**（　　）が<u>ルター</u>を（　　）**城**にかく
+++　まった。　　　　　　　　　　　　　　　　　　　（早稲田大）

フリードリヒ、
ヴァルトブルク

　🗋この城でルターは**聖書の翻訳**を行ったが、途中で悪魔が現れて作
　業を妨害したといわれる。今でも城には彼が悪魔（幻覚？）に投
　げつけたインクの跡が残っている。

213

☑1476 諸侯は_ルター_を支持し、自ら領内の教会の首長となる◯◯制を成立させた。 （成城大、東京大） ☞難問だが記憶して欲しい。	領邦教会
☑1477 1522年に◯◯と◯◯が主導して_騎士_戦争が発生した。 （東京都立大、早稲田大） ☞かなりの難問。_騎士_戦争は教会領の没収を狙って発生したが鎮圧された。	ジッキンゲン、 フッテン※順不同
☑1478 _ルター_は農民の穏健な◯◯要求には同情的だったが、_再洗礼派_の◯◯の行動が過激化すると、諸侯の弾圧を奨励した。 （東京都立大） 🗋_再洗礼派_とはカトリック教会の幼児洗礼に異議を唱えた人々。成人して自分の意志で再度、キリスト教入信を決めるべきという考えであった。これは人間の_自由意志_を認める思想であり、ルターとも対立した。	十二カ条、 ミュンツァー
☑1479 神聖ローマ皇帝◯◯世は、フランス王◯◯世やオスマン帝国の外圧に苦しんでいた。 （上智大）	カール5、 フランソワ1
☑1480 1526年、第1回◯◯議会で皇帝はルター派を承認したが、1529年の第2回◯◯議会ではルター派を禁止した。 （早稲田大） ☞1528年頃より国際情勢は神聖ローマ皇帝に有利に展開していった。	シュパイエル帝国、 シュパイエル帝国
☑1481 _ルター_派諸侯は◯◯同盟を結成し、1546年から翌47年にかけて◯◯戦争を起こした。 （早稲田大）	シュマルカルデン、 シュマルカルデン
☑1482 ◯◯年、◯◯の宗教和議で、諸侯や_自由都市_に_ルター派と旧教_（カトリック）いずれかを選ぶ権利が認められた。 （専修大） ☞個人に選択の自由がないことに注目！ なお、_カルヴァン派_はこの時点で除外されている。	1555、 アウクスブルク
☑1483 _ルター_以降、_カトリック_教会に反発して分離したキリスト教諸派は総称して◯◯と呼ばれる。 （近畿大）	プロテスタント

8 | スイスの宗教改革

☑1484 ◯◯が_スイス_の都市◯◯で改革運動を起こすが、_カッペルの戦い_で敗死した。 （センター試験、早稲田大）	ツヴィングリ、 チューリヒ

☑1485 <u>カルヴァン</u>は**スイス**の◯◯◯で**神権政治**を行った。 +++ （同志社大） 📖 <u>カルヴァン</u>の神聖政治は厳しかった。医者のミシェル＝セルヴェは三位一体説を否定したため、カルヴァンによって火刑となった。スイスの人々は同じ過ちを繰り返さないために、ミシェルの碑を建てている。	ジュネーヴ
☑1486 <u>スイス</u>は15世紀末に◯◯◯家からの独立に成功し、 +++ **自主独立の気風**に満ちていた。（慶應義塾大）	ハプスブルク
☑1487 1536年、◯◯◯は**スイス北部の都市**<u>バーゼル</u>で +++ 『◯◯◯』を出版した。（学習院大）	カルヴァン、 キリスト教綱要
☑1488 <u>カルヴァン</u>は◯◯◯説を唱え、**勤労の結果として富を** +++ **得ること**と<u>営利事業</u>を認め、新興の◯◯◯**階級**に歓迎 された。（センター試験、東京大） 📖 カトリックの考えでは「お金＝悪」だったが、<u>カルヴァン</u>は営利蓄財は神からの恩寵であり善だと説いた。	予定、市民
☑1489 20世紀初頭のドイツの社会学者◯◯◯は『**プロテス** +++ **タンティズムの倫理と資本主義の精神**』で**カルヴァ** **ン主義**を分析した。（青山学院大） 📖 <u>カルヴァン主義</u>の浸透が資本主義の発展につながったと分析した。	マックス＝ヴェーバー
☑1490 **カルヴァン派**は**イングランド**では◯◯◯、**スコットラ** +++ **ンド**では◯◯◯、**フランス**では◯◯◯、**オランダ**では ◯◯◯と呼ばれた。（日本女子大、明治学院大）	ピューリタン、 プレスビテリアン、 ユグノー、ゴイセン
☑1491 **カルヴァン派**では**牧師と信徒の代表のみで運営する** +++ ◯◯◯**制度**が採られた。（早稲田大） 📖 <u>カルヴァン派</u>ではカトリックのような教皇を頂点とした**階層制** （ヒエラルキー）は原則的に存在しない。	長老 （ちょうろう）

☑ **1492** ( )世は**キャサリンとの離婚問題からローマ教皇**
+++ と対立し、1534年の( )法により( )を設立
し、**ローマ教皇と絶縁した**。 （東海大、立教大）

> 📖 **カトリック**では原則、離婚を認めていない。そのためこの**キャサ**
> **リン**との離婚騒動が発生した。現在でもフランスのようなカト
> リックの国では離婚には高いハードルがある。そのため結婚では
> なく、事実婚という形がフランスでは多くなっている。

ヘンリ8、
首長（国王至上）、
イギリス国教会

☑ **1493** 大法官であった( )は( )世の離婚に反対して
+++ 処刑された。 （立命館大）

> ☞ **トマス=モア**は『**ユートピア**』を書いたルネサンス期の作家。

トマス=モア、
ヘンリ8

☑ **1494** **ヘンリ8世**により( )は解散され、**その土地は没**
+++ **収され市民層に売却された**。 （立教大）

> 📖 ローマ教皇（カトリック）と絶縁するためには市民層の支持が必
> 要だった。**ヘンリ8世**は広大な修道院領を市民層に払い下げるこ
> とで、その支持を得た。

修道院

☑ **1495** **イギリス国教会は**( )=**チャーチ**といい、( )世
+++ 時代には**カルヴァン派の予定説**などが採用された。
（センター試験、立教大）

アングリカン、
エドワード6

☑ **1496** **スペインのフェリペ（2世）と結婚した**( )世は、
+++ **一時期、イギリスに旧教（カトリック）を復活させ**
た。 （関西学院大）

> 📖 イギリス国教会の関係者を殺害したことから "**Bloody Mary**"（ブ
> ラッディ=メアリ）と呼ばれた。しかし、旧教徒にとっては良き
> 人物であり、アメリカの旧教徒が建設した**メリーランド州**は彼女
> の名に由来する。

メアリ1

☑ **1497** 1559年、**エリザベス1世**は( )**法**によって**イギ**
+++ **リス国教会を確立し**、39カ条の( )を制定した。
（関西学院大、東京都立大）

統一、
信仰箇条

10 | 旧教（カトリック勢力）の巻き返し

☑ **1498** **新教に対抗し**、**旧教側も自己改革運動として**( )**改**
+++ **革**を行った。 （日本大）

反宗教（対抗宗
教）

☑1499 +++ 反カトリックと見なされ、その所持や流布を禁じられた書物と著者のリストを（　　　）という。　（予想問題） 📖科学書や、賢者の石などについて書かれた魔術本などが禁書目録に入っていた。	禁書目録 （きんしょもくろく）
☑1500 +++ 16世紀半ば〜17世紀前半まで、宗教改革によって生じた**新旧両派の対立を主な原因**とする、西ヨーロッパ各地に起こった戦争を総称して（　　　）という。 （東京大）	宗教戦争
☑1501 +++ **1545〜63年**の（　　　）公会議で**禁書目録の制定**、**教皇権の確認**、（　　　）の強化などが決まった。 （上智大、南山大）	トリエント（トレント）、宗教裁判
☑1502 +++ **1534年**、（　　　）や**フランシスコ=ザビエル**が中心となり（　　　）で**イエズス会**が結成された。　（南山大） ➡️ジェズイット教団とも呼ばれる。厳格な規律の下に海外布教を展開した。1534年の年号にも注目！　**イギリス国教会の成立と同年**であり、これに対抗するという意図がわかる。	イグナティウス=ロヨラ、パリ
☑1503 +++ ローマ教皇（　　　）世（在位1534〜49）は、**1534年**に**イエズス会**を認可し、また**トリエント公会議**を主催した。 （慶應義塾大、早稲田大、上智大） 📖ミケランジェロに命じて**システィナ礼拝堂**に「**最後の審判**」を描かせた教皇としても出題される。また、この教皇は中南米への布教も進めた。	パウルス3
☑1504 +++ （　　　）はイタリア人の**イエズス会**宣教師で、ゴアやマカオを経由し、1583年に教団初の**本格的な中国伝道**を開始した。 （上智大）	マテオ=リッチ
☑1505 +++ **日本**にキリスト教をもたらした（　　　）は**イエズス会**に所属するスペイン人宣教師で、功績を称えられ、1622年には聖人に列せられた。 （学習院大） 📖日本ではあまりにも有名な人物。**パリ大学**でイグナティウス=ロヨラと同室になりアジア布教を説得されたが、最初は乗り気ではなく、ロヨラに「なかなか茹で上がらないパスタ」と皮肉られた。	フランシスコ=ザビエル
☑1506 +++ 宗教改革以降、スペインなど南ヨーロッパにおいては（　　　）の勢力が強かった。 （京都大）	カトリック

☑1507 宗教改革以降、**社会不安が増すと「◯◯◯」が激化**
+++ し、多くの女性や異端者とされた人々が虐殺された。

（慶應義塾大、一橋大）

魔女狩り

🛈 魔女は現実には存在しないが、中世以降では民衆の間で存在が信じられていた。魔女の定義の中には男性も含まれていた。**ジャンヌ＝ダルク**が魔女として処刑されるなど、政治的理由から処刑されるケースも多かった。

11 | スペインの盛衰

☑1508 <u>スペイン</u>は**16世紀以降、◯◯◯**家が支配した。
+++
（慶應義塾大）

ハプスブルク

🛈 ヨーロッパを代表する名門の一族。**スイス**が発祥の地で、家名は「鷹の城」に由来する。

☑1509 <u>スペイン王◯◯◯</u>世はフランスの◯◯◯世を破って
+++ **神聖ローマ皇帝に選出**され、**カール5世**となった。

（成蹊大）

カルロス1、
フランソワ1

🛈 皇帝に選出されたのは19歳の時で、彼は若き理想に燃えていた。しかし、皇帝選挙をめぐりフランス王と宿命の対決が始まった。

☑1510 ◯◯◯世は神聖ローマ皇帝選挙の際に、<u>南ドイツの</u>
+++ **大商人**である◯◯◯家から巨額の資金援助を受けた。

（中央大）

カルロス1、
フッガー

☑1511 ◯◯◯世時代に**スペイン絶対王政は最盛期**を迎えた。
+++
（センター試験、筑波大）

フェリペ2

🛈 父は**カルロス1世**。新大陸、スペイン、ネーデルラントなど**広大な領土**を受け継いだ。

☑1512 **1571年、フェリペ2世**は◯◯◯の**海戦**で**オスマン**
+++ **帝国を撃破**した。

（成城大、同志社大）

レパント

☞「以後、泣い（1571）たレパントの海戦」で覚えよう！ なお、海戦はギリシア西岸沖で行われた。オスマン帝国は戦後すぐさま海軍を再建し、大きなダメージはなかったといわれる。

☑1513 **1580年、スペインは◯◯◯を併合**し、「◯◯◯の沈
+++ まぬ国」と呼ばれた。

（早稲田大）

ポルトガル、太陽

🛈 当時、**ポルトガル**は東南アジアを勢力圏としていたため、この言葉が生まれた。

☑1514 ＋＋＋ ◯◯世は、その治世の晩年に**ネーデルラント**の独立運動の鎮圧に**失敗**し、**1588**年にはスペインの◯◯が**イギリスに敗北**してスペインは衰退に向かった。　　　　　　　　　　　（聖心女子大、東京女子大）

☞「以後、幅（**1588**）きかすイギリス艦隊」で覚えよう！

	フェリペ2
	無敵艦隊（アルマ むてきかんたい ダ）

12 | オランダ（ネーデルラント）の独立

☑1515 ＋＋＋ **1477**年以降、◯◯の婚姻によってネーデルラントは◯◯家の領地となっていた。　　　　（慶應義塾大）こんいん

🗎 彼はネーデルラントの女性マリアと結婚したが、マリアが亡くなったため、その地域を継承した。彼は10代より**ハプスブルク家**の美形の騎士としてヨーロッパにその名が知られていたが、政治力もあった。

マクシミリアン（マクシミリアン1世）、ハプスブルク

☑1516 ＋＋＋ **ネーデルラント北部**は現在の◯◯にあたり、**ドイツ系**で◯◯と呼ばれる**カルヴァン派**の新教徒が多かった。　　　　　　　　　　　　　（上智大、南山大）

オランダ、ゴイセン

☑1517 ＋＋＋ **ネーデルラント南部**は現在の◯◯にあたり、**ラテン系**で◯◯教徒が多かった。　　　　　（上智大、南山大）

ベルギー、カトリック（旧）

☑1518 ＋＋＋ ◯◯世による**重税**や◯◯**教弾圧**に対して**オランダ独立戦争**（**1568**〜**1609**）が始まった。　　　　　　　　　　　　　　　　（東京都立大）

☞カトリックを旧教、プロテスタントを新教と呼ぶ。論述問題で字数が少ない場合は、新教、旧教の用語を使った方がよい。

フェリペ2、新

☑1519 ＋＋＋ ◯◯が**オランダ独立戦争**を指導した。（同志社大）

🗎 彼は1584年に狂信的なカトリック教徒に暗殺されたが、「建国の父」として現在でも慕われている。

オラニエ公ウィレム

☑1520 ＋＋＋ **フェリペ2世**はネーデルラントに◯◯を派遣して、**血の弾圧**を行った。　　　　　　　　　（早稲田大）

🗎 彼はスペインの軍人で、厳しい弾圧を行った。多くの貴婦人も処刑されたという「血の法廷」は絵画にも残されている。

アルバ公

☑1521 ＋＋＋ ◯◯**10州**は**カトリック教徒**が多く、途中で**独立運動から離反**した。　　　　　　　　　　（明治学院大）

南部

☑1522 ＋＋＋ ◯◯**7州**は**新教徒**が多く、**1579**年に◯◯**同盟**を結成して抗戦を続けた。　　　　　　　（明治大）

北部、ユトレヒト

☑1523 新教国（　　）の支援もあり、1581年に（　　）国として独立を宣言した。　　　　　　　　　　　　（東京大）	イギリス、ネーデルラント連邦共和
☞独立までの経緯は論述問題でよく問われる。整理しておこう！当時のイギリスはエリザベス1世時代。彼女は熱心なプロテスタント（新教徒）だったので支援したが、同時にスペインの弱体化も意図していた。	
☑1524 アントウェルペン（アントワープ）が戦争で破壊されたことにより、新たにオランダの首都（　　）が政治、経済、文化の中心となった。　　　　　　　（同志社大）	アムステルダム
☑1525 1648年、（　　）戦争の講和条約である（　　）条約でスイスとともにオランダの独立が正式に認められた。　　　　　　　　　　　　　（センター試験、専修大）	三十年、ウェストファリア

13 | イギリス絶対王政

☑1526 1534年、ヘンリ8世が制定した首長法によって成立した国家教会を（　　）という。　　　　　　（立教大）	イギリス国教会
☑1527 エリザベス1世は、かつて（　　）女王であったメアリ=ステュアートをスペインと結託しているとして、1587年に処刑した。　　　　　　　（日本女子、明治大）	スコットランド
☞メアリ=ステュアートは"スレンダー美女"。その容姿がエリザベス1世の嫉妬心を生んだのかもしれない。この処刑に激怒したスペインは1588年、イギリスに対して無敵艦隊を派遣した。	
☑1528 アン=ブーリンの子の（　　）世時代に、イギリス絶対王政は最盛期を迎えた。　　　　　　　（慶應義塾大、早稲田大）	エリザベス1
☞アン=ブーリンは目の大きな黒髪の美女で、フランス風の優雅な仕草が人の目を引いたという。しかし、男の子を産まないという理由で、夫のヘンリ8世に処刑された。29歳の若さだった。	
☑1529 エリザベス1世は海賊（　　）や軍人（　　）らの活躍で、1588年にスペインとの（　　）戦争に勝利した。　　　　　　　　　　　　　（早稲田大、慶應義塾大）	ドレーク、ホーキンズ、アルマダ
☞歴史的な海戦とされる。スペイン艦隊は3分の1を失った。しかし、そのほとんどが敗走途中の難破によるものである。	

☑1530 <u>エリザベス1世</u>はスペインの<u>銀</u>船隊を襲う（ ）船 +++ を保護した。 （上智大、学習院大） 　国家の許可を得た武装船で、ほとんど海賊のようなものだった。 　主にスペインが新大陸から運ぶ銀を狙って襲った。	私拿捕(私掠)
☑1531 <u>1600年、エリザベス1世</u>は（ ）会社を設立し、ア +++ ジア進出を開始した。 （センター試験、中央大） 　1588年、スペインの無敵艦隊の敗北により**スペインの大西洋支配は動揺**した。この間隙を突いて、イギリスやオランダなどがアジアに進出した。	東インド
☑1532 （ ）工業が<u>イギリス</u>の代表的産業として発展した。 +++ （慶應義塾大、共通テスト）	毛織物
☑1533 <u>15世紀末から羊毛生産</u>を目的とした（ ）が進展 +++ し、（ ）は『<u>ユートピア</u>』の中で「羊が人間を食う」と表現して、これを批判した。 （学習院大） 　「羊が人間を食う」の表現は、実はやや大げさで、<u>第1次エンクロージャー（囲い込み）</u>の規模は全土の約2%と、土地を追われる農民は多くなかった。	第1次エンクロージャー(囲い込み)、トマス=モア
☑1534 「（ ）は（ ）を駆逐する」とは、エリザベス1世 +++ 時代の財政顧問（ ）の言葉である。 （慶應義塾大） 　良貨は高品質ゆえに民間で私蔵され、悪貨は低品質ゆえに私蔵されることなく流通するという意味。	悪貨、良貨、グレシャム
☑1535 農村を追われた貧民を救うために（ ）法が制定さ +++ れた。 （早稲田大）	(エリザベス)救貧
☑1536 <u>1603年、エリザベス1世の死</u>によって（ ）朝は断 +++ 絶した。 （東海大、関西大） 　彼女は生涯、独身であり、跡継ぎがいなかった。	テューダー

14 | フランス絶対王政の確立

☑1537 （ ）世の在位中、**キリスト教の新旧両派の抗争**であ +++ る（ ）戦争が発生した。 （慶應義塾大、早稲田大） 　シャルル9世の侍医は、あの予言詩で有名なノストラダムスが務めた。ノストラダムスは、アンリ2世が試合中、目を槍でケガしたことが原因で死亡することを、予言で的中させたので有名となった。	シャルル9、ユグノー

☑ 1538 +++ **ユグノー戦争**は（ ）年から **1598年**まで続き、メディチ家出身の王妃（ ）はこの戦争を**王権伸長に利用**した。　　　　　　　（慶應義塾大、早稲田大）	1562、 カトリーヌ
🗐 彼女は悪魔崇拝者で、毎晩のように黒ミサを行っては男の子を斬首していたといわれる。息子シャルル9世は虚弱であり、彼女は黒ミサの魔力で息子の健康を得ようとしていたらしい。	
☑ 1539 +++ **1572年**には**旧教派（カトリック）**が（ ）を襲う（ ）の虐殺が発生した。　　　　　　　（関西大、関西学院大）	ユグノー（新教徒）、 サンバルテルミ
🗐 1572年8月24日、新教徒たちはアンリ（19歳）とマルグリット（19歳）の結婚式を祝うためパリに集まっていた。その場を狙った旧教徒は新教徒を襲った。新郎新婦は助かったが、出席者は女性、子ども問わず虐殺され、セーヌ川は死体で埋めつくされたという。	
☑ 1540 +++ （ ）世は **1598年**に（ ）の**勅令（王令）**を発して、**ユグノー**にも（ ）の自由を認め、ユグノー戦争を終わらせた。　　　　　　　　　　　（一橋大、成城大）	アンリ4、ナント、 信仰（信教）
☞ 「以後、悔やむ（1598）、ナントの勅令」と覚えよう！　この勅令は、熱心な旧教徒であるルイ14世によって後に廃止された（1685年、フォンテーヌブローの勅令）。	
☑ 1541 +++ **1589年**に**ヴァロワ朝**が断絶して、新たに**アンリ4世**によって（ ）朝が成立した。　　　　（中央大）	ブルボン
☑ 1542 +++ **アンリ4世**は（ ）教から（ ）教に**改宗**して国内の安定を優先した。　　　　　　　（明治大、同志社大）	新、旧
☑ 1543 +++ **ルイ13世**は **1615年**に（ ）の招集を停止し、以後 **1789年**の（ ）**革命**まで休会となった。　　　　　　　　　　　　　　　　　　（早稲田大）	三部会、 フランス
☞ 最初の招集はフィリップ4世時代の1302年である。当時、聖職者への課税をめぐってローマ教皇と対立していた。	
☑ 1544 +++ **ルイ13世**に仕えた**宰相**（ ）は**三十年戦争に介入**し、（ ）**家の弱体化**に成功した。　（一橋大、立教大）	リシュリュー、 ハプスブルク
🗐 この一族との対立はヴァロワ朝時代から続いていた。	

15 | ルイ14世時代

☑1545 **ルイ14世**の幼少時代には、**宰相**◯◯◯が貴族の起こ
+++ した◯◯◯の乱（1648〜53）を鎮圧した。

（成蹊大、千葉大）

🎐乱の名称は投石器（パチンコ）に由来する。当時、国王側は反乱を過小評価してこう呼んだが、実際は大規模なものとなった。

マザラン、
フロンド

☑1546 貴族は**法律登録権**や◯◯◯**権**を持つ◯◯◯を拠点に
+++ 国王に抵抗した。

（明治大）

☛難関大向けの知識。唐の門下省と同じく王（皇帝）の勅令を審査できたため、王（皇帝）に抵抗する**貴族**たちが拠点とした。

王令審査、
高等法院(パルル
マン)

☑1547 **ルイ14世**はボシュエが唱えた◯◯◯説を奉じて「**太**
+++ **陽王**」と呼ばれ、「◯◯◯」と称したといわれる。

（早稲田大）

🎐ルイ14世時代に「鉄仮面」と呼ばれた囚人がいた。死ぬまで仮面をかぶっていたため正体は不明であった。実はルイ14世は双子で、囚人はルイ14世本人だったという噂もある。

王権神授、
朕は国家なり

☑1548 陸相◯◯◯は**ヨーロッパ最強の常備軍**を作った。
+++
（早稲田大）

ルーヴォア

☑1549 **財務総監**◯◯◯は**重商主義政策**を推進した。 （成蹊大）
+++
☛有能な財務官僚でルイ14世とたびたび衝突した。特に、ルイ14世の侵略戦争には反対だった。

コルベール

☑1550 1685年に◯◯◯を廃止したために、多くの**ユグノー**
+++ が◯◯◯、◯◯◯、**ネーデルラント**などに亡命した。

（東京大）

🎐**フランスの経済的打撃**は大きかったが、イギリスとプロイセンにとっては発展の契機となった。

ナントの勅令(ナン
トの王令)、
イギリス、プロイセ
ン※順不同

☑1551 **ルイ14世**は、いわゆる◯◯◯説を唱えて**ライン川**お
+++ よび◯◯◯**山脈以内**は**フランス領**であると主張した。

（近畿大、明治学院大）

☛ルイ14世は、この説を根拠に対外侵略を開始した。

自然国境、
ピレネー

☑1552 **南ネーデルラント継承戦争**、◯◯◯**戦争**、◯◯◯**戦争**
+++ は、ほとんど成果なく終わった。 （一橋大）

オランダ(侵略)、
ファルツ(ファルツ
継承)※順不同

☑1553 ＋＋＋ ◯◯◯世の死によって、1701年に◯◯◯戦争が起こり、ルイ14世は孫のフィリップを◯◯◯世として即位させることに成功したが、戦争で多くの領土を失った。　　　　　　　　　　　　　　（上智大） ◻ スペインのハプスブルク家では近親結婚により男子の短命、精神異常、育毛未発達者（要するに薄毛）が多く、ついにカルロス2世の死によって男系が途絶えた。	カルロス2、スペイン継承、フェリペ5
☑1554 ＋＋＋ 1713年の◯◯◯条約で、イギリスはフランスからハドソン湾、◯◯◯、アカディアを、スペインから◯◯◯とミノルカ島を得た。　　　　　　　　　（上智大） ☞ この条約の内容は、すべて覚えておこう！	ユトレヒト、ニューファンドランド、ジブラルタル
☑1555 ＋＋＋ ◯◯◯条約で◯◯◯はスペイン領に対する奴隷供給契約権である◯◯◯を獲得し、1750年までこれを保持した。　　　　　　　　　　　　　　（津田塾大） ☞ 最近の入試では「ヒトの移動」をテーマにした問題が増加しているので要注意！	ユトレヒト、イギリス、アシエント
☑1556 ＋＋＋ 1714年に◯◯◯条約がオーストリア（神聖ローマ皇帝）とフランス（ルイ14世）の間で結ばれ、オーストリアはスペイン領◯◯◯、ミラノ、ナポリなどを得た。　　　　　　　　　（早稲田大、近畿大）	ラシュタット ネーデルラント

16 | 絶対主義国家の特徴

☑1557 ＋＋＋ 中世以降に確立された明確な国境で囲まれた領域と、独立した主権を持つ国家のことを◯◯◯という。　　　　　　　　　　　　　　（東京大） ☞ この用語は現在でも使用されている。つまり世界は主権国家体制から成っている。	主権国家
☑1558 ＋＋＋ 主権国家の中で、国王ではなく、国民に主権がある国家を◯◯◯という。　　　　　　　　（成城大）	国民国家
☑1559 ＋＋＋ 中世末期以降、主権国家体制が固まる中、各国で公的に使用される言葉が確立した。これを◯◯◯という。　　　　　　　　　　　　　　（予想問題） ◻ 中世ではイギリスでしばらくの間フランス語が使用されるなど、その国の言語はあいまいであった。	国語

☑1560 **16 〜 18**世紀のヨーロッパで展開された、**王権**への
+++ 集権化が進んだ政治体制を◯◯という。
（センター試験、日本大）

絶対主義（絶対王政）

☑1561 **絶対王政**の時代、王の手足として働いた**行政職**のことを◯◯という。
+++ （中央大）

官僚

☑1562 絶対主義国家は支配の柱として一般的に**官僚制**と
++✛ ◯◯を必要とした。 （成蹊大）

常備軍

 ☛典型的な発展を遂げた国が**フランス**である。

☑1563 ◯◯、北欧諸国、ドイツの一部の領邦における**プロ**
++✛ **テスタント教会**は王権に従属した。 （成蹊大）

イギリス

 ☐**アングリカン=チャーチ**（国教会）の国として、**イギリス**はカトリックの身分制を事実上、残存させた。

☑1564 ◯◯では**カトリック**国ながら、**教皇権から独立した**
+++ **国家教会主義**である**ガリカニスム**が行われた。
（成蹊大、東京大）

フランス

 ☛国家教会主義という言葉を論述問題で用いると、「すごく勉強している受験生だな」と思われるだろう。だが、この国を述べた文脈でしか用いることができないので要注意！

☑1565 フランスやイギリスでは、絶対主義国家の**王権**を正
+++ 当化する理論として◯◯が唱えられた。
（東京大、関西学院大）

王権神授説

☑1566 王権神授説の代表的な主唱者に、国王では**ジェーム**
+++ **ズ1世**、政治家や思想家では**イギリス**の**フィルマー**、
フランスの◯◯などがいる。 （成蹊大、慶應義塾大）

ボシュエ

 ☛慶應義塾大では、『世界史論』の著者としても**ボシュエ**が出題されているので要注意！

☑1567 絶対主義時代において、**国家が積極的に経済活動に**
+++ **介入して行う政策**を◯◯政策という。（センター試験）

重商主義

17 | 三 十 年 戦 争

☑1568 ◯◯の**新教徒**が**フェルディナント（2世）**の宗教弾
+++ 圧に対して反乱を起こし、**三十年戦争**が始まった。
（一橋大、同志社大）

ベーメン（ボヘミア）

 ☐フェルディナントはこの地に**旧教**を強制した。

☑ 1569 +++ ハプスブルク家によるドイツ化推進に対して、ベーメンのスラヴ系（　　）人の反発も強かった。 （東京大） 🔎ベーメンは神聖ローマ帝国（ドイツ系）の中にありながらも**住民はスラヴ系で少数派**だった。	チェック
☑ 1570 +++ 当初、三十年戦争は**宗教**戦争の様相を呈したが、後に（　　）戦争へと発展していった。 （早稲田大） 🔎新教と旧教との間の抗争から、**ハプスブルク家と反ハプスブルク家との抗争**へと対立軸が移っていった。	国際
☑ 1571 +++ 旧教国では**オーストリア**と（　　）のハプスブルク家が中心となり、傭兵隊長の（　　）が活躍した。 （神奈川大、関西学院大） 🔎彼は有能だったが、あまりに野心家であったため、味方の皇帝側に暗殺されてしまった。	スペイン、 ヴァレンシュタイン
☑ 1572 +++ **新教国**では**デンマーク**の（　　）世と**スウェーデン**が参戦した。 （慶應義塾大） 🔎哲学者のデカルトは一時、学問に失望し、カトリック側の兵士として三十年戦争に従軍した。	クリスチャン4
☑ 1573 +++ **スウェーデン**王（　　）は1632年のリュッツェンの戦いで戦死した。 （東京都立大、慶應義塾大） 🔎「獅子王」と呼ばれた英雄。リュッツェンの戦いを勝利に導いたが、自身は戦死した。ちなみに、彼は強い近視だったため、誤って敵方へ帰陣してしまい、殴り殺された。	グスタフ=アドルフ
☑ 1574 +++ 旧教国である**フランスの宰相**（　　）は、**ハプスブルク家の弱体化**を図り、**新教側を支援**した。 （中央大、立正大） ☞正誤問題でも問われる重要ポイント！	リシュリュー
☑ 1575 +++ **三十年戦争**では、各国の軍隊が（　　）中心であったことが略奪の横行を招き、戦争の被害を拡大させた。 （立教大）	傭兵
☑ 1576 +++ **1648年**、（　　）**条約**で**三十年戦争は終結**した。 （センター試験、立正大）	ウェストファリア

☑1577 ＿＿＿は**国内で革命が継続中**であったために、ウェストファリア条約を締結した会議には不参加だった。
+++
（慶應義塾大）

> 🗊 この革命（ピューリタン革命）の中心人物はクロムウェルである。

イギリス

☑1578 ウェストファリア条約により**主権国家体制**が成立し、法学者＿＿＿は『＿＿＿』を著して、主権国家間の**国際法の確立**に貢献した。
+++
（成蹊大、立命館大）

> 🗊 彼は16歳でオランダの大学を首席で卒業した。三十年戦争の惨状を見て、この著作を執筆したという。

グロティウス、
戦争と平和の法

☑1579 **三十年戦争**で外交官として活躍した＿＿＿は、**フランドル画派**の代表的人物でもあった。
+++
（慶應義塾大）

> 🗊 この人物は7カ国語を操る語学の天才でもあった。バロック絵画の巨匠として多くの宗教画も残した。

ルーベンス

☑1580 **三十年戦争**で傭兵隊長ヴァレンシュタインは、占星術師として天文学者＿＿＿を雇った。
+++
（慶應義塾大）

> 🗊「惑星運行の法則」で有名な人物。占星術はよく当たったが、ヴァレンシュタインはケチで給与は未払いであった。

ケプラー

☑1581 **三十年戦争**でフランスは、宰相＿＿＿の巧みな外交手腕によって、アルザスとロレーヌの一部をドイツから獲得した。
+++
（慶應義塾大）

> ☞ よくリシュリューと間違いやすいので要注意。ロレーヌの残りの土地は、ルイ15世時代にフランス領となった。

マザラン

☑1582 ウェストファリア条約により、＿＿＿とオランダの独立が国際的に承認された。
+++
（センター試験、立教大）

スイス

☑1583 ウェストファリア条約により、＿＿＿派が公認された。
+++
（立教大、センター試験）

カルヴァン

☑1584 ウェストファリア条約により、**フランス**は＿＿＿を、**スウェーデン**は＿＿＿を獲得して、ともに国際的地位を高めた。
+++
（早稲田大）

アルザス、
西ポンメルン

☑1585 ウェストファリア条約により、300以上の＿＿＿が**主権**を得たことで、＿＿＿家の衰退が決定的となった。
+++
（早稲田大）

> 🗊 これにより**神聖ローマ帝国は有名無実化**した。三十年戦争でドイツの人口は約1,600万人から約600万人に激減したという。

領邦、
ハプスブルク

☑1586 三十年戦争の講和条約は、ウェストファリア地方の
+++ 都市ミュンスターと◯◯◯の両市で締結された。

オスナブリュック

(慶應義塾大)

☛超難問だが入試の頻度は意外に高い。

18 | プロイセンの台頭

☑1587 1525年、◯◯◯領が発展してプロイセン公国が成立
+++ した。 (早稲田大)

ドイツ騎士団

🔖ドイツ騎士団は十字軍の支援目的で結成されたが、十字軍失敗後
は東方植民に参加し、この地に移住していた。プロイセン（ドイ
ツ）の基礎が騎士団となったため、プロイセン（ドイツ）は以後、
軍事的色彩の強い国家として発展していった。

☑1588 1618年、プロイセン公国は◯◯◯家のブランデンブ
+++ ルク選帝侯国と合併した。 (学習院大、早稲田大)

ホーエンツォレル
ン

☑1589 プロイセン公国において常備軍を創設したホーエン
+++ ツォレルン家の君主は◯◯◯大選帝侯である。

フリードリヒ=ヴィ
ル
ヘルム

(早稲田大)

☑1590 1701年の◯◯◯戦争でオーストリア側に立って参
+++ 戦したことで、プロイセンは王国に昇格した。

スペイン継承

(京都大、立命館大)

☑1591 ◯◯◯世は徴兵制を敷き「軍隊王」と呼ばれた。
+++ (早稲田大)

フリードリヒ=ヴィ
ル
ヘルム1

🔖身長2メートル以上の男子を集めて「巨人軍」を創設し、外国の
使節を驚かすのが趣味だったといわれる。

☑1592 ◯◯◯世は『反マキァヴェリ論』を著し、その中で
+++ 「君主は国家第一の◯◯◯」といい、また啓蒙思想家
の◯◯◯と親交を持った。 (津田塾大)

フリードリヒ2、
下僕、ヴォルテール

🔖この国王は若い頃、フランス文化や音楽を愛し、一時はフランス
への脱走を試みた。彼自身もフルートの名手だったといわれてい
る。

19 | プロイセンとオーストリア

☑1593 **オーストリア**の◯世には男子の王位継承者がい
+++ なかったために、◯法で皇女の**マリア＝テレジア**
が即位した。　　　　　　　　　　　　　（早稲田大）
｜カール6、
｜王位継承

　▯ 慣例としてハプスブルク家は男子が家督を継承していたが、王位
　継承法（プラグマティッシュ＝ザンクティオン）により、マリア＝
　テレジアが家督を相続した。

☑1594 **マリア＝テレジア**の**ハプスブルク家継承**に対し、プロ
+++ イセンと並んで◯、**ザクセン、フランス、スペイ
ン**が抗議し、◯**戦争**（**1740 〜 48**）が始まった。
　　　　　　　　　　　　　　　　　（上智大、東京都立大）
｜バイエルン、
｜オーストリア継承

☑1595 **フランス**は反オーストリア（反マリア＝テレジア）側
+++ に立ったが、◯は植民地における利害の対立から
オーストリアを支援した。　　　　　　　（早稲田大）
｜イギリス

　▯ マリア＝テレジアは1歳の乳飲み子を抱いて各国を回り、同情を
　得る作戦で支持勢力を増やしていった。

☑1596 オーストリア継承戦争中、**プロイセンのフリードリ
+++ ヒ2世**は天然資源の豊かな◯を占領し、◯で
領有が認められたことは、プロイセン発展の契機と
なった。　　　　　　　　　　　　　　（慶應義塾大）
｜シュレジエン、
｜アーヘンの和約

☑1597 **オーストリア継承戦争**の結果、**マリア＝テレジアの夫
+++ ◯**の帝位継承が認められた。　　　　　（早稲田大）
｜フランツ

☑1598 **マリア＝テレジア**は、◯奪回を図って**フランスや
+++ ロシアと提携**し、プロイセンと◯**戦争**（**1756 〜
63**）を行った。　　　　　　　　（センター試験、南山大）
｜シュレジエン、
｜七年

　▯ フランスではポンパドゥール夫人が国王に影響力を持っていた。
　ロシアでは「美貌の女帝」エリザベータが帝位にあった。つまり、
　3人の女性がフリードリヒ2世を包囲していたのである。

☑1599 **16**世紀から対立していた**オーストリア**（**ハプスブル
+++ ク家**）と**フランス**（**ブルボン家**）が提携したことは
「◯」と呼ばれた。　　　　　　（センター試験、福岡大）
｜外交革命

　☞ヨーロッパ外交史の重大事件。覚えておこう！

☑1600 七年戦争でプロイセンのフリードリヒ2世は（　　）の支援を受けたが苦境に陥った。しかし、ロシアで新しく即位した（　　）世の単独講和によって、七年戦争の情勢は変化した。　　　　　　（日本大、早稲田大） 　☐七年戦争ではプロイセン軍は将校の半数以上を失い、劣勢だった。フリードリヒ2世も胸に銃弾を受けたが、偶然にも父の形見である銀製のタバコケースを胸ポケットにしまっていたため、奇跡的に命が助かった。	イギリス ピョートル3
☑1601 1763年、（　　）条約でプロイセンのシュレジエン領有が再確認された。　　　　　　　　　　（慶應義塾大）	フベルトゥスブルク
☑1602 1772年、フリードリヒ2世はオーストリアのマリア=テレジア（またはヨーゼフ2世）、ロシアの（　　）とともに第1回（　　）分割を行った。　　（福岡大）	エカチェリーナ2世、 ポーランド
☑1603 フリードリヒ2世、マリア=テレジア、エカチェリーナ2世などは（　　）君主と呼ばれる。　（同志社大） 　☐後進国であるがために西ヨーロッパの啓蒙思想に憧れた。自国の近代化や国民の啓蒙に努めたが、最後は反動化するケースもしばしばであった。	啓蒙専制(啓蒙絶 対)
☑1604 マリア=テレジアの子、（　　）世は、1781年に農奴解放を行い、（　　）令を出すなどオーストリアの近代化に努めるも成果は乏しかった。 　　　　　　　　　　　（センター試験、同志社大） 　☞成果が乏しかったことが正誤問題で問われるので要注意！	ヨーゼフ2、 宗教寛容
☑1605 プロイセンでは自由農民を農奴化する（　　）がエルベ川以東で発達し、（　　）と呼ばれる土地貴族がその経営を行った。　　　　　　　　（東京大、早稲田大）	グーツヘルシャフト (農場領主制)、 ユンカー
☑1606 グーツヘルシャフト（農場領主制）では、主に（　　）へ輸出する穀物が生産された。　（センター試験、東京大）	西ヨーロッパ

20 | ポーランド

☑1607 ポーランドは、1241年の（　　）の戦いでモンゴルにより壊滅的な打撃を受けた。　　　（センター試験） 　☐この戦いにはドイツ騎士団、テンプル騎士団も参加していたが、ヨーロッパの騎士団戦術はモンゴルの騎馬戦術に全く歯が立たなかった。	ワールシュタット （リーグニッツ）

☑1608 14世紀、ポーランドで◯◯◯大王が即位すると、◯◯◯大学を創設し、**ユダヤ人の入植を奨励**するなど国家再建に努力した。　　　　　　（慶應義塾大）

カジミェシュ（カシミール）、クラクフ

🗊 彼の別名は**カジミェシュ3世**。ポーランド史上唯一の「大王」と称される。ユダヤ人入植は成功したが、多くのユダヤ人口を抱えたことが、第二次世界大戦の際、ポーランドにアウシュヴィッツ強制収容所が作られる背景ともなった。

☑1609 **ドイツ騎士団**の南進に対抗して、**ポーランドとリトアニアが合体**し1386年に◯◯◯朝が成立した。（センター試験、早稲田大）

ヤゲウォ（ヤゲロー）

🗊 別名**リトアニア=ポーランド王国**。両国の婚姻関係で成立した。一方、ドイツ騎士団は**東方植民に参加**することで、活動の場を東欧に移していた。

☑1610 1410年、◯◯◯の戦いで**ヤゲウォ朝**は**ドイツ騎士団**を破った。　　　　　　　（学習院大、早稲田大）

タンネンベルク（グルンヴァルト）

🗊 この戦い以降、ポーランドは最盛期を迎え、ポーランドの貴族（シュラフタ）の権力は拡大した。

☑1611 1572年、**ヤゲウォ朝**が断絶すると◯◯◯となった。（早稲田大、同志社大）

選挙王制（選挙王政）

🗊 貴族が強い王権を嫌ったために選挙で王を選出するシステムが採用された。政治は不安定となり、後のポーランド分割につながった。

21 | 啓蒙思想

☑1612 **啓蒙思想**は18世紀の◯◯◯を中心に発達した。その中で、『**ペルシア人の手紙**』『**法の精神**』を著した**啓蒙思想家**は◯◯◯である。　　　（上智大）

フランス

モンテスキュー

☛ 特に、難関私大では『ペルシア人の手紙』に要注意！
🗊「ペルシア人の手紙」は匿名で書かれた作品で、ペルシア人から見たフランス社会という設定で、フランス社会を風刺した。

☑1613 『**哲学書簡**』で◯◯◯はフランスの旧体制やカトリック教会を批判した。　　　　　（立教大）

ヴォルテール

☛ プロイセンの「**フリードリヒ2世と親交**」などもキーワード！

☑1614 「**自然に帰れ**」と訴えたのは**フランス**の啓蒙思想家◯◯◯である。彼は**教育書**である『◯◯◯』を著し、『**社会契約論**』では◯◯◯制を訴えた。（学習院大）

ルソー、エミール、直接民主

🗊 彼の出身地が**ジュネーヴ**であることにも注目！

☑1615 +++ フランスの**ディドロ**や**ダランベール**らの啓蒙思想家 は◯◯派と呼ばれる。　　　　　　　　（津田塾大）	百科全書
☑1616 +++ ◯◯は上流階級の社交場として**フランス**で流行し、 **フランス文化洗練の場**となった。　　　　（予想問題）	サロン
☑1617 +++ 17世紀頃から**フランス**の都市に出現した◯◯は、 **サロン**や**ロンドン**の**コーヒーハウス**とともに**世論形 成の場**となった。　　　　　　　　　　（学習院大） ⓘ 新聞などのジャーナリズムもコーヒーハウスから誕生した。	カフェ
☑1618 +++ 1666年、**コルベール**が創設した準公的機関◯◯ は、**科学技術の振興を目的**とした。　　　（予想問題）	（フランス）科学ア カデミー

22 | イギリス経験論と大陸合理論

☑1619 +++ **イギリス経験論**は◯◯**法**を用いて法則を導く。 　　　　　　　　　　　　　　　（南山大、一橋大） ☞ この考え方は具体から1つの法則を導く方法。したがって、**すべ てに実験と観察**を重んじた。	帰納
☑1620 +++ **イギリス経験論**の祖は◯◯である。彼は『◯◯』 や『**ニューアトランティス**』を著した。　　（東京女子大） ⓘ『ニューアトランティス』は、科学の発達した理想郷ベンセレム を描いた未完の書である。	フランシス=ベーコ ン、新オルガヌム （ノヴム=オルガヌ ム）
☑1621 +++ **イギリス**の◯◯は、生まれたばかりの人間の心は<u>白 紙（**タブラ=ラサ**）</u>であると考えた。　　　（南山大） ☞ 彼は**社会契約説**を唱えたことで有名。	ロック
☑1622 +++ 『**人性論**』で<u>懐疑論</u>を主張した◯◯に至ってイギリ ス経験論は行き詰まった。　　　　　　　（同志社大） ⓘ 彼は自分の**理性をも疑った**（理性は実験・観察することができな い）。	ヒューム
☑1623 +++ <u>**大陸合理論**</u>は◯◯**法**という思考方法を用いる。 　　　　　　　　　　　　　　　　　（明治学院大） ☞ この考え方は普遍的な原理から特殊な真理を導く方法。	演繹

☑1624 「**われ思う、ゆえにわれあり**」の言葉で有名なフランスの（　　）は『（　　）』を著した。　　　（慶應義塾大）

> 🗐 彼はスウェーデンで病死したのだが、墓が暴かれ首だけがフランスに持ち出された。現在パリの博物館に保管されている。

デカルト、
方法序説

☑1625 **汎神論**を唱えたのは**オランダ**の（　　）である。
+++　　　　　　　　　　　　　　　　　　　　　　（聖心女子大）

> ☛汎神論とは**自然、宇宙のすべてが神である**という考え方に立つ。

スピノザ

☑1626 **ドイツ**の**ライプニッツ**は、**宇宙を構成する単位**として（　　）を考えた。　　　　　　　　　　　　　（早稲田大）

> 🗐 霊、精神、神なども**モナド**でできていると考えられた。ライプニッツは万能の天才で、抜群の語学力を生かして**外交官**として活躍した。また数学では**微分積分**を創始した。

モナド（単子）

☑1627 『**パンセ**』を著した**フランスの哲学者**は（　　）である。
+++　　　　　　　　　　　　　　　　　　　　　　　　（明治大）

> 🗐 「**人間は考える葦である**」の格言が有名である。

パスカル

23 | 17〜18世紀の政治思想

☑1628 **王権神授説**は（　　）**王政**を擁護する理論で、**ルイ14**
+++ **世**に仕えた（　　）などが唱えた。　　　　　　（成城大）

絶対、
ボシュエ

☑1629 **イギリス**の（　　）は**チャールズ1世**に仕え、『**家父長**
+++ **権論**』を著した。　　　　　　　　　　　　　（慶應義塾大）

> 🗐 この本はジョン=ロックに批判されて、王権神授説がイギリスで主流となることはなかった。

フィルマー

☑1630 **フランス**の（　　）は『**国家論**』において、**主権を理論**
+++ **化**した。　　　　　　　　　　　　　　　　　　（同志社大）

> 🗐 フランスで王権神授説を唱えたのは2人いる。ボーダンは法を超えた強力な王権を支持したが、その根拠はなかった。それゆえ正確にはボーダンの思想は王権神授説ではない。王権に神の権威という根拠を与えたのが**ボシュエ**であった。

ボーダン

☑1631 **オランダの海上活動**を理論的に擁護した**グロティウ**
+++ **ス**は『（　　）』を著し、また（　　）戦争の惨禍を見て
『**戦争と平和の法**』を著した。彼は「**近代自然法の**
父」、「（　　）**法の祖**」と呼ばれる。　　　　（立教大）

> ☛『**海洋自由論**』はスペインとポルトガルの海洋支配を批判したもので、**グロティウス**が26歳の時に発刊された。

海洋自由論、
三十年、
国際

☑ 1632 **ホッブズ**や**ロック**たちに代表される政治思想は、一般に◯◯説と呼ばれる。 (同志社大) ■☞ホッブスを間違ってホッブスと書かないこと！ 🔲彼らの思想を中国の諸子百家（儒家）にたとえると、ホッブズが荀子の性悪説、ロックは孟子の性善説に近い。	社会契約
☑ 1633 **ホッブズ**は主著『◯◯』において**絶対主義を結果的に擁護**した。 (立教大、甲南大) 🔲リヴァイアサンは**旧約聖書**に登場する巨大な海獣の名前。おどろおどろしいが国家はリヴァイアサンのようであるべきと考えた。	リヴァイアサン
☑ 1634 ◯◯は自然状態を「◯◯の◯◯に対する闘争」とし、絶対的な主権者に権力を譲ることを主張した。 (青山学院大)	ホッブズ、万人、万人
☑ 1635 **ロック**は**人民主権論**に立ち、◯◯権を認め、主著『**統治論二篇**』（『**市民政府二論**』）では◯◯革命を擁護した。 (一橋大)	抵抗(革命)、名誉
☑ 1636 ◯◯は自然状態を「◯◯な状態」であるとしたが、理性的でない人物もいるとし、契約により多数決原理の国家を作り、君主が暴君化した場合には**革命を起こすことを主張**した。 (慶應義塾大) ■☞ロックは著書『統治論二篇』などで、このような説を展開した。	ロック、平和
☑ 1637 国家権力を議会（**立法**）、政府（**行政**）、最高裁判所（**司法**）に分けて分担させ、相互の抑制によって権力の濫用を防ごうとする考え方である◯◯は、**ロック**や**モンテスキュー**ら啓蒙思想家が主張した。 (明治大)	三権分立
☑ 1638 1748年、**モンテスキュー**は『◯◯』を著し、その中で諸国の法律制度を論じて**イギリスの制度を美化**し、**三権分立論**を主張して王権の制限を説いた。 (立教大)	法の精神
☑ 1639 **ルソー**は『◯◯』や『**社会契約論**』で、**万人の平等に基づく人民主権論**を主張した。 (明治大)	人間不平等起源論

24 | 17～18世紀の経済思想

☑**1640** フランスの**重商主義**は（　　）**主義**とも呼ばれる。ま
+++ た、**貿易差額主義**を唱えたのは**コルベール**や**イギリ
ス東インド会社**の（　　）である。　（東海大、早稲田大）

■貿易差額主義とは輸入を制限して輸出を奨励し、貿易黒字を目指すもの。

コルベール

トーマス=マン

☑**1641** **重農主義**は（　　）を中心に発達した。**ケネー**は主著
+++ 『（　　）』で**重農主義**を唱え、**重農主義者**の（　　）は
ルイ16世の下で財政改革を行った。
（南山大、関西学院大）

フランス、
経済表、
テュルゴー

☑**1642** **重農主義が説く自由放任主義**は（　　）といわれる。
+++ （慶應義塾大）

農業のみを重視し、手工業さえも低く評価した。

レッセ=フェール

☑**1643** **重農主義**は（　　）**会**の宣教師たちが**中国**の**儒教思想**
+++ を**フランス**に伝えたことにより生まれた。　（東京大）

儒教は商業を忌み嫌い、農業を重視した。

イエズス

☑**1644** （　　）**派経済学者**である**アダム=スミス**の主著には
+++ 『（　　）』があり、**自由貿易**を**主張**した。
（学習院大、専修大）

アダム=スミスは、考え事をすると夢中になるタイプであった。考えすぎて、散歩しながらドブに落ちることもあった。

古典、国富論
（諸国民の富）

☑**1645** **古典派経済学**はイギリスの（　　）を背景に発展し、
+++ （　　）**貿易**を主張した。代表的な人物として『**人口
論**』の（　　）、『**経済学および課税の原理**』の（　　）、
『**経済学原理**』の（　　）がいる。　（立命館大）

産業革命、自由、
マルサス、リカード、
ジョン=ステュアー
ト=ミル（J.S.ミル）

25 | 17～18世紀のヨーロッパ文化

☑**1646** 17世紀後半のイギリスでは（　　）**文学**が開花した。
+++ （青山学院大）

ピューリタン

☑**1647** 『**失楽園**』の作者は（　　）、『**天路歴程**』の作者は（　　）
+++ である。　（日本大、南山大）

2人ともイギリスのピューリタン革命に参加した。『失楽園』は過労による失明の中で書かれた。

ミルトン、
バンヤン

☑1648 風刺小説である『**ロビンソン=クルーソー**』の作者は +++ （　　　）である。　　　　　　　（センター試験、成蹊大） 　　📖 この作品は実話に基づいており、孤島で生き抜く男を描いた。ち 　　なみに、2005年に日本人がこの本のストーリーをヒントに、そ 　　の男の孤島での住居跡を発見する快挙を成し遂げた。	デフォー
☑1649 『**ガリヴァー旅行記**』で有名な**アイルランド出身**の風 +++ 刺作家（　　　）は、盛んにイギリス政府のアイルランド 　　政策を糾弾した。　　　　　　　　　　　　（慶應義塾大） 　　📖 この本で**ガリヴァー**は天空の島「ラピュタ」を訪れている。	スウィフト
☑1650 **リシュリュー**が創設した（　　　）は**フランス語の純化** +++ と（　　　）を**目的**としていた。　　　　　（早稲田大）	フランス学士院 （アカデミー=フラ ンセーズ）、統一
☑1651 **ルイ14世**時代のフランスでは（　　　）文学が花開い +++ た。　　　　　　　　　　　　　　　　　（関西学院大）	古典主義
☑1652 『**人間嫌い**』『**タルチュフ**』などを著した喜劇作家は +++ （　　　）である。　　　　　　　　　　　（明治学院大）	モリエール
☑1653 悲劇作家の（　　　）は『**ル=シッド**』を代表作とする。 +++ 　　　　　　　　　　　　　　　　　　　（慶應義塾大）	コルネイユ
☑1654 悲劇作家の（　　　）は『**アンドロマック**』を代表作とす +++ る。　　　　　　　　　　　　　　　　　（明治学院大）	ラシーヌ
☑1655 **力強く豪華**な（　　　）様式に対して、（　　　）様式は**優美** +++ **繊細**な特徴を持つ。　　　　　　　　　　　　（成城大）	バロック、ロココ
☑1656 **ルイ14世**の時代に**規模壮大**で豪華な**バロック様式** +++ の（　　　）宮殿が建設された。　　　　　　　（東海大） 　　📖 バロックの語源は「不細工・いびつ」。調和のとれた**ルネサンス** 　　様式からすると、あまりに巨大な建築様式であった。	ヴェルサイユ
☑1657 **フリードリヒ2世**は**ベルリン**郊外の（　　　）に、**ロコ** +++ **コ様式**の（　　　）宮殿を建設した。　　　　（日本大）	ポツダム、 サンスーシ
☑1658 フランスの**ロココ式画家**である（　　　）は、田園画や宮 +++ 廷画を多く残した。代表作には「**シテール島への巡** 　　**礼**」「**ピエロ**」などがある。　　　　　　　（予想問題）	ワトー

☑1659 **スペイン**の画家◯◯◯は**神秘的な宗教画**を描いた。
+++
（センター試験）

エル=グレコ

☑1660 **フランドル**地方の都市 <u>アントウェルペン</u>（<u>アント</u>
+++
<u>ワープ</u>）を中心に活動した◯◯◯は、**雄大**で**宗教や歴**
史を題材とした絵画を残した。 （中央大、東京女子大）

ルーベンス

☑1661 **オランダ**の画家◯◯◯は「<u>夜警</u>」を描いた。 （上智大）
+++
☞この画家は「**光と影の画家**」というキーワードからも出題される
ことがあるので要注意！

レンブラント

☑1662 **オランダ**の画家◯◯◯は、「<u>真珠の耳飾りの少女</u>」な
+++
ど**青色を特徴とする作品**を残した。
（慶應義塾大、早稲田大）

◻綺麗なラピスブルーから「青の画家」とも呼ばれ、またその特色
ある青は「フェルメール・ブルー」とも呼ばれる。現存する作品
数は少ない。

フェルメール

☑1663 **スペイン**の◯◯◯は<u>ロココ</u>風の末期に属し、「<u>裸のマ</u>
+++
<u>ハ</u>」を描いた。 （慶應義塾大）

ゴヤ

☑1664 **古典音楽**の◯◯◯は「<u>交響楽の父</u>」と呼ばれる。ま
+++
た、**バロック音楽の代表的人物**には◯◯◯と**ヘンデル**
がいる。 （慶應義塾大）

ハイドン、
バッハ

☑1665 <u>ニュートン</u>は主著『◯◯◯』において**微積分**を紹介し
+++
た。 （成城大）

☞「**万有引力の法則**も忘れずに覚えておこう！
◻<u>ニュートン</u>は錬金術師としても知られている。20世紀の経済学
者<u>ケインズ</u>は<u>ニュートン</u>のことを「**最後の魔術師**」と呼んだ。

プリンキピア

☑1666 **オランダ**の◯◯◯は<u>振り子運動</u>を研究した。
+++
（慶應義塾大）

☞**土星の輪の発見**や、**光の波動説**などの功績も残している。

ホイヘンス

☑1667 **イギリス**の◯◯◯は生理学者として**血液の循環の研**
+++
究に功績を残した。また、<u>ジェンナー</u>は◯◯◯**法**を発
明し、**天然痘の予防**に貢献した。 （成城大）

◻ジェンナーは**天然痘予防の最大の功労者**である。ただし、彼は8
歳の男の子に生体実験を行っていた。

ハーヴェー、
種痘（しゅとう）

☑ 1668 **17**世紀以降、「◯◯革命」により<u>自然科学</u>が近代的な学問として確立した。　　　　　　　（予想問題） 　　➡今後、出題が増えることが予想されるテーマなので要注意！	科学
☑ 1669 **フランスの**◯◯は燃焼理論で有名である。　（成城大） 　　🗐 彼は微税請負人をしていたために、フランス革命の時にギロチン（断頭台）で処刑された。	ラヴォワジェ
☑ 1670 **スウェーデンの**◯◯は植物分類学を創始した。 　　　　　　　　　　　　　　　　　　　（慶應義塾大）	リンネ
☑ 1671 『博物誌』の著者◯◯は進化論の先駆者となった。 　　　　　　　　　　　　　　　　　　　　（立教大） 　　🗐『百科全書』の「自然」の章も担当した。	ビュフォン
☑ 1672 ◯◯は、<u>カント</u>の星雲説を発展させ、宇宙の進化を説いた。　　　　　　　　　　　　　　　（早稲田大）	ラプラース(ラプラス)
☑ 1673 政治家でもあるアメリカの**フランクリン**は◯◯を発明した。また、**処世訓として**『◯◯』を残した。 　　　　　　　　　　　　　　　　　　　　（早稲田大） 　　➡アメリカ独立戦争でも活躍したことは必須知識！　処世訓の『<u>貧しいリチャードの暦</u>』はかなりの難問である。	避雷針、 貧しいリチャードの暦
☑ 1674 科学の発達に伴い、イギリスには◯◯が設立された。　　　　　　　　　　　　　　　　　　　（東京大） 　　🗐 フランスではコルベールが**フランス科学アカデミー**を設立した。	イギリス王立協会
☑ 1675 **イギリスの物理学者・化学者である**◯◯は、**1662**年に◯◯の法則を発見して気体力学の出発点を築き、「近代化学の父」と呼ばれている。　（明治学院大）	ボイル、 ボイル

MEMO

近代

8 近代ヨーロッパ世界の拡大と展開（18〜19世紀）

1 | ピューリタン（清教徒）革命

☑1676 **イギリスの**カルヴァン派**は（◯◯◯）と呼ばれ、旧教的**
+++ **な要素を残す**イギリス国教会**に対して不満があっ**
た。 （センター試験、成蹊大）

　📖 ちなみに、日本のキリスト教系大学は、イギリス国教会が立教大、
　　一般的なカルヴァン派には青山学院大、明治学院大、関西学院大
　　などがある。

ピューリタン（清教徒）

☑1677 ステュアート朝**の初代国王である（◯◯◯）世は、側近**
+++ **の大商人に貿易上の特権を与え、（◯◯◯）説を奉じて**
議会を無視した。 （センター試験、成蹊大）

ジェームズ1、王権神授

☑1678 ジェームズ1世**に続き、（◯◯◯）世も議会を軽視した**
+++ **ため、**1628年**に議会は王に対して「（◯◯◯）」を提出**
し、議会の同意のない課税に反対した。

（センター試験、慶應義塾大）

　☞ ステュアート朝の4人の王は混同しやすいので整理しておこう。
　　①ジェームズ1世（在位1603〜25）：王権神授説を唱える。
　　②チャールズ1世（在位1625〜49）：1628年の「権利の請願」
　　（国民の権利と自由の確認）。ピューリタン（清教徒）革命。
　　③チャールズ2世（在位1660〜85）：1660年の王政復古。審
　　査法や人身保護法の制定。
　　④ジェームズ2世（在位1685〜88）：名誉革命

チャールズ1、権利の請願（せいがん）

☑1679 **スコットランドでは**カルヴァン派**の（◯◯◯）（長老派）**
+++ **が優勢であった。** （青山学院大、成蹊大）

　📖 この派は比較的、穏健なグループ。

プレスビテリアン

☑1680 **1639年、**イギリス国教会の強制**に対して（◯◯◯）で長**
+++ **老派の反乱が発生し、翌40年に国王（◯◯◯）は議会を**
開いたが、議会が反発したため、すぐに解散された
（短期議会）。 （明治大、立教大）

　☞ この地域ではカルヴァン派の流れをくむ長老派（プレスビテリア
　　ンとも呼ぶ）の勢力が強かった。

スコットランド、チャールズ1世

☑1681 ピューリタン革命期にチャールズ1世の侍医を務め
+++ た◯◯◯は、血液の専門家でもあった。　（慶應義塾大）　ハーヴェー
　📖「血液循環の法則」で有名な人物。

☑1682 **チャールズ1世**はスコットランドへの賠償金支払の
+++ ために**1640年**11月、再び議会（**長期議会**）を開会
したが、◯◯◯派と◯◯◯派の対立が起き、**ピューリ**
タン（清教徒）革命が始まった。　（立教大、同志社大）
議会、
王党（国王）※順不同

☑1683 **議会派**は産業資本家、◯◯◯、◯◯◯が中心となり、
+++ **ピューリタン**が多数を占めていた。　（立教大）
ジェントリ、ヨーマン※順不同

☑1684 **王党派**は特権商人や封建貴族らが中心となり◯◯◯
+++ が多数を占めていた。　（早稲田大）
（イギリス）国教徒

☑1685 **議会派内部**では**穏健な**◯◯◯派と、**オリヴァー=クロ**
+++ **ムウェル**の指導する◯◯◯派の対立があった。
　（立教大、早稲田大）
長老、
独立

　☞独立派の指導者を聞かれたら「クロムウェル」が正解。正誤問題
　では息子のリチャード=クロムウェルと間違えないように！
　📖クロムウェルは自分の息子を溺愛したが、リチャード=クロム
　ウェルは凡庸で人望もなく、すぐに失脚した。

☑1686 ◯◯◯が指導し、徹底した**共和政を主張するグルー**
+++ **プ**は**水平派（レヴェラーズ）**と呼ばれた。（慶應義塾大）
リルバーン

　☞難関私大でよく出題される。

☑1687 **ウィンスタンリー**が指導し、**土地の共有を主張する**
+++ **グループ**は◯◯◯と呼ばれた。　（慶應義塾大）
真正水平派
（ディッガーズ）

　☞革命諸派には次のようなものがある。
　①独立派（インディペンデンツ）：**クロムウェル**指導。共和政を主
　　張。
　②水平派（レヴェラーズ）：ジョン=リルバーン指導。共和政を主張。
　③真正水平派（ディッガーズ）：ウィンスタンリー指導。共産主義
　　を主張。

☑1688 議会派の◯◯◯は**鉄騎隊**を組織して活躍し、**1645**年
+++ には◯◯◯の**戦い**で**新型軍が王党軍を破った。**
　（津田塾大）
クロムウェル（オリヴァー=クロムウェル）、ネーズビー

　📖彼は**ジェントリ**（郷紳、近代地主）出身であったが、**ヨーマン**
　（独立自営農民）を中心に鉄騎隊を組織し、この戦いで国王軍を
　破った。この鉄騎隊をモデルに新型軍が組織された。新型軍は全
　員スキンヘッドだったので「丸坊主（スキンヘッド）軍」とあだ
　名された。

☑ 1689 **ピューリタン革命**で**共和政（◯◯◯）を樹立した<u>クロ</u>** +++ **<u>ムウェル</u>は、<u>長老派</u>だけでなく◯◯◯も弾圧した。** （慶應義塾大、法政大）	コモンウェルス、 水平派

2 │ クロムウェルの政治

☑ 1690 **<u>クロムウェル</u>は、<u>1649年</u>に◯◯◯世を処刑して共和** +++ **政（コモンウェルス）を始めた。** （中央大）	チャールズ1
☑ 1691 **<u>クロムウェル</u>は、<u>1649年</u>に旧教徒（カトリック）の** +++ **多い◯◯◯を征服し、植民地化した。** （京都大） ⬛ クロムウェルは旧教徒を悪魔のように嫌っていた。彼の「容赦す るな」の号令で征服は始まり、死者は60万人を超えた。	アイルランド
☑ 1692 **◯◯◯年、<u>クロムウェル</u>はオランダの海運業に打撃を** +++ **与えるために◯◯◯法を出し、これが原因で英蘭戦争** **が発生した。** （東京大、立教大） ⬛ この法律は、当時ヨーロッパ最強ともいわれた**オランダの海運業** へのダメージを狙ったもので、3度におよぶ英蘭戦争（イギリス =オランダ戦争）はイギリスが勝利した。	1651、 航海
☑ 1693 **<u>1653年</u>、<u>クロムウェル</u>は終身職の◯◯◯に就任し、** +++ **厳格な清教主義に基づく政治を行った。** （東海大、神奈川大） ⬛ この職の地位は終身（死ぬまでの間）で、ピューリタン的な厳し い神権政治を行った。例えば、野菜のトマトは麻薬のようなもの とされて禁止された。	護国卿（ロード= プロテクター）
☑ 1694 **<u>リチャード=クロムウェル</u>が父の跡を継いだが、政局** +++ **は混乱し、<u>1660年</u>に◯◯◯が実現した。** （センター試験、法政大） ⬛ これには長老派も協力した。オリヴァー=クロムウェルの政治で 高く評価されたのは国立銀行の創設であった。これは1694年の **イングランド銀行**創立に発展した。	王政復古

3 │ 名誉革命

☑ 1695 **亡命中のフランスから戻った◯◯◯世は、革命派への** +++ **報復を否定した◯◯◯宣言を無視して次第に反動化** **した。** （慶應義塾大、早稲田大） ⬛ オランダの**ブレダ**で行われたこの宣言では、宗教上の寛容などが 約束されていた。	チャールズ2、 ブレダ

☑1696 +++ 1670年、**チャールズ2世**はフランスの**ルイ14世**と（　　）の**密約**を結び、多額の補助金をもらう代わりに、**イギリスでの旧教復活**を図った。　（早稲田大）		ドーヴァー
☑1697 +++ 国王の専制と旧教復活に対して、1673年に議会は**公職就任者は国教徒に限るとする**（　　）**法**を制定し、1679年には（　　）**法**を制定して対抗した。　（センター試験、青山学院大）　➡どちらの法律も入試では頻出なので要注意！		審査、人身保護
☑1698 +++ **チャールズ2世**の**弟のジェームズの王位継承**に賛成するグループは（　　）**党**、反対するグループは（　　）**党**と呼ばれた。　（学習院大、西南学院大）		トーリー、ホイッグ（ウィッグ）
☑1699 +++ 即位した**ジェームズ2世**も**旧教復活**を図ったため、両党は（　　）年に新しい王を迎え、**ジェームズ2世はフランスに亡命**した。これを（　　）と呼ぶ。　（学習院大、同志社大）　🔲王の亡命で血が流れなかったので名誉革命と呼ばれる。		1688、名誉革命
☑1700 +++ **新教徒のメアリ**とその夫で**オランダ総督のオラニエ公ウィレム**がそれぞれ（　　）**世**、（　　）**世**として迎えられた。　（学習院大、上智大）　🔲この結果、**オランダとイギリスは同君連合**を結成し、旧教国の**フランス**（ルイ14世）に対して**包囲網**を形成した。		メアリ2、ウィリアム3
☑1701 +++ 1689年、新たな国王は議会が提示した（　　）を（　　）として発布し、**王権に対する議会の優位が決定**した。　（センター試験、上智大）　🔲新しく即位したメアリ2世とウィリアム3世が発布した。イギリスの場合、革命後も国王が存在し、国家体制として外見上の変化は見られないが、このことによって**議会が王権の優位に立つという議会主権体制**が確立した。		権利の宣言、権利の章典
☑1702 +++ **ロック**は『（　　）』を著して**名誉革命**を擁護した。　（上智大、成城大）		統治論二篇（市民政府二論）
☑1703 +++ **ホッブズ**は著書『（　　）』において、結果的に**絶対王政**を擁護した。　（慶應義塾大、同志社大）		リヴァイアサン

☑ 1704 +++ イギリスは◯◯◯時代に**スコットランド**を合併し、 **1707**年に**グレート=ブリテン（連合）王国**が成立した。 （上智大、立教大） 🔲 この女王は**悲運の女王**とされている。生涯で18人の子どもを生んだが、多くが死産、運よく生まれても早死にであった。彼女は孤独を紛らわすためにアルコール依存症となった。跡継ぎがいなかったので、**スチュアート朝最後の王**となった。	アン女王
☑ 1705 +++ **スチュアート朝**が**断絶**し、**1714**年にドイツ系の ◯◯◯朝が成立したが、◯◯◯世はイギリスになじめずほとんどをドイツで過ごした。 （学習院大） 🔲 ジョージ1世は英語を話せなかった。また妃を28歳から60歳になるまで幽閉するなど残酷なイメージがあり、イギリスでは不人気の国王だった。しかしイギリス政治に比較的無関心だったので、逆にイギリス議会政治が発展した。	ハノーヴァー、 ジョージ1
☑ 1706 +++ **ジョージ1世**は**ホイッグ党**の◯◯◯に内閣を組織させた。 （日本大、明治大） 🔲 **イギリスの初代首相**として有名。しかし、彼は選挙で買収工作を行っており、議会制の真の確立までは、まだ時間がかかることになる。	ウォルポール
☑ 1707 +++ **責任内閣制**が成立し、「**王は**◯◯◯**すれども**◯◯◯**せず**」の原則が打ち立てられた。 （中央大）	君臨、統治
☑ 1708 +++ **ハノーヴァー朝**は**1917**年に◯◯◯朝に改称され、**1952**年には**エリザベス2世**が即位し、今に至る。 （センター試験、西南学院大） 🔲 第一次世界大戦中、**イギリスとドイツは敵対関係**にあったためドイツ風の名称が改められた。	ウィンザー

4 ｜ 植民地の獲得①（オランダ）

☑ 1709 +++ **オランダ**は**1602**年に◯◯◯を設立し、**東南アジア**進出の中核とした。 （成城大、東京外語大）	東インド会社
☑ 1710 +++ **1619**年、**ジャワ**の◯◯◯（現在のジャカルタ）に商館を建設し、さらに**セイロン**、**スマトラ**、◯◯◯諸島から**ポルトガル**を追放した。 （東京大、成城大）	バタヴィア、 モルッカ

☑ 1711 16世紀初頭、◯◯◯がセイロン島の◯◯◯を占拠し
+++ て拠点を築いたが、17世紀になりオランダに奪わ
れ、1814〜15年の◯◯◯会議を経て、イギリスが
獲得した。　　　　　　　　（センター試験、東京外語大）

ポルトガル、
コロンボ、
ウィーン

　☞セイロン島（スリランカ）はインド洋の覇権をめぐる列強の対立
　の場となった。

☑ 1712 1623年には◯◯◯事件でモルッカ諸島からイギリ
+++ ス勢力を排除し、◯◯◯貿易をほぼ独占した。
　　　　　　　　　　　　　　　　（東京大、東京都立大）

アンボイナ（アン
ボン）、香辛料

　▯ 17世紀には日本人傭兵（サムライ）が東南アジア各地で活躍し
　ていた。この事件では、イギリス商館の日本人傭兵がオランダ商
　館を偵察しているところを発見され、日本人傭兵9人、イギリス
　人10人がオランダ兵によって処刑された。

☑ 1713 1624年、◯◯◯にゼーランディア城を建設したが、
+++ 1661年、◯◯◯によって奪われた。　（東京大、成城大）

台湾、
鄭成功（ていせいこう）

☑ 1714 オランダは西インド会社を設立して新大陸へも進出
+++ し、1626年にはマンハッタン島に◯◯◯（後の
ニューヨーク）を建設した。　　　　　　　　（早稲田大）

ニューアムステルダ
ム

　▯ オランダは先住民から約24ドル相当のビーズと交換にマンハッ
　タン島を獲得した。あまりにも安い買い物だった。

☑ 1715 1652年には南アフリカに◯◯◯を建設し、アジアへ
+++ の足場を固めた。　　　　　（センター試験、慶應義塾大）

ケープ植民地

5 | 植民地の獲得②（イギリス）

☑ 1716 1600年、◯◯◯世時代に東インド会社が設立され
+++ た。　　　　　　　　　　　　　（センター試験、関西大）

エリザベス1

☑ 1717 イギリスはインド南東部に◯◯◯、西部に◯◯◯、ガ
+++ ンジス川下流に◯◯◯を建設し、インド経営の拠点と
した。　　　　　　　　　　　　　　（上智大、関西大）

マドラス（チェンナ
イ）、ボンベイ（ム
ンバイ）、カルカッ
タ（コルカタ）

　☞入試では当時の地名で問われる。地図（P.194参照）を見ながら
　現在の地名と一緒に覚えておこう！
　▯ カルカッタの語源は「カーリー女神の土地」の意味とされる。現
　在でも、この地にはカーリー女神を祀る寺院がある。仏教の一派
　である密教はカルカッタ周辺で誕生したとされる。

☑1718 イギリスは<u>アンボイナ事件</u>以降、インド経営に全力 +++ を注ぎ、インドの◯◯をヨーロッパに輸出して人気 を博した。　　　　　　　　　　　　　　（東京大、関西大） 　☞「香辛料」ではない。香辛料は古代ローマ時代にすでにヨーロッ 　　パに流入していることに注意！　キャラコの語源はインドの地 　　名**カリカット**。	綿織物（キャラコ）
☑1719 北米には**1607年**に◯◯を建設し、<u>ニューイング</u> +++ <u>ランド</u>と呼ばれる**東北部海岸地帯**に植民した。 　　　　　　　　　　　　　　　　　　　　　　（早稲田大）	ジェームズタウン （ヴァージニア植 民地）
☑1720 ◯◯朝の宗教弾圧を逃れた人々は<u>メイフラワー号</u> +++ で**プリマス**に上陸した。　　　　　　　　　　（上智大）	ステュアート
☑1721 <u>メイフラワー号</u>で**プリマス**に上陸した人々は◯◯ +++ （巡礼始祖）と呼ばれる。　　　　（上智大、西南学院大） 　🄳メイフラワー号で到着したのは102人。しかし厳しい環境のため 　　1年後に約半数が死亡した。	ピルグリム=ファー ザーズ
☑1722 **1651年**の◯◯による<u>航海法</u>は、3度の◯◯**戦争** +++ （1652～74）に発展し、**イギリス優勢のうちに終** **わった**。　　　　　　　　　　　　　　（東京大、一橋大） 　☞航海法はイギリスのブルジョワジー（市民階級）の利益を代弁し、 　　**オランダの海運業の打倒**を狙うものであった。	クロムウェル、 英蘭（イギリス=オ ランダ）
☑1723 <u>英蘭戦争</u>中にイギリスは<u>ニューアムステルダム</u>を占 +++ 領して◯◯と改名した。　　　　　　　（千葉大、南山大）	ニューヨーク

6 │ 植民地の獲得③（フランス）

☑1724 <u>1604年</u>にフランス東インド会社が設立されたが不 +++ 振で、<u>ルイ14世</u>時代に財務総監の◯◯の下で再建 された。　　　　　　　　　　　　　（青山学院大、成蹊大）	コルベール
☑1725 フランスはイギリスに接近してインドに拠点を作 +++ り、<u>マドラス付近</u>に◯◯を、<u>カルカッタ付近</u>に ◯◯を建設した。　　　　　　　（センター試験、上智大）	ポンディシェリ、 シャンデルナゴル

☑1726 1682年、（　　）がミシシッピ川流域を探検し、**ルイ14世にちなんで**流域一帯を（　　）と**命名**した。

（早稲田大）

ラ=サール、ルイジアナ

🗒 ラ=サールはフランスの冒険家。22歳で聖職者学校（今の大学のようなもの）を卒業した後、探検に魅せられてアメリカに渡った。アメリカ探検は20年近くに及んだ。

☑1727 フランスはセントローレンス川を上流へさかのぼり、（　　）と**モントリオール**の2つの市を建設して、**カナダ**を領有した。　　　　（上智大）

ケベック

🗒 ここは現在も**住民の8割がフランス系**で、カナダからの分離運動が続いている。

☑1728 **17世紀から18世紀**にかけて、**カナダ**の大西洋沿岸地域には（　　）人が多く移住していたが、（　　）年の**パリ条約**の結果、最終的に（　　）が領有するところとなった。　　　（東洋大、一橋大）

フランス、1763、イギリス

7 | 英仏植民地戦争

☑1729 ヨーロッパでの戦争と並行して北米でも英仏間の戦争が行われ、ヨーロッパの**ファルツ継承戦争**と並行して北米では（　　）戦争が行われた。　　（上智大）

ウィリアム王

☑1730 ヨーロッパの**スペイン継承戦争**と並行して北米では（　　）戦争が行われた。　　　（明治大）

アン女王

☑1731 ヨーロッパの**オーストリア継承戦争**と並行して北米では（　　）戦争が行われた。　　　（福岡大）

ジョージ王

☑1732 ヨーロッパの**七年戦争**と並行して北米では（　　）戦争が行われた。　　（東海大、明治大）

フレンチ=インディアン

☞ この戦争の流れは「薄味フレンチ」で覚える。「ウ（ウィリアム王）すア（アン女王）ジ（ジョージ）フレンチ（フレンチ=インディアン）」。

🗒 フランスは**商業（交易）を目的**とし、先住民と利害が一致した。これに対して、イギリスは**植民（移住）が目的**だったため、先住民と対立した。

☑ 1733 4度の戦争は**イギリス**の勝利に終わり、<u>1763</u>年に
+++ ◯◯◯条約が結ばれて、**北米におけるイギリスの覇権**
が確立した。　　　　　　　　　　　　（成城大、関西学院大）

☛ヨーロッパと北アメリカで同時に進行した戦争は頻出知識なの
で要注意！　①ファルツ継承戦争 ↔ ウィリアム王戦争
　　　　　　　②スペイン継承戦争 ↔ アン女王戦争
　　　　　　　③オーストリア継承戦争 ↔ ジョージ王戦争
　　　　　　　④七年戦争 ↔ フレンチ=インディアン戦争

パリ

☑ 1734 <u>パリ条約</u>が締結されたことにより、**イギリスはフラ
+++ ンスから**<u>カナダ</u>と◯◯◯を得た。
　　　　　　　　　　　　　（センター試験、成城大）

ミシシッピ川以東
のルイジアナ

☑ 1735 <u>パリ条約</u>が締結されたことにより、**イギリスはスペ
+++ インから**◯◯◯を、**スペインは代わりにフランスから**
◯◯◯を獲得した。　　　　　（センター試験、成城大）

🗊当時のスペイン国王は**カルロス3世**である。**啓蒙専制君主**として
知られ、スペインの国政の立て直しに力を尽くした。

フロリダ、
ミシシッピ川以西
のルイジアナ

☑ 1736 <u>七年戦争</u>の期間中の<u>1757</u>年にインドでは◯◯◯の
+++ 戦いが行われ、**イギリス東インド会社の**◯◯◯はフラ
ンスと地方豪族の連合軍に勝利した。
　　　　　　　　　　　　（センター試験、西南学院大）

🗊兵力ではフランス側が優勢だったが、<u>クライヴ</u>の裏切り工作が効
を奏し、イギリスの勝利に終わった。

プラッシー、
クライヴ

☑ 1737 インドでのイギリスとフランスの戦争を◯◯◯戦争
+++ （<u>1744</u>〜<u>63</u>）と呼ぶ。前半はフランスのインド総
督◯◯◯の活躍でフランス優勢だったが、<u>プラッシー
の戦い</u>で**イギリスのインド覇権が決定**した。
　　　　　　　　　　　　　　　　（関西学院大）

カーナティック

デュプレクス（デュ
プレーク）

8 │ 産業革命

☑ 1738 <u>18</u>世紀後半にイギリスで始まり、◯◯◯を利用した
+++ **綿工業の発達**を第<u>1</u>次**産業革命**とし、<u>19</u>世紀後半の
石油と◯◯◯を利用した**重化学工業の発達**を第<u>2</u>次
産業革命とする。　　　　　　　　　　（東京経済大）

🗊一般的に**産業革命**は**第1次産業革命**を指す。

蒸気

電気（電力）

☑1739 産業革命以前、イギリスの主要な工業は（＿＿＿）工業であった。
+++ （センター試験、津田塾大）

毛織物

🗐 第1次エンクロージャー（囲い込み）も、この産業を中心として行われたものであった。つまりイギリスの産業は、最初は毛織物、それから綿織物（綿製品）へと移行したことになる。現代では自動車が重要な産業だが、19世紀までは衣類は基幹産業であった。

☑1740 イギリスは18世紀にフランスを打ち破り、世界商業の覇権を握って国内に（＿＿＿）を蓄積していた。
+++ （東京大、明治学院大）

資本

🗐 具体的には銀である。

☑1741 18世紀後半に（＿＿＿）生産を目的に第2次（＿＿＿）が起こり、土地を失った農民が工業労働者として都市に流入した。 （センター試験、東京学芸大）
+++

穀物、
エンクロージャー
（囲い込み）

☛ この結果、産業革命に必要な労働力が生まれたことは、正誤問題や論述問題のポイントとなるので要注意！

☑1742 農村では（＿＿＿）が地主から土地を借り、労働力として（＿＿＿）を用いて経営する資本主義的農業が行われた。
+++ （津田塾大）

農業資本家（大借
地農）、
農業労働者

🗐 イギリスの地主はピューリタン革命と名誉革命を生き残り、広大な土地を所有していた。地主は広大な土地を自ら経営するよりも第三者に貸す方が効率的であった。

☑1743 18世紀のイギリスにおける新農法の普及と新しい経営形態の出現は総称して（＿＿＿）と呼ばれる。その代表が「大麦→クローヴァー（牧草）→小麦→かぶ」の順に4年周期で耕作する（＿＿＿）農法だった。
+++ （法政大、立正大）

農業革命

ノーフォーク

🗐 この農法の名称はイングランド東部の州の名前に由来する。

☑1744 イギリスに併合された（＿＿＿）からも安い労働力が供給された。 （京都大、立正大）
+++

アイルランド

☑1745 イギリスは鉄と石炭に恵まれ、（＿＿＿）や北米の綿花などの原材料も豊富にあった。 （早稲田大）
+++

インド

☑1746 イギリスでは産業革命以前にも問屋制や（＿＿＿）という資本主義的生産様式が普及していた。 （関西学院大）
+++

マニュファクチュア
（工場制手工業）

☛ マニファクチュアでは誤りとなるので要注意！

☑1747 『諸国民の富』(『国富論』)を著した（　　　）の自由貿易
+++ 論は、イギリス産業革命の進展に拍車をかけた。
（センター試験、札幌大）

📖 アダム=スミスは産業の重要性を説いた。しかしサービス業に関
しては非生産的と捉えて否定的であった。自分が教師でありな
がら、教師という職業を軽蔑した。また、3つの「~er」の職業
（dancer、singer、teacher）を非生産的とみなした。

| アダム=スミス |

☑1748 1733年、（　　　）が飛び杼を発明し、織布の機械化が
+++ 始まった。
（早稲田大、西南学院大）

📖 文字通り、飛び杼（flying shuttle）は飛ぶように早く布を織った
ことから名付けられた。

| ジョン=ケイ |

☑1749 1764年頃、（　　　）がジェニー紡績機を発明し、1人
+++ で8本の糸を紡ぐことができるようになった。
（センター試験、早稲田大）

📖 ジェニーは妻の名前といわれているが、実は定かではない。特許
争いも巻き起こり、彼は貧困の中で生涯を終えた。

| ハーグリーヴズ |

☑1750 1768年、（　　　）が水車の動力を利用して運転する水
+++ 力紡績機を発明した。
（センター試験、立正大）

| アークライト |

☑1751 1779年、（　　　）は水力紡績機とジェニー紡績機の長
+++ 所を採り入れてミュール紡績機を発明した。
（西南学院大）

📖 ミュールは馬とロバのかけ合わせである「ラバ」の名前。独創性
に欠けた発明であると当の本人は思い込み、特許申請も行わずに
貧困の中で生涯を終えた。

| クロンプトン |

☑1752 牧師であった（　　　）は、1785年に蒸気力を織布工程
+++ に用いて力織機を発明した。
（上智大、西南学院大）

| カートライト |

☑1753 アメリカの（　　　）が、1793年に綿繰り機を発明し、
+++ この結果アメリカ南部の綿花生産は増大した。
（上智大、関西学院大）

📖 彼は28歳で綿繰り機を発明した。発明の動機は、黒人奴隷を重
労働から解放するためだったが、皮肉にも綿花生産は増大し、奴
隷制は拡大した。

| ホイットニー |

☑1754 18世紀に◯◯◯が炭坑の排水に蒸気機関を使用し、
+++ さらに◯◯◯は画期的な改良を行い蒸気機関の動力
としての可能性を広げた。 （関西学院大）

ニューコメン、
ワット

 🗐 炭鉱労働では身体の小さな7〜12歳の子どもが労働者として用
いられた（**児童労働**）。労働時間は12時間以上におよび、ほとん
どの子どもが数年で死亡した。当時、労働者階級の平均寿命は15
歳だったといわれる。

☑1755 **ダービー父子が◯◯◯製鉄法を発明・開発し、鉄の大**
+++ **量生産が可能となった。** （明治大）

コークス

☑1756 **イングランド中部の◯◯◯は製鉄業の中心として発**
+++ **展した。** （立教大）

バーミンガム

 ☞製鉄業が重要なキーワード！ イングランド中部のシェフィー
ルドも製鉄業で栄えた。

☑1757 **イングランド中西部の◯◯◯は綿工業で発展し、**
+++ **◯◯◯は奴隷貿易の中心として繁栄した。**
（立命館大、関西学院大）

マンチェスター、
リヴァプール

 ☞木綿工業と奴隷貿易がキーワード！

☑1758 **アメリカの◯◯◯は世界初の蒸気船クラーモント号**
+++ **を建造した。** （札幌大、西南学院大）

フルトン

 ☞難関大ではクラーモント号の名前も出題される。
 🗐 フルトンは世界初の潜水艇（潜水艦）の開発者でもある。フラン
スのイギリス侵攻への売り込みのため、1801年潜水艇ノーチラ
ス号をセーヌ川で潜航させたが、惜しくも沈没してしまった。

☑1759 **1819年、機帆船◯◯◯号は初めて大西洋横断に成功**
+++ **した。** （早稲田大）

サヴァンナ

☑1760 **1804年、◯◯◯が初めて蒸気機関車を発明したが、**
+++ **実用化には至らなかった。** （関西学院大）

トレヴィシック

 🗐 この蒸気機関車は時速8km足らずと、3歳児の全力疾走程度の速
度しか出なかった。なお、その名称は「キャッチ・ミー・フー・
キャン（捕まえられるなら捕まえてみろ）」号。

☑1761 **◯◯◯の発明した蒸気機関車が、1825年にストック**
+++ **トンと◯◯◯間の走破に成功し、さらに1830年に**
はリヴァプールと◯◯◯間の鉄道運行につながった。
（西南学院大）

スティーヴンソン、
ダーリントン、
マンチェスター

 🗐 1830年のリヴァプールとマンチェスター間を走った蒸気機関
車の名は「**ロケット号**」。時速は約47kmだった。真の実用化は、
この時から始まった。

☑1762 蒸気船や蒸気機関車の登場など、**交通の飛躍的進歩**を◯◯革命と表現する。　　　　　　　（東京大）	交通（運輸）
☑1763 仕事を奪われた労働者たちは◯◯運動などの**機械打ちこわし運動**を起こした。　　　　（青山学院大） 🗐 1811～12年にピークを迎えた。	ラダイト（ラッダイト）
☑1764 **19世紀半ば**の**イギリス**の**工業力**は他の諸国をしのぎ、「◯◯」と呼ばれた。　　（センター試験、東京大）	世界の工場
☑1765 旧来の地主や商業資本家に代わり、新興の◯◯が台頭して大きな影響力を持つようになった。　　　　　　　　　　　　　　　　（東京学芸大） 🗐 いわゆる製品を作るメーカーのことである。	産業資本家
☑1766 **イギリス**は◯◯法を定めて**技術の国外流出を防止**したが、<u>1824</u>～<u>25</u>年に同法を廃止した。　　　　　　　　　　　　　　　　（津田塾大） 🗐 この結果、**産業革命はイギリスからヨーロッパ大陸へと伝播**した。	機械輸出禁止
☑1767 イギリスに次いで、<u>1830</u>年に独立した◯◯と<u>七月王政期</u>の◯◯で産業革命が始まった。　　（東京経済大、日本大） 🖙直前のキーワードから国名が問われることが多いので要注意！	ベルギー、 フランス
☑1768 ベルギー、フランスに続いて、<u>関税同盟</u>の**結成**で国内市場が統合された◯◯と**1830年代に綿工業が発展**を遂げた◯◯で産業革命が始まった。　　　　　　　　　　　　　　　　（東京経済大、日本大）	ドイツ、 アメリカ
☑1769 ◯◯では1861年の<u>農奴解放令</u>により産業革命が始まった。　　　　　　　　　　　　　　　　（日本大） 🗐 農奴解放令は不徹底ながらも多くの工業労働者を生んだ。	ロシア

9 ｜ 北アメリカへの入植活動

☑1770 <u>1620</u>年、イギリスから<u>メイフラワー号</u>に乗り込み、アメリカの◯◯から上陸した102名の移住者がいた。彼らは◯◯と呼ばれる。　　　　（同志社大） 🗐 厳しい環境の中で、翌21年には半数以上の人々が死亡した。	プリマス、 ピルグリム＝ファーザーズ（巡礼始祖）

☑1771 北東部植民地が形成された地域は（　　　）と呼ばれる。
+++
（早稲田大）

ニューイングランド

☑1772 アメリカへの移住者がもたらしたピューリタニズム
+++ は、WASP（ワスプ）という価値観を生み出した。
WASP を構成する要素は「（　　　）」「（　　　）」「（　　　）」
である。　　　　　　　　　　　（東北学院大、青山学院大）

　🗒 アメリカの支配者体制は WASP（ワスプ）と呼ばれる。歴代大
　統領の大部分がこのグループに属する。例外は、アイルランド系
　であり、カトリックを信仰したケネディやクリントン、黒人系か
　ら初めて就任したオバマなど民主党出身の大統領である。

白人（White）、
アングロ=サクソン
（Anglo-Saxon）、
プロテスタント
（Protestant）

☑1773 1607年、（　　　）が入植を試みた地にアメリカ最初の
+++ 植民地として（　　　）が誕生し、後にタバコ栽培で発展
した。　　　　　　　　　　　　　　　　　　　　（上智大）

　🗒 この植民地を建設した彼自身はタバコの栽培に失敗した。

ローリ（ロリー）、
ヴァージニア

☑1774 （　　　）植民地はピューリタンが建設し、中心都市
+++ （　　　）はアメリカ独立戦争の中心となった。
（慶應義塾大）

マサチューセッツ、
ボストン

☑1775 （　　　）が建設したペンシルヴェニア植民地はクェー
+++ カー教徒が多く、中心都市（　　　）はアメリカ最初の首
都となった。　　　　　　　　　　　　　　　　（中央大）

　🗒 中心都市の名の語源は「友愛の町」。1790〜1800年までアメリ
　カ合衆国の首都だった。

ウィリアム=ペン、
フィラデルフィア

☑1776 旧教徒の移住者たちは、イギリスのメアリ1世の名
+++ に由来した（　　　）植民地を建設した。　　（早稲田大）

　🗒 名前の由来は、チャールズ1世の王妃メアリ（マリー）説もある。
　どちらにしてもカトリック復活を図った女性なので、イギリスで
　は人気が低かったが、カトリック信徒には大変人気があった。

メリーランド

☑1777 1732年、（　　　）植民地が最後の13番目の植民地と
+++ して成立した。　　　　　　　　　　　　　　（早稲田大）

　🗒 この植民地は博愛主義者のオグルソープが、刑事罰を受けた人び
　と（政治犯）や債務者の社会復帰を目的に建設した。

ジョージア

☑1778 13植民地は成立事情から、（　　　）植民地、領主植民
+++ 地、王領植民地に大別される。　　　（一橋大、早稲田大）

　🗒 植民地の所有権で3つに分かれる。自治植民地はマサチューセッ
　ツ、領主植民地はペンシルヴェニア、王領植民地はヴァージニア
　などが代表的である。

自治

☑ 1779 各植民地は、住民代表からなる◯◯◯を設けるなど自治的傾向が強かった。 (東北学院大)	植民地議会
☑ 1780 <u>1619</u>年、<u>黒人</u>奴隷が初めて◯◯◯植民地に輸入された。 (慶應義塾大)	ヴァージニア
☞この植民地は1607年成立。当時からタバコの栽培で有名。難関大では**アメリカで初めて黒人奴隷を輸入した植民地**としても出題されるので要注意!	
☑ 1781 **南部植民地**では<u>タバコ</u>、<u>コメ</u>、綿花などの◯◯◯が発達した。 (センター試験、東北学院大)	プランテーション
☑ 1782 **ニューイングランド**では◯◯◯と呼ばれる<u>直接民主制</u>が行われた。 (早稲田大)	タウン=ミーティング
☑ 1783 植民地時代の北アメリカ大陸では、多くの**先住民が****ヨーロッパからの入植者により生活を奪われていった**が、中にはポーハタン族の首長の娘◯◯◯がイギリス人ジョン=ロルフと結婚するなど、一時的に友好関係が見られることもあった。 (センター試験)	ポカホンタス
⧉彼女の本名はマトアカ。ポカホンタスは「おてんば」「じゃじゃ馬娘」という意味のあだ名である。1995年のウォルト・ディズニー社のアニメーション映画でも有名。	

10 | イギリスの重商主義政策

☑ 1784 イギリスは**自国製品を保護する**ため◯◯◯主義政策を採り、1699年には<u>羊毛品法</u>（ようもうひん）を制定、<u>1733</u>年には◯◯◯法を制定し**砂糖と糖蜜**（とうみつ）**に課税**した。 (上智大、早稲田大)	重商 糖蜜（とうみつ）
☞イギリスはアメリカを経済的に利用したが、実際はゆるやかな統制で「**有益なる怠慢**（たいまん）」と呼ばれた。難関私大では重要データ!	
☑ 1785 <u>1750</u>年に◯◯◯法を制定し、イギリスは植民地での**鉄製品の生産を禁止**した。 (上智大、関西大)	鉄（製鉄品）
☑ 1786 ◯◯◯戦争（<u>1754</u>～<u>63</u>）がイギリスの勝利に終わると、**植民地への課税政策が強化**された。 (東北学院大、関西大)	フレンチ=インディアン
⧉イギリスはこの戦争で財政難に陥り、課税を強化した。	

☑1787 **1764年、イギリスは糖蜜法を修正した◯◯法を制**
+++ **定し、密貿易を厳しく取り締まった。** （名城大）

砂糖

> 税率は下がったが、一方で取り締まりは強化され、アメリカ側の不満が募った。

☑1788 **1765年、新聞や証書などの書類や刊行物に課税す**
+++ **る◯◯法は、「◯◯なくして課税なし」という言**
葉に象徴される植民地側の激しい反発を招き、翌66
年に撤回された。 （センター試験、立命館大）

印紙、代表

> 税率は本国イギリスよりも低かったが、入学証書や卒業証書、トランプなどに至るまで課税対象としたために大きな反発を招いた。

☑1789 **1767年、イギリス蔵相◯◯の提案で、ガラスや茶**
+++ **などに輸入関税が課せられた。** （西南学院大）

タウンゼント

> 彼の名をとってタウンゼント諸法と呼ばれる。

☑1790 **1773年、イギリス◯◯会社に茶の貿易独占権を与**
+++ **える茶法は植民地の反発を招き、◯◯事件が発生し**
た。 （センター試験、関西大）

東インド、
ボストン茶会

> 1773年の年号も重要！ 先住民に変装した人々が「ボストン港をティー・ポットにしてやる！」と叫びながら、茶を海中に投げ捨てた。

11 | アメリカ独立戦争

☑1791 **1774年、ジョージアを除く植民地代表は◯◯で第**
+++ **1回◯◯を開催し、植民者たちはイギリス本国に対**
する反抗の気勢をあげた。 （関西学院大）

フィラデルフィア、
大陸会議

☑1792 **1775年、◯◯の戦いでイギリスの正規軍と植民地**
+++ **の◯◯が衝突し、独立戦争が始まった。** （学習院大）

レキシントン（レキ
シントン=コンコー
ド）、民兵（ミニッ
ト・マン）

> 植民地側の民兵は即座に現場に駆けつけたことから"minuteman ミニット・マン"と呼ばれた。

☑1793 **1775年、第2回大陸会議が開かれ、◯◯が植民**
+++ **地軍総司令官に任命された。** （学習院大）

ワシントン（ジョー
ジ=ワシントン）

☑1794 **◯◯が「自由か死か」の演説を行い、イギリス本国**
+++ **への抵抗を訴えた。** （成城大）

パトリック=ヘンリ

☑1795 ＿＿が著した『**コモン=センス**』は画期的な売れ行 +++ きを示し、**独立への気運を高めた**。 (大阪大)	トマス=ペイン
📖 彼は印刷業を営み、独立の正当性を訴えたこの冊子(パンフレット)は爆発的に売れたが、独立戦争が始まるとフランスに渡ったため、アメリカでは裏切り者と呼ばれた。	
☑1796 <u>1776</u>年<u>7月4</u>日、＿＿、＿＿、**ジョン=アダムズ** +++ らが起草した**独立宣言**を発表した。 (南山大)	トマス=ジェファ ソン、フランクリン ※順不同
📖 独立宣言は5人の起草委員が作成した。メンバーは<u>トマス=ジェファソン</u>らの他に**シャーマン**、**リヴィングストン**がいる。ジョン=アダムズは第2代大統領となった。	
☑1797 <u>独立宣言</u>は**主権在民の原則、自然権、**＿＿**権**を掲 +++ げ、**イギリス**の＿＿の影響を受けて、**イギリス国王** ＿＿**世**の暴政に対する独立の正当性を訴えた。 (中央大、明治大)	抵抗(革命)、 ロック、 ジョージ3
☑1798 植民地側は独立に反対する＿＿派、独立を支持する +++ ＿＿派、本国との和解を期待する<u>中立派</u>に分裂していた。 (早稲田大)	国王(勤王)、 愛国
📖 実際には**中立派が最大多数派**であった。	
☑1799 <u>1777</u>年、＿＿の戦いから戦局は**アメリカ有利**と +++ なった。 (成城大)	サラトガ
☑1800 **避雷針**を発明した＿＿は、**駐フランス大使**としても +++ 活躍し、**フランスのアメリカ独立支援の獲得**に成功した。 (成城大、立教大)	フランクリン
📖 この人物はアメリカ建国の父の一人とみなされている。有名な言葉は「時は金なり」。	
☑1801 **アメリカ独立戦争**には、**1778年**の＿＿、翌**79**年 +++ の**スペイン**、**1780年**の＿＿の順にヨーロッパ各国が参戦し、同**80年**には**ロシアのエカチェリーナ2** **世**が＿＿**同盟**を結成してアメリカ独立を側面から支援した。 (立教大)	フランス、 オランダ 武装中立
☞ 参戦の順番も問われることがあるので要注意!	

256

☑1802 義勇兵として**フランスの貴族**◯◯◯、**ポーランドの**
+++ ◯◯◯、**フランスの空想的社会主義者**◯◯◯が独立戦
争に参加した。　　　　　　　　　（センター試験、上智大）

   ☛ ラ=ファイエットは「人権宣言」の起草者でもある。20歳で独立
戦争に参加した。

| ラ=ファイエット、コシューシコ（コシチューシコ）、サン=シモン |

☑1803 **1781** 年の◯◯◯の**戦い**で**イギリス軍**は**大敗**を喫し、
+++ **アメリカ側の勝利**が決まった。　　　　　　（センター試験）

| ヨークタウン |

☑1804 **1783** 年に◯◯◯**条約**が結ばれ、**イギリスはアメリカ**
+++ の独立を承認し、◯◯◯を**アメリカ**に**割譲**した。
　　　　　　　　　　　　　　　　　　　　　　（センター試験）

| パリ、ミシシッピ川以東のルイジアナ |

12 | アメリカ合衆国の誕生

☑1805 **1777** 年、◯◯◯が起草され、後の**アメリカ合衆国憲**
+++ **法の基礎**となった。　　　　　　　（慶應義塾大、早稲田大）

   ☛ 難関大では頻出なので要注意！

| アメリカ連合規約 |

☑1806 **アメリカ連合規約**では政府は◯◯◯と◯◯◯を保有
+++ せず、政治的に弱体であった。　　　　　　　　（早稲田大）

| 徴税権、通商規制権※順不同 |

☑1807 **1787** 年、◯◯◯で**憲法制定会議**が開かれて憲法の草
+++ 案が作成された。　　　　　　　　　　　　　　（南山大）

| フィラデルフィア |

☑1808 **アメリカ合衆国憲法**は、**1788** 年に◯◯◯州の批准を
+++ 得て発効した。　　　　　　　　　　　　　　（早稲田大）

   ☛ **3分の2以上の州の承認**で発効した点に注目！

| 9 |

☑1809 **合衆国憲法**では任期◯◯◯年の**大統領**が行政の最高
+++ 権者であり、**ロック**や◯◯◯の影響で、**行政、司法、**
立法の三権分立の体制が採られた。　　　　（慶應義塾大）

   🗌 アメリカ合衆国憲法の精神と内容は1788年に発効して以来、基
本的には変わっていない。

| 4、モンテスキュー |

☑1810 **財務長官**を務めた◯◯◯らは**中央政府の権力強化**を
+++ 主張して、◯◯◯と呼ばれた。　　　　　　　　（上智大）

   🗌 彼は将来の大統領候補として期待されたが、政敵アーロン=バー
との決闘で腹部を撃たれて死亡した。

| ハミルトン、連邦派（フェデラリスト） |

☑ 1811 アメリカ合衆国第<u>2</u>代大統領に就任したのは（　　　）
+++ である。　　　　　　　　　　　　　　　　　　（慶應義塾大）
　　📖 彼は<u>連邦派</u>に属する。

ジョン=アダムズ

☑ 1812 州の権力強化を主張する<u>反連邦派</u>（<u>アンチ=フェデラ</u>
+++ <u>リスト</u>）は、第<u>3</u>代大統領<u>トマス=ジェファソン</u>を中
　　心として（　　　）を結成し、後にこのグループは（　　　）
　　<u>党</u>に発展した。　　　　　　　　　　　　　　　（成城大）
　　📖 ジェファソンは<u>自営農民中心</u>の農業国家を建設しようと考えて
　　いた。しかし、南北戦争後は工業国家を目指す<u>共和党</u>の力が強
　　まっていった。

リパブリカン、
民主

13 | フランス革命の背景と原因

☑ 1813 <u>ルイ14世</u>時代における<u>度重なる外征</u>や<u>宮廷の浪費</u>、
+++ さらには<u>ルイ16世</u>即位の翌年に始まった（　　　）戦
　　争への代償なき参戦で財政が破綻（はたん）した。　（学習院大）

アメリカ独立

☑ 1814 （　　　）（旧制度）と呼ばれる体制の下で、国民の大半
+++ を占める（　　　）身分である平民の生活は苦しかった。
　　　　　　　　　　　　　　　　　　　（センター試験、学習院大）

アンシャン=レジー
ム、第三

☑ 1815 1783年、日本の（　　　）の噴火の影響で寒冷飢饉（ききん）が発
+++ 生した。　　　　　　　　　　　　　　　　　　（予想問題）
　　📖 この噴火は大規模なもので、周辺住民の死者は約2万人に達し
　　た。また、北半球に異常気象をもたらし、フランス革命の間接的
　　原因の1つといわれる小麦の不作を招いたとされる。

浅間山（あさまやま）

☑ 1816 （　　　）は『<u>第三身分とは何か</u>』を著し、<u>特権身分を批</u>
+++ <u>判</u>した。　　　　　　　　　　　　　　　　（関西学院大）
　　📖 彼はギロチン送りにもならず革命期を生き延び、「革命のモグラ」
　　と呼ばれた。

シェイエス（アベ=
シェイエス）

☑ 1817 （　　　）会の宣教師を通じて、中国の合理思想（<u>朱子学</u>
+++ など）が流入し、啓蒙（けいもう）思想が育まれていた。
　　　　　　　　　　　　　　　　　　　　　　（東京大、京都大）
　　📖 フランス革命の思想的背景は<u>ヴォルテール</u>や<u>ルソー</u>などが説い
　　た啓蒙思想だが、これは<u>中国思想の影響</u>を強く受けたものであっ
　　た。

イエズス

☑1818 **ルイ16世**は、**重農主義者**の◯◯◯や、**スイス生まれ**
+++ **の銀行家**の◯◯◯を登用して財政改革を行ったが頓

挫した。　　　　　　　　　　　　　　（同志社大、関西大）

| テュルゴー、 |
| ネッケル |

　🗊 **ネッケル**は歯に衣着せぬ言動があった。**ルイ16世**の王妃マリ＝
　アントワネットには倹約を進言して罷免されるなどしたが、民衆
　には圧倒的な人気があった。バスティーユ牢獄襲撃も**ネッケル**罷
　免が一因であった。

☑1819 **1783**年、蔵相（財政総監）となった◯◯◯は**名士会**
+++ を開催し、**特権身分への課税**を図ったが失敗した。

（早稲田大）

| カロンヌ |

　☞財政改革を行った人物といえば**テュルゴー**（重農主義者）、**ネッ**
　ケル（銀行家）だが、難関大では、この人物も出題される。彼ら
　の改革はすべて失敗に終わった。

☑1820 ◯◯◯**会**とは、国王の下に設置された**諮問機関**であっ
+++ た。　　　　　　　　　　　　　　　　　　（関西学院大）

| 名士 |

☑1821 1789年5月、**ルイ16世**は◯◯◯を召集したが、**個**
+++ **人別票決**を主張する**第三身分**（平民）と、◯◯◯**議決**

法を主張する**第一身分**（聖職者）、**第二身分**（貴族）

とが対立した。　　　　　　　　　　　　（明治大、立命館大）

| 三部会、 |
| 身分別 |

☑1822 **1789**年**6**月、**第三身分**の代表らが中心となって
+++ ◯◯◯**議会**を結成し、「**球戯場の誓い**（**テニスコート**

の誓い）」で憲法制定を誓い合い、同年**7**月**9**日には

◯◯◯**議会**と改称された。　　　　　（立教大、立命館大）

| 国民 |
| |
| 憲法制定 |

　🗊 テニスは16世紀以降、英仏の王侯・貴族のスポーツとして人気
　があった。宮廷（コート）に球戯場があったので、テニスコート
　の名が一般的となった。テニスの名手として名高いのがイギリス
　の**ヘンリ8世**。

☑1823 フランスの身分制社会において、**第三身分**の中で最
+++ も数が多かったのは◯◯◯だが、フランス革命前には

富裕な◯◯◯が台頭しつつあった。　　　　　（近畿大）

| 農民、 |
| 市民 |

14 | フランス革命の開始

☑1824 <u>1789</u>年<u>7</u>月<u>14</u>日、<u>ルイ16世の国民議会に対す</u>
+++ <u>る圧迫</u>と（　　　）罷免に対して、民衆は（　　　）を襲撃し
た。 （センター試験、明治学院大）

> 🗒 この牢獄は圧政のシンボルだった。ただし、襲撃当時は囚人は7
> 人しかおらず、しかも政治犯はいなかったといわれる。ちなみに、
> サディストの語源となった作家のマルキ=ド=サドが、この事件の
> ほんの数日前まで収監されていた。

ネッケル、
バスティーユ牢獄

☑1825 フランス革命当時の<u>パリの都市民衆</u>は（　　　）と呼ば
+++ れた。 （明治学院大）

> 🗒 膝までの丈がある半ズボンを「キュロット」といい、貴族やブル
> ジョワが身につけていたことから、彼らを象徴する服装であっ
> たが、フランス革命当時これを持たない民衆たちをさして「<u>サン
> キュロット</u>」（半ズボンなし）と呼んだ。

サンキュロット

☑1826 国民議会の指導部では、<u>アメリカ独立戦争</u>に参加し
+++ た（　　　）、国王と内通していた（　　　）、第三身分代表
の<u>バルナーヴ</u>が、その主導権を握っていた。

（東京都立大、日本大）

> 🗒 ミラボーは裏で国王から金をもらい革命を立憲君主政の樹立で
> 終わらせるつもりだったが、42歳で急死した。死因は「放蕩死」
> （つまり遊び過ぎ）。

ラ=ファイエット、
ミラボー

☑1827 革命の全国的波及を抑えるため、<u>1789</u>年<u>8</u>月<u>4</u>日
+++ に<u>国民議会</u>は（　　　）の廃止を行い、（　　　）制や<u>領主裁</u>
<u>判権</u>などを<u>無償</u>で廃止したが、（　　　）は<u>有償</u>廃止だっ
た。 （明治大、早稲田大）

> 🗒 革命が全国に波及し、農民がパニックとなって領主の館を襲う
> 「<u>大恐怖（グラン・プール）</u>」が発生した。指導部は農民を懐柔し、
> 革命の鎮静化を図る必要性があり、これらの廃止は一定の効果が
> あった。

封建的特権、
農奴、地代

☑1828 <u>1789</u>年<u>8</u>月<u>26</u>日、<u>ラ=ファイエット</u>の起草による
+++ 「（　　　）」が採択され、<u>人民主権</u>、（　　　）の不可侵が
明記された。 （センター試験）

> ☞貴族の財産保護が主な目的であった。

人権宣言、
私有財産

☑1829 <u>1789</u>年<u>10</u>月<u>5</u>日の（　　　）行進を機に、<u>政治の中</u>
+++ <u>心はパリへと移った。</u> （慶應義塾大）

> 🗒 物価（パンなど）の高騰に苦しんだ女性たち数千人がルイ16世
> と女王マリ=アントワネットをパリに連行した。

ヴェルサイユ

☑ 1830 **国民議会は**（ ）**紙幣を発行し、財政難を解決しよう**
+++ **としたが失敗した。** （予想問題）

アッシニア

　📄 この紙幣は**タレーラン**の発案で発行された。しかし、インフレを招いただけで失敗に終わった。

☑ 1831 **国民議会は**（ ）**を廃止して商工業の振興を図った**
+++ **が、一方で**（ ）**法を制定して労働者の団結を禁止した。** （センター試験、早稲田大）

ギルド、
ル＝シャプリエ

　☞ この段階では、国民議会が富裕層の利益を守るブルジョワ議会だったことがわかる。

☑ 1832 <u>1791</u> 年 <u>6</u> 月 <u>20</u> 日、<u>ミラボー</u>**を失った不安から国**
+++ **王一家による**（ ）**事件が発覚し、民衆の国王に対する信頼は薄らいだ。** （上智大、関西学院大）

ヴァレンヌ逃亡

　📄 <u>オーストリア</u>への脱出を試みて失敗した。

☑ 1833 <u>1791</u> 年 8 月 27 日、<u>オーストリア</u>（<u>レオポルト2</u>
+++ <u>世</u>）**と**<u>プロイセン</u>**は共同で**（ ）**宣言を出し、フランス王権の回復を訴えた。** （上智大、早稲田大）

ピルニッツ

　📄 レオポルト2世はマリ＝アントワネットの兄だったが、この宣言は強い意志表明ではなく、外交辞令程度のものだった。

☑ 1834 **国民議会は** <u>財産資格選挙</u>、（ ）**制の樹立**、<u>国民</u>
+++ <u>主権</u>、<u>一院制</u>**議会の設立を規定した**（ ）**憲法を制定して解散した。** （センター試験、上智大）

立憲君主、
1791年

　☞ この憲法は一部の富裕層だけに選挙権を与える間接制限選挙制であり、**ブルジョワ的性格**が強かった。

☑ 1835 <u>1791</u> 年に成立した<u>立法議会</u>**では、立憲王政派であ**
+++ **る**（ ）**派とブルジョワジーを主体とした共和派の**（ ）**派が対立した。** （センター試験、上智大）

フイヤン、
ジロンド

☑ 1836 （ ）**派内閣は**<u>オーストリア</u>**に宣戦するものの、貴族**
+++ **の司令官たちは戦意に乏しく敗戦が続いて総辞職した。** （学習院大、名古屋大）

ジロンド

☑ 1837 **祖国の危機に直面した**<u>マルセイユ</u>**の義勇兵たちは**
+++ **「**（ ）**」を歌って**<u>パリ</u>**に入った。** （早稲田大）

ラ＝マルセイエーズ

　📄 1795年に<u>フランス国歌</u>となった。

☑1838 1792年8月、山岳派がルイ16世の住む◯◯◯宮殿 | テュイルリー、
+++ を襲撃する◯◯◯事件が発生した。　　　（早稲田大） | 8月10日

☞この事件により、長く続いたフランスの王政は廃止された。

15 | フランス革命の激化

☑1839 1792年9月21日、立法議会に代わり、男子普通選 | 国民公会、
+++ 挙によって◯◯◯が成立した。これ以降の政体を | 第一共和政
◯◯◯と呼ぶ。　　　（センター試験、上智大）

☑1840 1792年9月20日、義勇軍が初めて◯◯◯の戦いで | ヴァルミー、
+++ 外国軍に勝利し、この場にいた作家の◯◯◯は「ここ | ゲーテ
から、そしてこの日から世界史の新しい時代が始ま
る」と評価した。　　　（学習院大）

☞ヨーロッパ最強といわれた職業的なプロイセン軍を、民衆的なフ
ランス義勇軍が打ち破った画期的な戦いだった。

☑1841 1793年、ルイ16世の処刑に対して、イギリスの | ピット（小ピット）、1
+++ 首相◯◯◯が中心となり、第◯◯◯回対仏大同盟が結
成された。　　　（センター試験、東京都立大）

☞ピットが10年前の1783年に初めて組閣した時は24歳の若さで
あり、「子どものいたずら」と馬鹿にされたが、フランス革命か
らナポレオンとの対決という事態を経て、政治家としての評価を
上げていった。

☑1842 徴兵制の実施に反対して、1793年3月10日に | ヴァンデー県
+++ ◯◯◯で農民反乱が発生した。　　　（早稲田大）

☞国民公会は18～35歳の独身男性に対して徴兵を決定したが、働
き手を失うとして農民は反発した。

☑1843 政治・対外戦争担当の◯◯◯委員会と治安・警察担当 | 公安、
+++ の◯◯◯委員会が設置され、恐怖政治を行った。 | 保安
　　　（法政大、明治大）

☞2つの委員会は仲が悪かった。後者は反ロベスピエール派の中心
を担った。

☑1844 革命指導部は◯◯◯派内部の急進派である山岳派が | ジャコバン
+++ 握った。　　　（センター試験、立教大）

☑1845 （　　　）は恐怖政治初期の山岳派のリーダーであったが、1793年7月に（　　　）派の女性**シャルロット=コルデー**によって暗殺された。　　（早稲田大）

マラー、ジロンド

　🗐 シャルロットは25歳の少し陰のある美人でマラーは油断した。

☑1846 （　　　）が実質的な指導者となり、恐怖政治に反対した**山岳派右派**の（　　　）や、より急進的で<u>サンキュロット</u>（小市民）の支持を得た<u>左派</u>の（　　　）を処刑した。　　　（慶應義塾大、早稲田大）

ロベスピエール、ダントン、エベール

☑1847 最終的に<u>山岳（ジャコバン）派</u>の主導権を握ったのは（　　　）と側近の**サン=ジュスト**だった。　（同志社大）

ロベスピエール

　🗐 **サン=ジュスト**はその美形と冷酷さから「死の大天使」と呼ばれた。

☑1848 医師の（　　　）が**断頭台（ギロチン）**を発明した。　　（予想問題）

ギヨタン

　🗐 革命中の**ギロチン**による処刑者は約16,000人とされている。

☑1849 革命政権は度量衡として<u>メートル法</u>を採用し、1793年には（　　　）暦に代わって（　　　）暦を採用した。　（東京大、慶應義塾大）

グレゴリウス（グレゴリオ）、革命（共和）

　☞ この新たな暦は1カ月をすべて30日間とする大まかなもので、余った日はすべて休みとした。**キリスト教からの脱却**を目指す制度改革の一環だった。

☑1850 <u>エベール</u>は**キリスト教（カトリック）**を否定し、代わって（　　　）の崇拝（祭典）を行った。　（早稲田大、立命館大）

理性

☑1851 <u>男子普通選挙</u>を盛り込んだ画期的な（　　　）憲法は結局、実施されることはなかった。　（中央大）

1793年（ジャコバン）

　☞ **未実施に終わった**ことは正誤問題のポイントとなる。

☑1852 **物価の統制を目的**とした（　　　）令は、商工業者や労働者の反発を招いた。　（早稲田大）

最高価格

☑1853 1794年、**科学者**の（　　　）も<u>徴税請負人</u>であったため処刑された。　（早稲田大）

ラヴォワジェ

☑1854 1793年、（　　）派政権は、（　　）の無償廃止を決め、
+++ これにより**農民の多くが小土地所有者**になった。
（センター試験、立命館大）

ジャコバン、
封建地代（封建的
貢租）

　　■土地を得た農民は、これ以上の革命の進展を望まずに保守化して
　　　いった。

☑1855 **1793**年7月に実施した**封建地代（封建的貢租）の無**
+++ **償廃止**は、**農民の保守化**を招き、翌**94**年**7**月**27**日
に**ロベスピエールが失脚**する（　　）**のクーデタ**が起
きた。（センター試験、中央大）

テルミドール9日

　　■1794年から革命派内部の権力抗争が激化した。同年3月には**エ**
　　　ベールが、4月には**ダントン**が処刑された。そして、**7月**（**革命**
　　　暦でテルミドールという）には孤立していた**ロベスピエール**も処
　　　刑された。

16 | ナポレオンの登場

☑1856 **1795年憲法**で**財産資格による制限選挙**が復活し、
+++ （　　）**政府**が成立した。（立教大）

そうさい
総裁

　　🛈財産資格とは一定の財産保有者を指す。つまりお金持ち。

☑1857 **政府を打倒**し**共産主義社会の建設**を訴える（　　）**の**
+++ **蜂起（陰謀）は頓挫**した。（東京大、関西学院大）

バブーフ

　　🛈彼は秘密結社を組織したが、計画は失敗して処刑された。

☑1858 （　　）**島**で生まれた**ナポレオン**は、ジャコバン政府の
+++ 下で**軍事的才能**を発揮したが、**ロベスピエールの失**
脚後は一時期、不遇であった。（駒澤大、大阪大）

コルシカ

　　🛈ナポレオンは幼少期はフランス語がうまく話せなかったので、学
　　　校ではいじめられた。それどころか、残された士官学校の成績か
　　　らすると、ビリから数えた方が早いほどの劣等生であった。大器
　　　晩成型の偉人といえる。

☑1859 1768年に**コルシカ島**は（　　）から**フランス**へ**売却**さ
+++ れた。（西南学院大）

ジェノヴァ（ジェノ
ヴァ共和国）

　　🛈ナポレオンの誕生は**1769年**のこと。この売却がなければ**ナポレ**
　　　オンは「**イタリア人**」になっていたかもしれない。

☑1860 **総裁政府**は合計（◯◯）人の総裁で構成され、議会は
+++ （◯◯）制であったが、**政権は不安定**であった。

（一橋大、関西学院大）

5、
二院

📝 ロベスピエールの個人独裁への反省から、数人に権力を分散したために総裁政府は弱体だった。

☑1861 **1795年**、**ナポレオン**は（◯◯）派の反乱を鎮圧して総
+++ 裁政府の信頼を得て、翌**96**年からの（◯◯）遠征に勝
利し**第1回対仏大同盟**を崩壊させた。 （日本女子大）

王党、
イタリア

☑1862 **ナポレオン**は**イギリス**と**インド**の**交通遮断**を目的に
+++ （◯◯）遠征を行ったが、海上では（◯◯）湾の戦いで敗
北した。これを機に**イギリス主導**で第（◯◯）回対仏大
同盟が成立した。 （早稲田大）

エジプト、
アブキール、2

📝 1798〜99年に行われた遠征の際にロゼッタ=ストーンが発見され、1822年にシャンポリオンが解読した。この時、ピラミッドの近郊で「兵士諸君、4000年の歴史が君たちを見下ろしている」とナポレオンが兵士を鼓舞したという逸話は有名。

☑1863 **第2回対仏大同盟**には**イギリス**以外にも、（◯◯）、
+ ++ （◯◯）などが参加した。 （一橋大、京都府立大）

オーストリア、
ロシア※順不同

☞ このほか、オスマン帝国、両シチリア王国、ポルトガルと解答しても可。

☑1864 **1799年**、（◯◯）のクーデタによって、**ナポレオン**は
+++ 総裁政府を打倒し（◯◯）政府を樹立した。 （南山大）

ブリュメール18日、
とうりょう
統領

☞ ブリュメールは革命暦で11月を指す。

☑1865 **ナポレオン**は**第一統領**として政治・軍事の実権を握
+++ り、**1800年**に（◯◯）を設立した。翌**01**年には教皇
ピウス7世と（◯◯）を結び、**カトリックを復活**させ
た。 （上智大、大阪大）

フランス銀行、
コンコルダート
（宗教協約）

📝 カトリック復活は保守的な農民たちの願いだった。これにより、ナポレオンは農民層の支持も得た。

☑1866 **1802年**、イギリスと（◯◯）の和約を結び、**第2回
+++ 仏大同盟**を解消させた。 （駒澤大、大阪大）

アミアン

📝 イギリスでは対フランス強硬派のピットが政権を追われていた。

☑ 1867 1804年、（　　）を公布し、<u>私有財産の絶対不可侵</u>な
+++ ど<u>近代市民社会の法原理</u>を明確にした。　　　　（東京大）

　🄳 このことによって、革命後の財産没収などに不安を抱いていた農
　　民と市民階級を安心させることで彼らの支持を獲得した。

ナポレオン法典
（フランス民法典）

17 | ナポレオンの帝政

☑ 1868 （　　）年の国民投票で**ナポレオン**は皇帝の位に就き
+++ <u>ナポレオン1世</u>と称したことから（　　）が始まった。
　　　　　　　　　　　　　　　　　　　　　　（東京学芸大）

　☞「威張れよ（1804）ナポレオン」と覚えよう！　ナポレオンは自
　　らを約1,000年前の「カールの戴冠」になぞらえていた。

1804、
第一帝政

☑ 1869 ナポレオンの宮廷画家（　　）は「<u>ナポレオンの戴冠</u>
+++ <u>式</u>」を描いた。　　　　　　　　　　　　（西南学院大）

　🄳 この戴冠式でナポレオンは自ら戴冠した。本来ならば最高権威の
　　ローマ教皇から戴冠されるべきだが、自ら行うことで権威を高
　　めるねらいがあった。この絵画はその場面でなく、ナポレオン
　　が自ら王妃に戴冠する様子が描かれている。ところで、戴冠式に
　　は出席していないナポレオンの母が描かれている。母思いであっ
　　た。

ダヴィド

☑ 1870 <u>1805年</u>、<u>イギリス首相</u>（　　）が中心となり<u>第3回対</u>
+++ <u>仏大同盟</u>が成立した。　　　　　　（東京学芸大、駒澤大）

ピット（小ピット）

☑ 1871 <u>1805年</u>、（　　）の海戦で**ナポレオン**は（　　）率いる
+++ イギリス海軍に敗北し、**イギリス本土上陸作戦は失**
敗した。　　　　　　　　　　　　　　　　　（早稲田大）

　🄳 ネルソンは1798年のアブキール湾の戦いでも勝利したが、この
　　海戦で戦死した。彼の最期の言葉——"I've done my duty."。

トラファルガー、
ネルソン

☑ 1872 <u>1805年</u>、ナポレオンは（　　）の戦い（三帝会戦）で
+++ オーストリア・ロシア連合軍を撃破し、**第3回対仏**
大同盟は崩壊した。　　　　　　　　　　　　　（関西大）

　☞ ロシアの<u>アレクサンドル1世</u>、オーストリアの<u>フランツ2世</u>と
　　戦って勝った。

アウステルリッツ

☑ 1873 <u>1806年</u>、**ナポレオン**が盟主となって（　　）同盟が成
+++ 立し、この結果、**神聖ローマ帝国は消滅**した。
　　　　　　　　　　　　　　　　　　　（早稲田大、大阪大）

　☞ プロイセンとオーストリアに対抗するために、西南ドイツが同盟
　　を結成した。

ライン

☑1874 1806年、ナポレオンはイギリスをヨーロッパ大陸
+++ の市場から排除する目的で◯◯◯（ベルリン勅令）を
出した。 （福井大、駒澤大）
■年号、目的、名称すべてが入試では問われる。クロムウェルの航
海法（1651年）と比較されることもあるので要注意！

大陸封鎖令

☑1875 イエナの戦いに勝利したナポレオンは、1807年に
+++ プロイセン、ロシアと◯◯◯条約を結んだ。（早稲田大）
🗂 プロイセンにとっては屈辱的な内容だった。

ティルジット

☑1876 ティルジット条約でプロイセンの領土は半減し、エ
+++ ルベ川左岸に◯◯◯王国、ポーランドには◯◯◯大公
国が創設され、ダンツィヒは自由市とされた。
（西南学院大）

ウェストファリア
（ヴェストファーレン）、
ワルシャワ

☑1877 ナポレオンの兄◯◯◯のスペイン国王即位に抗議し
+++ てスペイン反乱が発生し、スペイン民衆のゲリラ戦
をイギリスの将軍◯◯◯が支援した。 （青山学院大）
🗂 半島戦争ともいう。1808〜14年まで続いた。スペイン反乱はナ
ポレオンが「余の潰瘍」と叫んだように、ボディブローのごとく
フランスを苦しめた。

ジョゼフ

ウェリントン

☑1878 スペインの画家◯◯◯は、スペイン反乱を題材に
+++ 「1808年5月3日」を描いた。（センター試験、関西大）

ゴヤ

☑1879 フランスの占領下にあったドイツのベルリンで、哲
+++ 学者◯◯◯が「◯◯◯」の講演を行った。
（駒澤大、成城大）

フィヒテ、
ドイツ国民に告ぐ

☑1880 プロイセンでは◯◯◯と◯◯◯ら宰相が中心となり、
+++ 農奴制の廃止、都市の自治制など「上からの近代化」
を行った。 （札幌大、上智大）
■改革は不徹底に終わり、農奴制の廃止は逆にユンカー（地主貴族）
の勢力拡大を生んだ。

シュタイン、
ハルデンベルク
※順不同

☑1881 プロイセン改革の教育部門の一環として、◯◯◯ が
+++ ベルリン大学を創設した。 （慶應義塾大）
🗂 ドイツの言語学者で、ゲーテと深い親交があった。

フンボルト

☑ 1882 +++ 大陸封鎖令（ベルリン勅令）を破ったロシアに制裁を加えるため、◯◯年にナポレオンが行ったロシア遠征は◯◯将軍率いるロシアの大勝に終わった。 （同志社大）	1812、 クトゥーゾフ
🔟フランスはモスクワを占領したが大火に遭い、食糧もなく逃げるところをロシア軍に追われ完敗した。トルストイの著作『戦争と平和』はロシア遠征を描いたものである。	
☑ 1883 +++ ライプツィヒの戦い（諸国民戦争）では、◯◯、◯◯、オーストリアの連合軍がフランス軍に勝利した。 （聖心女子大）	ロシア、 プロイセン※順不同
☑ 1884 +++ 1813年の◯◯の戦いでナポレオンは敗れ、地中海上の◯◯島に流された。 （関西大）	ライプツィヒ、 エルバ
☛くれぐれもセントヘレナ島と間違えないように！	
☑ 1885 +++ 1815年、ナポレオンは復位したが、◯◯の戦いでイギリスなどの連合軍に敗れた後、南大西洋上の◯◯島に流された（百日天下）。 （センター試験、関西学院大、共通テスト）	ワーテルロー セントヘレナ
☛彼の「末路」を整理しておこう。「ライプツィヒの戦い（諸国民戦争）に敗北（1813）→地中海上のエルバ島に流罪（後に脱出）→ワーテルローの戦いに敗北（1815）→大西洋上のセントヘレナ島に流罪（→1821年没）」。 🔟この戦いでフランス軍は約25,000人の死者を出して完敗した。ナポレオンは近衛兵で構成された方陣に守られて、かろうじて脱出できた。	
☑ 1886 +++ プロイセンの軍人・軍略家◯◯は『戦争論』を著した。 （慶應義塾大）	クラウゼヴィッツ
🔟彼はワーテルローの戦いで参謀長を務め、ナポレオンに勝利した。	

MEMO

9 近代 近代国民国家の発展（19世紀）

1 | ウィーン体制

☑1887
+++
1814〜15年、◯◯◯革命と**ナポレオン戦争**の処理のために◯◯◯会議が開かれた。 （立命館大、関西大）

> フランス、ウィーン

☑1888
+++
オーストリアの外相◯◯◯が終始、**ウィーン会議を指**導した。 （センター試験、学習院大）

> メッテルニヒ

☞メッテルニヒの目的は**多民族国家**である**オーストリア**において、自由主義と国民主義（ナショナリズム）の台頭を抑えることであった。

☑1889
+++
フランスの外相◯◯◯が唱えた、**王朝領土をすべて革**命前の状態に戻すという◯◯◯主義がウィーン会議の基調方針となった。 （関西大、関西学院大）

> タレーラン、正統

🖉タレーランは老獪な外交官・政治家として知られ、外交能力は抜群であった。ナポレオンがヨーロッパを荒らしまわったにもかかわらず、彼は正統主義を唱えてフランスの賠償金をゼロにしてしまった。フランスを救ったといえる。

☑1890
+++
一国のみが強力になり他国を支配しないよう、**各国**が同程度の力を保つことが実現された状態を◯◯◯といい、正統主義とともにウィーン会議の基本原則となった。 （予想問題）

> 勢力均衡（バランス・オブ・パワー）

☑1891
+++
会議の進展が難航したことから、「◯◯◯」といわれた。 （聖心女子大、明治大）

> 会議は踊る、されど進まず

☑1892
+++
1815年、ロシア皇帝◯◯◯世が提唱し、**キリスト教**精神に基づく◯◯◯同盟が結成された。 （立教大）

> アレクサンドル1、神聖

🖉ロシア、すなわちギリシア正教が主導したことから、ローマ教皇が反発した。ロシアは後進国であったコンプレックスから、せめてヨーロッパの精神的指導者になることを夢見た。

☑1893
+++
神聖同盟は◯◯◯、◯◯◯、◯◯◯を除く全ヨーロッパ諸国が参加した。 （東北福祉大、早稲田大）

> オスマン帝国、イギリス、ローマ教皇 ※順不同

🖉宗派と宗教の違いなどが不参加の理由である。イギリスの外相カッスルレーは「一片の崇高なナンセンス」と同盟を皮肉った。

☑1894 **ウィーン体制維持のため** ◯◯◯**年、イギリス、オース**
+++ **トリア、プロイセン、ロシアの間で**四国同盟**が成立**
し、 1818**年に** ◯◯◯ **が加わり**五国同盟**となった。**
（東北福祉大、明治大）
｜ 1815
｜ フランス

☑1895 **ウィーン体制では諸国民が期待した** ◯◯◯**主義・**
+++ ◯◯◯**主義運動が弾圧された。** （学習院大）
🔸運動の弾圧に神聖同盟と四国同盟（五国同盟）が利用された。
｜ 自由、
｜ 国民※順不同

2 ｜ ウィーン議定書

☑1896 **オーストリアは**ロンバルディア**と** ◯◯◯ **を獲得した。**
+++ （同志社大）
｜ ヴェネツィア

☑1897 ◯◯◯ **が**永世中立国**として承認された。**
+++ （関西学院大）
｜ スイス

☑1898 **35君主国、4自由都市からなる** ◯◯◯ **が成立した。**
+++ （センター試験、東京大）
🔸ウィーン議定書は入試頻出テーマ。ただし、**ドイツ連邦の成立と**
北ドイツ連邦とを混同して覚えてしまう受験生が多い。後の北ド
イツ連邦は、普墺戦争（プロイセン＝オーストリア戦争）**後に結**
成されたプロイセンが盟主の連邦国家である点に要注意！
｜ ドイツ連邦

☑1899 **ドイツ連邦の盟主は** ◯◯◯ **であった。** （関西学院大）
+++ 🔸受験生のウィークポイントとなる知識なので要注意！
｜ オーストリア

☑1900 **ドイツ連邦議会は** ◯◯◯ **に置かれた。** （早稲田大）
+++ 🔸早慶などの難関私大では都市名を好んで問うので要注意！
｜ フランクフルト

☑1901 **イギリスは**マルタ島**、** ◯◯◯ **島、** ◯◯◯ **を獲得した。**
+++ （慶應義塾大、上智大）
🔸イギリスはインドへの通路となる島や都市、地域を何としても確
保したかった。マルタ島、セイロン島（スリランカ）、ケープ植
民地といった獲得地はすべてインドへの通路に位置する。
｜ セイロン、
｜ ケープ植民地

☑1902 **オランダは** ◯◯◯ **を獲得して**オランダ立憲王国**を建**
+++ **国した。** （東京都立大）
｜ ベルギー（南ネー
｜ デルラント）

☑1903 **スウェーデンは** ◯◯◯ **をロシアに譲り、**ノルウェー**を**
+++ **獲得した。** （神奈川大）
🔸ここはナポレオン戦争中、ロシアに占領されていた。
｜ フィンランド

☑ 1904 **ロシア**は**ワルシャワ大公国**の大部分を領有して
+++ ◯◯◯◯王国を建て、**ロシア皇帝**がその王位を兼ねた。
(早稲田大)

ポーランド（立憲）

▭ エカチェリーナ2世時代のポーランド分割以来、ポーランド東部はロシアの支配下にあった。ポーランドは国民主義における独立を期待したが、**（立憲）王国**は名ばかりで実質ロシアの支配下となった。

3 | 自由主義・国民主義運動

☑ 1905 個人の自由と平等を尊重し、参政権の獲得、所有権
+++ の確立、経済活動の自由などの実現を目指した運動
を◯◯◯◯運動といい、◯◯◯◯（資本家）がその中心となった。
(立教大、中央大)

自由主義、産業ブルジョワジー

☑ 1906 **ドイツ**で自由と統一を求める◯◯◯◯運動が起こり、
+++ 1817年には**ヴァルトブルク**で最高潮に達したが、
19年の◯◯◯◯の決議で弾圧された。
(慶應義塾大)

ブルシェンシャフト

カールスバート

▭ 1817年は**ルターの宗教改革300年祭**で、学生たちはルターと縁の深い**ヴァルトブルクの森**（聖書のドイツ語訳の場）で盛り上がった。

☑ 1907 **イタリア**の秘密結社◯◯◯◯がイタリアの統一と憲法
+++ 制定を要求して1820年に◯◯◯◯、翌21年に**ピエモ**
ンテで蜂起したが、**オーストリア軍**の介入で失敗した。
(東京大、東海大)

カルボナリ（炭焼党）、ナポリ

▭ この結社はユダヤ系の秘密結社フリーメーソンの影響で成立したといわれる。しかし、秘密結社ゆえに大衆にはその存在があまり知られず、蜂起は失敗に終わった。

☑ 1908 **スペイン**では◯◯◯◯らが、1812年の**カディス憲法復**
+++ **活運動（スペイン立憲革命）**を起こしたが、1823
年の◯◯◯◯軍の介入によって弾圧された。
(上智大、早稲田大)

リェーゴ

フランス

▭ 1812年の憲法はナポレオンに勝利した時にカディスで制定したもので、自由主義的内容が濃かった。

☑ 1909 **ロシア**では、<u>1825</u>年の◯◯世の即位に反対し、<u>農奴制</u>の廃止などを求めて青年将校が◯◯の乱を起こしたが鎮圧された。 （青山学院大、中央大）	ニコライ1、デカブリスト
⬀ ナポレオンを追ってフランスに入ったロシアの青年将校たちは、フランスの先進性に感化され蜂起したのだった。しかしこの乱はスパイによって事前に漏れていた。それを知らずに蜂起した青年将校たちは一網打尽となり、首謀者らが処刑され、残りはシベリアなどに流された。	
☑ 1910 ◯◯年代から、ラテンアメリカ諸国の独立運動が発生した。 （東京大、法政大）	1810
☑ 1911 <u>メッテルニヒ</u>の干渉に対し、イギリス外相◯◯は**ラテンアメリカ**に新市場開拓を狙って<u>非干渉主義</u>を唱え、アメリカも<u>1823</u>年の◯◯<u>宣言</u>で干渉に反対した。 （センター試験、東京大）	カニング モンロー
☑ 1912 <u>1821</u>年、**オスマン帝国**の専制政治からの脱却を図る◯◯戦争（<u>1821</u>～<u>29</u>）が起きた。 （明治大）	ギリシア独立
☑ 1913 **イギリス**、**フランス**、**ロシア**は**ギリシア**の独立を支援し、1827年の◯◯の海戦でオスマン帝国の艦隊に勝利した。 （慶應義塾大）	ナヴァリノ
⬀ オスマン帝国側は倍以上の規模の艦隊であったが、近代船を備えたイギリスとフランスなどの連合艦隊が圧勝した。	
☑ 1914 **フランスの文豪**◯◯は**ギリシアの独立を支援**し、<u>イギリス</u>の**ロマン派詩人**◯◯は独立軍に参加した。 （聖心女子大、佛教大）	ユーゴー、バイロン
⬀ バイロンは『**チャイルド=ハロルドの遍歴**』の作者。バイロンは自由奔放な性格でイギリス社会からは敬遠されていた。ゲーテは「バイロンは死に場所を求めてギリシアに渡った」と評している。	
☑ 1915 **フランスの画家**◯◯は「**キオス島の虐殺（シオの虐殺）**」を描いて**ギリシア独立戦争を支持**した。 （佛教大、京都産業大）	ドラクロワ
☞ 入試では、この絵画をテーマにギリシア独立戦争について問われることが多いので要注意！	
☑ 1916 <u>1829</u>年の**アドリアノープル条約**でトルコは**ギリシア**の独立を承認し、翌<u>30</u>年の◯◯会議で国際的にも独立が認知された。 （早稲田大）	ロンドン

☑ 1917 イタリアならイタリア人だけの国家というように、**民族が統一された国民国家を望む思想を一般に**◯◯◯という。これはイタリア、ドイツ、ギリシアなどの国家統一または独立運動から始まり、やがて東ヨーロッパに波及した。 (東京大)	ナショナリズム

4 │ フランス七月革命とその影響

☑ 1918 <u>ウィーン体制</u>下で<u>ブルボン朝</u>が復活して◯◯◯世が即位した。 (関西大)	ルイ18
☑ 1919 1824年に即位した◯◯◯世は**教会を保護し、亡命貴族に多額の補償金を支払う**などの<u>反動政治</u>を行った。 (関西大、共通テスト) 🗐 この国王は政治的にも未熟で七月革命を招いた。不人気のためか、珍しくもフランス国内に埋葬されていない国王。	シャルル10
☑ 1920 首相の<u>ポリニャック</u>は国内の不満を国外へとそらすため、<u>1830年</u>に◯◯◯出兵を行ったが、現地で◯◯◯の激しい反仏闘争に遭った。 (慶應義塾大) ☞反仏闘争の指導者は超難関大で出題される。	アルジェリア、アブドゥル=カーディル
☑ 1921 言論・集会の自由を奪おうとした<u>七月勅令</u>(ちょくれい)は民衆の反発を招き、<u>1830年7月</u>に「栄光の◯◯◯」といわれる市街戦を経て◯◯◯革命は成功した。 (南山大)	3日間、七月
☑ 1922 民衆は共和政に期待を寄せたが、フランス革命の立役者の1人である◯◯◯が◯◯◯家の◯◯◯を国王に推し、<u>七月王政</u>が始まった。 (京都大、同志社大) 🗐 当年73歳の<u>ラ=ファイエット</u>は、いまだ国民に人気があった。	ラ=ファイエット、オルレアン、ルイ=フィリップ
☑ 1923 <u>七月王政</u>では**制限選挙**で◯◯◯にしか選挙権が与えられず、**産業資本家や労働者の不満**を生んだ。 (慶應義塾大) ☞当時の有権者は全人口の1%未満だった。	大ブルジョワジー（大金融資本家）
☑ 1924 フランスの産業革命は◯◯◯年代から本格化し、**産業資本家（ブルジョワジー）**層が次第に台頭するようになった。 (九州大)	1830

☑1925 1830年、（＿＿＿）が**オランダ**からの独立を宣言し、新 ┃ ベルギー
+++ たな王として<u>レオポルド1世</u>を迎えた。　（慶應義塾大）

☑1926 1830年、**ロシア**に対する独立運動が（＿＿＿）の**ワル** ┃ ポーランド
+++ **シャワ**で発生したが鎮圧された。　　　　　　（上智大）

☑1927 ドイツでは（＿＿＿）やヘッセンで自由主義憲法を制定 ┃ ザクセン（または
+++ する動きが起こった。　　　　　　　　　（慶應義塾大） ┃ ハノーヴァー、ブラ
　　☞早慶大でよく出題される難問。 ┃ ウンシュヴァイク）

☑1928 1831年、**イタリア**で（＿＿＿）が再び蜂起したが鎮圧さ ┃ カルボナリ（炭焼
+++ れた。　　　　　　　　　　　　　（上智大、東海大） ┃ 党）

☑1929 （＿＿＿）年、イギリスの第1回<u>選挙法改正</u>が実現した。 ┃ 1832
+++　　　　　　　　　　　　　　　（センター試験、千葉大）
　　☞結局、**七月革命**で成功したのは<u>ベルギー</u>の独立と、**イギリス**の<u>選</u>
　　<u>挙法改正</u>である。

5 ┃ フランス二月革命とその影響

☑1930 <u>産業資本家</u>や労働者は（＿＿＿）選挙を要求して**選挙法** ┃ 普通、
+++ **改正運動**を展開し、各地で（＿＿＿）を催した。 ┃ 改革宴会
　　　　　　　　　　　　　　（センター試験、東京都立大）
　　☞この集会はパーティー形式の示威集会（デモンストレーション）
　　であり、全国で開催され、**二月革命の原動力**となった。

☑1931 『**ヨーロッパ文明史**』を著した歴史家の（＿＿＿）が首相 ┃ ギゾー
+++ となり、「**選挙権がほしければ金持ちになり給え**」と
　　暴言を吐いた。　　　　　　　　　　　（慶應義塾大）
　　🗋この暴言から察して、この人物を大金持ちと想像してしまうが、
　　実生活はそうでもなかった。この人物は6歳の時、父をフランス
　　革命で失っている（ギロチンで処刑）。人生の大半を母と苦楽を
　　ともにした。

☑1932 （＿＿＿）年2月22日、パリ開催の<u>改革宴会</u>が禁止さ ┃ 1848、
+++ ると暴動が発生し、国王（＿＿＿）はイギリスに亡命して ┃ ルイ=フィリップ、
　　<u>七月王政</u>は倒れた。これを（＿＿＿）**革命**と呼ぶ。 ┃ 二月
　　　　　　　　　　　　　　（センター試験、東京大）
　　☞七月革命と二月革命は**政治参加**（参政権）を**要求**して発生した。
　　しかし、1789年のフランス革命のような社会的大変革までには
　　発展しなかった。

☑1933 二月革命が発生した1848年2月～1852年12月 +++ までの政体を（　　）と呼ぶ。　　（成城大）	第二共和政
☑1934 臨時政府ではブルジョワ共和主義者と（　　）主義者 +++ が対立した。　　（東京大、中央大）	社会
☑1935 ロマン派詩人でブルジョワ共和主義者の（　　）は臨 +++ 時政府の外相となったが、大統領選でルイ=ナポレオンに惨敗した。　　（早稲田大） 🔒 ラマルティーヌは大統領選の結果に絶望して政界を引退した。	ラマルティーヌ
☑1936 社会主義者の（　　）が臨時政府の要職に就任し、 +++ （　　）を設置するなど労働者の利益を代弁した。　　（東京都立大、青山学院大） 🔒 この施設は失業者救済の施設だったが、仕事をしなくても日当が支払われたので、税金を納めている農民には不評だった。	ルイ=ブラン、国立作業場
☑1937 1848年の（　　）選挙で社会主義勢力は惨敗した。 +++ 　　（センター試験） ☛農民は社会主義勢力の革新的な政策を嫌い、結局、穏健な共和主義勢力への支持に回った。	四月普通
☑1938 国立作業場の閉鎖に憤った労働者は（　　）を起こし +++ たが、共和派の軍人（　　）に鎮圧された。　　（早稲田大） 🔒 この事件で労働者の約1,500人が即時処刑され、労働者の政治不信は募っていった。	六月暴動（六月蜂起）、カヴェニャック
☑1939 1848年12月の大統領選挙で農民や軍部の支持を +++ 得て（　　）が圧勝した。　　（センター試験、日本大） 🔒 彼はナポレオン1世（ナポレオン=ボナパルト）の甥である。資産家ではあったが、だらしない性格が災いし、数年間で破産した。	ルイ=ナポレオン
☑1940 1848年、（　　）で三月革命が起き、（　　）はイギリ +++ スに亡命し、ウィーン体制は崩壊した。　　（日本大）	ウィーン、メッテルニヒ
☑1941 ウィーンの（　　）革命に触発されて、チェコ人や +++ （　　）人の民族運動が活発になった。　　（東京都立大）	三月、マジャール

☑1942 ハンガリーでは（　　）がオーストリアからの独立宣
+++ 言を発表したが鎮圧され、ベーメン（ボヘミア）で
起きた（　　）人の民族運動も鎮圧された。
（学習院大、早稲田大）

コシュート
（コッシュート）、
チェコ

☞ポーランドのコシューシコと間違いやすい。コシューシコはポー
ランド分割に反対した愛国者。

☑1943 （　　）が議長となったスラヴ民族会議は内部対立で
+++ 解散した。 （慶應義塾大、早稲田大）

パラツキー

☞この会議はオーストリア帝国の解体を望まず、自治を要求する穏
健なものだったが、各民族の利害は一致しなかった。1848年は
「諸国民の春」と呼ばれ、ヨーロッパ各地で民族の自立と解放が
叫ばれた。しかし、そのほとんどが挫折した。

☑1944 ドイツの（　　）でも三月革命が発生し、1848年5月
+++ にはドイツ統一を求めて（　　）国民議会が開催され
たが目的を達成せずに解散した。 （上智大、早稲田大）

ベルリン、
フランクフルト

☑1945 イタリアでは（　　）が「青年イタリア」を率いて、
+++ 1849年に（　　）を建てたが、フランスのルイ=ナポ
レオンの干渉で崩壊した。 （センター試験、東京大）

マッツィーニ、
ローマ共和国

🗇「青年イタリア」の青年とは、原則40歳未満を指した。つまり
40歳以上は新しい政治を創りだすパワーがないと判断され加盟
できなかった。マッツィーニが「青年イタリア」を結成したのも
25歳の時であった。

6 │ 社会主義思想

☑1946 フランスの（　　）は、すべての政治的権威を否定して
+++ 無政府主義に影響を与えた。 （南山大）

プルードン

🗇彼は著書『所有とは何か』の中で、「所有とは窃盗である」と断
定し、私有財産制を否定し、「無政府主義の父」と呼ばれた。

☑1947 イギリスの工場主（　　）はイギリスの代表的な空想
+++ 的社会主義者である。 （学習院大、東京経済大）

（ロバート=）オー
ウェン

🗇紡績工場の経営で成功した彼は、アメリカでニューハーモニー村
（共産主義村）を建設したが、その理想は参加者らに伝わらず挫
折した。

☑1948 **フランス**の著名な**空想的社会主義者**として、アメリカ独立戦争に参加した◯◯◯、**ファランジュ**（協同組合的理想社会）を提唱した◯◯◯などがいる。 （札幌大、早稲田大） 📖 **ファランジュ**では一夫一妻制は否定された。しかし性にあまりに自由奔放な**フーリエ**の思想は弟子たちに暫くのあいだ、ひた隠しにされていた。	サン=シモン、フーリエ
☑1949 **ドイツ**の**マルクス**や**エンゲルス**は、それまでの社会主義思想を◯◯◯と呼んで批判した。 （南山大、立命館大） 📖 **マルクス**は「宗教はアヘン（麻薬）である」という言葉を残している。これは共産主義国家の基本精神となり、宗教は原則禁止される場合が多かった。現代中国でも宗教統制は厳しい。	空想的社会主義
☑1950 ◯◯◯は**イギリス**滞在中に社会主義を学び『**イギリスにおける労働者階級の状態**』を著した。（慶應義塾大） 📖 彼は紡績工場の経営者の長男で、マルクスを物心両面で支えた。	エンゲルス
☑1951 **マルクス**と**エンゲルス**は、**1848年**に『◯◯◯』を著した。 （センター試験、東京経済大） ☞ **1848年**の年号にも注意すること。この時点から歴史の対立構造は「市民階級vs.封建勢力」から「労働者階級vs.資本家」へと変化していった。	共産党宣言
☑1952 ◯◯◯は資本主義経済を分析した『◯◯◯』の第一巻を**1867年**に公刊した。（東京経済大、立命館大）	マルクス、資本論
☑1953 **マルクス**は◯◯◯の唯物論を学んで、**弁証法的唯物論**を唱えた。（南山大）	フォイエルバッハ
☑1954 **マルクス**は◯◯◯年に◯◯◯で結成された**第1インターナショナル**の指導者となった。（東京経済大） 📖 国際的な労働者の組織で、**1863年**のポーランド反乱を支援したのがきっかけとなり組織された。国際労働者協会ともいう。	1864、ロンドン
☑1955 **第1インターナショナル**は◯◯◯派と**マルクス**派の内部対立で、1876年のフィラデルフィア大会で解散した。（東京経済大、早稲田大） 📖 マルクスと理論的に対立した結果、**バクーニン**は除名された。	バクーニン

☑1956 **第2インターナショナル**は、ドイツ◯◯党が中心と
+++ なり◯◯年に**パリ**で結成された。　　（東京経済大）

社会民主、
1889

　　☛フランス革命100年祭で、バスティーユに集まった人々が結成した。結成場所の**パリ**も問われることがあるので要注意！

7 | イタリアの統一

☑1957 **イタリア**の統一を目指す運動を◯◯という。
+++　　　　　　　　　　　　　　　　　　　（慶應義塾大）

リソルジメント

☑1958 1848年、**サルデーニャ王**◯◯は**オーストリア**と
+++ 戦ったが敗北して亡命した。　　　　　（関西大）

カルロ=アルベルト

☑1959 **共和主義者**の**マッツィーニ**はマルセイユで「◯◯」
+++ を結成し、**1849年**に**ローマ共和国**を実質建国した
が、◯◯軍の介入で倒された。　（慶應義塾大、成蹊大）

青年イタリア

フランス

　　🗐 彼は**カルボナリ**のメンバーだったが、秘密結社であることの限界を感じて大衆党派を結成した。

☑1960 **1849年**、**サルデーニャ王国**で◯◯世が即位すると
+++ **イタリア統一運動の中心**となり、**1852年**に◯◯を
首相に任命して、その実現に努めた。　　（同志社大）

ヴィットーリオ=
エマヌエーレ2、
カヴール

　　🗐 **カヴール**は「神がイタリア統一のために遣わした男」といわれる。1861年イタリア王国の成立直後に病死したからである。**マキャベリ**のイタリア統一の夢はカヴールによって実現した、といえる。

☑1961 **サルデーニャ王国**は◯◯戦争で**英仏側**に立って参
+++ 戦して**国際的地位**を高め、また**1858年**の◯◯密
約で**ナポレオン3世の支援**を得ることに成功した。
　　　　　　　　　　　　　　　　　　（関西学院大）

クリミア、
プロンビエール

　　☛この時に活躍したのが宰相の**カヴール**である。

☑1962 **1859年**に始まった**イタリア統一戦争**は緒戦から**サ**
+++ **ルデーニャ王国**がオーストリアに連勝したが、フラ
ンスがオーストリアと◯◯条約で講和を結んだた
め、**サルデーニャ王国**は◯◯を得るにとどまった。
　　　　　　　　　　　　　　　（青山学院大、成蹊大）

ヴィラフランカ、
ロンバルディア

　　🗐 **ナポレオン3世**は**サルデーニャの強大化を恐れて**、突然裏切った。

☑1963 ＋＋＋ ◯◯◯市出身の◯◯◯は、**ソルフェリーノの戦い**の体験から戦時の傷病者に対する救護のための国際運動を起こすことを決意し、これが**赤十字国際委員会の設立**につながった。 　　　　　　　　　　　（明治学院大、早稲田大） ◻1859年のソルフェリーノの戦いはイタリア統一戦争最大の激戦で、4万人近い死者が出た。	ジュネーヴ、デュナン
☑1964 ＋＋＋ **中部イタリア**の**サルデーニャ王国**への合併については、**ナポレオン3世**に◯◯◯と◯◯◯を与えることで、これを承認させた。 　　　　　　　　　　　（上智大）	サヴォイア、ニース ※順不同
☑1965 ＋＋＋ 共和主義者の◯◯◯は**千人隊（赤シャツ隊）**を率いて◯◯◯を占領し、サルデーニャ王に献上した。 　　　　　　　　　　（センター試験、上智大） ◻千人隊は食肉解体用の赤シャツ（血の色が目立たない）を着たために「赤シャツ隊」ともいわれた。	ガリバルディ、両シチリア王国（シチリア）
☑1966 ＋＋＋ ◯◯◯年に**ヴィットーリオ＝エマヌエーレ2世**は◯◯◯で王位に就き、**イタリア王国**が成立した。 　　　　　　　　　　（センター試験、早稲田大） ◻彼は「尊貴王（そんきおう）」と呼ばれるほどに国民の尊敬を集めた。	1861、トリノ
☑1967 ＋＋＋ **イタリア**は**トリノ**から◯◯◯、そして◯◯◯へと遷都した。 　　　　　　　　　　　（上智大、明治大） ☛首都の変遷は頻出テーマ。正誤問題でも問われるので要注意！	フィレンツェ、ローマ
☑1968 ＋＋＋ **イタリア**は**普墺（ふおう）戦争**に参戦し、**1866年**に◯◯◯を併合した。 　　　　　　（センター試験、立命館大） ☛普墺（プロイセン＝オーストリア）戦争がキーワード！	ヴェネツィア
☑1969 ＋＋＋ **イタリア**は**普仏（ふふつ）戦争**を利用して◯◯◯を併合した。以後、ローマ教皇は「◯◯◯」と称され、**小さな独立国家**を維持した。 　　　（センター試験、立命館大） ☛普仏（プロイセン＝フランス、ドイツ＝フランス、独仏）戦争がキーワード！	教皇領、ヴァチカンの囚人（しゅうじん）
☑1970 ＋＋＋ 「**未回収のイタリア**」には**南チロル**や**アドリア海**に面した港湾都市◯◯◯などがあった。 　　（福岡大）	トリエステ

☑1971 **イタリア**は<u>1929</u>年の⬭⬭⬭条約で教皇庁と和解 | ラテラン（ラテラノ）
+++ し、**ヴァチカン市国**の独立を正式に認めた。

(センター試験、明治大)

☞ <u>1929</u>年は<u>ムッソリーニ</u>の**ファシスト**党政権時代である。

8 | ドイツの統一

☑1972 <u>1834</u>年、経済学者の⬭⬭⬭の影響もあり、**プロイセ** | リスト、
+++ **ン**主導下に⬭⬭⬭が発足し、**ドイツの政治統合の第一** | （ドイツ）関税同盟
歩となった。 (慶應義塾大、学習院大)

🖉 彼は歴史学派の立場から、保護関税を強く訴えた。また、鉄道建
設などドイツの発展に努力したが、彼自身は経済難に陥り、チロ
ル山中で自殺した。

☑1973 **プロイセン**を盟主に、**オーストリア**を除外してドイ | 小ドイツ、
+++ ツの統一を図る⬭⬭⬭主義と、**オーストリア**を中心に | 大ドイツ
ドイツを統一する⬭⬭⬭主義の対立があった。

(センター試験、東京大)

☞「権威のオーストリア（ハプスブルク家）」対「新興のプロイセン
（ホーエンツォレルン家）」という対立図式であった。

☑1974 <u>1848</u>年、⬭⬭⬭議会では⬭⬭⬭主義が優勢であった | フランクフルト国民、
+++ が、プロイセン王の**フリードリヒ=ヴィルヘルム４世** | 小ドイツ
が皇帝位を拒否したために、議会は解散した。

(センター試験、東京大)

🖉 プロイセン王は悩んだが、この議会（教授議会ともいう）の自由
主義的傾向を嫌って拒否した。

☑1975 1861年、**プロイセン王**となった⬭⬭⬭世は、⬭⬭⬭ | ヴィルヘルム1、
+++ 出身の**ビスマルク**を登用してドイツ統一に乗り出し | ユンカー
た。 (センター試験、札幌大)

🖉 ビスマルクは身長188cmのがっちりとした体格。学生時代は20
数回におよんだ決闘（ケンカ）で負け知らずだったという。

☑1976 **ビスマルク**による、**議会を無視した強引な軍備拡張** | 鉄血
+++ は⬭⬭⬭政策と呼ばれた。 (札幌大)

🖉 彼は軍備拡張政策を行ったが、同時に同盟政策も進めることで、
戦争の発生を避けるなど平和協調の立場であった。

☑1977 デンマークが（　　）の併合を宣言したため**普墺の両** **国が出兵**し、1864年に（　　）**戦争**が始まった。 （早稲田大、関西大） ☛シュレスヴィヒにはドイツ系住民が多く住んでいた。	シュレスヴィヒ、 デンマーク
☑1978 デンマーク戦争の結果、（　　）は**プロイセン**の、 （　　）は**オーストリア**の行政下に入ったが、その管理 問題から（　　）**戦争**が始まり、**プロイセン**は参謀総長 （　　）の**電撃戦でオーストリアに圧勝**した。 （関西大、明治大） 🗐電撃戦とは優秀な軍事力を背景とした短期決戦で、7週間でプロ イセンが勝利した。	シュレスヴィヒ、 ホルシュタイン、 プロイセン=オース トリア（普墺）、 モルトケ
☑1979 プラハで**普墺戦争**の講和が行われ、1867年に**オー** **ストリア**を除外して（　　）が成立した。 <div align="right">（センター試験、札幌大）</div>	北ドイツ連邦
☑1980 1867年、**オーストリア**は（　　）**人のハンガリー王国** **の自立**を認めて（　　）**帝国**が成立した。　（学習院大） 🗐プロイセン=オーストリア戦争に敗北した**オーストリア**は、国内 の諸民族の独立運動に悩んだ。そこで**ハンガリー**の自立を認めて 協力を得ることで、ともに**スラヴ系民族の独立を抑える戦略**を採 用した。	マジャール、 オーストリア=ハン ガリー（二重）
☑1981 オーストリア=ハンガリー帝国成立時の君主である （　　）**世**は、**オーストリア皇帝**と**ハンガリー王**を兼ね た。 <div align="right">（関西学院大）</div>	フランツ=ヨーゼフ1
☑1982 **スペイン王位継承**をめぐる（　　）**事件**をきっかけに、 1870年から（　　）**戦争**が始まった。　（早稲田大） 🗐ドイツの保養地エムスでプロイセン王とフランス大使が会見し た。会見は平和的に終わるも、ビスマルクはフランス大使がプロ イセン王を脅迫したという嘘の電報を送り、戦争を誘発した。	エムス電報、 プロイセン=フラン ス（普仏、ドイツ=フ ランス、独仏）
☑1983 フランスの（　　）**世**は不用意にもプロイセンに宣戦 布告し、**スダン（セダン）の戦い**で大敗した。 <div align="right">（東京学芸大）</div>	ナポレオン3
☑1984 フランスの愛国者（　　）が気球に乗ってプロイセン 軍の後方に回り、孤軍奮闘した。　（早稲田大）	ガンベッタ

☑1985 <u>1871</u>年の<u>普仏戦争</u>末期に**ヴェルサイユ宮殿**で**ヴィ**
+++ **ルヘルム１世**が皇帝に即位し（◯◯）帝国が成立、帝
国**宰相**に（◯◯）が就任した。　（センター試験、日本大）

ドイツ、
ビスマルク

　戴冠式は**ヴェルサイユ宮殿**の「鏡の間」で行われた。この部屋は
ルイ16世とマリ＝アントワネットの婚礼舞踏会に使われた由緒
ある部屋であった。この部屋に、いわば土足で上がってのドイツ
人の戴冠式はフランス人の反発を買い、深い遺恨を残した。

☑1986 <u>1871</u>年５月の（◯◯）条約で、ドイツはフランスから
+++ **50億フランの賠償金**と（◯◯）・（◯◯）の２州を獲得
した。　（中央大、関西大）

フランクフルト講和、
アルザス、ロレーヌ
※順不同

☑1987 1871年に発布された<u>ドイツ帝国憲法</u>は各連邦を代
+++ 表する（◯◯）と、**男子普通選挙**による（◯◯）の二院制
を規定したが、それは**外見上の立憲主義**であった。
（早稲田大、関西学院大）

連邦参議院、
帝国議会

☑1988 **ビスマルク**と<u>カトリック教会</u>、および（◯◯）党との
+++ （◯◯）闘争は10年におよんだが、後に両者は妥協し
た。　（東海大、慶應義塾大）

中央、
文化

　ビスマルクはプロテスタント。

☑1989 <u>ビスマルク</u>は（◯◯）保険などの**社会保険制度（社会保**
+++ **障制度）**を整備する一方で、<u>1878</u>年の（◯◯）**法**で**社**
会主義的な活動を弾圧した。　（センター試験、上智大）

災害（または養
老・疾病）、
社会主義者鎮圧

　「**アメとムチの政策**」と呼ばれている。

☑1990 1873年、**オーストリア、ロシア、ドイツの三国間**
+++ で（◯◯）が結ばれた。　（南山大）

三帝同盟

　1873年がキーワード！ ドイツの<u>ビスマルク</u>はこの同盟によ
り**フランスの孤立化**を狙った。

☑1991 <u>1882</u>年、**オーストリア、イタリア、ドイツの三国**
+++ **間**で（◯◯）が結ばれた。　（東京学芸大）

三国同盟

　1882年がキーワード！ この同盟は第一次世界大戦中、**イタリ
ア**の離脱により崩壊した。

☑1992 <u>1887</u>年、**ロシアとドイツ**の間に（◯◯）が結ばれた。
+++ 　（慶應義塾大、南山大）

再保障条約（二重
保障条約）

　この条約は、**ロシアがフランスに接近するのを防ぐ**ためのもの
だった。

☑ 1993 19世紀、◯◯社に代表されるドイツの軍需産業は
+++ 大きく成長した。　　　　　　　　　　（学習院大）

　🖉 この企業は、20世紀になるとナチス・ドイツの戦争を支え、「**死
　の商人**」とも呼ばれた。

クルップ

9 | ロシアの発展①（モスクワ大公国）

☑ 1994 **モンゴル族**の**キプチャク=ハン国**の支配下にあった
+++ ◯◯世が、◯◯の称号を得て**モスクワ大公国**独立
の基盤を作った。　　　　　　　　　　（立教大）

イヴァン1、
モスクワ大公

☑ 1995 **1480年**、◯◯世は**キプチャク=ハン国**の支配から
+++ 脱し、**ビザンツ（東ローマ）帝国**最後の皇帝◯◯世
の姪と結婚して◯◯と称した。　　　　（立教大）

　🖉 ツァーリは単なる自称であり、いわば非公認だった。

イヴァン3、
コンスタンティヌス
（コンスタンティノ
ス）11、ツァーリ

☑ 1996 **1547年**、◯◯世は正式に戴冠式（たいかんしき）を挙行して自ら
+++ **ツァーリ**と称し、大貴族を厳しく弾圧する**恐怖政治**
を行ったことから「◯◯」と呼ばれる。

　　　　　　　　　　　　　　　　　　（青山学院大）

　🖉 彼は弱冠17歳で即位したが、人を疑うことしか知らず、「カラ
　ス」と呼ばれた黒ずくめの服を着た秘密警察を創設して貴族を弾
　圧した。彼は気性が激しく、自分の息子も殴り殺した。その場面
　は絵画にもなっている。

イヴァン4

雷帝（らいてい）

☑ 1997 ロシアの**逃亡農奴**で、狩猟、牧畜、略奪などを生業（なりわい）
+++ とした人々を◯◯と呼ぶ。　　　　　　（東京大）

　🖉 彼らは幾度も反乱を主導したが、後にロシア政府は彼らの戦闘力
　に着目して辺境防備に利用した。

コサック（カザー
ク）

☑ 1998 大商人**ストロガノフ家**の支援を得た**ドン=コサック**
+++ の首長◯◯は**シベリア探検**で◯◯国の首都を占
領し、**イヴァン4世**に報告した。　（京都大、津田塾大）

　🖉 シベリア探検の動機は、**毛皮や金銀の獲得**であった。

イェルマーク、
シビル=ハン

☑ 1999 **1613年**、◯◯が皇帝に選ばれて**ロマノフ朝**が成立
+++ した。　　　　　　　　　　　（学習院大、立教大）

ミハイル=ロマノフ

10 | ロシアの発展②（絶対王政下のロシア）

☑2000 ドン=コサックの指導者＿＿は1667～71年にわ
+++ たって農民反乱を指導したが捕えられて刑死した。
（立教大、立命館大）

ステンカ=ラージン

　⛶ 彼は農奴制からの解放を訴えて蜂起した。一時は約20万人を動
　　員したが、政府軍に鎮圧された。

☑2001 1682年に10歳で即位した＿＿世は、1689年ま
+++ では＿＿世との共同統治という形を採用した。
（センター試験）

ピョートル1、
イヴァン5

☑2002 ピョートル1世は近代化に努めるべく自ら西欧を視
+++ 察し、＿＿暦への変更を決定した。
（東京大、東京都立大）

ユリウス

　⛶ 当時の西ヨーロッパはグレゴリウス暦が採用されていたが、ギリ
　　シア正教のロシアはローマ教皇が作成した暦を導入できなかっ
　　た。

☑2003 1689年、ピョートル1世は清の康熙帝と＿＿条約
+++ を結び、＿＿山脈とアルグン川を国境とした。
（センター試験）

ネルチンスク、
外興安嶺（スタノ
ヴォイ）

　☞条約の内容は30字くらいの論述問題でも出される。

☑2004 ピョートル1世は不凍港を求めて＿＿政策を開始
+++ し、黒海北部の＿＿海まで進出した。（学習院大）

南下、
アゾフ

　⛶ ピョートル1世が始めたこの政策は、以後のロシアの伝統的政
　　策となった。21世紀になってもこの政策に本質的な変化はなく、
　　2022年ロシアのプーチン政権はウクライナに侵攻した。

☑2005 17世紀後半から＿＿海の覇権を握っていたのはス
+++ ウェーデンであった。（センター試験、中央大）

バルト

☑2006 スウェーデン領の分割を企てたピョートル1世はデ
+++ ンマークや＿＿と手を結び＿＿戦争（1700～
21）を起こした。（学習院大、上智大）

ポーランド、北方

☑2007 ピョートル1世は<u>北方戦争</u>でスウェーデン王（　　）世に対して苦戦を強いられたが、1709年の（　　）の戦いに勝利し、<u>1721年のニスタット条約</u>により（　　）海の覇権を握った。　（センター試験、慶應義塾大）	カール12、ポルタヴァ バルト
📖ピョートル1世は、「北方の流星王」の異名をとる弱冠18歳のスウェーデン王カール12世を甘く見ていて、1700年のナルヴァの戦いでは大敗を喫した。	
☑2008 <u>北方戦争</u>中、<u>ネヴァ川河口</u>に「西欧への窓」と呼ばれた（　　）を建設し、1712年に首都とした。　（センター試験）	ペテルブルク
📖湿地帯での難工事で、10万人以上の犠牲者を出したとされる。	
☑2009 ピョートル1世死後の（　　）年にロシアと中国（清朝）との間に（　　）条約が結ばれ、<u>外モンゴルとシベリアの国境</u>が画定した。　（センター試験、同志社大）	1727、キャフタ
➡この条約の内容も論述問題で問われるので、書けるようにしておこう。	
☑2010 ピョートル1世に仕えたデンマーク人の（　　）はカムチャツカを探検し、シベリア・アラスカ間の海峡を発見した。これは彼の名から（　　）海峡と呼ばれる。　（京都大、早稲田大）	ベーリング ベーリング
📖彼は濃霧の中、アラスカ（アメリカ大陸）を肉眼で確かめられず、再び確認するために5年後に出発するも無人島で病没した。	
☑2011 ドイツ生まれでピョートル3世の妃であった（　　）世は、宮廷クーデタにより1762年に即位した。　（センター試験、学習院大）	エカチェリーナ2
📖彼女はその文才から「作家の女帝」といわれたが、恋多き女性で生涯12人の恋人を持った。ロシア皇帝の中でエカチェリーナ2世は唯一不審な死を遂げている。ある日、王座に座る自分の幻の姿を見て、近衛兵に幻影の胸を撃たせたところ、直後にトイレで倒れ、亡くなった。	
☑2012 エカチェリーナ2世はフランスの啓蒙^{けいもう}思想家（　　）と文通し、（　　）を宮廷に招いて年金を与えるなどしたことから、「（　　）君主」と呼ばれた。　（センター試験、東京女子大）	ヴォルテール、ディドロ、啓蒙専制（啓蒙絶対）

■■

☑2013 南下政策を進めるエカチェリーナ2世は、<u>1774</u>年 +++ にオスマン帝国と（ ）条約を結び、<u>黒海の自由航行</u> <u>権</u>などを得た。 （早稲田大） 　■☞難解大では必ずといっていいほど出題されるので要注意！	クチュク=カイナル ジ
☑2014 （ ）年、**コサック出身の**（ ）**の反乱**が起きると、 +++ これを鎮圧するなど**エカチェリーナ2世は反動化**し た。 （センター試験） 　🔲 彼は約100年前に反乱を起こした**ステンカ=ラージン**と同じ村の 　出身だった。自ら「ロシア皇帝」を名乗り、圧政に苦しむバシ 　キール人やロシア人の農民たちから支持を集めて、一時期は300 　万人が参加する大反乱となった。	1773、プガチョフ
☑2015 アリューシャン列島に漂着し、その後<u>エカチェリー</u> +++ <u>ナ2世</u>に<ruby>謁見<rt>えっけん</rt></ruby>した**大黒屋光太夫**は、1792年にロシア 使節（ ）の船で<u>日本</u>に帰国した。 （京都大） 　🔲 ロシア領に漂着した日本の船頭である**大黒屋光太夫**は、ロシア語 　を完璧にマスターし、**エカチェリーナ2世**に会えた。	ラクスマン

11 │ 19世紀のロシア

☑2016 （ ）**革命**と（ ）**戦争**によって、**ヨーロッパ各地に** +++ もたらされた<u>自由</u>主義と<u>国民</u>主義の気運の下、**1825** **年**にはロシアで貴族士官（ ）による反乱が起こっ た。 （東京大、関西学院大）	フランス、 ナポレオン、 デカブリスト(十二 月党員)
☑2017 （ ）**の乱**を鎮圧した**ニコライ1世**は、自由主義者 +++ を次々と弾圧した。 （センター試験、明治大） 　🔲 ニコライ1世は野心家でクリミア戦争を始めたが、戦争中の 　1855年に亡くなった。死因はインフルエンザによる病死説と自 　殺説の2つある。	デカブリスト
☑2018 <u>1828</u>**年**、イランの**ガージャール朝**と（ ）条約を +++ 結び、（ ）地方を獲得した。 （立教大、早稲田大） 　🔲 1826年からロシアとイランの間で戦争が続いていたが、**アゼル** 　**バイジャン地方**の**トルコマンチャーイ**村で、1828年に停戦条約 　が結ばれた。内容は**イラン側に不利**なものであった。	トルコマンチャー イ、アルメニア
☑2019 聖地<u>イェルサレム</u>の管理権をめぐって（ ）とロシ +++ アが対立していたが、結局（ ）が権利獲得に成功し た。 （立教大） 　🔲 **ナポレオン3世**の外交の勝利だった。	フランス、 フランス

☑2020 聖地管理権を失ったロシアは、勢力後退を恐れてトルコ領内の（　　　）保護を口実にニコライ1世がトルコに宣戦し、1853年に（　　　）戦争が始まった。 +++　　　　　　　　　　　　　　　　　　　　（センター試験、一橋大）	ギリシア正教徒、クリミア
☑2021 クリミア戦争では、イギリス、フランス、（　　　）がトルコを支援し、（　　　）要塞の攻防戦でロシアの敗北が決定的となった。 +++　　　　　　　　　　　　　　　　　　　　　　　　（慶應義塾大） 🗋 この攻防戦は19世紀で最も悲惨なものといわれ、戦死者はロシア軍が10万人、連合軍が7万人にのぼった。	サルデーニャ、セヴァストーポリ
☑2022 クリミア戦争でイギリス人の（　　　）は看護婦団を率いて傷病兵の看護に活躍した。　　　　　　　（京都府立大） +++ 🗋 彼女は真夜中もランプを片手に病棟を見回り、兵士から「ランプの貴婦人」と呼ばれた。人道主義者で有名ではあるが、彼女が助けたのはイギリス兵のみで、敵のロシア兵は除外された。	ナイティンゲール
☑2023 1856年（　　　）条約が結ばれ、トルコの独立と領土保全、黒海の中立化が決定されたことで、ロシアの（　　　）は阻止された。　　　　　　　（一橋大、関西大） +++ ☛条約の内容もチェックしておこう！	パリ 南進（南下政策）
☑2024 クリミア戦争の敗北は、ロシアに近代化の必要性を自覚させ、1861年に（　　　）世は「大改革」と呼ばれる一連の改革政策に着手し、農奴解放令を公布した。 +++　　　　　　　　　　　　　　　　　（共通テスト、西南学院大） ☛農奴解放令を発布した背景には、社会主義の台頭への危機感もあった。特に『誰の罪』を著したゲルツェンは危険人物であった。ゲルツェンは慶應義塾大が出題している。	アレクサンドル2世
☑2025 （　　　）令は「上からの改革」であり、農地の払い下げは有償で、しかも払い下げは農村共同体の（　　　）単位であった。　　　　　　　　　　　（東京大、神奈川大） +++ ☛払い下げは「有償」で、通常20数年分の地代の前払い（買い戻し金）が必要であった。その内容は地主の利益を優先するものであった。論述問題の頻出テーマ！	農奴解放、ミール
☑2026 アレクサンドル2世は、1863年の（　　　）反乱以後は反動化した。　　　　　　　　　　　　　　　　　（早稲田大） +++ 🗋 ロシアの自由化の影響で発生した貴族主体の反乱だった。なお、ポーランドでは貴族のことをシュラフタという。	ポーランド

☑ 2027 **アレクサンドル2世**は、バルカン半島の◯◯◯主義を **+++** 利用して**南下政策**を再び進めた。 （筑波大、東京大） 📖 ロシア、東ヨーロッパ、バルカン半島の民族の多数は**スラヴ系**で、 　ロシアはその盟主を目指した。	パン=スラヴ（汎ス ラヴ）
☑ 2028 **1875年**、◯◯◯でスラヴ人が**反乱を起こす**と、それ **+++** を支援する**ロシア**がトルコに宣戦し、◯◯◯**戦争** （**1877** ～ **78**）が始まった。 （名古屋大、法政大）	ボスニア・ヘルツェ ゴヴィナ、露土（ロ シア=トルコ）
☑ 2029 **トルコ**は**ロシア**に屈服し、◯◯◯条約によって**ブルガ** **+++** **リア**は領土を拡張し、◯◯◯、◯◯◯、**モンテネグロ** が独立した。 （共通テスト、明治大、関西大） ☞ ロシアはブルガリアを通じて地中海に出ることが可能になり、南 　下政策は一時、実現した。	サン=ステファノ、 ルーマニア、 セルビア※順不同
☑ 2030 「**誠実な仲介者（仲買人）**」と自称した◯◯◯は、**1878** **+++** 年に◯◯◯会議を主催し、**サン=ステファノ条約**に修 正を加えた◯◯◯**条約**を新たに締結した。 （名古屋大、関西学院大）	ビスマルク、 ベルリン、 ベルリン
☑ 2031 **ベルリン条約**で**イギリス**は◯◯◯の行政権を、オース **+++** トリアは◯◯◯の統治権をそれぞれ獲得した。 （上智大、早稲田大） ☞ ベルリン条約は**イギリス外交の勝利**といえる。	キプロス島、 ボスニア・ヘルツェ ゴヴィナ
☑ 2032 **ベルリン条約**で◯◯◯は領土が縮小され、自治国家と **+++** して引き続き**トルコの支配下**に入った。 （上智大） ☞ ロシアの地中海進出の野望は消え、**南下政策は阻止**された。	ブルガリア
☑ 2033 **ベルリン条約**で**ルーマニア**、**セルビア**、◯◯◯の独立 **+++** が正式に認められた。 （上智大、早稲田大）	モンテネグロ
☑ 2034 ◯◯◯と結んだ**ビスマルク**外交は成功のうちに終わ **+++** り、ロシアの**南下政策は挫折**した。 （東京大）	イギリス
☑ 2035 ロシアの**知識人や学生**の間には◯◯◯と呼ばれる人 **+++** 民主義者が現れ、「◯◯◯」をスローガンに農村に入っ ていったが、**改革運動は挫折**した。 （共通テスト、津田塾大）	ナロードニキ、 ヴ=ナロード（人民 の中へ）

近
代

9

近代国民国家の発展（19世紀）

☑ 2036 19世紀後半のロシアでは、農奴解放の不徹底を批判 +++ し、◯◯◯運動が始まった。　　　　　　　（早稲田大） 　☞ヴ=ナロード（人民の中へ）をスローガンに掲げ、学生や知識人が 　農村に入り、農民の意識改革を行おうとした。しかし、この行動 　はあまりに理想主義的だったため、失敗に終わり、これに絶望し 　たことが、ロシアでテロリズムが横行するようになる背景となっ 　た。	ナロードニキ
☑ 2037 19世紀後半のロシアでは◯◯◯（無政府主義）や +++ ◯◯◯（虚無主義）が広がりを見せ、テロリズムが横 　行する中で、1881年に皇帝◯◯世が暗殺された。 　　　　　　　　　　　　　　　　　　　（上智大、同志社大） 　🔲無政府主義とは、国家・政府などの権力機関のすべてを否定する 　ものである。プルードンやバクーニンに代表され、今でも大きな 　影響力を持つ。虚無主義の語源はニヒル（無）。生きる意味など、 　人間存在すら否定する傾向にあった。	アナーキズム、 ニヒリズム、 アレクサンドル2
☑ 2038 ロシアにおけるアナーキズムの理論的指導者である +++ ◯◯◯は第1インターナショナルに参加したが、マル 　クスと対立して除名された。　　　　　　　　（神奈川大）	バクーニン

12 │ イギリスの自由主義運動

☑ 2039 1801年、イギリスはアイルランドを正式に併合し +++ ◯◯◯王国が成立した。　　　　　　　　（慶應義塾大）	大ブリテン=アイル ランド連合
☑ 2040 1824年、◯◯◯法が廃止され、労働組合の結成が自 +++ 由になった。　　　　　　　　　　　　　　（聖心女子大） 　☞1799年制定。同法の廃止は自由主義運動の先駆けとなった。	団結禁止
☑ 2041 1828年、◯◯◯法が廃止され、非国教徒の公職就任 +++ が可能となった。　　　　　　（センター試験、上智大） 　☞非国教徒とはイギリス国教会（国教徒）以外のプロテスタントの 　ことで、カトリックは除外された。	審査
☑ 2042 1829年、アイルランドの◯◯◯らの努力により +++ ◯◯◯法が成立し、カトリック教徒にも公職の道が 　開かれた。　　　　　　　　　　　（上智大、関西学院大） 　☞1829年の年号もよく問われるので要注意！	オコンネル、 カトリック教徒解放

☑ 2043 <u>1832</u> 年、<u>ホイッグ党</u>の◯◯内閣時代に行われた**第**
+++ ◯◯**回選挙法改正**で◯◯が撤廃され、<u>産業資本家</u>
に参政権が与えられた。　　　　　　（早稲田大、南山大）

→ <u>1832 年の年号もポイント！　産業資本家に選挙権が与えられ</u>
<u>たことも問われる場合があるので要注意！　腐敗選挙区は人口</u>
が減少しているにもかかわらず、議員の割り当てのある選挙区の
こと。ひどい場合には水没により人口 0 人になった地域にも 1 議
席が割り当てられていた。

グレイ（グレー）、
1、腐敗選挙区

☑ 2044 <u>ウィルバーフォース</u>の努力もあり 1807 年、1833 年
+++ と段階的に◯◯制度が廃止された。　　　　　（南山大）

→ 彼の名も難関大で出題される場合がある。<u>1807 年には奴隷貿易</u>
<u>の廃止</u>、<u>1833 年には奴隷制度の廃止</u>が行われた。
◻ ウィルバーフォースは「アメイジング・グレイス」の歌詞に勇気
をもらい奴隷解放を実現させた。

奴隷

☑ 2045 <u>1834</u> 年、<u>東インド会社</u>の対◯◯貿易独占権が廃止
+++ され、◯◯**商会**などの**民間企業の参入**が可能になっ
た。　　　　　　　　　　　　　　（北海道大、早稲田大）

◻ この商会が中国市場にアヘンを売り込んだことが<u>アヘン戦争を</u>
<u>引き起こす背景</u>となった。現在も商社として活動している。<u>デン</u>
<u>ト商会</u>も、1834 年以降、中国市場に参入した。

中国、
ジャーディン=マセ
ソン（またはデン
ト）

☑ 2046 **1839** 年、**自由貿易論者**の◯◯や◯◯たちは<u>反穀</u>
+++ <u>物法同盟</u>を結成し、その本部を◯◯に置いた。
　　　　　　　　　　　　　　　　　　　　（立命館大）

→ 難関大は本部の都市名をよく出題する。

コブデン、
ブライト ※順不同、
マンチェスター

☑ 2047 <u>1846</u> 年、**保守党**の**ピール**内閣時代に◯◯法が廃止
+++ され、さらに <u>1849</u> 年には◯◯法も廃止され、**イ**
ギリスの自由貿易体制はほぼ完成した。
　　　　　　　　　　　　　　（筑波大、慶應義塾大）

→ それぞれの年号がポイント！

穀物、
航海

☑ 2048 <u>穀物法</u>は◯◯戦争終結後の <u>1815</u> 年に、**大陸から**
+++ **の安価な穀物の流入による穀物価格**の◯◯を**防止**
するために制定されたものであり、◯◯の利益を守
る目的があった。　　　　　　　　　　　　（岡山大）

ナポレオン、
下落、
地主

☑ 2049 **空想的社会主義者**◯◯や**人道主義者シャフツベ** +++ リー伯の努力で、<u>1833</u>年に◯◯**法が成立し**、**年少 者の労働時間が制限**された。 (東京経済大) 　📖 オーウェンはアメリカのインディアナ州で共産主義的な**ニュー ハーモニー村**を建設した。また、**幼稚園の創設者**としても知られ る。	（ロバート=）オー ウェン、（一般）エ 場
☑ 2050 **第1回選挙法改正**で選挙権を獲得できなかった**労働** +++ **者**は◯◯を掲げて◯◯運動を起こした。 (関西大) 　📖 この運動は1837年頃から始まり、**1848年頃には最高潮**に達し た。	人民憲章（ピープ ルズ=チャーター）、 チャーティスト
☑ 2051 **人民憲章（ピープルズ=チャーター）とは**、①**男性普** +++ **通選挙**、②**議員の**◯◯**廃止**、③**議会の毎年改選**、④ **平等な選挙区**、⑤**議員有給制**、⑥◯◯**の6項目を指** す。 (早稲田大) 　📖 ①～⑥の全項目が問われることもあるので要注意！	財産資格、 無記名秘密投票
☑ 2052 **人民憲章の1つ**、**無記名投票**は1872年の◯◯法で +++ 実現した。 (早稲田大)	秘密投票
☑ 2053 **人民憲章の1つ**、**議員への歳費支給**は1911年の +++ ◯◯法で実現した。 (早稲田大、明治大) 　📖 議員は名誉職のため給与は出なかったが、この法の成立により貧 困層の政治参加が可能となった。	議会

13 | 二大政党時代のイギリス

☑ 2054 1830年頃から**トーリー党**の流れをくむ◯◯党と、 +++ **ホイッグ党**の流れをくむ◯◯党が**二大政党を形成** した。 (北海道大)	保守、 自由
☑ 2055 大英帝国は◯◯の治世に最盛期を迎え、**パクス=ブ** +++ **リタニカ（パックス=ブリタニカ）**と呼ばれる状況が 実現した。 (センター試験) 　📖 **パクス=ブリタニカ（パックス=ブリタニカ）**は「**イギリスの平和**」 という意味。なお、彼女の在位は<u>1837</u>～<u>1901</u>年の60年以上 におよんだ（**ヴィクトリア朝**）。配偶者を**亡**くしてからは、生涯 喪服で過ごした。	ヴィクトリア女王

☑2056 1830〜60年代にかけて、**首相や外相**などを歴任し
+++　　た◯◯◯は、議会の反対を押し切って中国で<u>アロー戦</u>
　　<u>争</u>を行い、<u>東方問題</u>にも干渉した。　　（早稲田大）

　　🔲<u>アロー戦争</u>に対してはイギリス国内でも反対の声が多く上がっ
　　　た。

パーマストン

☑2057 <u>1867</u>年、保守党の◯◯◯内閣時代に第◯◯回<u>選挙</u>
+++　　<u>法改正</u>が行われ、都市の◯◯◯に選挙権が与えられ
　　た。　　　　　　　　　　（慶應義塾大、早稲田大）

　　☛年号と内閣の名称も要注意！

ダービー、2、
労働者

☑2058 保守党の◯◯◯は<u>スエズ運河</u>**株の買収**など帝国主義
+++　　政策を進めた。　　　　　　　　　（センター試験）

　　🔲**ユダヤ系**で、しかも作家出身という変わった経歴から保守党の
　　　トップにまでなった人物。彼の名前を英語のスペルで書くと
　　　Disraeliとなる。これは「イスラエル（Israel）から来たりし者」
　　　の意味となる。

ディズレーリ

☑2059 **ユダヤ系**の◯◯◯**財閥**が<u>ディズレーリ</u>を支援した。
++✛　　　　　　　　　　　　　　　　（成城大、関西大）

ロスチャイルド

☑2060 <u>1884</u>年に**自由党**の<u>グラッドストン</u>内閣が行った第
+++　　◯◯回<u>選挙法改正</u>で、◯◯◯労働者と◯◯◯労働者
　　に**選挙権が与えられた**。　　　　　　　（学習院大）

　　☛年号と内閣の名称も要注意！

3、農業、鉱業
※順不同

☑2061 **自由党**の<u>グラッドストン</u>内閣は、<u>1870</u>年に◯◯◯法
+++　　を制定して**公立学校**を増設し、翌<u>71</u>年の◯◯◯**法**で
　　は**労働組合を合法化**した。　　（センター試験、慶應義塾大）

教育、
労働組合

☑2062 **自由党**の◯◯◯は、第◯◯回<u>選挙法改正</u>と<u>アイルラ</u>
+++　　<u>ンド土地法</u>の制定に努力した。　（センター試験、東京大）

グラッドストン、3

☑2063 **1867**年に◯◯◯が初めてイギリスの**自治領**となっ
+++　　て自治が与えられ、<u>1901</u>年に**オーストラリア連邦**、
　　<u>1907</u>年にニュージーランド、<u>1910</u>年に◯◯◯が、
　　それぞれ**自治領**となった。　　　（東京外国語大）

カナダ連邦

南アフリカ連邦

☑2064 <u>ナポレオン</u>の<u>大陸封鎖</u>に対抗してイギリスが（　　）
+++ を行い、**中立国であるアメリカの通商活動を妨害し**
たため、（　　）戦争が発生した。この結果、**アメリカ
の国内工場の発展とイギリスからの**（　　）**的自立が**
進んだ。　　　　　　　　　　　　　　　（東京大、一橋大）

　　■論述問題の頻出テーマ。<u>1812〜14</u>年に行われたこの戦争の原
　　　因と結果を問うことが多いので要注意！

| 海上封鎖（逆封鎖）、米英（アメリカ=イギリス）、経済 |

☑2065 <u>1823</u>年、第<u>5</u>代大統領（　　）は宣言を発し、ヨー
+++ ロッパによる**南北アメリカへの干渉を排除した**。
　　　　　　　　　　　　　　　　　　（國學院大、東京外語大）

| モンロー |

☑2066 <u>西部</u>出身の第<u>7</u>代大統領**ジャクソン**時代に**民主主義
+++ が発展**したことから、「（　　）」と呼ばれたが、**先住
民や女性や黒人奴隷は除外**された。　　（慶應義塾大）

　　🔲怒った女性は**婦人解放運動**を展開していった。中心となったのは
　　　女性の体操着を作ったブルマー夫人などであった。また、ジャク
　　　ソンに対抗する人々はホイッグ党を結成した。

| ジャクソニアン=デモクラシー |

☑2067 <u>1803</u>年、アメリカは**フランス**（当時は（　　）政府）
+++ から、ミシシッピ川以西の（　　）を購入した。
　　　　　　　　　　　　　　　　　　　　　　　（立教大）

　　🔲アメリカは1500万ドルでルイジアナを購入したが、これは破格
　　　の安さだった。

| 統領、ルイジアナ |

☑2068 **ルイジアナ購入**当時の合衆国大統領は第<u>3</u>代（　　）
+++ であった。　　　　　　　　　　　　　　　（國學院大）

| ジェファソン |

☑2069 <u>1819</u>年、（　　）大統領時代にアメリカは**スペイン**か
+++ ら（　　）を買収した。　　　　　　　　　（立教大）

| モンロー、フロリダ |

☑2070 <u>1845</u>年に（　　）、翌<u>46</u>年に**オレゴン**の南半分をそ
+++ れぞれ併合し、さらに（　　）戦争を経て**ニューメキシ
コ**と（　　）を獲得した。　　　　　　　　（上智大）

　　🔲アメリカとメキシコとの対立は1830年代からあった。1836年に
　　　は約3,000人のメキシコ軍がアラモの砦を包囲し、デーヴィ=ク
　　　ロケットら187人のアメリカ人を虐殺した。こうして、**19世紀
　　　半ばにアメリカの領土は**<u>太平洋岸</u>に達し、新たな海のネットワー
　　　クに進出していった。

| テキサス、アメリカ=メキシコ（米墨）、カリフォルニア |

☑ 2071 +++	（＿＿＿）年、イギリスとの協定により**オレゴンの南半分を併合**した。　　　　　　　　　　　　　（立教大）	1846
☑ 2072 +++	<u>1848</u> 年に**カリフォルニア**で<u>金鉱</u>が発見され、いわゆる「（＿＿＿）」が発生した。これによって翌49年に西部への移住者が増加したことから、彼らは（＿＿＿）と呼ばれた。　　　　　　　　　　　　　（慶應義塾大） ▯ 現在、<u>フォーティーナイナーズ</u>（49ers）はアメリカンフットボールのチーム名になっている。	ゴールドラッシュ、フォーティーナイナーズ（49ers）
☑ 2073 +++	<u>1830</u> 年、**第7代大統領**（＿＿＿）による（＿＿＿）**法**の制定によって、**先住民**である**インディアンは**<u>保留地</u>への**移住を強制**された。　　（東京大、慶應義塾大、共通テスト） ▯ 保留地は実際には不毛地帯であった。	ジャクソン、強制移住
☑ 2074 +++	強制移住にインディアンの（＿＿＿）族と**セミノール族**は抵抗し、特に（＿＿＿）<u>族</u>はゲリラ戦を展開してアメリカ軍を悩ませた。　　　　　（慶應義塾大、共通テスト） ▯ <u>チェロキー族</u>は最高裁で移住の無効を訴えたが敗れた。その結果、約1,300kmの道のりを徒歩で移動することを強いられ、女性や子どもを中心に4,000人もの死者を出した。この出来事は「**涙の旅路（涙の道）**」といわれる。	チェロキー、セミノール
☑ 2075 +++	<u>アパッチ族</u>の首長（＿＿＿）は、白人に対して激しい**ゲリラ戦**を展開した。　　　　　（慶應義塾大、早稲田大） ▯ 有名な攻撃ヘリコプター AH-64 の愛称 "アパッチ" は、この部族名に由来する。	ジェロニモ
☑ 2076 +++	（＿＿＿）年、**先住民**に対する<u>強制移住法</u>が制定された後も彼らの必死の抵抗は続いたが、<u>1890</u> 年の（＿＿＿）<u>の戦い</u>で先住民の虐殺が行われたのを最後に、組織的な抵抗は終わった。　　　　　　　　（センター試験） ▯ これを「戦い」とするのは白人側の視点であり、実際は一方的な「虐殺」であった。女性や子どもを含めて約300人の先住民の命が奪われた。	1830、ウーンデッドニー
☑ 2077 +++	19世紀半ばの**北部諸州**では（＿＿＿）が西部開拓の主な担い手であった。　　　　　　　　　　　　（一橋大）	白人自営農民

☑ 2078 **1840**年代に西部への発展を◯◯◯とする**白人至上** +++ **主義的**な考え方が全国に広がり、◯◯◯**大統領**の**領土** 拡張を正当化した。 (西南学院大) ⬚ 彼の在任期間は1845～49年である。	マニフェスト= ディスティニー (「明白な天命」)、 ポーク
☑ 2079 **19世紀**を通じての**西部開拓**は◯◯◯運動とも呼ば +++ れ、**辺境開拓者**の◯◯◯を育んだ。 (中央大)	西漸(せいぜん)、 フロンティア= スピリット

15 | アメリカ南北戦争

☑ 2080 **1820**年以前、**奴隷を肯定する奴隷州**と**奴隷を否定** +++ する◯◯◯州はそれぞれ◯◯◯州ずつで勢力が拮抗(きっこう) していた。 (早稲田大) ☞ かなりの難問。難関私大で出題されることがあるので要注意!	自由、11
☑ 2081 **1820**年、◯◯◯**協定**が成立し、以後、**北緯**◯◯◯**度** +++ **30分以北**において奴隷州の設置を認めないとした。 (上智大、共通テスト)	ミズーリ、36
☑ 2082 政治家◯◯◯のいわゆる「**1850年の妥協**」により、 +++ ◯◯◯**州**は**自由州**として連邦に加入し、その代わりに **逃亡奴隷(逃亡奴隷取締)法**が強化されることなど が決められた。 (早稲田大、西南学院大) ☞ 彼は「**偉大なる妥協者**」と呼ばれる。73歳の高齢だったがタフ な交渉で南北の対立を回避した。難関私大で出題されるので要注 意!	ヘンリ=クレイ、 カリフォルニア
☑ 2083 **1854**年、◯◯◯**法**が成立し、奴隷州と自由州の決定 +++ は住民投票に委ねられ、**ミズーリ協定は否定**された。 危機意識を持った**北部**は◯◯◯**党**を結成した。 (慶應義塾大、早稲田大、共通テスト) ⬚ この法律は南部に有利と思われた。	カンザス・ネブラ スカ、 共和
☑ 2084 ◯◯◯は『**アンクル=トムの小屋**』を著し、**奴隷制度** +++ に反対した。 (同志社大、西南学院大)	ストウ夫人

☑2085 南部では◯◯（大農園）が発達していて、◯◯制
+++ 度を支持した。それに反して北部は商工業が発展し
ていて、自由な労働力確保を期待して◯◯制度に反
対した。　　　　　　　　　　　　（センター試験、千葉大）

プランテーション、
奴隷、
奴隷

☑2086 南部は州権主義を期待し、◯◯貿易を主張した。北
+++ 部は連邦主義を期待し、◯◯貿易を主張した。
　　　　　　　　　　　　　　　　（センター試験、千葉大）

自由、
保護

☞南北アメリカの構造と政策の違いが南北戦争に発展したといわ
れる。正誤問題や論述問題では頻出の知識なので要注意！

☑2087 1860年、共和党の◯◯が第16代合衆国大統領に
+++ 当選した。　　　　　　　　　（センター試験、京都産業大）

リンカン

☞1861年、大統領に就任した。正誤問題で年号が問われることが
あるので要注意！　リンカンは斧の名人で、若いころはレスリン
グのファイターであった。暴漢を椅子ごと吹っ飛ばすほどの怪力
の持ち主であった。

☑2088 1861年、南部11州はアメリカ合衆国より離脱し
+++ て、◯◯を形成し、◯◯を大統領に選出した。こ
こに南北戦争（Civil War）が始まった。
　　　　　　　　　　　　　　　　（センター試験、立命館大）

アメリカ連合国
（アメリカ連邦）、
ジェファソン＝
デヴィス

☑2089 南北戦争は当初、◯◯将軍率いる南軍が優勢であっ
+++ たが、北軍の◯◯将軍が南軍を海上から封鎖した。
　　　　　　　　　　　　　　　　　　　　　（早稲田大）

リー、
グラント

☞リー将軍は最終的に敗北はしたものの、立派な人格者としてアメ
リカ国民に慕われている。

☑2090 リンカン大統領は、南北戦争の開始にあたり◯◯の
+++ 維持を表明していた。　　　　　　　　　　（早稲田大）

連邦の統一

☑2091 1862年、◯◯年間の定住開墾で160エーカーの
+++ 土地を◯◯で与える◯◯法が成立すると、西部農
民は北部を支持した。　　　　　（慶應義塾大、共通テスト）

5、
無償、
ホームステッド
（自営農地）

☞「ホーム・ステッド」と書くと×になるので要注意！

☑2092 ◯◯年、アメリカ合衆国大統領リンカンは国際世論
+++ を味方にするなどの戦略的動機から◯◯宣言を出
した。　　　　　　　　　　　　　（センター試験、立教大）

1863、
奴隷解放

☞「戦略的動機」であったことは正誤問題でよく出題される。

☑ 2093 ＋＋＋ ◯◯◯宣言による**奴隷の解放**では、合衆国にとどまった◯◯◯の**奴隷**については対象外とされていた。 (早稲田大)	奴隷解放、奴隷州
ⓘ リンカンの**奴隷解放**は**南部の奴隷解放**であり、北部支持の**奴隷州**は除外となった。結局、国際世論を味方にする目的が強く、その意味で人道的というよりも戦略的な行為であったといえる。	
☑ 2094 ＋＋＋ **1863年**、最大の激戦が◯◯◯で行われ、この地で「人民の、人民による、◯◯◯」の演説がなされた。 (駒澤大、明治大)	ゲティスバーグ、人民のための政治
☑ 2095 ＋＋＋ **1865年**、南軍の首都◯◯◯が陥落し、南北戦争は**北部の勝利**に終わった。 (立教大)	リッチモンド
☑ 2096 ＋＋＋ 1865年の憲法修正第◯◯条で、**奴隷制度は法的には完全に廃止**された。 (慶應義塾大)	13
☑ 2097 ＋＋＋ **1868年**、憲法修正第14条で黒人に◯◯権が、**1870年**の修正第15条で黒人に◯◯権が与えられた。 (慶應義塾大)	市民、参政
☑ 2098 ＋＋＋ 南部では◯◯◯制の下、黒人は小作人として**収穫の2分の1から3分の1を収奪**された。 (早稲田大)	シェアクロッパー（分益小作人）
☑ 2099 ＋＋＋ 南北戦争後、南部では◯◯◯が組織されるなど、黒人差別は続いた。 (東京大、慶應義塾大)	クー=クラックス=クラン(KKK)
ⓘ 白人至上主義団体で、かつては政治家や警察官などもメンバーだった。現在では非合法化されたが、まだ消滅していない。	
☑ 2100 ＋＋＋ **アメリカ南部**では、黒人を食堂や学校で隔離する◯◯◯法が制定されるなど、差別が続いた。 (早稲田大)	ジム=クロウ
☑ 2101 ＋＋＋ **1867年**、アメリカは**ロシア**から◯◯◯を買収した。 (明治大)	アラスカ
☑ 2102 ＋＋＋ **1869年**に◯◯◯が開通し、**アメリカの資本主義発展**の一翼を担った。 (東京大、成城大、共通テスト)	大陸横断鉄道
☞ たかが1本の鉄道と思ってはいけない。物資の流通をスムーズにし、アメリカ資本主義の発展に大いに寄与した。	

☑2103 **1886年**、（　　）が**熟練労働者**を中心に（　　）を結成
+++ した。　　　　　　　　　　　　　　　　　　　（成城大）

サミュエル=ゴンパー
ズ、アメリカ労働
総同盟（AFL）

　🗊 1905年には**世界産業労働者同盟**が結成された。この同盟はフラ
　ンスのサンディカリズムの影響が強く、激しいストライキを行う
　など過激であった。

16 | フランス第二帝政

☑2104 **ルイ=ナポレオン**は（　　）年に**クーデタ**で議会を解散
+++ し、**1852年**には**国民投票**で（　　）**世**として皇帝に
　　即位し、**第二帝政を開始**した。　（成城大、聖心女子大）

1851、
ナポレオン3

　🗊 ルイ=ナポレオンはナポレオン（1世）の甥にあたる。

☑2105 **第二帝政**はブルジョワ共和派、労働者、農民の対立
+++ を利用する独裁政治で（　　）と呼ばれた。

（立教大、早稲田大）

ボナパルティズム

　☛この独裁体制について、30字程度の論述問題で問われることが
　多いので要注意！

☑2106 **ナポレオン3世**は（　　）**戦争**では**オスマン帝国**側に
+++ ついて**ロシアに勝利**し、（　　）**戦争**では**サヴォイア**と
　　ニースを得て領土を広げた。　　（センター試験、立教大）

クリミア、
イタリア統一

☑2107 **1858～67年**に行われた（　　）**出兵**で、フランスは
+++ **サイゴン**と**カンボジア**に勢力を広げた。　　（上智大）

インドシナ

☑2108 **1851年**に（　　）で開催された**第1回万国博覧会**に
+++ 次いで、**1855年**に（　　）で**第3回万国博覧会**が開催
　　され、アメリカ製のミシンが金賞を受賞した。

（センター試験、早稲田大）

ロンドン、
パリ

　🗊 1851年、ロンドンで開催された万国博覧会ではガラスで造った
　巨大な**水晶宮（クリスタル・パレス）**が人気を集め、約600万人
　が入場した。フランスもこの成功を真似しようとした。

☑2109 当時、**セーヌ県知事**（　　）が**パリ**の改造建設を進め
+++ た。　　　　　　　　　　　　　　　　　　（上智大、早稲田大）

オスマン

　🗊 すでに環境に留意した設計を行っていたのが特色の1つ。特に下
　水道の整備によってパリは極めて清潔な都市となり、感染症の拡
　大を防ぐ結果となった。

☑ 2110 +++ 1861〜67年の◯◯出兵では現地のゲリラ戦に遭って敗退し、1870年に起こった◯◯戦争も**スダン（セダン）の戦い**で大敗を喫したことで、**ナポレオン3世**は失脚した。　（センター試験）	メキシコ、普仏（プロイセン＝フランス）
☑ 2111 +++ 普仏戦争（**プロイセン＝フランス戦争**）後、フランスで◯◯を首班とする**臨時政府**が成立した。　（慶應義塾大） ☞彼は七月王政時代にも**首相**を務めている。	ティエール
☑ 2112 +++ 1871年、臨時政府に対して不満を持った労働者とパリ市民は、史上初の◯◯による**革命的自治政府**◯◯を樹立させたが、**約100日間で崩壊**した。　（成城大）	労働者、パリ＝コミューン
☑ 2113 +++ 「**血の1週間**」と呼ばれる厳しい弾圧でコミューンは壊滅し、コミューン側の死者は3万人に達した。**大佛次郎**の『◯◯』はこの事件を小説にしたものである。　（広島大、慶應義塾大）	パリ燃ゆ
☑ 2114 +++ **第二帝政**後に成立した◯◯は、前陸相の**クーデタ未遂事件**である◯◯**事件**、**ユダヤ人**将校に**スパイ**の罪をかぶせた◯◯**事件**などが発生し、政権は不安定であった。　（センター試験、東京大） ☐ 19世紀後半のヨーロッパでは反ユダヤ主義が吹き荒れていた。ドレフュスはユダヤ系であるがゆえにスパイの容疑をかけられ、脱獄不可能な"悪魔島"に流された（後に恩赦）。作家のゾラ（『居酒屋』で有名）は彼を弁護する強力なキャンペーンを展開し、当時、社会問題にまで発展した。	第三共和政、ブーランジェ、ドレフュス
☑ 2115 +++ **第三共和政憲法**は◯◯年に制定された。　（南山大） ☐ 当時の大統領はマクマオン。議会でわずか1票差で可決された憲法だった。	1875

17 | 19世紀のヨーロッパ文化①（文学）

☑2116 **古典主義**は（　　）と（　　）を理想とし、その代表的存
+++ 在である**ゲーテ**は戯曲『（　　）』で有名である。
（学習院大）

☞ この代表作は超頻出。他にも『**ゲッツ=フォン=ベルリヒンゲン**』
はゲーテの処女作として難関大で出題されることがあるので要
注意！　また、彼は植物学や鉱物学の研究にも携わっていた。

調和、均整※順不同、
ファウスト

☑2117 **ゲーテ**の**シュトゥルム=ウント=ドランク**（　　）時
+++ 代の作品として『（　　）』がある。　（慶應義塾大）

☞ **疾風怒濤**は漢字を間違えやすいため「シュトゥルム=ウント=ドラ
ンク」で覚えておこう！　感情を解放することを主張した文学運
動である。この時代の著作には他にもシラーの『**群盗**』などがあ
る。

疾風怒濤、
若きウェルテルの
悩み

☑2118 **古典主義**の**シラー**が**スイス独立戦争**を描いた作品に
+++ 『（　　）』がある。　（学習院大）

🖊 伝説的な弓の名手が主人公の作品。

ヴィルヘルム=テル

☑2119 **ロマン主義**は、（　　）思想に対する反省から生まれ
+++ た。　（青山学院大、慶應義塾大）

啓蒙

☑2120 『**青い花**』を書いた**ドイツ**の**ロマン派**詩人は（　　）で
+++ ある。　（センター試験、明治大）

🖊 幻想的で直感・感情を重視し、不合理なものにも目を向けたロマ
ン主義作家の中には、神秘体験を経験した者も多い。

ノヴァーリス

☑2121 『**歌の本**』を書いた**ドイツ**の**ロマン派**詩人の（　　）は
+++ 「**革命詩人**」と呼ばれた。　（センター試験）

🖊 彼は若い頃、ゲーテに詩をほめられて発表した。

ハイネ

☑2122 **フランス**の**ロマン主義**の詩人**ヴィクトル=ユーゴー**
+++ の代表作は『（　　）』である。　（センター試験）

レ=ミゼラブル

☑2123 **フランス**の財務長官を務めた**ネッケル**の娘（　　）は
+++ **ロマン主義**の人物で、『**ドイツ論**』を著した。
（東京女子大）

スタール夫人

☑2124 『愛の妖精(ようせい)』を書いた**ロマン主義**作家は◯◯◯である。 +++ (東京女子大)	ジョルジュ=サンド
🗐 この作家は恋多き女性であった。恋愛の対象となった男性は数知れず、といえるほどであった。男装して社交界に登場するなど周囲を驚かせた。ロマン主義には、このような既成の価値観を否定する作家が多い。	
☑2125 **イギリス**の**ロマン派詩人バイロン**は◯◯◯**戦争**に参 +++ 加し、後に病死した。 (関西大、西南学院大)	ギリシア独立
☞代表作は『チャイルド=ハロルドの遍歴』。彼は黒ミサに凝っていたことでも有名。イギリスのロマン派詩人としては他にも**ワーズワース**が有名である。	
☑2126 **スコットランド**の**ロマン主義**作家◯◯◯は『アイヴァ +++ ンホー』などの**歴史小説**を数多く残した。 (成城大)	スコット
🗐 彼は特に歴史小説に長けていた。	
☑2127 **アメリカ**の**ロマン派詩人**で詩集『草の葉』を書いた +++ ◯◯◯は「**民衆詩人**」と呼ばれた。 (センター試験、明治学院大)	ホイットマン
🗐 彼は生命力あふれる詩を書いた。日本を代表する哲学者の1人である谷川徹三は、若い頃に『草の葉』を読んで自殺を思いとどまったという。	
☑2128 『自然論』を著した**アメリカ**の**ロマン派詩人**◯◯◯は +++ 「**コンコードの哲人**」と呼ばれた。 (早稲田大)	エマーソン
🗐 アメリカを代表する哲学者でもある。自分の「内なる神」に目覚めることによる自己信頼を訴えた。	
☑2129 『スケッチ=ブック』を書いた**アメリカ**の**短編小説**作 +++ 家は◯◯◯である。 (関西大)	アーヴィング
☑2130 **プーシキン**は**ロシア**の**ロマン派**の作家で、著作には +++ **プガチョフの反乱を題材**にした『◯◯◯』がある。 (早稲田大)	大尉(たいい)の娘
☑2131 『赤と黒』は**フランス**の**写実主義**小説家◯◯◯の作品 +++ である。 (明治学院大)	スタンダール
🗐 『赤と黒』の赤は軍人、黒は聖職者の服装を表すといわれる。当時貴族の子弟は軍人か聖職者としての立身出世を目指した。美少女のように見える青年と、彼に恋する婦人が登場する。男は男らしく、という従来のイケメンのスタイルを完全に覆している。	
☑2132 『人間喜劇』は**フランス**の**写実主義**小説家◯◯◯の作 +++ 品である。 (早稲田大)	バルザック

☑2133 『ボヴァリー夫人』は**フランス**の写実主義小説家
+++　（ ）の作品である。　　　　　　　　　（関西大）

フロベール

　🖉 彼は作品が売れるまでの低迷時代が長かった。しかし、それが最も実りある時代であったと回顧し、次のような言葉を残している。「君にとって最も栄光ある日とは、成功のその瞬間ではなく、絶望とどん底の淵にあって打たれこづかれ、それでもなお前進しようとするその時である」。

☑2134 **イギリス**の写実主義小説家（ ）の『**二都物語**』は
+++　（ ）**革命**を扱った。　　　　　　　（慶應義塾大）

ディケンズ、
フランス

　☞ この二都とは**パリ**と**ロンドン**を指す。

☑2135 『**検察官**』『**死せる魂**』は**ロシア**の写実主義小説家
+++　（ ）の作品である。　　　　　　　　　（早稲田大）

ゴーゴリ

☑2136 『**父と子**』は**ロシア**の小説家（ ）の作品である。
+++　　　　　　　　　　　　　　　　　　（東洋大、早稲田大）

トゥルゲーネフ

　🖉 彼は農奴解放後のロシア社会を描いた。

☑2137 『**罪と罰**』の作者は**ロシア**の小説家（ ）である。
+++　　　　　　　　　　　　　　　　　　　　　　　（上智大）

ドストエフスキー

☑2138 **ロシア**の小説家（ ）の『**戦争と平和**』は**ナポレオン**
+++　の（ ）を、迫力ある筆致で描いた。　　（慶應義塾大）

トルストイ、
ロシア遠征

　🖉 彼は自身のクリミア戦争の体験から『**セヴァストーポリ物語**』も書いた。

☑2139 写実主義をさらに**徹底**したものが（ ）**主義**である。
+++　　　　　　　　　　　　　　（センター試験、國學院大）

自然

　☞ ここでいう「自然」とは、空や海などの「自然環境」を意味するのではなく、**冷静さや実験的方法**といった自然科学の「自然」を意味する。

☑2140 **スウェーデン**の作家（ ）は『**令嬢ジュリー**』を著した。
+++　　　　　　　　　　　　　　　　　　　　　　（國學院大）

ストリンドベリ

　🖉 彼は結婚に３度失敗し、大の女性嫌いとなったが、『令嬢ジュリー』をはじめ、書名には女性の名が付くものが少なくない。

☑2141 **ノルウェー**の劇作家**イプセン**は『（ ）』で**女性の自**
+++　**立**を描いた。　　　　　　　　　　　　　　　（成蹊大）

人形の家

☑2142 **自然主義**作家**ゾラ**は（ ）**事件**で**ユダヤ系将校**を弁
+++　護した。彼の代表作に『（ ）』がある。　（南山大）

ドレフュス、
居酒屋

　☞ 入試頻出の人物。この事件と関連させた出題が多い。

☑2143 **フランス**の<u>自然主義作家</u>（　　）は『<u>女の一生</u>』を著した。 (東京女子大)	モーパッサン
⚑この作品は夫による家庭内暴力（DV）が描かれている。	

☑2144 **フランス**の（　　）は、1896年に**ギリシア**の<u>アテネ</u>での第1回オリンピックの開催に尽力した。 (明治学院大)	クーベルタン
Q当時のオリンピックは、文学や音楽などの芸術部門も設けられていた。平和の祭典を開催することにより戦争を回避することを願った彼は、次のような言葉を残している。「人生で大事なのは勝ったことではなく、よく戦ったということである」。	

18 | 19世紀のヨーロッパ文化②（哲学、思想）

☑2145 （　　）**哲学**の祖といわれる**カント**は、**平和思想書**『（　　）』を著した。また、著作『（　　）批判』『**実践理性批判**』『**判断力批判**』は「**三批判書**」と呼ばれる。 (早稲田大)	ドイツ観念論、永遠平和のために、純粋理性
☞カントは**平和思想家**として問われることも多いので要注意！『**永遠平和のために**』はイエズス会士であった**サン=ピエール**の『**永久平和草案**』に触発されたもので、<u>国際連盟</u>という着想の起源とされる。	

☑2146 **ドイツ観念論**の哲学者（　　）は「**ドイツ国民に告ぐ**」で知られる。 (センター試験、学習院大)	フィヒテ
⚑ナポレオン占領下で意気消沈しているドイツ国民を励ますために行った講演会の記録をまとめたもの。	

☑2147 （　　）は**ロマン主義**の影響で「宇宙霊」を考えた。また、**精神と自然の合一**を説いた。 (津田塾大)	シェリング
⚑「宇宙霊」とはお化けではなく、全生命体を貫く宇宙意識のようなもの。	

☑2148 **ヘーゲル**は世界史を（　　）精神の自己展開と捉えた。 (慶應義塾大)	世界（絶対）

☑2149 **弁証法**の提唱者は**ドイツの哲学者**（　　）であり、彼は**ドイツ観念論を大成**した。 (成城大)	ヘーゲル

☑2150 **マルクス**は（　　）の**弁証法**を受け継ぐとともに、<u>唯物論</u>の立場からこれを批判した。 (南山大)	ヘーゲル
☞ヘーゲルは歴史の背後に世界（絶対）精神という意志の力を見たが、マルクスはこれを否定し、歴史を階級闘争の展開と考えた。	

☑ 2151 **実証主義**の確立者に**フランス**の◯◯◯がいる。 | コント
+++
(明治大)

■ <u>社会学</u>（Sociology：ソシオロジー）の創始者である。

☑ 2152 **ダーウィン**の**影響**で**社会進化論**を説いたのは**イギリ** | スペンサー
+++
ス**の◯◯◯である。 (早稲田大) | （ハーバート＝スペ
ンサー）

■ 難関私大でよく出題される。

☑ 2153 ◯◯◯の概念を人間社会にあてはめた「**社会ダーウィ** | 自然淘汰、
+++
ニズム」は、◯◯◯**主義**を正当化する強者の論理**と | 帝国
し**て**利用された。 (センター試験)

とうた
自然淘汰

🗌 ダーウィンの**自然淘汰説**は種の進化の法則を解き明かそうとし
たものだったが、次第に拡大解釈され曲解されるようになった。
劣った種族は滅ぶべき、という誤った優生思想を生み、ナチスの
ユダヤ人に対する**ホロコースト**を招いた。

☑ 2154 「**最大多数の最大幸福**」を説いた**イギリス**の**功利主義** | ベンサム
+++
者は◯◯◯**である。 (青山学院大)

こう

☑ 2155 『**自由論**』『**婦人（女性）の隷従**』を著したのは**イギ** | ジョン＝ステュアー
+++
リスの◯◯◯である。 (上智大) | ト＝ミル（J.S.ミル）

■ 彼は愛妻家で**女性解放運動**でも活躍した。

---

19 | 19世紀のヨーロッパ文化③（歴史学、経済学）

☑ 2156 **厳密な史料批判**で「**近代歴史学の祖**」と呼ばれるの | ランケ
+++
はドイツの◯◯◯である。 (成城大、東洋大)

■ 代表作に『世界史』『**ローマ的・ゲルマン的諸民族の歴史**』があ
る。この著作から人物名が問われる場合があるので要注意！

☑ 2157 『**イタリア＝ルネサンスの文化**』の作者は**スイス**の**文** | ブルクハルト
+++
化史家◯◯◯である。 (慶應義塾大)

☑ 2158 『**ローマ帝国衰亡史**』の作者は**イギリス**の**歴史家** | ギボン
+++
◯◯◯である。 (明治大)

🗌 世界的名著として現在でも人気がある。

☑ 2159 『**ヨーロッパ文明史**』を著した**七月王政期**の**首相**は | ギゾー
+++
◯◯◯である。 (関西学院大)

🗌「選挙権がほしければ金持ちになり給え」の暴言が有名。
たま

☑2160 <u>歴史法学</u>の創始者は**ドイツのローマ法学者**◯◯で +++ ある。 (明治大)	サヴィニー
☑2161 『**人口論**』で貧民問題を扱ったのは**イギリス**の◯◯ +++ **経済学者**◯◯である。 (立教大) 　🖉**救貧制の無駄**を説き、人口問題解決のために晩婚を奨励した。	古典派、 マルサス
☑2162 『**経済学および課税の原理**』の著者は**イギリス**の<u>古典</u> +++ <u>派</u>**経済学者**◯◯である。 (慶應義塾大)	リカード
☑2163 『<u>経済学原理</u>』を著したのは**イギリス**の◯◯である。 +++ (立教大) 　☞リカードとジョン=ステュアート=ミルは選択問題で頻出の人物 　名。「書名の長い方が人物名の短い方である」または「書名の短 　い方が人物名の長い方である」と覚えておこう！	ジョン=ステュアー ト=ミル(J.S.ミル)
☑2164 **ドイツのリスト**は◯◯**経済学**を確立し、1834年の +++ ◯◯結成に影響を与えた。 (共立女子大) 　🖉当時のドイツの経済を人間の成長にたとえて、「ドイツ経済はま 　だ少年期であり、であるならば親の保護が必須だ」と、このよう 　に考える「**経済発展段階説**」を唱えた。	歴史学派、 (ドイツ)関税同盟
☑2165 **オーストリアのシュンペーター**は◯◯**経済学**の代 +++ 表的人物である。 (成蹊大)	近代
☑2166 ◯◯**経済学**は<u>労働価値説</u>に立脚しており、**資本主義** +++ **の矛盾**を説いた。 (立命館大)	マルクス

20 | 19世紀のヨーロッパ文化④(自然科学、探検)

☑2167 <u>1869</u>年は、◯◯と◯◯が開通した年である。両 +++ 者の開通により、世界的に移動時間の短縮が進んだ。 (センター試験)	スエズ運河、アメリ カ大陸横断鉄道 ※順不同
☑2168 **アメリカ**の◯◯は<u>1837</u>年に<u>電信機</u>（**リレー式電** +++ <u>信機</u>）を発明した。 (東京大、成城大) 　🖉大西洋を航海する船上から家族と連絡を取りたいと思ったこと 　から電信機を発明した。なお、彼は画家という一面も持つ。	モールス

☑2169 1851年、ドーヴァー海峡に英仏間を結ぶ◯◯が敷設された。 (センター試験、早稲田大)	海底電信ケーブル（海底ケーブル）
🗊これは早速ロンドン・パリ間の株式市場の情報伝達に用いられた。書簡鳩を使って6時間程度かかった情報伝達が、ほんの数秒に短縮された。	
☑2170 アメリカの◯◯は映写機や電球を発明した。 (慶應義塾大)	エジソン
🗊彼は「発明の神様」「発明王」といわれている。	
☑2171 ドイツの◯◯は1883年に内燃機関（ガソリンエンジン）を発明し、1886年には自動車を完成させた。 (センター試験、慶應義塾大)	ダイムラー
🗊彼が設立した自動車会社は、後年ベンツ社と合併した。	
☑2172 ダーウィンは◯◯年に『◯◯』を発表し、その中で進化論を例証した。 (日本大、早稲田大)	1859、種の起源
🗊彼はビーグル号で南半球を周遊し、偶然、恐竜の化石を発見した。進化論は、生物の進化が自然による選択作用であるという自然淘汰と、より有利な遺伝子を持つものが生存するという適者生存によって説明される。	
☑2173 オーストリアの博物学者で修道院長のメンデルは◯◯を発見した。 (成城大)	遺伝の法則
🗊当時、大学教授ではない彼は評価されなかった。	
☑2174 ドイツのコッホは1882年に◯◯を、翌83年に◯◯を発見した。 (成城大、中央大)	結核菌、コレラ菌
☞入試では年代順に出題されるので要注意！	
☑2175 キュリー夫妻は◯◯を発見し、1903年にノーベル物理学賞を受賞した。 (中央大)	ラジウム（またはポロニウム）
🗊夫の死後、1911年にマリー＝キュリー（キュリー夫人）はラジウムの精製でノーベル化学賞を受賞した。	
☑2176 ◯◯とヘルムホルツはエネルギー不滅（保存）の法則を発見した。 (慶應義塾大)	マイヤー（マイアー）
🗊マイヤーはオランダ東インド会社の船医を務め、東南アジア勤務中にエネルギー不滅（保存）の法則を発想した。	
☑2177 イギリスの◯◯は電気理論（電気分解）の研究を行った。 (明治大)	ファラデー
☞彼の名前から「ファラデーの法則」と呼ばれる。	

☑2178 アメリカの◯◯は1903年に初飛行に成功した。
+++
（中央大）

🖉 兄弟いずれも自転車店を経営していたが、自転車に羽根をつけて飛べないかと思い立ったのが発明のきっかけといわれる。

ライト兄弟

☑2179 スウェーデンの◯◯はダイナマイトを発明し、莫大
+++
な遺産で◯◯賞が創設された。
（明治学院大）

ノーベル、ノーベル

☑2180 フランスの◯◯は狂犬病の予防接種に成功した。
+++
（日本大）

🖉 彼は殺菌法も考案した。

パストゥール

☑2181 イギリスの◯◯は、1768〜79年にかけて太平洋
+++
を探検したが、ハワイで先住民に殺害された。
（立教大）

☞ タスマニア島などを探検したオランダのタスマンと混同しないように要注意！

クック

☑2182 シルク=ロード（絹の道）の命名者はドイツの◯◯
+++
である。
（早稲田大）

リヒトホーフェン

☑2183 新聞記者の◯◯は、イギリスの宣教師◯◯を救出
+++
するためにアフリカ奥地に入った。
（立教大、京都産業大）

🖉 ベルギー王レオポルド2世の支援で探検に出かけた。発見には成功したが、後者の人物は帰国できず、アフリカで亡くなった。

スタンリー（スタンレー）、リヴィングストン

☑2184 スペインの◯◯はインカ帝国を滅ぼし、◯◯はチ
+++
リを発見した。
（明治学院大）

☞ アルマグロの名前は難問！

ピサロ、アルマグロ

☑2185 中央アジアを探検して楼蘭（ろうらん）遺跡を発見したのは
+++
◯◯である。
（早稲田大）

🖉 彼はスウェーデンの地理学者。中央アジアを探検した人物として最も有名である。詩人の宮沢賢治もヘディンのファンだった。

ヘディン

☑2186 アメリカの◯◯は1909年に北極点に初到達し、ノ
+++
ルウェーの◯◯は、その2年後に南極点に初到達した。
（慶應義塾大）

ピアリ、アムンゼン

☑2187 イギリスの◯◯隊はアムンゼンに1カ月遅れて南
+++
極点に到達するも、全隊員が非業の死を遂げた。
（予想問題）

スコット

☑2188 **イギリスの**<u>海賊</u>（◯◯）**はイギリス人最初の世界周航**
+++ **に成功した。** (成城大)

ドレーク

■☞もちろん世界初の世界周航（一周）達成者はポルトガル人の<u>マゼ
ラン</u>。

21 ｜ 19世紀のヨーロッパ文化⑤（絵画、音楽など）

☑2189 <u>古典主義</u>**の画家**（◯◯）**は**「<u>ナポレオンの戴冠式</u>」**を描**
+++ **いた。** (聖心女子大)

ダヴィド

🔲 **彼はナポレオンの宮廷画家**だった。

☑2190 **スペインの**（◯◯）**の**「<u>1808年5月3日</u>」**はナポレオ**
+++ **ン軍の侵入に抵抗するマドリッド市民を描いてい**
る。 (センター試験、東洋大)

ゴヤ

■☞絵画問題で出題されるので、図版をチェックしておくこと。

☑2191 <u>19</u>**世紀には**（◯◯）**主義、**（◯◯）**主義**（リアリズム）、
+++ <u>印象派</u>**などが登場し、それ以前の**<u>17</u>**世紀**<u>バロック</u>
美術や、<u>18</u>**世紀の**（◯◯）**美術を刷新しようとする斬**
新なスタイルや美学が打ち立てられた。 (早稲田大)

ロマン、写実

ロココ

☑2192 **フランスの**<u>ロマン主義</u>**の画家**（◯◯）**は**<u>ギリシア独立</u>
+++ <u>戦争</u>**を題材にした**「<u>キオス島の虐殺</u>（**シオの虐殺**）」
を強烈な色彩をもって描いた。 (立教大)

ドラクロワ

■☞フランスの七月革命を描いた「民衆を導く自由の女神」という作
品も有名。

☑2193 <u>自然主義</u>**の**（◯◯）**は**「<u>晩鐘</u>」**を描いた。** (成城大)
+++

ミレー

☑2194 <u>写実主義</u>**の**（◯◯）**は**「<u>石割り</u>（石割り人夫）」**やプルー**
+++ **ドンの肖像画を描いた。** (成城大)

クールベ

🔲 「石割り（石割り人夫）」は第二次世界大戦中の連合国軍によるド
レスデン（ドイツ）への空爆で焼失した。

☑2195 <u>印象主義</u>**の画家**（◯◯）**は踊り子など、当時の下層階級**
+++ **の人々を描いた。** (中央大)

ドガ

☑ 2196 **後期印象派の◯◯◯◯は「サント=ヴィクトワール山」** +++ などを代表作とする。　　　　　　　　（慶應義塾大） 　🗐 彼は生前ほとんど絵を認めてもらえなかった。セザンヌは歴史に 　　名の残る画家の中で、下手くそと評されるが、逆にそれが個性と 　　なった。あまりの下手さにピカソがあきれて「俺には描けない」 　　と言ったという。	セザンヌ
☑ 2197 **フランスの◯◯◯◯はタヒチで暮らして未開社会を描** +++ き、オランダの◯◯◯◯は強烈な色彩で「ひまわり」を 描いた。　　　　　　　　　　　　　　　　（予想問題） 　🗐 ゴッホの絵は現在100億円単位の価格がつくが、生前売れた絵は 　　たった1枚だった。	ゴーガン(ゴー ギャン)、ゴッホ
☑ 2198 **彫刻では◯◯◯◯が「考える人」「カレーの市民」を製** +++ 作した。　　　　　　　　　　　　　　　（慶應義塾大） 　🗐 この人物は、意外にも彫刻の学校では落第続きだった。しかし諦 　　めず、最後には才能が花開いた。「天才とは諦めなかった人」と 　　言ってもいいかもしれない。	ロダン
☑ 2199 **ポーランドのロマン派の作曲家で、「ピアノの詩人」** +++ と呼ばれた人物は◯◯◯◯である。　　　　（慶應義塾大）	ショパン
☑ 2200 **ショパンは「革命」を作曲し◯◯◯◯分割に抗議した。** +++ 　　　　　　　　　　　　　　　　　　　　（学習院大） 　🗐 正確には、分割とその後のロシア支配に反発して1830年に蜂起 　　した事件を指す（しかし、ロシアによる弾圧で蜂起は失敗に終 　　わった）。	ポーランド
☑ 2201 **「ニーベルングの指環」「タンホイザー」で有名なド** +++ イツの◯◯◯◯は歌劇を完成させた。　　　（学習院大）	ワグナー(ヴァーグ ナー)
☑ 2202 **イタリアの◯◯◯◯は1869年のスエズ運河開通を記** +++ 念して、オペラ作品「アイーダ」を作った。 　　　　　　　　　　　　　　　　　　　　（慶應義塾大） 　🔗スエズ運河の開通とリンクして出題されるので要注意！	ヴェルディ
☑ 2203 **アメリカの◯◯◯◯は多くの民謡を残した。**（学習院大） +++ 　🗐 民族音楽ではチェコのスメタナ（「わが祖国」）も有名。	フォスター
☑ 2204 **フランスの作曲家で、印象派音楽を創始した人物は** +++ ◯◯◯◯である。　　　　　　　　　　　　（予想問題）	ドビュッシー

☑2205 **ドイツの作曲家◯◯は古典派音楽から<u>ロマン派</u>音楽への道を切り開いた。交響曲第5番「◯◯」や第9番「<u>歓喜の歌</u>」は特に有名である。** （慶應義塾大）

📖 聴力を失いながらも、数多くの名曲を残した。<u>ベートーヴェン</u>が死んだのは3月の嵐の日だった。真っ黒な空に稲妻が光った瞬間、こぶしをすっと天高くあげ、そして彼は息をひきとった。

ベートーヴェン、運命

☑2206 **オーストリアの作曲家◯◯は<u>ロマン派</u>音楽を<u>近代歌曲</u>に発展させた。「◯◯」、交響曲第7番ロ短調D759「<u>未完成交響曲</u>」などで有名である。** （慶應義塾大）

シューベルト、魔王

☑2207 **ロシア出身の◯◯は「<u>白鳥の湖</u>」「<u>くるみ割り人形</u>」などを作曲した。** （予想問題）

チャイコフスキー

近代 10 帝国主義と アジア諸地域の民族運動

1 | 帝国主義の展開

☑2208 ◯◯◯は『帝国主義論』(『資本主義の最高の段階としての帝国主義』)を著して、帝国主義を資本主義発展の最後で最高の段階と位置づけた。 (早稲田大) ☞この人物はロシア革命の中心人物。	レーニン
☑2209 ◯◯◯は『金融資本論』を著して、**帝国主義戦争の不可避**を予言した。 (早稲田大) ☐この人物はユダヤ系の医者。ドイツ社会民主党の理論家として活躍したが、ナチ党(ナチス)によって捕えられ獄死した。	ヒルファーディング
☑2210 **帝国主義**の時代とは、政治的には 1870 年代以降、第一次世界大戦前における列強の◯◯◯政策の時代であり、経済的には重化学工業を中心とした◯◯◯産業革命期に相当する。 (東京大、慶應義塾大) ☞世界政策とは列強による積極的な対外発展政策を意味する。	世界、 第2次
☑2211 資本主義は自由競争が原則であり、その結果、企業(資本)の集中と◯◯◯が進んだ。 (慶應義塾大) ☞この形態には以下の☑2212～☑2214の3つのタイプがある。	独占
☑2212 同一業種の企業が独立性を保ちつつ、**価格と生産量に関する協定**を設けて利益を確保するものを◯◯◯という。 (慶應義塾大) ☐中世ヨーロッパのギルド的伝統に従ったもの。	カルテル
☑2213 同一業種の企業間で吸収・合併がなされ、**市場の独占**を図るものを◯◯◯といい、主にアメリカで進展した。 (慶應義塾大、成蹊大) ☐石油や鉄鋼などの分野で特に進展した。	トラスト
☑2214 同一資本が関連産業を多種にわたって支配するものを◯◯◯といい、主にドイツと日本で発達した。 (慶應義塾大、成蹊大) ☐銀行、製造、販売など関連企業すべてを支配し、統括するもの。日本では三井、三菱などの財閥に代表される。	コンツェルン

☑2215 重化学工業は巨大な資本が必要なため、**銀行資本と**
+++ **産業資本が融合した**◯が生まれた。 （早稲田大）

金融資本

☑2216 アメリカの<u>ロックフェラー</u>は**1870**年に◯を設
+++ 立した。 （早稲田大、関西学院大）

スタンダード石油
会社

　　彼は「**石油王**」と呼ばれる。アメリカの大金持ちを象徴する人物
　　である。1961年ロックフェラーの23歳の御曹司がニューギニア
　　南部で行方不明となり、捜索に莫大な懸賞金がかけられた。しか
　　し彼はすでに現地の部族に殺害されていた。

☑2217 アメリカの実業家◯は「**自動車王**」と呼ばれ、
+++ ◯は「**鉄鋼王**」の異名を持ち、**アメリカ鉄鋼業界**
　　を牛耳った。 （上智大、東京外語大）

フォード、
カーネギー

　　<u>カーネギー</u>は貧しい移民の子から成功して大財閥を築いた。ま
　　た、財産のほとんどを慈善活動に注いだ。

☑2218 ◯は<u>カーネギー</u>の会社を買収して◯社を設
+++ 立し、巨大財閥を形成した。 （早稲田大）

モルガン（モーガ
ン）、USスチール

　　モルガンは投資銀行家としても有名で、19世紀最大の銀行家と
　　もいわれた。

☑2219 **アメリカ**政府は独占資本の急激な台頭を抑えるた
+++ め、<u>1890</u>年に◯法、<u>1914</u>年に◯法を制定
　　したが、**効果はなかった**。 （慶應義塾大）

シャーマン反トラス
ト、クレイトン

　　☛難関大では頻出の知識。特に法学系の学部受験者は要注意！

2 | 帝国主義の時代①（イギリス）

☑2220 **1874**年に組閣した<u>保守党</u>の◯は**植民地拡張論**
+++ を唱え、翌<u>75</u>年に◯の**株式**を買収した。
　　 （センター試験、立教大）

ディズレーリ、
スエズ運河会社

☑2221 ◯島は、1571年以来**オスマン帝国**が領有してい
+++ たが、<u>1878</u>年の<u>ベルリン条約</u>により**イギリス**が行
　　政権を獲得した。 （センター試験）

キプロス

　　イギリスの基盤は**インド**にあった。イギリスからインドに至る通
　　商航路は、地中海からスエズ運河を通ってインド洋に至るルート
　　であり、どうしても中継地としての<u>キプロス</u>支配は必要であっ
　　た。

☑2222 ◯は<u>植民</u>相として<u>南アフリカ戦争</u>や**植民地会議**
+++ を指導し、帝国主義政策を進めた。 （学習院大）

ジョゼフ=チェンバ
レン

☑2223 **1884年**、**ウェッブ夫妻**と劇作家の（◯◯◯）、『**タイム・マシン**』を代表作とする**SF作家**の（◯◯◯）が中心となり**漸進的な社会主義実現**を訴える（◯◯◯）**協会**が設立された。 （慶應義塾大、同志社大）	バーナード=ショー、H.G.ウェルズ、フェビアン
🖋 この協会の名称はポエニ戦争で活躍したローマの**将軍ファビウス**に由来する。彼は**ハンニバル**との直接対決を避け、相手をじっくり追い詰める心理戦を展開した。	
☑2224 **1900年**に独立労働党、社会民主連盟、フェビアン協会が中心となり（◯◯◯）を書記長として（◯◯◯）委員会が誕生した。 （中央大、明治学院大）	マクドナルド、労働代表
🖋 独立労働党の代表は**ケア=ハーディ**。	
☑2225 労働代表委員会は**1906年**に（◯◯◯）**党**へと改称、発展したが、マルクス主義の社会民主連盟は参加しなかった。 （津田塾大）	労働
🖋 社会民主連盟のみが**暴力革命を主張**していた。	
☑2226 **ニュージーランド**の先住民である（◯◯◯）人はイギリスの進出に抵抗したが、**1840年**の（◯◯◯）条約でイギリス植民地となった。 （慶應義塾大）	マオリ、ワイタンギ
🖋 この条約に不満な**マオリ人**は30年にもおよぶ反乱を起こした。マオリ人の民族舞踊である**ハカ**は、現在ニュージーランドのラグビーチーム（オールブラックス）の試合前の儀式として受け継がれている。	
☑2227 （◯◯◯）は1884年に**イギリスとドイツ**により**分割統治**され、イギリス領である南部は1906年に**オーストラリア連邦**の准州となった。 （早稲田大）	ニューギニア東部
🖋 この地に降り立ったイギリス人は、アフリカのギニアに似ていると思って「新しいギニア（ニューギニア）」と名付けた。そのため現地の人々はこの国名をこころよく思っていない。第二次世界大戦後には**パプアニューギニア**として完全な独立国家となった。	
☑2228 **タスマン**や**クック**によって探検された（◯◯◯）は、**イギリスの勢力圏**に入った。 （東京外語大）	オセアニア
🖋 オーストラリア大陸とその周辺の島々を指す。**クック**は**ハワイ**の先住民から神と崇拝されたために逆に殺害され、死体は分解されて先住民のお守りとなった。	

☑2229 19世紀末、イギリスは**ポリネシア**と（　　）を中心に
+++　**太平洋地域に進出**し、**フィジーやニューギニア東南
　　部、トンガ**などを領有した。　　　　　　（早稲田大）

> ☞ポリネシアは「多くの島々」、メラネシアは「黒い島々」の意味。

メラネシア

☑2230 1774年に**クック**が探検した（　　）は、1874年に**イ
+++　ギリス領**となった。　　　　　　　　　（慶應義塾大）

> 📖労働力として**インド人**が移住したために対立が生じた。英語圏の
> ため日本からの英語留学も多かった。

フィジー

☑2231 （　　）は、**1770年のクック**による**探検の後**、イギリ
+++　スが**領有を宣言**し、**1788年以降はイギリス**の**流刑植
　　民地**となった。　　　　　　　　　　　（慶應義塾大）

オーストラリア

☑2232 19世紀中頃、**オーストラリア**では牧羊・小麦生産や
+++　（　　）**開発**が図られた結果、（　　）**が増大**した。
　　　　　　　　　　　　　　　　　　　　（慶應義塾大）

> ☞この結果、先住民の**アボリジニー**は**土地を奪われた**。

金鉱、自由移民

☑2233 **1901年にイギリス帝国の自治領**として独立した
+++　（　　）では、**白豪主義**の下で移民を白人に限定した。
　　　　　　　　　　　　　　　　　　　　（慶應義塾大）

> ☞19世紀中頃に**金鉱が発見**されると白人の移民が急増した。**白豪
> 主義は白人至上主義**を意味し、**1973年に撤廃**されるまで続いた。

オーストラリア連邦

☑2234 （　　）は、**1642年にタスマン**が到達し、**1840年**に
+++　**イギリス植民地**となり、**1907年に自治領**となった。
　　　　　　　　　　　　　　　　　　　　（慶應義塾大）

> 📖**ニュージーランド**は**1893年に世界初の女性参政権**を実現するな
> ど先進的な風土が育った。2023年までの間、すでに3人の女性首
> 相が誕生している。

ニュージーランド

☑2235 **1826年**、イギリスは**ペナン島**、**マラッカ**、**シンガ
+++　ポール**を合わせて（　　）を成立させた。　（東京大）

海峡植民地

☑2236 イギリスは、**コンバウン朝**の**領土を併合**する目的で
+++　**1824年**から**3度**にわたる（　　）**戦争**を起こした。**敗
　　北したコンバウン朝はインド帝国に併合**された。
　　　　　　　　　　　　　　　　　　　　（上智大）

> ☞**コンバウン朝がアッサム地方に進出**したことから**ビルマ戦争**が
> 起こった。

ビルマ

☑2237 +++ ◯◯◯はマレー半島の南西岸の中継貿易で栄えた港市で、イスラーム王国が成立するも、後にポルトガル、オランダ、イギリスに占領された。 （東京大、立教大）	マラッカ
☑2238 +++ 1819年、イギリスのラッフルズがジョホール王から買収して東南アジアにおけるイギリスの拠点となった地は◯◯◯である。　　（立教大） ▯ラッフルズはイギリスの植民地行政官であると同時に民俗学者でもある。ジャワ島のボロブドゥール遺跡を発見した。	シンガポール
☑2239 +++ 1858年、イギリスは◯◯◯を解散してインド支配を強め、1877年に◯◯◯を成立させた。（センター試験）	東インド会社、 インド帝国
☑2240 +++ 1877年、イギリスのディズレーリ内閣はインド帝国を樹立し、ヴィクトリア女王が◯◯◯となった。 （センター試験）	インド皇帝

3 | 帝国主義の時代②（フランス）

☑2241 +++ 1873年以降の大不況を背景にフランス国民の間で対ドイツ復讐感情が高まり、元陸相の◯◯◯がクーデタを起こしたが失敗に終わった。　　（青山学院大）	ブーランジェ
☑2242 +++ ドレフュス事件では、自然主義作家の◯◯◯が政府と軍部を批判した。　（センター試験、学習院大） ▯ゾラは画家セザンヌの幼いころからの親友。転校生のゾラがいじめられているのをセザンヌが助けたのがきっかけだった。しかし、ゾラは作家として成功した後、売れない画家が自殺する小説を書いてセザンヌに送りつけたため絶交状態となった。	ゾラ
☑2243 +++ ドレフュス事件では◯◯◯主義が煽られ、世論を2つに分かつこととなった。　　　　（予想問題）	反ユダヤ
☑2244 +++ 1894年のドレフュス事件をきっかけに、パレスチナにユダヤ人国家を建設しようとする◯◯◯運動が始まった。　　　　　　　　　　（上智大、関西大）	シオニズム
☑2245 +++ 1897年、スイスの◯◯◯で開かれた第1回シオニスト会議は、ユダヤ人ジャーナリストの◯◯◯が主導した。　　　（慶應義塾大、早稲田大） ☞難関私大でよく出題される。	バーゼル、 ヘルツル

☑ 2246 ドレフュス事件を機に1901年に進歩的共和派が集まり（　）党が設立された。　（中央大）	急進社会
☑ 2247 フランスでは、労働者が議会主義を否定し、ゼネストなどの直接行動を実行する（　）が発展した。　（駒澤大） ☞労働組合主義と訳される。フランスの労働者は6月暴動やパリ＝コミューンなどで常に政治に裏切られてきた。	サンディカリズム
☑ 2248 1905年、（　）法が制定され、カトリックの政治介入が否定された。　（早稲田大） 🗎 政治と宗教を完全に分離するフランスの制度はライシテと呼ばれる。この方針は現在も続いており、2010年にはイスラーム教徒の女性がかぶるブルカ着用が禁止された。つまりキリスト教以外のすべての宗教にもライシテは適用される。	政教分離
☑ 2249 1853年にオーストラリアの東に位置する（　）がフランス領となった。　（予想問題）	ニューカレドニア
☑ 2250 フランスは太平洋地域においては、（　）やニューカレドニアなどを領有した。　（慶應義塾大） 🗎 この地でフランスの画家ゴーガンが数多くの作品を残した。	タヒチ
☑ 2251 19世紀末、アフリカ大陸の東側に浮かぶ（　）島は、フランスの支配を受けた。　（センター試験）	マダガスカル
☑ 2252 阮朝の初代皇帝である（　）は、フランス人の宣教師ピニョーらの援助を得て西山朝を滅ぼし、ベトナム全土を統一した。　（立命館大）	阮福暎（阮福映、嘉隆帝）
☑ 2253 ベトナム最後の王朝である（　）は、清を宗主国としていたが、後にフランスの侵略を受けて保護国とされた。　（センター試験）	阮朝
☑ 2254 ベトナムへの進出を目指すフランスと、ベトナムの（　）を主張する清との間で清仏戦争が起こった。　（京都大、一橋大）	宗主権
☑ 2255 清仏戦争（1884〜85）の（　）条約で、清は宗主権を放棄し、フランスによるベトナムの（　）化が決定した。　（学習院大、関西大）	天津、保護国

☑2256 劉永福（りゅうえいふく）が組織した中国人義勇軍である（＿＿＿）は、**清仏戦争時に清側についてフランスと戦った**。 ＋＋＋ （一橋大、立教大） 🔟劉永福は中国の秘密結社に所属していた少し型破りなアウトローの人物。軍事的才能があり、軍事力にまさるフランス軍に何度も勝利している。	こっきぐん 黒旗軍
☑2257 1873年と1882年に、**フランスはベトナム北部の都市（＿＿＿）を占領した**。 ＋＋＋ （立教大、立命館大） 🔟ベトナム北部地方をトンキンと呼ぶ場合もあるが、一般的には現在の都市ハノイを指す。	トンキン
☑2258 タイの**ラタナコーシン（チャクリ）朝**は1782年に（＿＿＿）を都として成立し、英仏の緩衝（かんしょう）地帯として**東南アジアの中で唯一独立を保った**。 ＋＋＋ （法政大、立教大）	バンコク

4 │ 帝国主義の時代③（ドイツ）

☑2259 **南ドイツを基盤**として<u>カトリック</u>が集まり（＿＿＿）党を結成し、**ビスマルクの中央集権に反対する**（＿＿＿）<u>闘争</u>を演じたが、**最終的に両者は妥協した**。（日本大） ＋＋＋ ☛ドイツの多数派はルター派のプロテスタントだが、**南ドイツではカトリック勢力が強かった**。	中央、 文化
☑2260 1875年、（＿＿＿）派とベーベルの（＿＿＿）派が合同して<u>ドイツ社会主義労働者党</u>が結成され、<u>1890年</u>には（＿＿＿）と改称した。 ＋＋＋ （慶應義塾大、立命館大） ☛前者は全ドイツ労働者協会、後者は社会民主労働者党ともいう。	ラサール、 アイゼナハ、 ドイツ社会民主党 （SPD）
☑2261 <u>社会民主党</u>では（＿＿＿）の<u>修正主義</u>が次第に優勢となった。 ＋＋＋ （学習院大、東京女子大） ☛修正主義はイギリスを模倣したもので、暴力革命を否定して**穏健な議会主義を主張した**。	ベルンシュタイン
☑2262 <u>ビスマルク</u>は<u>1878年</u>に起こった（＿＿＿）事件を機に（＿＿＿）法を制定した。 ＋＋＋ （センター試験、明治大） 🔟2度にわたる暗殺未遂事件は、どちらも社会主義者とは無関係だったが、**ビスマルクはこの事件を政治的に利用した**。	皇帝暗殺未遂、 社会主義者鎮圧

☑ 2263 1879年にビスマルクは◯◯法を制定し、**農作物に**
+++ **高関税を課して**◯◯**の利益を保護**した。
（東京大、慶應義塾大）

保護関税、
ユンカー

☞ 1879年の年号もとても重要！

☑ 2264 1890年にビスマルクを引退させて**親政**を開始した
+++ ◯◯世は、積極的に勢力拡大と軍備拡張を続け、周
辺各国との関係の悪化から**第一次世界大戦**を招い
た。 （センター試験、上智大）

ヴィルヘルム2

☑ 2265 1890年以降の皇帝**ヴィルヘルム2世**による**帝国主**
+++ **義政策**は「◯◯」と呼ばれる。
（青山学院大、学習院大、早稲田大）

世界政策(新航路
政策)

☑ 2266 1884年にドイツ領となった◯◯はその後、イギリ
+++ ス、オーストラリアと支配権が移り、**1975年にイギ**
リス連邦パプアニューギニアとして独立した。
（中央大）

ビスマルク諸島

☑ 2267 1889年にアメリカ、イギリス、ドイツの**共同保護領**
+++ となった◯◯は、1899年に**アメリカとドイツに**
よって東西に分割されたが、1962年に独立した。
（予想問題）

サモア

☑ 2268 ドイツは◯◯を中心に太平洋地域に進出し、マー
+++ シャル諸島やサモア諸島、パラオなどの南洋諸島を
領有した。 （予想問題）

ミクロネシア

🗐 **ミクロネシア**は「小さな島々」の意味。面積は日本の鳥取県の5
分の1くらいの大きさしかない。

☑ 2269 1885年にドイツの保護領となった太平洋の◯◯
+++ は、**第一次世界大戦後に日本領、第二次世界大戦後**
にアメリカ領となり、1986年に独立した。 （中央大）

マーシャル諸島

🗐 第二次世界大戦では日本とアメリカの激戦地となった。

☑ 2270 **グアム島を除く**◯◯は、**米西戦争**後の**1899年に**
+++ **ドイツがスペイン**から買収した。 （予想問題）

マリアナ諸島

☑2271 1899年に**ドイツ**がスペインから買収した◯◯◯は、
+++ **日本**、**アメリカ**と支配が移った後、**ミクロネシア連
邦**と**パラオ共和国**に分離独立した。　　（予想問題）

　▯スペイン人はスペイン国王カルロス2世の名にちなんで**カロリ
　ン**と名付けた。

| | カロリン諸島 |

5 | 帝 国 主 義 の 時 代 ④ （ ア メ リ カ ）

☑2272 ◯◯◯年にアメリカ政府は「◯◯◯の消滅」を発表し、
+++ **西漸運動**はほぼ完了した。　　　　　（明治学院大）
　せいぜん
　▯西部開拓がほぼ終了した時点で**関心は海外へ**と向かい始めた。

| | 1890、
フロンティア |

☑2273 **フィリピン**では、小説家◯◯◯による**対スペイン独立
運動**が起きたが、頓挫し、彼は処刑された。
+++
　　　　　　　　　　　　　　　　　　　　（関西学院大）

　▯彼は**敬虔なカトリック**として有名。また、来日も果たしている。
　　けいけん
　その際、東京・目黒にある大鳥神社を気に入り、その感動を「目
　黒の神々しい午後」と表現し、再びこの地を訪れることを強く望
　んだという。彼の処刑後、不思議な偶然で大鳥神社にはイエス像
　が寄贈され、現在も神社の境内にひっそりと佇んでいる。

| | ホセ=リサール |

☑2274 **米西戦争**中の**1899年**に◯◯◯が率いる独立運動に
+++ よって**フィリピン共和国**が建国され、彼は初代大統
領に就任したが、後に**アメリカ**によって**逮捕**された。
　　　　　　　　　　　　　　　　　　　　（関西学院大）

| | アギナルド |

☑2275 **共和党**の◯◯◯大統領は、**1898年**の◯◯◯**戦争**や**中
国進出**など**帝国主義政策**を進めた。　　（立教大）
+++
　▯1898年2月15日、ハバナ港に停泊していたアメリカのメーン
　号がスペイン海軍のものと思われる機雷に触れて爆沈し、260人
　が死亡した。この事件でアメリカの世論は戦争に傾いた。

| | マッキンリー、
米西（アメリカ=
スペイン） |

☑2276 **米西戦争**に**勝利**したアメリカは、**スペイン**から**フィ
リピン**、◯◯◯、◯◯◯を獲得し、◯◯◯の独立を認
+++ めさせた。　　　　（センター試験、國學院大）

　☞米西戦争後の内容すべては入試の要注意ポイント！

| | グアム、
プエルトリコ※順不同、
キューバ |

☑2277 アメリカ大陸の諸問題について討議する◯◯◯は、
+++ **1889年**に**第1回会議**が**ワシントン**で開かれて以
来、アメリカの**中南米外交展開**の場となった。
　　　　　　　　　　　　　　　　　（京都大、中央大）

| | パン=アメリカ会議 |

☑ 2278 1901年の◯◯◯条項でアメリカは**キューバ**を保護 +++ 国とした。 （早稲田大）
　　☞ 難関校必出テーマ。この問題が合否を分けることもある。条項の名前は、この条項を作成したアメリカ上院議員の名前。
| プラット |

☑ 2279 米西戦争と同じ1898年に、独立国であった◯◯◯ +++ を併合した。 （上智大）
| ハワイ |

☑ 2280 **ハワイ**最後の国王はカラカウア朝の女王◯◯◯であ +++ る。 （早稲田大）
　　🗐 ハワイ民謡「**アロハオエ**」の生みの親としても知られる王。アメリカは大統領を頂点とした**共和政**の国家のため、併合した国の**王政**は潰す傾向にあった。ハワイがその事例とされる。日本は第二次世界大戦でアメリカに敗北したが、**天皇制**は残った。しかし、これは例外的であった。
| リリウオカラニ |

☑ 2281 国務長官◯◯◯は1899年と1900年に中国に対し +++ て**門戸開放宣言**を出した。 （北海道大）
| ジョン=ヘイ |

☑ 2282 **共和党**の◯◯◯大統領は、中南米に対して海兵隊を派 +++ 遣するなど◯◯◯**外交**と呼ばれる**高圧的な外交**を展開したが、国内では◯◯◯**主義**を訴え、**独占**の抑制を行った。 （東京都立大）
　　🗐 彼はかつて米西戦争で荒馬騎兵隊（ラフ=ライダーズ）と呼ばれた義勇軍を率いて活躍し、一躍有名になった。熊好きなこの大統領のニックネームは「テディ」。これがテディベアの語源となった。そのため日本のテディベアミュージアムには、この大統領の写真が飾ってあることが多い。
| セオドア=ローズヴェルト（ルーズヴェルト）、棍棒(こんぼう)、革新（進歩） |

☑ 2283 1903年、アメリカは**コロンビア**から**パナマ共和国**を +++ 独立させて◯◯◯**運河**の工事権と租借権を獲得し、1914年に開通させた。 （センター試験、明治大）
| パナマ |

☑ 2284 **民主党**の◯◯◯は「**新しい自由**」を訴えて、1912年 +++ の大統領選に当選した。 （センター試験）
| ウィルソン |

☑ 2285 **解放奴隷**の入植地としてアメリカが開拓した◯◯◯ +++ は、1847年に正式に独立し、列強による**アフリカ分割**時にも**独立を維持**した。 （中央大、同志社大）
　　🗐 国名は英語のリバティー（自由）が語源。アメリカの後ろ盾があったので、列強による分割を免れた。日本に来港した**ペリー提督**は解放奴隷をアフリカに帰還させて、リベリア建国に関与した。
| リベリア共和国 |

☑ 2286 1860年に**ムラヴィヨフ**によって建設が始められた +++ ◯◯◯は、以後ロシアの**極東経営の拠点**となった。 （青山学院大、上智大）	ウラジヴォストーク
☑ 2287 **中央アジア**の**イリ地方**で起こった**イスラーム教徒の** +++ **反乱**を理由に、1871年からロシアが同地方を占領し たことを◯◯◯という。　（早稲田大）	イリ事件
☑ 2288 1875年、日本の明治政府とロシアとの間で◯◯◯が +++ 結ばれ、**樺太**を**ロシア領**とする代わりに**ウルップ島** 以北の**千島列島**を**日本領とする**ことが定められた。 （東京大）	樺太・千島交換条約
☑ 2289 **イギリス**が**ロシアの南下**に対抗するため、**アフガニ** +++ **スタン**に対して3度にわたって起こした侵略戦争を ◯◯◯と呼ぶ。　（慶應義塾大） ☞それぞれの発生年は第1次（1838〜42）、第2次（1878〜 80）、第3次（1919）である。	アフガン戦争
☑ 2290 第◯◯◯次**アフガン戦争**では、探偵シャーロック= +++ ホームズの相棒◯◯◯が負傷した。　（慶應義塾大） ☞もちろん実在の人物の話ではない。19〜20世紀の小説家アー サー=コナン=ドイルの推理小説『**シャーロック=ホームズ**』の挿 話である。が、"ホームズおたく"（シャーロキアンと呼ぶ）の大 学教授が多いようで、実際に難関大では出題されることがあるの で要注意！	2、 ワトソン（ワトスン）
☑ 2291 **ニコライ2世時代**、蔵相◯◯◯は**フランス資本**を導入 +++ し、◯◯◯鉄道の建設を進めた。　（明治大）	ウィッテ（ヴィッテ）、 シベリア
☑ 2292 **デカブリストの乱**後、**西欧的教養**を身につけ、**ロ** +++ **シア社会の後進性**を痛感し、体制の批判や改革の先 頭に立った**知識人階級**を◯◯◯という。　（法政大）	インテリゲンツィア
☑ 2293 **マルクス主義**の広まりの中で◯◯◯党の結成が宣言 +++ されたが、1903年の◯◯◯での結党大会で◯◯◯と ◯◯◯に分裂した。　（関西大、関西学院大） ☞分裂した2つの党派のうち、ボリシェヴィキはレーニン指導の急 進派で農民と労働者の役割を重視し、メンシェヴィキはプレハー ノフ指導で市民階級（ブルジョワ）と妥協した。	ロシア社会民主 労働、ロンドン、 ボリシェヴィキ、 メンシェヴィキ ※順不同

☑2294 ◯◯◯率いる**ボリシェヴィキ**は**社会主義革命の早期**
+++ **実現**を訴えた。　　　　　（センター試験、東京都立大）

レーニン

☑2295 ◯◯◯が指導する**メンシェヴィキ**は**段階的な革命の**
+++ **達成**を訴えた。　　　　　　（東京都立大、立命館大）

プレハーノフ

☑2296 **1901年、ナロードニキ**の流れをくむ◯◯◯が結成さ
+++ れた。　　　　　　　　　　（センター試験、中央大）

社会革命党
（エス=エル）

☑2297 **1905年、**首都**ペテルブルク**で◯◯◯司祭率いるデモ
+++ 隊に軍隊が一斉射撃を加える◯◯◯事件が発生した。
　　　　　　　　　　　　　　　　　　　　　（中央大）

ガポン、
血の日曜日

　🗊 デモ隊は平和的な行進であったが、政府軍はこれに一斉射撃を加
　　え、死者は数百人にのぼった。

☑2298 **労働者と兵士**は◯◯◯を形成し、黒海艦隊の戦艦
+++ ◯◯◯号で**水兵**の反乱が起こるなど社会混乱が広
　　がった。これらを**第1次ロシア革命**とする。（上智大）

ソヴィエト（評議会）、
ポチョムキン

　🗊 革命は軍隊の内部にまで波及し、ロシア政府は日露戦争を続ける
　　ことができなくなった。

☑2299 **ニコライ2世**は**革命の混乱**を抑えるため、**ウィッテ**
+++ に◯◯◯を起草させ、◯◯◯（国会）の開設を約束し
　　た。　　　　　　　　　　（センター試験、上智大）

十月宣言（十月勅
書）、ドゥーマ

　☛ ニコライ2世はロマノフ朝最後の皇帝。血の日曜日事件後、革命
　　の機運がロシアで盛り上がったが、政治家のウィッテが皇帝に
　　ドゥーマ（国会）の開催を約束させるなどして革命には至らな
　　かった。

☑2300 **1905年、ブルジョワジー**を基盤とする◯◯◯党が成
+++ 立した。　　　　　　　　　　　（明治大、関西大）

立憲民主

　☛ この党はカデットとも呼ばれた。

☑2301 **1906年、**◯◯◯が首相となり**ミール**の解体など土地
+++ 改革を強行したが、その政策は行き詰まった。
　　　　　　　　　　　　　　　　　　　　　（神奈川大）

ストルイピン

　🗊 彼はミール（農村共同体）を解体して、帝国の基盤たる自作農民
　　層を生み出そうとしたが失敗した。

7 | 18世紀後半以降の中国（清）

☑2302 外征による出費、官僚の腐敗、貧富の差の拡大など
+++ で民衆は清朝に反抗するようになり、清末には租税
の負担軽減を求める◯◯◯と呼ばれる経済闘争が続
発した。　　　　　　　　　　　　　（早稲田大）

　　➡ かなりの難問！

抗糧（こうりょう）

☑2303 1796年、弥勒下生（みろくげしょう）信仰の秘密結社◯◯◯教徒が湖北（こほく）
+++ 省や四川省（しせん）を中心に反乱を起こした。

　　　　　　　　　　　　　　　（東京大、早稲田大）

　　➡ この宗教は仏教系で、その起源は魏晋南北朝時代（ぎしん）にさかのぼる。
　　　次第に邪教化し、不満分子を吸収しては何度も反乱を起こした。
　　　元末の紅巾の乱（げん）（1351〜66）もこの教徒による反乱である。

白蓮（びゃくれん）

☑2304 1813年、◯◯◯教徒が北京の紫禁城（しきんじょう）に乱入したが、
+++ 失敗するという事件が起こった。　　　　（早稲田大）

　　🗌 林清（りんせい）という教主をリーダーに約200人の教徒が紫禁城に乱入し
　　　たが、2日間の激戦で敗れた。

天理（てんり）

☑2305 この時代には◯◯◯会や哥老会（かろうかい）など「◯◯◯」を唱え
+++ る民間の政治的秘密結社の活動も盛んに行われた。

　　　　　　　　　　　　　　　　　　　（早稲田大）

　　➡ 中国の反乱の背後には秘密結社が存在することが多い。名前だけ
　　　は記憶してほしい。

天地、反清復明（てんち、はんシンふくミン）

8 | アヘン戦争とアロー戦争

☑2306 清朝では1757年以来、海外貿易を◯◯◯1港に限
+++ 定していた。　　　　（センター試験、同志社大）

　　🗌 清朝は貿易には閉鎖的だった。

広州（こうしゅう）

☑2307 海外貿易は◯◯◯という清朝指定の特許商人との間
+++ でのみ許可されていた。　　（センター試験、同志社大）

　　🗌「広東十三行」とも呼ばれるが、13人の大商人がいるわけではな
　　　い。公行は商業を独占して莫大な利益をあげた。

公行（こうこう）（コホン）

☑ 2308 中国との制限貿易に不満のあった**イギリス**は<u>1793</u>
+++ 年に◯◯◯、<u>1816</u>年に◯◯◯を派遣したが、清朝は
◯◯◯の儀礼を強制するなど、イギリスの要請を受け
付けなかった。　　　　　　　　　　（上智大、早稲田大）

マカートニー、
アマースト、
三跪九叩頭

📖 **マカートニー**は熱河で乾隆帝に謁見することができたが、**アマーストは謁見できなかった**。この儀式は3度ひざまずき、その度に3回床まで頭を下げるもので、イギリスにとっては屈辱的と受け取られる儀式だった。

☑ 2309 イギリスの対清貿易は、中国の<u>茶</u>を輸入して代価を
+++ <u>銀</u>で支払う◯◯◯になっていた。　　　　　（東京大）

片貿易

☑ 2310 銀の国外流出を防ぐために、<u>18</u>世紀末からイギリス
+++ は◯◯◯で**アヘン**を栽培させ、それを中国に輸出す
ることを一環とする◯◯◯を開始した。
　　　　　　　　　　　　　　　　　　（千葉大、東京大）

インド、
三角貿易

☞ この構造は50字程度の論述問題でも出題される。

☑ 2311 <u>1833</u>年、**イギリス**で◯◯◯会社の**中国貿易独占権廃
+++ 止**が決定された結果、中国に多量の**アヘン**が流入す
ることになった。　　　　　　（センター試験、明治大）

東インド

☑ 2312 **アヘン**貿易によって巨利をあげたイギリス商人が設
+++ 立した**商社の代表**が広州の◯◯◯**商会**である。
　　　　　　　　　　　　　　　　　　　　　（上智大）

ジャーディン=
マセソン

📖 アヘンは当時のイギリス社会（労働者階級）でも栄養剤のごとく飲用され、多くの人々の早死の原因となっていた。したがって、**アヘン戦争**（<u>1840</u>〜<u>42</u>）にはイギリス国内でも批判の声があがった。

☑ 2313 1830年代以降、大量の銀が流出し、**アヘン**の害がお
+++ よぶことを憂慮した**道光帝**は◯◯◯を◯◯◯**大臣**に
任命し、**アヘン**問題の解決にあたらせた。
　　　　　　　　　　　　　　　　　　（駒澤大、中央大）

林則徐、欽差

☑ 2314 <u>1839</u>年、**林則徐**が**アヘン厳禁策**を打ち出し、翌<u>40</u>
+++ 年にイギリスが貿易の自由を実現させようと開戦し
たのが◯◯◯**戦争**である。　　　　（駒澤大、中央大）

アヘン

📖 清朝はアヘンの害毒に悩み、**林則徐**を**広州**に**派遣**した。彼は果敢に**アヘン**の没収を行ったが、逆に**アヘン戦争**の口実を作ってしまった。

☑ 2315 +++ 1841年、清軍が**広東**でイギリスに降伏すると、民衆は**広州**郊外で◯◯◯という武装自衛団を組織して**反英闘争**を行った（**三元里事件**）。 (早稲田大)	平英団(へいえいだん)
📖 小さな事件だが、後年の中国における民族運動に与えた影響は大きい。	
☑ 2316 +++ 1842年、◯◯◯の割譲と、**上海**、◯◯◯、**福州**、**厦門**(アモイ)、**広州**の5港開港、◯◯◯の撤廃、賠償金の支払いなどを定めた◯◯◯条約がイギリスとの間に締結された。 (センター試験、関西学院大)	香港島(ホンコン)、寧波(ニンポー)、公行、南京(ナンキン)
☛ 5港すべてが問われる場合もあるので要注意！	
☑ 2317 +++ 1843年に五港通商章程や◯◯◯追加条約が締結され、◯◯◯権、5%の関税率、片務的◯◯◯などが定められた。 (専修大、南山大)	虎門寨(こもんさい)、領事裁判、最恵国待遇(さいけいこくたいぐう)
☑ 2318 +++ 1844年、清朝は**アメリカ**と◯◯◯条約、**フランス**と◯◯◯条約を結んだ。 (青山学院大、早稲田大)	望厦(ぼうか)、黄埔(こうほ)
☛ 南京条約とほぼ同じ内容であった。	
☑ 2319 +++ 1845年、イギリスは初の◯◯◯を**上海**に開設した。 (上智大)	租界(そかい)
☛ **外国人居住区**で**治外法権**が認められていた。つまり、どのようなことをしても中国の法律で裁かれることはなかった。	
☑ 2320 +++ ◯◯◯年、イギリス国旗を掲げて**広州**に停泊していた◯◯◯号の**中国人水夫**を、清の官憲が海賊容疑で逮捕するという◯◯◯事件が起こった。 (立教大)	1856、アロー、アロー号
☑ 2321 +++ 1856年、**広西省**(カンシー)で**フランス人宣教師**が殺害されたのを口実に**フランス**の皇帝◯◯◯世はイギリスと連合して清と開戦し、◯◯◯戦争が始まった。 (明治大)	ナポレオン3、アロー
📖 イギリス国内では議会が戦争に反対したが、首相の**パーマストン**が強行した。	
☑ 2322 +++ 1858年、**フランス**軍に広州を占領され、**天津**(テンシン)に迫られた清朝は降伏し、◯◯◯条約を結んだ。 (法政大)	天津

☑ 2323 1859 年、清朝の反撃により戦闘が再開され、翌 60
+++ 年には**イギリスとフランスの連合軍**が（＿＿＿）を占領
し、（＿＿＿）を破壊した。　　　　　　　　（立教大）

北京、
円明園

　☞ 円明園はカスティリオーネが設計した**バロック様式**の傑作だっ
　　たが、イギリス軍に破壊、放火され、『四庫全書』などの貴重な
　　文化遺産とともに燃えてしまった。

☑ 2324 1860 年、清朝はイギリス・フランス両国と（＿＿＿）条
+++ 約を結んだ。　　　　　　　　　（センター試験、早稲田大）

北京

☑ 2325 **北京条約**では、（＿＿＿）など **11 港の開港**、賠償金の増
+++ 額、（＿＿＿）半島の一部を**イギリス**に割譲、**外国公使**の
北京駐在、（＿＿＿）**教布教の自由**などが定められた。
　　　　　　　　　　　　　　　（慶應義塾大、成蹊大）

天津、
九竜、
キリスト

　☞ 南京条約と北京条約の内容は正誤問題で頻出なので要注意！

☑ 2326 1861 年には、北京に**清朝最初の外交事務官庁**であ
+++ る（＿＿＿）が設立された。　　　　　　　　（東京大）

総理各国事務衙門
（総理衙門）

　☞ 非常に重要な官庁。この設立により外国との**対等な外交関係**が始
　　まった。

☑ 2327 **ロシア**は**アロー戦争**の調停の代償として、個別に清
+++ 朝と**北京条約**を結び、（＿＿＿）川以東（**沿海州**）を清朝
から獲得した。　　　　　　　　（センター試験、上智大）

ウスリー

9 ｜ 太平天国

☑ 2328 **アヘン戦争**後、（＿＿＿）の**高騰**、**失業者の増大**など民衆
+++ の清朝支配に対する不満が高まった。　　　　（立命館大）

銀

☑ 2329 1851 年、広東省の（＿＿＿）出身の**洪秀全**が組織した**上**
++++ **帝会**（**拝上帝会**）を率いて**広西省**（＿＿＿）**村**で挙兵し
た。　　　　　　　　　　　　　　　　　　（立命館大）

客家、
金田

　🗊 中国では人口が増加する度に国内で人が移動（移住）した。彼ら
　　は「よそ者」の意味で客家と呼ばれ差別された。特に広東、広西、
　　福建などの山間地には多かった。

☑ 2330 +++ 上帝会とはキリスト教的秘密結社で、◯◯は自らを◯◯の弟であるとして「天弟」と称した。

（青山学院大）

洪秀全、
イエス

⬛ 洪秀全は、科挙に落ち熱を出して寝込んだ時に夢の中に出てきた老人と偶然、道で会ったという。その老人の差し出した本がプロテスタント入門書で、これを1つのきっかけにしてキリスト教に根ざした秘密結社を組織した。

☑ 2331 +++ 太平天国とは、洪秀全を天王として建国した国の国号で、◯◯を都に定めて◯◯と改称し、「◯◯」を唱えた。

（東京都立大、早稲田大）

南京、天京、
滅満興漢

☞ スローガンを間違えないようにしよう！ 太平天国の乱は「滅満興漢」、義和団戦争は「扶清滅洋」である。

☑ 2332 +++ ◯◯制度は太平天国の土地制度で、男女分けへだてのない土地均分を唱えた。

（同志社大）

天朝田畝

☞ 太平天国には反封建主義の性格もあった。

☑ 2333 +++ 太平天国は、清朝が強制していた髪型の◯◯を廃止し長髪にしたので、清朝側からは長髪賊と呼ばれた。

（早稲田大）

辮髪（弁髪）

☞ 太平天国は民族主義的な性格もあった。

☑ 2334 +++ 太平天国は、幼女のうちに無理に足を小さく矯正する◯◯の風習を禁止した。

（予想問題）

纏足

☞ 太平天国には女性解放的な性格があり、男女平等を訴えて女性の支持を得た。

☑ 2335 +++ 太平天国に呼応して、華北の無頼の遊民や農民、塩の密売を行う武装集団などが集まった◯◯も清朝に対する反抗を展開した。

（早稲田大）

捻軍

⬛ この他、少数民族のミャオ（苗）族なども太平天国に呼応して蜂起した。

☑ 2336 +++ 太平天国後期の指導者である◯◯は、上海の租界の解放を訴えた。

（予想問題）

李秀成

☞ 太平天国には反帝国主義的な性格もあった。

☑ 2337 +++ 曾国藩の◯◯、李鴻章の◯◯などの郷勇（義勇軍）が太平天国の鎮圧に活躍した。

（センター試験、東京学芸大）

湘軍（湘勇）、
淮軍（淮勇）

☞ 人名と軍の組み合わせを間違わないように！

☑2338 **アメリカ人の**◯◯◯**が**常勝軍**を組織し、イギリス人の**
+++ ◯◯◯**がこれを継承し、**太平天国**の鎮圧に一役買っ**
た。 （上智大、東京都立大）

ウォード、
ゴードン

　🔲 ウォードは太平天国との戦闘中に死亡した。また、ゴードンは
スーダンで起こったマフディーの反乱で戦死した。

☑2339 1864**年、**◯◯◯**の死によって**太平天国の乱**は終**
+++ わった。 （上智大）

洪秀全

　🔲 洪秀全の死亡以前にすでに内紛が発生していた。乱の指導者は北
王・南王・東王・北王・翼王の5人だが、お互いライバルを蹴
落とす大殺戮が発生した。うんざりした若き翼王の石達開は洪秀
全の下を離れ、太平天国は自滅状態にあった。

☑2340 アロー戦争**や**太平天国の乱**後、**◯◯◯**帝の代には、**曾
+++ 国藩**や**李鴻章**などの**漢人**官僚の下で内政と外交が安**
定して、「同治◯◯◯」と呼ばれたが、**実権は**西太后
が握っていた。 （京都大、東京大）

同治

中興

10 | 清の国政改革

☑2341 太平天国の乱**の後、中国の**内政と外交は小康状態**を**
+++ 保ち、◯◯◯**と呼ばれる**安定期**を迎えた。 （早稲田大）

同治中興

☑2342 太平天国の乱**の鎮圧に対して功績のあった**曾国藩、
+++ ◯◯◯、◯◯◯**などの**漢人官僚が中心となって**西洋の**
軍事技術の導入**などを行う**◯◯◯運動**が始まった。**
（筑波大）

李鴻章、左宗棠
※順不同、洋務

　☛この運動は論述問題で問われることが非常に多い。改革の中心人
物、基本精神、内容、結果を100字程度でまとめるトレーニング
をしておこう!

☑2343 洋務運動**は「**◯◯◯」を基本精神**としたため、**西洋文
+++ 明の模倣**に終わり、**◯◯◯戦争**に至って欠陥を露呈し**
た。 （東京大、立教大）

中体西用、

日清

　☛洋務運動は表面上の改革で、西洋の技術導入のみにとどまったた
め、結局、中華思想から抜け切れなかった。しかも、近代化を
行ったはずの李鴻章率いる北洋軍はこの戦争で敗北を喫した。

☑ 2344 洋務運動によって、外国企業との仲介を請け負う中
+++ 国商人の◯◯や、近代的工場の経営などに携わる
◯◯と呼ばれる官僚が社会に進出した。　(東京大)

| 買弁(ばいべん)、官弁(かんべん) |

🗐 どちらも悪人のように思われているが、買弁の方が「売国奴(ばいこくど)」として評判が悪い。

☑ 2345 1871年、日本と清国との間で最初の通商航海条約
+++ である◯◯が締結された。これは相互に対等な条約
であった。　(慶應義塾大)

日清修好条規

☑ 2346 洋務運動失敗の反省から、日本の◯◯を見習った
+++ ◯◯といわれる政治改革が行われた。　(一橋大)

明治維新、変法運動(変法自強(へんぽう))

☞ 日本の明治維新をモデルとして、立憲君主制を目指した。**日本は
アジアで唯一近代化に成功**したため、アジア各国の模範とされた。

☑ 2347 ◯◯とその弟子◯◯を中心とする**実践重視の**公
+++ 羊学派(ようがく)が改革の中心となった。　(東京大、明治大)

康有為(こうゆうい)、梁啓超(りょうけいちょう)

🗐 清は洋務運動の失敗から、この人物たちを中心に政治改革(変法
運動)へと一歩前進することとなった。

☑ 2348 変法運動の狙いは科挙(かきょ)の改革、学制改革、実業の振
+++ 興などであり、最終的な目標は◯◯制の樹立であっ
た。　(東京大、成蹊大)

立憲君主

☞ 変法運動によって行われた一連の改革の流れを200字以内で書
けるようにトレーニングしよう!

☑ 2349 ◯◯帝は変法運動による一連の改革の後ろ盾とな
+++ り、これを支援したが、◯◯ら保守派の◯◯の政
変と呼ばれるクーデタによって幽閉され、**改革は挫
折**した。　(駒澤大、京都産業大)

光緒(こうしょ)、西太后、戊戌(ぼじゅつ)

🗐 この結果、中国(清朝)を救う手段は**王朝を打倒する革命**という
選択肢しかなくなったといえる。

☑ 2350 光緒帝による一連の政治改革を◯◯の変法という
+++ が、「光緒新政」とも呼ばれるこの改革が1898年6
月11日から9月21日までの約100日間だったた
め◯◯とも呼ばれる。　(早稲田大)

戊戌

百日維新

11 | 列強の中国分割

☑2351 「（＿＿）」と呼ばれた中国が（＿＿）戦争の敗北でその
+++ 弱体ぶりをさらしたことで、**列強**による**中国分割**が
進んだ。　　　　　　　　　　　　　　（東京女子大、早稲田大）

眠れる獅子、日清

　🔖 洋務運動で近代装備を備えた艦隊も、この戦争時にはすでに老朽
化しており、西太后の浪費もあって国庫はからっぽだった。この
ことが日本の勝利につながった。

☑2352 **列強**は清朝に**資本を貸し付け**、その代償に（＿＿）敷設
+++ 権と（＿＿）採掘権を得た。　　　　　　　　　　（立命館大）

鉄道、
鉱山

☑2353 **条約**により他国の**領土の一部を一定期間借り受ける**
+++ ことを（＿＿）という。　　　　　　　　　（上智大、早稲田大）

租借

　🔖 期限後には中国に返還する義務があった。

☑2354 **イギリス**は（＿＿）と**香港対岸**の（＿＿）半島を租借し、
+++ **長江流域**を勢力圏とした。　　　　　　　（日本大、関西学院大）

威海衛、九竜

　☞ 威海衛はイギリス東洋艦隊の基地となった。期限は**25カ年**。**九
竜半島**は期限**99カ年**である。

☑2355 **フランス**は**広東省**の（＿＿）を租借し、**広東**、**広西**、**雲
+++ 南**を勢力圏とした。　　　　　　　　　　（上智大、関西学院大）

広州湾

　☞ 期限は**99カ年**である。

☑2356 **ドイツ**は**山東半島**の（＿＿）を租借し、（＿＿）省を勢力
+++ 圏とした。　　　　　　　　　　　　　　　（上智大、関西学院大）

膠州湾、山東

　☞ 期限は**99カ年**である。ドイツはこの湾にある**青島**に海軍基地を
建設した。

☑2357 **1860年**の**北京条約**で、**ロシア**は清朝から**ウスリー
+++ 川以東**の（＿＿）を獲得した。　　　　　　（東京大、関西大）

沿海州

☑2358 **ロシア**は（＿＿）鉄道の敷設権を獲得して（＿＿）を租
+++ 借し、**万里の長城以北**を勢力圏とした。
　　　　　　　　　　　　　　　　　　（センター試験、上智大）

東清、遼東半島南
部（旅順、大連）

　☞ ロシアはここに軍港と商港を建設した。期限は**25カ年**である。

☑2359 **アメリカ**の（＿＿）**大統領**は、**1898年**の**米西戦争**を機
+++ に孤立主義的な（＿＿）**主義**を捨て、**帝国主義政策**に転
じた。　　　　　　　　　　　　　　　　　　　（センター試験）

マッキンリー、
モンロー

　☞ **1890年代**に国内の**フロンティア**が消滅した**アメリカ**は、帝国主
義に転じた。

☑2360 +++ 1899年、アメリカの国務長官（　　　）は中国に対して<u>門戸開放</u>と（　　　）を、翌<u>1900</u>年には（　　　）を提唱した。　　　　　　　　　　　　　　（センター試験、法政大）	ジョン=ヘイ、機会均等、領土保全
☑2361 +++ 19世紀後半、<u>反キリスト教運動</u>である（　　　）運動が中国各地で発生した。　　　　　　　　　　　　　（早稲田大）	仇教（きゅうきょう）
☑2362 +++ <u>白蓮教系</u>の武術集団である（　　　）は「（　　　）」という排外的なスローガンを掲げ<u>山東省</u>で蜂起した。　　　　　　　　　　　　　　　　　　　（センター試験、一橋大） 🗎 義和拳法という拳法集団が中心となったので、「ボクサーの乱」とも呼ばれている。日本の少林寺拳法の祖である<u>宗道臣</u>が義和拳の奥義を伝授されたことはあまり知られていない。	義和団、扶清滅洋（ぎわだん、ふしんめつよう）（または除教安民）（じょきょうあんみん）
☑2363 +++ 1900年、<u>義和団</u>の反乱は一大排外運動へと発展し、<u>西太后</u>ら清朝の保守派はこれに同調して<u>列強</u>に宣戦布告したが、（　　　）共同出兵で鎮圧された。この出来事を（　　　）戦争という。　　　　　（センター試験、東京大） 🗎 仇教運動が発展し起こった事件であり、キリスト教徒が虐殺された。当時、『大地』で有名な作家パール=バックが中国に滞在していたが、幸運にも助かっている。	8カ国、義和団
☑2364 +++ <u>1901</u>年に（　　　）が結ばれ、（　　　）とドイツへの謝罪使の派遣、各国軍隊の北京・天津駐屯など中国の（　　　）化が決定した。　　　　　　　（センター試験、東京大） ☛「半植民地化が決定」が重要ポイント！	北京議定書（辛丑（しんちゅう）和約）、日本、半植民地
☑2365 +++ 1905年、清朝は（　　　）を廃止し、学校出身者を官吏に選ぶこととし、翌06年には<u>立憲</u>の実施（憲法制定）を予告した。　　　　　　　　　　　　　　（早稲田大） ☛隋代に始まったこの制度は、約1,400年の歴史に幕を閉じた。	科挙
☑2366 日露戦争の講和条約である（　　　）条約の結果、日本は<u>韓国の保護権</u>、（　　　）の租借権、<u>南樺太</u>の領有権などを手に入れた。　　　　　　　（センター試験、関西学院大）	ポーツマス、遼東半島南部
☑2367 +++ <u>1905</u>年のポーツマス条約において、ロシアは日本に（　　　）の保護権、<u>遼東半島南部の租借権</u>、北緯50度以南の<u>樺太</u>の領有権、（　　　）とその沿線の利権などを譲渡した。　　　　　　　　　　　　　　（関西学院大）	韓国、南満洲鉄道

☑ 2368 清朝は日清戦争の賠償金支払いなどのために（　　）
+++ を行い、その担保として鉄道敷設権などの利権を列
強に提供したため、中国分割が進んだ。　（東京大）

借款

しゃっかん

☞借款とは要するに国家の借金である。

12 ｜ 日清戦争

☑ 2369 1894年、朝鮮半島で（　　）が指導した（　　）戦争、
+++ 別名（　　）の乱が発生し、**日本と清は反乱鎮圧のため
出兵、日清戦争に発展**した。　（明治学院大）

全琫準（チョンボン
ジュン）、甲午農民、
東学（党）

ぜんほうじゅん

こうご

とうがく

☑ 2370 東学は（　　）が創始した、**儒教、仏教、道教と民間信
+++ 仰の融合宗教**で、キリスト教の（　　）に対抗した。
（早稲田大）

崔済愚（チェジェウ）、

西学

さいさいぐ

🗋 東学は**東学党**という場合もある。現在も天道教と名前を改めて存
続している。日本では神戸に支部がある。

☑ 2371 日本は（　　）海戦で北洋艦隊を破り、勝利を決定づ
+++ け、1895年に**清は敗北**した。　（早稲田大）

黄海

こうかい

🗋 日清戦争における重要な海戦。日本は14隻、対する清は18隻と、
艦隊数では劣っていたが、近代化された装備で日本が上回った。
日本はほぼ無傷の圧勝であった。

☑ 2372 1895年、日本全権の伊藤博文と清朝全権の（　　）と
+++ の間で（　　）条約が結ばれ、澎湖諸島、遼東半島およ
び（　　）の日本への割譲、（　　）の独立承認などが決
定した。　（明治大）

李鴻章、

下関、

台湾、朝鮮

いとうひろぶみ

ぼうこ

たいわん

🗋 李鴻章は24歳で最難関の科挙試験、進士に合格した逸材。出世
街道を歩んだが日清戦争の敗北で、朝鮮・台湾を失い（遼東半島
はのちに返還）、威信は地に落ちた。現代中国では李鴻章は売国
奴とののしられている。

☑ 2373 日清戦争後の下関条約で日本に割譲された台湾で
+++ は、住民が（　　）を建てて日本に抵抗した。（明治大）

台湾民主国

☑ 2374 （　　）、**ドイツ、フランス**の（　　）により、日本は遼
+++ 東半島を清に返還した。　（センター試験、立教大）

ロシア、三国干渉

🗋 日本の進出を警戒して、この国がドイツとフランスを誘った日本
への抗議行動である。

☑ 2375 **ロシア**は、三国干渉を通じて（　　）の敷設権を獲得し
+++ た。　（センター試験、専修大）

東清鉄道

☑2376 ＋＋＋ ◯◯◯はインドの**社会改革を推進**するため、1828年に**ブラフマ協会（ブラーフマ＝サマージ）**を設立した。 (上智大、早稲田大)	ラーム＝モーハン＝ローイ
☑2377 ＋＋＋ 1829年、**ブラフマ協会**の努力もあり、**寡婦（か ふ）の殉死（じゅんし）の慣習**である◯◯◯が法律で禁止された。 (慶應義塾大) ▣インド社会で寡婦（未亡人）であることは「悪」とされていた。そのため夫の死体を火葬する時、夫人もそこに身を投じた。この習慣で10歳代の若い夫人も多く死んだ（殺された）。	サティー
☑2378 ＋＋＋ ◯◯◯は「**富の流出**」理論でインドの貧困の原因は**イギリス支配**にあるとした。 (北海道大) ▣インド国民の払う税がイギリスへ流れてインド支配を強化しているとした。	ナオロジー
☑2379 ＋＋＋ **1885年、イギリス**は**インド宥和策（ゆう わ）**として**国民会議**を◯◯◯で開催、これが**国民会議派**の起源となった。 (上智大) ▣当初、イギリスはインド人の不満を和らげようとして国民会議を開催したが、やがて反英運動の中心となっていった。**国民会議派**は現在、**コングレス党**と呼ばれ、インドの保守政党となっている。	ボンベイ
☑2380 ＋＋＋ 1905年、**インド総督（副王）**◯◯◯はイスラームとヒンドゥー両教徒の対立を利用して、**反英運動を分断する**ため◯◯◯令を制定した。 (東京大、早稲田大) ▣イギリスはローマ帝国風に「**分割して統治せよ**」をインドに応用したが強烈な反発を招き、**1911年にこれを撤回**した。	カーゾン ベンガル分割
☑2381 ＋＋＋ ◯◯◯や**パール**らが指導する**国民会議**は、**1906年**の**カルカッタ大会**で**英貨排斥（はいせき）、民族教育**、◯◯◯（**自治獲得**）、◯◯◯（**国産品愛用**）の**4綱領**を決議した。 (センター試験、立教大) ▣カルカッタ大会を刺激したのは、**日露戦争**における日本の勝利であった。これは論述問題でよく問われる。	ティラク（またはラージパット＝ラーイ）、スワラージ、スワデーシ（スワデーシー）

☑2382 1920年代後半の民族運動では、（ ）ら**国民会議派**
+++ の若手急進グループが主導権を獲得し、（ ）を要求
した。　　　　　　　　　　　　　　（東京都立大、北海道大）

ネルー（ネール）、
プールナ=スワラー
ジ（完全独立）

   ☞ **1929年のラホール大会**でネルーが完全独立（プールナ=スワ
ラージ）を宣言した。なお、**国民会議**の開催地は頻出なので要注
意！

☑2383 **1906年**、イギリスの支援で**親英的**な（ ）が結成さ
+++ れ、**ヒンドゥー教徒に対抗**した。　　　　　（センター試験）

全インド=ムスリム
連盟

14 │ 孫文と辛亥革命

☑2384 **日清戦争**で**清朝の弱体化**が明らかになると、列強は
+++ （ ）に乗り出し、わずか数年間で大部分が分割され
ていった。　　　　　　　　　　　　　　　　（慶應義塾大）

中国分割

☑2385 **1908年**、清朝は**日本の明治憲法を模範**に（ ）を発
+++ 布し、国会開設を約束した。　　　　　　　　　（予想問題）

憲法大綱
(けんぽうたいこう)

   🗂 保守的な清朝支配層も立憲政治を次第に支持し始めた。

☑2386 **1908年**、**光緒帝**と**西太后**が相次いで死去し、**清朝最
+++ 後の皇帝**（ ）が即位した。　　　　　　　　（立命館大）

宣統帝（溥儀）
(せんとうてい)(ふぎ)

   🗂 光緒帝が死んだ翌日に西太后も亡くなった。西太后の死ぬ間際の
言葉は「以後、女に政治をさせてはならない」だったという。清
朝を滅亡へと導いた張本人は自分だった、という自覚があったの
かもしれない。

☑2387 **光緒新政**の結果、**憲法大綱**の発布とともに、**9年以
+++ 内**の（ ）がなされた。　　　　　　　　　　（早稲田大）

国会開設公約

   🗂 日露戦争における日本の勝利は、立憲政治によるものと考えられ
た。

☑2388 **辛亥革命**に際して、多くの**華僑**が（ ）運動を援助し
(しんがい)　　　　　　　　　　　　(かきょう)
+++ た。　　　　　　　　　　　　　　　　（明治大、同志社大）

反清

   🗂 **華僑の大部分は漢民族**であり、反清・反満州の立場であった。

☑2389 **孫文**は（ ）の支援を受け、**ハワイ**で（ ）**会**を組織
(そんぶん)
+++ し、**1895年に広東城を襲撃**したが失敗した。
　　　　　　　　　　　　　　　　　　　（金沢大、早稲田大）

華僑、興中
(こうちゅう)

☑ 2390 +++ 1905 年、日本の**東京**において、**浙江派**の◯◯◯会、広東派の**興中会**、**黄興**を会長とする**湖南派**の◯◯◯会が合体し、**孫文**を総理とする◯◯◯会が成立した。 (東京大、上智大) 🗐 各派の代表者が**東京**の赤坂・霊南坂に集結して結成した。	光復、 華興、 中国同盟
☑ 2391 +++ **中国同盟会**は機関誌『◯◯◯』を発行した。 (東京大、早稲田大) 🗐 当時の東京はアジアの改革派や革命派が集う一大都市だった。**康有為、孫文、周恩来**などは**東京**に留学または亡命している。	民報
☑ 2392 +++ **孫文**は革命の理念として◯◯◯の独立、◯◯◯の伸長、◯◯◯の安定の**三民主義**を訴えた。 (千葉大) ☞民族主義は清朝の打倒による帝国主義の打倒も意味する。民権主義とは共和政国家の樹立による民族主義の実現を、民生主義は地権の平均による大企業の国有化などを指す。	民族、民権、 民生
☑ 2393 +++ **列強**の侵略が進んだ中国では、◯◯◯が外国資本や国家**独占**資本、**買弁**資本などと対立し、民族独立と中国統一運動の中心となった。 (東京大)	民族資本
☑ 2394 +++ 清朝政府が**粤漢鉄道**（**広州～漢口**）と**川漢鉄道**（**四川～漢口**）の民間鉄道の◯◯◯化を図り、外国から資金を借りようとしたため、◯◯◯省などで暴動が発生した。 (立教大、早稲田大)	国有、 四川
☑ 2395 +++ **列強**の分割により**半植民地化した中国**では、奪われた鉄道敷設権や鉱山採掘権などの利権の回収と、**民族**資本による産業の発達を目指す◯◯◯が行われた。 (東京大) ☞論述問題のキーワード!	利権回収運動
☑ 2396 +++ 1911 年 10 月、**黎元洪**を司令官とする**洋式陸軍の新軍**が◯◯◯で挙兵し、これを機に各州が**独立を宣言して**◯◯◯革命が起きた。 (上智大、立教大) 🗐 この革命は、鉄道国有化令（外国から資金を借りようとした）をめぐって、四川省で暴動が発生したことを端緒に、湖北や湖南、広東の各省でも暴動が巻き起こり、挙兵へと発展した。	武昌、 辛亥

☑ 2397 **1912年**１月、革命軍はアメリカに滞在中の◯◯を +++ 迎えて**臨時大総統**に選出し、<u>南京</u>で◯◯の建国を宣 言した。これにより同年２月に**清朝は滅亡**した。 （同志社大） ☛<u>南京</u>の地名に要注意！	孫文、中華民国
☑ 2398 ◯◯とは1911〜12年にかけて起こった<u>辛亥革命</u> +++ の**別称**である。<div align="right">（早稲田大）</div>	第一革命
☑ 2399 **1912年**の<u>中華民国</u>**建国当初**、**憲法制定までの暫定基** +++ **本法**として◯◯が発布された。<div align="right">（予想問題）</div>	臨時約法
☑ 2400 革命派と取引した**軍閥**^{ぐんばつ}の巨頭◯◯は、<u>孫文</u>に代わっ +++ て**臨時大総統**の地位に就き◯◯に政府を樹立した が、独裁の傾向を強めたために、<u>1913</u>年になると **第二革命が発生**した。 （同志社大） ☛ 1912年に中国同盟会を中心に**国民党**が結成された。国民党は袁 政権打倒のため挙兵するが失敗（<u>第二革命</u>）。孫文は日本に亡命 し、国民党は袁世凱**によって解散**させられた。	袁世凱^{えんせいがい}、 北京
☑ 2401 **1914年**、<u>孫文</u>は**東京**で秘密結社の◯◯党を結成し +++ た。<div align="right">（東京大、早稲田大）</div>	中華革命
☑ 2402 **1915年**に◯◯革命が発生し、<u>袁世凱</u>は◯◯復活 +++ を取り消し、失意のうちに病死した。<div align="right">（早稲田大）</div>	第三、帝政
☑ 2403 **1916年**の<u>袁世凱</u>の死から、<u>1928</u>年の<u>北伐</u>**完了**^{ほくばつ}ま +++ で、**北京政府の実権**をめぐり◯◯が争った。（中央大） 🗐 軍閥とは軍事勢力を指す。特に袁世凱が継いだ**北洋軍閥**が有名だ が、張作霖が結成した**奉天派**も大切。張作霖は馬賊（盗賊集団） からのし上がった人物で天下を取る野心を持っていたが、のちに 日本軍に殺害された。	軍閥
☑ 2404 ◯◯は、<u>辛亥革命</u>に乗じて独立を宣言し、後に首相 +++ となる**チョイバルサン**らが中心となり、<u>1924</u>年に <u>ソ連</u>に次いで**２番目の社会主義国家**となる◯◯**共** **和国**が成立した。 （センター試験） ☛ チョイバルサンの名前も記憶しておこう。ソ連の**スターリン**の意 向を受けてモンゴルのチベット仏教僧らの大虐殺を行った。	外モンゴル モンゴル人民

☑2405 ＿＿＿はフランス人宣教師＿＿＿の援助を受けた後、
+++ 1802年にベトナムを統一し、フエ（ユエ）に都を定
めて阮朝（越南国）を建てた。 （立教大）

> 🔲 この宣教師はフランスで義勇兵を募ってベトナム入りした。

| 阮福暎（阮福映）、ピニョー |

☑2406 ベトナムの阮福暎（阮福映）は清に対しても朝貢し、
+++ ＿＿＿に封ぜられた。 （東京学芸大）

| 越南国王 |

☑2407 1862年の＿＿＿条約でフランスは阮朝から＿＿＿
+++ 東部3省とサイゴンを獲得し、翌63年に＿＿＿を保
護国化した。 （成蹊大、立教大）

> 🔲 この条約の入試出題頻度は高い。しっかりと記憶してほしい。ベトナムはフランスの勢力圏に入ったため、現在でもフランス語が通じやすい。食文化もフランスに近く、フランスパンのサンドウィッチ「バインミー」は人気がある。

| サイゴン、コーチシナ、カンボジア |

☑2408 1883年と翌84年の＿＿＿条約でフランスがベト
+++ ナムを保護国化すると、清とフランスの関係が悪化
して＿＿＿戦争が起きた。 （センター試験、一橋大）

> 🔲 サイゴン条約とフエ（ユエ）条約の内容は論述問題でも問われる。フランス領インドシナ連邦の成立までのプロセスに要注意！

| フエ（ユエ） |
| 清仏 |

☑2409 ＿＿＿は黒旗軍を編成し、清仏戦争では清側について
+++ 戦ったが敗れた。 （東京学芸大、一橋大）

> 🔲 彼は清末の軍人で愛国者。農民を訓練して黒旗軍を組織し、フランスと戦った。

| 劉永福 |

☑2410 1885年、フランスと清との間で＿＿＿条約が結ば
+++ れ、清はベトナムの宗主権を放棄した。 （立命館大）

| 天津 |

☑2411 1887年、フランスはコーチシナ、ベトナム（越南
+++ 国）、カンボジアを合わせて＿＿＿連邦を形成し、
1899年には＿＿＿を連邦に加えた。（一橋大、立命館大）

> 🔲 問題文をそのまま覚えよう！

| フランス領インドシナ、ラオス |

☑2412 ラオスはフランスの植民地とされるまでは＿＿＿の
+++ 支配下にあった。 （関西学院大）

| タイ（シャム） |

☑2413 フランス領インドシナ連邦の総督府は＿＿＿に置か
+++ れた。 （上智大、日本大）

| ハノイ |

☑ 2414 ベトナムの◯◯◯はフランスからの独立を目指して
+++ 1904年に◯◯◯を結成し、ドンズー（東遊）運動失
敗後の1912年には◯◯◯を結成したが弾圧された。
（慶應義塾大、立命館大）

ファン=ボイ=チャウ、
維新会、
ベトナム光復会

🗊 維新会は日本の明治維新を政治のモデルとした。

☑ 2415 ファン=チュー=チン（潘周槙）は近代化を目指して
+++ ハノイに◯◯◯義塾を設立した。 （慶應義塾大）

ドンキン（東京）

🗊 日本の慶應義塾をモデルに設立した。

☑ 2416 ファン=ボイ=チャウらの呼びかけで盛んになった、
+++ ベトナムにおける日本への留学運動を◯◯◯という。
（センター試験、立教大）

ドンズー（東遊）
運動

☑ 2417 ドンズー（東遊）運動は、1907年の◯◯◯協約で弾
+++ 圧され、留学生たちは追放された。 （慶應義塾大）

日仏

🗊 日本の仕打ちに絶望したベトナム人の若者の中には自殺する者
も出た。東京の雑司ヶ谷の墓地には、自ら命を絶った10代後半
のベトナム人青年が静かに眠っている。

☑ 2418 第一次世界大戦後、フランスの支配下にあったイン
+++ ドシナ半島では、◯◯◯によってベトナム青年革命同
志会や、これを基盤とした◯◯◯が結成された。
（立命館大）

ホー=チ=ミン、
インドシナ共産党

🗊 ホー=チ=ミンは気さくな指導者であった。日本のベトナム使節
団が記念写真を撮った時、カメラマン助手のおじさんが一生懸命
に椅子をそろえていたが、このおじさんこそホー=チ=ミン本人
であったという。今でも「ホーおじさん」と慕われている。

☑ 2419 第一次世界大戦後、ビルマでは学生などを中心にし
+++ て民族主義的団体である◯◯◯党が組織され、改革を
求める活動を展開した。 （東京大）

タキン

---

16 | オランダ領東インド

☑ 2420 オランダ領東インドはジャワの◯◯◯に拠点を置い
+++ た植民地で、オランダの香辛料貿易の中心だったが、
1799年にオランダ◯◯◯が解散すると本国の統治
下に入った。 （法政大、南山大）

バタヴィア

東インド会社

☑ 2421 +++ 1830年以後、東インド総督◯◯は先住民に耕地の 5分の1を出させ、**コーヒー**や◯◯など**西欧向け**の 作物を指定して栽培させる◯◯を実施した。 <div align="right">（新潟大、立教大）</div>	ファン=デン=ボス、 サトウキビ、 強制栽培制度
☞他にも藍（インディゴ）や**タバコ**が栽培された。なお、この制度 の内容は60～80字くらいの論述問題で問われることが多い。問 題文をしっかりと理解しておこう！	
☑ 2422 +++ **オランダ**の圧政に対して、**スマトラ**島北西部にあっ た**イスラーム教国**の◯◯**王国**が、◯◯**戦争**を起こ して抵抗するも敗北した。<div align="right">（立教大）</div>	アチェー（アチェ）、 アチェー（アチェ）
☞オランダは20世紀初頭に**オランダ領東インド**を完成させた。 ◻ スマトラ島とジャワ島は、かつては仏教やヒンドゥー教が盛んで あったが、次第に**イスラーム教**が浸透した。現在インドネシアは、 世界最大のイスラーム教国となっている。	
☑ 2423 +++ **1908年**に結成された**インドネシア最初の民族運動** **団体**である◯◯は、**知識人が主体**となり、インドネ シア人の社会的地位や文化の向上を求めた。 <div align="right">（慶應義塾大）</div>	ブディ=ウトモ
☞難関大では頻出なので要注意！	
☑ 2424 +++ **1911年**にジャワ中部で結成された**民族運動団体**を ◯◯といい、オランダに対して**自治**などを要求し、 インドネシア独立運動への口火を切った。 <div align="right">（センター試験、新潟大）</div>	サレカット=イス ラーム（イスラーム 同盟）
☑ 2425 +++ オランダ植民地の**ジャワ**島では、◯◯が民族運動 と**女性解放運動の先駆者**として活動した。 <div align="right">（慶應義塾大）</div>	カルティニ
◻ 彼女はジャワの貴族の娘として育ち、女性解放にも努力したが、 25歳の若さで亡くなった。	
☑ 2426 +++ **第一次世界大戦後**、オランダの植民地支配下に置か れていた**インドネシア**では、◯◯党が**スカルノ**の指 導の下で**独立運動**を展開した。<div align="right">（法政大）</div>	インドネシア国民

17 | ロシアの東方進出

☑ 2427 **東シベリア総督**（　　）は、**清**が（　　）**の乱**や**アロー戦**
+++ 　**争**で苦しんでいるのに乗じて、<u>1858</u>年に**清**との間
　で（　　）**条約**を結んで<u>黒竜江</u>（<u>アムール川</u>）**以北**を獲
こくりゅうこう
　得し、<u>ウスリー</u>川**以東**の（　　）を**共同管理**とした。
　　　　　　　　　　　　　　　　　　　　　（センター試験、明治大）

ムラヴィヨフ、
太平天国、
アイグン（愛琿）、
沿海州

　🗅 ロシアの戦略は極東（太平洋）への窓口となる港の建設と、その
　　港に鉄道を連結することだった。**ムラヴィヨフ**はロシアの領土拡
　　大に大きく貢献し、ロシアのルーブル紙幣の顔になるなど、ロシ
　　アで人気は高い。しかし条約締結の3年後には総督職を辞して、
　　のちにフランスに渡った。彼はロシアの後進性にはうんざりして
　　いた。

☑ 2428 **北京公使イグナティエフ**が<u>アロー戦争</u>を**調停**し、
+++ 　<u>1860</u>年に**清**との間で（　　）**条約**が結ばれ、ロシアは
　（　　）を獲得した。　　　　　　　　　　（センター試験、明治大）

北京、
沿海州

☑ 2429 ロシアは**沿海州**に（　　）を**建設**し、**太平洋進出の根拠**
+++ 　**地**とした。　　　　　　　　　　　　　　　　　　　（明治大）

ウラジヴォストーク

　🗅 この都市名は「**東方の窓口**」という意味。

☑ 2430 <u>1875</u>年、ロシアは**日本の明治政府**と（　　）**条約**を結
+++ 　び、**領土の交換**を行った。　　　　　　　　　　　　（立教大）

樺太・千島交換

☑ 2431 **1813年**、ロシアは**イラン**の<u>ガージャール朝</u>との間
+++ 　に**ゴレスターン条約**を結んで（　　）を、<u>1828</u>年に
　は**トルコマンチャーイ条約**を結んで（　　）の大半を
　それぞれ獲得した。　　　　　　　　　　　　　　　（早稲田大）

アゼルバイジャン、
アルメニア

☑ 2432 ロシアは<u>中央アジア</u>へ進出し、**1868年**に（　　）**=ハ**
+++ 　**ン国**、**1873年**に（　　）**=ハン国**を**保護国化**し、**1876**
　年に（　　）**=ハン国**を**併合**した。　　　（東京大、学習院大）

ブハラ、
ヒヴァ、
コーカンド

　🗅 19世紀、中央アジアにはトルコ系の3つの王朝国家（ハン国）が
　　あった。近代装備を持つロシア軍はこれらを次々に撃破した。

☑ 2433 +++ **イスラーム教徒**の軍人◯◯◯の反乱は、清とロシア間での**新疆**の支配をめぐる紛争である**イリ事件**（1871〜81）へと発展した。　　　（慶應義塾大、早稲田大）	ヤクブ=ベク

🗋 この反乱の討伐にあたった清朝の軍人は、洋務運動の担い手としても有名な**左宗棠**である。**ヤクブ=ベクはコーカンド=ハン国**の軍人。軍事的才能にめぐまれ、たった2000人で10倍以上の24000人もの敵を破ったこともあった。最後に清軍に敗れて自殺した。

☑ 2434 +++ **イスラーム教徒**が◯◯◯で反乱を起こしたことに乗じ、ロシアは中国北西辺境のイリ地方を占領した。**1881**年、ロシアは清と交渉して◯◯◯条約を結び、**イリ地方を返還し、通商を承認**させた。　　　（センター試験、関西学院大）	新疆 イリ

18 | トルコの民族運動

☑ 2435 +++ 1839年から◯◯◯と呼ばれる**司法・軍事・行政面の大幅な刷新運動**が始まった。　　（センター試験、大阪大）	タンジマート

☑ 2436 +++ **タンジマート**は◯◯◯世が◯◯◯勅令を発することで開始された。　　　（センター試験、学習院大）	アブデュルメジト1、 ギュルハネ

🗋 **アブデュルメジト1世**はクラシック音楽大好きの西欧化された君主であった。そのため近代化には乗り気であったが、タンジマートは恩恵改革と呼ばれるように、上からの改革であり、成果は乏しかった。

☑ 2437 +++ 1876年に即位した◯◯◯世は**宰相**に◯◯◯を起用して**憲法を発布**したが、翌**77**年の**ロシア=トルコ戦争**（**露土戦争**）の勃発を口実に**憲法は停止**された。　　　（明治大、西南学院大）	アブデュルハミト2、 ミドハト=パシャ

☞ この憲法は宰相名から**ミドハト憲法**と呼ばれる。メジトとハミトの人名を逆に記憶しないように要注意！「**目（メ）は鼻（ハ）の上にある**」と覚えておけば間違うことはない。

☑ 2438 +++ **1908**年、「◯◯◯」による**革命**が成功し、**ミドハト憲法**が**復活**した。　　（センター試験、関西学院大）	青年トルコ

🗋 この革命の背景には、**日露戦争**における**日本の勝利**があった。また革命の中心人物は軍人の**エンヴェル=パシャ**である。

☑ 2439 +++ （　　　）は、**トルコ革命**によって**共和国**を建設し、（　　　）に**大国民議会**を開設してここを**首都**とし、**初代大統領に就任**した。　　　　　　　　　　（共通テスト、青山学院大）

■ 彼はトルコの国民的英雄で、現在も高い人気を誇る。**ケマル=パシャ**ともいう。第一次世界大戦中のガリポリの戦いでイギリス軍に決定的な打撃を与え、当時海軍大臣だったチャーチルを辞任に追い込んだ。1923年にトルコ共和国の初代大統領に就任し、1934年には議会から**アタテュルク**（父なるトルコ人）の称号をうけたことから**ケマル=アタテュルク**とも呼ばれる。

ムスタファ=ケマル、アンカラ

☑ 2440 +++ **トルコ革命**を主導したのはトルコ（　　　）党である。　　　　　　　　　　（青山学院大）

■ トルコ革命とは1919〜23年の間のオスマン帝国打倒から共和国成立までの一連の出来事を指す。

国民

☑ 2441 +++ **ムスタファ=ケマル**は（　　　）制を廃止して政治と宗教（**イスラーム**）との（　　　）を行い、**西欧的近代化**を図った。　　　　　　　　　　（センター試験）

■ 1922年にスルタン制、1924年にカリフ制を正式に廃止した。

スルタン（スルタン=カリフ）、政教分離

☑ 2442 +++ トルコの近代化政策としては、他にも（　　　）暦の採用、（　　　）参政権の付与、（　　　）を採用した**文字改革**などがある。　　　　　　　　　　（センター試験）

🗐 文字改革は学者間の意見が対立してなかなかまとまらず、結局はムスタファ=ケマル自身が制定した。

太陽、女性、ローマ字

☑ 2443 +++ トルコ共和国建国後、新政権は1923年の（　　　）条約で西ヨーロッパ諸国と講和条約を結んだ。これによりトルコは領土を縮めた一方で、（　　　）を回復した。　　　　　　　　　　（センター試験）

🗐 この条約によって、セーヴル条約で認められていた**クルド人国家**の樹立は消えてしまった。シリア・レバノン・ヨルダン・イラクなどのアラブ人国家は**委任統治**が終わると次々と独立していったが、クルド人のみが国家を持てず、一部は流浪の民となった。

ローザンヌ

関税自主権

19 | 中東の民族運動

☑2444 アルバニア人の◯◯◯はナポレオンとの戦いで活躍
+++ し、オスマン帝国からエジプトの◯◯◯に任命され
た。　　　　　　　　　　　　　　（センター試験、東京大）

　🖙ムハンマド=アリーは軍の近代化を妨げていたマムルーク（軍人
　奴隷）の一掃に乗り出した。大宴会にマムルークの将校500人を
　招待し、意気揚々と正装してきたマムルークたちを城門内に閉じ
　込めて、一斉射撃で全員を処刑した。

| ムハンマド=アリー、総督（ワーリー） |

☑2445 ムハンマド=アリーは、オスマン帝国の命令で、1818年
+++ に◯◯◯王国を滅ぼした。　　　　（立教大、神奈川大）

　🖙ワッハーブ派はアラブ民族主義を奉じるイスラームの改革運動
　の一派。トルコ人のオスマン帝国にとっては危険な存在だった。

| ワッハーブ |

☑2446 ムハンマド=アリーがオスマン帝国に戦いを挑んだ
+++ 第1回◯◯◯戦争（1831～33）の結果、ムハンマ
ド=アリーの◯◯◯統治が認められた。
　　　　　　　　　　　　　　　　（センター試験、立教大）

| エジプト=トルコ、シリア |

☑2447 ムハンマド=アリーが、◯◯◯の世襲を要求して第2
+++ 回◯◯◯戦争（1839～40）が始まりこれに勝利し
たが、◯◯◯の領有は放棄させられた。
　　　　　　　　　　　　　　　（センター試験、慶應義塾大）

　🖙この戦争はヨーロッパの干渉を招き、彼はエジプト以外のそれま
　での勢力範囲を失った。

| シリア、エジプト=トルコ、シリア |

☑2448 1805年から始まった◯◯◯朝は、1952年のエジプ
+++ ト革命まで存続した。　　　　　（早稲田大、立命館大）

| ムハンマド=アリー |

☑2449 1920年に◯◯◯独立の宣言が出されたが、フラン
+++ スの委任統治領とされた。　　　　　（上智大、明治大）

　🖙1946年に共和国として正式に独立した。
　🗋オスマン帝国解体後にアラブの地域は、英仏などの戦勝国に一時
　預かりとなった。これを歴史用語では委任統治と呼ぶ。1930年
　代から40年代にかけて順次、独立を果たしていった。

| シリア |

☑2450 ◯◯◯王国は、1928年にイギリス委任統治領下で独
+++ 立を認められた。　　　　　　　　　（上智大、明治大）

　🗋現在でも王政は続いている。2000年以降、ヨルダン王妃のラー
　ニアが女性の地位向上や貧困撲滅に取り組むなど、西欧的な改革
　も進んでいる。

| ヨルダン |

☑2451 （　　　）の独立は、1943年に達成された。それ以前は、
シリア王国から切り離されて**フランスの委任統治領**
となっていた。　　　　　　　　　　　　　（上智大）

レバノン

☑2452 **パン=イスラーム主義**を提唱した**イラン**出身の思想
家（　　　）は多くの弟子を育て、**イスラーム諸国の立憲**
的改革や民族運動に影響を与えた。
　　　　　　　　　　　　　（東京大、慶應義塾大）

アフガーニー

🗒アフガーニーは本名ではないが、アフガン人を自称してこの名を名乗った。

☑2453 **イスラーム**世界の民族運動の背後には（　　　）と呼ば
れる宗教指導者の活動があった。　　　　　（関西大）

ウラマー

🗒スンナ派、シーア派を問わず、多くのウラマーが現在でも政治の方向性を左右している。

☑2454 <u>1914</u>年以来**イギリスの保護国**となっていたエジプ
トは、第一次世界大戦後に（　　　）党を中心とした<u>民族</u>
<u>運動</u>が活発となり、1922年には保護権が廃止され、
（　　　）として独立した。　　　　　（東京大、中央大）

ワフド

エジプト王国

☑2455 中部アラビアで優勢を誇っていた豪族**サウード家**
は、1744年頃に（　　　）を建国した。後に、**ワッハー**
ブ派を国教として<u>第1次</u>（　　　）を建国した。
　　　　　　　　　　　　（一橋大、東京女子大）

サウード王国、

ワッハーブ王国

🗒ワッハーブ派とは、イスラーム教の原点に帰る思想。イスラーム教の退廃はオスマン帝国（トルコ人）やイスラーム神秘主義（スーフィー）が招いたとして、これを批判した。**アラブ民族主義**の性格もあった。

☑2456 サウード家の（　　　）は**ヒジャーズ王国**を滅ぼしてヒ
ジャーズ=（　　　）を建国し、1932年には**アラビア半**
島の大部分を統一して（　　　）を建設した。
　　　　　　　　　　　　（一橋大、東京女子大）

イブン=サウード、
ネジド王国、
サウジアラビア王国

☞建国のプロセスはややこしいが、難関校ではよく出題される。

☑2457 アラブ独立運動の指導者（　　　）は、1916年に、アラ
ビア西岸に（　　　）を建設したが、後に**ネジド王国**に併
合されて滅んだ。　　　　　　　　　（明治大、関西大）

フセイン（フサイン）、
ヒジャーズ王国

☑2458 <u>1796</u> 年にはイランに（　　　）朝が成立したが、**イギリスとロシアの侵略**が激化した。　　　　　　（東京大、上智大）	ガージャール
☑2459 **サイイド=アリー=ムハンマド**が始めた**イスラーム教<u>シーア派</u>系の神秘主義的新宗派**を（　　　）という。イギリスやロシアなど列強の圧迫に反発した**貧困農民、中小商人**の間に広まった。　　　　　　　（早稲田大）	バーブ教
☑2460 1848 〜 50 年頃にかけて、**封建的体制と諸外国からの圧力**を受けて、イランの（　　　）が反乱を起こした。　　　　　　　　　　　　（センター試験、慶應義塾大） 🗒 この反乱は鎮圧されて、信者の多くも虐殺された。概して女性の地位が低いイスラーム社会において、男女平等など革新的な性格もあった。<u>バーブ教</u>の一部は**バハーイー教**として現在も残っている。	バーブ教徒
☑2461 1891 年、**ガージャール朝**政府が**イギリス**に**タバコ**の生産および販売の独占的利権を認めたことに対して、イランの民衆や商人が（　　　）を起こした。　　　　　　　　　　　　　　　　　（上智大、東京大） 🗒 イスラーム社会では**酒は禁止**されているが、**タバコは禁止**されていない。これはムハンマド時代にタバコがなかったからである（タバコは16世紀以降、新大陸から入った）そのため、人々にとっての娯楽の1つになっている。	タバコ=ボイコット運動
☑2462 **イラン**の**トルコ系イスラーム王朝**の（　　　）は、19 世紀以降、**イギリスとロシアの侵略**に苦しめられ、<u>1907年の英露協商</u>で保護国化された。　　　　（東京大、京都大）	ガージャール朝
☑2463 <u>1905</u> 〜 11 年、イランではイギリスとロシアの侵略と、これに従属する政府に対して（　　　）が起こり、<u>1906年</u>には仮憲法が制定、国民議会が創設されたが、**イギリス**と（　　　）の干渉により挫折した。　　　　　　　　　　　　　　　　　　　　　（立命館大） ☞ **日露戦争**における**日本の勝利**が刺激となった。アジア各国は日本の勝因を**立憲国家の樹立**にあると考えた。	イラン立憲革命 ロシア

☑2464 イギリスは第◯◯次アフガン戦争の結果、アフガ
+++ ニスタンを**1880年**に保護国化した。　（東京女子大）

📖 第1次アフガン戦争では、撤退途中のイギリス軍16000人が待ち伏せにあい全滅した。女性や子どもなども含まれていたため、イギリスは激高した。第2次アフガン戦争は弔い合戦の意味合いもあった。

2

☑2465 **1919年**、第◯◯次アフガン戦争の結果、◯◯が
+++ **イギリスから正式に独立**した。　（慶應義塾大）

3、
アフガン王国

☑2466 **1935年**に**パフレヴィー朝**は旧名であるペルシアを
+++ ◯◯と改称した。　（京都大）

イラン

21｜日本の大陸進出

☑2467 **1915年**、日本は中国の◯◯政府に対して、◯◯
+++ 省における**ドイツ権益**の継承、**旅順**と**大連**の租借期間の延長などを盛り込んだ◯◯を承諾させた。
（センター試験、京都産業大）

☛ 満洲における利権獲得についても問われることがあるので要注意！　日本は中国進出を狙い、この要求を提出した。

袁世凱、山東

（対華）二十一カ
条の要求

☑2468 1915〜17年頃から、**儒教**主義の**排斥**と**白話**の使用
+++ を主張する◯◯が始まった。
（センター試験、京都産業大）

📖 白話とは口語（話し言葉）を意味する。伝統的な文語を否定することは儒教や旧来の政治体制、伝統的価値観の否定につながった。

文学革命

☑2469 アメリカに留学経験のある**北京大学教授**の◯◯は
+++ 雑誌『◯◯』に「**文学改良芻議**」を発表し、これは
◯◯運動の端緒となった。　（慶應義塾大、日本女子大）

☛ これらの啓蒙運動は新文化運動とも呼ばれる。

胡適、
新青年、
白話

☑2470 **1917年**、**北京大学教授**の◯◯も『**文学革命論**』を
+++ 発表し、**文学革命**の中心を担った。
（学習院大、日本女子大）

☛ 彼は中国共産党結成の中心人物でもある。

陳独秀

☑ 2471 日本の仙台で医学を学んだ◯◯◯は、『狂人日記』 +++ 『◯◯◯』で儒教的因習を厳しく批判した。 （学習院大、立教大） ⏴ 彼は日本の仙台医学校（現在の東北大学医学部）に留学した。恩 師の藤野先生（藤野厳九郎）を非常に尊敬し、帰国しても机の上 に先生の写真を飾っていたといわれる。	魯迅、 阿Q正伝
☑ 2472 ◯◯◯会議において◯◯◯の破棄が拒否されたこと +++ に呼応して、1919年5月4日には北京大学の学生 らが日本の排斥と諸権益の回収を叫んだ。これを ◯◯◯運動と呼ぶ。 （センター試験、慶應義塾大） ⏴ 彼らは親指の関節をかみ切り、血文字で抗議の言葉を書き記し た。	パリ講和、(対華) 二十一カ条の要求 五・四
☑ 2473 抗日民族主義運動は中国全土へと拡大し、北京政府 +++ は◯◯◯条約の調印を拒否した。 （センター試験、立命館大）	ヴェルサイユ

22 | 中国革命の展開

☑ 2474 1914年、◯◯◯は亡命先である日本の東京で秘密結 +++ 社の◯◯◯党を結成し、1919年には◯◯◯でこれを 改組して◯◯◯党を創設した。 （早稲田大、立命館大） ⏴ 東京は中国の革命運動の中心となっていた。特に日活（映画会社） の創業者である梅屋庄吉は莫大な資産を、孫文に投資した。日本 人の協力なくして革命の成功はなかったといえる。	孫文、 中華革命、上海、 中国国民
☑ 2475 1921年、◯◯◯や李大釗らが◯◯◯で中国共産党を +++ 結成した。 （早稲田大） ⏴ 中国国民党も中国共産党も上海で結成された。中国共産党は、結 成当初は7人足らずだった。なお、李大釗は早稲田大学に留学、 成績表は現在も残っているが、実はあまり良くなかった。	陳独秀、上海
☑ 2476 1919年、ソヴィエト政府は◯◯◯宣言を出し、帝政 +++ ロシア時代の対中国不平等条約の無償廃棄を宣言し た。 （上智大） ⏴ これは平等な関係を中国に対して呼びかけたもので、孫文などの 知識人は大いに喜び感動した。	カラハン

☑2477 ロシア革命に共鳴した孫文は、1924年1月の中国
+++ 国民党（ ）大会で「連ソ・（ ）・（ ）」の3方
針を打ち出し、この結果（ ）が成立した。
(センター試験、立教大)

一全、
容共、扶助工農、
(第1次)国共合作

　⚐ 扶助工農とは労働者や農民を支援するという意味。孫文が社会主
　義へと接近したスローガンであった。しかし最近では、扶助工農
　は孫文の死後に唱えられたとする学説が強まっている。

☑2478 蔣介石を校長として広州に（ ）が創設され、この学
+++ 校の学生を中心に、1925年に（ ）が創設された。
(早稲田大)

黄埔軍官学校、
国民革命軍

☑2479 1925年に「（ ）いまだ成功せず」という言葉を残
+++ し、孫文が病死した。 (早稲田大)

革命

☑2480 1925年、上海の労働者が起こした反帝国主義のス
+++ トライキは（ ）事件と呼ばれる。 (学習院大、立教大)

五・三〇

　⚐ 上海にある日本人が経営する紡績工場で起こった労働者のスト
　ライキから始まり、死傷者が出る闘争にまで発展した。

☑2481 孫文の跡を継いだ（ ）は、1926年7月に国民革
+++ 命軍を率いて（ ）を出発し、全国統一を目指して
（ ）を開始した。 (日本女子大、京都産業大)

蔣介石、
広州(広東)、北伐

　☞ 1925年7月に広州国民政府が樹立され、ここが全国統一の中心
　となった。

☑2482 蔣介石率いる国民革命軍が行った北伐に際し、日本
+++ は（ ）を行った。 (センター試験)

山東出兵

☑2483 蔣介石は（ ）財閥の援助がなくては中国統一が困
+++ 難であることを知り、1927年に（ ）党を弾圧する
（ ）を起こした。 (センター試験、専修大)

浙江、
中国共産、
上海クーデタ
(四・一二事件)

　☞ この結果、第1次国共合作は崩壊した。

☑2484 1927年4月に（ ）国民政府が成立し、容共の
+++ （ ）政府も崩壊して、これに合流した。
(上智大、早稲田大)

南京、
武漢

☑ 2485 1928年5月、山東省で日本軍と北伐軍が衝突する +++ ◯◯◯事件が起こった。 （慶應義塾大）	済南 （せいなん）
▷ 済南は地名。北伐を阻止しようとした日本軍はここで数千人の市民を殺害したが、北伐軍はここを迂回（うかい）して北京に向かった。	
☑ 2486 1928年6月、蔣介石は北京政府を支配していた +++ ◯◯◯軍閥の◯◯◯を打倒し、北伐は完成した。 （専修大、早稲田大）	奉天（東北）、 （ほうてん） 張作霖 （ちょうさくりん）
☑ 2487 1928年6月、北伐に敗れた張作霖が日本の関東軍に +++ 爆殺される◯◯◯事件が発生した。 （専修大、早稲田大）	奉天 （張作霖爆殺）
▷ 関東軍はこの混乱に乗じて一気に満洲を支配しようとしたが失敗した。	
☑ 2488 1931年に中国共産党は、江西省◯◯◯で毛沢東を主 +++ 席とする◯◯◯政府を樹立した。 （立命館大）	瑞金、 （ずいきん） 中華ソヴィエト共 和国臨時
☑ 2489 中国共産党の軍隊である◯◯◯は国民党軍に追われ、 +++ 北西に約12,500km移動し、1936年には陝西省 ◯◯◯に到着した。これを◯◯◯と呼ぶ。 （センター試験、慶應義塾大）	紅軍 （こうぐん） 延安 （えんあん） 長征（大西遷） （ちょうせい）（だいせいせん）
▷ 中国共産党の紅軍は11の省を通り、18の山脈を越え、17の大河を渡った。しかし、あまりにも過酷な行軍（移動）により、兵士の約9割が死亡したとされる。	
☑ 2490 1935年、長征（大西遷）の途中で開かれた◯◯◯会 +++ 議で、中国共産党の指導権はモスクワ留学派から ◯◯◯に移った。 （明治大）	遵義 （じゅんぎ） 毛沢東

MEMO

11 2つの世界大戦

近代

1 | アフリカ分割

☑2491 ヨーロッパによる分割以前のアフリカは「◯◯◯」と
+++ 呼ばれていたが、**イギリスの宣教師**◯◯◯、**アメリカ
の探検家でジャーナリスト**の◯◯◯らによる探検で、
ヨーロッパ世界の注目を集めるようになった。

(センター試験、日本大)

📖 スタンリーは孤児院で育った苦労人で、その精神的屈強さから
「ブーラ・マタリ（岩を砕く男）」と呼ばれて黒人に慕われた。「私
には必ずやり遂げる力がある」は、彼の信念を表す言葉である。

暗黒大陸、
リヴィングストン、
スタンリー

☑2492 19世紀以降、**イギリス**や**フランス**、続いて**ドイツ**や
+++ イタリアによる◯◯◯が進み、**1900年頃にほぼ完了**
した。 (東海大、立教大)

アフリカ分割

☑2493 **スーダン**で発生した◯◯◯率いる◯◯◯の反乱では、
+++ イギリスの将軍**ゴードン**が戦死したが、最終的にイ
ギリスが勝利した。 (学習院大)

📖 ゴードンは太平天国の乱で常勝軍を率いて活躍した人物。なお、
このアフリカの反乱は極めてイスラーム色の強いものであった。

ムハンマド=アフマ
ド、マフディー

☑2494 <u>1814</u>年に開かれた<u>ウィーン会議</u>において◯◯◯が
+++ <u>イギリス領</u>となると、**オランダ系**植民地の子孫である
◯◯◯<u>人</u>が北方に移住した。この**集団移住**のことを
◯◯◯と呼ぶ。 (新潟大、関西学院大)

📖 この移住は1835年頃から始まった。その途中に起こったアフリ
カ人との抗争などで多くの人が死亡する苦難の旅だった。

ケープ植民地

ブール（ブーア、ボー
ア）、グレート=トレッ
ク

☑2495 1884〜85年、ドイツの宰相ビスマルクが主宰した
+++ ◯◯◯会議において、**アフリカ分割の原則**となる
◯◯◯権が確認された。 (法政大、明治大)

☞ アフリカを**「無主の地」**とし、文字通り、**先に占領した国に領有
権が認められること**（要するに早い者勝ち）が決定した。

ベルリン、
先占

☑2496 **ベルギー国王**◯◯◯<u>世</u>は、探検家**スタンリー**の**コンゴ**
+++ **探検**を支援し、後に◯◯◯<u>自由国</u>を建てて私領（国王
の領土）とした。 (新潟大、関西学院大)

レオポルド2、
コンゴ

352

☑2497 イギリスによるエジプト進出の中、「◯◯◯人のため **+++** のエジプト」を唱えて、<u>1881 ～ 82</u>年に◯◯◯の反乱が発生したが、イギリスの単独出兵で鎮圧され、**事実上、エジプトはイギリスの◯◯◯となった。** (センター試験、東京大)	エジプト、ウラービー(オラービー)=パシャ、保護国
☑2498 イギリスの<u>ケープ植民地の首相</u>◯◯◯は、南アフリカ **+++** 内陸部を占領し、その地を自らの名前に由来して◯◯◯と命名した。 (関西学院大) 🗨 彼は「でき得れば、私は惑星をも併合したい」と豪語した。	(セシル=)ローズ ローデシア
☑2499 <u>ブール人</u>が建国した◯◯◯共和国と◯◯◯自由国で **+++** **金やダイヤモンドが発見される**と、イギリスの植民相<u>ジョゼフ=チェンバレン</u>は◯◯◯戦争を起こし、勝利した。 (東京都立大) 🗨 この戦争には少年も参加した。これがボーイスカウト運動の起源となった。	トランスヴァール、オレンジ、南アフリカ(ブール、ブーア、ボーア)
☑2500 <u>1910</u>年に成立した◯◯◯では、**白人優先の人種隔離** **+++** **政策**である◯◯◯が行われた。 (一橋大、慶應義塾大) 🗨 この政策は第二次世界大戦以後に強化されていった。黒人やアジア人といった有色人種をバス、公園、学校などのあらゆる場所において差別した。ちなみに、日本人はその経済的繁栄から「**名誉白人**」として差別待遇は受けなかった。	南アフリカ連邦、アパルトヘイト
☑2501 **イギリス**は◯◯◯、◯◯◯、◯◯◯を結ぶ**3C政策**を **+++** 展開した。 (センター試験、駒澤大)	カイロ、ケープタウン、カルカッタ ※順不同
☑2502 **3C政策**の名称は**ドイツの**◯◯◯に対抗したもので **+++** ある。 (明治大)	3B政策
☑2503 <u>1869</u>年に◯◯◯が開通すると<u>エジプト</u>の重要性は **+++** 飛躍的に高まった。 (センター試験、東京大) ▪エジプトはインドへの最短ルートの拠点となる。**イギリスのイン**ド支配にとってエジプト確保は必要不可欠であった。	スエズ運河
☑2504 <u>1869</u>年は<u>スエズ運河</u>と並んで、<u>アメリカ</u>で◯◯◯ **+++** が完成した交通史上の重要な年である。 (成蹊大) 🗨「線路は続くよどこまでも」の歌は、この鉄道建築にたずさわった鉄道作業員たちが歌った歌とされている。しかし労働は過酷で、多くの人命の犠牲の上に工事は完成した。いうなれば、枕木の下には多くの遺体が埋まっているのだ。	大陸横断鉄道

☑ 2505 **1830**年、フランスは**シャルル10世**時代に（ ）に +++ 侵攻した。 （関西学院大）	アルジェリア
🔲 しかし、現地で**アブドゥル=カーディル**の激しい抵抗に直面した。カーディルはアラブの若き英雄。23歳でフランス部隊に勝利して、抵抗運動のリーダー的存在となった。	
☑ 2506 **1881**年、フランスはイタリアと争って（ ）を保護 +++ 国化した。 （上智大）	チュニジア
☞ **モロッコ**、**アルジェリア**、**チュニジア**、**ファショダ**と西から東（横方向）に進んだ。	
☑ 2507 <u>奴隷貿易</u>で繁栄した<u>アシャンティ王国</u>は、1902年に +++ （ ）の保護領とされた。 （東京大、津田塾大）	イギリス
☑ 2508 **ギニア**では（ ）が**イスラーム国家**の（ ）帝国を +++ 建てたが、フランスに敗北した。 （明治大）	サモリ=トゥーレ、 サモリ
🔲 彼は**ギニア**の国民的英雄になっている。フランスに敗北したが、ゲリラ的作戦でフランス軍を大いに苦しめた。ギニアの初代大統領の**セク=トゥーレ**は、サモリ=トゥーレの子孫。	
☑ 2509 アフリカ南東部の（ ）島は、<u>17</u>世紀以降にオラン +++ ダ、イギリス、フランスが進出を競ったが、<u>ベルリ</u><u>ン会議</u>で**フランス**の勢力圏と認められた。 （予想問題）	マダガスカル
🔲 この島は、日本の約1.6倍もの面積を持ち、そのため諸勢力の争奪の場となった。第2次世界大戦では、日本・フランス連合軍とイギリス軍の間でマダガスカルの戦いが行われた（フランスはすでにドイツに敗北しており、親独政権となっていたため、日本は支援した）。	
☑ 2510 ジブチ、（ ）砂漠、マダガスカルを結ぶ**フランスの** +++ （ ）政策はイギリスの<u>縦断政策</u>と衝突した。 （センター試験）	サハラ、 横断
☑ 2511 （ ）年、<u>イギリス軍</u>と<u>フランス軍</u>がスーダンの地で +++ 衝突した（ ）事件は、フランスの譲歩に終わり、<u>1904</u>年の英仏協商へと発展した。 （明治大）	1898、 ファショダ
☞ ファショダは2011年以降、南スーダン共和国に位置している。	

☑2512 <u>1884</u> 年に開かれた<u>ベルリン会議</u>を契機としてアフ
+++ リカへと進出したドイツは、◯◯◯、**東アフリカ植民**
地、南西アフリカ植民地を建設したが、東アフリカ
植民地では強制栽培への反発から◯◯◯の蜂起が起
こった。　　　　　　　　　　　　　　　　（早稲田大）

カメルーン

マジ=マジ

　🗨 この反乱は「聖なる水（マジ）」を飲んで戦ったことに由来する。
　　銃弾を受けても死なない不死身の水とされたが、全員殺された。

☑2513 <u>英仏協商</u>に不満を抱いた**ドイツ**の◯◯◯**世**は、突如、
+++ モロッコの◯◯◯を訪問して**第1次モロッコ事件**を
起こしたが、<u>1906</u> 年の◯◯◯会議で**モロッコの領**
土保全と門戸開放というドイツの主張は退けられ
た。　　　　　　　　　　　　　　　　　　（早稲田大）

ヴィルヘルム2、
タンジール、
アルヘシラス

☑2514 **ドイツは居留民保護**を口実に、突然◯◯◯港に入港し
+++ て<u>第2次モロッコ事件</u>を起こし、再びドイツは国際
的に孤立した。　　　　　　　　　　　　　（法政大）

アガディール

　☞ 2度の<u>モロッコ事件</u>の区別がきっちりとできるように！

☑2515 1880 年代に<u>イタリア</u>はエチオピア東部の◯◯◯と北
+++ 部の◯◯◯を植民地とした。　　　　　　（予想問題）

ソマリランド、
エリトリア

☑2516 **イタリア軍は**<u>**エチオピア**</u>に侵入したが、<u>1896</u> 年に
+++ ◯◯◯の戦いで敗退した。　　（慶應義塾大、津田塾大）

アドワ

　🗨 アフリカがヨーロッパに勝った歴史的な戦い。イタリア軍は
　　6,000 人以上の死者を出して壊滅した。

☑2517 1911 ～ 12 年、**イタリア**はトルコと<u>イタリア=トルコ</u>
+++ <u>戦争</u>を戦い、◯◯◯・◯◯◯の合併に成功し、両地域
を併合して<u>リビア</u>と命名した。　　　　　　（上智大）

トリポリ、
キレナイカ※順不同

☑2518 20 世紀初頭までに◯◯◯**帝国**とアメリカの解放奴隷
+++ が入植して誕生した◯◯◯**共和国**の2つの国を除い
て、**アフリカ全土は列強によって分割**された。

（東京大、早稲田大）

エチオピア、
リベリア

　🗨 リベリア共和国の首都名は**モンロビア**で、当時のアメリカ大統領
　　<u>モンロー</u>にちなんで名付けられた。1980 年代末には部族対立な
　　どから内戦状態に陥り、2003 年に停戦した。

2 | 列強間の同盟、条約、協商

☑ 2519 **ドイツのビスマルク**による<u>同盟政策</u>は◯◯の**孤立** **+++** **化を目的**としていた。 　　　　　　　　（千葉大、駒澤大） 　🖉 ビスマルク外交は別名「同盟政策」といわれ、その基本目的は上 　記の通りであった。しかし、**フランスとロシアが手を結ぶ可能性** 　があり苦心した。	フランス
☑ 2520 **1873年**、ビスマルクは◯◯と**ロシア**を誘って **+++** ◯◯**同盟**を結成した。 　　　　　　　　　　（高崎経済大）	オーストリア、 三帝
☑ 2521 <u>露土戦争</u>後の◯◯**会議**の結果に不満を持った**ロシ** **+++** **ア**は、**ドイツとの同盟関係から離れ**、代わって<u>1879</u> **年**に◯◯**同盟**が成立した。 　　　　　　　　　（上智大） 　🖝この会議でビスマルクはロシアを裏切り、イギリスにとって有利 　に会議を進めた。この結果、**ロシアの南下政策は挫折**した。	ベルリン 独墺
☑ 2522 **ビスマルク**は<u>1882年</u>には◯◯、**ドイツ、オース** **+++** **トリア**間で◯◯**同盟**を成立させた。 　　　　（津田塾大） 　🖝アフリカで**フランスと対立するイタリア**を同盟に誘った。	イタリア、 三国
☑ 2523 **ビスマルク**は**ロシア**と◯◯との接近を防ぐため、 **+++** <u>1887年</u>に◯◯**条約**を締結した。 　　　　　（上智大） 　🖉 ロシアとの関係回復に成功した**ビスマルク**外交の特徴は「裏切 　り」に近いものであったが、少なくともビスマルク時代はヨー 　ロッパで大きな戦争は回避された。その点、実利的な平和主義者で 　あったといえる。	フランス、 再保障
☑ 2524 ◯◯**世**が**ドイツ皇帝に即位**して、**1890年**に**ビスマ** **+++** **ルクは引退に追い込まれ**、**ドイツから離れたロシア** は◯◯**に接近**し、<u>1894年</u>に◯◯**同盟が成立**し た。 　　　　　　　　　　　　　　　　　　（津田塾大） 　🖝ロシアはフランスの融資でシベリア鉄道を建設した。	ヴィルヘルム2 世 フランス、露仏
☑ 2525 **イギリスとドイツ**は両国の世界政策である◯◯**政** **+++** **策**と◯◯**政策**で鋭く対立した。 　　　　　（名古屋大）	3C、 3B
☑ 2526 **3B政策の3B**とは、◯◯、**ビザンティウム**、◯◯ **+++** の**3つの都市**を指し、**ドイツがオスマン帝国（トル** **コ）**から◯◯**権を得た**のをきっかけに具体化した、 ドイツの<u>東方政策</u>のことである。 　　　　　　　　　　　　　　　　（共通一次試験、立命館大）	ベルリン、 バグダード、 バグダード鉄道敷 設

☑2527 帝国主義時代の<u>建艦競争</u>は、最大の植民地を有する +++ ◯◯◯と、膠州湾(こうしゅう)の占領・<u>租借(そしゃく)</u>を機に海軍力の増強が 求められるようになった◯◯◯との間で、最も熾烈に 展開された。 (センター試験)	イギリス、 ドイツ
☑2528 **イギリス**は極東における<u>ロシア</u>との関係上、「◯◯◯ +++ <u>ある孤立</u>」という外交方針を捨てて、<u>1902</u>年に ◯◯◯同盟を結んだ。 (東京女子大) ☛特に、ロシアの南下政策を**インド支配の脅威**と感じたイギリス は、<u>1902</u>年にこの同盟を結んで**ロシアを牽制**した。	光栄 日英
☑2529 <u>1907</u>年の◯◯◯において、**イラン北部はロシア**の、 +++ **イラン南東部**と◯◯◯は**イギリス**の勢力圏となり、 ◯◯◯は相互不干渉とされた。 (センター試験) ☛英露協商の内容は60字程度の論述問題で出題されることが多い ので要注意！	英露協商、 アフガニスタン、 チベット
☑2530 <u>1894</u>年の◯◯◯同盟と、<u>1904</u>年の◯◯◯協商、 +++ <u>1907</u>年の<u>英露協商</u>の成立により、**実質的には三国** **間**の◯◯◯が成立した。 (センター試験、津田塾大)	露仏、英仏、 三国協商

3 | 東方問題(バルカン半島は「ヨーロッパの火薬庫」)

☑2531 19世紀に**オスマン帝国の領土と民族問題**をめぐっ +++ て生じた国際的な諸問題を、西ヨーロッパ列強の立 場から「◯◯◯問題」と呼ぶ。 (予想問題)	東方
☑2532 <u>20</u>世紀初頭の<u>バルカン半島</u>は、**列強**が**勢力圏を争い** +++ **合う場**となったことから、「◯◯◯」と呼ばれた。 (慶應義塾大)	ヨーロッパの火薬 庫
☑2533 バルカン半島では、**ロシア中心**の◯◯◯主義と、**ドイ** +++ **ツ・オーストリア中心**の◯◯◯主義が鋭く対立してい た。 (上智大、早稲田大) �🔲 2つの主義が交錯するため「死の十字(デッド=クロス)」と呼ば れた。	パン=スラヴ (汎スラヴ)、 パン=ゲルマン (汎ゲルマン)

☑ 2534 1908年には<u>セルビア</u>が領土的野心を持っていた
+++ ◯を、<u>オーストリア</u>がオスマン帝国の◯革命
を利用して一気に併合した。　　　　　　（高崎経済大）

　🗅セルビアとオーストリアとの深刻な対立が始まった。**セルビアの**
　後ろにはロシアが、**オーストリアの後ろにはドイツ**がいた。この
　ことが第一次世界大戦へと発展した。

ボスニア・ヘルツェ
ゴヴィナ、青年トルコ

☑ 2535 ロシアの影響下で◯、◯、<u>ギリシア</u>、<u>モンテ</u>
+++ <u>ネグロ</u>が<u>バルカン同盟</u>を結んだ。　　　（上智大）

セルビア、
ブルガリア※順不同

☑ 2536 1912年の◯戦争では、◯をバルカン同盟が
+++ 破り、<u>ロンドン条約</u>で◯を除く<u>ヨーロッパの領土</u>
を奪回した。　　　　　　（センター試験、高崎経済大）

　🗅ロンドン条約でブルガリアはマケドニアを獲得したが、領土を取
　りすぎた**ブルガリアに対して同盟内から不満の声**があがった。

第1次バルカン、
オスマン帝国(トル
コ)、イスタンブル

☑ 2537 1913年の◯戦争では、<u>バルカン同盟</u>内の一国で
+++ ある◯に対して、他のセルビア、ギリシア、モン
テネグロが攻撃し、さらに◯と<u>オスマン帝国</u>も加
わった。　　　　　　　　　　　　　　（早稲田大）

　☛少々ややこしいが、全参加国が入試で問われるので要注意！

第2次バルカン、
ブルガリア、
ルーマニア

☑ 2538 2度の<u>バルカン戦争</u>で最も大きな損害を受けた国で
+++ ある◯と◯は、**以後、ドイツ・オーストリア**
側に接近した。　　　　　　（センター試験、中央大）

ブルガリア、オスマ
ン帝国(トルコ)
※順不同

---

4 | 第一次世界大戦

☑ 2539 <u>1914年</u>6月<u>28日</u>、ボスニアの州都◯でオー
+++ ストリアの皇位継承者夫妻が<u>セルビア人</u>青年によっ
て暗殺された◯をきっかけに、**第一次世界大戦が**
勃発した。　　　　　　　（センター試験、名古屋大）

　🗅暗殺者は急進的民族主義組織に属している学生だった。

サライェヴォ、
サライェヴォ事件

☑ 2540 第一次世界大戦において、**イギリス、フランス、ロ**
+++ **シアを主力**とした国々を総称して◯という。
　　　　　　　　　　　　　　　　　　（慶應義塾大）

連合国(協商国)

☑2541 +++	第一次世界大戦において、**ドイツ、オーストリア、オスマン帝国**、◯◯の**4カ国**を総称して◯◯という。 （センター試験）	ブルガリア、 同盟国
☑2542 +++	**日本**は◯◯**同盟**に基づいて**連合国として参戦**し、大戦中には、中国の◯◯政府に**二十一カ条の要求**を認めさせ、**ドイツ**の持っていた◯◯**省**などの利権を獲得した。 （センター試験、早稲田大） ◻ ドイツが租借し、東洋艦隊の根拠地としていた<u>青島</u>は日本の攻略対象とされた。	日英、 袁世凱(えんせいがい)、 山東(さんとう)
☑2543 +++	◯◯が**連合国側として参戦**したのは、第一次世界大戦後に◯◯の支援で対日交渉を有利に進めるためであった。 （明治学院大）	中国、 連合国
☑2544 +++	◯◯が**オーストリア**との領土をめぐる対立から<u>三国同盟</u>を破棄して**連合国側に立って参戦**したのは、戦後、◯◯問題解決の取り決めがあったためである。 （センター試験、埼玉大） ◻ イギリスとフランスはイタリアの**領土に対する不満**を利用し、連合国側での参戦を呼びかけた。	イタリア 未回収のイタリア （イタリア=イレデンタ）
☑2545 +++	第一次世界大戦中、アメリカは日本の南方進出を恐れて<u>二十一カ条の要求</u>を◯◯協定で認めた。 （早稲田大） ☞ <u>1922</u>年の<u>九カ国条約</u>で、この協定は実質的に破棄された。	石井・ランシング
☑2546 +++	<u>1914</u>年8月、ドイツの将軍**ヒンデンブルク**は侵入したロシアの大軍を◯◯**の戦い**で撃滅し、東部戦線における軍事的脅威を取り除くことに成功した。 （埼玉大、専修大）	タンネンベルク
☑2547 +++	ドイツが**永世中立国**である◯◯を突破したことは、◯◯参戦のきっかけとなった。 （名古屋大） ◻ ベルギーは永世中立国であったが、2度の世界大戦ではいずれもドイツ軍に占領されたため、永世中立を放棄した。	ベルギー、 イギリス

☑ 2548 +++ <u>1917</u>年<u>4</u>月の（　　）参戦の背景には、ドイツの（　　）作戦への反発のみならず、開戦以来の連合国への膨大な（　　）の確保のためという財政事情があった。 （埼玉大、早稲田大） 🗊 **イギリスとフランスが敗北すれば負債（債権）が支払われなくなるという懸念**が、参戦の根本的な理由といえる。これにより、戦局は連合国側に有利に展開していった。	アメリカ、無制限潜水艦、債権
☑ 2549 +++ 1914年9月の（　　）の<u>戦い</u>を機に西部戦線の膠着状態（こうちゃく）が続き、パリはドイツ軍の占領を免れた。 （センター試験、立教大） 🗊 これによって、対フランス戦の短期終結を狙った「**シュリーフェン計画（シュリーフェン=プラン）**」は変更を余儀なくされた。	マルヌ
☑ 2550 +++ 第一次世界大戦中、ヨーロッパで中立国だったのは、（　　）、ベルギー、（　　）、リヒテンシュタイン、**スイス、デンマーク、ノルウェー、スウェーデン、アルバニア**である。 （早稲田大、明治大）	スペイン、オランダ ※順不同
☑ 2551 +++ 第一次世界大戦中、ドイツは**Uボート**と呼ばれる（　　）を実戦で使用した。 （東京大）	潜水艦
☑ 2552 +++ <u>1917</u>年2月、軍事的に劣勢に立たされたドイツ軍が（　　）を強行すると、それを理由に**アメリカが参戦**した。 （センター試験、早稲田大） 🗊 ドイツは**敵国、中立国の区別なく**、また商船も対象として交戦水域に入った船舶を攻撃した。	無制限潜水艦作戦
☑ 2553 +++ 第一次世界大戦では、大砲や機関銃が出現すると、**深い塹壕（ざんごう）を掘り、鉄条網を張りめぐらして対峙（たいじ）する**という（　　）が中心となり、戦争は膠着状態に陥った。 （予想問題）	塹壕戦
☑ 2554 +++ 第一次世界大戦が長期化する中で、交戦国は有利に戦いを進めるために様々な（　　）を行った。（予想問題）	秘密外交

☑ 2555 <u>1917</u> 年11月、イギリス外相の◯◯◯が◯◯◯を出
+++ し、パレスチナへのユダヤ人の帰還に対する援助や、
将来の**ユダヤ人国家建設への支持**を約束した。

（千葉大、上智大）

🗊 これはユダヤ系の金融資本（**ロスチャイルド家**）による財政的支援との「交換条件」であった。

バルフォア、
バルフォア宣言

☑ 2556 第一次世界大戦中、イギリスは戦局を優位に進める
+++ ために◯◯◯協定（書簡）、<u>サイクス・ピコ協定</u>、<u>バ</u>
<u>ルフォア宣言</u>など矛盾した**秘密外交**を展開した。

（センター試験）

☞ **フセイン（フサイン）・マクマホン協定**は、当時のオスマン帝国支配下にあった**アラブ人に対して、イギリスが第一次世界大戦後の独立を約束**することで戦争への協力を求めたもの。なお、**サイクス・ピコ協定**はイギリス、フランス、ロシアによるオスマン帝国分割の秘密協定である。

フセイン（フサイン）・マクマホン

☑ 2557 第一次世界大戦は、交戦国のすべての国民が動員さ
+++ れた消耗戦であり、**人類史上初の**◯◯◯となった。

（東京大、専修大）

総力戦

☑ 2558 1915年、ドイツはイープルの戦いで初めて◯◯◯を
+++ 実戦で使用した。　　　　　（センター試験）

🗊 主に**塹壕戦**で用いられた。毒ガスの発明者は、ノーベル化学賞をのちに受賞するドイツのフリッツ＝ハーバー。しかし妻のクララは夫の毒ガス開発に抗議して、自ら命を絶った。

毒ガス

☑ 2559 ◯◯◯の小説『<u>西部戦線異状なし</u>』は第一次世界大戦
+++ の戦場での日常と、その悲惨さを描いた作品である。

（慶應義塾大）

🗊 主人公を含め10代の若者が次々と戦死していく物語。特に毒ガスを吸い込んで、10代の若者たちが死んでいく様子は凄惨を極める。反戦作品の代表とされる。

レマルク

☑ 2560 <u>1916</u> 年9月、イギリスは◯◯◯の**戦い**で初めて
+++ ◯◯◯を実戦で使用した。　（センター試験、中央大）

🗊 戦車は塹壕を突破するために開発された。

ソンム、
戦車

☑ 2561 潜水艦と並んで◯◯◯は、第一次世界大戦の主力兵器
+++ となった。　　　　　　　　　　　　（センター試験、東京大）
　　　　🄰偵察や爆撃のために導入された。

航空機

☑ 2562 1918年11月3日、ドイツでは◯◯◯軍港の水兵出
+++ 撃拒否を機に反戦のための反乱が起こった。
　　　　　　　　　　　　　　　　　　（センター試験、埼玉大）
　　　　☛この反乱をきっかけにドイツ帝国が崩壊し、共和政である臨時政
　　　　　府が成立した。

キール

☑ 2563 ◯◯◯年11月11日、ドイツが休戦条約に調印して
+++ 4年3カ月にわたる第一次世界大戦は終了した。
　　　　　　　　　　　　　　　　　　　　　　　　（名古屋大）
　　　　🄰第一次世界大戦では民間人を含めて戦死者は約1,900万人、負傷
　　　　　者は約2,200万人に達したといわれる。

1918

☑ 2564 1919年には◯◯◯団を中心とした社会民主党急進
+++ 派であるドイツ共産党が武装蜂起したが敗れ去り、
　　　一連の◯◯◯は終結した。　　　（学習院大、関西大）
　　　　🄰臨時政府は保守的であったため、急進派勢力はより徹底した革命
　　　　　を主張した。

スパルタクス

ドイツ革命

☑ 2565 スパルタクス団の指導者は◯◯◯とローザ=ルクセン
+++ ブルクである。　　　　　　　　　　　　　　（法政大）
　　　　🄰彼はローザ=ルクセンブルクとともに1919年に虐殺された。

カール=リープクネ
ヒト

5 ┃ ロシア革命

☑ 2566 1917年3月、首都◯◯◯で労働者と兵士による
+++ ◯◯◯が結成され、皇帝ニコライ2世が退位、ロマ
　　　ノフ朝は崩壊した。これを◯◯◯革命という。
　　　　　　　　　　　　　　　　　（東京学芸大、関西学院大）
　　　　☛当時の首都ペトログラードは、現在のサンクトペテルブルクであ
　　　　　る。

ペトログラード、
ソヴィエト（評議
会）、三月（ロシア
暦二月）

☑ 2567 三月革命後に成立した臨時政府は◯◯◯党が中心の
+++ ◯◯◯政権であり、後に社会革命党右派の◯◯◯が首
　　　相に就任した。　　　　　　　　　（センター試験、専修大）
　　　　☛立憲民主党は別名を「カデット」と呼ぶ。

立憲民主、
ブルジョワ、
ケレンスキー

☑2568 +++ 各地区の<u>ソヴィエト</u>（評議会）は◯◯や◯◯の勢力が指導した。 　　　　　　　　　　　（早稲田大、上智大） 🗎 当初、レーニン指導のボリシェヴィキは弱体であった。	メンシェヴィキ、社会革命党（エス=エル）※順不同
☑2569 +++ 当時の政権を「◯◯政権」と称するのは、中央の<u>臨時政府</u>と各地区の<u>ソヴィエト</u>が並存する権力状態を意味する。 　　　　　（東京学芸大、専修大） 🗎 ソヴィエトは、当時の段階を「ブルジョワ革命」と位置づけ、臨時政府との共存を選んだ。	二重
☑2570 +++ ◯◯の指導者◯◯は、亡命先の<u>スイス</u>から帰国して<u>四月テーゼ</u>を発表し、◯◯がすべての権力を奪取すべきだと説いた。 　　　（東京学芸大、専修大） 🗎 彼は「すべての権力をソヴィエトへ」をスローガンに権力の集中を図った。	ボリシェヴィキ、レーニン、ソヴィエト
☑2571 +++ <u>1917年11月</u>、◯◯は<u>ペトログラード</u>で武装蜂起して<u>臨時政府</u>を倒し、<u>社会主義</u>政権を樹立した。これを◯◯革命と呼ぶ。 　　　（専修大、立命館大） ☞ これにより二重権力状態（二重政権）は解消された。	ボリシェヴィキ 十一月（ロシア暦十月）
☑2572 +++ ◯◯は普通選挙で選出されたロシア最初の議会であったが、<u>社会革命党</u>が第一党となると、<u>1918年</u>1月に<u>レーニン</u>によって武力で解散させられたことで、事実上の◯◯が実現した。 　　（学習院大） ☞ ボリシェヴィキ独裁ともいう。社会革命党の勢力は一掃された。	憲法制定議会 プロレタリア独裁
☑2573 +++ 1917年12月、<u>ソヴィエト政権</u>下でサボタージュや反革命分子の摘発や取り締まりを行うために◯◯が設立された。 　　　　　　　　（上智大） 🗎 秘密警察的な役割はソ連時代にも受け継がれ、多くの党員や民間人が殺害された。	チェカ（非常委員会）
☑2574 +++ <u>ロシア革命</u>に際して、イギリスやフランスなどは干渉軍を送って◯◯軍を援助した。 　（立命館大）	反革命
☑2575 +++ <u>1917年</u>11月、<u>レーニン</u>を議長として新たに成立した<u>ソヴィエト政権</u>（ソヴィエト=ロシア）は、第一次世界大戦の全交戦国に向けて「◯◯」を発表し、戦争終結方式として<u>無併合</u>、<u>無賠償</u>、◯◯を主張した。 　　　　（センター試験、東京大）	平和に関する布告、民族自決

☑2576 ソヴィエト政権は「**平和に関する布告**」とともに +++ 「◯◯◯」を公布し、◯◯◯を宣言した。　（名古屋大） 　🔎 これらはアメリカ合衆国大統領ウィルソンが「十四カ条の平和原 　則」を発表する契機にもなった。	土地に関する布告、 土地私有権の廃 止（土地の国有 化）
☑2577 1918年3月、**ソヴィエト=ロシア**はドイツと単独で +++ ◯◯◯条約を結び、**第一次世界大戦から離脱した**。 　　　　　　　　　　　　　　　　（青山学院大、関西学院大）	ブレスト=リトフスク
☑2578 ◯◯◯は、初代外務人民委員として**ドイツとの単独講** +++ **和交渉**を行った。　　　　　　　　　（専修大、南山大）	トロツキー
☑2579 1918年の第7回党大会で、**ボリシェヴィキ**は正式に +++ ◯◯◯**党**と改称された。　　　　　　　　　（立命館大）	ロシア共産
☑2580 1918年3月、ソヴィエト政権は◯◯◯に遷都(せんと)した。 +++　　　　　　　　　　　　　　　　　　　　　（立命館大） 　🔎 政府機関もモスクワにあるクレムリン宮殿に移された。	モスクワ

6 ｜ ヴェルサイユ条約

☑2581 1918年、**アメリカ**大統領◯◯◯は軍備縮小、民族自 +++ 決、◯◯◯の廃止、海洋の自由、国際平和機構の設立 などを盛り込んだ◯◯◯カ条を発表した。 　　　　　　　　　　　　　　　　　　　　（青山学院大） 　🔎 これはあまりにも理想主義的で、1919年のパリ講和会議ではそ 　のほとんどが無視されていった。	ウィルソン、 秘密外交、 十四
☑2582 **第一次世界大戦後**の国際体制を◯◯◯体制と呼ぶ。 +++　　　　　　　　　　　　　　（センター試験、明治学院大）	ヴェルサイユ
☑2583 1919年1月開催の◯◯◯**講和会議**は**アメリカ**大統 +++ 領ウィルソン、**イギリス**首相◯◯◯、**フランス**首相ク レマンソーが指導した。　　　　　（センター試験、上智大） 　🔎 **ヴェルサイユ宮殿**の「鏡(かがみ)の間(ま)」で開催された。そこは1871年に 　ドイツ皇帝の戴冠式(たいかんしき)に使われた場所であり、フランスにとっては 　「屈辱の場」であった。フランスは復讐の意味でこの部屋を選び、 　戦争の全責任はドイツにあるとした。	パリ、 ロイド=ジョージ

☑ 2584 対**ドイツ**講和条約である（　　）条約では、**ダンツィヒ** +++ **を自由市として国際連盟の管理下**に置くことや、 （　　）と（　　）の**フランスへの割譲**、**ドイツの軍備縮** **小**などが決まった。　　　　　　　（名古屋大、神奈川大）	ヴェルサイユ アルザス、ロレーヌ ※順不同
☑ 2585 連合軍は**オーストリア**との間に（　　）条約を、**ハンガ** +++ **リー**との間に（　　）条約を、**ブルガリア**との間に （　　）条約をそれぞれ締結した。　　　　　（明治大） ☞国名と条約名の組み合わせは正誤問題で問われるので要注意！	サン=ジェルマン、 トリアノン、 ヌイイ
☑ 2586 **オーストリア**が解体した結果、**1918年**に（　　）が誕 +++ 生し、マサリクが大統領になった。　　　　　（慶應義塾大）	チェコスロヴァキア
☑ 2587 **1920年**、連合国は**トルコ**との間に（　　）条約を結 +++ び、その結果、トルコのヨーロッパ側における領土 は（　　）周辺のみとなった。　　　　　　　（成蹊大） 🗇 この条約は屈辱的な内容だったためケマル=アタテュルクらの祖 国解放運動を招くこととなった。結局、**条約は批准されず、1923** 年に**ローザンヌ条約**が締結された。	セーヴル イスタンブル
☑ 2588 1920年、旧オスマン帝国領の（　　）は**イギリス**の**委** +++ **任統治領**とされ、**1932年**に独立を果たした。 　　　　　　　　　　　　　　　　（一橋大、慶應義塾大）	イラク
☑ 2589 1918年に（　　）、（　　）、**リトアニア**の**バルト3国** +++ が相次いで**ロシアから独立**した。　　　　　（早稲田大）	エストニア、 ラトヴィア※順不同
☑ 2590 **1922年**、**ロシア**、**ウクライナ**、（　　）、**ザカフカー** +++ **ス**の4カ国からなる**ソヴィエト社会主義共和国連邦** （USSR）の樹立が宣言された。　　　　　　　（早稲田大）	ベラルーシ （白ロシア） _{はく}
☑ 2591 （　　）は、**1918年**のアメリカ大統領ウィルソンによ +++ る「**十四カ条の平和原則**」の中で独立支持がうたわ れ、パリ講和会議で正式に（　　）と**ソヴィエト政権か** ら土地が割譲されて国家が回復した。　　　　　（中央大）	ポーランド ドイツ

7 | 「国際協調」の時代

☑ 2592 **ウィルソン**の理念に基づき、__1920__ 年 1 月に（　　）
+++ を本部とする**国際連盟**が発足した。　　　　（関西大）

ジュネーヴ

　🔖 国際連盟には日本も加盟した。**新渡戸稲造**は事務局次長として**ジュネーヴ**で活躍し、その高き理想と有能な手腕から「国際連盟の輝ける星」などと評された。新渡戸稲造によって日本の国際的地位は高まった。

☑ 2593 **国際連盟**は各国 1 票の（　　）の**原則**に立ち、（　　）制
+++ 裁は強制力を持たず、**武力制裁を否定**したために**弱
体**であった。　　　　　　　　　　　　　　（上智大）

全会一致（満場一致）、経済

　☞ 第二次世界大戦後の国際連合との比較で最も問われる知識。

☑ 2594 （　　）年に発足した**国際連盟**は、（　　）年代まで社会
+++ 主義国家である**ソ連**の加入を認めなかった。

1920、1930

　　　　　　　　　　　　　　　　　　　（近畿大、東洋大）

☑ 2595 アメリカでは、（　　）権を持つ上院で**孤立主義**を採る
+++ （　　）党が多数を占めたため、**国際連盟**への**加盟案**は
否決された。　　　　　　　　（慶應義塾大、早稲田大）

条約批准、
共和

　🔖 ソ連も不参加だったため、国際連盟の意義は大きく失われた。

☑ 2596 **国際連盟**の主な機構として、__総会__、__理事会__、（　　）
+++ （**ILO**）、オランダの（　　）に常設された**国際司法裁判
所**などがあった。　　　　　　　　　　　（早稲田大）

国際労働機関、
ハーグ

　🔖 **国際司法裁判所**は現在の国際連合にも受け継がれている。本部は引き続きオランダの**ハーグ**。しかし国家間の紛争について勧告のみしかできないため、大きな権限は持ち合わせていない。

☑ 2597 **1921 年**、アメリカ**大統領**（　　）の提唱で**ワシントン
+++ 会議**が開催された。以後、東アジアの国際体制は
（　　）体制と呼ばれるようになった。

ハーディング

ワシントン

　　　　　　　　　　　　　　　　　（京都府立大、立教大）

　☞ この体制の特徴は中国の門戸開放、アメリカの東アジア進出、日本の中国進出抑制であった。

☑ 2598 **1922年**に調印された**ワシントン海軍軍備制限条約**
+++ では、（　　）、**アメリカ**、（　　）、**フランス**、**イタリ
ア**の保有する主力艦の比率が「**5：5：3：1.67：
1.67**」と規定した。　　　　　　　　　　（成城大）

イギリス、日本

　🗂 アメリカの飛躍が目立った。海洋国家イギリスと新興国アメリカ
　が並んだことは画期的であり、イギリスはこの条約で多くの戦艦
　を廃棄することになった。これ以降、海洋の覇者はアメリカへと
　次第に移行していった。

☑ 2599 **1921年**の**四カ国条約**によって、**1902年**に結ばれ
+++ た（　　）が解消した。　　　　　　（駒澤大、日本大）

日英同盟

☑ 2600 1922年の（　　）**条約**で、（　　）の**主権尊重**、**門戸開**
+++ **放**、**機会均等**が約束された。　（センター試験、中央大）

九カ国、中国

☑ 2601 **ワシントン会議**の（　　）**条約**で、日本とアメリカの間
+++ に結ばれていた（　　）**協定**は事実上、**無効となった**。
　　　　　　　　　　　　　　　　　　　　　　　（法政大）

九カ国、
石井・ランシング

　🗂 この協定は、アメリカが**日本の満洲**における**権益を認める**代わり
　に、日本は**アメリカの中国**への**機会均等**を**認めた**。日本代表を務
　めた**石井菊次郎**はドイツを警戒し、ドイツとの同盟は日本に危機
　をもたらすと予言していた。

☑ 2602 **1925年**の（　　）**条約**で**ラインラント**の**非武装化**、ド
+++ イツと西欧諸国間の国境の現状維持が決まり、翌**26**
年に（　　）の**国際連盟加入が実現**した。
　　　　　　　　　　　　　　　（センター試験、京都府立大）

ロカルノ

ドイツ

　☛ 論述問題では、この条約の内容を20字程度で書かせることがあ
　るので要注意！

☑ 2603 **1927年**、アメリカ大統領（　　）が招請して開かれた
+++ （　　）**会議**は、フランスとイタリアの不参加、**アメリ
カとイギリスの意見対立**で不成功に終わった。
　　　　　　　　　　　　　　　　　　（学習院大、成蹊大）

クーリッジ、
ジュネーヴ軍縮

　🗂 第一次世界大戦後も軍事費の圧迫に悩んでいた各国は、アメリカ
　が提案した軍縮案に飛びついたのだが、**次第に足並みが乱れて**
　いった。

☑ 2604 +++	1928年の不戦条約は、アメリカの国務長官〔　　〕とフランスの外相〔　　〕を中心に結ばれたが、結果として効果はなかった。　（東京都立大、立教大）	ケロッグ、ブリアン
	▯ 63カ国がパリに集まったが、条約に調印したのは15カ国だけだった。この条約の主旨は「**国際紛争の解決は武力によらない**」ことにある。	
☑ 2605 +++	1930年の**ロンドン軍縮会議**は**イギリス、アメリカ、日本**の各国の補助艦保有比率を「〔　　〕：〔　　〕：〔　　〕弱」と規定した。　（成蹊大、早稲田大）	10、10、7

8 │ 第一次世界大戦後のイギリス

☑ 2606 +++	1918年、自由党の〔　　〕挙国一致内閣の下で、**第〔　　〕回選挙法改正**がなされ、**成年男子**と**30歳以上の女性**に選挙権が拡大された。　（関西学院大）	ロイド=ジョージ、4
	■ 第一次世界大戦は総力戦であり、女性の協力なくしてイギリスの勝利はなかった。その功績に報いる意味もあり、**戦後は女性にまで選挙権が拡大**された。	
☑ 2607 +++	1924年、**イギリス憲政史上初**の〔　　〕**労働党内閣**が成立した。　（センター試験、名古屋大）	（第1次）マクドナルド
	■ 19世紀のイギリスは保守党と自由党との対立構図だったが、これにより**保守党と労働党との対立構図**に変わった。	
☑ 2608 +++	〔　　〕年の**第5回選挙法改正**で〔　　〕**歳以上の成年男女の普通選挙**が実現した。　（慶應義塾大、関西学院大）	1928、21
☑ 2609 +++	**イギリス帝国会議**で帝国内の全領土を〔　　〕と称することが決まり、1926年には**イギリス本国と各自治領との平等**が確認され、1931年の〔　　〕憲章で正式に決定した。　（青山学院大）	イギリス連邦 ウェストミンスター
☑ 2610 +++	1922年、〔　　〕が**自治領**として成立、1937年には国号を〔　　〕と改称し、**完全に独立**を果たした。　（慶應義塾大）	アイルランド自由国、エール
	▯ アイルランドは英語、エールはアイルランドで使われるゲール語の表記。完全に独立、といっても北アイルランド（**アルスター地方**の一部）は分離されたままであり、完全併合をもとめて IRA（アイルランド共和国軍）によるテロ活動が活発化した。	

☑ 2611 第一次世界大戦中、イギリスはインドに対して戦後
+++ の自治を約束したが、1919年には治安維持法規で
ある◯◯◯法、自治を限定する◯◯◯法を相次いで制
定し、**インドの独立運動を弾圧した**。 (西南学院大)

ローラット、
インド統治

☑ 2612 反英・インド独立運動において<u>ガンディー</u>が提唱し
+++ た抵抗運動の理念を◯◯◯という。 (北海道大)

📖 この運動の一環として**ガンディー**はイギリスの塩専売に反対し
て、自ら塩を作る「塩の行進」を行った。ガンディーの姿は聖者
に見え、熱狂した民衆はこれに参加した。

非暴力・不服従
(サティヤーグラ
ハ)

☑ 2613 <u>1935</u>年の◯◯◯法で、イギリスはインドに州自治
+++ 制を導入し、<u>ビルマ</u>（ミャンマー）を**インド連邦か
ら分離**した。 (早稲田大、慶應義塾大)

新インド統治

9 │ 第一次世界大戦後のフランス

☑ 2614 ◯◯◯内閣は、賠償金の支払い遅延を口実として、
+++ <u>1923</u>年に<u>ベルギー</u>を誘って◯◯◯占領を行い、**ド
イツの反抗心を招いた**。 (センター試験、成城大)

📖 ポワンカレー族は学者が多い。ポワンカレ予想で有名な数学者ア
ンリ=ポワンカレも従兄。政治家のレイモン=ポワンカレは頑な
な政治家で、ドイツへの復讐心を隠さず、結果としてナチス=ド
イツの台頭を招いてしまった。

ポワンカレ、
ルール(地方)

☑ 2615 1924年、社会党や急進社会党などの◯◯◯内閣が成
+++ 立し、外相◯◯◯は<u>ルール撤兵</u>、<u>ロカルノ条約</u>、<u>不戦
条約</u>などの**協調外交**を進めた。 (成城大)

➡ 彼の協調外交路線は、1920年代の**緊張緩和**に大きく貢献した。

左派連合、
ブリアン

☑ 2616 <u>フランス</u>は東欧諸国との連携を強め、チェコスロ
+++ ヴァキア、ユーゴスラヴィア、ルーマニアの◯◯◯を
支援した。 (埼玉大、早稲田大)

➡ これにより、ソ連とドイツを牽制した。また、ハンガリー（**ホル
ティ政権**）の膨張を阻止する狙いもあった。地図を見ればハンガ
リー包囲網であることがわかる。

小協商

☑ 2617 ◯◯◯**挙国一致内閣**（<u>1926</u>～<u>29</u>）は、平価の切り
+++ 下げを断行し、経済危機の切り抜けに成功した。
(青山学院大、成城大)

ポワンカレ

☑2618 第一次世界大戦後に◯◯◯国となった<u>アメリカ</u>は、経
+++ 済的にイギリスを圧倒した。　　　　　　　　（一橋大）

債権

☑2619 アメリカでは<u>モンロー</u>大統領以来の◯◯◯主義が復
+++ 活し、<u>国際連盟加入</u>を見合わせた。　　　　　（成蹊大）

孤立

　　☞特に共和党で、この傾向が強かった。国際連盟加入は共和党が多
　　数を占める上院で否決され、ウィルソン大統領は失望した。

☑2620 <u>1920</u>年、民主党の<u>ウィルソン</u>大統領の下で◯◯◯参
+++ 政権が実現した。　　　　　　　　　　　　（慶應義塾大）

女性（婦人）

　　🖉彼は牧師から大統領になった人物で、当時の中南米政策は「宣教
　　師外交」ともいわれる。ちなみに、彼は非常な愛妻家だった。

☑2621 1920年代は◯◯◯党優勢時代で保守的、排他的傾向
+++ が強く、<u>1924</u>年の◯◯◯法では<u>アジア系移民が全</u>
　　<u>面的に禁止</u>された。　　　　　　　（学習院大、東京外語大）

共和、
移民（排日移民）

☑2622 1920年には、2人の<u>イタリア系アナーキスト</u>（<u>無政</u>
+++ <u>府主義者</u>）を証拠不十分のまま死刑とする◯◯◯事件
　　が起きた。　　　　　　　　　　　　　　　（早稲田大）

サッコ・ヴァンゼッ
ティ

　　🖉2人のイタリア人の名がそのまま事件名となっている。1977年、
　　マサチューセッツ州知事が誤審であることを公式に認めた。事件
　　発生から57年後のことである。

☑2623 アメリカの<u>白人支配者階級</u>を「◯◯◯」と呼び、彼ら
+++ が政治と経済の実権を握った。　　　　　　　（立命館大）

WASP（ワスプ）

　　🖉"White Anglo-Saxon Protestant"の略。

☑2624 <u>1920</u>年代には<u>白人至上主義団体</u>である◯◯◯の活
+++ 動が活発化した。　　　　　　　　　　　　（早稲田大）

クー=クラックス=
クラン（KKK）

　　🖉この組織は南北戦争後の1865年にテネシー州で結成された。有
　　色人種（黒人）への迫害を活動の主体とし、1920年代には数百万
　　人のメンバーが活動した。

☑2625 <u>1919</u>年に◯◯◯法が公布されたが、ギャング（マ
+++ フィア）による密造と密売が横行したため、<u>1933</u>
　　年に廃止された。　　　　　　　　　　　　（早稲田大）

禁酒

　　🖉酒屋の中には自殺者も出た。有名なシカゴのアル=カポネなどの
　　ギャングが暗躍したのもこの時代である。

☑2626 1920年代のアメリカは**大量生産、大量消費の時代**となった。◯◯社の<u>自動車生産方式</u>はその典型的なものであり、◯◯方式と呼ばれた。 （東京大、東京外語大）	フォード、 ベルト・コンベア （組み立てライン）
☑2627 <u>フォード社</u>は◯◯の生産で**自動車の大衆化に成功**した。 （中央大） 🗌 安く、壊れにくく、修理しやすいなどの利点があった。	T型フォード
☑2628 ◯◯は**大量生産方式**を痛烈に皮肉った映画『**モダン=タイムズ**』を製作した。 （立命館大） 🗌 イギリス生まれの映画俳優で「**喜劇王**」と呼ばれる。ヒトラーを皮肉った『独裁者』など多くの作品を世に送り出した。日本にもファンが多い。	チャップリン
☑2629 ◯◯党の◯◯は「**正常への復帰**」を掲げて大統領に当選し、<u>ワシントン会議</u>を指導した。 （中央大） 🗌 1921〜23年に在任。贈収賄（ぞうしゅうわい）などの汚職にまみれた政権として、歴代の人気もワーストの部類に入る。	共和、ハーディング
☑2630 ◯◯党の◯◯は「**黄金の20年代**」に大統領を2期務めた。 （センター試験）	共和、クーリッジ
☑2631 ◯◯党の◯◯は「**永遠の繁栄**」を訴えて大統領に当選したが、**在任中に<u>世界恐慌</u>が発生**した。 （中央大、明治大）	共和、フーヴァー

11 | 第一次世界大戦後のイタリア

☑2632 第一次世界大戦後のドイツやイタリアのように自らの民族や国家の至上性を訴え、**言論、集会、個人の自由などを奪う体制**を◯◯という。（東京大、明治大） ☛ ドイツは**ナチズム**、イタリアは**ファシズム**と呼ばれる。	全体主義
☑2633 第一次世界大戦後の経済混乱の中で、◯◯では労働者による**ストライキ**が、◯◯では地主に対する農民の<u>土地闘争</u>が発生した。 （予想問題）	北イタリア、 南イタリア

☑ 2634 <u>1919年</u>に◯◯は◯◯で<u>ファシスト党</u>を結成し、**地主、資本家、軍人の支持で勢力を拡大した。** （上智大、立命館大） 🔲 彼は大柄な見た目と違い、臆病（おくびょう）かつ小心者で、自分が笑っている写真（威厳を失うのを気にした）や立っている写真（背が低いのを気にしていた）を撮らせなかった。	ムッソリーニ、ミラノ
☑ 2635 <u>1922年</u>の「◯◯」で<u>ファシスト党</u>内閣が成立すると、<u>1926年</u>には<u>一党独裁体制</u>が確立された。 （センター試験） ☞ 1922年の年号も重要！	ローマ進軍
☑ 2636 第一次世界大戦の結果、イタリアは<u>トリエステ</u>や<u>南チロル</u>などの「◯◯」を獲得したのみであったため、**戦勝国の中で最も不満を抱いていた。** （上智大、南山大） 🔲 イタリアは同盟国側を裏切り、連合国側で参戦したが、獲得を目指していた<u>フィウメ</u>と<u>アルバニア</u>は得られず、戦後に大きな不満を募らせていた。	未回収のイタリア（イタリア=イレデンタ）
☑ 2637 <u>1924年</u>に<u>ムッソリーニ</u>は◯◯を併合し、<u>1926年</u>には事実上、◯◯を保護国化した。　（同志社大）	フィウメ、アルバニア
☑ 2638 <u>1928年</u>には◯◯が、イタリアの国家の最高議決機関となった。　（立命館大）	ファシズム大評議会
☑ 2639 <u>1929年</u>にイタリア政府と教皇庁の間で◯◯条約が結ばれ、<u>1870年</u>以来の両者間の断絶状態は終わり和解が実現し、◯◯市国が成立した。　（早稲田大） 🔲 ヴァチカン市国は世界最小の国、その大きさは東京ディズニーランドよりも小さいくらい。ヴァチカン市国以上に小さい国もローマに存在する。**マルタ騎士団国**（聖ヨハネ騎士団が源流）はローマに本部を置くだけで、国土を持たない。	ラテラン（ラテラノ）、ヴァチカン

12 | 第一次世界大戦後のドイツ

☑ 2640 第一次世界大戦末期の<u>ドイツ革命</u>によって◯◯党の◯◯が首相となり、政権を担当した。　（日本大）	社会民主、エーベルト

☑ **2641** 1919年、ドイツ社会民主党政権に対して、（　　）と
+++ 女性の（　　）などが指導する**スパルタクス団**が蜂起
した が、鎮圧された。　　　　　　　　　（慶應義塾大、上智大）

| カール=リープクネ |
| ヒト、ローザ=ルク |
| センブルク |

　🗂**ローザ=ルクセンブルク**はカリスマ的人気のある**女性革命家**。美
　人というわけではなかったといわれるが、演説を始めると注目を
　一身に集めた。ベルリン郊外の隠れ家で捕えられ、護送中に惨殺
　された。

☑ **2642** 1919年に主権在民、男女平等の（　　）、労働者の団
+++ 結権と（　　）権などを内容とする（　　）憲法が制定
され、これは当時最も**民主的な憲法**であった。
　　　　　　　　　　　　　　　　　　（青山学院大、慶應義塾大）

| 普通選挙、 |
| 団体交渉、 |
| ヴァイマル（ワイ |
| マール） |

　➡憲法の内容は30字以内の論述問題で出題されることがある。

☑ **2643** 1924年、第一次世界大戦後に（　　）億金マルクの
+++ 賠償金を課せられた**ドイツ**に対して**アメリカ**が
（　　）案を提示し、**ドイツへの資本投下**を決めた。
　　　　　　　　　　　　　　　　　　　　　　　（津田塾大）

| 1,320 |
| ドーズ |

☑ **2644** 1929年の（　　）案では、**ドイツの賠償金が約358**
+++ 億金マルクに減額されることが決定され、1932年
の（　　）会議で30億マルクに修正された。
　　　　　　　　　　　　　　　　　　（センター試験、慶應義塾大）

| ヤング |
| ローザンヌ |

　🗂結局、この**30億マルク**も**ナチス**政権の成立により支払われる
　ことはなかった。

☑ **2645** 1923年、フランスと（　　）による**ルール占領**は記録
+++ 的な（　　）を招き、**マルク相場は大暴落**した。
　　　　　　　　　　　　　　　　　　　（センター試験、上智大）

| ベルギー、 |
| インフレーション |

　🗂マルク相場の暴落とは、250マルクで買えたパンが数カ月後には
　2,000億マルクにまで高騰したことに象徴される。トラック5台
　分のマルク紙幣でやっとパン1個が買えた。パンを売った方も紙
　幣の扱いに困ってしまった。

☑ **2646** （　　）内閣は**財政家シャハト**の協力で新札である
+++ （　　）を発行し、**経済再建に奇跡的な成功**を収めた。
　　　　　　　　　　　　　　　　　　　　　　　（中央大）

| シュトレーゼマン、 |
| レンテンマルク |

☑ **2647** **エーベルト大統領**の死去後、1925年のドイツ大統
+++ 領選で（　　）が圧勝した。　　　　（南山大、立命館大）

| ヒンデンブルク |

　🗂**ヒンデンブルク**は第一次世界大戦の**タンネンベルクの戦い**でロ
　シアに圧勝した**英雄的軍人**である。

☑2648 +++ ロシア革命後の**対ソ干渉戦争**や内乱に対して、ソヴィエト政府は食料配給制や（　　）**義務制**などの（　　）を実施した。　　　　　　　（東京大、法政大） 📖 この統制経済の内容は短い論述問題で問われることがあるので要注意！	労働、 戦時共産主義
☑2649 +++ 1919年、**モスクワ**で（　　）が結成され、1920年代は**世界革命**の実現を目的として世界各国・地域の共産党を指導し、1930年代になると**ファシズム**の台頭に対して（　　）**戦術**を採用した。　（京都府立大） 📖 コミンフォルム（共産党情報局）は第二次世界大戦後にスターリンが創設したものである。混同しやすいので要注意！	コミンテルン 人民戦線
☑2650 +++ 成立当初の**ソヴィエト政府**は、日本の（　　）**出兵**（1918〜22）や、**ポーランド**との戦争（1920〜21）に苦しんだ。　　　　　　　　　（早稲田大） 📖 日本はロシア革命への干渉と大陸への進出を狙った。	シベリア
☑2651 +++ 1921年、レニングラードの軍港**クロンシュタット**で起こった**水兵反乱**を機に、レーニンは（　　）を実施し、中小企業の私的経営や余剰生産物の自由販売を認めた。その結果、農村部に（　　）、都市部に（　　）と呼ばれる富裕層が出現した。 　　　　　　　　　　　（東京大、立命館大） 📖 戦時共産主義の統制経済体制により、農村では数百万人の餓死者が出るなど不満が募ったことから、レーニンは政策の転換を行った。	ネップ （新経済政策）、 クラーク、 ネップマン、
☑2652 +++ 1922年に**ロシア**、（　　）、**ベラルーシ（白ロシア）**、**ザカフカース**の4共和国が（　　）を形成した。 　　　　　　　　　　　（早稲田大） 📖 受験生のウィークポイントになりやすいところなので要注意！	ウクライナ、 ソヴィエト社会主義 共和国連邦 （USSR）
☑2653 +++ 1922年、**ドイツ**は（　　）**条約**を結び、**ヨーロッパ**で最初に**ソヴィエト=ロシア**を承認した。 　　　　　　　　　　　（明治大、甲南大） 📖 当時、ドイツは社会民主党政権だった。	ラパロ

☑2654 **1924年に**◯◯、**イタリア**、**フランス**が、翌**25年**
+++ に**日本**が、**1933年**に◯◯が**ソ連**を承認し、翌**34**
年に**ソ連**は◯◯に**加盟**した。　　（専修大、名古屋大）

イギリス、
アメリカ、
国際連盟

　　🗂マクドナルド**労働党**政権下の**イギリス**は**ソ連**に対して比較的、好
　　　意的だった。

☑2655 レーニンの死後、**一国社会主義論を唱える**◯◯と**世**
+++ **界革命論を唱える**◯◯との**権力争い**が起こり、
◯◯が勝利した。　　　　　　　（東京大、同志社大）

スターリン、
トロツキー、
スターリン

　　🗂トロツキーを倒して権力を握ったスターリンは1930年代から政
　　　敵を倒す粛清を行った。その犠牲者は数百万人という説もある。
　　　日本人も多く殺害された。しかし粛清の命令を出した中心人物は
　　　誰なのか、まだ判明していない。

☑2656 ◯◯**年**に始まった第1次五カ年計画では、◯◯の
+++ **発達に重きを置き**、**農業**では◯◯（**集団農場**）、
◯◯（**国営農場**）を組織した。　　（南山大、関西大）

1928、重工業、
コルホーズ、
ソフホーズ

　　🗂五カ年計画と並行して、国内では民族の強制移住が行われた。
　　　チェチェン人やイングーシ人はイスラーム教徒のため危険分子
　　　とみなされ、中央アジアに移住させられた。

☑2657 **世界恐慌**中も、**ソ連**の◯◯**生産**は上昇を続けた。
+++ 　　　　　　　　　　　　　　　　　　　　（センター試験）

工業

　　☞**ソ連**は**社会主義国**のため、**世界恐慌**の影響は少なかった。

14 | 第一次世界大戦後の東欧諸国

☑2658 第一次世界大戦の結果、1918年に**ハンガリーは共和**
+++ **国として独立**したが、まもなく保守的政治家である
◯◯が**独裁体制**を固めた。　　　　　　　（早稲田大）

ホルティ

☑2659 第一次世界大戦後、**ポーランド**では◯◯が**国家元首**
+++ **となり**、**1920年代後半以降は独裁体制**を固めた。
　　　　　　　　　　　　　　　　　　　　　（早稲田大）

ピウスツキ

　　🗂**ピウスツキ**は日本との同盟を画策した。地政学上、ロシアの拡大
　　　に日本と同盟して阻止する意図があった。そのため**日露戦争**中に
　　　日本を訪れている。兄のブロ＝スワフ・ピウスツキも日本に関心
　　　を抱いたアイヌ研究家であった。この兄を題材とした川越宗一の
　　　小説『熱源』は直木賞を受賞している。

☑2660 第一次世界大戦後、**チェコスロヴァキア**では〔　〕が初代大統領に就任し、**民主的な議会政治の発展に貢** **献**した。　　　　　　　　　　　　　（上智大） 　🖙 彼は大学教授を務める哲学者で、国民の尊敬を集めた。	マサリク
☑2661 1935年には**チェコスロヴァキア**の第2代大統領として〔　〕が就任した。　　　　　　　（予想問題）	ベネシュ
☑2662 第一次世界大戦後、**セルビア**を中核として成立した**セルブ=クロアート=スロヴェーン王国**は、**1929**年に〔　〕と改称された。 　　　　　　　　　　　　　　　　　（同志社大） 　🖙「南スラヴ人の国」の意味。	ユーゴスラヴィア
☑2663 **エストニア**、**ラトヴィア**、**リトアニア**の〔　〕は、1918年に相次いでロシア帝国から独立したが、**第二** **次世界大戦中の1940年にソ連**によって併合された。　　　　　　　　　　　　　　　（センター試験）	バルト3国

15 | 世界恐慌とアメリカ

☑2664 〔　〕年**10月24日**（暗黒の木曜日）、**ニューヨー** ク の〔　〕街で**株式が暴落**し、〔　〕が発生した。 　　　　　　　　　　　　　（津田塾大、関西大）	1929、 ウォール、世界恐慌（大恐慌）
☑2665 世界恐慌の原因として、**産業合理化**による〔　〕や、各国の〔　〕政策により世界の貿易が妨げられたこ となどが挙げられる。　　　　　　（慶應義塾大） 　🖙 世界恐慌の原因を1つだけには断定できない。他にも、**不健全な** 　**投機的投資**などが挙げられる。日本のバブル経済や2008年の世 　界的な金融危機にも類似している面があったといえる。	生産過剰、 高率関税
☑2666 **アメリカ**の**フーヴァー**大統領が出した、1930年の 〔　〕法は貿易取引を縮小させ、**恐慌を悪化**させた。 　　　　　　　　　　　　　　　　　（早稲田大） 　🖙 この法律は高率関税で農作物の価格を引き上げようとしたもの。	スムート=ホーリー 関税
☑2667 ドイツに賠償金支払いの**1カ年猶予**を認める**1931** 年の〔　〕は効果がなかった。　（國學院大、日本大）	フーヴァー=モラトリアム

☑2668 民主党の◯◯は、1932年の大統領選挙に当選し、
+++ 経済学者◯◯が唱えた修正資本主義を導入した
◯◯政策を実施した。　　　　　（センター試験、東京大）

フランクリン=
ローズヴェルト、
ケインズ、
ニューディール

　🖉 一連の政策は、後にそのほとんどが違憲判決を下された。なお、
彼は39歳の時にポリオという難病を患ったにもかかわらず、ア
メリカ史上最初で最後の4選を果たし、第二次世界大戦中、大統
領職4期目に入ったが、その終結を見ることなく、1945年4月に
この世を去った。

☑2669 1933年制定の◯◯は農作物の価格を高め、農民の
+++ 購買力の回復を図ることを目的とした。
　　　　　　　　　　　　　　　　（センター試験、明治大）

農業調整法
（AAA）

　🖉 この法律によって3,000万頭以上の家畜が処分された。過剰な数
の家畜を処分して価格の上昇を狙ったのだ。

☑2670 1933年制定の◯◯は、政府が企業の経済活動に統
+++ 制を加える一方、労働条件の改善を図ることを目的
とした。　　　　　　　　　　　（センター試験、東京都立大）

全国産業復興法
（NIRA）

☑2671 失業者救済や民間企業による電力独占打破を目的と
+++ して◯◯が設立された。
　　　　　　　　（センター試験、関西学院大、共通テスト）

テネシー川流域
開発公社（TVA）

　🖉 当時、約1,400万人もの失業者すべてをこの事業に吸収するの
は事実上、不可能だった。

☑2672 ニューディール政策の掲げた根本原則は「◯◯」
+++ 「◯◯」「◯◯」の3Rと呼ばれた。　　　　（上智大）

救済(Relief)、
復興(Recovery)、
改革(Reform)

☑2673 イギリスに次いでアメリカは、1933年に◯◯を
+++ 停止した。　　　　　　　　　　（センター試験、東京大）

金本位制

☑2674 全国産業復興法（NIRA）が最高裁で違憲とされたた
+++ め、1935年に労働者の◯◯権と団体交渉権を改め
て認める◯◯法が制定された。
　　　　　　　　　　　　　　（センター試験、京都産業大）

団結、
ワグナー

　🖉 最高裁のメンバーには、皮肉にもNIRAの立案者であるモーレイ
もいた。大統領は労働者の保護規定のみをワグナー法として切り
離した。

☑ 2675 1886年に◯◯◯が創設した<u>熟練労働者</u>の組織である +++ <u>アメリカ労働総同盟</u>（<u>AFL</u>）に対抗して、AFLの<u>未</u> <u>熟練労働者</u>が中心となり、1938年に◯◯◯が組織さ れた。　　　　　　　　　　　　　　（慶應義塾大、明治大） ☞この2つの組織は、1955年に再統合された。	サミュエル=ゴン パーズ、 産業別組織会議 （CIO）
☑ 2676 フランクリン=ローズヴェルト大統領は、ラテンアメ +++ リカ諸国に対して、従来の高圧的政策を改めて ◯◯◯を展開した。　　　　　　　　　　　　　　（法政大） 🗐この外交の英語表記は「good neighbor diplomacy」。直訳して善 隣外交となる。	<ruby>善隣<rt>ぜんりん</rt></ruby>外交
☑ 2677 1933年、フランクリン=ローズヴェルト大統領は、善 +++ 隣外交の一環として社会主義国のソ連を◯◯◯した。 　　　　　　　　　　　　　　　　　　（法政大、明治大）	承認

16 | 世界恐慌とイギリス

☑ 2678 第2次マクドナルド内閣は◯◯◯の削減を試みたが、 +++ 自ら党首を務めていた◯◯◯党の反対で総辞職に追 い込まれた。　　　　　　　　　　　　　　　　（立命館大）	失業保険、 労働
☑ 2679 1931年、◯◯◯党と<u>自由党</u>の支援で◯◯◯内閣が成 +++ 立し、同年に◯◯◯を停止した。　　　　　　（立命館大） ☞アメリカ（ドル）、フランス（フラン）によってイギリスの金が 買われ、金が国外に流出し始めていた。このためイギリスは金本 位制を停止した。	保守、マクドナルド 挙国一致、 金本位制
☑ 2680 1931年に立法化された◯◯◯憲章によって、イギリ +++ ス本国と自治領の平等が規定された。 　　　　　　　　　　　　　　　　　　（成城大、明治大）	ウェストミンスター
☑ 2681 本国とその海外の領土を特権関税制度で結び、他国 +++ との経済関係を絶つ経済政策を◯◯◯といい、主に<u>イ</u> <u>ギリス</u>や<u>フランス</u>で行われた。　　　　　　　　（一橋大）	ブロック経済

☑2682 1932年、カナダで開催された◯◯会議で、世界恐
+++ 慌対策としてブロック経済方式が採用され、排他的
な◯◯が形成された。　　　　　（センター試験、明治大）

オタワ連邦（イギリ
ス連邦経済）、
スターリング＝
ブロック（ポンド＝
ブロック）

■これはすべて基軸通貨であるポンドで決済する経済圏で、北ヨー
ロッパ諸国なども参加。自由党と保守党の支持を受けたマクドナ
ルド挙国一致内閣が行った。この会議の内容は入試頻出なので要
注意！

☑2683 フランスも世界恐慌に対処するため、◯◯によって
+++ 自国を中心とする閉鎖的な経済圏を確立しようとし
た。　　　　　　　　　　　（センター試験、青山学院大）

フラン＝ブロック

17 | ナチスの政権獲得

☑2684 議会制民主主義を否定する独裁政治のことを一般的
+++ に◯◯といい、イタリアやドイツなどで大きな勢力
を振るった。　　　　　　　　　　　　　　　（学習院大）

ファシズム

☑2685 1919年、◯◯で結成されたドイツ労働者党は、翌
+++ 20年に◯◯と改称され、ナチス（ナチ党）と呼ば
れた。　　　　　　　　　　　　　　（成蹊大、法政大）

□ 当初は、国粋主義や民族主義だけでなく社会主義的な要素もあっ
た。

ミュンヘン、
国民（国家）社会
主義ドイツ労働者
党

☑2686 1923年の◯◯一揆が失敗して投獄されたヒト
+++ ラーは獄中で『◯◯』を口述筆記した。
　　　　　　　　　　　　　　　（成城大、関西学院大）

□ ベストセラー並みの売れ行きを示した。

ミュンヘン、
わが闘争

☑2687 ナチスの行動隊として設立された◯◯は、国防軍と
+++ 対立した後に解散され、◯◯が次第に台頭した。
　　　　　　　　　　　　　　　　　　　　　（早稲田大）

突撃隊(SA)、
親衛隊(SS)

☑2688 ドイツに課せられた賠償金は、1932年の◯◯会議
+++ で最終的に30億金マルクに減額された。
　　　　　　　　　　　　　　　（センター試験、成蹊大）

ローザンヌ

☑2689 **ナチス**は<u>中小農民</u>や◯◯の支持を受けて勢力を拡 **+++** 大し、◯◯**大統領**の下、◯◯**年の選挙で第一党**になった。　　　　　　　　　　　　　　　　（成蹊大、早稲田大） 　🗐当時のドイツには**中産階級**や農民を吸収する政党がなく、ヒトラーはその間隙をぬって、議席の増加を図った。	中産階級、 ヒンデンブルク、 1932
☑2690 <u>1933</u>年、◯◯と**大資本家**の支持で発足した<u>ヒト **+++** ラー内閣</u>は、◯◯**事件**を機に共産党を弾圧し、政府に**立法権**を与える◯◯**法**を承認させ、<u>ヴァイマル（ワイマール）憲法</u>を停止した。　　　（センター試験、関西学院大） 　🗐共産党員による事件とされたが、**ナチス**による陰謀説もささやかれている。	軍部、 国会議事堂放火、 全権委任(授権)
☑2691 <u>1933</u>年に<u>ドイツ</u>は◯◯を脱退し、**1935年**には **+++** <u>ザール地方</u>を編入後、**ヴェルサイユ条約**を破棄して◯◯を宣言した。　　　　　　　　　　　　（武庫川女子大）	国際連盟 再軍備
☑2692 <u>ヒトラー</u>は**世界恐慌**対策として<u>四カ年計画（体制経 **+++** 済）</u>を実施し、◯◯などの**道路網**の建設も進めた。　　　　　　　　　　　　　　　　　　　　　（早稲田大） 　🗐現在でも速度無制限道路として使用されているが、ベンツ、BMW、アウディ社は自主規制で最高速度を時速250kmとしている。	アウトバーン
☑2693 <u>1934</u>年、<u>ヒトラー</u>は◯◯として**大統領**を兼ねた**独 +++** **裁権**を握り、**秘密国家警察**である◯◯によって体制への反対者を弾圧した。　　　　　　　（上智大、成蹊大）	総統(フューラー)、 ゲシュタポ
☑2694 **ナチス**の<u>ユダヤ人</u>迫害に対して、<u>ユダヤ系物理学者 **+++** の</u>◯◯や<u>ドイツ人</u>作家の◯◯などが**アメリカ**に**亡命**した。　　　　　　　　　　　　（センター試験、東京大） 　☞**トーマス=マン**の代表作は『魔の山』。	アインシュタイン、 トーマス=マン
☑2695 **ナチス**は◯◯**帝国**を第一帝国、自らを◯◯**帝国**と **+++** 呼んだ。　　　　　　　　　　　　　　　　　　（成城大） 　🗐第二帝国は**ドイツ帝国**（1871～1918）である。	神聖ローマ、第三

☑2696 ポーランドの◯◯◯強制収容所などに見られるユダ
+++　ヤ人大量虐殺は◯◯◯と呼ばれる。 （上智大）

| アウシュヴィッツ、ホロコースト

　📖犠牲者の数は600万人以上と推定される。虐殺の対象はユダヤ人のみならず**ロマ（ジプシー）**なども含まれた。20世紀は大量虐殺の時代でもあった。100万人を超える虐殺はトルコによるアルメニア人虐殺、カンボジアの**ポルポト**政権の自国民虐殺などがある。

☑2697 ユダヤ人以外にもナチスによって流浪の民である
+++　◯◯◯や障がい者、同性愛者などが迫害を受けた。 （予想問題）

| ロマ（ジプシー）

　📖ロマ（ジプシー）はインドに起源を持つとされる流浪の民。約60万人がナチスによって殺害されたとされる。なお、ジプシーとはロマの蔑称である。

☑2698 ナチスは幹部の身辺警護組織として◯◯◯を設置し
+++　たが、この組織は1933年以降は秘密警察（ゲシュ
　タポ）としての役割も果たした。また、第二次世界
　大戦中は捕虜の監視や虐待を行った。 （早稲田大）

| 親衛隊（SS）

　📖親衛隊とゲシュタポは本来違う組織であったが、いずれもヒトラーが指導したため、互いに融合しつつ発展した。

18 | 反ファシズムの動き

☑2699 1933年に◯◯◯の承認を得たソ連は、ドイツの進出
+++　を警戒して、翌34年に◯◯◯に加盟した。 （南山大）

| アメリカ、国際連盟

☑2700 1935年、ナチスの脅威に対抗して◯◯◯条約、ソ連
+++　=チェコ相互援助条約が成立したのに対し、ソ連の脅
　威を恐れるイギリスは同年に◯◯◯を成立させ、ドイ
　ツの再軍備を容認した。 （一橋大、中央大）

| 仏ソ相互援助

英独海軍協定

　📖フランスはドイツを脅威と感じたのに対して、イギリスはソ連を脅威と感じ、英仏の足並みは乱れていた。

☑2701 1933年、◯◯◯を脱退したドイツは、1935年に
+++　住民投票により◯◯◯地方を編入し、再軍備宣言を
　行って◯◯◯を復活させた。 （東京都立大、成蹊大）

| 国際連盟、ザール、徴兵制

☑ 2702 +++ <u>1936</u>年、<u>ドイツ</u>は◯◯条約を破棄して◯◯への**進駐**を行い、事実上成功した。 <div align="right">（東京都立大、関西学院大）</div>	ロカルノ（または ヴェルサイユ）、 ラインラント
⑪ **フランス**は**ドイツ**への制裁を訴えたが、**イギリス**はこれを制止して進駐を黙認した。	
☑ 2703 +++ <u>モスクワ</u>で開催された**1935年**の◯◯**大会**では、あらゆる反<u>ファシズム</u>勢力を結集する◯◯**戦術**が採択された。 <div align="right">（学習院大、慶應義塾大）</div>	コミンテルン第7 回、人民戦線
☑ 2704 +++ フランスでは世界恐慌の影響で政治が不安定となり、ファシズムの勢力が強まった。これに危機感を持った**社会党や共産党などが反ファシズム**として結集し、1935年に◯◯が成立した。 （センター試験） ⑪ スペインでは同様の組織が1936年に成立した。	（フランス）人民戦 線
☑ 2705 +++ ◯◯は、1920年に社会党左派が分裂して結成されたもので、1935年には<u>コミンテルン大会</u>において<u>人民戦線</u>を公式に認めた。 <div align="right">（予想問題）</div>	フランス共産党
☑ 2706 +++ **急進社会党、共産党、**◯◯の協定で、<u>1936</u>年に成立した**フランス人民戦線内閣**は、◯◯を首相（首班）として、**社会・労働立法**を推進したが、**景気回復に失敗**して退陣した。 <div align="right">（成蹊大）</div>	社会党、 ブルム

19 ｜ スペイン内戦

☑ 2707 +++ **1931**年、<u>スペイン革命</u>で◯◯の独裁が倒れた後、左右両派の抗争が激化した。 <div align="right">（早稲田大）</div>	プリモ=デ=リベラ
☑ 2708 +++ <u>1936</u>年、◯◯を首班とする**左派の<u>人民戦線内閣</u>**が成立した。これに対して◯◯将軍らの右派勢力が◯◯で反乱を起こして、<u>スペイン内戦（スペイン内乱）</u>が始まった。 （センター試験、早稲田大） ⑪ 1936～39年に行われ、**第二次世界大戦の前哨戦**とされている。	アサーニャ、 フランコ、 モロッコ

☑2709 スペイン内戦では、◯◯◯は政府軍を、**ドイツとイタ**
+++ **リアは反乱軍を支持した**が、**イギリス**と**フランス**は
◯◯◯政策をとった。　　　　　　（國學院大、明治学院大）

ソ連、

不干渉

☞**イギリス**と**フランス**は、ソ連の勢力拡大を恐れて**スペイン内戦に
は関与しなかった。**

☑2710 **ファシズム**と戦うための◯◯◯**軍**が組織され、『**カタ
+++ ロニア賛歌**』『**1984年**』を著した**イギリス**の作家
◯◯◯や、『**誰がために鐘は鳴る**』を著した**アメリカ**
の作家◯◯◯などが政府軍に加わった。
　　　　　　　　　　（共通テスト、学習院大、上智大）

国際義勇、
ジョージ=オーウェ
ル、
ヘミングウェー（ヘ
ミングウェイ）

☐写真家**ロバート=キャパ**の「崩れ落ちる兵士」は、スペイン内戦
を一躍有名なものにした。人民戦線を支援するため、ジャック白
井（内戦で戦死）などの日本人部隊が存在したことも判明してい
る。

☑2711 **フランス**の作家・政治家である◯◯◯は、**スペイン内
+++ 戦**において**国際義勇軍**として政府軍に加わった。
　　　　　　　　　　　　　　　　　　　（予想問題）

マルロー

☐彼の代表作は『**希望**』。しかし、政府軍内部でもセクト（派閥）争
いがあり、文学者たちの善意は無となった。

☑2712 **ドイツ**と**イタリア**による**バスク**地方の小都市**ゲルニ
+++ カへの爆撃**に対して、画家である◯◯◯は「**ゲルニ
カ**」を描くことで抗議した。　（センター試験、日本大）

ピカソ

☐**ドイツ**は新兵器の実験場として**スペイン内戦**を利用し、ここを攻
撃した。

☑2713 **スペイン内戦**は、1939年に政府軍の拠点◯◯◯の陥
+++ 落で、**フランコ**ら**反乱軍の勝利**に終わった。
　　　　　　　　　　　　　　　　　　　（早稲田大）

マドリード（マドリッ
ド）

☑2714 **ポルトガル**の独裁者である◯◯◯**首相**は**フランコ**を
+++ 終始、支持した。　　　　　　　　　　（早稲田大）

サラザール

☐この人物は**ポルトガル**の独裁者。本名は**アントニオ・デ・オリ
ヴェイラ・サラザール**。神秘的な人物でハリーポッターのサラ
ザール・スリザリンのモデルにもなった。スペインの**フランコ**と
ポルトガルのサラザールは全体主義的ではあったが、第二次世界
大戦では中立であったことに注意すること。

☑2715 日本の**関東軍**が**柳条湖事件**を起こし、それを口実に
+++ 日本が**満洲**全域に軍を進めて、その要地を占領した
事件を◯◯という。 （センター試験、津田塾大）

満洲事変

🖉 日本政府と日本軍の上層部は反対であったが、板垣征四郎・石原
莞爾などの将校が強引に事件を起こした。しかし首謀者の石原莞
爾は、戦争と戦線の拡大には反対する不拡大の方針であった。

☑2716 **1932年**、関東軍は**国際連盟**による**リットン調査団**
+++ の派遣を受けて◯◯を建設し、清朝最後の皇帝で
あった◯◯溥儀を**執政**、さらには1934年に皇帝に
すえ、既成事実化した。 （センター試験、津田塾大）

満洲国、
宣統帝

☑2717 **リットン調査団**の調査によって**満洲撤兵を勧告され**
+++ **た日本**は、これを不満として**1933年**に◯◯へ脱
退を通告した。 （センター試験、日本大）

国際連盟

☑2718 日本は**国際連盟を脱退**した後に、**内モンゴル**にまた
+++ がる◯◯方面に軍事行動を進めた。 （早稲田大）

熱河（ジェホール）

🖉 1793年に**イギリス**の**マカートニー**が乾隆帝に謁見した地として
も有名。

☑2719 1935年、イギリスは中国に◯◯を派遣して**幣制改**
+++ **革**を行い、新紙幣の◯◯を発行することで**蔣介石政**
権の安定を図った。 （東京大、早稲田大）

リース=ロス、
法幣

🖉 関東軍はドイツから印刷機を購入して新紙幣を大量に偽造し
た。インフレを発生させて蔣介石政権を足元から揺さぶるつもり
だったが、その効果は薄かった。

☑2720 1935年、日本は河北省に◯◯を樹立し、中国進出
+++ を進めた。 （早稲田大）

冀東防共自治政府
（冀東防共自治委
員会）

☑2721 日本の進出に対し、**1935年**に**中国共産党**は◯◯宣
+++ 言を発表して、**内戦の停止**と◯◯の結成を訴えた。
（北海道大、東海大）

八・一、
抗日民族統一戦線

🖉 共産党の訴えは民衆の支持を得て、学生たちも「**内戦停止**」「**抗**
日救国」を叫ぶ大規模なデモに発展した。しかし、蔣介石はこれ
を無視した。

☑ 2722 1936 年、◯◯◯や楊虎城らは**蒋介石を監禁して内戦**
+++ **の停止を訴える**◯◯◯事件を起こし、これを機に**第2**
次国共合作が進んだ。　　　　　（センター試験、上智大）

張学良、
西安

  📖 内戦停止は成功したものの、この事件の責任を問われて楊虎城は
    殺害され、張学良も 1961 年まで監禁された。

☑ 2723 1937 年、北京郊外で発生した◯◯◯事件を機に**日中**
+++ **戦争**が勃発し、これを受けて◯◯◯が実現した。
　　　　　　　　　　　　　　　　　（センター試験、学習院大）

盧溝橋、
第2次国共合作

  📖 かつてマルコ=ポーロが「世界で最も美しい」と称した橋の付近
    で起こった事件。

☑ 2724 1937 年に**中国共産党の紅軍**が国共合作で蒋介石の
+++ 統一指揮下に入ってからの呼び名を◯◯◯という。
　　　　　　　　　　　　　　　　　　　　　　（慶應義塾大）

八路軍

  📖 中国共産党は井崗山で紅軍を訓練した。井崗山は盗賊のいる山岳
    地帯であったが、毛沢東は盗賊をおだてて紅軍に編入した。

☑ 2725 1937 年 12 月、**日本軍が一般市民を大量に虐殺した**
+++ という◯◯◯**虐殺事件**が発生し、世界の批判を浴び
た。　　　　　　　　　　　　　　　　　　　（関西学院大）

南京

  📖 2 カ月間におよぶ日本軍の虐殺で犠牲者の数は 20 万人以上、婦
    女暴行は約 2 万件という説がある。現在まで続く反日運動の要因
    となっており、このことをめぐる「歴史論争」も続いている。

☑ 2726 **蒋介石**の**国民政府**は漢口から◯◯◯に遷都して日本
+++ に抗戦、戦いは長期化した。　　　（センター試験、中央大）

重慶

☑ 2727 日本は◯◯◯を主席として◯◯◯に親日（対日協力）
+++ **政権を樹立**したが、中国国内の混乱を助長しただけ
であった。　　　　　　　　　　　　　　　　（センター試験）

汪兆銘（汪精衛）、
南京

☑ 2728 日本では 1938 年に◯◯◯**法**が公布され、戦時の労働
+++ 力の動員や物資の調達が議会の承認なしに行えるよ
うになり、**議会制民主主義が否定**された。　　（駒澤大）

国家総動員

21 | 第二次世界大戦の勃発

☑2729 +++	スペイン内戦の支援を契機に、1936年に◯◯枢軸(すうじく)が成立、さらに翌37年になると反ソ・反共の◯◯協定へと発展した。　　　　　　　(明治大、早稲田大)	ベルリン=ローマ、日独伊防共(三国防共)
	☞これらが**1940年**の**日独伊三国同盟**に発展していった。	
☑2730 +++	**イタリア**の◯◯政権は、世界恐慌による国家経済の混乱の打開策として◯◯に侵入し、1936年には併合を果たした。　　　　　　(センター試験、明治大)	ムッソリーニ、エチオピア
	⬚侵入に対して**国際連盟はイタリアへの経済制裁を決定**した。	
☑2731 +++	**イタリア**は◯◯年、**日本**と**ドイツ**に次いで**国際連盟**から脱退した。　　　　　　　　　　(センター試験)	1937
	☞**日本**は**1933年3月**、**ドイツ**は同**33年10月**に脱退した。	
☑2732 +++	1938年、◯◯併合に成功した**ドイツ**は、さらに**チェコスロヴァキア**に対して**ドイツ系住民の多い**◯◯地方の併合を要求した。(センター試験、関西学院大)	オーストリアズデーテン
	☞世界史の最重要事項の1つ。入試の出題頻度も高い。くれぐれも「ズテーデン」と間違って書かないように!	
☑2733 +++	**ズデーテン**問題解決のため、**イギリス**の◯◯、**フランス**の◯◯、**ドイツ**の**ヒトラー**、**イタリア**の**ムッソリーニ**が◯◯会談を開催したが、◯◯政策を基調としていた**イギリス**と**フランス**の譲歩で、**ヒトラー**の要求は認められた。　　　　(センター試験、明治大)	ネヴィル=チェンバレン、ダラディエ、ミュンヘン、宥和(ゆうわ)
	⬚この政策はソ連の脅威に対抗するために、**ある程度ドイツの強大化を容認するもの**。しかし、ドイツへの過大な譲歩が第二次世界大戦の勃発を招いた。	

☑2734 **ドイツ**の膨張政策は続き、1939年3月には（___）
+++ と**メーレン（モラヴィア）**を併合し、（___）を保護国
化したため、**チェコスロヴァキア**は解体した。

（慶應義塾大、津田塾大）

ベーメン（ボヘミア）、スロヴァキア

☞ 再軍備宣言以降の侵略の経過は図で覚えると頭によく入る。しか
も反時計回りに進んでいくと考えれば楽に覚えられる。

❶ラインラント進駐(1936)
❷オーストリア併合(1938)
❸ズデーテン地方併合(1938)
❹チェコ(ベーメン・メーレン)
　併合(1939)
❺スロヴァキア保護国化(1939)
❻メーメル地方併合(1939)

チェコスロヴァキア解体

☑2735 1939年3月以降のドイツは、**ポーランド政府**に対
+++ し、（___）の割譲と東プロイセンに通じる（___）の通
過権を要求した。　　（センター試験、同志社大）

ダンツィヒ、
ポーランド回廊

🗎 ダンツィヒは現在の**グダンスク**で、第一次世界大戦前まではドイ
ツ領であった。

☑2736 1939年8月23日、突如として対立する勢力が手
+++ を結んだ（___）条約が成立した。この条約には、**バル
ト3国**および（___）における**秘密条項**と
して認められていた。　（センター試験、慶應義塾大）

独ソ不可侵、
ポーランド

🗎 敵対する両国間の条約締結に世界が驚いた。ソ連は戦争準備がで
きておらず時間稼ぎの必要があり、ドイツは第一次世界大戦の反
省から、同時に東西に戦線拡大することは避けたかった。

☑2737 1939年9月1日、**ドイツ**の（___）侵攻によって第
+++ 二次世界大戦が勃発した。一方、**ソ連**も東方から侵
入して、その東半分を占領した後、（___）を併合し
た。　　（成城大、早稲田大）

ポーランド

バルト3国

☑2738 ドイツとソ連による（___）の**分割線**は、第一次世界大
+++ 戦後にソ連と（___）の国境とされた（___）線を基礎
としている。　　（早稲田大）

ポーランド、
ポーランド、
カーゾン

🗎 この国境ラインの名称は提案した**イギリス外相に由来**する。彼は
1905年の**ベンガル分割令**を実施し、インドの独立運動を招いた
こともある。

☑ 2739 <u>1939</u>年<u>11</u>月には<u>独ソ不可侵条約</u>の秘密条項で
+++ あったソ連の領土交換が発端となり、◯◯戦争が始
まったため、**ソ連は侵略国として**◯◯から除名され
た。　　　　　　　　　　（センター試験、慶應義塾大）

	ソ連=フィンランド、 国際連盟

　🗊 この「冬戦争」について、ソ連は楽勝を予想していたが、フィン
　ランドのスキー部隊に思わぬ苦戦を強いられた。

22 | ヨーロッパ戦線

☑ 2740 **ドイツ**はポーランドでの戦争の後、北ヨーロッパ方
+++ 面に軍を進め、1940年に**中立国である**◯◯と**ノル
ウェー**を占領したが、◯◯への侵入は**断念**した。
　　　　　　　　　　　　　　　　　　（早稲田大）

	デンマーク、 スウェーデン

　🗊 ヒトラーはシルク=ロードを探検した<u>ヘディン</u>の大ファンだっ
　た。そのため、この国出身であるヘディンの説得を受け入れて**侵
　入を断念**した。

☑ 2741 北ヨーロッパでの戦いの後、<u>1940</u>年<u>5</u>月に**ドイツ**
+++ は**オランダ**と◯◯へ**侵入**し、さらにフランスが構築
した対ドイツ要塞線である◯◯を避けて北フラン
スへと侵攻し、同年<u>6</u>月<u>14</u>日には◯◯を陥落さ
せた。　　　　　　　　　　　（成城大、早稲田大）

	ベルギー、 マジノ線、 パリ

☑ 2742 **フランス**では第一次世界大戦の英雄的軍人である
+++ ◯◯を首班とする**対独協力政権**の◯◯**政府が成
立**したが、◯◯が<u>ロンドン</u>に亡命して◯◯**政府**を
樹立し、**ドイツへの抗戦**を続けた。　（同志社大）

	ペタン、ヴィシー、 ド=ゴール、 自由フランス

　☞ ヴィシーは政府が樹立された地名に由来する。人物ではなく政権
　の名称であることに注意！

☑ 2743 <u>1940</u>年6月10日、◯◯も**ドイツ側での参戦**に踏
+++ み切り、<u>ニース・サヴォイア</u>を占領したが、戦局に
大きな影響は与えなかった。　　　　　（早稲田大）

	イタリア

☑ 2744 ◯◯港から軍を脱出させた**イギリス**は、<u>ネヴィル=
+++ チェンバレン</u>に代わって首相となった◯◯、**ド<u>イ
ツ</u>の激しい空爆**に耐えながら国政を担った。
　　　　　　　　　　　　　　　　　　（明治大）

	ダンケルク、 チャーチル

　🗊 ヒトラーはすでに戦争はドイツの勝利に終わったと確信し、この
　港から英仏軍34万人が脱出するのを黙認した。

☑2745 孤立した<u>イギリス</u>を救うためにアメリカの（◯◯）大
+++ 統領は<u>中立法</u>を改めて、<u>1941</u>年に（◯◯）<u>法</u>を制定
し、連合国側への支援を開始した。

（東京都立大、明治大、共通テスト）

| フランクリン=ロー
ズヴェルト（ルーズ
ヴェルト）、
武器貸与 |

☑2746 <u>ドイツ</u>は、<u>1941</u>年に<u>ユーゴスラヴィア</u>と<u>ギリシア</u>
+++ を占領して（◯◯）<u>半島</u>の制圧に成功したが、占領地の
<u>ユーゴスラヴィア</u>では、（◯◯）を指導者とする（◯◯）
闘争が起こり、<u>ドイツ</u>に対して大きな打撃を与えた。

（立教大、早稲田大）

🗒 彼は<u>ユーゴスラヴィア</u>の複雑な山間地形を利用してゲリラ戦を
展開した。

| バルカン、
ティトー（チトー）、
パルチザン |

23 | 独ソ戦と太平洋戦争

☑2747 <u>1941</u>年<u>6</u>月<u>22</u>日、ドイツとその同盟軍は<u>ソ連</u>へ
+++ の攻撃を開始し、いわゆる（◯◯）<u>戦</u>が勃発した。

（センター試験、専修大）

| 独ソ |

☑2748 快進撃を続けたドイツだったが、<u>1942</u>年から翌<u>43</u>
+++ 年まで続いた（◯◯）<u>の戦い</u>で<u>決定的な敗北を喫した</u>。

（センター試験、専修大）

🗒 ソ連への侵攻はバルバロッサ作戦と命名されて550万人が動員
されたが、<u>スターリングラードの戦い</u>では33万人のドイツ軍が
ソ連に包囲され全滅した。

| スターリングラード |

☑2749 <u>日中戦争</u>に行き詰まっていた<u>日本</u>は、打開策として
+++ <u>南進政策</u>に転じて、「（◯◯）<u>圏</u>」の建設を掲げて<u>フラ</u>
<u>ンス領</u>（◯◯）に<u>進駐</u>した。 （駒澤大）

🗒 日本は表向きは欧米による<u>植民地支配からの解放</u>と<u>アジア民族</u>
<u>の共存</u>を訴えた。しかし、実際は支配地で厳しい収奪を行った。

| だいとう あ きょうえい
大東亜共栄、
インドシナ |

☑2750 <u>日本</u>国内（本土）の鉱山労働などで<u>朝鮮人</u>を強制労
+++ 働させるために（◯◯）が行われ、1939～45年の間
に約72万人が連行、酷使されて多くの犠牲者が出
た。 （一橋大）

| 強制連行 |

☑2751 +++ 1941年、日本は<u>ソ連</u>との間に◯◯条約を結び、相互不可侵と中立維持を互いに約束したが、後の◯◯会談でこの条約は破られた。 (横浜国立大、上智大) ■ソ連はこの条約に違反して<u>満洲</u>に侵攻した。	日ソ中立 ヤルタ
☑2752 +++ 日本の◯◯内閣は日米交渉を開始したが、戦争を回避することはできなかった。 (早稲田大)	近衛文麿 このえふみまろ
☑2753 +++ 1941年12月8日、日本は<u>ハワイ</u>の◯◯に対する奇襲から<u>アメリカ</u>と<u>イギリス</u>に宣戦し、いわゆる◯◯戦争が始まった。 (早稲田大) 🗊宣戦布告前の奇襲にアメリカ国民は激怒し、一気に全面戦争へと傾いた。しかし、イギリスのチャーチルは敵国ながら素晴らしい戦法と評価した。	真珠湾(パール しんじゅわん ハーバー)、 太平洋
☑2754 +++ 1941年、◯◯の取り決めにより、ドイツとイタリアもアメリカに宣戦した。 (青山学院大、成蹊大)	日独伊三国(軍 事)同盟
☑2755 +++ 1941年の◯◯条約で後方の安全を確保した日本は、さらに南進して、<u>マレー半島</u>、ジャワ島、スマトラ島、<u>フィリピン</u>などを相次いで占領したが、◯◯占領では<u>華僑</u>を大量虐殺するなど被占領民の反感を招いた。 (慶應義塾大、立命館大)	日ソ中立 シンガポール
☑2756 +++ ◯◯の確保が、日本軍による東南アジア占領の主要な目的であった。 (一橋大) ■特に<u>石油の確保</u>が大きな目的であった。	資源
☑2757 +++ 日本は緒戦において勝利を収めたが、<u>1942年6月</u>の◯◯海戦での大敗後、守勢に回った。 (成蹊大) 🗊すでに日本側の暗号はアメリカによって解読され、作戦はアメリカ側に筒抜けだった。	ミッドウェー
☑2758 +++ 日本に敵対する勢力の包囲網はアメリカ、イギリス、中国(中華民国)、オランダの頭文字を取って「◯◯ライン」と呼ばれる。 (日本大) ■ABCDとはAmerica(アメリカ)、Britain(イギリス)、China(中国)、Dutch(オランダ)の各国の頭文字を取ったもの。	ABCD

☑2759 第二次世界大戦で**日本、ドイツ、イタリア**の◯◯国　　枢軸(同盟)
+++ に対して、反**ファシズム**で連合して戦った**アメリカ、
イギリス、フランス、ソ連、中国などの国々を総称
して◯◯国という。　　　　　(明治大、関西学院大)　連合

☑2760 1941年、**ファシズム**の攻勢に対処するため、**ロー**
+++ **ズヴェルト**と**チャーチル**は◯◯を行った。(甲南大)　大西洋上会談
　　☐**大西洋憲章**はファシズム(全体主義)への対抗措置であった。
　　2021年にはアメリカ大統領**バイデン**とイギリス首相**ジョンソン**
　　の米英代表が会談した。中国を念頭においた会談は「新大西洋憲
　　章」と称された。

24│枢軸国(同盟国)の敗戦

☑2761 **アメリカとイギリスの連合軍**は、1943年7月に
+++ ◯◯島に上陸し、その結果、◯◯は失脚して**和平**　　シチリア、
派の**バドリオ政権**が生まれ、◯◯は**無条件降伏**し　ムッソリーニ、
た。　　　　　　　　　　　　　　　　(早稲田大)　イタリア
　　☐**ムッソリーニ**は失脚し山中に監禁されていたが、ナチス親衛隊
　　(SS)によって救出された。しかし、1945年4月、パルチザンに
　　銃殺される。

☑2762 連合国側のドイツに対する西部方面からの本格的な
+++ 反攻作戦を◯◯戦線と呼ぶ。　　　(関西学院大)　第二

☑2763 1944年6月、◯◯を最高司令官とする◯◯上陸　アイゼンハウアー
+++ **作戦**が成功し、**ドイツ**の敗北は決定的となった。　(アイゼンハワー)、
　　　　　　　　　　　　　(慶應義塾大、東京女子大)　ノルマンディー
　　☐「**史上最大の作戦**」と評され、数々の映画の題材にもなった。

☑2764 1944年8月、◯◯が解放され、**ド=ゴール**が亡命　パリ、
+++ 先の◯◯より帰国した。翌45年4月末にヒトラー　ロンドン、
は自殺し、同年5月には首都◯◯が陥落して、**ド**　ベルリン
イツは無条件降伏した。　　　(慶應義塾大、早稲田大)

☑2765 1944年7月に◯◯島が陥落すると、以後、日本本　サイパン、
+++ 土への◯◯が日常化し、さらに翌45年4月からの　空襲、
◯◯戦では兵士のみならず多数の住民が犠牲と　沖縄
なった。　　　　　　　　　　　　(立教大、早稲田大)
　　☐**沖縄戦**は戦死した兵士の数よりも、一般市民の犠牲者数の方がは
　　るかに多いという、人類史上に前例のない戦いとなった。

☑2766 1945年8月6日、◯◯◯に原爆（原子爆弾）が投
+++ 下された後、同年8月8日に◯◯◯の対日宣戦がな
され、8月9日には◯◯◯にも原爆が投下され、日
本は本土決戦を避けて、8月◯◯日に降伏した。

(立教大)

広島、
ソ連、
長崎、
14

🗂 8月9日の原爆投下の予定地は九州の小倉だったが、雲に覆われ
ていたために急遽、長崎に変更された。原爆は、日本のキリスト
教史上長きにわたりカトリック信仰を守り抜いてきたシンボル
ともいえる浦上天主堂のマリア像の真上で爆発した。

25｜連合国の主要会議と戦後処理

☑2767 1941年8月、アメリカ大統領フランクリン=ローズ
+++ ヴェルトとイギリス首相◯◯◯が会談して◯◯◯を
発表、ファシズムとの対決を明確にした。

(センター試験、成城大)

チャーチル、
大西洋憲章（けんしょう）

☑2768 1943年11月、アメリカのフランクリン=ローズ
+++ ヴェルト、イギリスのチャーチル、中国（中華民国）
の◯◯◯がエジプトの首都◯◯◯で会談し、日本の戦
後処理について話し合った。 (センター試験、関西大)

蔣介石、カイロ

☑2769 1943年11～12月、フランクリン=ローズヴェル
+++ ト、チャーチル、ソ連の◯◯◯らの各国首脳による
◯◯◯会談では第二戦線を討議した。

(センター試験、同志社大)

スターリン、
テヘラン

🗂 テヘランは、当時はイラン王国（パフレヴィー朝）の首都。

☑2770 1945年2月、クリミア半島で行われた◯◯◯会談
+++ では◯◯◯、チャーチル、スターリンが出席し、ソ連
の対日参戦やドイツの戦後処理を討議した。

(センター試験、立教大)

ヤルタ、
フランクリン=ローズヴェルト（ルーズヴェルト）

☞ 冷戦は事実上この会談から始まった。

☑2771 <u>1945</u>年7～8月にかけて、（　　）、**チャーチル**（後
+++ にアトリー）、**スターリン**らの（　　）**会談**で**ドイツの
戦後処理が決まり**、<u>日本</u>に対しては（　　）**宣言**を発表
して<u>無条件降伏</u>を**勧告**し、後に<u>日本</u>は国体護持以外
の条件なしにこれを受諾した。

（センター試験、上智大）

トルーマン、

ポツダム、

ポツダム

☛連合国の会談をまとめておこう。
　①<u>1943</u>年<u>1</u>月：**カサブランカ会談**（対ドイツ作戦協議）
　②<u>1943</u>年<u>11</u>月：**カイロ会談**（対日処理の協議）
　③<u>1943</u>年<u>11</u>～<u>12</u>月：**テヘラン会談**（ノルマンディー作戦の
　　　　　　　　　　　　　　決定）
　④<u>1945</u>年<u>2</u>月：**ヤルタ会談**（ソ連の対日参戦密約）
　⑤<u>1945</u>年<u>7</u>～<u>8</u>月：**ポツダム会談**（戦後ドイツの処理）

地図や資料集などで所在地を確認すること。きれいに<u>反時計回り</u>
になっているので覚えやすい！

① **カサブランカ会談**
② **カイロ会談**
③ **テヘラン会談**
④ **ヤルタ会談**
⑤ **ポツダム会談**

MEMO

1 | インドシナ戦争とベトナム戦争

☑2772 1941年、**ホー=チ=ミン**は（＿＿）を結成して、**日本**や
+++ （＿＿）からの独立闘争を展開した。 （東京都立大）

　🗒 ホー=チ=ミンは本名ではなく、彼が使った数ある偽名の１つである。晩年は「ホーおじさん」と呼ばれて慕われた。

ベトナム独立同盟
（ベトミン）、
フランス

☑2773 **1945年**、**ホー=チ=ミン**を大統領として（＿＿）が成立
+++ したため、翌**46年**にフランスとの間で（＿＿）**戦争**が
始まった。 （東京都立大、早稲田大）

ベトナム民主共和
国、インドシナ

☑2774 フランスは**1949年**に（＿＿）を擁立（ようりつ）して<u>ベトナム国</u>
+++ を建て、**ホー=チ=ミン**に対抗した。 （東京大）

バオダイ

☑2775 （＿＿）**将軍**の率いる**ベトナム民主共和国人民軍**は、
+++ <u>1954年</u>に**フランス**の軍事拠点である（＿＿）を陥落
させて、ベトナムの勝利を決定的とした。 （早稲田大）

　🗒 フランスは要塞（ようさい）を築いて、敵をおびき寄せて勝つのが得意だったが、逆に包囲されて完敗した。

グエン=ザップ
（ヴォー=グエン=
ザップ）、
ディエンビエンフー

☑2776 **1954年**に締結された（＿＿）**協定**で、**北緯**（＿＿）**度線**
+++ を暫定的境界線（ざんていてき）とすることや、（＿＿）**年後**の**南北統一**
選挙が決められた。 （立命館大）

　☞南北朝鮮を分断する北緯38度線と混同しないように要注意！
　🗒 簡単にいうと北に**社会主義国**、南に**資本主義国**が成立したことになる。ベトナムと朝鮮半島は冷戦の代理戦争の場であった。

ジュネーヴ休戦、
17、
2

☑2777 **1955年**に成立した（＿＿）では、**親米派**の（＿＿）**大統**
+++ **領**が**南北統一選挙を拒否**して独裁を行った。
（センター試験、明治学院大）

　☞「民主共和国」は主に**社会主義**の国が、「<u>共和国</u>」は主に**資本主義**の国が用いる国号である。

ベトナム共和国、
ゴ=ディン=ジエム

☑2778 **1960年**に（＿＿）が結成され、**親米政権**と戦った。
+++ （慶應義塾大、成蹊大）

南ベトナム解放民
族戦線（ベトコン）

☑2779 1963年にゴ=ディン=ジエム大統領は（　）のクーデタにより暗殺された。　（明治学院大）
軍部

🗌ゴ=ディン=ジエム大統領は熱心なカトリック信者だったので、国内の仏教徒を弾圧するなど評判が悪かった。アメリカが支援する軍部のクーデタで殺された可能性が高いとされている。

☑2780 1964年の（　）事件を機にアメリカの軍事的介入が本格化した。　（早稲田大）
トンキン湾

🗌歴史上、「戦争の口実」を作ることはよくある。戦争への介入を願っていたアメリカは「北ベトナムから魚雷攻撃を受けた」という偽りの事件を作り上げ、戦端を開いた。

☑2781 アメリカの（　）大統領は、1965年に（　）を開始し、ベトナム戦争が始まった。　（立命館大）
ジョンソン、北爆（北ベトナム爆撃）

🗌ベトナムへの本格介入を嫌ったケネディが1963年、テキサス州ダラスで何者かによって暗殺されたため、彼が副大統領から昇格した。

☑2782 1968年、北ベトナムの（　）攻勢によって劣勢に回ったアメリカではベトナム（　）が盛り上がった。　（東京都立大、聖心女子大）
テト、反戦運動

🗌アメリカは約56万人もの兵力を投入したが、軍産複合体の意向により在庫の古い銃器から使ったため、弾詰まりの現象が発生し、そのため36万人もの米兵死傷者を出すに至ったといわれる。この頃からアメリカ国内では反戦運動が盛り上がった。

☑2783 1969年、ベトナム戦争を指導した（　）が死去した。　（京都大）
ホー=チ=ミン

🗌ホー=チ=ミンは偶像化されるのを嫌い、自らの死後の火葬を強く希望した。しかし死後、ソ連のレーニン同様に冷却保存されて、ホー=チ=ミン廟にまつられている。

☑2784 アメリカの（　）大統領はラオスから（　）にまで一時期、戦闘地域を拡大した。　（南山大）
ニクソン、カンボジア

☑2785 アメリカはベトナム戦争への軍事支出で国際収支の悪化がさらに進み、1971年の（　）を招いた。　（東京大、東京学芸大）
ドル=ショック（ドル危機、ニクソン=ショック）

🗌ニクソン大統領は金とドルの交換停止を発表した。1ドル=360円の固定相場は崩れ、後に変動相場制へ移行した。

☑2786 アメリカの◯◯◯大統領は、<u>1972</u>年に中華人民共和国を訪問して◯◯◯と会見し、<u>ベトナム戦争</u>の戦局打開を図った。　　　　　　　　（東京都立大、明治大）	ニクソン、毛沢東
□長年の敵国同士が握手した画期的な会談。アメリカは、中国が<u>ベトナム戦争</u>に軍事介入しないという確約をもらった。	
☑2787 <u>1973</u>年、◯◯◯で開催された和平会談によって結ばれた◯◯◯協定でアメリカ軍の撤退が決まった。　　　　　　　　　　　　（センター試験、明治大）	パリ、ベトナム(パリ)和平
□<u>ニクソン</u>大統領はこれを「名誉ある撤退」と呼んだ。	
☑2788 <u>1975</u>年の◯◯◯陥落により<u>ベトナム戦争</u>は終結し、翌<u>76</u>年には◯◯◯が成立、◯◯◯に首都が置かれた。　　　　　　　　　　　　（センター試験、日本大）	サイゴン、ベトナム社会主義共和国、ハノイ
□インドシナ戦争からベトナム戦争と30年間続いた戦いに幕が下ろされた。ベトナムはこの2つの戦争でフランスに勝ち、アメリカにも勝った。この後、中国にも勝利している（中越戦争）。13世紀には当時世界最強のモンゴルの侵入も撃退したことを考慮すると、ベトナムは世界最強の国の1つといってもいいかもしれない。	

2 ｜ 朝鮮戦争と朝鮮半島の動き

☑2789 朝鮮共産党の指導者◯◯◯は、1934年以降、中国東北地方や朝鮮国境山岳地帯を中心に対日武装闘争を行った。　　　　　　　　　　　　　　　　（早稲田大）	金日成(キムイルソン)
☑2790 1945年9月、朝鮮建国準備委員会は◯◯◯の成立を宣言したが、アメリカなどの反対でこの国はまもなく消滅した。　　　　　　　　　　　　　　（西南学院大）	朝鮮人民共和国
□この国は民衆の支持を得たが、李承晩（イスンマン）などの右派指導者や、アメリカ軍・政府の反対で消滅した。	
☑2791 <u>1945</u>年、北緯◯◯◯度線を境に朝鮮半島は南北に分割された。　　　　　　　　　　　　（センター試験、法政大）	38
☞<u>ベトナム</u>分断線の北緯17度線と混同しないように要注意！	
☑2792 <u>1948</u>年、◯◯◯を初代首相として朝鮮半島北部に◯◯◯が成立した。　　　　　　　　（上智大、明治学院大）	金日成(キムイルソン)、朝鮮民主主義人民共和国
□一般的には北朝鮮(North Korea)と呼ばれる。首都は平壌(ピョンヤン)である。	

☑2793 +++	**1949年、朝鮮民主主義人民共和国**の政権政党である（　）が発足し、以後、<u>金日成（キムイルソン）</u>、<u>金正日（キムジョンイル）</u>、<u>金正恩（キムジョンウン）</u>の3代にわたる指導の下に、現在も**一党独裁体制を続けている。** （早稲田大、法政大）	朝鮮労働党
☑2794 +++	<u>1948年</u>、（　）を初代大統領として朝鮮半島南部に（　）が成立した。 （明治学院大） 🗍一般的には**韓国（Korea）**と呼ばれる。	李承晩(イスンマン)、大韓民国(だいかんみんこく)
☑2795 +++	<u>1950</u>年、北朝鮮軍が突如**北緯38度線**を越えて一挙に（　）近郊まで侵攻し、（　）<u>戦争</u>が始まった。 （関西学院大） 🗍戦後、日本の北部を**ソ連**が、南部を**アメリカ・イギリス**などが支配する分断計画が存在した。この記録はアメリカ公文書館に保管されている。もしこの計画が実現していれば、北海道と東北はソ連支配下となり、北朝鮮と同じような体制となっていただろう。	釜山(プサン)、朝鮮
☑2796 +++	<u>1950～53年</u>にかけて続いた（　）では、**中国は北朝鮮**を支援し、（　）を派遣した。 （センター試験）	朝鮮戦争、義勇軍(ぎゆうぐん)(人民義勇軍)
☑2797 +++	1950年、（　）が欠席した国連（　）において6カ国で構成される<u>国連軍</u>の派遣が決まった。（関西学院大） 🗍国連軍は北朝鮮の侵攻を撃退するため派遣された。一方、ソ連は極秘に将校を派遣して北朝鮮を支援していた。	ソ連、安全保障理事会
☑2798 +++	ソ連は国連における（　）代表権問題の処理に不服で、（　）を欠席していた。 （西南学院大）	中国、安全保障理事会
☑2799 +++	**国連軍**は<u>北朝鮮軍</u>を押し返したが、**中国**の（　）の参戦により戦争は泥沼化した。 （法政大、共通テスト） 🗍戦争は**朝鮮半島全土に拡大**し、死者は韓国側だけでも130万人を超えた。	義勇軍(人民義勇軍)
☑2800 +++	**国連軍最高司令官**の（　）は、<u>原爆</u>(げんばく)の使用を主張したため（　）大統領に罷免(ひめん)された。 （成蹊大） 🗍彼はソ連と中国との全面戦争まで主張していたため、大統領の怒りを買った。	マッカーサー、トルーマン

☑2801 1951年、ソ連の国連代表◯◯◯の提案で休戦交渉が +++ 始まり、1953年に◯◯◯で休戦協定が締結され、北 緯◯◯度線付近の軍事境界線が分断ラインとなっ た。　　　　　　　　　（センター試験、青山学院大） ☞ソ連の国連代表名は難関私大でよく問われるので要注意！　板 門店を料理店の名前と勘違いする生徒が多い。板門店は地名だ。	マリク、 板門店（パンムン ジョム）、38
☑2802 ◯◯◯は休戦協定に同意せず、これに調印しなかっ +++ た。　　　　　　　　　　　　　　　（西南学院大） ☞つまり朝鮮戦争は今も終戦していない。「休戦」であることに注 意。	大韓民国（韓国）
☑2803 1979年、韓国では朴正煕（パクチョンヒ）大統領 +++ の暗殺後、軍人の◯◯◯が政権を握り、翌80年の ◯◯◯事件で民主化運動を弾圧した。　　（東京大） 🗐事件が発生した日付から「五・一八光州民主化運動」とも呼ばれ る。市民側の調査によると、この事件で約2,000人の死者および 行方不明者が出たとされる。	全斗煥（チョンドゥ ホァン）、 光州（クワンジュ）
☑2804 1988年、韓国では大統領に就任した◯◯◯政権の下 +++ で◯◯◯オリンピックが開催され、1991年には南北 朝鮮の◯◯◯同時加盟が実現した。　　　（中央大） ☞この時期に韓国の民主化が一気に進んだ。南北朝鮮が国連に同時 加盟した1991年は、入試でよく出題される。東西ドイツの国連 同時加盟が1973年だったことを考えると、かなり遅かったとい える。	盧泰愚（ノテウ）、 ソウル、 国連
☑2805 1998年、韓国では大統領に就任した◯◯◯が、北朝 +++ 鮮との友好関係を築く「◯◯政策」を進め、2000 年の南北首脳会談で◯◯◯と会談した。　（予想問題） ☞金大中以降の大統領で入試に問われそうなのが、朴槿恵（パクク ネ）大統領。朴正煕の娘であったが、在任中に失職した。ならび に2017年に大統領となった文在寅（ムンジェイン）。彼は若いこ ろ民主化運動の闘士であったが、大統領としての人気はそれほど 高くはなかった。	金大中（キムデ ジュン）、太陽、 金正日（キムジョ ンイル）

3 ｜ パレスチナ問題

☑2806 イェルサレムは、ユダヤ教、キリスト教、◯◯◯教の +++ 聖地とされるが、◯◯◯帝国の支配下では、宗教を問 わず人々は移動や居住の安全が保障された。 　　　　　　　　　（センター試験、慶應義塾大）	イスラーム、 オスマン

☑2807 <u>1897</u> 年、<u>第1回シオニスト会議</u>が**スイス**の◯◯
+++ で開催され、これを機に◯◯運動が高揚した。

（早稲田大）

バーゼル、
シオニズム

☛開催国である<u>スイス</u>も頻出なので要注意！この運動は<u>ユダヤ人</u>
が故国<u>パレスチナ</u>に国家を再建しようとするもので、19世紀に
ヨーロッパで<u>ユダヤ人</u>迫害が激化すると、運動が活発化した。

☑2808 <u>1947</u> 年、◯◯は**パレスチナ**を<u>ユダヤ人</u>と<u>アラブ</u>
+++ <u>人</u>の両国家に分割する◯◯案を決議した。（中央大）

🗒この案では人口の少ない<u>ユダヤ人</u>に土地の56.5%を与えること
になり、先住民である<u>アラブ人</u>の強い反発を招いた。

国連総会、
パレスチナ分割

☑2809 <u>1948</u> 年、◯◯の委任統治が終わった後、<u>ユダヤ人</u>
+++ はパレスチナに◯◯を建国した。

（センター試験、東京女子大）

イギリス、
イスラエル

☑2810 もともとの住民でありながら、イスラエル建国に
+++ よってその地を追われた<u>アラブ</u>系の住民たちを総称
して◯◯と呼ぶ。（予想問題）

パレスチナ人

☑2811 1945年、アラブ諸国の相互協力を目的に<u>アラブ人</u>主
+++ 体の◯◯が結成され、<u>パレスチナ</u>問題に大きな役割
を果たしたが、内部対立の激化とともに弱体化して
いった。（センター試験）

🗒後にアフリカのイスラーム諸国の多くが加盟した。

アラブ連盟（アラ
ブ諸国連盟）

☑2812 ◯◯年、**イスラエルの強引な建国**に対し、◯◯戦
+++ 争と呼ばれる<u>第1次中東戦争</u>が勃発したが、**アラブ**
側が大敗し、多くの◯◯が発生した。（青山学院大）

🗒現在では、難民の数は500万人近くになっている。

1948、
パレスチナ、
パレスチナ難民

☑2813 ◯◯年、**エジプト**の◯◯大統領の**運河国有化宣言**
+++ に端を発し、<u>第2次中東戦争</u>（◯◯）が始まった。

（南山大、立命館大）

1956、ナセル、
スエズ戦争（スエ
ズ動乱）

☑2814 ◯◯**運河国有化宣言**は、◯◯**建設のための資金援**
+++ **助をアメリカなどが拒否**したことが原因でなされ
た。（青山学院大、早稲田大）

スエズ、
アスワン＝ハイダム

☑ 2815 第2次中東戦争でイスラエルは（　　）、（　　）と共同
+++ で出兵したが、国連の（　　）により撤兵した。

(東京女子大、関東学院大)

　▷ これはナセル大統領の政治的勝利であり、彼は一躍アラブ世界の
　　カリスマ的存在となった。

イギリス、
フランス※順不同、
即時停戦決議

☑ 2816 1964年、パレスチナ人を守るために（　　）が組織さ
+++ れ、1969年からは（　　）が議長となった。

(センター試験、同志社大)

　▷ 1967年には、より過激なPFLP（パレスチナ解放人民戦線）が組
　　織された。1972年にはPFLPがテルアビブ空港での乱射事件を計
　　画し、日本の若者3人（日本赤軍）が銃を乱射して26人を殺害す
　　るテロ行為が起きた。

PLO（パレスチナ
解放機構）、
アラファト

☑ 2817 アラブとイスラエルとの対立は激化し、（　　）年に第
+++ 3次中東戦争が発生した。この戦争でイスラエルは
圧勝し、（　　）地区、（　　）半島、（　　）、ゴラン高
原を占領した。

(中央大)

　▷ 第3次中東戦争は短期間で終了したことから、6日間戦争とも呼
　　ばれる。80機（イスラエル）対100機（アラブ）の空中戦もアラ
　　ブ側の全滅だった。

1967

ガザ、シナイ、
ヨルダン川西岸

☑ 2818 （　　）年に始まった第4次中東戦争では、アラブ側
+++ の（　　）が石油戦略を用いたため世界的な（　　）が
発生した。

(法政大、神奈川大)

　▷ 石油戦略とはイスラエルを支持する国家には石油を輸出しない
　　というもの。西側諸国を中心に世界的なパニックを引き起こし、
　　日本でも東京の新宿や渋谷、東京タワーの照明が消え、深夜放送
　　は休止となり、なぜか街からトイレットペーパーが消えた。

1973、
OAPEC（アラブ
石油輸出国機
構)、石油危機
（オイル=ショック）

☑ 2819 1978年、アメリカの（　　）大統領の仲介でエジプト
+++ のサダト大統領とイスラエルの（　　）首相が（　　）
で和平に合意した。

(慶應義塾大)

　☞ 4度にわたり発生した中東戦争の年号は、「幸せ（48年＝第1次）
　　を殺す（56年＝第2次）むなしさに（67＝第3次）涙する（73
　　年＝第4次）」で覚えておこう。

カーター、
ベギン、
キャンプ=
デーヴィッド

☑ 2820 キャンプ=デーヴィッド合意が行われた当時、イスラ
+++ エルのベギン首相は、右派政党である（　　）に所属し
ていた。

(中央大)

リクード

☑ 2821 +++ **1979年に**◯◯**条約**が締結され、これに基づいて 1982年に◯◯が**エジプトに返還**された。 （中央大、早稲田大）	エジプト=イスラエル平和、 シナイ半島
☑ 2822 +++ **エジプト=イスラエル平和条約**締結直後、**エジプト**は ◯◯を**脱退**し、**アラブ18カ国**と**PLO**は**エジプト** との**国交を断絶**した。 （青山学院大） 🗊 **イスラエル**との和平合意は、アラブ世界にとって裏切り行為に等 しかった。	アラブ連盟（アラブ諸国連盟）
☑ 2823 +++ **1981年**、**イスラーム原理主義者**により**エジプト**の ◯◯**大統領**が**暗殺**され、和平の動きは中断した。 （中央大、神奈川大） 🗊 軍事パレードの観覧中に兵士4人によって暗殺された。大統領の 最期の言葉は「こんなことがあるなんて」だったとされる。	サダト
☑ 2824 +++ **1982年**、**イスラエル**は**PLO**の**本拠地**が置かれてい た◯◯に侵攻した。 （中央大）	レバノン
☑ 2825 +++ **1987年頃**から**イスラエル**占領下の**ヨルダン川西岸** や◯◯で、投石などによる◯◯が発生した。 （慶應義塾大、中央大） 🗊 インティファーダはガザ地区で始まったアラブの民衆蜂起。イス ラエルの弾圧は国際世論の批判を浴び、後年の**パレスチナ暫定自** **治協定**の成立につながった。**これは**イェリコ・ガザ**地区に自治を** **与えるもので、対立から共存へ大きく前進した。**	ガザ地区、 インティファーダ （蜂起）
☑ 2826 +++ **1993年**、◯◯の**仲介**で**PLO**の**アラファト**議長と **イスラエル**の◯◯首相は◯◯協定に合意した。こ れは◯◯合意とも呼ばれる。 （高崎経済大） 🗊 この合意により中東和平は大きく前進すると期待され、イスラエ ルの**ラビン**首相と、**アラファト**議長は**ノーベル平和賞**を受賞し た。しかし2023年イスラーム組織ハマスのイスラエル襲撃によ り、オスロ合意は実質消滅した。	ノルウェー、 ラビン、パレスチナ 暫定自治、オスロ
☑ 2827 +++ **パレスチナ暫定自治協定**に基づき、◯◯と**ヨルダン** **川西岸**の◯◯で**先行自治**が開始された。 （高崎経済大、上智大）	ガザ地区、 イェリコ

☑ 2828 1995年に起こった**イスラエルの**<u>ラビン</u>**首相暗殺**と、
+++ 2001年の◯◯◯首相の登場により**中東和平は後退し**
た。 (予想問題)

> 📖 ラビンは和平政策に反発したユダヤ人学生によって暗殺され、逆にアラブ側との対決を訴える<u>シャロン</u>政権が誕生した。

シャロン

☑ 2829 **2003年の**<u>イラク</u>**戦争後、アメリカは**<u>オスロ合意</u>**に基**
+++ づく<u>イスラエル</u>**占領地のパレスチナ側への返還プロ**
セスを定めた◯◯◯**を両国に受諾させた。**
(早稲田大、青山学院大)

中東和平ロード
マップ(行程表)

4 ｜ アメリカ戦後史

☑ 2830 **1944年、ニューハンプシャー州北部の**◯◯◯**で開催**
+++ された会議において、◯◯◯**(IMF)や**◯◯◯**(IBRD、**
<u>世界銀行</u>**)を発足させることが決定され、それぞれ**
1945年に正式に発足した。 (センター試験、明治大)

ブレトン=ウッズ、
国際通貨基金、
国際復興開発銀行

☑ 2831 <u>民主党</u>の◯◯◯大統領は、<u>1947年</u>に<u>ギリシア</u>と
+++ ◯◯◯への経済援助である◯◯◯**=ドクトリンを発表**
するなど、<u>ソ連</u>に対する◯◯◯**政策を強化した。**
(センター試験、法政大)

トルーマン、
トルコ、トルーマン、
封じ込め

☑ 2832 <u>1947年</u>、アメリカの国務長官◯◯◯の提唱による
+++ ◯◯◯で、**ヨーロッパ諸国の復興が図られた。**
(センター試験、法政大)

マーシャル、
ヨーロッパ経済復
興援助計画(マー
シャル=プラン)

☑ 2833 アメリカの経済援助を**東欧諸国は拒否したが、西**
+++ **ヨーロッパ諸国は歓迎し**、受け入れ体制として◯◯◯
を設立した。 (慶應義塾大)

OEEC(欧州経済
協力機構)

☑ 2834 <u>トルーマン大統領</u>は、国内では**社会保障の充実**など
+++ を図る◯◯◯**政策を打ち出した。** (青山学院大)

> 📖 トルーマン大統領は日本に原爆を投下した人物。しかしアメリカ国内では戦争を終わらせた大統領として評価されている。

フェアディール

☑2835 1949年、<u>封じ込め政策</u>の下、アメリカも参加する**集団安全保障体制**である◯◯◯が結成された。

（甲南大、近畿大）

北大西洋条約機構（NATO）

━ 1951年には日本との間に日米安全保障条約が、オーストラリア、ニュージーランドとの三国間で太平洋安全保障条約（ANZUS）がそれぞれ締結され、アジア・太平洋地域の西側陣営が固められていった。

☑2836 ◯◯◯大統領は、**国務長官**の◯◯◯を用いて対ソ強硬の「◯◯◯政策」を展開した。（センター試験）

アイゼンハウアー（アイゼンハワー）、ダレス、巻き返し

🗋 共和党のアイゼンハウアー大統領は第二次世界大戦のノルマンディー上陸作戦を成功に導いた元将軍で、アメリカの英雄といわれている。好戦論者と思われがちだが、軍人であるがゆえに戦争の悲惨さを知っており、戦争には否定的だった。戦争を好むのはいつの時代も戦場を知らない政党政治家の方が多い。

☑2837 第二次世界大戦後の1948年にアメリカは**第9回パン=アメリカ会議**で◯◯◯憲章を採択、**中南米諸国と**◯◯◯を発足させた。（センター試験、早稲田大）

ボゴタ（ボゴダ）、米州機構（OAS）

🗋 21カ国が参加したアメリカ主導の反共組織。ボゴタ憲章を採択して成立した。

☑2838 1954年、アメリカ合衆国の**反共世界戦略**を目的とした**軍事同盟**である◯◯◯が、フィリピンの◯◯◯で結成された。（センター試験、近畿大）

東南アジア条約機構（SEATO）、マニラ

☑2839 1950年代、アメリカでは反共的な◯◯◯と呼ばれる風潮が吹き荒れ、**多くの政治家や文化人が糾弾、攻撃**された。（予想問題）

マッカーシズム（赤狩り）

🗋 この運動の中心に立ったのが共和党であった。ハリウッドの映画監督や俳優も攻撃、追放の対象とされたため、今でも映画関係者の多くが共和党を毛嫌いしている。

☑2840 **アイゼンハウアー**大統領は、1955年の◯◯◯会談に出席するなど**平和共存路線**に転じた。（上智大、立命館大）

ジュネーヴ4巨頭

☑2841 ◯◯◯党の**ケネディ**は◯◯◯政策をスローガンに大統領に当選した。（北海道大、青山学院大）

民主、ニューフロンティア

🗋 彼はアイルランド系移民の血を引き、しかも信仰はカトリックであり、アメリカ社会の中では少数派であった。そんな彼が大統領に当選するのは異例中の異例であった。

☑2842 ケネディ大統領は、<u>1962</u>年の◯◯危機を回避した +++ 後、ソ連とアメリカの間に◯◯を開通させるなど<u>平和共存外交</u>を進めた。　　　　　　　　　　(上智大、明治大)	キューバ、ホットライン
☑2843 <u>1963</u>年11月、ケネディ大統領は遊説中の**テキサス州**◯◯で暗殺された。　　　　　　　　　(青山学院大) +++ 　🄰真犯人は依然としてわかっていない。容疑者といわれたオズワルドという人物は、逮捕後すぐに暗殺された。軍需産業による犯行説、ニクソン黒幕説などがあるが、いずれも推測の域を出ていない。	ダラス
☑2844 副大統領から昇格した◯◯大統領は、「◯◯な社 +++ 会」建設を訴え、1964年に◯◯法を制定、**黒人差別解消**を目指した。　　　　　　　　　　　　(札幌大)	ジョンソン、偉大、公民権
☑2845 <u>公民権運動家</u>の◯◯牧師は、<u>1963</u>年の◯◯大行 +++ 進を主導し、**ノーベル平和賞**を受賞した。　(立教大) 　🄰ワシントン大行進の際に行った「I have a dream.(私には夢がある)」という演説はあまりにも有名である。しかし、1968年にテネシー州メンフィスで彼は暗殺された。事件にはFBI(連邦捜査局)の関与も疑われている。	(マーティン=ルーサー=)キング、ワシントン
☑2846 ジョンソン大統領は、<u>ベトナム戦争への介入を本格</u> +++ <u>化</u>させ、<u>1965</u>年に◯◯を開始した。 　　　　　　　　　　　　　　　　(青山学院大、立教大)	北爆(北ベトナム爆撃)
☑2847 ◯◯大統領時代、<u>アメリカの威信は低下</u>し、<u>1971</u> +++ 年には◯◯が発生した。　　　　　　(上智大、明治大) 　➡この結果、<u>1ドル=360円の固定相場制が崩壊</u>した。	ニクソン、ドル=ショック(ドル危機、ニクソン=ショック、金・ドル交換停止)
☑2848 <u>1972</u>年、ニクソン大統領は<u>中華人民共和国</u>を突如 +++ 訪問して◯◯と会見し、◯◯戦争の戦局打開を図った。　　　　　　　　　　　　(東京大、東京都立大)	毛沢東、ベトナム
☑2849 <u>大統領補佐官</u>の◯◯が米中関係の改善に努力した。 +++ 　　　　　　　　　　　　　　　　　　(予想問題) 　🄰歴史的会見の背後には、この大統領補佐官の努力があった。彼と<u>周恩来</u>首相は、アメリカと中国の卓球選手同士の交流を利用して(<u>ピンポン外交</u>と呼ばれる)、この会見を成功させた。	キッシンジャー

☑2850 +++	<u>ニクソン</u>大統領は、**1972年**に発覚した◯◯◯事件で、<u>1974年</u>に辞任した。 （上智大）	ウォーターゲート
	⬚ この事件は大統領による**民主党本部盗聴事件**である。ニクソンは任期途中で大統領を辞任した。	
☑2851 +++	<u>ニクソン</u>大統領の辞任で**共和党の**◯◯◯が大統領に昇格した。 （成城大）	フォード
☑2852 +++	「<u>人権外交</u>」を掲げた◯◯◯党の◯◯◯大統領は**中東和平で成果をあげた**。 （早稲田大）	民主、カーター
☑2853 +++	1979年、◯◯◯大統領の政権下で、**米中国交正常化**が正式に実現した。 （専修大）	カーター
☑2854 +++	「強いアメリカ」を掲げて国民の支持を得た<u>共和党の</u>◯◯◯大統領は、国内的には**財政と貿易の「◯◯◯の**<u>赤字</u>」に苦しんだ。 （東京大、成城大）	レーガン、双子
	☞ <u>財政と貿易の2つの赤字</u>であったことに注意！ 入試の出題頻度もかなり高い。	
☑2855 +++	共和党の◯◯◯大統領は、<u>1989年</u>に**ソ連のゴルバチョフ**書記長との◯◯◯**会談で冷戦を終結**させ、<u>1991年</u>の◯◯◯**戦争**では**イラク**に勝利した。 （中央大）	ブッシュ（ジョージ.H.W.ブッシュ）、マルタ、湾岸
	☞ **1989年は冷戦が終わった年として超重要！**	
☑2856 +++	清新さをアピールして登場した**民主党の**◯◯◯大統領は**財政再建**に成果をあげた。 （早稲田大）	クリントン
	⬚ 彼の夫人が<u>ヒラリー＝クリントン</u>。彼女は<u>オバマ</u>政権では国務長官を務めた。	
☑2857 +++	◯◯◯政権下、ワシントンで<u>パレスチナ暫定自治協定</u>が調印された。 （明治大）	クリントン
☑2858 +++	<u>共和党の</u>◯◯◯政権下、<u>2001年9月11日</u>にアメリカで◯◯◯テロが発生した。 （青山学院大）	ブッシュ（ジョージ.W.ブッシュ）、同時多発
	⬚ 親子2代で合衆国大統領に就任したのは、彼ら以外に第2代、第6代大統領を輩出した**アダムズ家**がある。	

☑2859 2001年10月7日、アメリカとイギリスの連合軍は ┼┼┼ ◯率いるテロ組織◯と、それをかくまう**ター リバーン政権**打倒のため◯を攻撃した。 *(青山学院大)*	(オサマ=)ビン= ラーディン、 アル=カイーダ、 アフガニスタン
☑2860 2003年3月19日、**ブッシュ（ジョージ.W.ブッシュ）** ┼┼┼ 大統領は◯政権打倒のために◯**戦争**を開始 した。 *(早稲田大)*	サダム=フセイン、 イラク
☑2861 **2008年**の大統領選挙で**民主党候補**の◯が当選 ┼┼┼ し、**合衆国史上初めて**の◯系の出自を持つ大統領 が誕生した。 *(上智大)* ⬛ 2012年の大統領選挙で再選を果たした。2017年からは共和党の **トランプ**が大統領に就任した。再選を期したが、民主党の**バイデ ン**に敗れる波乱があった。現職大統領が敗れるのはアメリカでは 極めて珍しい。	(バラク=)オバマ、 黒人(アフリカ系ア メリカ人)

5 ｜ソ連戦後史

☑2862 <u>1947年</u>、**アメリカの**<u>マーシャル=プラン</u>に対抗し ┼┼┼ て、**ソ連は共産主義陣営の結束**を図るため、◯ （共産党情報局）を結成した。 *(明治大、立命館大)* ⬛ 実際は**スターリン主義の浸透**を図る組織だった。	コミンフォルム
☑2863 <u>1949年</u>、**アメリカの**<u>マーシャル=プラン</u>に対抗し ┼┼┼ て、**ソ連は社会主義諸国**とともに◯（<u>経済相互援 助会議</u>）を結成した。 *(法政大、神奈川大)*	コメコン (COMECON)
☑2864 <u>1948年</u>、**ソ連**は◯を行い、<u>西◯</u>への**通行を 禁止**した。 *(東京大、大阪大)* ┼┼┼ ⬛ 米英仏3ヵ国は孤立した**西ベルリンに物資を空輸で運ぶ「空の架 け橋作戦」**を実施した。封鎖の原因は、通貨のマルクの価値が低 下し、タバコやパンが通貨代わりとなっている混乱状況を改善す るために西側が行った通貨改革に、ソ連が反対したことだった。	ベルリン封鎖、 ベルリン
☑2865 ◯年、**スターリンが死去**し、**マレンコフ首相**らに ┼┼┼ よる◯指導体制となった。 *(慶應義塾大)* ⬛ **スターリンは側近によって毒殺された**という説がある。スターリ ンは用心深く、全く同じ造りの寝室をいくつも用意して毎日どの 部屋で休むのかを隠していたが、秘密警察のベリヤによって毒殺 されたという説がある。	1953、 集団

☑2866 **1955**年、**西ドイツ**の◯◯◯（**NATO**）加盟に対抗
+++ して、**ソ連**と**東欧7カ国**は◯◯◯を結成した。
　　　　　　　　　　　　　　　　　　　　　（法政大）

北大西洋条約機構、ワルシャワ条約機構

☑2867 **ソ連共産党第一書記**となった◯◯◯は、**1956**年の**ソ**
+++ **連共産党第**◯◯**回大会**で、いわゆる「◯◯◯**批判**」
　　　演説を行い、◯◯◯**政策**を打ち出した。
　　　　　　　　　　　　　　　　　（金沢大、早稲田大）

フルシチョフ、20、スターリン、平和共存

　　🖝この批判は**中ソ論争**や**東欧諸国の動乱**（ハンガリー事件、ポーランド暴動）を招いた。

☑2868 **1955**年に**アメリカ**大統領**アイゼンハウアー**、**イギ**
+++ **リス**首相◯◯◯、**フランス**首相◯◯◯、**ソ連**首相
　　　◯◯◯が集まり◯◯◯**4巨頭会談**が開かれた。
　　　　　　　　　　　　　　　　　（日本大、早稲田大）

イーデン、フォール、ブルガーニン、ジュネーヴ

　　🖝第二次世界大戦後初めての東西首脳会談で**世界中**が**緊張緩和**を期待した。出席者の4人は全員入試で問われる。

☑2869 東西緊張緩和の中で、**1955**年に**ジュネーヴ4巨頭**
+++ **会談**が開催され、この状況は**ソ連**の作家◯◯◯の小
　　　説にちなんで「◯◯◯」と呼ばれた。（金沢大、明治大）

エレンブルク、雪どけ

☑2870 **1957**年、**ソ連**は**人工衛星**◯◯◯**号**の打ち上げに**初め**
+++ **て成功**した。　　　　　　　　　　　　　（早稲田大）

スプートニク1

　　🗋米ソの宇宙対決はソ連の勝利に終わり、**アメリカは大きな衝撃を**受けた。

☑2871 **1961**年、**ソ連**は**有人宇宙船**◯◯◯**号**の打ち上げに
+++ **も成功**し、アメリカに強い衝撃を与えた。（早稲田大）

ボストーク1

　　🗋世界で初めて宇宙空間から地球を見たガガーリン少佐（当時27歳）の言葉は「**地球は青かった**」だった。

☑2872 **1959**年、◯◯◯はアメリカを訪問して**アイゼンハウ**
+++ **アー**大統領と会談した。　　　　　　　　（学習院大）

フルシチョフ

　　🗋この会談は成功とされたが、**フルシチョフ**は楽しみにしていたディズニーランド訪問を拒否され、失意のうちにソ連に帰国した。

☑2873 **ソ連のフルシチョフ**は、**キューバ革命**によって樹立
+++ された◯◯◯**政権**の**社会主義化を支援**した。
　　　　　　　　　　　　　　　　　　　　（関西学院大）

カストロ

☑2874 <u>1962</u>年<u>10</u>月、◯◯◯での<u>ミサイル配備</u>をめぐって アメリカとの対立が先鋭化し、米ソの全面的な軍事 衝突が招くであろう「核戦争」の危機が生じた。こ の事件を◯◯◯という。　　　　　　(北海道大、立命館大)	キューバ キューバ危機
☑2875 <u>1964</u>年、<u>フルシチョフ</u>解任後に◯◯◯が<u>共産党第一</u> <u>書記</u>となった。　　　　　　　　　　　(金沢大、明治大) <small>🔲 フルシチョフは黒海沿岸で休暇中、突然解任された。</small>	ブレジネフ
☑2876 <u>1968</u>年、ソ連は◯◯◯への<u>軍事介入</u>を行い、これを 正当化するため◯◯◯<u>=ドクトリン</u>が発表された。 　　　　　　　　　　　　　　　　　　　　(立教大) <small>🔲 このドクトリン(外交上の基本政策)は、社会主義国全体の安定 が脅かされる場合は軍事侵攻もやむなしとするもの。</small>	チェコスロヴァキア、 ブレジネフ
☑2877 <u>ブレジネフ</u>政権で首相となった◯◯◯は経済改革を 実行したが、病気で辞任した。　　　　　(予想問題)	コスイギン
☑2878 ソ連の反体制知識人としては<u>原子物理学者</u>の◯◯◯ や『<u>収容所群島</u>』で有名な作家の◯◯◯がいる。 　　　　　　　　　　　　　　　　　　(予想問題) <small>🔲 サハロフは1975年にノーベル平和賞を、ソルジェニーツィンは 1970年にノーベル文学賞をそれぞれ受賞した。</small>	サハロフ、 ソルジェニーツィン
☑2879 <u>1979</u>年、ソ連は◯◯◯に<u>軍事介入</u>したが<u>戦争は泥沼</u> <u>化</u>した。　　　　　　　　　　　　(上智大、立教大) <small>☞ 親ソ派のカルマル政権の要請で介入したが、アフガン=ゲリラの 抵抗に苦しんだ。年号も重要!</small>	アフガニスタン
☑2880 <u>ブレジネフ</u>の死後、◯◯◯、さらに◯◯◯と政権は移 り変わっていったが、いずれも<u>短命政権</u>に終わった。 　　　　　　　　　　　　　　　　　　(早稲田大)	アンドロポフ、 チェルネンコ
☑2881 <u>1985</u>年に◯◯◯が<u>ソ連共産党書記長</u>に就任した。 　　　　　　　　　　　　　　　　　　(学習院大)	ゴルバチョフ
☑2882 <u>ゴルバチョフ</u>は、◯◯◯と呼ばれる<u>社会全体の改革</u>と ◯◯◯と呼ばれる<u>情報公開</u>を実行した。 　　　　　　　　　　　　　　　　(東京大、日本大) <small>☞ この改革は市場主義経済の導入や官僚制の改革など、自由化と民 主化を進めるものだった。</small>	ペレストロイカ(改 革)、グラスノスチ

☑2883 **ゴルバチョフ**は1988年に◯◯宣言を出し、ソ連が東欧諸国にこれ以上干渉しないことを発表した。 （慶應義塾大）		新ベオグラード
☑2884 **ゴルバチョフ**の改革の影響は**東欧諸国にも波及**し、<u>ベルリン</u>では<u>1989</u>年に「◯◯」が開放された。 （東京大、法政大） ☞ 1989年の年号は入試頻出なので要注意！		ベルリンの壁
☑2885 **ゴルバチョフ**の「◯◯外交」と呼ばれる**柔軟路線**の中で、<u>1989</u>年に◯◯撤退が実現した。　（中央大）		新思考、 アフガニスタン
☑2886 ◯◯年8月、**保守派のクーデタ失敗**を機に、ゴルバチョフは◯◯の解散を命じ、**同年12月にソ連邦も解体**した。　（青山学院大、早稲田大） ☞ ゴルバチョフの休暇中に発生した**保守派のクーデタ**は<u>エリツィン</u>や市民勢力などの抵抗で失敗に終わった。		1991、 ソ連共産党
☑2887 <u>1991</u>年末、**ソ連邦は解体**し、各国家のゆるやかな統合体である◯◯が創設された。　（早稲田大）		独立国家共同体 （CIS）
☑2888 <u>ロシア連邦</u>では◯◯大統領の下で**資本主義化**が進んだ。　（青山学院大）		エリツィン
☑2889 <u>ロシア連邦</u>は◯◯紛争の長期化などで政権が安定せず、**2000年**には大統領が<u>エリツィン</u>から◯◯に変わった。　（慶應義塾大） 🗐 この紛争は帝政ロシア時代に併合された**山岳民族（イスラーム系）**がロシア連邦からの独立を求めて闘争を展開しているので、依然解決していない。		チェチェン、 プーチン
☑2890 2012年、◯◯が大統領に再任された。　（予想問題） 🗐 プーチンは「**強いロシア**」の国づくりを目標に掲げている。なお、2000年以降、経済新興国として、ロシアは**ブラジル、インド、中国、南アフリカ**とともに、それぞれの頭文字をとって「<u>BRICS</u>」と呼ばれている。		プーチン

411

☑2891 1945年8月の◯◯◯の降伏後、中国国民党と中国
+++ 共産党の◯◯◯が始まったが、同年10月に両党の間
で双十協定（そうじゅう）が結ばれ、翌46年1月に開かれた◯◯◯
会議により、**一時期、停戦が実現した。**
（慶應義塾大、立命館大）

日本、
国共内戦、
政治協商

☞ 10月10日に結ばれたため、双十協定といわれた。

☑2892 再開した国共内戦では中国共産党が勝利し、1949
+++ 年に◯◯◯を国家主席、◯◯◯を首相として中華人民
共和国が成立した。 （慶應義塾大、明治学院大）

毛沢東、周恩来

🔲 国民党は堕落した政治で民衆の支持を失っていった。

☑2893 西側諸国の中では◯◯◯がいち早く中華人民共和国
+++ を承認し、以後も外交関係を維持した。 （関西学院大）

イギリス

🔲 香港（ホンコン）の権利を守るためにも承認は必要だった。

☑2894 国共内戦に敗れた中国国民党の蔣介石は◯◯◯に逃
+++ れ、◯◯◯政府を樹立した。 （立命館大）

台湾、
中華民国

🔲 数百万人の国民党員は船で脱出した。

☑2895 1947年、従来の八路軍（はちろぐん）や新四軍（しんしぐん）を主体として再編さ
+++ れた◯◯◯が創設された。 （共通テスト）

人民解放軍

🔲 新四軍は共産党が指導した長江（ちょうこう）下流域の軍隊で、日本軍との戦い
において活躍した。

☑2896 1950年、日本を仮想敵国として◯◯◯条約が締結さ
+++ れた。 （共通テスト、早稲田大）

中ソ友好同盟相
互援助

🔲 1950年代前半までは、同じ社会主義国として中ソの関係は良好
だった。

☑2897 1950年、毛沢東は◯◯◯法を制定し、地主から土地
+++ を没収した。 （東京大、立命館大）

土地改革

☑2898 1951～52年にかけて、中国共産党は汚職や浪費、
+++ 贈収賄（ぞうしゅうわい）や脱税などに反対する◯◯◯運動を展開した。
（専修大）

三反五反（さんはんごはん）

🔲 汚職、浪費、官僚主義を「三害」と呼び、贈収賄、脱税、国家資
産の横領、原材料のごまかし、国家の経済情報などの機密漏洩を
「五害」とする。この三害と五害に反対する運動だった。

☑2899 1953年から◯◯◯計画が実施され、農業の集団化
+++ が進んだ。　　　　　　　　　　　（立命館大、共通テスト） | 第1次五カ年

☑2900 1954年の◯◯◯で中華人民共和国憲法が採択され
+++ た。　　　　　　　　　　　　　　　　（専修大、立命館大） | 全国人民代表大会

☑2901 ◯◯◯年のソ連のスターリン批判以来、◯◯◯が始ま
+++ り中ソ関係は悪化した。　　　　　　（センター試験、立教大） | 1956、中ソ論争

　🗒 中国はソ連の平和共存政策を批判し、論争は珍宝島（ダマンスキー島）での武力衝突にまで発展した。

☑2902 中ソ対立において、バルカン半島の社会主義国であ
+++ る◯◯◯は中国を支持した。　　　　　　　（関西学院大） | アルバニア

☑2903 ◯◯◯年には珍宝島（ダマンスキー島）で中ソの武力
+++ 衝突が起こった。　　　　　　　　　　　　（関西学院大） | 1969

　🗒 珍宝島は黒龍江（ウスリー川）の中洲。中国軍300人がソ連軍70人に攻撃を加え、31人のソ連兵が死亡した。

☑2904 「◯◯◯」と称された第2次五カ年計画では、毛沢東
+++ の指導の下、◯◯◯が設立されたが、2,000万人以上
といわれる餓死者を出す結果となった。　（専修大、立命館大） | 大躍進、
人民公社

　🗒 餓死者の数字はあまりにも多すぎて判明していない。この本では2000万人としたが、約1500万人から5500万人とされる。もし5500万人の数字が正しいのならば、日本の人口の半数近くが餓死したことになる。20世紀最大の悲劇であった。

☑2905 毛沢東が失脚した後、国家主席に就任した◯◯◯や
+++ ◯◯◯らが経済の回復に成果をあげた。　　　（早稲田大） | 劉少奇、
鄧小平

　🗒 彼らは調整政策をとって農業と経済の回復を図った。

☑2906 1959年、チベット反乱を機にチベット仏教の指導
+++ 者である◯◯◯世はインドに亡命し、◯◯◯紛争が始
まった。　　　　　　　　　　　　　　（東京大、早稲田大） | ダライ=ラマ14、
中印国境

　☛ チベットで独立を求める反乱が起きたが、中国軍に鎮圧された。
　🗒 ダライ=ラマ14世は4歳でチベット仏教の指導者となった。1989年にはノーベル平和賞も受賞した。しかし、中国ではダライ=ラマ14世は危険人物とみなされており、ダライ=ラマ14世と会見するだけで報復対象となることがある。

☑2907 ◯◯◯年、中国は原爆実験に成功して◯◯◯番目の核
+++ 保有国となった。　　　　　　　　　　　　　（南山大） | 1964、5

☑2908 +++ 1966年、毛沢東は学生主体の（◯◯◯）を使い、劉少奇や鄧小平らを（◯◯◯）派として政界から追放した。これらを含めた権力闘争は（◯◯◯）と呼ばれる。 （筑波大、立命館大） ▯ この運動は中国全土に拡大し、多くの貴重な文化財が破壊されるなど、被害は大きかった。	紅衛兵、実権（走資）、プロレタリア文化大革命（文化大革命）
☑2909 +++ 1971年、毛沢東暗殺を計画したとされる（◯◯◯）は、飛行機で逃亡中にモンゴルで墜落死した。 （明治大）	林彪
☑2910 +++ 紅衛兵は「（◯◯◯）」をスローガンとして運動を展開した。 （南山大、明治大） ▯ 意味は「反乱を起こす我々に理（正義）がある」である。	造反有理
☑2911 +++ （◯◯◯）年、（◯◯◯）において中国代表権は台湾国民政府（中華民国）から中華人民共和国へと移行した。 （学習院大、成蹊大） ▯ 台湾国民政府は国連から追放された。その結果、台湾は実質的に「国家」ではなくなった。	1971、国連総会
☑2912 +++ 1972年、アメリカ大統領（◯◯◯）が中国を訪問し、アメリカは台湾国民政府（中華民国）と外交関係を断絶した。 （共通テスト、成蹊大）	ニクソン
☑2913 +++ 1972年、日本の（◯◯◯）内閣時代に事実上、日中国交正常化が実現した。 （共通テスト） ▪ これにより日本も台湾国民政府と断交（外交関係を断絶）した。なお、条約の正式な調印は、1978年の福田赳夫内閣時代である。	田中角栄
☑2914 +++ 日中国交正常化により、1952年4月に締結された（◯◯◯）条約は失効した。 （慶應義塾大） ▯ 台湾の失望は大きく、日本の行為は裏切りに思われ、街頭では日本製品の焼き打ちなどが続いた。	日華平和
☑2915 +++ 1976年に毛沢東が死去し、江青など「（◯◯◯）」が失脚し、文化大革命は終了した。 （上智大） ▯ 江青は毛沢東の妻で、1991年に獄中で自殺した。張春橋、姚文元、王洪文とともに文化大革命を主導したことから「文革四人組」とも呼ばれる。	四人組

☑2916 周恩来死去後、首相となった◯◯が「四人組」を逮
+++ 捕した。
（南山大、立命館大）

華国鋒 _{か こくほう}

🗐 周恩来は19歳で日本に留学し、御茶ノ水の明治大で学んだ経験がある。神保町界隈は周恩来の好きな散歩コースであり、今でも周恩来お気に入りの中華料理店が残っている。日本通であり、日中友好を人一倍気にかけていた。

☑2917 1978年、日本との間で◯◯が締結された。
+++ （共通テスト、専修大）

日中平和友好条約

☑2918 鄧小平が打ち出した「四つの◯◯」とは、「農業・
+++ 工業・◯◯・◯◯」の近代化を目標にする改革・
開放政策である。 （慶應義塾大、早稲田大）

現代化、
国防、科学技術

☞ 4つの項目はすべて入試で問われるので必ず覚えよう！

☑2919 1989年、民主化運動を政府が弾圧する◯◯事件が
+++ 発生した。 （センター試験、成蹊大）

（第2次）天安門 _{てんあんもん}

🗐 五・四運動（1919）の70周年を記念して学生たちが約10万人の学生集会を開いた。これに対して人民解放軍が投入され、200人以上の死者を出した。

☑2920 1992年、中国は◯◯大統領時代の大韓民国と国交
+++ を樹立した。 （南山大）

盧泰愚(ノテウ)

☞ 1991年、南北朝鮮は同時に国連加盟を果たしている。

☑2921 1997年、◯◯国家主席の時代にはイギリスから
+++ ◯◯が返還された。 （慶應義塾大）

江沢民、 _{こうたくみん}
香港

☞ イギリスはブレア政権（労働党）時代である。

☑2922 1999年にはポルトガルから◯◯が返還され、香港
+++ と同じく向こう50年間は資本主義体制が保障され
る◯◯が導入された。 （早稲田大）

マカオ

一国二制度

☑2923 2001年、中国は国際的経済機構である◯◯に加盟
+++ した。 （青山学院大）

世界貿易機関
（WTO）

☑2924 2003年から◯◯国家主席、◯◯首相の体制が始
+++ まった。 （予想問題）

胡錦濤、温家宝 _{こ きんとう おん か ほう}

☑2925 +++ 台湾ではこの島の出身者（本省人_{ほんしょうじん}）として初めて総統となった（　　）が民主化を進め、中国との合併を否定する「二国論」を主張した。　　　　　　　（法政大） 　　🔲 1988～2000年の12年間にわたって総統を務めた。なお、彼は日本の京都大学を卒業しており、日本の文化や伝統に対する理解は深い。	李登輝_{りとうき}
☑2926 +++ 2008年、台湾では親中派の（　　）が総統に就任し、台中関係は一時改善した。　　　　　　　　（予想問題）	馬英九_{ばえいきゅう}
☑2927 +++ 2008年、中国で初めてのオリンピックが（　　）で開催され、一定の成果を収めた。　　　　　　　（予想問題）	北京
☑2928 +++ 2008年の世界的な金融危機で、21世紀の「（　　）」と呼ばれた中国の地位が揺らいだ。　　　　　（予想問題）	世界の工場
☑2929 +++ 2013年、（　　）が国家主席に就任した。　（予想問題）	習近平_{しゅうきんぺい}

7｜西アジア戦後史

☑2930 +++ 1951年、民族主義的な立場からイランの（　　）首相は（　　）会社を接収したが、1953年にクーデタで失脚した。　　　　　　　　　　（東京女子大、立教大）	モサデグ、 アングロ=イラニアン石油
☑2931 +++ 1963年からイラン国王（　　）世は（　　）と呼ばれる親西欧的な近代化政策を推進した。　（一橋大、立教大） 　　🔲 モサデグ首相は石油国有化を目指したが、クーデタで失脚し、逆に国王パフレヴィー2世（モハンマド=レザー=シャー）はアメリカ資本を導入するなど積極的に西欧化を進めた（白色革命）。この頃のイランではミニスカートやスヌーピーグッズが街中にあふれ返ったといわれる。	パフレヴィー2、 白色革命_{はくしょく}
☑2932 +++ 1955年、イランは（　　）、イラク、イギリス、パキスタンからなる反共的な（　　）に加盟した。 　　　　　　　　　　　　　　　　　　　　（早稲田大） 　　🔲 トルコとイラクの相互防衛条約に他の国が参加する形で成立した。	トルコ、 バグダード条約機構（中東条約機構、META_{メ ト ー}）
☑2933 +++ 1979年、（　　）が指導するイラン革命（イスラーム革命）で（　　）朝は倒され、（　　）が成立した。 　　　　　　　　　　　　　　　　　（慶應義塾大、法政大） 　　☞ この結果、イスラーム色の極めて強い政権が誕生した。	ホメイニ、 パフレヴィー、 イラン=イスラーム共和国

416

☑ 2934 +++	<u>1979</u>年、◯◯◯のアメリカ大使館が襲撃され、**大使館員が人質**となった。 （早稲田大） 🗐 <u>ホメイニ</u>を支持する約400人の学生が大使館を占拠した。アメリカとの関係は悪化し、それは現在まで続いている。	テヘラン
☑ 2935 +++	<u>1979</u>年の<u>イラン革命</u>を契機とする<u>原油</u>産出量の激減で◯◯◯が起こった。 （立教大）	第2次石油危機（第2次オイルショック）
☑ 2936 +++	<u>1980</u>年、国境問題から◯◯◯戦争が始まり長期化したが、**1988年に国連の調停で休戦**した。 （日本大、早稲田大） 🗐 イラクの<u>サダム=フセイン</u>大統領はイラン革命が自国に波及するのを恐れていた。	イラン=イラク
☑ 2937 +++	1958年、軍人◯◯◯らによる<u>イラク革命</u>で王政は打倒され、<u>イラク</u>◯◯◯となった。 （慶應義塾大、東京女子大）	カセム、共和国
☑ 2938 +++	1958年の◯◯◯革命により<u>バグダード条約機構</u>（METO）は消滅し、翌59年、新たに◯◯◯が誕生した。 （上智大、早稲田大） 🖝 **イギリス、イラン、トルコ、パキスタンの4カ国**による軍事同盟。しかし、<u>1979年のイランにおけるイスラーム革命</u>で解消した。	イラク、中央条約機構（CENTO） <small>セントー</small>
☑ 2939 +++	1968年からイラクでは◯◯◯党が政権を掌握し、1979年には◯◯◯が大統領となり独裁政治を行った。 （慶應義塾大） 🗐 彼は党の暗殺部門（通称コブラ）出身者。自らが暗殺者だったため、用心深く、政権を握った後もなかなかスキを見せなかった。	バース、サダム=フセイン
☑ 2940 +++	<u>1990</u>年、石油資源を狙っての◯◯◯侵攻は世界の批判を浴び、翌<u>91</u>年の◯◯◯戦争に発展したが、イラクはアメリカを中心に構成された◯◯◯に敗北した。 （立教大、阪南大）	クウェート、湾岸、多国籍軍
☑ 2941 +++	<u>クウェート</u>は、1961年に◯◯◯の保護国から独立した国で、**石油資源が豊富**なことから<u>イラク</u>の侵攻を受けた。 （予想問題）	イギリス

☑2942 ◯◯◯年、**アメリカ**の空爆から◯◯◯**戦争**が始まり、サダム=フセイン率いる**バース党**政権は崩壊した。 （早稲田大） ▯ 彼はアメリカ軍に拘束され、裁判にかけられた後に処刑された。	2003、イラク
☑2943 **1943年**、**共和国**として独立を果たした◯◯◯では、◯◯◯と◯◯◯**教徒**との対立が深刻化し、1975年から**内戦に突入**した。 （早稲田大） ▯ この地域は古代では**フェニキア人**の活動拠点で、有名な杉の産地でもあった。	レバノン、イスラーム、キリスト※順不同
☑2944 1982年、◯◯◯は**レバノン**に侵攻して、首都ベイルートから◯◯◯を退去させた。 （慶應義塾大） ▯ 目的はレバノンに親イスラエル政権を樹立することだった。	イスラエル、PLO（パレスチナ解放機構）
☑2945 2006年、◯◯◯はイスラーム教**シーア派**組織である◯◯◯を攻撃するため、再び**レバノン**に侵攻した。 （予想問題） ▯ この組織は**レバノン**に拠点を置く武装組織で、対イスラエル武力闘争を展開した。	イスラエル、ヒズボラ
☑2946 **1946年**に独立した◯◯◯では、1971年に**アサド政権**が誕生した。 （東京女子大、早稲田大） ▯ ここから親子2代にわたる独裁政権が誕生した。	シリア
☑2947 1958年にシリアは◯◯◯と**アラブ連合共和国**を樹立したが、**1961年にこれを解消**した。 （関西学院大）	エジプト
☑2948 **1991年**、**湾岸戦争**の終結を受けて米ソの呼びかけで◯◯◯会議が開かれ、イスラエル、パレスチナ人代表、レバノン、シリアとその他の周辺アラブ諸国が参加した。 （松山大）	中東和平（マドリード和平）
☑2949 **アフガニスタン**の**イスラーム原理主義**組織◯◯◯は、厳格なイスラーム法による統治を行ったが、◯◯◯年の**アメリカ同時多発テロ**以降、アメリカなどの攻撃を受けて実質的な支配権を失った。 （青山学院大）	ターリバーン、2001

8 ｜ 東南アジア戦後史

☑ 2950 ＋＋＋ ［　］年にビルマはイギリス連邦から独立を果たし、1962年からは［　］将軍が**社会主義化**を進めた。
（明治学院大）

🗊 彼は占いや風水に熱中して政治を行い、その結果、当時のビルマは**アジアの最貧国**に陥った。

> 1948、
> ネ=ウィン

☑ 2951 ＋＋＋ **ビルマ**の**軍事政権**は、<u>1989</u>年に国号を［　］に改称した。
（早稲田大）

> ミャンマー

☑ 2952 ＋＋＋ **民主化運動**のリーダー［　］は、1991年に**ノーベル平和賞**を受賞した。
（松山大、立命館大）

🗊 彼女は**ビルマの国軍**を創設した**アウン=サン**の娘であるため、軍事政権もうかつに手を出すことができなかった。

> アウン=サン=
> スー=チー

☑ 2953 ＋＋＋ <u>アブドゥル=ラーマン</u>の**主導**によって、<u>1963</u>年に**マラヤ連邦**、**シンガポール**、<u>サバ</u>、［　］が合併して［　］が成立した。
（立教大）

> サラワク、
> マレーシア

☑ 2954 ＋＋＋ ［　］年、**シンガポール**が<u>マレーシア</u>から**分離**した。
（センター試験、中央大）

> 1965

☑ 2955 ＋＋＋ **シンガポール**は［　］**文化圏**に含まれ、住民の多くは［　］であり、他の地域との融和は困難だった。
（松山大、立教大）

☞ マレーシアから離脱した理由として、30字程度の論述問題で問われることがあるので要注意！

> 中国(儒教)、
> 華人(華僑)

☑ 2956 ＋＋＋ **シンガポール**は［　］首相の政権下で、<u>1970</u>年代には［　］として経済成長を実現した。（上智大、法政大）

🗊 彼はイギリスの名門ケンブリッジ大学を首席で卒業した秀才である。

> リー=クアンユー、
> 新興工業経済地
> 域(NIES)

☑ 2957 ＋＋＋ **マレーシア**では、1981年に就任した［　］首相により、**日本**や**韓国**の**集団主義**と**勤労倫理**を学ぶという［　］政策を1つの契機として、経済発展に力が注がれた。
（早稲田大、慶應義塾大）

> マハティール
>
> ルックイースト

☑ 2958 1945年、◯◯◯は共和国憲法を制定したが**オランダ**は独立を認めず、**4年間続いた独立戦争**の結果、**1949年**の◯◯◯<u>協定</u>で独立が承認された。 (東京都立大、早稲田大)	インドネシア ハーグ
☑ 2959 インドネシアの◯◯◯大統領がとった◯◯◯体制とは**民族主義**、**イスラーム**、**共産党**の結束を意味する。 (東京都立大、岡山大)	スカルノ、ナサコム (NASAKOM)
🗊 <u>イスラーム</u>という言葉は中近東（西アジア）を連想させるが、信者はインドネシアをはじめとした東南アジアにも多い。ナサコム（NASAKOM）とは**共産主義（共産党）**、**イスラーム**、**民族主義**の**三位一体**を指している。なお、この体制は<u>九・三〇事件</u>でスハルトが実権を握ると、崩壊した。	
☑ 2960 スカルノ大統領は◯◯◯年に◯◯◯会議を主催した。 (法政大)	1955、アジア＝ アフリカ（バンドン、 A・A）
🗊 有色人種のみの会議でアジア・アフリカ諸国の連帯を印象づけた。しかし、第2回の開催はアルジェリアの政変で頓挫した。	
☑ 2961 <u>アジア＝アフリカ会議</u>には**エジプト**の◯◯◯、**インド**の◯◯◯、**中国**の**周恩来**など29カ国の代表が集まり、**植民地主義**を否定する「◯◯◯」を発表した。 (東京都立大、関西学院大)	ナセル、 ネルー（ネール）、 平和十原則
☑ 2962 1965年、◯◯◯の国連安保理◯◯◯国選出に抗議して、**インドネシア**は国連から脱退した。 (法政大)	マレーシア、 非常任理事
☑ 2963 <u>1965年</u>、◯◯◯<u>事件</u>で**スカルノ**は**失脚**し、<u>1968年</u>から◯◯◯が大統領となった。 (慶應義塾大)	九・三〇、 スハルト
🗊 軍部左派によるクーデタだったが軍部右派が巻き返しに成功した。この事件に関与したとして共産党が弾圧され、約200万人の党員数を誇った**インドネシア共産党**は**壊滅**した。	
☑ 2964 1976年、かつて**ポルトガル領**であった◯◯◯は**インドネシア**によって**武力併合**されたが、◯◯◯年に独立した。 (予想問題)	東ティモール、 2002
🗊 この地域はポルトガル領であったために**キリスト教（カトリック）**の勢力が強く、国民の大半がイスラームである**インドネシア**の武力併合に反発していた。	

☑2965 <u>アジア通貨危機</u>などをきっかけとして、**1998年**に
+++ ◯の長期独裁体制は崩壊し、2001年には<u>スカル
ノ</u>の娘である◯がインドネシア大統領に就任し
た。　　　　　　　　　　　　　　　　　（明治大）

スハルト、
メガワティ

☑2966 <u>1946年に独立した**フィリピン**</u>は、1951年に<u>アメリ
+++ カ</u>と反共的な◯**条約**を締結した。　（上智大）

米比相互防衛

☑2967 親米であったフィリピンの◯**大統領**は、◯を
+++ 前身とする共産主義的な<u>新人民軍</u>（<u>NPA</u>）を弾圧し
た。　　　　　　　　　　（慶應義塾大、早稲田大）

マルコス、
フクバラハップ
（フク団）

☑2968 <u>**フィリピン**南部</u>のイスラーム教徒は◯を結成し
+++ た。　　　　　　　　　　　　　　　　　（早稲田大）

　🔲モロの語源はムーア。スペイン人はかつて北アフリカのイスラー
　ム教徒をムーア人と呼んだが、<u>フィリピンにもイスラームがいた
　のに驚き、やはりムーア人と呼んだ。</u>

モロ民族解放戦線

☑2969 **1986年**、民衆の熱狂的支持を受けて◯がフィリ
+++ ピン大統領となったが、**経済は停滞**した。

（慶應義塾大、早稲田大）

　🔲前大統領のマルコスとイメルダ夫人は約20年間フィリピンで独
　裁権力を持った。夫を暗殺された夫人のコラソン=アキノは黄色
　（イエロー）をシンボルカラーに**熱狂的な大衆運動**を行い、大統
　領に就任した。

コラソン=アキノ

☑2970 **1953年に独立した<u>カンボジア</u>**では、1960年に民族
+++ 主義を掲げる◯**が国家元首**となった。　（駒澤大）

シハヌーク（シア
ヌーク）

☑2971 **1970年、カンボジアでは<u>親米派</u>の◯**将軍による
+++ クーデタが成功した。　　　　　　　　　　（埼玉大）

ロン=ノル

☑2972 **1976年に成立した<u>民主カンプチア</u>**（<u>民主カンボジ
+++ ア</u>）では◯が独裁を行い、都市の破壊と地方農村
への集団移住や大量**虐殺**を行った。　　　（法政大）

　🔲彼の率いる**クメール=ルージュ**（赤色クメール）は急進的な共産化
　を進め、推定300万人を虐殺し、国民を恐怖のどん底に陥れた。

ポル=ポト

☑2973 **1978年**、◯**軍がカンボジアに侵攻し**◯**政権
+++ を支持して<u>カンボジア人民共和国</u>を樹立すると、内
戦が激化した。　　　　　　　　　　　　（早稲田大）

ベトナム、
ヘン=サムリン

☑2974 **1991**年、**カンボジア和平協定**が成立し、**日本も** ◯◯部隊を派遣した。 (慶應義塾大、早稲田大) ▶カンボジアでは、「**シハヌーク→ロン=ノル（親米）→ポル=ポト** **（親中）→ヘン=サムリン（親ソ）**」の順に権力が移り変わった後、 内戦に突入した。和平協定調印後、**UNTAC**（国連カンボジア暫 定統治機構）が日本に**PKO**（国連平和維持活動）を要請した。	PKO（国連平和 維持活動）
☑2975 **1993**年に◯◯（国連カンボジア暫定統治機構）の 管理の下、新議会の総選挙を行い、◯◯を国王とす る**カンボジア王国**が成立した。 (法政大)	UNTAC、 シハヌーク（シア ヌーク）
☑2976 **ベトナム**が**ソ連**との関係を深めるなか、親中派で あったカンボジアの◯◯政権に対し、**ベトナムが軍** **事介入**した。これをきっかけに、**1979**年に◯◯戦 争が発生した。 (センター試験、法政大) 🗒中国軍約10万人がベトナムに侵入して、ランソン市を徹底破壊 したが、実戦経験が豊富なベトナム軍にあっという間に追い返さ れた。	ポル=ポト、 中越（中国=ベトナ ム）
☑2977 **1986**年頃から**ベトナム**では◯◯と呼ばれる**経済開** **放政策**が始まった。 (東京大) 🗒ベトナム版のペレストロイカで「刷新」という意味。**市場主義経** **済の導入**などを実施した。	ドイモイ（刷新）
☑2978 **1995**年に**ベトナムとアメリカとの国交正常化**が実 現し、同年、**ベトナム**は◯◯に加盟した。 (センター試験、明治学院大)	東南アジア諸国 連合（ASEAN）
☑2979 **1954**年、**アメリカが主導する反共軍事同盟**である ◯◯機構（**SEATO**）が結成された。 (センター試験、明治学院大、共通テスト)	東南アジア条約
☑2980 **東南アジア条約機構**（**SEATO**）を構成したのは、**ア** **メリカ、イギリス、フランス、**◯◯、◯◯、**フィ** **リピン、タイ、パキスタン**である。 (日本大) ▶**SEATO**はベトナム戦争終結後の**1977**年に解消された。	ニュージーランド、 オーストラリア ※順不同
☑2981 **1967**年に◯◯、**マレーシア、シンガポール、タ** **イ**、◯◯によって結成された◯◯も、結成当初は **反共的性格**が強かった。 (立教大、関西大) ▶加盟国5カ国はすべて入試で問われるので要注意！	インドネシア、 フィリピン※順不同、 東南アジア諸国 連合（ASEAN）

☑ 2982 <u>韓国</u>、<u>台湾</u>、<u>香港</u>、<u>シンガポール</u>は著しい経済発展
+++ を実現し、（⬭⬭⬭）（<u>新興工業経済地域</u>）のアジアにお
ける事例として挙げられる。　　　　（東京経大、上智大）

NIES

　🗂 これらの国々は**儒教文化圏**だったため、儒教文化の勤勉さが一時
　　もてはやされた。

☑ 2983 <u>1999</u>年、（⬭⬭⬭）の加盟で、<u>ASEAN</u>は**10カ国**とな
+++ り、通称（⬭⬭⬭）と呼ばれている。これに<u>日本</u>、<u>中国</u>、
<u>韓国</u>を加えた、（⬭⬭⬭）の**経済協力会議**が現在、定例化
されている。　　　　　　　　　　　　（明治学院大）

カンボジア、
ASEAN10、
ASEAN＋3

　☛ 2015年末、加盟10カ国はASEAN経済共同体（ASEAN Economic
　　Community：AEC）を発足させた。

9 ｜ インド（南アジア）戦後史

☑ 2984 <u>1947</u>年、<u>インド</u>はイギリスの（⬭⬭⬭）**労働党**内閣時代
+++ に<u>パキスタン</u>と**分離して独立**を果たした。　（國學院大）

アトリー

　🗂 この労働党政権は、ヒンドゥー教徒とイスラームの溝を埋めるこ
　　とができなかった。

☑ 2985 インドでは（⬭⬭⬭）が**初代首相**となったが、「**独立の父**」
+++ といわれた（⬭⬭⬭）は狂信的なヒンドゥー教徒に暗殺
された。　　　　　　　　　　　（センター試験、成城大）

ネルー（ネール）、
ガンディー

　🗂 ネルーは、娘**インディラ＝ガンディー**のために『**父が子に語る世
　　界歴史**』を執筆した。ネルーはヒンドゥー教徒だったため、ムガ
　　ル帝国よりも**ヴィジャヤナガル王国**などの記述が詳しい。

☑ 2986 <u>1950</u>年に制定された（⬭⬭⬭）では、公用語の他に**14**
+++ もの言語が認められた。　　　　　　　　（センター試験）

インド憲法

☑ 2987 古来より多様な言語がもたらされた南アジアでは、
+++ 現在も<u>タミル語</u>などの（⬭⬭⬭）系や<u>ヒンディー語</u>など
の（⬭⬭⬭）系などの諸言語が存在する。　（センター試験）

ドラヴィダ、
インド＝ヨーロッパ

☑ 2988 1950年に制定された<u>インド憲法</u>では（⬭⬭⬭）**制**などの
+++ **差別が禁止**された。　　　　　　　（学習院大、上智大）

カースト

☑ 2989 +++ カースト制の反対運動を展開した◯◯◯が、**インド憲法起草委員長**を務めた。 （國學院大） ■かなりの難問。カースト制は憲法では否定されたが、差別が消滅したわけではない。この人物はカースト制に対して妥協的な**ガンディー**と対立し、最後はヒンドゥー教を捨て50万人の支持者とともに仏教徒となった。	アンベードカル
☑ 2990 +++ 新憲法の発布に基づき、**インド連邦**は正式な国号を◯◯◯に変更した。 （國學院大）	インド連邦共和国 （インド共和国）
☑ 2991 +++ **パキスタン**では、**インドからの分離独立**を訴えた◯◯◯が初代総督となった。 （新潟大、岡山大） ⬜ 政治思想は穏健だったが、イスラームとヒンドゥー教徒は別個に国家を建国すべしとしてガンディーと対立した。	ジンナー
☑ 2992 +++ 1956年、**パキスタン共和国**は正式な国号を◯◯◯に変更したが、1958年には**旧国号に復した**。 （國學院大）	パキスタン・イスラム共和国
☑ 2993 +++ **インド西北部**の◯◯◯地方では、この地を支配する藩王（ぼうおう）が◯◯◯教徒であったが、反対に住民の多くは◯◯◯教徒であったため、領土の帰属をめぐり数度の**インド=パキスタン（印パ）戦争**が発生した。 （法政大） ■この地方が**インド西北部**であることに要注意！ 正誤問題で「東北部」として出題され、これを見落とす受験生が多い。なお、この戦争は大規模なもので**3度発生**し、**依然未解決**である。	カシミール、 ヒンドゥー、 イスラーム
☑ 2994 +++ **ネルー**は◯◯◯年に**中国**の◯◯◯と会談し、共同声明で**平和五原則**を発表した。 （國學院大）	1954、周恩来
☑ 2995 +++ 1948年に◯◯◯の自治領として独立した**セイロン**は、1972年に国号を◯◯◯と改称し完全独立を果たした。 （センター試験、國學院大）	イギリス、 スリランカ
☑ 2996 +++ 1971年、◯◯◯**パキスタン**が◯◯◯**パキスタン**から**分離・独立**し、国号を◯◯◯とした。 （上智大、松山大） ⬜ 西パキスタンが政治的・経済的に東パキスタンを支配する状況にあり、**東パキスタンの不満が募っていた**。この地は古代ではマウリヤ朝、グプタ朝の中心地として繁栄を極めた豊かな土地であったが、行政不備などでアジア最貧国の1つになっている。	東、西、 バングラデシュ

☑ 2997 東パキスタンから大量の難民が生まれたため、**イン
+++ ドが介入して◯◯◯戦争が発生した。** （予想問題）

⚐ 大量の餓死者も生まれ、これを救おうとジョージ=ハリスンなど
多くのミュージシャンが慈善コンサートを行った。

第3次インド=パキスタン(印パ)

☑ 2998 ◯◯◯年、ポルトガルの植民地◯◯◯がインド政府に
+++ よって武力接収された。 （國學院大）

1961、ゴア

☑ 2999 ◯◯◯年、インドは世界で◯◯◯番目の核保有国と
+++ なった。 （早稲田大）

1974、6

☑ 3000 ネルーの娘で1966年に首相となった◯◯◯は、狂信
+++ 的な◯◯◯教徒によって、1984年に暗殺された。

（上智大）

⚐ 1984年、シク教の総本山ゴールデン・テンプルに立てこもった
シク教徒に対して、政府は軍を投入して約400人を虐殺した。暗
殺はこの事件の報復だった。

インディラ=ガンディー、シク

☑ 3001 1998年、それまでの政権党である◯◯◯に代わり、
+++ **ヒンドゥー民族主義を標榜する◯◯◯（BJP）が連立
政権を樹立、首相に◯◯◯が就任した。** （早稲田大）

⚐ パキスタンとの対立はより鮮明となった。

国民会議(国民会議派)、人民党(インド人民党)、バジパイ

☑ 3002 スリランカでは、仏教徒で多数派の◯◯◯人とヒン
+++ ドゥー教徒で少数派の◯◯◯人の紛争が長く続いた。

（慶應義塾大、中央大）

シンハラ、タミル

☑ 3003 1998年、◯◯◯が地下核実験に成功し、現在もイン
+++ ドとの緊張関係が続いている。 （早稲田大）

パキスタン

☑ 3004 1998年にインドで核実験を強行したのは、インド人
+++ 民党の◯◯◯首相であった。 （慶應義塾大、早稲田大）

⚐ この人物はインドの伝統宗教であるヒンドゥー教を重んじて、イ
スラームには敵対的姿勢を示した。

バジパイ

10 | 第三世界の連帯

☑ 3005 1954年、セイロン（スリランカ）の◯◯◯で開かれ
+++ た◯◯◯会議で、アジア=アフリカ会議の開催などが
宣言された。 （上智大）

コロンボ、コロンボ

☑3006 +++ <u>1954</u>年の◯◯会議に出席した**インド**の◯◯は、**中国**の◯◯と**インド**の<u>**デリー**</u>で**会談**し、共同声明を発表した。　　　　　　　　　(センター試験、中央大) 🗒️インドシナ戦争の和平会議に出席した2人は、今後米ソの冷戦で犠牲になるのはアジアではないか、という懸念を抱いていた。	ジュネーヴ、ネルー(ネール)、周恩来
☑3007 +++ 「◯◯」と呼ばれた共同声明の内容は、①◯◯の尊重、②**平等互恵**、③<u>**相互不侵略**</u>、④**内政不干渉**、⑤◯◯の5つの内容からなる。　　(中央大、早稲田大)	平和五原則、領土保全および主権、平和共存
☑3008 +++ <u>1955</u>年、インドネシアの◯◯で開催された<u>**アジア=アフリカ会議**</u>は、史上初の◯◯人種のみの会議であり、**反植民地主義**と**平和共存**を基調とした「◯◯」を発表した。　　　　　　　(東京女子大) 🗒️アジア・アフリカの団結に危機感を持った**米ソ**が歩み寄り、<u>1955</u>年7月にジュネーヴで米英仏ソの**4巨頭会談**を開いた。	バンドン、有色 平和十原則
☑3009 +++ ◯◯会議は、**インドネシア**の◯◯大統領が主催者となった。　　　　　　　　　　(センター試験、南山大) 🗒️インドネシアはイスラーム教国のため**一夫多妻**が許される(原則として4人までの妻)。<u>スカルノ</u>大統領も3人の妻をめとっており、第3夫人が日本人のデヴィ夫人であった。	アジア=アフリカ、スカルノ
☑3010 +++ <u>1961</u>年、**ユーゴスラヴィア**の◯◯で**非同盟諸国首脳会議**が開催された。　　　　　(中央大、東京女子大) 🗒️25カ国が参加した。米ソの両大国にとっては無視できないものとなった。	ベオグラード
☑3011 +++ **非同盟諸国首脳会議**の中心人物は**ユーゴスラヴィア**の◯◯、**エジプト**の◯◯、**インド**の<u>**ネルー**</u>などであった。　　　　　　　　　　　　　(センター試験) 🗒️彼らは米ソどちらの陣営にも属さない**非同盟主義**を展開した。	ティトー(チトー)、ナセル
☑3012 +++ **米ソ両陣営に属さないアジアとアフリカの新興勢力**を◯◯と呼ぶ。　　　　　(東京経済大、南山大) 🗒️フランス革命期の第三身分からこの名称が与えられた。21世紀になってから使用され始めた**BRICS(ブリックス)**と混同しないこと。<u>BRICS</u>とは21世紀以降、目覚ましい経済成長をとげた**ブラジル、ロシア、インド、中国、南アフリカ**の5か国を指す用語。	第三勢力(第三世界)

☑ 3013 **1974年、国連特別総会で発展途上国の利益を保護する◯◯◯が採択された。** (東京経済大)

+++

☞この背景には**1973年**以来の**石油危機（オイルショック）**があり、先進国は発展途上国に妥協するしかなかった。

新国際経済秩序（NIEO）樹立宣言

11 | アフリカ植民地の独立

☑ 3014 **1951年に◯◯◯はイタリアから独立し王政となったが、1969年には◯◯◯大佐によるクーデタで共和政となった。** (上智大)

+++

📖彼は28歳で政権を握り、**独裁の社会主義建設を推進**したが、**2011年**、「**アラブの春**」と呼ばれる一連の反政府・民主化運動の中で政権は打倒され、彼も殺害された。

リビア、カダフィ

☑ 3015 **1952年、ナギブやナセルを中心とした◯◯◯によって起こされた◯◯◯で、ムハンマド゠アリー朝が倒され、翌53年にエジプト共和国が成立した。** (関西学院大)

+++

自由将校団、エジプト革命

☑ 3016 **1956年にはスーダン、◯◯◯、◯◯◯が相次いで独立した。** (慶應義塾大、上智大)

+++

モロッコ、チュニジア ※順不同

☑ 3017 **アルジェリアでは、1954年からFLN（アルジェリア民族解放戦線）による独立闘争が始まり、フランスの◯◯◯大統領は、1962年の◯◯◯協定で独立を承認した。** (中央大、東京女子大)

+++

📖アルジェリアの先住民は独立を期待したが、**コロン（フランス人入植者）**は独立に反対だった。

ド゠ゴール、エヴィアン

☑ 3018 **◯◯◯年、ガーナが独立し、◯◯◯が初代大統領となった。** (上智大、立教大)

+++

1957、エンクルマ

☑ 3019 **◯◯◯年、ギニアが独立し、◯◯◯が初代大統領となった。** (中央大、同志社大)

+++

☞アフリカは「人名→国名」の形でよく出題される。
・**エンクルマ**大統領（初代）→**ガーナ**
・**セク゠トゥーレ**大統領（初代）→**ギニア**
・**マンデラ**大統領（黒人初の大統領）→**南アフリカ共和国**

1958、セク゠トゥーレ

☑ 3020 **アフリカでは◯◯◯年に17の新興国が一挙に独立したことから、この年を「◯◯◯」と呼ぶ。** (センター試験、高崎経済大)

+++

1960、アフリカの年

☑ 3021 **1963年**、<u>ケニア</u>が独立し（　　）が**初代首相**に就任した。 (立教大)	ケニヤッタ
+++ 🔎 1950年代から独立を目指す**マウマウ闘争**が展開され、1963年に独立を果たした。また「**マウマウ（団）**」とはイギリスが名付けた民族解放闘争組織の他称である。	
☑ 3022 （　　）から独立した<u>コンゴ</u>では、<u>1960</u>〜<u>65年</u>に（　　）**動乱**が発生し、**カタンガ州**の**分離独立**を阻止しようとした（　　）**首相**が**暗殺**された。 (慶應義塾大、東京女子大)	ベルギー、コンゴ、ルムンバ
+++ 🔎 **カタンガ州**は銅やウランなどの資源が豊富で、これを狙って大国が分離独立に対して支持・反対にそれぞれ動いた。	
☑ 3023 （　　）から独立した（　　）では**1967〜70年**に<u>内戦</u>が発生し、<u>イボ族</u>の（　　）**共和国**建国が頓挫して、数百万人ともいわれる餓死者が出た。 (早稲田大)	イギリス、ナイジェリア、ビアフラ
+++ 🔎 この内戦には**ハウサ族**などと**イボ族**との間の**部族抗争**もからんでいた。	
☑ 3024 **1963年**、<u>エチオピア</u>の首都（　　）で開催された**アフリカ独立諸国首脳会議**で（　　）が誕生した。 (東京経済大、法政大)	アディスアベバ、OAU（アフリカ統一機構）
+++ ☞ アルファベットの名称が似ている組織は混同しやすいので、しっかり覚えること。 ・OAU（アフリカ統一機構）：エチオピア皇帝ハイレ=セラシエの提唱で**1963年**に発足、**アディスアベバ**で開催。 ・OAS（米州機構）：1947年のリオ協定が発展し、コロンビアの**ボゴタ**で翌48年に開催。アメリカ主導の反共組織。	
☑ 3025 アフリカ独立諸国首脳会議が開催された当時の<u>エチオピア</u>の政治指導者は（　　）であった。 (南山大)	ハイレ=セラシエ
+++ 🔎 **エチオピア**はアフリカ最古の独立国であり、リベリアと同じく欧米による植民地化を免れた国でもあった。<u>ハイレ=セラシエ</u>は、1974年軍事クーデタにより殺害された。	
☑ 3026 欧米諸国がアフリカの独立を承認した後でも、<u>実質的支配</u>を続けようとする（　　）**主義（ネオコロニアリズム）**が<u>1960</u>年代以降、顕著になった。 (東京経済大、早稲田大)	新植民地
+++ ☞ 論述などでも使える用語なので覚えておこう！	
☑ 3027 1975年、<u>ポルトガル</u>から<u>モザンビーク</u>と（　　）が独立したが内戦が続いた。 (学習院大、法政大)	アンゴラ

☑3028 南アフリカ共和国では少数の<u>白人</u>が多数の<u>黒人</u>を支
+++　配する◯◯が続いたが、1991年に白人の◯◯大
　　統領が法的撤廃を決め、<u>1994</u>年から◯◯が<u>黒人</u>初
　　の大統領となった。　　　　　　　　（一橋大、東京経済大）

アパルトヘイト、
デクラーク、
マンデラ

　🔲 白人による**人種隔離政策**で黒人は人間以下の扱いを受けてきた。
　　また、カラード（混血）やアジア人も白人とは異なるホテルやレ
　　ストランを使わねばならないなどの差別を受けたが、日本人だけ
　　は「名誉白人」として白人たちと同じ待遇だった。

☑3029 <u>マンデラ</u>は◯◯（<u>ANC</u>）の指導者であった。
+++　　　　　　　　　　　　　　　　　　　　　　　　　（駒澤大）

アフリカ民族会議

☑3030 <u>南ローデシア</u>の白人政権も◯◯を維持しようとし
+++　たが、<u>黒人</u>政権が誕生し、1980年に国号を◯◯と
　　変えた。　　　　　　　　　　　　　　　　（駒澤大、法政大）

アパルトヘイト、
ジンバブエ

☑3031 1990年代の◯◯では、<u>ツチ族</u>と<u>フツ族</u>の部族対立
+++　が内戦に発展し、<u>フツ族</u>強硬派による<u>ツチ族</u>に対す
　　る大量虐殺、難民の発生、伝染病の流行など甚大な
　　被害をもたらした。　　　　　　　　　　　　（慶應義塾大）

ルワンダ内戦

☑3032 2002年、<u>ヨーロッパ連合（EU）</u>をモデルに、<u>アフ</u>
+++　<u>リカ統一機構（OAU）</u>を発展解消した◯◯が新た
　　に結成され、**アフリカ諸国の統一**と連帯の促進、国
　　家主権と領土保全、◯◯主義への闘争などを掲げて
　　いる。　　　　　　　　　　　　　　（立命館大、青山学院大）

アフリカ連合（AU）

新植民地

12 ｜ ラテンアメリカ戦後史

☑3033 <u>1947</u>年、ブラジルの◯◯でアメリカ主導による
+++　◯◯協定が結ばれた。　　　　　　　　　　　（早稲田大）

リオデジャネイロ、
リオ

　🔲 米州相互援助条約とも呼ばれる。

☑3034 <u>1959</u>年、◯◯と◯◯を指導者とする<u>キューバ革</u>
+++　<u>命</u>が発生し、アメリカ寄りの◯◯政権は崩壊した。
　　　　　　　　　　　　　　　　　　　（センター試験、成城大）

カストロ、ゲバラ
※順不同、バティスタ

　🔲 ゲバラは現在でも人気のある"カリスマ革命家"。さらなる革命を
　　求めてキューバを旅立つも、1967年にボリビアで処刑され、非
　　業の死を遂げた。

☑3035 +++ 1970 年、◯◯◯で<u>史上初の選挙による</u><u>社会主義</u>政権が誕生し、◯◯◯が大統領に就任した。 （センター試験、立教大）	チリ、 アジェンデ
☑3036 +++ 1973 年、チリでは◯◯◯将軍がクーデタを起こし<u>ア</u><u>ジェンデ</u>政権を倒した。　（早稲田大） 🗍 彼は政権を奪取すると大量虐殺を行い、サッカー競技場が死体置き場となった。1998年、この罪を問われ逮捕された。	ピノチェト
☑3037 +++ 1979 年、<u>サンディニスタ民族解放戦線</u>が◯◯◯独裁政権を倒す◯◯◯革命が起きた。　（成城大） 🗍 サンディニスタ民族解放戦線はいろいろな勢力の集まりであった。社会主義者以外にもキリスト教の神父なども参加していた。	ソモサ、 ニカラグア
☑3038 +++ 1982 年、大西洋上の◯◯◯諸島をめぐって、イギリスとアルゼンチンが戦う◯◯◯<u>紛争</u>が発生し、イギリスが勝利した。　（立命館大） 🗍 マルビナスはアルゼンチン側の呼称である。この紛争の遺恨は深く残っており、サッカーワールドカップでイギリスとアルゼンチンが激突するたびに、両国の国民感情は燃え上がっている。	フォークランド（マルビナス）、フォークランド

13 | 西ヨーロッパ戦後史

☑3039 +++ ◯◯◯の**パン=ヨーロッパ**運動により、**ヨーロッパ統合**の動きが戦間期（第一次・第二次大戦中）に活発化した。　（センター試験、法政大） 🗍 名門**ハプスブルク家出身**のこの人物は東京生まれで、母親は日本人の青山みつ子だった。彼は日本の「和」の伝統を学び、ヨーロッパの統合に活かそうとした。	クーデンホフ= カレルギー
☑3040 +++ **イギリスの**◯◯◯は、「<u>ヨーロッパ合衆国</u>」の構想を発表した。　（法政大）	チャーチル
☑3041 +++ **フランス外相**◯◯◯の**プラン**により、1952 年に◯◯◯が成立し、**石炭と鉄鋼の単一市場が成立**した。 （センター試験、津田塾大） 🗍 <u>シューマン</u>もカレルギーの**パン=ヨーロッパ**運動の影響を受けた人物であった。そう思うと、ヨーロッパ統合の原点には、聖徳太子の「和を以て貴しとなす」があることになる。	シューマン、 ECSC（ヨーロッパ 石炭鉄鋼共同体）

☑ 3042 ECSCの加盟国は**フランス**、**西ドイツ**、（◯◯◯）3国、
+++ **イタリア**の6カ国であった。 　　　　　　　（早稲田大）

ベネルクス

　☛ **ベルギー**（**B**elgium）、**オランダ**（**N**etherlands）、**ルクセンブル
　　ク**（**Lux**embourg）のこと。各国名の冒頭の文字に由来する呼び
　　名である。

☑ 3043 **1957年**の（◯◯◯）**条約**の調印により、**ヨーロッパ経済**
+++ **共同体（EEC）**とともに（◯◯◯）が結成された。
　　　　　　　　　　　　　　　　　　　（センター試験、津田塾大）

ローマ、
EURATOM（ユーラトム ヨーロッパ原子力共同体）

　☛ この参加国の顔ぶれはECSC、EECと同じだった。

☑ 3044 1960年、（◯◯◯）に対抗して、**イギリス**が中心となり
+++ （◯◯◯）が成立した。 　　　　　　　（津田塾大、早稲田大）

EEC（ヨーロッパ経済共同体）、
EFTA（ヨーロッパ自由貿易連合）

　☛ **フランス**が中心になったEEC（ヨーロッパ経済共同体）に対抗す
　　る形で、イギリスが**EFTA**（ヨーロッパ自由貿易連合）を発足さ
　　せたが、**経済的には成功しなかった**。1994年には、EUとEFTA
　　との間で人、商品、資本、サービスの移動を自由化した統合市場
　　となる**EEA**（ヨーロッパ経済領域）を発足させた。

☑ 3045 （◯◯◯）**年**に**EEC**、**ECSC**、**EURATOM**が**統合する**
+++ 形で（◯◯◯）が**発足**した。 　　　　　（慶應義塾大、法政大）

1967、
EC（ヨーロッパ共同体）

　🗊 ヨーロッパ統合への大きな一歩となったが、まだ**経済的統合の性**
　　格が強かった。

☑ 3046 **1973年**に（◯◯◯）、（◯◯◯）、（◯◯◯）が新たに**EC**に加
+++ 盟し、いわゆる「**拡大EC**」が誕生した。
　　　　　　　　　　　　　　　　　　　　　（成城大、立教大）

アイルランド、デンマーク、イギリス
※順不同

　☛ **ド=ゴール**大統領（フランス）の反対もあり、**イギリスの加盟は**
　　なかなか実現しなかったが、彼の死によりやっと**実現**した。この
　　拡大ECは入試の頻出分野！

☑ 3047 **1981年**には**ギリシア**が、**1986年**には**スペイン**と
+++ （◯◯◯）が新たに**EC**に加盟した。 　　　　　　（早稲田大）

ポルトガル

☑ 3048 **1992年**、**オランダ**で（◯◯◯）**条約**が結ばれて、**EC**は
+++ さらに（◯◯◯）へと発展し、**ヨーロッパの政治的統合**
はさらに進んだ。 　　　　　　　　　（慶應義塾大、上智大）

マーストリヒト、
EU（ヨーロッパ連合）

　🗊 EUの誕生によって加盟国の人々は**EU市民権**を持てることに
　　なった。移動の自由以外にも様々な優遇措置が取られている。EU
　　内では大学の学費が無償もしくは低額の国も多く、日本の大学が
　　有償（しかも高額）なのを考えると利点は多い。

☑3049 +++ **1999年**から**共通通貨**として◯◯が使用され始めた。 (青山学院大)	ユーロ
☑3050 +++ 1949年に設立された欧州会議の本部は**アルザス・ロレーヌ**の中心である◯◯に置かれた。(慶應義塾大) 🛈 アルザス・ロレーヌは長くドイツとフランスの争奪の場であったので、そのため逆に和解のシンボルにもなった。	ストラスブール
☑3051 +++ ◯◯年には◯◯を**共通通貨**とする**通貨統合**が行われた。 (早稲田大、関西学院大)	2002、ユーロ
☑3052 +++ 経済統合をはじめとして**世界の一体化**が進み、経済や文化において相互に依存する関係を強めていく動きを、一般に◯◯という。 (東京大)	グローバル化 (グローバリゼーション)
☑3053 +++ **1945年**に成立した**イギリス**の◯◯内閣は、**インド**の独立承認や「**ゆりかごから**◯◯**まで**」と称されるような**社会福祉の充実**に加えて、重要産業の◯◯化を推進した。 (中央大、早稲田大) ▪この内閣は労働党政権で**漸進的な社会主義**を目指していた。**フェビアン協会**を思い出してほしい。	アトリー、 墓場 国有
☑3054 +++ **1955年**にイギリス首相となった**保守党**の◯◯は、**ジュネーヴ4巨頭会談**に出席したが、翌**56年**の◯◯**出兵**では世界の非難を浴びた。 (中央大、立教大)	イーデン スエズ
☑3055 +++ **1973年**、◯◯首相の時に**イギリス**は**EC**に加盟した。 (早稲田大) 🛈 イギリスの首相はオックスフォード大学出身が多い。**イーデン**も**ヒース**もオックスフォード大学出身者であったが、**イーデン**は名門貴族、**ヒース**は庶民の出と、出自は対照的であった。	ヒース
☑3056 +++ 「**鉄の女**」と呼ばれた**イギリス保守党**の◯◯首相は経済の再建に努め、対外的には◯◯**戦争**で**アルゼンチン**に勝利した。 (中央大、早稲田大) 🛈 彼女は「**小さな政府**」をスローガンに**イギリスの経済再建に成功**したが、人頭税の導入で国民の反感を受け辞任した。しかしイギリス国民に、戦後の首相ベスト3のアンケートを行ったところ、3位の**ブレア**、2位の**チャーチル**を抑えて1位に輝いた。	サッチャー、 フォークランド
☑3057 +++ **1997年**、**保守党**の**メージャー**に代わり◯◯**党**の◯◯が**イギリス**首相に就任した。 (早稲田大)	労働、 (トニー=)ブレア

☑ 3058 +++ イギリスの◯◯◯政権下で、1997年に**中華人民共和国**への◯◯◯返還が実現し、翌98年には◯◯◯**和平合意**が実現した。 （國學院大、中央大）	ブレア、香港、北アイルランド
⬚ アイルランド北部のアルスター地方ではカトリック系、プロテスタント系両住民の対立が続いていたが、**和平合意により衝突は減少**した。	
☑ 3059 +++ **北アイルランド**では**カトリック過激派の武装組織**である◯◯◯の活動によって、紛争が激化した。 （学習院大）	IRA（アイルランド共和軍）
☑ 3060 +++ 2003年の◯◯◯**戦争**で、イギリスの**ブレア政権**はアメリカのブッシュ政権と共同歩調をとった。 （青山学院大）	イラク
☑ 3061 +++ フランスの**第四共和政**は◯◯◯年に成立し、1958年まで存続した。 （津田塾大）	1946
☞ フランスの共和政は混乱しやすい。第一共和政はフランス革命中の**1792年**、第二共和政は二月革命が発生した**1848年**、第三共和政はナポレオン3世が退位した**1870年**にそれぞれ成立した。整理して覚えておこう。	
☑ 3062 +++ 1958年に就任した◯◯◯**大統領**は「**フランスの栄光**」を追い求めて、1964年には◯◯◯を承認し、1966年には◯◯◯を脱退した。 （センター試験、学習院大）	ド=ゴール、中国、NATO（北大西洋条約機構）
☑ 3063 +++ フランスの**第五共和政**は◯◯◯**独立紛争**が激化していた中で、その解決を期待されて成立した。 （津田塾大）	アルジェリア
☑ 3064 +++ 1960年、フランスは世界で◯◯◯**番目の核保有国**となった。 （早稲田大）	4
☑ 3065 +++ 1962年、**ド=ゴール**は◯◯◯**協定**で◯◯◯の独立を承認した。 （明治学院大、早稲田大）	エヴィアン、アルジェリア
⬚ 彼は強硬派で独立は承認しないものと思われたが、戦争の泥沼化を避けるために承認に踏み切った。	

☑3066 **1968**年、フランスで**学生を中心とした**◯◯**革命**が発生し、翌**69**年に**ド=ゴール**は退陣した。　（早稲田大）	五月
📖 パリ大学の学生運動に**労働者たちが支持を表明**して約500万人ものデモに発展した。これは日本の学生運動に影響を与え、東京大学では安田講堂に学生が立てこもり、機動隊との「安田砦」の攻防戦が起こった。なお、1969年の東京大学の入試は中止された。	
☑3067 フランスの**ジスカールデスタン**大統領の下で、**1975**年に第1回目の◯◯がパリ近郊で開催された。　（慶應義塾大）	サミット（先進国首脳会議）
📖 フランスの威信をかけて、1976年には**超高速旅客機コンコルド**がパリ〜ロンドン間に就航した。	
☑3068 1981年に**社会党**出身者で初のフランス大統領に就任した◯◯は、**大企業の国有化**などを進めたが、効果は薄かった。　（上智大）	ミッテラン
☑3069 1995年、大統領に就任した◯◯は、**2002**年に◯◯を再開して国際世論の批判を浴びたが、翌**03**年の**イラク戦争には反対**した。　（上智大）	シラク、核実験
☑3070 第二次世界大戦でのドイツの敗北後、その領土については**ドイツ東部をソ連**が、**西北部を**◯◯が、**西南部を**◯◯が、**南部をアメリカ**が管理することになった。　（立命館大）	イギリス、フランス
☑3071 **1948**年、英米仏が行った**西側管理地区**での◯◯に**ソ連**が反発して◯◯が行われ、東西関係は緊張した。　（センター試験）	通貨改革、ベルリン封鎖
☑3072 1949年、◯◯を首都として**ドイツ連邦共和国（西ドイツ）**が、◯◯を首都として**ドイツ民主共和国（東ドイツ）**がそれぞれ成立した。　（慶應義塾大）	ボン、ベルリン
📖 **西**ドイツは**資本主義**国、**東**ドイツは**社会主義**国となった。	
☑3073 **西ドイツ**は、**キリスト教民主同盟（CDU）**の◯◯政権の下で「◯◯**の経済復興**」を果たし、また、**1954**年の**パリ協定**で再軍備と◯◯**加盟を実現**させた。　（東京大、慶應義塾大）	アデナウアー、奇跡、NATO(北大西洋条約機構)
📖 工業生産は1955年には早くも戦前の2倍にまで達した。その経済力は英仏を超えるまでになった。	

☑3074 第二次世界大戦後の西ドイツでは**キリスト教民主同**
+++ **盟**と、再建された◯◯党（**SPD**）が政権を担当し
合った。　　　　　　　　　　　　　（慶應義塾大）

ドイツ社会民主

☑3075 1966年、**キリスト教民主同盟**、**キリスト教社会同盟**、
+++ **ドイツ社会民主党**の**連立政権**が成立し、**キリスト教**
民主同盟の◯◯が首相に就任した。　　（青山学院大）

キージンガー

　🖉 **キリスト教社会同盟**は、ビスマルク時代の中央党の流れをくむカ
トリック政党。**キリスト教民主同盟**は、社会民主党と競い合うド
イツの2大政党の1つ。

☑3076 **1969年**、**ドイツ社会民主党**と◯◯の**連立政権**が成
+++ 立し、**ドイツ社会民主党**の◯◯が首相に就任した。
　　　　　　　　　　　　　　　　　　（青山学院大）

自由民主党、
ブラント

☑3077 **1970年**、西ドイツの◯◯首相とソ連の◯◯首相
+++ はモスクワで、**ソ連=西ドイツ武力不行使条約**に調印
した。　　　　　　　　　　　　　　　（青山学院大）

ブラント、
コスイギン

☑3078 1970年、◯◯線を国境と画定して**西ドイツとポー**
+++ **ランド**との国交が正常化した。　　　　　（法政大）

オーデル=ナイセ

　🖉 戦後のドイツとポーランドの国境ラインはあいまいであった。し
かし、西ドイツの**ブラント**首相がこの問題の処理にあたり、**オー**
デル川とナイセ川を結ぶ線をポーランドとの国境ラインと認め
て解決をみた。

☑3079 ドイツ社会民主党の◯◯首相は**東側との協調、和解**
+++ を進める◯◯外交を展開し、後に**ノーベル平和賞を**
受賞した。　　　　　　　　　　（東京大、早稲田大）

ブラント、
東方

　🖉 この外交の延長線上に、ソ連との武力不行使条約の締結や**ポー**
ランドとの国境画定と国交正常化があった。

☑3080 **1972年**、◯◯条約でドイツ両国の主権が確認さ
+++ れ、翌**73年**の◯◯**同時加盟**が実現した。　（法政大）

東西ドイツ基本、
国連（国際連合）

☑3081 1974年、**ブラント**が秘書の**スパイ事件で辞任**した後
+++ は◯◯が西ドイツ首相となり、**ブラント**の政策を継
承した。　　　　　　　　　　　　　　（早稲田大）

シュミット

　🖉 **ブラント**が信頼を置いていた個人秘書のギョームが、実は東ドイ
ツのスパイであることが発覚した。

☑ 3082 東ドイツ政府は西側への亡命者流出を防ぐことを目的に、<u>1961</u>年に「◯◯◯◯」を構築したが、<u>1989</u>年に◯◯◯◯政権が倒れると開放された。 (センター試験、関西大) 🗍 この壁は28年間におよぶ冷戦の象徴だった。冷戦時代には多くの若者がこの壁を乗り越えて自由を得ようと試みたが、ほとんどが射殺された。	ベルリンの壁、ホネカー
☑ 3083 地球環境が悪化する中で西ドイツでは**環境保護**などを主張する◯◯◯が結成され、1998年には社会民主党との連立政権を樹立した。 (予想問題)	緑の党
☑ 3084 **ドイツの再統一を推進し、**◯◯◯**年8月の東西ドイツ統一後最初の**ドイツ連邦共和国**首相の地位にあったのは、**キリスト教民主同盟**の**◯◯◯**である。** (京都大)	1990 コール
☑ 3085 失業率が高まる中、ドイツでは◯◯◯**労働者**を襲うなどの排外的な◯◯◯◯運動が問題化した。 (予想問題) 🗍 正式にはネオ=ナチスと呼ばれる。第二次世界大戦前のナチスに近い思想を抱き、外国人の排斥などを掲げた。スキンヘッドの風貌がその象徴ともなった。	外国人、ネオ=ナチ

14 | 東ヨーロッパ戦後史

☑ 3086 <u>1939</u>年に**第二次世界大戦**が勃発すると、**ソ連**は**ポーランド**東部に侵攻し、翌<u>40</u>年には◯◯◯◯◯、◯◯◯◯◯、**リトアニア**の**バルト3国**を併合し、大戦終了時まで東ヨーロッパ全体を勢力下に置いた。(上智大) 🗍 ソ連はポーランド侵攻の際、捕虜となったポーランド人将校1万人以上を虐殺するカチンの森事件を起こした。	エストニア、ラトヴィア ※順不同
☑ 3087 第二次世界大戦直後、東ヨーロッパ諸国は◯◯◯◯**主義**という**社会主義**の過渡期を経て、**ソ連型社会主義**を目指した。 (早稲田大) ☞ 第二次世界大戦終了時には、東ヨーロッパのほとんどがソ連の占領下または勢力圏下にあった。	人民民主
☑ 3088 **ユーゴスラヴィア**は◯◯◯◯を指導者として**独自の社会主義路線**を歩んだため、<u>1948</u>年に◯◯◯◯から除名された。 (センター試験、横浜国立大)	ティトー（チトー）、コミンフォルム（共産党情報局）

☑ 3089 +++ 1948年、（　）で**マーシャル=プラン**の受け入れ問題から**クーデタ**が発生し、共産党の独裁が始まった。この事件は西ヨーロッパに衝撃を与え、（　）条約が結ばれる契機となった。 （大阪大、慶應義塾大、共通テスト） 📖 マーシャル=プランはヨーロッパ全体への経済援助だった。西ヨーロッパは受け入れ、東ヨーロッパはこれを拒否した。	チェコスロヴァキア 西ヨーロッパ連合 （ブリュッセル）
☑ 3090 +++ 1949年、アメリカの<u>マーシャル=プラン</u>に対抗する形で（　）が成立したが、**冷戦終結後**の<u>1991年</u>に**解散**した。（横浜国立大、甲南大）	コメコン （COMECON、 経済相互援助 会議）
☑ 3091 +++ 1955年、ソ連と東ヨーロッパ諸国は**西ドイツ**の<u>再軍備</u>と（　）加盟を認めた前年の<u>パリ協定</u>に対抗して、<u>軍事機構</u>である（　）を結成した。 （京都産業大、関西大）	北大西洋条約機構（NATO）、ワルシャワ条約機構（WTO、東ヨーロッパ相互援助条約）
☑ 3092 +++ <u>1956年</u>、ソ連共産党第一書記（　）の**スターリン批判演説**が引き金となって、**ポーランド**の（　）で暴動が発生し、**民族主義的**な（　）が政権を握った。 （センター試験、横浜国立大） ☞ 東欧史の中で<u>1956年</u>は最重要年号といってもよい。スターリンを神のごとく崇拝していた東ヨーロッパ諸国では、本家ともいえるソ連がスターリン批判を行ったので、激震が走った。	フルシチョフ、 ポズナニ、 ゴムウカ
☑ 3093 +++ <u>1956</u>年、（　）の<u>ブダペスト</u>でも同様に**反ソ暴動**が発生したが、ソ連の軍事介入を招き、（　）首相は、後に処刑された。（センター試験、立教大） 📖 複数政党制の導入など自由化を推進し過ぎたため、ソ連の介入を招いた。	ハンガリー、 ナジ=イムレ
☑ 3094 +++ 1961年、東ヨーロッパの（　）は<u>中ソ論争</u>で**中国**を支持してソ連と断交した。（慶應義塾大）	アルバニア

☑3095 ◯◯◯の**チャウシェスク**は**石油資源**を背景に**ソ連か** +++ らの自立を図った。　　　　　　　　　　　　（慶應義塾大） 　国チャウシェスクはソ連、中国、西側諸国とは、それぞれ同じ距離 　の政治関係を保ち続け、当時は「3つのピアノを同時に弾く男」 　と呼ばれた。	ルーマニア
☑3096 <u>1968年</u>、**チェコスロヴァキア**では◯◯◯**第一書記**の +++ 下で「◯◯◯」と呼ばれる一連の**民主化運動**が進めら れたが、**ソ連の軍事介入**で挫折した。　　　（関西大） 　国首都**プラハ**では若者向けのディスコが開かれ、ビートルズの曲が 　流れた。<u>1968年</u>はアメリカでもベトナム反戦運動が高揚するな 　ど、世界的に平和と自由を求める動きが加速した。	ドプチェク、 プラハの春
☑3097 <u>1980年</u>、**ポーランド**で**自主管理労働組合**「◯◯◯」 +++ が組織され、◯◯◯が指導した。　　　　　　（学習院大） 　国**グダンスク**の造船所で結成され、**民主化の中心的役割**を担った。	連帯、 ワレサ
☑3098 **1980年**に「**連帯**」の運動が発展する中で◯◯◯が退 +++ 陣したが、翌81年に**ポーランド首相**に就任した ◯◯◯は「**連帯**」を非合法化した。　　　　（早稲田大） 　国「**連帯**」への弾圧はしばらく続いた。**ワレサ議長**は自宅軟禁に置 　かれた。この頃、日本の政治家、河野太郎はポーランド滞在中に 　ワレサを訪問したため危険人物とみなされ逮捕されている。	ギエレク ヤルゼルスキ
☑3099 ◯◯◯年、東ヨーロッパ諸国で<u>自由化</u>が一気に進展 +++ し、<u>ルーマニア</u>では◯◯◯大統領が処刑された。 　　　　　　　　　　　　　　　　　　　　（学習院大） 　☞1989年には20世紀の中で大きな事件が立て続けに起こった。 　冷戦終結の**マルタ会談**、中国の（第2次）**天安門事件**、日本で元 　号が昭和から<u>平成</u>に改まったのも同年である。	1989、 チャウシェスク
☑3100 **チェコスロヴァキア**では、織物のビロードのように +++ なめらかな、武力衝突を伴わない体制の変革という 意味から「**ビロード革命**」と呼ばれる改革が行われ、 <u>1989年</u>に作家の◯◯◯が大統領に就任、<u>ドプチェ</u> <u>ク</u>も**復権**した。　　　　　　　　　　　　　（上智大） 　☞ビロード革命の用語は難関私大でよく出題される。	ハヴェル
☑3101 <u>1993年</u>、**チェコスロヴァキア**は◯◯◯と◯◯◯の両 +++ 共和国に分離した。　　　　　　　　　　　　（上智大） 　国チェコスロヴァキアは共通のカトリック文化圏であったため、分 　離後の紛争はなかったが、ユーゴスラヴィアは宗教・言語などが 　ばらばらであったため、分離後の内戦に突入した。	チェコ、 スロヴァキア※順不同

15 | ユーゴスラヴィア内戦

☑3102 <u>1980</u>年、ユーゴスラヴィア連邦の発足以来、強力
+++ なカリスマ性と指導力を発揮してきた◯◯◯が死去
すると、**民族間の対立が表面化**し始めた。
（センター試験、横浜国立大）

ティトー（チトー）

◻彼が生きている間は対立は表面化しなかった。

☑3103 **ユーゴスラヴィア**では、<u>ギリシア正教</u>と、◯◯◯、
+++ ◯◯◯の**3つの宗教**（宗派）が対立していた。
（学習院大）

カトリック、
イスラーム※順不同

☑3104 <u>ユーゴスラヴィア</u>は、**6つの共和国で構成**されてお
+++ り、◯◯◯**文字**を使う<u>西方</u>**文化圏**と、◯◯◯**文字**を使
う**東方**文化圏に分かれていた。
（東京大）

ラテン（ローマ）、
キリル

◻文字以外に言語も複数使用されており、いわゆる**モザイク国家**
だった。これらを指して、ユーゴスラヴィアは「**7**つの隣国、**6**
つの共和国、**5**つの民族、**4**つの言語、**3**つの宗教、**2**つの文字に
より構成される**1**つの国」といわれた。

☑3105 **1991**年、◯◯◯とスロヴェニアがユーゴスラヴィア
+++ 連邦からの独立を宣言し、さらに同年には**マケドニ
ア**、翌<u>92</u>年には◯◯◯と**相次いで独立を宣言**した。
（早稲田大）

クロアティア

ボスニア・ヘルツェ
ゴヴィナ

☑3106 **1991**年に独立を宣言した<u>スロヴェニア</u>と、ユーゴス
+++ ラヴィア連邦の統一維持を目指す◯◯◯との間で武
力衝突が起こり、<u>ユーゴスラヴィア内戦</u>の端緒と
なった。
（関西学院大）

セルビア

☑3107 <u>ボスニア・ヘルツェゴヴィナ</u>では、<u>ムスリム</u>（**イス
+++ ラーム**）、◯◯◯**人**、◯◯◯**人**が相互に対立し、**内戦
に突入**した。
（学習院大、早稲田大）

セルビア、クロア
ティア※順不同

☑3108 ◯◯◯**内戦**では、国連の仲介による停戦協定と破棄を
+++ 繰り返したが、◯◯◯の仲介で1995年に和平合意が
成立した。
（関西学院大）

ボスニア・ヘルツェ
ゴヴィナ、アメリカ

☑3109 新ユーゴスラヴィア連邦（セルビア=モンテネグロ）
+++ の◯◯大統領は◯◯自治州におけるアルバニア
人の独立運動を弾圧し、1999年に◯◯軍の空爆を
受けた。　　　　　　　　（慶應義塾大、関西学院大）

　コソヴォ自治州の人口の9割近くがアルバニア人であるため独
　立運動が始まったが、連邦側はこれを弾圧した。NATOは「人道
　的介入」として空爆を行った。

ミロシェヴィッチ、
コソヴォ、NATO
（北大西洋条約機
構）

☑3110 2000年、◯◯大統領は、アルバニア人住民への大
+++ 量虐殺（◯◯）を指示したことなどの「◯◯に対
する罪」で、旧ユーゴスラヴィア国際戦犯法廷に起
訴された。　　　　　　　　　　　　　（予想問題）

ミロシェヴィッチ、
ジェノサイド、人道

16 | 20世紀の文化①（哲学、思想）

☑3111 ドイツの◯◯は『意志と表象としての世界』を著し
+++ て厭世哲学（えんせい）（ペシミズム）を展開した。　（学習院大）

　彼は一生独身で猫1匹と暮らした。東洋の仏教思想の影響も受け
　ていた。

ショーペンハウエル
（ショーペンハウ
アー）

☑3112 ドイツの◯◯は理想の人間像として「超人（ちょうじん）」を考
+++ え、『ツァラトゥストラはかく語りき』を著した。
　　　　　　　　　　　　　　　　　　　　（成蹊大）

　「神は死んだ」という言葉で知られる。精神を病んで妹の介護を生
　涯受けた。また宇宙には進歩や発展はなく、全く同じように永遠
　に循環するという永劫回帰の時間論を説いた。この時間論では、
　戦争などの悲劇も永遠に繰り返すことになる。

ニーチェ

☑3113 フランスの◯◯は『創造的進化』を著した。
+++ 　　　　　　　　　　　　　　　　　　　（立命館大）

　この人物は時間についての考察も多く残した。アインシュタイン
　が相対性理論を発表すると、これに批判的な立場をとった。ニー
　チェ同様に「時間」は哲学者にとっての大きなテーマであった。

ベルクソン

☑3114 『死に至る病』を著し、死に至る病は絶望であるとし
+++ たデンマークの哲学者は◯◯である。　（慶應義塾大）

　『死に至る病』は哲学書であるが、α（アルファ）やβ（ベータ）といった記号を用いて
　解析を進めていく難解な内容である。

キェルケゴール

☑3115 ナチスに協力したハイデッガーはドイツの実存主義
+++ 哲学者で、主著は『◯◯』である。　　（聖心女子大）

存在と時間

☑3116 **フランスの実存主義哲学者**◯◯◯は『**存在と無**』で人 ┃ サルトル
+++ 間の自由を探究した。 (成城大)

☑3117 主に◯◯◯で発展した**プラグマティズム**は◯◯◯に ┃ アメリカ、
+++ よって確立された。 (日本大) ┃ ジェームズ

　　➡**プラグマティズム**は「**実用主義**」と訳される。主にアメリカの教
　　育界で用いられた。

☑3118 **プラグマティズムの大成者**である◯◯◯の主著は『**民** ┃ デューイ
+++ **主主義と教育**』である。 (早稲田大)

☑3119 **オーストリアの**◯◯◯は**精神分析学**を創始した。 ┃ フロイト
+++ (早稲田大、立命館)

　　▯彼は人間の潜在意識を初めて科学的に探究した。『**夢判断**』など
　　の著書がある。**ユダヤ系**でナチスの迫害を逃れイギリスに亡命し
　　た。

17 | 20世紀の文化②（歴史学、社会学、経済学）

☑3120 **社会学**では◯◯◯が『**プロテスタンティズムの倫理と** ┃ マックス=ヴェー
+++ **資本主義の精神**』を著した。 (青山学院大、駒澤大) ┃ バー

　　▯プロテスタントの信仰である世俗内禁欲と、ヨーロッパ資本主義
　　の発展との関係性を分析した。

☑3121 **文化人類学者**の◯◯◯は**未開地の調査**を行った。 ┃ マリノフスキー
+++ (中央大)

☑3122 **構造主義の創始者**として**フランスの**◯◯◯がいる。 ┃ レヴィ=ストロース
+++ (同志社大)

　　➡著書『**悲しき熱帯**』にはインディオの現地調査の体験がまとめら
　　れている。他の著作には『**野生の思考**』などがある。

☑3123 **シュペングラー**は『◯◯◯』において**ヨーロッパ文明** ┃ 西洋の没落
+++ **の衰退**を予言した。 (中央大、慶應義塾大)

　　▯発売は1918〜22年で、**第一次世界大戦直後のヨーロッパ**に大き
　　な衝撃を与えた。

☑3124 **イギリスの**◯◯◯は『**歴史の研究**』において**文明論的** ┃ トインビー
+++ **世界観**を構築した。 (早稲田大)

　　▯彼は文明を1個の生命体として捉え、その誕生から死までを分析
　　した。

☑3125 「マホメットなくしてシャルルマーニュなし」とはベ +++ ルギーの歴史家◯◯◯の言葉である。 （早稲田大） 📖 彼は主著『マホメットとシャルルマーニュ』において、**イスラー ムの地中海進出**という視点からヨーロッパの封建社会の成立を 論じた。なお、マホメットとは<u>ムハンマド</u>、シャルルマーニュと は<u>カール大帝</u>のことを指す。	ピレンヌ
☑3126 <u>ケインズ</u>の◯◯◯**資本主義**は、アメリカの**ニュー** +++ **ディール政策**に影響を与えた。 （慶應義塾大） 📖 彼の主著は『雇用・利子および貨幣の一般理論』である。	修正
☑3127 **ケインズ**は**1944**年に開催された◯◯◯**会議**に出席 +++ して、◯◯◯の設立に尽力した。 （慶應義塾大） 📖 彼はイギリスの経済学者。「近代経済学の巨人」と称されるが、理 想に燃えて就職したインド省での最初の仕事は、牛1頭を送ると いう事務作業だった。	ブレトン=ウッズ、 国際通貨基金 （IMF）

18 │ 20世紀の文化③（文学、絵画）

☑3128 **フランスの作家で『ジャン=クリストフ』の作者**◯◯◯ +++ は、◯◯◯**主義**の立場から戦争やファシズムに反対し た。 （共通一次試験、立命館大） 📖 **反戦、反ファシズム**の活動家。『ジャン=クリストフ』でノーベル 文学賞を受賞した。	ロマン=ロラン、 人道
☑3129 『**狭き門**』の作者は**フランス**の◯◯◯である。 +++ （早稲田大） 📖 「狭き門」とは新約聖書にある言葉。滅びに至る門は広く、そこ より入る者が多いが、救いに至る門は狭い。狭き門より入れ、と いう意味。	アンドレ=ジッド
☑3130 『**失われた時を求めて**』は**フランス**の◯◯◯の作品で +++ ある。 （立命館大） 📖 全7巻の大作。複雑な時間の絡み合いの中に記憶をたどり、人間 の意識の根底を探究した。	プルースト
☑3131 『**希望**』の作者<u>アンドレ=マルロー</u>は◯◯◯に**義勇兵**と +++ して参加した。 （立教大）	スペイン内戦
☑3132 **フランス**の<u>カミュ</u>は主著である『◯◯◯』の他、理由 +++ もなく殺人を犯す男を描いた『異邦人』などを著し た。 （上智大、共通テスト）	ペスト

☑3133 **アンリ゠バルビュス**は自己体験から『◯◯◯』を著した。 (中央大) ☞ **第一次世界大戦**に参加した体験をもとにした。かなりの難問。	砲火
☑3134 ドイツの**トーマス゠マン**は小説『◯◯◯』を著した。 (明治大) 🖉 彼はナチス政権に反対して**アメリカに亡命**した。	魔の山
☑3135 **フェビアン協会**の◯◯◯は『**タイムマシン**』を著した。 (南山大、青山学院大) 🖉 その他、『**透明人間**』や遺伝子組み換えをテーマにした『**Dr.モローの島**』を執筆してSFのジャンルを確立した。また、彼は歴史家でもあった（『世界史概観』など）。	H.G.ウェルズ
☑3136 **フェビアン協会**の◯◯◯は劇作家・批評家として有名である。 (法政大、慶應義塾大) 🖉 彼は皮肉屋で知られ、数々の名言を残した。例えば、「情熱なき人は善き事も、悪しき事もできない」など。	バーナード゠ショー
☑3137 **アイルランド**の◯◯◯は『**ユリシーズ**』で心理主義文学を確立した。 (予想問題) 🖉 『**ユリシーズ**』は長編小説だが、たった1日の朝から晩までの人間の「意識の流れ」を描いたものである。	ジョイス
☑3138 **アメリカ**の**ヘミングウェー**は**第一次世界大戦**をテーマに『◯◯◯』を著し、自身の**スペイン内戦**の体験をもとに『◯◯◯』を著した。 (青山学院大、関西学院大) ☞ 2つの作品が何をテーマとしたかがポイント！	武器よさらば、誰がために鐘は鳴る
☑3139 **アメリカ**の**パール゠バック**は自らの中国での体験をもとに『◯◯◯』を著した。 (予想問題) 🖉 彼は7歳の時に**義和団事件**に遭遇した。その際、暴徒に笑顔で応じるという奇妙なアイデアで助かっている。	大地
☑3140 **アメリカ**の**スタインベック**は『◯◯◯』で**大恐慌下の**アメリカ農民の生活を描いた。 (立教大)	怒りの葡萄
☑3141 『**ギーターンジャリ**』を著したのは**インド**の◯◯◯であり、**アジア人初のノーベル賞受賞者**となった。 (聖心女子大) 🖉 彼は詩人であり思想家でもある。講演のために5度来日している。	タゴール

☑3142 雑誌『新青年』に発表された白話（口語）の『狂人 +++　日記』で一大センセーションを巻き起こした中国の 作家は◯◯◯である。　　　　（早稲田大、立命館大）	魯迅 （ろ じん）
☑3143 ロシアの作家◯◯◯は「プロレタリア文学の父」とい +++　われる。　　　　　　　　　　　　　　　　（早稲田大）	ゴーリキー
☑3144『ドクトル=ジバゴ』でロシア革命に批判的な姿勢を +++　示した作家は◯◯◯である。　　　　　　　（早稲田大）	パステルナーク
☑3145『収容所群島』でソ連収容所の生活を描いた◯◯◯は +++　反体制分子としてソ連から追放された。　　（専修大） 　🗐 ソ連収容所ではおよそ1,800万人が死亡したといわれている。	ソルジェニーツィン
☑3146 20世紀の新しい美術運動は、◯◯◯の誕生より約 +++　500年間続いた美術の形式、例えば美の規範や理想 化に異を唱え、従来からの伝統や約束事の束縛から の解放を試みた。　　　　　　　　　　　　（早稲田大）	ルネサンス
☑3147 20世紀の新しい美術運動では、◯◯◯（フォーヴィ +++　ズム）の直後、その先頭に立ったのが◯◯◯（キュビ ズム）で、1907年にピカソが描いた「◯◯◯」に始 まったとされる。　　　　　　　　　　　　（早稲田大）	野獣派、 （や じゅう） 立体派、 アヴィニョンの娘 たち
☑3148 20世紀前半を代表する野獣派の創始者◯◯◯は、非 +++　◯◯◯世界からもたらされる強烈で原始的な美術品 に影響を受けた１人である。　　　　　　　（早稲田大）	マティス、 ヨーロッパ
☑3149 ◯◯◯派は大胆な色彩を特徴とし、マティス、ルオー +++　が代表的な画家である。　　　　　　　　　（早稲田大） 　🗐 ルオーは納得のいかない作品を世に出すことを極端に嫌った。そ のため300点以上もの自分の作品を燃やしてしまった。人類に とって残念な事件であった。	野獣
☑3150 ◯◯◯派は三次元的な絵画を描き、ピカソに代表され +++　る。　　　　　　　　　　　　　　　　（慶應義塾大）	立体
☑3151 ◯◯◯派は本質を重視し、ムンク、クレーに代表され +++　る。　　　　　　　　　　　　　　　　　　（明治大）	表現

☑3152 +++	超現実主義（シュールレアリスム）の代表的存在であるスペインの画家で、代表作に「内乱の予感」があるのは◯◯◯である。　　　　　（早稲田大） 🔲 この画家はフロイトの夢判断の影響を強く受けた。	ダリ
☑3153 +++	スペインの◯◯◯は聖家族教会（サグラダ=ファミリア）の建築にとりかかったが、現在もなお建設中である。　　　　　　　　　　　　　　（予想問題）	ガウディ
☑3154 +++	1920年代のメキシコで、◯◯◯らが壁画運動を展開した。　　　　　　　　　　　　　　　（早稲田大）	シケイロス
☑3155 +++	十二音技法の創始者は◯◯◯である。　　（明治大）	シェーンベルク
☑3156 +++	ハンガリーの◯◯◯は民謡に基づく新音楽を創造した。　　　　　　　　　　　　　　　　（明治大）	バルトーク
☑3157 +++	ロシア生まれの◯◯◯は「火の鳥」を残した作曲家である。　　　　　　　　　　　　（京都産業大）	ストラヴィンスキー
☑3158 +++	フランスの作曲家である◯◯◯は「牧神の午後への前奏曲」を完成させ、印象派音楽を創始した。　　　　　　　　　　　　　　　（慶應義塾大）	ドビュッシー
☑3159 +++	黒人音楽を起源として発展し、第一次世界大戦後に黄金期を迎えた音楽を◯◯◯という。　（慶應義塾大）	ジャズ
☑3160 +++	フランスのリュミエール兄弟によって始められ、音声やカラー化などの技術が発展し、第一次世界大戦後にアメリカで産業として確立したものを◯◯◯という。　　　　　　　　　　　　　（早稲田大）	映画
☑3161 +++	◯◯◯とは文化的な多様性を相互に認め合おうとする考え方であり、現在、カナダやオーストラリア、アメリカなどで文化の◯◯◯を目指し、これに基づいた様々な試みや政策が行われている。　　（予想問題）	多文化主義 （マルチカルチュラリズム）、共生
☑3162 +++	1960年代イギリスの港町リヴァプール出身の◯◯◯が音楽で世界中を魅了した。　　（早稲田大） ☛「1960年代」を問う正誤問題で出題された難問！	ビートルズ

☑3163 **アメリカの**◯◯**は自動車の普及に貢献した。**
+++
(中央大)

フォード

🗒 大衆車T型フォードの生産で大成功を収めた。彼はアイルランド系移民の父を持つ。

☑3164 1920年代の**アメリカ合衆国**では、◯◯と呼ばれる
+++
大量生産方式が導入され、大量生産・大量消費時代が到来した。
(東京大)

ベルト・コンベア方式（組み立てライン方式）

☑3165 1903年に**ライト兄弟**によって◯◯が開発され、今
+++
日まで輸送手段として世界中で用いられている。
(中央大)

航空機（飛行機）

☑3166 20世紀に入り、**原子の性質と構造の研究**から◯◯
++
が発展し、素粒子論や物性論などを生み出した。
(予想問題)

原子物理学

🗒 日本でこの分野の草分けとなったのは、日本人初のノーベル物理学賞を受賞した湯川秀樹。

☑3167 素粒子や原子などの**ミクロの世界の現象を扱う理論**
+++
を◯◯という。
(予想問題)

量子力学

☑3168 **ユダヤ系**の**物理学者**で、**ナチス**を嫌いアメリカに亡
+++
命した◯◯は◯◯を発表した。
(成城大)

アインシュタイン、相対性理論

🗒 1922年アインシュタインは日本を訪問した。慶應大学で開催された講演会には2000人を超える大聴衆が集まった。

☑3169 26歳で大学教授となった**ドイツ**の天才的物理学者で
+++
ある◯◯は**不確定性原理**を発表し、原子核理論の基礎を作り、ドイツの原爆開発に関わった。
(慶應義塾大)

ハイゼンベルク

🗒 彼は人間としての良心を優先し、原爆開発をできるだけ遅らせた。しかしアインシュタインはドイツの原爆製造が早いと思い込み、アメリカに原爆製造を進言した。この時アインシュタインは、大好きな日本に原爆が投下されるとは思ってもみなかった。

☑3170 原子炉の建設に成功した◯◯は**イタリア**出身でア
+++
メリカに亡命し、**アメリカで原爆製造の中心人物**となった。
(同志社大)

フェルミ

☑ 3171 +++ <u>1920</u>年11月のアメリカ大統領選挙で初めて用いられた、**音声によって不特定多数の人間に情報を伝達する手段**を◯◯◯という。 (早稲田大)	ラジオ
⏿ 1923年**関東大震災**が発生したが、当時は情報ツールがなかったため、デマが飛びかって朝鮮人などの虐殺も発生した。この反省もあって**1925年**日本でラジオ放送が始まった。	
☑ 3172 +++ <u>1938</u>年に**アメリカのカローザス**によって開発された**合成繊維**を◯◯◯という。 (東京大)	ナイロン
☑ 3173 +++ 第二次世界大戦後、**ロケットや人工衛星、宇宙船な**どを使った◯◯◯が進められている。 (予想問題)	宇宙開発
☑ 3174 +++ **映像を用いて情報を伝達する手段**を◯◯◯といい、現在はデジタル化や大画面化、高画質化が進められている。 (予想問題)	テレビ(テレヴィジョン)
☑ 3175 +++ 第二次世界大戦中、**アメリカで**◯◯◯の開発が始められ、1980年代になると、この技術に基づいた◯◯◯などを利用する新たな通信の形態が生み出された。 (東京大)	コンピュータ インターネット

MEMO

第**4**部

特集

13 テーマ史・地域史・総合問題

特集 13 テーマ史・地域史・総合問題

1 | ハプスブルク王朝史

☑3176
+++
15世紀以降、神聖ローマ帝国の皇帝位を世襲した名門家は◯◯家である。 (慶應義塾大、関西大)

ハプスブルク

　📖 ドイツ語で**ハプスブルク**は「鷹の城」の意味。**スイス**が発祥の地だが、当初はそれほどの名門家というわけではなかった。

☑3177
+++
1273年、ハプスブルク家のルドルフが◯◯に初めて選出された。 (慶應義塾大)

神聖ローマ皇帝

　📖 諸侯は、当時東ヨーロッパ最強とうたわれたベーメン王オトカル2世を牽制するために、あえて無名に近い**ルドルフ**を皇帝に選んだ。

☑3178
+++
1278年、ルドルフ（1世）はベーメン王オトカル2世を破って◯◯を奪い、スイスからこの地に拠点を移した。 (慶應義塾大、成大)

オーストリア

　📖 **ルドルフ**は皇帝としては**ルドルフ1世**となる。しかし、**ハプスブルク家**の勢力拡大は諸侯の警戒心を招き、彼の孫の代を最後にしばらく皇帝位から遠ざかった。

☑3179
+++
1493年、ハプスブルク家の◯◯世が神聖ローマ皇帝の座に就いた。 (慶應義塾大、成城大)

マクシミリアン1

　📖 彼は久しぶりとなる**ハプスブルク家**出身の皇帝であった。彼は14歳にして勇敢な騎士に成長しており、話術に長け、ルックス抜群で、早くも婚姻を申し込まれるほどであった。そして彼を射止めたのがブルゴーニュのマリアであった。

☑3180
+++
マクシミリアン1世はブルゴーニュ公国のマリアと結婚していたため、◯◯にも支配権を拡大させた。 (東京都立大、横浜国立大)

ネーデルラント

　📖 **ブルゴーニュ公国**は**フランス**の**ヴァロワ家**と"犬猿の仲"であった。そのため**ハプスブルク家**は**フランス王家**との仲の悪さも継承してしまった。この対立は18世紀の「**外交革命**」まで続いた。

☑3181
+++
1519年、マクシミリアン1世の孫でスペイン王の◯◯世は、神聖ローマ皇帝に選出されて◯◯世となった。 (センター試験、明治大)

カルロス1、
カール5

☑3182 **1291年**、<u>スイス</u>は◯◯家の支配に対して**独立運動**
+++ を起こした。　　　　　　　　　　　　　　（青山学院大）

ハプスブルク

☑3183 <u>スイス</u>独立の中心となったのは◯◯、**シュヴィー**
+++ **ツ、ウンターヴァルデンの3州**である。　（早稲田大）
　■この3州はかなり難問。**原始（原初）3州**と呼ばれている。

ウリ（ウーリ）

☑3184 18世紀の詩人<u>シラー</u>は『◯◯』で<u>スイス</u>独立を描
+++ いた。　　　　　　　　　　　　　　　　（慶應義塾大）
　🗊猟師テルは弓の名手で、ハプスブルク家の派遣した悪代官ゲスラーを倒すヒーローとして描かれている。

ヴィルヘルム=テル
（ウィリアム=テル）

☑3185 <u>1648年</u>、◯◯条約で<u>スイス</u>独立が正式に承認され
+++ た。　　　　　　　　　　　（センター試験、明治大）

ウェストファリア

☑3186 資源に乏しい<u>スイス</u>は多くの◯◯を輩出し、**フラン**
+++ **スのルイ16世**などの警護にあたった。　（東京大）
　🗊フランス革命では多くのスイス人傭兵が殺された。彼らは**ローマ教皇の警備**にあたることでも有名。

傭兵（ようへい）

2 | 病気（伝染病）と医学

☑3187 <u>ソフォクレス</u>作の『◯◯』は、**伝染病の流行**と人間
+++ の避けられない**運命**をテーマにしている。
　　　　　　　　　　　　　　　　　　　　（慶應義塾大）

オイディプス王

☑3188 <u>アテネ</u>では◯◯**戦争**の頃に伝染病が流行して約10
+++ 万人もの市民と指導者◯◯を失い、結局**スパルタに敗北**した。　　　　　　　　　　　（慶應義塾大）
　🗊アテネは籠城（ろうじょう）作戦をとったが、その中に天然痘（てんねんとう）の感染者がおり、市民の約半数が死亡したといわれる。

ペロポネソス、
ペリクレス

☑3189 **古代ギリシアの医学者**◯◯は疫病の原因を科学的
+++ に究明し、「<u>西洋医学の父</u>」と呼ばれる。（明治学院大）

ヒッポクラテス
（ヒポクラテス）

☑3190 <u>6世紀中頃</u>、**東ローマ（ビザンツ）帝国**で**ペスト**が
+++ **大流行**し、当時の皇帝の名前から「◯◯**のペスト**」
と呼ばれた。　　　　　　　　　　　　　（慶應義塾大）
　🗊ペスト大流行によって帝国の人口は激減し、ローマ帝国再興の夢はついえた。

ユスティニアヌス

☑ 3191 **アジアに起源を持つとされるペスト**は、**14**世紀に ◆◆◆　◯◯◯からヨーロッパ中で流行が始まり、◯◯◯と呼 ばれた。　　　　　　　　　　　　（センター試験、東京女子大） 　🗐 西ヨーロッパは当時の人口の **3分の1** を失ったとされる。	**イタリア(シチリア 島)、黒死病**
☑ 3192 14世紀に**エジプト**の◯◯◯朝でも**ペスト**が流行し、 ◆◆◆　国力が減退した。　　　　　　　　　　　　（慶應義塾大） 　🗐 地中海全域で**約7,000万人が死亡**したとされ、人類史上最悪の出 来事となった。	**マムルーク**
☑ 3193 **14**世紀のヨーロッパにおける**ペスト流行の原因**と ◆◆◆　しては、**十字軍の遠征**や**1241**年の◯◯◯の戦いな どによる**アジア世界とヨーロッパ世界との接触**が考 えられる。　　　　　　　　　　　　　　　（学習院大） 　🗐 ペストの起源はアジア（おそらくは中国の雲南地方）とされてい る。また最近では**ミャンマー起源説**もある。**モンゴル**のミャン マー遠征で、モンゴル人が感染し、そのままヨーロッパ遠征を 行ったため拡大した可能性が高い。	**ワールシュタット （リーグニッツ）**
☑ 3194 西ヨーロッパで多くの農民が**ペスト**で死んだことに ◆◆◆　よって、結果的に◯◯◯が進んだ。 　　　　　　　　　　　　　　　（センター試験、北海道大） 　🗐 **労働人口が減少**したことによって逆に**農民の地位が向上**した。	のう ど **農奴解放**
☑ 3195 井戸に**ペスト**を発症する「毒」を流し込んだとして、 ◆◆◆　◯◯◯**人**への迫害が進んだ。　　　（学習院大、明治大） 　🗐 伝染病流行や戦争が起こるたびに、民衆のストレスがこの民族に 対して向けられた。	**ユダヤ**
☑ 3196 ◯◯◯の『**デカメロン**』は、**ペスト**の難を避ける男女 ◆◆◆　の話を題材に扱った。　　　　　　　（成蹊大、明治学院大）	**ボッカチオ**
☑ 3197 大航海時代にアメリカからもたらされた**梅毒の治療** ◆◆◆　**に効果**があるとして、インドの樹木が大量に輸入さ れ、この取引で**アウクスブルク**の◯◯◯**家**が大きな 利益を得た。　　　　　　　　　（南山大、東京外語大）	**フッガー**
☑ 3198 **産業革命による不衛生化や交通の発達**は、インドの ◆◆◆　**風土病**の◯◯◯や◯◯◯の流行を生んだ。　（成城大） 　🗐 **コレラ**はもともとベンガル地方に古くからあった風土病だった が、鉄道、蒸気船などの交通手段が発達することにより、わずか 数週間で全世界に拡大した。	**コレラ、結核**※順不同

☑ 3199 1796年に**イギリス**の◯は◯を開発し、<u>天然</u>
+++ <u>痘</u>の予防に成功した。 （成城大、明治学院大）

ジェンナー、
種痘法

☑ 3200 **ドイツ**の◯は、1882年に<u>結核菌</u>を、翌83年に
+++ は◯菌を発見し、細菌学の基礎を築いた。
（慶應義塾大、成城大）

コッホ、
コレラ

　🔲コッホと日本の関係は深い。弟子が北里柴三郎だったので日本を
　訪問している。東京の港区にはコッホ・北里神社があり、コッホ
　と北里の命日である5月27日と6月13日には多くの人の献花が
　ある。日本に外国人の神社があるのは極めて珍しい。

☑ 3201 **フランス**の◯は<u>狂犬病</u>の予防に成功した。
+++ （成城大、明治学院大）

パストゥール

　🔲狂犬病は発症すると助かる手立てがなく、現在も世界で毎年数
　十万人が死亡している。

☑ 3202 第一次世界大戦後の**1918〜19年**に◯と呼ばれ
+++ る**インフルエンザ**が猛威を振るい、世界で約2,500
万人〜4,000万人が死亡したとされる。 （予想問題）

スペインかぜ

　🔲鳥インフルエンザが変異し人間への感染力をもったと考えられ
　ている。高い死亡率で第一次世界大戦の死者数を上回った。これ
　から約100年後、2020年頃からは**新型コロナウイルス**が世界中
　で猛威をふるうなど、ウイルスの脅威は消えていない。

☑ 3203 1928年、**イギリス**の<u>フレミング</u>が**抗生物質**の◯
+++ を発見した。 （成城大、東京大）

ペニシリン

　🔲青カビから発見した。

☑ 3204 1980年代以降、人間の<u>免疫</u>機能を破壊する<u>HIV（ヒ</u>
+++ <u>ト免疫不全ウイルス</u>）の感染による◯が流行し、
現在も世界的な問題になっている。 （予想問題）

エイズ（AIDS、後
天性免疫不全症
候群）

☑ 3205 2002〜03年、◯と呼ばれる<u>新型肺炎</u>が**アジア**
+++ **を中心**に流行した。 （予想問題）

SARS（重症急性
呼吸器症候群）

　🔲Severe Acute Respiratory Syndrome の略。ベトナムや中国で流
　行したが、世界的な流行は防ぐことができた。

☑ 3206 現在、**伝染病の対策**には<u>国連</u>専門機関の◯があ
+++ たっている。 （上智大）

WHO（世界保健
機関）

3 | ヒト（移民、奴隷）の流れ

☑ **3207**
+++
中国出身の移民は漢代に始まり◯◯と呼ばれ、**広東**や◯◯など南部出身者が多かった。　　　　　（東京大）

■現在では移住先で国籍を取得しているため**華人**と呼ばれる。

華僑、福建

☑ **3208**
+++
唐代の**875年**に発生した◯◯の乱が全国に拡大したため、動乱を避けて東南アジアへの移住者が多く発生した。　　　　　（早稲田大）

黄巣

☑ **3209**
+++
元の◯◯=ハンの東南アジア遠征は失敗が多く、敗残兵が現地にとどまった。　　　　　（早稲田大）

🔲遠征は中国人（南人）が多く従事し、**敗残兵も中国人が多かった**。

フビライ

☑ **3210**
+++
明の**洪武帝**が定めた◯◯政策を破って東南アジアへ移住する中国人が多かった。　　（東京大、立命館大）

🔲これは**中国人の私貿易、海外渡航を禁止した政策**で、海外との商取引を希望していた商人などの反発を買った。

海禁

☑ **3211**
+++
1860年、◯◯**条約**で**海外渡航が承認された**ため、中国から海外への移民が激増した。　　（東京大）

北京

☑ **3212**
+++
西部開拓時代のアメリカでは、主に中国系移民は◯◯と呼ばれ、**1869年**に完成した◯◯の建設などに従事した。　　　　（東京大、慶應義塾大）

クーリー（苦力）、大陸横断鉄道

☑ **3213**
+++
アフリカ東海岸では主として◯◯**商人**による**奴隷貿易**が行われた。　　　　（関西学院大）

アラブ（ムスリム、イスラーム）

☑ **3214**
+++
奴隷貿易は、**アフリカ西海岸**から**黒人奴隷を新大陸に運ぶもの**で、**16世紀**に◯◯が始めて、18世紀になるとイギリスの港湾都市◯◯がその中心になった。　　　　（名古屋大、上智大）

■奴隷貿易には**スペイン、イギリス、フランス、オランダ**なども参加した。

ポルトガル、リヴァプール

☑ **3215**
+++
イギリス南西部の都市◯◯も**リヴァプール**と並んで**奴隷貿易**で**繁栄**した。　　（関西学院大）

ブリストル

☑ **3216**
+++
奴隷貿易で西アフリカの**ダホメ王国**や◯◯**王国**が繁栄した。　　　　（東京大、早稲田大）

■これらの国は武器をもらう代わりに奴隷を供給した。

アシャンティ

☑3217 +++	北アメリカでは、<u>1619</u>年に◯◯◯植民地が<u>奴隷</u>を輸入した。　　　　　　　　　　　（慶應義塾大）	ヴァージニア
☑3218 +++	イギリスでは、◯◯◯年に下院議員である<u>ウィリアム=ウィルバーフォース</u>らの努力により<u>奴隷貿易</u>が禁止された。　　　　　　　（名古屋大、早稲田大） 🗒 <u>19世紀のイギリスでは人権運動</u>が活発になっていた。同時期には<u>ヴィクトリア女王</u>が支援する動物愛護運動も広まった。	1807
☑3219 +++	北アメリカへの移民は、<u>1880年代</u>までは◯◯◯や北<u>ヨーロッパ出身者</u>が多数を占め、宗教は◯◯◯が多かった。彼らは<u>旧移民</u>と呼ばれる。　（慶應義塾大） 🗒 主に<u>信仰</u>や<u>政治的な自由</u>を求めて移住するケースが多かった。	西ヨーロッパ、プロテスタント
☑3220 +++	<u>1833</u>年、イギリスは<u>ホイッグ党</u>の◯◯◯内閣時代に<u>奴隷</u>制度を廃止し、<u>1865</u>年には◯◯◯もこれに続いた。　　　　　　　　　　（東京大、名古屋大） ☞ 皮肉にも、奴隷制廃止は代わりに<u>クーリー（苦力）</u>貿易を生んだ。<u>クーリー（苦力）</u>は表向きは契約移民だったが、待遇は奴隷と同様だった。	グレイ、アメリカ
☑3221 +++	<u>1882</u>年のアメリカの<u>移民法</u>では◯◯◯系移民がほぼ禁止となった。　　　　　　　　　　（東京大）	中国
☑3222 +++	<u>アイルランド</u>からアメリカへの移民は、<u>1840年代</u>後半の◯◯◯飢饉(ききん)を原因とする移民が多数を占め、◯◯◯鉄道の建設などに従事した。 　　　　　　　　　　（東京大、聖心女子大） 🗒 鉄道の<u>西半分</u>は<u>クーリー（苦力）</u>が、<u>東半分</u>は<u>アイルランド系移民</u>が建設に従事した。	ジャガイモ、大陸横断
☑3223 +++	<u>ドイツ</u>からは、<u>1848</u>年の◯◯◯革命失敗後、政治亡命者が数多く<u>アメリカ</u>に渡った。　（東京大、一橋大）	三月
☑3224 +++	アメリカの支配者には<u>旧移民</u>が多く、<u>白人</u>であり、<u>アングロ=サクソン</u>であり、<u>プロテスタント</u>であることから「◯◯◯」と呼ばれた。（慶應義塾大、上智大）	WASP(ワスプ)

☑ 3225 **1880年代以降の移民**は、（◯◯◯）や**東ヨーロッパ出身**
+++ 者が多数を占め、宗教は**ギリシア正教やユダヤ教**、
（◯◯◯）が多かった。彼らは**新移民**と呼ばれる。
(慶應義塾大)

🔲 19世紀は「**移民の世紀**」と呼ばれる中で、彼らは財産を持たず
低賃金労働に従事し、アメリカ社会の底辺層を形成した。

| 南ヨーロッパ |
| カトリック |

☑ 3226 **1861年**の（◯◯◯）**発布**以後、**ロシアからアメリカ**への
+++ 移民が増加した。
(成蹊大、中央大)

🔲 推定2,000〜4,000万人の農奴が移動の自由を得た。

農奴解放令

☑ 3227 アメリカでは**1875年以降の数度にわたる**（◯◯◯）**法**
+++ の制定で、**移民の割り当てと禁止**が厳しく定められ
た。
(慶應義塾大、早稲田大)

移民

☑ 3228 （◯◯◯）**年のアメリカ移民法**では、主に**日本人の移民が**
+++ **禁止**された。
(慶應義塾大、早稲田大)

➡内容からも**排日移民法**と呼ばれた。

1924

☑ 3229 **オーストラリア**は当初は**イギリスの流刑地**であった
+++ が、（◯◯◯）**業**の発展や**1850年代**の（◯◯◯）**の発見**で
移民が急増した。
(北海道大)

牧羊、金鉱

☑ 3230 **ケープ植民地のオランダ系を主とする移民**の子孫で
+++ ある（◯◯◯）**人**は、**イギリス**と（◯◯◯）**戦争**を戦い、敗北
した。
(北海道大)

🔲 この戦争でイギリスのパウエル将軍は、ブール人の少年たちが小
さな体を生かして敵の偵察に活躍しているのを見て感銘を受け
た。子供の集団行動の重要性を知ったパウエル将軍は、1907年
に**ボーイスカウト運動**を始めた。

| ブール(ブーア、 |
| ボーア)、 |
| 南アフリカ(ブール、 |
| ブーア、ボーア) |

☑ 3231 （◯◯◯）**体制**下の**日本やドイツ**では国策として**移民政**
+++ **策**が行われた。日本では**満州国**へ**開拓団**が送られた。
(津田塾大、一橋大)

| ファシズム(全体 |
| 主義) |

☑ 3232 **インド独立**時には**インド**と（◯◯◯）との間で、**1,400万**
+++ **人**を超える**ヒンドゥー教徒とイスラーム教徒の移動**
が引き起こされた。
(津田塾大、青山学院大)

パキスタン

☑ 3233 **言語や習慣、宗教などの民族性**を強く意識して形成
+++ される集団を一般に（◯◯◯）という。
(予想問題)

民族集団

☑3234 戦争や飢餓のために、もとの生活基盤から引き離さ | 難民
+++ れて、保護を必要としている人々を一般に（⎯⎯）と呼
ぶ。 (上智大)

　🗊1951年、国連で採択された難民条約（難民の地位に関する条約）
　に基づき、国連難民高等弁務官事務所（UNHCR）が発足し、支
　援活動などに取り組んでいる。

4 | コーヒーの歴史

☑3235 イスラーム世界では、神秘主義者の（⎯⎯）が苦行の際 | スーフィー
+++ にコーヒーを飲用した。 (学習院大、慶應義塾大)
　🗊「眠らない」苦行はイスラームの他、仏教、ヨガなどでもある。

☑3236 1683年のオスマン帝国による（⎯⎯）の際、コーヒー | 第2次ウィーン
+++ がイスラームからオーストリアのウィーンに伝わっ | 包囲
たとされる。 (学習院大、明治大)

　🗊この事件後、立ち去った後のトルコ軍の陣営跡から大量のコー
　ヒー豆が発見されたという。

☑3237 イギリスでは数多くの（⎯⎯）が作られ、そこから | コーヒーハウス
+++ ジャーナリズム、政治的党派、（⎯⎯）海上保険、（⎯⎯） | (Coffee house)、
協会などが誕生した。 (学習院大、明治大) | ロイズ、王立
　🗊「コーヒーショップ」はアメリカ英語なので要注意！　なお、こ
　の海上保険会社は1688年頃に創設され、現在も存続している。

☑3238 フランスではコーヒーハウスは（⎯⎯）と呼ばれ、そこ | カフェ(café)、
+++ は世論形成の場となった。（⎯⎯）は『ペルシア人の手 | モンテスキュー
紙』でコーヒーについて記述している。
(学習院大、立教大)

　☞『ペルシア人の手紙』もよく出題されるので要注意！

☑3239 オランダはジャワ島で（⎯⎯）、（⎯⎯）などの栽培を強 | コーヒー、
+++ 制する強制栽培制度を行ったが、（⎯⎯）不足による飢 | サトウキビ※順不同、
饉の頻発を招いた。 (中央大) | コメ

　☞他にも藍（インディゴ）やタバコが商品作物として栽培された。
　このような単一作物を栽培する農業、およびそれに基づく経済構
　造のことをモノカルチャーという。

☑3240 17〜18世紀にコーヒー、砂糖、茶などがヨーロッ
+++ パに流入してからの生活様式（ライフスタイル）の
変化を（⎯⎯）と呼ぶ。 (明治大) | 生活革命

5 | 茶の歴史

☑ 3241 茶を飲む習慣（喫茶）は、漢の時代に始まり、唐代
+++ には各都市に（　　　）が生まれ、文筆家である陸羽は茶
の作法を『（　　　）』にまとめた。　　　　（駒澤大）

> 🗊茶は『三国志』にも登場する。劉備が母親のために茶を買って帰
> る場面がある。茶は当時貴重品で、一般人が持っていると怪しま
> れさえした。

茶館、
茶経

☑ 3242 喫茶の流行は『長恨歌』の作者として有名な（　　　）の
+++ 詩にも描かれている。　　　　　　　　　　　（中央大）

> 🗊『長恨歌』は、玄宗と楊貴妃のラブロマンスを描いた作品で、日
> 本の『源氏物語』にも影響を与えた。

白居易（白楽天）

☑ 3243 安史の乱で唐を援助したトルコ系の（　　　）は、馬と茶
+++ を交換する（　　　）貿易を行った。　　　　　（中央大）

> ☛絹織物と馬などを交換する場合は絹馬貿易と呼ぶ。

ウイグル、
茶馬

☑ 3244 茶の普及は、陶磁器の需要を生み、産地として江西
+++ 省の（　　　）が発展した。　　　　　　　　　（上智大）

景徳鎮

☑ 3245 宋は、茶を国の（　　　）とし、茶を利用して周辺民族と
+++ の外交を有利に進めた。　　　　　　　　　　（早稲田大）

> 🗊北の遊牧民はビタミンCの欠乏に苦しみ、茶は健康維持のために
> 必要不可欠だった。

専売品

☑ 3246 宋は西夏に対して絹や銀の他、茶を（　　　）として贈る
+++ ことを含む条件で講和した。　　　　　　　　　（中央大）

歳賜（歳幣）

☑ 3247 1610年頃、（　　　）東インド会社は日本の茶を初めて
+++ ヨーロッパに紹介した。　　　　　（駒澤大、立教大）

> 🗊日本から伝わったため、茶はchaの発音でヨーロッパに広まっ
> た。Teaの発音は福建語で19世紀以降に一般化した。

オランダ

☑ 3248 ネルチンスク条約で清の（　　　）帝がロシアとの通商
+++ を認めて以降、ロシアでは茶の輸入が本格化した。
　　　　　　　　　　　　　　　　　　（中央大、法政大）

康熙

☑ 3249 茶の人気が最も高かった（　　　）では、自国製の綿製品
+++ をインドに運び、インドの（　　　）を中国に運んで、中
国から茶を得るという（アジア）三角貿易を始めた。
　　　　　　　　　　　　　　　　　　（千葉大、東京大）

イギリス、
アヘン

☑3250 19世紀後半にイギリスの◯◯◯は、<u>セイロン島（ス</u>
+++ <u>リランカ</u>）に茶樹を植林し、**アッサムティーの栽培
に成功**した。　　　　　　　　　　　　　（予想問題）

> この栽培がもう50年早ければ、アヘン戦争は起きなかったかも
しれない。

リプトン

6 | 砂糖の歴史

☑3251 <u>砂糖（サトウキビ）</u>は◯◯◯が原産とされ、◯◯◯に
+++ 都を置いた<u>ウマイヤ朝</u>の頃にイスラーム世界に伝
わった。　　　　　　　　　　　　　　　（法政大）

> アレクサンドロスはインドで**サトウキビ**を発見し、「甘い葦」と
して記録に残した。

インド、ダマスクス

☑3252 砂糖の◯◯◯経営は、<u>ブラジル</u>で始まり、**中南米や西
+++ インド諸島**へと拡大していった。　（東京大、名古屋大）

プランテーション

☑3253 砂糖は◯◯◯以降の**植民や交易活動**で西ヨーロッパ
+++ に伝わり、<u>イェルサレム王国</u>でも生産された。
　　　　　　　　　　　　　　　（法政大、立教大）

> イェルサレム王国の建国は**聖地奪回と同時に植民活動**でもあり、
生業として砂糖の生産が活発となった。

十字軍

☑3254 **17**世紀頃、西ヨーロッパから<u>雑貨</u>と<u>火器</u>を西アフリ
+++ カに送って◯◯◯と交換し、それを西インド諸島で
◯◯◯や綿花と交換して西ヨーロッパに持ち帰る、い
わゆる「<u>大西洋三角貿易</u>」が始まった。
　　　　　　　　　　　（センター試験、千葉大）

> **アジア産の茶に西インド諸島の砂糖**を入れて飲むことが上流社
会で大流行した。

（黒人）奴隷、
砂糖

☑3255 北アメリカでは、**南部を中心に**<u>砂糖</u>よりも◯◯◯や
+++ ◯◯◯の<u>プランテーション</u>が発展した。
　　　　　　　　　　　　　（一橋大、名古屋大）

タバコ、
綿花※順不同

7 | 暦の発明

☑3256 **エジプト**は、**ナイル川の氾濫と恒星シリウスの運行** (はんらん)
+++ を基準に、**1年を365日**とする（　　）を作り、これ
は**前46**年、ローマの**カエサル**による（　　）に受け継
がれた。 (東京大、中央大)

太陽暦、(たいようれき)
ユリウス暦

　カエサルの暦は1年が**365.25日**で、128年で1日のズレが生じ
る計算だったが、農作業の時期を知ることが目的だったため大き
な問題にはならなかった。

☑3257 **メソポタミア**では、**シュメール人が月の満ち欠け**を
+++ 基準に（　　）を作り、後に**イスラーム暦**へと受け継が
れた。 (東京大、上智大)

太陰暦 (たいいんれき)

☑3258 **バビロニア**では、**星の運行から人間の運命を占う**
+++ （　　）**術**が発達した。 (慶應義塾大)

占星 (せんせい)

　現在でも人気のあるふたご座、かに座などの**星座占い**はメソポタ
ミアで生まれた。また**バビロニア**の夢判断が現代の**心理学**に影響
を与えるなど、文化的な功績は大きい。

☑3259 **1582**年、ローマ教皇（　　）世は、従来の（　　）を改
+++ めて（　　）を定めた。これは**現在も使用されている暦
法**である。 (東京大、学習院大)

グレゴリウス13、
ユリウス暦、
グレゴリウス暦

　すでに**ユリウス暦**では10日間のズレが生じており、農作業に支
障をきたすようになっていた。

☑3260 **フランス革命**中の（　　）年に、フランスでは**従来の暦**
+++ が廃止されて（　　）が制定され、1805年まで用いら
れた。 (中央大)

1793、
革命暦（共和暦）

☑3261 メキシコ南東部の（　　）**文明**では、**グレゴリウス暦**よ
+++ りも正確な**太陽暦**を作成した。 (明治大)

マヤ

　グレゴリウス暦は1年が365.2425日。この文明の暦は1年が
365.2420日で、わずかながら後者の方が正確である。**マヤ暦**で
は2012年が大きな時間の区切りとされ、これを人類滅亡の年と
考える人も多かったが、何も起こらなかった。

☑3262 **イスラーム世界**では（　　）年を元年とする**太陰暦**で
+++ ある（　　）がある。 (中央大)

622、
イスラーム暦
（ヒジュラ暦）

☑3263 **イスラーム暦**（**ヒジュラ暦**）では、◯◯暦だと季節 ┃ 太陰、
+++ とのずれが生じるため、後に◯◯暦が併用された。 ┃ 太陽
（センター試験、東京大）

☞**太陰暦**は1年が354日で、**太陽暦**と11日ほどずれている。

☑3264 **『ルバイヤート』『四行詩集』**の作者◯◯は、グレゴ ┃ オマル（ウマル）＝
+++ リウス暦に匹敵するジャラリー暦を作成した。 ┃ ハイヤーム
（学習院大）

☞**ジャラリー暦**はあまりに複雑で採用した国は少ない。現在はイランが使用している。

☑3265 中国では、天体観測を行い民に暦を授（さず）けることは**天 ┃**
+++ **から◯◯にのみ与えられた特権**であるとされた。中 ┃ 皇帝、
国においては、◯◯が**太陰太陽暦**から現在の**太陽暦** ┃ 中華民国
に改暦した。 （センター試験、東京大）

☞これは「東大論述」でも問われた難問！

☑3266 **元**の◯◯は、**イスラーム暦の影響**で**授時暦**（じゅじれき）を作成 ┃ 郭守敬（かくしゅけい）、
+++ し、これを基礎にして日本の**渋川春海**（しぶかわはるみ）が◯◯を作成 ┃ 貞享暦（ていきょう）
した。 （中央大）
しゅんかい

☑3267 明代末には漢人官僚の◯◯らが**アダム＝シャール**の ┃ 徐光啓（じょこうけい）、
+++ 協力で**暦法書**の『◯◯』を作成した。 （早稲田大） ┃ 崇禎暦書（すうていれきしょ）

☑3268 19世紀末に**イギリス**の◯◯が**世界標準時**となり、 ┃ グリニッジ
+++ 世界が1時間ずつの時差を持つ24の時間帯に分け
られた。 （慶應義塾大）

8 ┃ 紙の発明

☑3269 **エジプト**の◯◯が**紙の代用品**として長く用いられ、 ┃ パピルス
+++ **ギリシア・ローマにも輸出**された。 （江戸川大）

🗌 これは英語の paper 、仏語の papier の語源となった。

☑3270 **メソポタミア**では**シュメール人**が◯◯に**楔形文字**（くさびがた） ┃ 粘土板
+++ を記した。 （上智大）

☑ 3271 小アジアの◯◯◯王国（アッタロス朝）では◯◯◯紙
+++ が生産され、**中世ヨーロッパの写本**にも用いられた。
(学習院大)

　　☞ パピルスは**プトレマイオス朝時代に輸出が禁止**されたため、ヨー
　　ロッパでは羊皮紙の方が長い間用いられた。

ペルガモン、羊皮

☑ 3272 中国では古くから**木簡**や◯◯◯が紙の代用品であっ
+++ た。　　　　　　　　　　　　　　　　　　　（慶應義塾大）

　　🗋 秦の始皇帝時代の法律もこれらに書かれていた。

竹簡

☑ 3273 **後漢の宦官**である◯◯◯は、**製紙法**を改良して、紙を
+++ ◯◯◯帝に献上した。　　　　　　　　　　　（センター試験）

　　☞ この紙は蔡侯紙と呼ばれる。

蔡倫、
和

☑ 3274 **751**年の◯◯◯の戦いで、**唐軍の捕虜**から**製紙法**が
+++ **イスラーム世界に伝わり**、**756**年には中央アジアの
◯◯◯にイスラーム世界で初めて**製紙工場**が建設さ
れた。　　　　　　　　　　　　　　　　　（センター試験）

　　☞ ハールーン=アッラシード時代にはアッバース朝の都バグダード
　　にも製紙工場が建設された。

タラス河畔

サマルカンド

9 | 三大発明

☑ 3275 中国では、**唐代に**◯◯◯印刷が始まり、**宋代には**広く
+++ 普及して『**大蔵経**』や◯◯◯などの**紙幣の印刷**に用い
られた。　　　　　　　　　　　　　　　　　（青山学院大）

木版、
交子（会子）

☑ 3276 **北宋の畢昇**が◯◯◯活字を製作したとされるが、普及
+++ することはなかった。　　　　　　　　　　　　（早稲田大）

　　🗋 漢字は画数、種類（文字数）が多くて、1文字ずつの活字には向
　　かなかった。活字が発達するのはアルファベットを使用するヨー
　　ロッパなど。

膠泥

☑ 3277 **1230**年頃、朝鮮の◯◯◯時代に◯◯◯活字が初めて
+++ **作られた**が普及せず、2度にわたり**編纂**が行われ
た◯◯◯は**木版印刷**で刊行された。　　　　　　（立教大）

　　☞ 11世紀は契丹の侵入撃退を、13世紀はモンゴルの侵入撃退を
　　それぞれ祈願して編纂された。

高麗、金属

高麗版大蔵経

☑ 3278 1403年、朝鮮の◯◯◯時代に**銅版活字**の実用化が世
+++ 界で初めてなされた。　　　　　　　　（東京大、慶應義塾大）

李氏朝鮮（李朝）

☑3279 1450年頃、ドイツの◯◯は**活版印刷**の実用化に成
+++ 功し、ルターの◯◯にも影響を与えた。
(センター試験、東京大)

グーテンベルク、
宗教改革

☑3280 ◯◯は、<u>北宋</u>時代に製法が記され、**イスラームを経
+++ てヨーロッパに伝わった**後、<u>大砲</u>や◯◯として普
及し、◯◯の没落を促した。 (センター試験、東京大)

🗋 唐の時代、道教の道士が不老不死の薬を創ろうとして、たまたま
火薬ができたという説がある。唐代に書かれた鄭還古の『杜子春
伝』にも火薬らしきものが登場する。

火薬、
鉄砲、
騎士

☑3281 ◯◯の発明は中国の<u>宋代</u>とされるが、古く漢代に用
+++ いられたという説もある。 (東京都立大、日本大)

羅針盤

☑3282 イスラーム世界を経由してヨーロッパに伝わった
+++ ◯◯は、◯◯で改良され、<u>大航海時代（商業の時
代）</u>を生み出すきっかけとなった発明品である。
(立教大)

羅針盤、イタリア

10 | 原爆投下と平和・反核運動

☑3283 **アメリカの原爆製造計画**は秘密裏に行われ、◯◯計
+++ 画と呼ばれた。 (上智大)

🗋 物理学者の**アインシュタイン**はアメリカ大統領の**フランクリン＝
ローズヴェルト**に原爆開発を勧告する書簡を送った。それがこの
計画の始まりだった。

マンハッタン

☑3284 アメリカの原爆製造の中心人物であった物理学者の
+++ ◯◯は、後に「**原爆の父**」と呼ばれた。(横浜国立大)

オッペンハイマー

☑3285 **世界最初の原爆投下**は、<u>1945</u>年<u>8</u>月<u>6</u>日に◯◯
+++ に、同年<u>8</u>月<u>9</u>日に◯◯に、それぞれ実行された。
(駒澤大、日本大)

🗋 アメリカは**ソ連**が**参戦する**前に、「アメリカの力による勝利」を
演出する必要があった。多くの科学者が反対する中で、<u>トルーマ
ン</u>大統領は投下を決めた。

広島、
長崎

☑3286 1950年、**スウェーデン**において**核兵器の無条件禁止**
+++ を訴える◯◯が採択され、5億人の署名を集めた。
(関西学院大)

🗋 この署名は**朝鮮戦争**で原爆を使用しないための抑止力となった。

ストックホルム＝
アピール

☑ 3287 1954年、マーシャル諸島の◯◯◯で、アメリカによる水素爆弾（水爆）の実験が行われた。 （明治学院大）	ビキニ環礁
☑ 3288 ビキニ環礁での水爆実験の際、日本の漁船が水爆の「死の灰」（放射線降下物）を浴びた◯◯◯事件を機に、日本の主婦らが中心となり◯◯◯運動が始まった。 （横浜国立大、札幌大） 📖 23人の乗員が被曝し、吐き気、脱毛、火傷などの症状に襲われた。約半年後には無線長が死亡した。この事件を機に映画「ゴジラ」が誕生した。	第五福竜丸、原水爆禁止
☑ 3289 1955年、日本の◯◯◯で第1回原水爆禁止世界大会が開催された。 （明治学院大）	広島
☑ 3290 1955年、核兵器の禁止を訴えた◯◯◯宣言は世界中の共感を集めた。 （学習院大、上智大） 📖 日本人ではノーベル物理学賞を受賞した湯川秀樹が参加した。	ラッセル・アインシュタイン
☑ 3291 科学者が中心となった核兵器禁止運動では、1957年のカナダの◯◯◯会議や、西ドイツの◯◯◯宣言がある。 （明治学院大）	パグウォッシュ、ゲッティンゲン

11 | 核兵器の削減

☑ 3292 1962年の◯◯◯危機は、核戦争の危険を帯びていた。 （センター試験、同志社大） 📖 この危機の発端は、ソ連がロサンゼルスやニューヨークなどアメリカ主要都市を射程圏とした核ミサイルを、キューバに設置しようとしたことが原因だった。危機は回避されたが、地球全体を巻き込んだ全面核戦争に発展することもあり得た。これ以降、米ソは核縮小へと舵を切った。	キューバ
☑ 3293 1963年、◯◯◯条約が締結され、◯◯◯実験を除く核実験が禁止されたが、当時の核保有国である中国と◯◯◯は参加しなかった。 （センター試験、横浜国立大） ☞ 中国は核開発中で1964年に原爆の実験に成功した。	部分的核実験禁止、地下核、フランス

☑3294 <u>1968</u>年、◯◯◯条約（**NPT**）が締結され、**核非保**
+++ **有国への核兵器の**◯◯◯**および製造援助禁止**が定め
られた。　　　　　　　　　　　（横浜国立大、早稲田大）

核拡散防止、
譲渡

☞この条約では核保有国を**アメリカ**、**ソ連**（**ロシア**）、**イギリス**、**フ
ランス**、**中国**（中華人民共和国）の５カ国に限定し、これ以上の
核兵器の拡散を防ごうとした。

☑3295 1972年、アメリカの◯◯◯**大統領**が**ソ連**を訪問し、
+++ <u>第１次</u>◯◯◯<u>交渉</u>（**SALT Ⅰ**）に調印した。
（横浜国立大、早稲田大）

ニクソン、
戦略兵器制限

☑3296 1972年、米ソ間で調印された◯◯◯は、**戦略ミサイ**
+++ **ル**の制限など**軍備縮小**（**軍縮**）を目指したが、核の
脅威は続いた。　　　　　　　（センター試験、横浜国立大）

第1次戦略兵器
制限交渉(SALT
I)

☑3297 1979年、米ソ間で調印された◯◯◯は、同年の**ソ連**
+++ **によるアフガニスタン侵攻**で未発効のままとなっ
た。　　　　　　　　　　　　　（横浜国立大、中央大）

第2次戦略兵器
制限交渉(SALT
Ⅱ)

☑3298 <u>1987</u>年に調印された◯◯◯<u>条約</u>で、米ソは初めて**核**
+++ **兵器の削減**に同意した。　　　　　　（札幌大、中央大）

中距離核戦力
(INF)全廃

☞核兵器が減少に向かうきっかけとなった画期的な条約。

☑3299 1991年、◯◯◯と称される（<u>第１次</u>）**戦略兵器削減**
+++ <u>条約</u>が米ソ間で結ばれ、核弾頭を6,000発ずつに削
減することなどが定められた。　　　　　（札幌大、早稲田大）

START Ⅰ

☑3300 1993年、◯◯◯と称される（<u>第２次</u>）**戦略兵器削減**
+++ <u>条約</u>が米ロ間で結ばれ、核弾頭を3,000〜3,500発
ずつに削減することなどが定められた。　　　（早稲田大）

START Ⅱ

☑3301 **あらゆる核実験を禁止する**◯◯◯<u>条約</u>（**CTBT**）は、
+++ <u>1996</u>年に国連で採択されたものの、発行のめどは
立っていない。　　　　　　　（横浜国立大、青山学院大）

包括的核実験禁止

☑3302 核実験は、1945年の<u>アメリカ</u>に次いで、49年の
+++ ◯◯◯、52年の<u>イギリス</u>、60年の◯◯◯、64年の
<u>中国</u>、74年の◯◯◯、98年の◯◯◯の順で成功した。
（青山学院大、立命館大）

ソ連、フランス、
インド、パキスタン

☑3303 包括的核実験禁止条約（CTBT）が国連で採択され
+++ る一方、1974年に地下核実験に成功していた◯◯◯
とカシミール問題で対立する◯◯◯は、1998年に相
次いで核実験を行った。 （札幌大、早稲田大）

インド、
パキスタン

☑3304 2005年に◯◯◯が核保有宣言を行った。
+++ （予想問題）

北朝鮮

☑3305 朝鮮半島の核問題解決のために、2003年、アメリカ
+++ が中心となって◯◯◯協議が開かれた。 （予想問題）
☞アメリカ、北朝鮮、中国に日本、ロシア、韓国が加わった。

六者(六カ国)

12 | 地球環境問題

☑3306 現在の地球は、地質年代では◯◯◯代の第4紀の
+++ ◯◯◯世、気候面では氷河期が過ぎた◯◯◯期であ
る。 （立教大）

新生、
完新、後氷

☑3307 近年、地球温暖化、オゾン層の破壊、酸性雨、森林
+++ の減少、砂漠化、ゴミ問題、水質・大気汚染など、地
球規模の◯◯◯が深刻化し、緊急の対策が求められて
いる。 （慶應義塾大）

環境問題(環境破
壊)

☑3308 近代以降、生産および消費活動が活発化する中で、健
+++ 康被害や環境汚染を引き起こす人為的な災害である
◯◯◯が顕在化した。 （予想問題）

公害

☑3309 工場からの排煙や自動車の排気ガスなどが主な原因
+++ となって発生する公害を◯◯◯という。 （予想問題）

大気汚染

☑3310 原子炉で発生する熱を利用した発電を一般に◯◯◯
+++ と呼ぶ。これは出力は高いが、放射能漏出などの危
険性をはらんでいる。 （明治学院大）

原子力発電

☑3311 1972年にスウェーデンの◯◯◯で◯◯◯が開かれ、
+++ 「かけがえのない地球」をスローガンとする宣言が採
択された。 （明治大）

ストックホルム、
国連人間環境会議

☑3312 1979年には**アメリカ**の◯◯◯で、1986年には**ソ連**の◯◯◯で**原子力発電所（原発）事故**が発生した。
+++
（明治学院大）

| スリーマイル島、チェルノブイリ

◻ ソ連の事故では火災が発生し、核燃料の3〜4%が空中に飛散、放射能汚染は北欧にまでおよんだ。また、消火に向かった消防隊員29人が放射能を浴び全員死亡した。

☑3313 2011年3月11日に日本で発生した**東日本大震災**
+++ による◯◯◯の事故は、**チェルノブイリ原発**の事故に匹敵する大規模な被害をもたらしている。 （予想問題）

| 福島第一原子力発電所

☑3314 1985年、クック諸島の◯◯◯で**南太平洋非核地帯条約**が締結され、域内での核兵器の実験などが禁止された。
+++
（上智大）

| ラロトンガ

◻ **ラロトンガ条約**として出題されることも多いので注意！

☑3315 **フランス**は、太平洋上の◯◯◯**環礁**で約200回の核実験を行った。 （横浜国立大、明治大）
+++

| ムルロア

☑3316 現在の地球環境問題に対して、**環境保護**を訴えている国際環境NGOの◯◯◯や、世界各地で**緑の党**などが活動している。 （学習院大、上智大）
+++

| グリーンピース

☑3317 1992年、**ブラジル**の**リオデジャネイロ**で◯◯◯が開
+++ 催され、◯◯◯化や◯◯◯、◯◯◯の破壊などの環境問題が討議され、**リオ宣言**が採択された。

（明治学院大、南山大）

■ 全世界から**172カ国**が参加。そのうち約100カ国は大統領、首相クラスが参加した。

| 地球サミット（環境と開発に関する国連会議）、地球温暖、酸性雨、オゾン層 ※順不同

☑3318 1997年、**地球温暖化の防止を目的とした**◯◯◯が採
+++ 択されたが、後にアメリカは批准を拒んだ。

（早稲田大）

◻ アメリカ（**ブッシュ**政権）は**CO$_2$（二酸化炭素）削減**が自国の産業に及ぼす影響を懸念した。

| 京都議定書

☑3319 地球全体の**温暖化**やアフリカ、中国などで進行する
+++ ◯◯◯化などが原因で、多くの**環境難民が発生**している。 （予想問題）

◻ 20世紀最大の砂漠化の事例とされるのが、中央アジアのある**アラル海**。日本の東北地方に匹敵する巨大な塩湖であったが、無責任な灌漑と環境破壊により、地図上から消えようとしている。

| 砂漠

☑ 3320 +++ 1941年の<u>フランクリン=ローズヴェルト</u>（**アメリカ**）、<u>チャーチル</u>（**イギリス**）による◯◯は、<u>1943</u>年にソ連と中国を交えた◯◯宣言に発展し、後の<u>国際連合憲章（国連憲章）</u>に基本理念を与えた。

（慶應義塾大、早稲田大）

大西洋憲章、
モスクワ

☞ モスクワ宣言は1943年11月1日に米・英・ソの3カ国によって発表され、これに中国が賛同する形で成立した。

☑ 3321 +++ 1944年、アメリカの◯◯会議で<u>国際連合憲章（国連憲章）</u>の草案が作成され、翌<u>45年</u>には、<u>安全保障理事会に拒否権を与える内容が追加され</u>◯◯会議で国際連合憲章（国連憲章）として採択された。

（センター試験、法政大）

ダンバートン=
オークス、
サンフランシスコ

☐ この拒否権はヤルタ会談で秘密裏に決まったもの。戦後史の混乱の一因はここに求めることができる。

☑ 3322 +++ ◯◯年、国際連合（国連）が◯◯に本部を設けて発足した。

（中央大、法政大）

1945、
ニューヨーク

☞ 発足当初の加盟国は51カ国。日本は1956年の日ソ共同宣言後に80番目の加盟国となった。なお、大韓民国（韓国）はこれから35年後となる1991年に朝鮮民主主義人民共和国（北朝鮮）と同時加盟した。

☑ 3323 +++ <u>国際連合（国連）</u>で全加盟国が投票権を持つ◯◯は権限が弱く、実際には**アメリカ・イギリス・ロシア・**◯◯・◯◯が参加する<u>安全保障理事会</u>が実権を握っている。

（横浜国立大、上智大）

総会

中国、フランス
※順不同

☞ この5カ国は**常任理事国**。任期はなく、半永久的にその地位が保障されている。

☑ 3324 +++ 国際連合（国連）の◯◯は任期2年であり、2017年までに日本は11回の当選を果たしている。

（予想問題）

非常任理事国

☑ 3325 <u>1944</u>年、アメリカで（◯◯◯）会議が開かれ、**第二次世**
+++ **界大戦後の経済安定化のために**<u>国際連合</u>（国連）の
専門機関として<u>国際復興開発銀行</u>（**IBRD、世界銀行**）
と（◯◯◯）が設置された。　　　　（センター試験、立命館大）

ブレトン=ウッズ

国際通貨基金
（IMF）

　🗌 両機関の設立に貢献したのは、イギリスの経済学者**ケインズ**である。

☑ 3326 <u>1945</u>年、（◯◯◯）と（◯◯◯）で**国際軍事裁判**が開かれ、
+++ 第二次世界大戦中の**日本**と**ドイツ**の指導者たちが戦
争犯罪人（戦犯）として裁かれた。　　（明治大、立命館大）

東京、
ニュルンベルク
※順不同

　☛ 東京で行われた裁判は**極東国際軍事裁判**という。

☑ 3327 <u>国際連合</u>（国連）において**伝染病などの保健衛生を**
+++ **担当する専門機関**は（◯◯◯）である。　　　（早稲田大）

世界保健機関
（WHO）

　☛ 本部はスイスの**ジュネーヴ**に設置された。

☑ 3328 1947年、**世界の自由貿易と関税の撤廃**などを目指し
+++ て（◯◯◯）と呼ばれる「**関税および貿易に関する一般協**
定」が結ばれ、<u>1995</u>年には（◯◯◯）に発展した。
　　　　　　　　　　　　　　　　　（東京大、早稲田大）

ガット
GATT、
世界貿易機関
（WTO）

　☛ WTO と WHO を混同しないこと。正誤問題で間違えやすい。

☑ 3329 1948年、<u>国連総会</u>で**基本的人権をうたった**（◯◯◯）が
+++ 採択された。　　　　　　　　　　　　　　（予想問題）

世界人権宣言

　☛ 理念は崇高だが法的拘束力はなく、これを付与するため**1966年**
に国連総会は**国際人権規約**を採択、<u>1976</u>年に発効した。

☑ 3330 <u>世界遺産条約</u>は1972年の（◯◯◯）総会で採択、決定さ
+++ れた。　　　　　　　　　　　　　　　（明治学院大）

ユネスコ
UNESCO（国連
教育科学文化機
関）

　🗌 1946年発足の国連の専門機関。文化・教育などを担当し、**世界**
遺産リストの決定に大きな力を持っている。

☑ 3331 人権擁護団体の**アムネスティ=インターナショナル**
+++ などは（◯◯◯）に分類される。　（慶應義塾大、早稲田大）

NGO（非政府組
織）

　☛ 日本においては、国内などで活動する**NPO**（非営利組織）と異
なり、**NGO**（非政府組織）は国際的に活動することが多い。な
お、**NPO**は比較的設立しやすい組織である。

☑ 3332 1971年、**フランス**で**国際的医療団体**である（◯◯◯）が
+++ 設立された。　　　　　　　　　　　　　（早稲田大）

国境なき医師団

　🗌 日本支部は東京の早稲田にある。ここで活動する医師はボラン
ティアで、無給である。

☑3333 1970年代前後のアメリカでは、食糧増産を目指す +++ 「〔　　〕」が推進された。　　　　　　　（早稲田大） ☞正誤問題で間違い続出の問題なので要注意!　「緑の革命」は食 糧増産が目的のため、農薬使用には寛大で、環境保全とは相反す る反環境運動である。ネーミングに惑わされてはならない。	緑の革命
☑3334 アメリカの生物学者〔　　〕は『沈黙の春』を著して農 +++ 薬の被害を訴えた。これは**1972年**に**ストックホル** **ム**で開かれた〔　　〕会議にも影響を与え、「**かけがえ** **のない地球**」がスローガンとして採択されるに至っ た。　　　　　　　　　　　　　（慶應義塾大、早稲田大） ☐彼女が告発した農薬はDDTで、これを「死の霊薬」と呼んで非 難した。難関校ではDDTの名前も問われるので要注意!	レイチェル= カーソン、 国連人間環境
☑3335 1983年、西ドイツでは〔　　〕が**環境保護**などを訴え +++ て、初めて国政に議席を獲得した。 　　　　　　　　　　　　　　　　（慶應義塾大、早稲田大）	緑の党

14 | 前近代のアフリカ

☑3336 前920年頃、**ハム系黒人**の**クシュ（ヌビア）人**が**ナ** +++ **イル川上流**に〔　　〕**王国**を建国し、一時期は**エジプト** を征服したが、**前7世紀**に起こった〔　　〕の侵入で勢 力は後退し、**4世紀**に**アクスム王国**に滅ぼされた。 　　　　　　　　　　　　　　　　　（上智大、立教大） ☐クシュ王国の黒人の王たち（ファラオを名乗った）のピラミッド 下の墓のいくつかは現在水没している。そのおかげで奇跡的に盗 掘を免れている。水中考古学の発達で、歴史的な大発見が今後あ るかもしれない。	クシュ、 アッシリア
☑3337 **クシュ王国後期**は、新たな都の名前から〔　　〕**王国**と +++ 呼ばれ、〔　　〕文字を使用し、優れた〔　　〕技術を 誇ったが、**後にアクスム王国に滅ぼされた**。 　　　　　　　　　　　　　　　　（上智大、中央大） ☐この文字が一部を除いて未解読のため、王国の実態は不明のまま である。	メロエ、 メロエ、製鉄

☑ 3338 紀元前後、**セム系の人種によってアビシニア高原に**
+++ ◯◯王国が建国され、4世紀には◯◯教を受容した。 （上智大、中央大）

   🗐 セム系の人種は西アジアが居住地域なので、何らかの原因で移住してきたものと思われる。

アクスム、キリスト

☑ 3339 **7世紀頃、セネガル川・ニジェール川上流に**◯◯王国が成立し、サハラ砂漠で採掘された◯◯とニジェール川流域でとれた◯◯を交換する縦断貿易で繁栄したが、イスラム勢力であるベルベル人の◯◯朝が侵入して崩壊した。 （センター試験、立教大）

   🗐縦断貿易の構造は短い論述問題でも問われるので要注意!

ガーナ、
岩塩、
金

ムラービト

☑ 3340 紅海、アラビア海、インド洋で**ムスリム商人が使用**した木造帆船である◯◯は、大型の三角帆を利用して風を横切ることができた。 （センター試験、立教大）

   🗐この船は小型でスピードが速く、香辛料など軽量物の運搬に適していた。

ダウ船

☑ 3341 ◯◯は**アラビア半島の南端**、現在の**イエメン**に位置し、香料や香辛料の貿易で栄えた。 （予想問題）

   🗐この地は古代よりヨーロッパとインド洋を結ぶ中継点として栄え、諸勢力の争奪の場となった。「**地獄の季節**」で有名な天才詩人**ランボー**も、この地の貿易会社に勤めていた。

アデン

☑ 3342 1240年、◯◯人がニジェール川上流に**マリ王国**を建国し、当時の都である◯◯は「**黄金の都**」として知られた。 （中央大、立教大）

   🗐マリ王国によって西アフリカは完全にイスラーム化された。

マンディンゴ、
トンブクトゥ

☑ 3343 14世紀には『◯◯』の作者**イブン=バットゥータ**が、◯◯王国を訪問した。 （立教大、慶應義塾大）

   🗐あまりの暑さに彼は数カ月間で立ち去ったといわれる。

三大陸周遊記
（旅行記）、
マリ

☑ 3344 **マリ王国**全盛期の王◯◯は金をばらまきながら**メッカを巡礼した**といわれ、そのために当時、エジプトの◯◯朝では金の価値が暴落した。 （立教大）

マンサ=ムーサ（カンカン=ムーサ）、
マムルーク

☑3345 1464年、ニジェール川流域に◯◯◯王国が成立し、 +++ 都を◯◯◯に置いたが、16世紀末に**モロッコ軍の侵** **入**で滅亡した。 　　　　　　　　　　　　　　　　　（立教大、慶應義塾大） ☞整理すると、ニジェール川付近ではガーナ王国➡マリ王国➡ソン 　ガイ王国の順で繁栄したことになる。	ソンガイ、 ガオ
☑3346 **ソンガイ王国**時代の**16世紀**に**トンブクトゥ**で黒人 +++ による初の◯◯◯が創設され、世界中から高名な学者 が集まった。 　　　　　　　　　　　　　　　　　　　　（慶應義塾大） 🗊16世紀に奴隷貿易が始まるまで、アフリカは世界の中でも高い 　文化を誇っていた。	大学
☑3347 アフリカ東南部の**ザンベジ川流域**では、**11**世紀から +++ **19**世紀にかけて、**ショナ人**が建国した◯◯◯王国が 栄えた。 　　　　　　　　　　　　　　　　　　　　　（専修大）	モノモタパ
☑3348 ◯◯◯などモノモタパ王国内の各地には**巨大な石造** +++ **建築**が造られ、また中国やインドなどと海上交易が 行われていた。 　　　　　　　　　　　　　　　　　　（上智大、専修大） 🗊石造建築を建設した人種、目的などはまだ解明されていない。	ジンバブエ
☑3349 **8〜9**世紀、**チャド湖周辺**に黒人王国の◯◯◯王国 +++ が建国され、**イスラーム教を受容して交易で栄えた**。 　　　　　　　　　　　　　　　　　（上智大、同志社大） ☞「チャド湖周辺」がキーワード！	カネム=ボルヌー
☑3350 **アフリカ東海岸はムスリム（イスラーム）商人の来** +++ **航でイスラーム化が進行**し、◯◯◯、◯◯◯などの海 港都市が発展した。 　　　　　　　　　　　　　　　　　　（東京大、上智大） ☞他にもマリンディ、ザンジバル、モザンビーク、モガディシュ、 　ソファラなどの海港都市が栄えた。当時、**ムスリム商人**は現地で 　も妻をめとったため、混血や言語、文化の融合が進んだ（<u>スワヒ</u> 　<u>リ文化</u>）。	キルワ、モンバサ ※順不同
☑3351 **アフリカ東海岸**では◯◯◯と呼ばれる<u>黒人奴隷</u>や金、 +++ <u>象牙</u>などが取引され、現地の**バントゥー語**と**アラビ** **ア語**が融合して◯◯◯語が誕生した。 　　　　　　　　　　　　　　　　　（東京大、慶應義塾大）	ザンジュ スワヒリ

☑3352 16世紀に始まる**奴隷貿易**によって、現在の**ナイジェ**
+++ **リア**の地に建てられた◯◯**王国**、**ガーナ**の地に建て
られた◯◯**王国**、**ベナン**の地に建てられた**ダホメ王**
国が栄えた。　　　　　　　　　　　　（東京大、慶應義塾大）

ベニン、
アシャンティ

　☛これらの国家は、本来仲間である別部族の黒人を奴隷として売る
　代わりにイギリスなどから武器を得た。

15 │ 中米の古代文明（メソアメリカ文明）

☑3353 約2万年前、氷結した◯◯**海峡**を渡って**ユーラシア**
+++ **大陸**から**アメリカ大陸**に**移動**した**モンゴロイド**系の
人々は、後に◯◯と呼ばれた。　　　　　　（予想問題）

ベーリング

インディオ
（インディアン）

　🗊この海峡の名前はロシアのピョートル1世に仕えた探検家の名
　に由来している。彼は1728年にこの海峡の存在を確認した。

☑3354 **南北アメリカ大陸の古代文明**は、前**2000年**頃に始
+++ まった◯◯**栽培**の上に成立した。　　　（センター試験）

トウモロコシ

☑3355 **メキシコ高原**から**中央アメリカ**一帯に成立した文明
+++ は、総称して◯◯**文明**と呼ばれる。　　　　（中央大）

メソアメリカ

　🗊これらの文明の担い手はモンゴロイドで日本人に極めて近い。そ
　のせいか日本でもマヤ、インカのファンは非常に多い。

☑3356 前**1200年**以降、**中央アメリカ**初の◯◯**文明**が栄
+++ えた。　　　　　　　　　　　　　　　　　　（中央大）

オルメカ

　🗊この文明では絵文字が用いられた。

☑3357 前**2世紀**頃には、壁画、石彫、**大ピラミッド神殿**を
+++ 特徴とする◯◯**文明**が、現在の**メキシコシティ**北
東部に成立した。　　　　　　　　　（上智大、中央大）

テオティワカン

　🗊中南米の古代文明の全容を理解するのは難しい。テオティワカン
　遺跡も7、8世紀頃に破壊されたといわれ、13世紀頃にアステカ
　人が発見した時にはすでに廃墟となっていた。太陽のピラミッ
　ド、月のピラミッドなどの遺跡があるが、建設した目的も全くわ
　かっていない。

☑3358 **4〜14世紀**、◯◯**半島**を中心に**マヤ文明**が栄え
+++ た。　　　　　　　　　　　　（高崎経済大、関西学院大）

ユカタン

　🗊この半島には地下水（地底湖）が多い。約6500万年前の隕石の
　落下した跡らしい。この水源を利用してマヤ文明が栄えた。

☑3359 マヤ文明は、◯◯文字や階段状のピラミッド、**世界最高水準の◯◯**、**二十進法に基づく数学**など独自の文化や宗教を発達させた。　　（センター試験、明治大）	マヤ（絵）、暦（暦法）
🗒 マヤ暦は1年を365.2420日とする。驚異的な正確さであるが、マヤ暦は予言を目的としていたために誤差が許されなかった。	
☑3360 **メキシコ高原**では、**テオティワカン文明**の後、「**すぐれた工人**」を意味する◯◯文明が栄えた。　　（神奈川大、立教大）	トルテカ
☑3361 **12世紀頃**、◯◯**族**はメキシコ高原に**アステカ文明**（**アステカ王国**）を築いた。　　（中央大、関西学院大）	アステカ
🗒 生贄を国家的儀式としており、数十〜数百万人もの人間が生きたまま心臓をえぐられた。	
☑3362 **アステカ文明**は、湖の上に浮かぶ島に都市◯◯を建設し、都とした。　　（高崎経済大、龍谷大）	テノチティトラン

16 ｜ 南米の古代文明（アンデス文明）

☑3363 **アンデス山脈**一帯に栄えた文明は、総称して◯◯文明と呼ばれる。　　（明治大）	アンデス
☑3364 **前1000年頃**、**ペルー北部**に「**アンデス文明の源**」と称される◯◯文明が栄えた。　　（明治大）	チャビン
☑3365 **ペルー南部**に栄えた◯◯文明は**巨大な地上絵**を描いたが、その目的は現在も謎に包まれている。　　（予想問題）	ナスカ
🗒 中南米は文明同士の交流はそれほど多くなかった。そのため個性的な文明が各地で栄えた。この地上絵についてもまったくわかっていない。	
☑3366 ◯◯の高原地帯では**ティアワナコ文明**が栄えた。　　（予想問題）	ボリビア
🗒 この文明の石造建築群は標高4000m程の高原に建設されている。高度な石造技術を持っており、これがのちのインカ帝国に影響を与えた可能性がある。しかし遺跡の半分以上はいまだ地下に眠っており、全体像は見えていない。	
☑3367 **1200年頃**、現在の**ペルー**に◯◯**族**が**インカ帝国**を建設した。　　（明治大、早稲田大）	ケチュア（インカ）

☑3368 **インカ帝国**は（ ）を都とし、**道路網を整備して**、
+++ （ ）制を発達させた。15世紀後半には現在のエク
アドルからチリに至る大統一国家となった。

（高崎経済大、関西学院大）

クスコ、
駅伝

📖 飛脚を使った情報伝達は不思議にも日本と同様で、道路網が整備
されていた<u>インカ</u>や日本では、人間が走って情報を伝えた。

☑3369 **インカ文明**は極度に発達した（ ）の技術を持ち、
+++ **文字の代わりに**（ ）を用いて数量を表した。

（上智大）

石造建築、
キープ(結縄、
縄文字)

☞インカは高い文明を築いたわりには文字を知らなかった。

☑3370 20世紀、アメリカの青年が標高2,400メートルの高
+++ 地で**インカの都市**（ ）を発見した。 （早稲田大）

マチュ=ピチュ

📖 この遺跡はスペイン人による破壊を免れていた。インカ皇帝は太
陽の化身とされたため、高い所に遺跡を建設した。

☑3371 （ ）は、**トウモロコシ**、**サツマイモ**、**タバコ**、**トマ
ト**などと同じく**新大陸原産の栽培作物**である。

（東京大、立正大）

ジャガイモ

📖 これらの作物は世界中に伝わり、多くの飢饉などを救った。

17 | ラテンアメリカ史（植民地化と独立）

☑3372 1494年、（ ）**条約**により**ブラジルを除き**新大陸
+++ （南北アメリカ大陸）は**スペイン領**となった。

（関西大、関西学院大）

トルデシリャス

☞ブラジルはポルトガルの航海士<u>カブラル</u>が発見したため<u>ポルト
ガル</u>領となった。

☑3373 1521年、**スペイン**の（ ）が**アステカ王国を滅ぼし
+++ た**。 （センター試験、中央大）

コルテス

📖 古来より<u>アステカ</u>では、白い神が現れて1519年に自らの文明を
滅ぼすという予言があり、偶然にも同じ年に到着したスペイン人
たちを白い神と思い込んでしまった。

☑3374 スペイン人の侵略を受けた当時の**アステカ王国**の国
+++ 王は（ ）**世**であった。 （早稲田大）

モンテスマ2

☞かなりの難問だが、私大難関校では出題される。

☑3375 **1533年、スペインの◯◯◯がインカ帝国を滅ぼした。** （センター試験、関西大） ⬚スペイン人の征服者たちはインカを「金の宝庫」と確信していたが、意外にも金の生産量は少なかった。そのためどこかに**黄金郷（エル=ドラド）**があるという風聞が広まった。	ピサロ
☑3376 **インカ帝国滅亡時の最後の皇帝は◯◯◯であった。** （予想問題）	アタワルパ
☑3377 **ラテンアメリカ文明滅亡の原因には、スペイン人が持ち込んだ◯◯◯による人口減もあった。** （学習院大） ⬚外から持ち込まれた**伝染病**は天然痘やインフルエンザなどと考えられる。免役のまったく無かった彼らは次々と命を落としていった。彼らは伝染病をココリツリと呼んで恐れた。しかし最近の発掘調査から、彼らの命を奪ったのはサルモネラ菌だったという説もある。	伝染病（疫病）
☑3378 **1503年、スペインはインディオの保護と教化を条件に、征服者に対して土地とインディオ支配を委託する◯◯◯制を実施した。** （専修大、龍谷大）	エンコミエンダ
☑3379 **ドミニコ派修道士の◯◯◯は、『◯◯◯の破壊に関する簡潔な報告』で、エンコミエンダ制を批判し、「インディオの擁護者」と呼ばれた。** （慶應義塾大、龍谷大） ⬚インディオは見境なく虐殺された。この書物によると、その数は数百万人を超えたといわれる。	ラス=カサス、 インディアス
☑3380 **インディオが激減したため、スペインは外国商人に◯◯◯と呼ばれる権限を与えて黒人奴隷の新大陸輸出を認めた。** （センター試験、早稲田大） ➠ラス=カサスは愛するインディオたちを救うため、スペイン王にアフリカから黒人奴隷を輸入するように勧めた。皮肉にもその結果、歴史的な奴隷貿易が始まることとなった。	アシエント（奴隷 供給契約）
☑3381 **1713年の◯◯◯条約でイギリスがアシエントを独占した。** （東京大） ➠スペイン継承戦争後の条約。**アシエント**とはスペイン王が与えた奴隷供給契約を指し、この戦争でイギリスに譲渡された。	ユトレヒト
☑3382 **17世紀初頭には、エンコミエンダ制に代わり◯◯◯制と呼ばれる大農園制が発達した。** （一橋大、中央大）	アシエンダ

☑3383 **ラテンアメリカ生まれの**白人**は（＿＿＿）と呼ばれ、独** | クリオーリョ
+++ **立運動の中心**となった。　　　　（明治学院大、龍谷大）
　　☞入試問題最頻出の用語！

☑3384 白人**と**インディオ**の混血は（＿＿＿）、**白人**と**黒人**の混血** | メスティーソ
+++ **は（＿＿＿）と呼ばれる。**　　　（法政大、明治学院大） | （メスチソ）、
　| ムラート

☑3385 1780 **年、アンデス高原一帯で（＿＿＿）の反乱が発生し** | トゥパク=アマル2世
+++ **た。**　　　　　　　　　　　　　　（予想問題）
　　🗒 スペイン支配に反発したインディオの反乱だが、指導者は翌年処刑された。

☑3386 1697年の**ライスワイク条約で**ハイチ**は（＿＿＿）領から** | スペイン、
+++ （＿＿＿）**領に移った。**　　　　　（慶應義塾大） | フランス
　　☞細かな知識だが上位校入試でよく問われる。

☑3387 「黒いジャコバン」 **と呼ばれた（＿＿＿）が、**ハイチ**独立** | トゥサン=ルヴェル
+++ **運動の指導者**となった。　（明治学院大、共通テスト） | チュール
　　☞フランス革命のジャコバン派に由来する。時代もほぼ同時期である。

☑3388 1791年に始まった（＿＿＿）**での蜂起は、独立運動に発** | サン=ドマング、
+++ **展し、**ハイチ**は（＿＿＿）年に独立**した。　（法政大） | 1804
　　🗒 西インド諸島の**エスパニョーラ島西部がサン=ドマングと呼ばれ**、独立してハイチとなった。

☑3389 ベネズエラ**出身の（＿＿＿）は、**1819 **年に（＿＿＿）を樹立** | シモン=ボリバル、
+++ **して、1822年には**エクアドル**を加え、1825年には** | 大コロンビア共和
ボリビア**を独立**させた。　　（高崎経済大、明治学院大） | 国

☑3390 アルゼンチン**出身の（＿＿＿）は、1816年に**アルゼンチ | サン=マルティン、
+++ ン**、1818年に（＿＿＿）、1821年に**ペルー **を独立さ** | チリ
せた。　　　　　　　　　　　（明治学院大、龍谷大）
　　🗒 サン=マルティンはスペインの軍人として師団長まで出世した人物。しかし今度はアルゼンチンに戻ってスペイン軍と戦う、という逆の立場となった。スペイン軍の戦術を知り尽くしていたので、次々と勝利を収めた。

☑3391 1816年にアルゼンチンは（＿＿＿）連邦**として独立を宣** | ラプラタ
+++ **言した。**　　　　　　　　　　　（早稲田大）

☑3392 ブラジルでは当時のポルトガル王子が◯◯年に皇帝に即位して、独立した**帝国が成立**した。　（法政大）	1822
☑3393 **シモン=ボリバル**は、ラテンアメリカの団結を図るため、1826年に◯◯会議を開催した。　（早稲田大） 🗎 彼は「独立の父」として評価は高いが、野心家で敵も多かった。	パナマ
☑3394 アメリカの◯◯**宣言**やイギリス外相◯◯の**外交政策**が、**ラテンアメリカ諸国の独立の後押し**となった。　（センター試験、明治大）	モンロー、 カニング
☑3395 1895年に**キューバ**では◯◯が指導する**第2次独立戦争**が起きた。　（専修大）	ホセ=マルティ
☑3396 ◯◯**神父**は、**メキシコの独立運動**を指導したが、1811年に処刑された。　（法政大、明治大） 🗎 彼は現地生まれの**クリオーリョ**で、本国から派遣されていたスペイン人に反感を持っていた。	イダルゴ
☑3397 1821年に独立に成功した**メキシコ**では、**サンタ=アナの独裁**が続いた後、**先住民出身の**◯◯が大統領となった。　（法政大） ▪ フアレスは1858〜72年の間、大統領を務めた。	フアレス
☑3398 メキシコ内乱に乗じて、フランス皇帝◯◯が**ハプスブルク家出身の**◯◯をメキシコ皇帝とした。　（センター試験、関西大） 🗎 1861〜67年の間、内乱が続いた。後者の人物は進歩的な考え方を持ち、メキシコの近代化に努力したが、フランスの不人気を一手に引き受ける形となり、哀れにも処刑された。	ナポレオン3世、 マクシミリアン
☑3399 メキシコでは、1876年にクーデタによって◯◯が政権を握り、翌77年には**大統領に就任して独裁を続**けた。　（早稲田大）	ディアス
☑3400 1910年、**自由主義者の**◯◯が武装蜂起して**メキシコ革命**が始まり、翌11年に**ディアス独裁政権**は倒れた。　（上智大）	マデロ

☑3401 **メキシコ革命**は、**マデロ**が暗殺された後、<u>自由主義</u> ┼┼┼ 派の（　　）と農民派の（　　）、同じく農民派のビリャ との対決となったが、（　　）が勝利した。　（上智大）

カランサ、 サパタ、カランサ

> 🗂 ディアス政権崩壊後は、様々な人物が政権を目指す「戦国時代」となった。血なまぐさい時代であり、サパタは会見に呼ばれた際に、油断したところを馬上で一斉射撃を受けて暗殺された。後に、ビリャも体に数十発の弾丸を受けて暗殺された。

☑3402 1934年にメキシコ大統領となった（　　）は**民主化の** ┼┼┼ **推進に貢献**した。　　　　　　　（慶應義塾大、明治大）

カルデナス

> ☞任期は1934～40年。かなりの難問！

18 | アメリカ外交とラテンアメリカ

☑3403 <u>1889</u>年、（　　）で<u>アメリカ</u>が中心となって**パン=ア** ┼┼┼ **メリカ会議**が開催された。　　　　　　　　（慶應義塾大）

ワシントン

☑3404 アメリカが、**カリブ海を政治的・経済的支配下に置** ┼┼┼ **こうとする**ことを（　　）**政策**と呼ぶ。　（早稲田大）

カリブ海

☑3405 **セオドア=ローズヴェルト**大統領の**対ラテンアメリ** ┼┼┼ **カ政策**は（　　）**外交**と称され、1903年には**パナマ**を （　　）**から分離独立**させるなどの**軍事的干渉を強化** するものだった。　　　　　　　　　　　　（龍谷大）

棍棒（こんぼう）、 コロンビア

> 🗂 ちなみに、アメリカ史上で唯一4選された大統領であるフランクリン=ローズヴェルトは、五従弟（12親等）にあたる。

☑3406 アメリカは**パナマ運河**を（　　）**年に完成**させ、運河地 ┼┼┼ 帯を支配下に置いた。　　　　　　　　　　（早稲田大）

1914

☑3407 1844年に独立したカリブ海の（　　）を、<u>アメリカ</u>は ┼┼┼ <u>1905</u>**年に保護国**とした。　　　　　　　　　（中央大）

ドミニカ共和国

☑3408 <u>タフト大統領</u>の対ラテンアメリカ政策は（　　）**外交** ┼┼┼ と称され、**カリブ海諸国への投資を強化する**もの だった。　　　　　　　　　　　　　　　（早稲田大）

ドル

☑ 3409 **フランクリン=ローズヴェルト**大統領による外交は
+++ （⬜︎）**外交**と称され、1934年に（⬜︎）を廃止して
キューバの完全独立を認めるなど、**連帯と協調**を訴
えるものだった。 （早稲田大）

> 📖 当時のアメリカは大恐慌のまっただ中で、外交も柔軟路線に転じ
> る以外になかった。また、イギリスに対抗して**中南米のブロック
> 経済化**を図る狙いもあった。

ぜんりん
善隣、プラット条項

19 | アイルランド史

☑ 3410 ヨーロッパ大陸からアイルランドに渡来した（⬜︎）
+++ **人**は、5世紀には**聖パトリック（パトリキウス）**の
伝道により（⬜︎）を受容した。 （京都大、明治学院大）

> ☛ 難関大では**聖パトリック（パトリキウス）**という人名も問われる
> ことがあるので要注意！
> 📖 アイルランドでは**ドルイド**と呼ばれる神官による自然崇拝に近
> い宗教があったが、次第にキリスト教（カトリック）が浸透した。

ケルト

カトリック

☑ 3411 **プランタジネット朝**の（⬜︎）**世**は、イギリス王とし
+++ て初めてアイルランドへの侵略を開始した。 （専修大）

ヘンリ2

☑ 3412 **イギリス国教会を創設した**テューダー朝の（⬜︎）**世**
+++ は、1541年にアイルランド王を自称した。（⬜︎）**世**
の時代には、**イギリス国教会への改宗が強要**された。
（京都大）

ヘンリ8、
エリザベス1

☑ 3413 16世紀後半から**イギリス人の植民活動が本格化**し
+++ た**アイルランド北部**の（⬜︎）**地方**では、アイルランド
人の反乱が何度も発生した。 （慶應義塾大）

> 📖 この地域では現在でも**イギリス系住民（イギリス国教会のプロテ
> スタント）**と**アイルランド系住民（カトリック）**の対立が続いて
> いる。

アルスター

☑ 3414 （⬜︎）は、1649年に**鉄騎隊**を率いて（⬜︎）に上陸
+++ し、アイルランドで激しい収奪を行った。 （中央大）

クロムウェル、
ダブリン

☑ 3415 アイルランドの農民は（⬜︎）**化**し、**イギリスの不在地
+++ 主による収奪**に苦しんだ。 （慶應義塾大）

小作人

☑ 3416 1800年、イギリスの**ピット内閣**は**アイルランド合
+++ 同法**を可決し、翌01年には（⬜︎）**王国**として正式に
イギリスに編入した。 （京都大、明治学院大）

大ブリテン=アイル
ランド連合

☑3417 アイルランドの政治家◯◯◯の努力により、◯◯◯年 | オコンネル、1829
+++ に**カトリック教徒解放法**が成立した。
(センター試験、横浜国立大)
☞カトリックの**アイルランド人**にも公職への道が開かれた。

☑3418 1842年、◯◯◯らが指導する**アイルランドの独立急** | オブライエン、
+++ **進派**である◯◯◯党が結成され、**オコンネル**らの**穏健** | 青年アイルランド
派と対立した。 (慶應義塾大、成城大)
🗋独立急進派に押され、**オコンネル**は引退に追い込まれた。

☑3419 <u>1840</u>年代半ばの◯◯◯飢饉で、約100万人の飢餓 | ジャガイモ、
+++ 者と多くのアイルランド人の◯◯◯移民が生まれた。 | アメリカ(カナダ)
(東京大、慶應義塾大)
☞「ヒトの移動」というテーマでよく出題されるので要注意!

☑3420 **ジャガイモ飢饉**の頃にアメリカに移住した**アイルラ** | ケネディ
+++ **ンド人の子孫**である◯◯◯は、**第35代合衆国大統領**
となり、<u>1963</u>年には部分的核実験禁止条約の締結
などを行った。 (慶應義塾大)
☞彼は**カトリック教徒初のアメリカ大統領**となった。

☑3421 自由党の◯◯◯内閣は◯◯◯法を制定し、**アイルラン** | グラッドストン、
+++ **ド農民の待遇改善**を図った。 (慶應義塾大、専修大) | アイルランド土地
☞1870年のアイルランド土地法では**小作権の安定、適正な地代、**
小作権の売買権を、<u>1881</u>年の同法改定では**土地購入権**をそれぞ
れ認めた。

☑3422 <u>1886</u>年と<u>1893</u>年の2度にわたって◯◯◯法案は | アイルランド自治
+++ **イギリス議会で否決**された。 (専修大)

☑3423 <u>1905</u>年結成の◯◯◯党は急進的な**アイルランド独** | シン=フェイン、
+++ 立運動を展開し、<u>1916</u>年には<u>ダブリン</u>で◯◯◯蜂起 | イースター
を起こした。 (京都大、青山学院大)
🗋この党名は「**われら自身**」の意味。**1916**年の蜂起は失敗したが、
運動は以後も続いた。2016年には**イースター蜂起**100周年を記
念した盛大な式典がアイルランドで開催された。蜂起の際の死者
たちは、現在でも独立のために命を落とした英雄となっている。

☑3424 **1919**年、北部を除く**アイルランド**は一方的に独立を | デ=ヴァレラ
+++ 宣言し、さらに◯◯◯を**大統領**に選出した。
(学習院大)

☑3425 +++	1922年、◯◯◯国が成立し、**イギリスの自治領とし**ての地位を獲得した。　　　　　　　（センター試験） ☞完全な独立ではなかったため、独立運動は継続された。	アイルランド自由
☑3426 +++	**アイルランド自由国が成立した**1922**年当時のイギリス首相は**◯◯◯であった。　　　（慶應義塾大）	ロイド=ジョージ
☑3427 +++	1937年に国号を◯◯◯に改め、**イギリスから完全独立したアイルランド**は、1949**年には<u>イギリス連邦</u>からも離脱し**◯◯◯と改称した。（センター試験、中央大） ☞1922年→37年→49年の国号の変遷に注意！	エール アイルランド共和国
☑3428 +++	北アイルランドの◯◯◯地方は独立から取り残され、<u>プロテスタント</u>系住民と<u>カトリック</u>系住民との激しい対立が続いた。　　　　　　　　（上智大）	アルスター
☑3429 +++	完全独立を求めて◯◯◯のテロ活動が続いたが、1998年以降のイギリスの◯◯◯**政権下で和平が合意**されて以降、沈静化しつつある。　　　（学習院大）	IRA（アイルランド共和軍）、ブレア

20 | 朝鮮史

☑3430 +++	**朝鮮最初の王朝は伝説上の王朝で**◯◯◯朝鮮と呼ばれる。　　　　　　　　　　　　　　　（予想問題）	箕子 (きし)
☑3431 +++	**燕**(えん)**の亡命者**(ぼうめいしゃ)**といわれる衛満が建国した**◯◯◯朝鮮は、一時期は**遼東**(りょうとう)**まで支配した。**　　　　（中央大） ☞燕は春秋・戦国時代（中国）の七雄の１つ。	衛氏 (えいし)
☑3432 +++	前108年、前漢の**武帝**(ぶてい)が朝鮮を征服し、◯◯◯郡を拠点として<u>真番郡</u>(しんばん)、<u>玄菟郡</u>(げんと)、◯◯◯郡の4郡を設置した。　　　　　　　　　　（センター試験、上智大）	楽浪、 (らくろう) 臨屯 (りんとん)
☑3433 +++	3世紀初頭に中国系の豪族である**公孫氏**(こうそん)が楽浪郡の南部に◯◯◯郡を建設した。　　　　　（早稲田大） ☞帯方郡は倭（日本）とも通交していたが、313年に滅んだ。	帯方 (たいほう)
☑3434 +++	前１世紀頃、◯◯◯系の**貊族**(はく)は中国東北部から朝鮮半島北部に**高句麗**(こうくり)を建国し勢力を伸ばした。（早稲田大）	ツングース

☑ 3435 高句麗は◯◯◯の時代に四方に遠征して最盛期を築
+++ き、その業績を記した碑文が子の**長寿王**によって建
てられた。　　　　　　　　　　　　　　（立教大）

広開土王
（好太王）

☑ 3436 高句麗は隋の◯◯◯の遠征軍を**3度にわたり撃退**し
+++ た。　　　　　　　　　　（センター試験、東京都立大）

煬帝

　📖 高句麗は、もともと狩猟民族で包囲戦を得意とした。隋の軍隊も
この包囲戦で敗北し、100万人以上の兵を失ったとされる。

☑ 3437 朝鮮半島南部には**アルタイ語系の韓族**による**3つの**
+++ **地域（三韓）**が分立し、後に馬韓から◯◯◯が、辰韓
から◯◯◯が、弁韓から◯◯◯がそれぞれ誕生した。
　　　　　　　　　　　　　　　　　　　　　（上智大）

百済、
新羅、　任那
（加耶、加羅）

☑ 3438 朝鮮半島では、**高句麗・百済・新羅**が分立していた
+++ 時代に◯◯◯教が伝わった。　　　　　（センター試験）

仏

　☞ インドから中国経由で伝来したのは大乗仏教である。倭（日本）
には6世紀頃に百済より伝わったとされる（仏教公伝）。

☑ 3439 新羅は**660年**に唐と結んで◯◯◯を滅ぼし、**663年**
+++ には◯◯◯の戦いで当時の**日本（大和朝廷）の水軍**を
破った。　　　　　　　　　　　　　　（日本大、立教大）

百済、
白村江

　☞ 新羅はかつて「しらぎ」と発音したが、最近では「しんら」「し
ら」「しるら」と読むことが多い。

　📖 百済の子孫の多くは日本に亡命した。千葉県の家（大内氏）の家
系図から、偶然にも先祖が百済の王家と判明したこともある。

☑ 3440 **668年**、◯◯◯を滅ぼした**新羅**は唐の勢力を追放し、
+++ ◯◯◯年に**朝鮮半島を統一**した。　　（早稲田大、立命館大）

高句麗、
676

　☞ 新羅が最終的に唐勢力をも追放したことがポイント！

☑ 3441 新羅では**仏教文化**が栄え、都の◯◯◯には**仏教寺院**
+++ の◯◯◯が建立された。　　　　（慶應義塾大、立命館大）

慶州（金城、キョン
ジュ）、仏国寺（プ
ルグクサ）

　☞ 新羅の都は記述問題でよく問われるので要注意！

☑ 3442 **新羅の氏族的身分制度**は◯◯◯制と呼ばれ、これによ
+++ り**官職や婚姻**などが決定された。また、**青年貴族の**
戦士集団である◯◯◯団は**朝鮮半島の統一**に大きく
貢献した。　　　　　　　　　（センター試験、早稲田大）

骨品

花郎

　📖 戦士集団は10歳代のメンバーがほとんどで、2つのチームに分
かれ、最も美形の男の子がそれぞれのリーダーとなった。

☑ 3443 +++ 7世紀末、中国東北地方には**大祚栄**が◯◯◯を建国し、◯◯◯に都を置いて**唐や日本とも通交**して大いに栄えたことから「海東の盛国」と称された。 (立命館大)	渤海、 上京竜泉府
☑ 3444 +++ **918年**、◯◯◯は**高麗**を建国して都を◯◯◯に置き、**936年には朝鮮半島を統一**した。 (東京大、慶應義塾大) ☞「悔いは（918）なし王建高麗建国」と覚えよう！ 高句麗と高麗は混同しやすいので要注意！ 高麗は「高句麗の伝統を受け継ぐもの」として「句」の字をとって高麗と命名した。そのため紛らわしい国名となった。	王建、開城
☑ 3445 +++ **高麗**では**特権的官僚**の◯◯◯が政治を独占した。 (慶應義塾大、立命館大) 🗐 両班は科挙に合格した官僚で構成されることが多く、国家の支配層となった。しかし両班の存在は、近代化の妨げともなった。また現代の韓国の受験地獄の原点は、科挙から生まれたともいえる（日本より試験競争は激しい）。	両班（ヤンバン）
☑ 3446 +++ **高麗**は**13世紀**に◯◯◯に**服属**したが、**1270 ～ 73年**に軍事的集団である◯◯◯は**済州島**を中心に抵抗を続けた。 (中央大、早稲田大) 🗐 モンゴルに抵抗した軍隊は神義別抄（軍）、右夜別抄（軍）、左夜別抄（軍）の３つで構成されていた。このことから「三別抄の乱」とも呼ばれる。	モンゴル、 三別抄
☑ 3447 +++ **高麗**では**1230年頃**に**世界初の**◯◯◯が**考案**され、**仏教**が盛んであった当時には２度の◯◯◯の編纂が行われた。 (東京大、学習院大)	金属活字、 高麗版大蔵経
☑ 3448 +++ **高麗**では身分に応じて**田地と柴地を支給する**◯◯◯制が実施された。 (予想問題) 🗐 柴地とは燃料用の柴を栽培する農地のこと。	田柴科
☑ 3449 +++ ◯◯◯**討伐**で活躍し人望を得た◯◯◯は、**高麗を倒して1392年に李氏朝鮮（朝鮮王朝）を建国**して◯◯◯に都を置いた。 (千葉大、東京大) ☞「いざ国（1392）造らん李成桂」と覚えてみよう！	倭寇、李成桂、 漢城（漢陽、 ソウル）

☑ 3450 李氏朝鮮（朝鮮王朝）は仏教を排撃して◯◯◯を官学
+++ 化し、◯◯◯法を実施して、官僚の身分に応じて土地
を支給した。　　　　　　　　　　　（東京大、早稲田大）

朱子学、
科田

☞李氏朝鮮（朝鮮王朝）で仏教が排撃（排除）されたことは正誤で
よく問われる。このことにより朝鮮では火葬の習慣が消え、儒教
の教えで土葬が普及している。

☑ 3451 ◯◯◯が政治の実権を握り党争を繰り返したことが
+++ 李氏朝鮮（朝鮮王朝）衰退の一因となった。
　　　　　　　　　　　　　　　　　　（慶應義塾大）

両班（ヤンバン）

☞文班（官僚）、武班（軍人）に分かれていたが、文班が上位にあっ
た。

☑ 3452 李氏朝鮮（朝鮮王朝）の時代、官僚（中小地主）は
+++ 私学校である◯◯◯を設立し、在地の支配強化にあ
たった。　　　　　　　　　　　　　　　（早稲田大）

書院

☑ 3453 16世紀末、日本の◯◯◯による朝鮮侵略（壬辰・丁
+++ 酉の倭乱、文禄・慶長の役）では、軍人の◯◯◯が水
軍（亀甲船）を率いて活躍し、日本に勝利した。
　　　　　　　　　　　　　　　　　　　（立教大）

豊臣秀吉、
李舜臣

🗐亀甲船は上部を厚板で囲い、鋭い剣を前面に備えており、日本軍
のどんな攻撃も跳ね返したという。

☑ 3454 李氏朝鮮（朝鮮王朝）の時代は陶磁器の生産が発達
+++ し、「高麗◯◯◯」「李朝◯◯◯」と称された。
　　　　　　　　　　　　　　　　　　（早稲田大）

青磁、白磁

🗐どちらも第一級の美術品。高価なものは時価数億円するものもあ
る。

☑ 3455 李氏朝鮮（朝鮮王朝）第3代の太宗時代に、世界初
+++ の◯◯◯印刷が考案され、第4代の世宗の時代には朝
鮮独自の文字となる◯◯◯が制定された。
　　　　　　　　　　　　　　　（センター試験、東京大）

銅版活字、
訓民正音（ハング
ル）

🗐朝鮮半島ではハングルが一般的となり、漢字はほとんど使われな
くなった。

☑ 3456 19世紀初め、没落した官人が窮民を指導して◯◯◯
+++ の乱を起こした。　　　　　　　　　　（関西学院大）

洪景来（ホンギョ
ンネ）

🗐彼は風水師で墓の相を占って生活していたが、地方差別に憤って
蜂起した。風水に従って蜂起の日時を決めたがあっけなく鎮圧さ
れ、反乱軍の10歳以上の男子は全員、斬首刑に処された。

☑3457 17世紀以来、清の属国という形式をとっていた<u>李氏朝鮮（朝鮮王朝）</u>は、<u>高宗</u>の父（◯◯◯）の鎖国政治が続いた後、王妃である（◯◯◯）の一族が政権を掌握した。
（共通テスト、立命館大）

　🖉 朝鮮では国王の父でありながら王位に就かなかった者を、一般に<u>大院君</u>と呼ぶ。たびたび政治の実権を握ることがあった。

大院君（テウォングン）、閔妃（ミンビ）

☑3458 挑発的な行動をとる日本の軍艦が朝鮮側の軍艦から砲撃を受けた<u>1875年</u>の（◯◯◯）事件を機に、翌<u>76年</u>には<u>日朝修好条規</u>が結ばれ、（◯◯◯）、仁川（インチョン）、元山（ウォンサン）の3つの港が開港された。
（立命館大、関西学院大）

江華島（カンファド）、釜山（プサン）

☑3459 日本の朝鮮進出や<u>閔氏一族</u>の専横に対して、（◯◯◯）軍乱と呼ばれる<u>大院君派</u>の巻き返しが図られたが、失敗に終わった。
（共通テスト、早稲田大）

壬午

☑3460 <u>1884年</u>、（◯◯◯）が日本の武力に頼って<u>甲申政変</u>を起こすが、<u>清の介入</u>で挫折した。
（共通テスト、慶應義塾大、早稲田大）

　🖉 この人物は<u>福沢諭吉</u>とも親しく、日本と結んだ近代化を目指した。韓国では日本に国を売った売国奴とみなされ、暗殺された後に死体は見世物としてさらされた。そのため墓は韓国ではなく東京の青山墓地にある。

金玉均（キムオッキュン）

☑3461 <u>李氏朝鮮（朝鮮王朝）</u>内部では、<u>清と結ぶ</u>（◯◯◯）と<u>日本と結ぶ</u>（◯◯◯）との対立があった。
（慶應義塾大、早稲田大）

　☞ 保守党との三つ巴の形勢となる複雑な政治状況を呈した。

事大党、開化派（独立党）

☑3462 1860年頃に（◯◯◯）は、<u>儒教、道教、仏教</u>に民間信仰を融合した<u>東学</u>を創始した。
（予想問題）

　☞ 当時、朝鮮に浸透しつつあった<u>西学（キリスト教）</u>に対抗した。

崔済愚（チェジェウ）

☑3463 <u>1894年</u>、（◯◯◯）が指導した（◯◯◯）戦争（東学党の乱）を機に<u>日清戦争</u>が勃発した。
（東京大、上智大）

　☞ 東学党の者も多く参加していたため、<u>東学党の乱</u>ともいう。

全琫準（チョンボンジュン）、甲午農民

☑3464 <u>日清戦争</u>が起こった当時の朝鮮国王は（◯◯◯）である。
（京都大）

高宗（コジョン）

☑ 3465 朝鮮政府は清に出兵要請をした。この朝鮮と清との
+++ 関係は伝統的な中国と周辺諸国との国際秩序に関す
る◯◯体制に基づいている。　　　　　（早稲田大）

さくほう
冊封

　□ 一種の君臣関係で、起源は魏晋南北朝の時代。中国王朝の軍事的
　　保護を受ける代わりに朝貢する義務があった。

☑ 3466 1895年、日清戦争の講和条約である◯◯条約で清
+++ が朝鮮の独立を認めた。　　（センター試験、青山学院大）

しものせき
下関

☑ 3467 宗主国である清が日清戦争で敗れると、1897年に
+++ 朝鮮は自主独立国であることを示すために◯◯と
改称した。　　　　　　　　　　　　　　（立命館大）

だいかんていこく
大韓帝国

☑ 3468 1904年の第1次日韓協約で◯◯政府は韓国に日
+++ 本人の財政・外交顧問を置くことを認めさせた。
　　　　　　　　　　　　　　　　　　　　　（上智大）

日本

☑ 3469 1905年の第2次日韓協約で韓国は外交権を奪われ、
+++ 日本の◯◯とされた。　　　　　　　　　（早稲田大）

保護国

☑ 3470 1907年の第3次日韓協約で、日本は韓国の内政・
+++ 軍事権を握り、軍隊を解散させたために◯◯闘争が
激化した。　　　　　　　　　　　　　　（南山大）

ぎへい
反日義兵

　□ 同年8月1日には韓国軍が解散させられたため、不満を抱く兵士
　　の多くがこの運動に参加した。

☑ 3471 1907年6月、高宗が第2回ハーグ万国平和会議に密
+++ 使を派遣して日本の暴政を訴えるという◯◯事件
が発生した。　　　　　　　　　　（一橋大、学院大）

ハーグ密使

　□ 世界に日本の侵略行為を訴えるという策は列強に無視され失敗
　　した。これに憤慨した朝鮮の使節は抗議の自殺を図った。

☑ 3472 1909年、初代韓国◯◯の伊藤博文がハルビン駅構
+++ 内で◯◯に狙撃され、暗殺された。
　　　　　　　　　　　　　　　　　（学習院大、早稲田大）

とうかん
統監、
あんじゅうこん
安重根（アンジュ
ングン）

☑ 3473 1910年、日本は◯◯を強要し、京城（現在のソウ
+++ ル）に置かれた◯◯の下で土地調査などの厳しい武
断政治を行った。　　　　　　　（一橋大、慶應義塾大）

かんこくへいごう
韓国併合、
そうとくふ
朝鮮総督府

　☛ 1910年の年号と武断政治という言葉もポイント！

☑ 3474 +++ <u>1919</u>年に日本からの独立を求める◯◯運動（<ruby>万歳<rt>ばんざい</rt></ruby> 事件）が発生したが鎮圧された。以後、日本は朝鮮 人の文官任用など朝鮮統治を懐柔する◯◯政治を 行った。 （一橋大、早稲田大） 🗊 実際は東京・御茶ノ水のYMCAに留学生が集まって作成した独立 宣言文を、朝鮮に持ち込んで発表したものだった。	<ruby>三・一<rt>さん いち</rt></ruby>独立 文化
☑ 3475 +++ <u>1937</u>年に日中戦争が始まると、日本は朝鮮人に日 本姓を与える◯◯などの皇民化政策を推し進めて、 朝鮮文化の抹殺を図った。 （一橋大）	<ruby>創氏改名<rt>そう し かいめい</rt></ruby>
☑ 3476 +++ ◯◯大統領時代の<u>1965</u>年に日韓間で締結された ◯◯によって、55年前に日韓の間で結ばれた併合 条約の無効と賠償金などが定められた。 （立命館大）	朴正熙（パクチョ ンヒ）、 日韓基本条約

21 | オリエント、アジア文化史

☑ 3477 +++ <u>アメンホテプ4世</u>時代のエジプトでは、写実的な ◯◯美術が栄えた。 （慶應義塾大、立教大） 🗊 写実的とは、従来はファラオはファラオらしく威厳があるように （あるいは神秘的に）描いていたものが、この時代より、その 人物らしくリアルに描いたことを指す。	アマルナ
☑ 3478 +++ <u>フェニキア人</u>は◯◯文字から◯◯文字を考案し た。 （東京大、日本大）	シナイ、フェニキア
☑ 3479 +++ <u>イエス</u>は◯◯語を使って説教をした。 （東京都立大） ■ <u>アラム語は商用語として広く西アジアに伝わり</u>、アッシリアとア ケメネス朝では公用語になった。このことは論述問題でも問われ ることがあるので要注意！	アラム
☑ 3480 +++ <u>ロゼッタ=ストーン</u>をフランスの◯◯が解読した。 （上智大） 🗊 エジプトの古代文字と日本語にはある共通点があった。例えば、 日本語で「和泉さん」は「いずみさん」と発音するので「和」は 必要ない。エジプトの古代文字にも発音しない文字があったが、 シャンポリオンにはこれが理解できなかった。日本人ならば、 もっと早く解読できたかもしれない。	シャンポリオン
☑ 3481 +++ エジプトの文字である◯◯は、◯◯にインクで書 かれていた。 （東京大） ■ 後に神官文字（ヒエラティック）、民用文字（デモティック）も できた。	<ruby>神聖<rt>しんせい</rt></ruby>文字（ヒエロ グリフ）、パピルス

☑3482 +++ 楔形文字は◯◯◯人が絵文字から考案した。 （センター試験）	シュメール
☑3483 +++ 現存する**世界最古の法典**は◯◯◯法典である。 （学習院大） ☞法典の名前は王の名前に由来する。難関私大でよく出題される。	ウル=ナンム
☑3484 +++ **メソポタミア文明**では主にれんがを用いて◯◯◯（聖塔）を作った。 （立教大） ☞「バベルの塔」で有名。	ジッグラト
☑3485 +++ 英雄◯◯◯の物語（叙事詩）や洪水神話は『旧約聖書』に影響を与えた。 （センター試験、明治大） ☞「ノアの箱舟」で有名な洪水神話の原点はシュメール（ウルク）の英雄物語にある。	ギルガメシュ
☑3486 +++ エジプトでは**来世への案内書**として「◯◯◯」が作られた。 （慶應義塾大） 🗊 エジプト人は現世より来世に関心があった。逆にメソポタミアの人々は現世への関心が強く、占星術でこの世の幸福を求めた。	死者の書
☑3487 +++ ユダヤ教の神は◯◯◯である。また、ユダヤ教の特徴として排他的な◯◯◯が挙げられる。 （駒澤大）	ヤハウェ(ヤーヴェ)、選民思想
☑3488 +++ ユダヤ教の経典として『◯◯◯』、**生活規範**として『◯◯◯』がある。 （早稲田大、神奈川大） ☞『タルムード』はかなりの難問。これは夢判断の本でもあり、古代人たちは夢を日常判断に活かした。	旧約聖書、タルムード
☑3489 +++ ゾロアスター教の経典は『◯◯◯』で、◯◯◯朝時代に完成した。 （明治大）	アヴェスター、ササン
☑3490 +++ ゾロアスター教の◯◯◯の思想はユダヤ教とキリスト教に影響を与えた。 （青山学院大） 🗊 ゾロアスター教はこの世を善と悪の抗争とみなし、この世のものも善と悪のグループに分類した。例えば犬は善、猫は悪のグループで猫を嫌った。そして最終的な勝者を善とした。	最後の審判 （しんぱん） （天使と悪魔）
☑3491 +++ ゾロアスター教の**善神**は◯◯◯、**悪神**は◯◯◯と呼ばれた。 （関西学院大）	アフラ=マズダ、アーリマン
☑3492 +++ ゾロアスター教は唐代の中国では◯◯◯教と呼ばれた。 （センター試験、立命館大）	祆（けん）

☑3493 サラン朝では◯◯教を国教としたが、宗教の統合が起こって新しく◯◯教が生まれた。 +++ 　　　　　　　　　　　　　　　　　（センター試験、津田塾大） 　　☞マニ教はゾロアスター教、キリスト教、仏教を融合したもの。占星術も導入し、次第に邪教化して、サラン朝では禁止された。	ゾロアスター、マニ
☑3494 ゾロアスター教の異端の1つともされる◯◯では、極端な禁欲と平等を訴えたが、弾圧された。 +++ 　　　　　　　　　　　　　　　　　　　　　　　（予想問題）	マズダク教
☑3495 独特の文様を持つサラン朝美術は、日本の東大寺正倉院の◯◯や法隆寺の◯◯などにも影響を与えた。 +++ 　　そういん　　　　　ほうりゅうじ　　　　　　　　　（日本大）	漆胡瓶、しっこへい 獅子狩文錦 しししかりもんきん
☑3496 バラモン教の根本聖典は『◯◯』である。（明治大） +++ 　　☞アーリヤ人は神々への讃歌をこれにまとめた。年代順にリグ→サーマ→ヤジュル→アタルヴァの4つのヴェーダがある。	ヴェーダ
☑3497 バラモン教の形式化に対する反動として◯◯哲学が生まれた。 +++ 　　　　　　　　　　　　　　　　　　　　（駒澤大、早稲田大）	ウパニシャッド
☑3498 ジャイナ教の開祖は◯◯である。ジャイナ教は主に◯◯によって支持された。　　　（上智大、立命館大） +++	ヴァルダマーナ（マハーヴィーラ）、ヴァイシャ
☑3499 仏教の開祖は◯◯である。マウリヤ朝時代には◯◯語で第◯◯回の仏典結集が行われた。 +++ 　　　　　　　　　　　ぶってんけつじゅう　　　　　（立教大）	ガウタマ=シッダールタ（ブッダ）、パーリ、3
☑3500 クシャーナ朝時代には◯◯語で第◯◯回の仏典結集が行われた。　　　　　　　　　　　（上智大） +++	サンスクリット、4
☑3501 マウリヤ朝のアショーカ王時代、王族◯◯によってスリランカ（セイロン島）への仏教布教が成功した。 +++ 　　　　　　　　　　　　　　　　　　　　　　　（早稲田大）	マヒンダ
☑3502 大乗仏教は◯◯が大成し、グプタ朝期になると◯◯が発展させた。　　　　　　　（龍谷大） +++ だいじょう 　　☞竜樹（ナーガールジュナ）は大乗仏教の大成者であっただけでなく、医学・科学などにも優れた万能な人だったらしい。主著『中論』も出題されることがあるので要注意！　なお、大乗仏教を発展させた無著（無着、アサンガ）と世親（ヴァスバンドゥ）は兄弟である。	竜樹（ナーガールジュナ）、りゅうじゅ 無著（無着、アサンガ） むじゃく

☑3503 仏教教学の教育・研究機関として◯◯◯僧院がある。
+++
（日本大）

ナーランダー

☛ **これは寺院ではない。** 最盛期は数千人もの僧が学んだ学問の場であるから僧院と呼ぶのが正しい。

☑3504 **ヒンドゥー教**は◯◯◯教を中心に◯◯◯教の理論や
+++ **インドの民間信仰**などを融合したものである。
（上智大、明治大）

バラモン、仏

☑3505 **ヒンドゥー教**では◯◯◯は**破壊神**、◯◯◯は**維持神**と
+++ いわれる。
（慶應義塾大、明治大）

シヴァ神、
ヴィシュヌ神

☛ ヒンドゥー教は多神教で3大神が崇拝される。
①ブラフマー神：創造神（偉い神だが民衆には不人気）
②ヴィシュヌ神：維持神（グプタ朝が信仰）
③シヴァ神：破壊神（民衆には最も人気がある）

①が宇宙を創造し、②が拡大し、③が破壊するというのは、物理学の**ビッグバン理論**に似ている。

☑3506 **クシャーナ朝**時代、仏教美術様式である◯◯◯様式が
+++ 生まれた。
（明治学院大、近畿大）

ガンダーラ

☑3507 **グプタ朝**時代に『◯◯◯』と『◯◯◯』の**二大叙事詩**
+++ が完成した。
（日本女子大、南山大）

ラーマーヤナ、
マハーバーラタ
※順不同

☛ 二大叙事詩はストーリーからも出題されるので要注意！
『**ラーマーヤナ**』：コーサラ国のラーマ王子が動物（サル）などを引き連れセイロン島に**魔族退治**に向かう（日本の「桃太郎」に影響を与えたとされる）。
『**マハーバーラタ**』：前950年頃の**バラタ族の悲劇的戦闘**を描いた作品。宗教的色彩が強い。

☑3508 戯曲家**カーリダーサ**は『◯◯◯』を著した。
+++
（立命館大）

シャクンタラー

☑3509 **グプタ様式**の代表として**アジャンター**や◯◯◯の石
+++ 窟寺院がある。
（中央大）

エローラ

☛ ガンダーラ様式は**ギリシア式の仏像彫刻**。一方のグプタ様式は**純インド的**で、アジャンター・エローラの石窟寺院が代表的。

☑3510 **ムスリム商人**の活躍により東西交通の主要ルートと
+++ なったのは、南インドを中心とした**海上ルート**となる「◯◯◯」である。
（予想問題）

海の道

☑ 3511 +++ 古来、インドや東南アジアから、中国またはヨーロッパに**工芸の材料**として海上交易によって輸出されたのは◯◯◯である。 （東京大）	象牙(ぞうげ)
☑ 3512 +++ 16世紀に◯◯◯は<u>シク教</u>を創始した。 （早稲田大） ■「シクシク、泣くなナーナク」とすると覚えやすい。	ナーナク
☑ 3513 +++ ムガル帝国の◯◯◯帝は**新宗教**（<u>神聖宗教、ディーネ=イラーヒー</u>）を創始した。 （早稲田大） ⬜ あらゆる宗教を統合した新宗教だったが信者が集まらなかった。	アクバル
☑ 3514 +++ ムガル帝国の第5代皇帝の◯◯◯帝は愛妃のために<u>タージ=マハル</u>廟(びょう)を建立した。 （関西学院大）	シャー=ジャハーン
☑ 3515 +++ ムガル帝国では<u>ムガル絵画</u>や◯◯◯絵画が発達した。 （早稲田大）	ラージプート
☑ 3516 +++ ◯◯◯は8世紀前半に<u>雲南(うんなん)地方</u>を統一した**チベット=ミャンマー（ビルマ）系の王国**で、唐文化の影響を受けた。 （明治大）	南詔(なんしょう)
☑ 3517 +++ 奈良時代から平安時代にかけて日本から<u>唐</u>に<u>派遣された使節</u>のことを◯◯◯という。 （京都大） ■空海や<u>最澄(さいちょう)</u>などが使節に加わった。また帰国便で唐の高僧である<u>鑑真(がんじん)</u>などが来朝（来日）した。	遣唐使(けんとうし)
☑ 3518 +++ 中国を中心に朝鮮半島、日本、ベトナム北部までを含む、**漢字や儒教、仏教などの独自の文化的特徴**を持つ広大な文化圏を◯◯◯という。 （予想問題）	東アジア文化圏
☑ 3519 +++ ◯◯◯は<u>ソンツェン=ガンポ</u>がインド文字をもとに作成した文字である。 （慶應義塾大）	チベット文字
☑ 3520 +++ <u>南詔滅亡</u>後、一説には<u>タイ人</u>の国とされる◯◯◯が雲南地方に成立したが、モンゴルのフビライによって滅ぼされた。 （東京大、明治大）	大理国(だいりこく)
☑ 3521 +++ <u>新羅</u>の仏教建築としては、首都◯◯◯に建てられた◯◯◯が有名である。また、751年には<u>石窟庵(せっくつあん)</u>が建てられた。 （慶應義塾大） ⬜ 石窟庵は洞窟の中に純白の如来像が彫られてある。1900年頃に雨宿りをしていた郵便配達人が偶然発見した。	慶州（金城、キョンジュ）、仏国寺（プルグクサ）

☑3522 高麗では世界最古の◯◯印刷が考案された。また、 | 金属活字、
+++ この時代には2度にわたり木版印刷の◯◯が編纂 | 高麗版大蔵経
された。　　　　　　　　　　　（東京大、慶應義塾大）

☞高麗も仏教を保護した。11世紀はキタイ（契丹）撃退を、13世紀にはモンゴル撃退を祈願した。

☑3523 陶磁器は◯◯の青磁、◯◯の白磁が美術品として | 高麗、李氏朝鮮
+++ の評価が高い。　　　　　　　　　　　　（立教大） | （朝鮮王朝）

🗊青磁と白磁は美術品として第一級であり、とても高価なものである。日本が戦利品として朝鮮から奪い去ったため、現在、朝鮮半島にあまり良いものは残っていない。

☑3524 1446年、李氏朝鮮の世宗は◯◯を制定した。 | 訓民正音（ハング
+++ 　　　　　　　　　　　　　　　　　（学習院大） | ル）

🗊この文字はいわば「朝鮮版アルファベット」。人間の発音器官をベースに作られたもので、世界で最も合理的で機能的な文字といわれる。

☑3525 李氏朝鮮（朝鮮王朝）では仏教に代わって◯◯学が | 朱子、
+++ 官学化された。また各地には私学校である◯◯が建 | 書院
てられた。　　　　　　　　　　（センター試験、早稲田大）

☑3526 ベトナムでは陳朝時代、漢字をもとに◯◯が作られ | 字喃（チュノム）
+++ た。　　　　　　　　　　　　（センター試験、立教大）

☞この文字は現在では使われていない。

☑3527 陳朝では歴史書の『◯◯』が編纂された。（南山大） | 大越史記
+++

☑3528 影絵芝居で知られるジャワの王朝は◯◯朝である。 | クディリ
+++ 　　　　　　　　　　　　　　　　　　（南山大）

☞影絵芝居はワヤンと呼ばれる。クディリ朝（928頃〜1222）は独自の文化を生み出した。

22 | 中 国 思 想 史

☑3529 ◯◯とは、春秋時代末期から戦国時代に現れた思想 | 諸子百家
+++ 家や諸学派の総称であり、国家や社会の秩序、それ
らの再建策、乱世を生き抜く世界観や処世観などを
説き、以後に興る中国学術思想の諸源流となった。
　　　　　　　　　　　　　　　　（センター試験）

☑3530 ( )と礼を説いた儒教の始祖は( )である。 +++ （センター試験、上智大）	仁、孔子 じん こう し	

☞仁は血縁中心の愛、礼は社会的規範を指す。

☑3531 性善説と( )政治を唱えたのが( )であり、性悪 +++ 説を唱えた( )の思想は( )家に受け継がれた。 （センター試験、立正大）	王道、孟子、 おうどう もう し 荀子、法 じゅん し ほう

🖉王道政治は徳をもって天下を治める理想主義。これを説いた孟子
は小さい頃墓地の隣に住んでおり、お墓ごっこ（埋葬ごっこ？）
ばかりして遊んでいた。たまりかねた母親が良い環境を求めて2
度、引っ越しをしたという（孟母三遷）。

☑3532 法家の( )は、秦の孝公に仕えて改革を実施し、富 +++ 国強兵を推進した。 （中央大）	商鞅 しょうおう

☑3533 荀子の弟子に法家の( )と李斯がいる。 +++ （明治大、関西大）	韓非 かん ぴ

🖉始皇帝は韓非の大ファンで「この人と会えるなら死んでもいい」
と話していたという。

☑3534 道家の思想の特徴は自然との調和を説く( )であ +++ る。『( )』は道家の老子の作といわれている。 （明治大、立命館大）	無為自然、 む い し ぜん 道徳経 どうとくきょう

☑3535 道家の思想は代表的な思想家の名をとって( )思 +++ 想といわれる。 （明治大、立命館大）	老荘 ろうそう

🖉道家の思想は現代物理学に通じるものがある。特に荘子は現代機
械文明への警鐘を、数千年前から鳴らしており、ノーベル物理学
賞を受賞した湯川秀樹も荘子を史上最高の天才の1人としてい
る。

☑3536 秦の始皇帝に仕えた法家の官僚は( )である。 +++ （慶應義塾大、東洋大）	李斯

🖉李斯は兄弟子である韓非の才能を恐れ、韓非に服毒自殺を命じ
た。

☑3537 儒家の仁（血縁中心の愛）に対して、( )（博愛） じゅ か +++ を唱えたのは( )家である。 （センター試験、上智大）	兼愛、 けんあい 墨 ぼく

☑ 3538 **墨家**は**戦争反対の平和思想である**◯◯◯**を説いた。**
+++
(早稲田大)

非攻（非攻説）

🗂 世界で初めて**戦争反対**を唱えた思想である。ただし、自衛のための戦い（正当防衛）は除外した。墨家は一時、儒家と並ぶ勢力を持ったが次第に消滅した。もし中国を統一した秦が法家ではなく墨家を採用していたら、中国は現在とは全く違った国となっていたであろう。

☑ 3539 **名家の代表的人物は**◯◯◯**である。** (早稲田大)
+++

公孫竜

🗂 名家は論理を重視した。「**白馬は馬にあらず**」で有名。

☑ 3540 **外交戦略を説いた縦横家のうち**◯◯◯**は合従を、**
+++ ◯◯◯**は連衡を説いた。** (立教大)

蘇秦、
張儀

☞合従は秦に対抗して他の6つの国が同盟する策。連衡は秦が他の6つの国とそれぞれ同盟する策。

☑ 3541 ◯◯◯**の許行は農業を重視する策を説いた。**
+++
(予想問題)

農家

☑ 3542 **軍事戦略を説く**◯◯◯**の代表的人物には呉子（呉起）**
+++ **や**◯◯◯**などがいる。** (立命館大)

兵家、
孫子（孫武）

☑ 3543 **陰陽家の鄒衍は**◯◯◯**説を説いた。** (立命館大)
+++

陰陽五行

🗂 中国では古来、**宇宙生成の原理を陰と陽**、さらに**5つの要素（五行）**とする。これは中国社会に深く根づいており、道教もこの思想を取り入れている。

☑ 3544 **前漢の武帝は**◯◯◯**の進言により儒教を国教化した。**
+++
(中央大、明治大)

董仲舒

☞**董仲舒**は**武帝**に仕え、儒教の国教化と**五経博士**の設置を実現させた。

☑ 3545 **五経の整理や字句の解釈を行う学問は**◯◯◯**学である。**
+++
(センター試験、同志社大)

訓詁

☞この学問のポイントは2つ。①五経（『**詩経**』『**書経**』『**易経**』『**春秋**』『**礼記**』）の整理や字句の解釈を行う。②**馬融**やその弟子の**鄭玄**が代表的人物。

☑ 3546 **魏晋南北朝時代、不振の儒教に代わって**◯◯◯**が流行**
+++ **した。阮籍などの「**◯◯◯**の七賢」がその代表とさ**
れる。 (同志社大、共通テスト)

清談、
竹林

☞3～4世紀頃に**超世俗的な清談**が流行した。

☑3547 唐代の孔穎達（こうえいたつ）が編集した『◯◯◯』は科挙の基準ともなった。 (東京大、立命館大) ☞彼は唐の太宗に仕えた学者。『五経正義』は科挙の基準となり儒学の停滞を招いた。	五経正義
☑3548 朱子学は北宋の◯◯◯に始まり、弟子の程顥（ていこう）と程頤（ていい）の兄弟を経て、南宋の◯◯◯が大成した。 (立教大、同志社大)	周敦頤（しゅうとんい）、 朱熹（しゅき）
☑3549 朱子学は◯◯◯で自己の心の修養を訴え、東アジアでは日本や◯◯◯で受容された。 (京都大、上智大) ☞朱子学のポイントは3つ！ ①周敦頤（主著『太極図説（たいきょくずせつ）』）に始まり、程顥と程頤が継承し、朱熹が大成した。 ②四書（『大学』『中庸』『論語』『孟子』）と歴史を重視し、君主権の絶対性を説く（大義名分論）。 ③影響は日本や李氏朝鮮（朝鮮王朝）におよんだ。	性即理（せいそくり）、 朝鮮（李氏朝鮮）
☑3550 朱子学が重視した四書（ししょ）とは『論語（ろんご）』『孟子（もうし）』『◯◯◯』『◯◯◯』である。 (センター試験、中央大、共通テスト)	中庸（ちゅうよう）、 大学（だいがく）※順不同
☑3551 陸九淵（りくきゅうえん）に始まり◯◯◯が大成した陽明学（ようめいがく）は「◯◯◯」を唱え、物の理と自己の良心は合致するとした。 (早稲田大)	王陽明（王守仁）（おうようめい（おうしゅじん））、 心即理（しんそくり）
☑3552 陽明学左派の◯◯◯は男女平等と童心説（偽りのない心のあり方）を説いた。 (東京大、立命館大) ☞左派とは「急進派」という意味。陽明学は陸九淵に始まり、王陽明（王守仁）が大成し、李贄（李卓吾）は男女平等論を説いた。内容は知識と行動の一致を求め（知行合一）、自己の内にある道徳的直観力（致良知）を重視した。日本の江戸時代には中江藤樹や大塩平八郎にも影響を与えた。	李贄（李卓吾）（りし（りたくご））
☑3553 『◯◯◯』と『◯◯◯』は明朝第3代永楽帝（えいらくてい）の命によって編纂された四書と五経の注釈書で、科挙の解釈の基準となった。 (共通テスト)	四書大全（ししょたいぜん）、 五経大全（ごきょうたいぜん）
☑3554 明代には社会に役立つ実践的な学問が盛んになり、総じて◯◯◯と呼ばれた。 (東京大)	実学（じつがく）
☑3555 清代になると朱子学に反対して、確実な文献に典拠を求める◯◯◯学が発達し、『明夷待訪録（めいいたいほうろく）』の◯◯◯、『日知録（にっちろく）』の◯◯◯が活躍した。 (上智大)	考証（こうしょう）、黄宗羲（こうそうぎ）、 顧炎武（こえんぶ）

☑3556 （　　　）は**清代考証学の大成者**である。　（早稲田大） +++ 🖉 この人物は数学が得意であった。その理系的センスを儒教に持ち込んだ。	せんたいきん 銭大昕
☑3557 （　　　）は**訓詁学**に優れ、**気の哲学**を説くなどした清 +++ 代**考証学**の大家である。　（予想問題） 🖉 この人物は貧困に苦しみながら勉学に励んだ。若い時の主食は、うどんの屑だったという。	たいしん 戴震
☑3558 **考証学**に飽き足らず、より**実践的な経世実用**を主張 +++ した学問を（　　　）という。　（早稲田大）	けいせいじつよう くようがく 公羊学
☑3559 **道教の起源**は**諸子百家**の（　　　）に遡る。　（明治大） +++	さかのぼ 老子
☑3560 （　　　）は**中国古来の神秘思想**で、超越的世界の仙人と +++ 長生不死の観念が結合し、修行や服薬、煉丹術の研 究が進められた。　（明治大）	しんせん 神仙思想 れんたんじゅつ
☑3561 **老荘思想**は（　　　）と（　　　）が説いた**無為自然**を理想 +++ の生き方とする思想で、魏晋南北朝時代に流行した。 　（慶應義塾大）	そう し 老子、荘子
☑3562 後漢の**張角**が創始した（　　　）は、**黄巾の乱**を起こし +++ た。　（センター試験、明治大）	ちょうかく こうきん 太平道 たいへいどう
☑3563 後漢の**張陵**が創始した（　　　）は、のちの**正一教**に発展 +++ した。　（センター試験、関西大）	ちょうりょう せいいつ 五斗米道 ご と べいどう （天師道） てん し どう
☑3564 **東晋**の**葛洪**は『（　　　）』を著して一派をなした。 +++ 　（慶應義塾大） 🖉 この本は「純朴抱くもの（田舎者）」という意味。葛洪は例えば、「白い布の人形を軒下にぶら下げると雨がやむ」などといった、当時の民間信仰をこの本にまとめた。	とうしん　かっこう ほうぼくし 抱朴子
☑3565 **道教**を**大成**したのは**北魏**の（　　　）である。　（同志社大） +++	はく ぎ こうけん し 寇謙之
☑3566 **道教**は**北魏**の（　　　）の保護を受けた。　（上智大） +++ ☞魏晋南北朝時代に老荘思想と神仙思想、**讖緯説**（一種の予言）、陰陽五行説などが融合して道教が成立した。	たい ぶ てい 太武帝 しん い
☑3567 **北魏**の道教は教団（（　　　））が成立することによって +++ 名実ともに確立した。　（明治大、関西学院大）	新天師道

☑3568 ◯の姓が唐王朝の姓と同じ「李」であったため、道教は唐王朝の保護を受けた。 （中央大）	老子
☑3569 金の時代、全真教を創設したのは◯である。 （立命館大）	王重陽 (おうじゅうよう)
☑3570 江南地方では、天師道（五斗米道）から発展した◯教が信者を集め全真教と対立した。 （明治大） ▯正一教ではお札を好んで使った。志望校合格、金運、恋人GET、子宝祈願まで何でもありだった（ただし、実際それらの願いが叶うかどうかは不明である）。	正一
☑3571 仏教の中国伝来は◯の明帝の時代といわれる。 （予想問題） ▬仏教の伝来は紀元前2年という説などもあるが、後漢の明帝の治世（後67年）の方が一般的。	後漢
☑3572 東晋の僧◯は経典を求めてグプタ朝時代のインドへ赴き、『◯』を著した。 （学習院大） ▯60歳を過ぎてからの法顕のインド渡航は困難を極め、同行の僧の多くは途中で亡くなった。それでも法顕の執念が彼を成功へと導いた。	法顕、 (ほっけん) 仏国記 (ぶっこくき)
☑3573 東晋の僧◯は江南に白蓮社を結成した。 （明治大） (びゃくれんしゃ) ▬浄土宗の開祖である。白蓮社は次第に反体制的な白蓮教に発展し、元末の紅巾の乱や清末の白蓮教徒の乱の中心となった。	慧遠 (えおん)
☑3574 西域の亀茲から中国に来た◯は仏教の布教活動を行い、同じく◯は仏典の漢訳を行った。 （センター試験、慶應義塾大） ▯魏晋南北朝時代は西域の亀茲（クチャ）が仏教の先進地域で、上記の2人の有名人が中国に来ている。前者の人物は「行動大好き型」人間。仏教の布教や仏寺の建設に努力した。後者の人物は「勉強大好き型」人間。仏典の漢訳を行い、法華経などを訳した。	仏図澄 (ぶっとちょう) （ブドチンガ）、 鳩摩羅什 (くまらじゅう) （クマラジーヴァ）
☑3575 北魏では大同付近の◯、洛陽付近の◯などに石窟寺院が建立された。 （早稲田大） (だいどう) ▬異民族王朝の北魏では、人民統治の手段として石窟寺院を各地に建設した。問題の前に必ず地名のヒントがある。山西省の大同→雲崗。洛陽の南方→竜門。その他にも、敦煌の千仏洞などがある。	雲崗、竜門 (うんこう)(りゅうもん)
☑3576 大規模な仏教弾圧事件のことを◯といい、北魏の太武帝による弾圧などが有名である。 （立命館大）	法難 (ほうなん)

☑3577 インドに渡った玄奘は◯◯僧院で学んだ。 （法政大）
+++
　🗊 ナーランダーは水竜の名前。英語の火竜（サラマンダー）とよく
　　名前が似ている。

ナーランダー

☑3578 陸路インドに赴き、陸路中国に帰った仏教僧は唐の
+++　◯◯であり、『◯◯』を著した。 （法政大、立教大）

玄奘、大唐西域記

☑3579 唐の義浄の代表著作は『◯◯』である。 （南山大）
+++
　■ インド訪問の中国僧についてまとめておこう。
　　①法顕（東晋）→ルートは往路は陸で復路が海。グプタ朝の時代、
　　　著作は『仏国記』。
　　②玄奘（唐）→ルートは往路も復路も陸。ヴァルダナ朝の時代、
　　　著作は『大唐西域記』。法相宗の祖でもある。
　　③義浄（唐）→ルートは往路も復路も海。インドは混乱期、著作
　　　は『南海寄帰内法伝』。

南海寄帰内法伝

☑3580 8世紀には金剛智がインドの◯◯を中国に伝えた。
+++ （早稲田大）
　🗊 インドで生まれた、現世肯定的で密儀的な仏教。金剛智が中国に
　　伝え、不空が発展させた。

密教

☑3581 法華経を重んじる仏教の一派◯◯は唐宋代に盛ん
+++ で、最澄により日本に伝えられた。 （予想問題）
　■ 最澄と空海は同時代を生きた。しかし晩年は互いに不仲だったと
　　いわれる。

天台宗

☑3582 唐代中期にインドから中国に伝来した◯◯は大日
+++ 如来信仰を中心とする仏教の一派で、空海が日本に
伝えた。 （早稲田大）
　🗊 空海は若い頃、記憶力の増進を目指して厳しい修行を断行した。
　　それが虚空蔵求聞持法と呼ばれる修行であった。この法の効果の
　　ほどはわからないが、空海の記憶力のよさは尋常ではなかった。

真言宗

☑3583 北魏の時代に来朝した達磨に始まり、唐代で盛んに
+++ なった後に、中国仏教の主流となった◯◯は座禅と
瞑想による実践を重視した。 （京都大）
　🗊 彼はインドの王族で、日本でも「ダルマさん」として親しまれて
　　いる。

禅宗

☑3584 ◯◯は阿弥陀仏信仰を説く仏教の一派で、唐代に
+++ 大成し、後に禅宗とともに中国仏教の主流となった。
（京都大）
　🗊 日本でもこの流派は大きな勢力を持っている。信徒が唱える「南
　　無阿弥陀仏」とは「阿弥陀仏に帰依します」の意味。

浄土宗

☑3585 ペルシアから伝来した<u>ゾロアスター教</u>は、中国にお
+++ いて（　　）と呼ばれた。　　　　　　　（駒澤大、日本大）

祆教
（けんきょう）

　📖 ゾロアスター教の善神は**アフラ＝マズダ**で、これがインドに伝わ
　るとアミターバと呼ばれ、さらに日本に伝わり阿弥陀仏になった
　とされる。

☑3586 伝来当時、<u>イスラーム</u>を中国では（　　）と呼んだ。
+++
　　　　　　　　　　　　　　　　　　　　　　　　（日本大）

回教
（かいきょう）

　📖 この言葉の語源は謎である。イスラーム教徒はメッカのカーバ神
　殿をくるくる回って祈るから回教と呼ばれたという説もある。ま
　た回回教という場合もある。

23 | 中国文化史

☑3587 『（　　）』は<u>五経</u>の１つであり、古代の素朴な生活感
+++ 情を盛り込んだ**中国最古の詩集**である。
　　　　　　　　　　　　　　　　　　（明治大、共通テスト）

詩経

☑3588 『（　　）』は戦国時代の<u>屈原</u>や<u>宋玉</u>などの詩を集めた
+++ 作品集である。　　　　　　　　　　　　　　（同志社大）

楚辞
（そじ）

　☞屈原だけの詩集ではないことに注意する。難関校は正誤問題で出
　すことがある。

☑3589 （　　）とは、三国時代以降江南に成立した<u>呉</u>、<u>東晋</u>、
+++ <u>宋</u>、<u>斉</u>、<u>梁</u>、<u>陳</u>**の６つの王朝**であり、呉の時代は
　（　　）、それ以外の王朝は（　　）が都であるが、いず
　れの都も現在の<u>南京</u>に位置する。　　　　　　　（上智大）

六朝
（りくちょう）

建業、建康
（けんぎょう けんこう）

☑3590 貴族社会の産物である（　　）は<u>対句</u>を用いること
+++ を特徴とし、南朝で流行した**華麗な文体**である。
　　　　　　　　　　　　　　　　　　　　　　（慶應義塾大）

四六駢儷体
（しろくべんれいたい）

（四六文）

☑3591 『<u>帰去来辞</u>（ききょらいのじ）』で有名な（　　）は<u>六朝</u>を代表する<u>自然詩</u>
+++ <u>人</u>である。　　　　　　　　　　　　　　　　　（上智大）

陶潜（陶淵明）
（とうせん とうえんめい）

　📖 この詩人は現在でいえばナチュラリストにあたる。官職を辞して
　田舎でせっせと農作物を育てた。しかし都会慣れしていた彼の子
　どもたちは、農作業を嫌って全く働かず、皆勉強嫌いだった。子
　どもたちに激怒した彼は「責子（子どもを責める）」という詩を
　書いた。

☑3592 梁の（ ）は『文選』を編集した。 （上智大、早稲田大）
+++
　[図]この人物は皇帝ではなく太子（王子）であることに注意する。3
歳にして大人の知性を持った天才的人物であり、文才にも恵まれ
ていたが、船から川に落ちたことが原因で若死にしてしまった。

昭明太子

☑3593 六朝の宋の詩人である（ ）は山水に親しみ、その美
+++
しさを優れた技巧で表現した。 （早稲田大）

謝霊運

☑3594 梁の劉勰は六朝文学を是正するために『（ ）』とい
+++
う体系的文学書を著した。 （予想問題）
　☞超難問だが難関校が出題する可能性が高い。

文心雕竜

☑3595 唐代の文化の特色は（ ）的、国際的な点にある。
++ +
（京都大）

貴族

☑3596 「詩仙」ともいわれる（ ）は、天才的な詩を残した。
+++
（上智大）

　☞「詩仙」がキーワード！　お酒を呑んで酔っぱらっては、素晴ら
しい詩を書いたという逸話がある。いかにも中国人らしい詩人だ
が、今ではイラン系（人）とする説もある。

李白

☑3597 「詩聖」ともいわれる（ ）は、生涯を流浪して詩作
+++
した。 （上智大）
　☞代表作は『春望』。ちなみに、彼は努力型の人物で李白の才能を
うらやんでいた。

杜甫

☑3598 『長恨歌』や『白氏文集』で知られる詩人（ ）は平
+++
安時代の日本の文学にも影響を与えた。 （日本女子大）

白居易（白楽天）

☑3599 「南宗画の祖」といわれる画家であり、詩人としても
+++
有名な（ ）は自然の美を歌った。 （センター試験）

王維

☑3600 宋代には俗語を用いた（ ）という庶民文芸が成立
+++
し発達した。 （京都大）
　[図]流行曲の歌詞のようなものである。

詞

☑3601 （ ）をはじめとした唐宋八大家は孟子の文体を模
+++
範に（ ）の復興を主張した。 （センター試験、中央大）

韓愈、
古文

☑3602 唐宋八大家の（ ）は、宋の神宗の時代に新法を実施
+++
した。 （明治大、早稲田大）

王安石

☑3603 唐宋八大家の（＿＿＿）は、『赤壁の賦』が代表作である。 蘇軾（蘇東坡）
+++ 　　　　　　　　　　　　　　　　　　　　　　（学習院大）

　　📖 天才的な書家でもあった人物である。彼の七言詩『金山寺に遊ぶ』
　　　　には夜空に飛び交うUFO（？）らしき記述がある。

☑3604 （＿＿＿）は馬致遠などの脚本家や俳優が登場して元代 元曲（北曲）
+++ に流行した演劇の一種である。 　　　　　　　　（立命館大）

　　📖 舞台様式が派手だったといわれている。

☑3605 高明（高則誠）の『（＿＿＿）』は、科挙を目指す夫と琵 琵琶記
+++ 琶を奏でる妻とを描いた元曲である。

　　　　　　　　　　　　　　　　　　　　　（東海大、立命館大）

　　📖 ひたすら夫に尽くす貞節な妻が描かれている。男にとって都合の
　　　　良いストーリーで、明の洪武帝も絶賛した。

☑3606 馬致遠の『（＿＿＿）』は、漢の元帝と王昭君の宮廷悲話 漢宮秋
+++ が描かれた元曲である。 　　　　　　　　（東海大、立命館大）

☑3607 王実甫の『（＿＿＿）』は中国戯曲の最高傑作といわれ 西廂記
+++ る。 　　　　　　　　　　　　　　　　　（東海大、立命館大）

☑3608 『金瓶梅』は明代の四大（＿＿＿）に含まれる。　（早稲田大） 奇書
+++
　　📖 中国人はファンタジーは好きなのだが、あまりに非現実的なもの
　　　　は嫌う。それゆえに「半分ホント、半分ウソ」という不思議な
　　　　ジャンルが生まれた。

☑3609 『（＿＿＿）』は梁山泊を本拠地に宋江ら108人の豪傑が 水滸伝
+++ 活躍する物語で、明代に完成した。 　　　　　　（早稲田大）

　　📖 宋江は実在の人物。さらに梁山泊を根城に、宋江と行動を共にし
　　　　た36人の豪傑も実在した。つまり実話の豪傑を108人に増やし
　　　　て、痛快なストーリーに仕上げたのが『水滸伝』であった。

☑3610 明の呉承恩が完成した『（＿＿＿）』は、玄奘のインド旅 西遊記
+++ 行を助ける孫悟空らの物語である。 　　　　　　（津田塾大）

☑3611 陳寿の『三国志』に講談の類を織り込んだ『（＿＿＿）』 三国志演義
+++ は、中国民衆文学の傑作である。 　　　　　（上智大、日本大）

☑3612 明代は、江南地方を中心に商工業の発達した時代で
+++ あり、文化の各方面に（＿＿＿）的性格が表れている。 庶民

　　　　　　　　　　　　　　　　　　　　　　　　（立命館大）

　　▬ 明代の著しい庶民階級の成長は清代にも引き継がれていく。

☑3613 明の湯顕祖が著した『◯◯◯』は、幽霊を題材とした
+++ 戯曲の代表作である。　　　　　　　　　　　（中央大）

牡丹亭還魂記

　🗒 日本を代表する怪談「牡丹灯籠」と混同しないように。日本の作
　　品は江戸時代の実話などをヒントに、中国の怪奇小説の影響も受
　　けて創作されたもの。しかし死んだ美しい女性が、男性を思い
　　慕って幽霊となって現れるストーリーはそっくり。

☑3614 清の曹雪芹の作で、没落をたどる貴族の生活を描き、
+++ 中国の『源氏物語』とも称されるのは『◯◯◯』であ
　　る。　　　　　　　　　　　　　　　　　　　（立教大）

紅楼夢

☑3615 清の呉敬梓の作で、科挙を風刺し官吏の腐敗ぶりを
+++ 描いた作品は『◯◯◯』である。　　　　（國學院大）

儒林外史

☑3616 清の蒲松齢が民間に取材し数々の妖怪談や幽霊談を
+++ まとめた作品は『◯◯◯』である。　　　　　（立教大）

聊斎志異

　🗒 作者の蒲松齢は神童といわれるほどの才能があった。10代にし
　　て科挙の予備試験ではすべてトップ合格を果たし、本試験の合格
　　も間違いなし、と思われた。しかしオタクだった彼は20歳から
　　怪異小説を書き始めてしまい、科挙に合格することはなかった。

☑3617 洪昇が、玄宗と楊貴妃の情事を骨子として描いた作
+++ 品は『◯◯◯』である。　　　　　　　　　　（龍谷大）

長生殿伝奇

☑3618 『◯◯◯』は清代の戯曲で、文人と名妓の悲恋物語を
+++ 主題に、動乱の世情を描いた史劇である。　（予想問題）

桃花扇伝奇

24 中国美術史

☑3619 「女史箴図」は◯◯◯の作といわれるが、実物は現存
+++ しない。　　　　　　　　　　　　（法政大、明治大）

顧愷之

　🗒 教科書に載っているものは唐代に作られた模写といわれている。
　　「女史箴図」は女性向けの道徳書として書かれた。さし絵には細
　　身の女性が描かれている。魏晋南北朝時代には細身の女性が美人
　　の基準だったことがわかる。これが唐になると、少し太めの女性
　　が美人とされた。

☑3620 東晋の書家である◯◯◯は「書聖」といわれ、「蘭亭
+++ 序」が代表作である。　　　　　　　　　　　（関西大）

王羲之

　🗒 書風は典雅であるが、現存せず、李世民（太宗）の墓の中にある
　　といわれている。

☑ 3621 「歴代帝王図巻」は唐の◯◯◯の作である。
+++
（慶應義塾大、早稲田大）
   ➡入試では人名を書かせるのではなく、選択問題として出題される
    ことが多い。
	閻立本
	（えんりっぽん）

☑ 3622 中国絵画は専門絵師による**華麗な色彩**が主な特徴で +++ ある◯◯◯画と、**知識人による淡泊な色彩の**◯◯◯画 に分かれる。 （早稲田大） ➡この２つの区別は曖昧だが、入試では問われるので要注意！	北宗（北）、 （ほくしゅう） 南宗（南） （なんしゅう）
☑ 3623 山水画に秀でた**盛唐の画家**は◯◯◯である。 +++ （早稲田大）	李思訓 （りしくん）
☑ 3624 ◯◯◯は盛唐の山水画の代表的画家で、**線の太さで量** +++ **感や立体感を表現する新しい技法**を生み出した。	呉道玄 （ごどうげん）
☑ 3625 唐の顔真卿は書家として活躍し、◯◯◯の乱では自ら +++ 義勇軍を率いた。 （中央大） 🗐義勇軍を率いて乱の討伐に功績があったが後に殺害された。	安史 （あんし）
☑ 3626 「南宗画の祖」とされる画家は◯◯◯である。 +++ （関西学院大） ➡南宗画の完成者は明の董其昌とされている。	王維 （おうい）

☑ 3627 **北宋の皇帝**◯◯◯は優れた画家として有名である。
+++
（駒澤大）
   🗐彼は目立った政治的な業績を残せなかったが絵画などの文化事
    業には熱心に取り組んだ。しかし、徽宗は珍しい奇石を都へ運ぶ
    ために民衆を徴用して苦しませたため、宋江らが梁山泊にこもり
    反乱を起こした。これは『水滸伝』のモデルとなった。
	徽宗
	（きそう）

☑ 3628 明の◯◯◯は**美人画と風俗画の第一人者**である。 +++ （早稲田大） 🗐「美人画」がキーワード！	仇英 （きゅうえい）
☑ 3629 白磁に 釉 で文様を描いた陶磁器のことを◯◯◯とい +++ う。明代に特に発達し、景徳鎮が中心であった。 （東京大、早稲田大）	赤絵 （あかえ）

25 | 中国史学の歴史

☑ 3630 **前漢の**司馬遷は◯◯◯体で『◯◯◯』を著した。 +++ （センター試験、甲南大）	紀伝、史記 （きでん）（しき）

☑3631 後漢の班固は（　　）体で『（　　）』を著した。
+++
（センター試験、東海大）

紀伝、漢書

　　　この記述法は**本紀**と**列伝**などからなる。班固の一族には才能ある
　　　者が多かった。妹の班昭は班固が獄死したのちに、『漢書』を完
　　　成させている。弟の班超は**西域都護**として活躍した。

☑3632 魏晋南北朝時代、（　　）は『三国志』を著した。
+++
（早稲田大）

陳寿

☑3633 唐の劉知幾は体系的な歴史理論書として『（　　）』を
+++ 著した。
（早稲田大）

史通

☑3634 唐の杜佑は玄宗までの歴史を『（　　）』に著した。
+++
（立命館大）

通典

☑3635 『新唐書』『新五代史』の作者は王安石の新法に反対
+++ した（　　）である。
（慶應義塾大）

欧陽脩

　　　☛『新唐書』の文章は簡潔で明瞭に書かれている。『新五代史』は五
　　　代の乱世を嘆いたもの。

☑3636 宋の司馬光は王安石の新法に反対した旧法党のリー
+++ ダーであり、（　　）体で『（　　）』を著した。
（センター試験、慶應義塾大）

編年、資治通鑑

　　　　司馬光は後に宰相となったが、わずか8カ月で病死した。

☑3637 朱子学の大成者である（　　）は『資治通鑑綱目』を著
+++ した。
（慶應義塾大、早稲田大）

朱熹

☑3638 元代に曾先之によってまとめられた初心者向けの歴
+++ 史書として『（　　）』がある。
（早稲田大）

十八史略

☑3639 元の馬端臨は制度史として『（　　）』を著した。
+++
（慶應義塾大）

文献通考

　　　☛早慶などの難関校が好んで出題する難問。

☑3640 王夫之は明の滅亡を嘆き『（　　）』を著した。
+++
（慶應義塾大）

読通鑑論

☑3641 『塩鉄論』は前漢の◯◯時代の専売に関する記録で
+++ ある。　　　　　　　　　　　　　　　　　　　　（学習院大）

武帝

　☶世界最古のディベート（討論）集。塩鉄を専売にした法家の桑弘
　羊と儒家の識者たちの論争を集めた。

☑3642 後漢の◯◯は製紙法を改良した。　　　　（関西学院大）
+++

蔡倫

　☞紙の発明者ではない点に要注意！

☑3643 『◯◯』は後漢の張仲景が著した医学書であり、熱
+++ 病の治療法などが書かれている。　　　　　（関西学院大）

傷寒論

　☶この本は現代の漢方医学でも使われている。例えば風邪をひいた
　ときに飲む葛根湯が日本でも一般的になっているが、この本に記
　述がある。

☑3644 北魏時代、黄河などの水脈を中心に書かれた地理書
+++ である『◯◯』や、中国最古の農業技術書である
　『◯◯』が著された。　　　　　　　　　　　（明治大）

水経注、
斉民要術

☑3645 中国や朝鮮の◯◯術は西ヨーロッパへと伝わり、
+++ 15世紀に◯◯によって改良された。　（センター試験）

（活版）印刷、

グーテンベルク

　☶世界の印刷はアジアから始まった。木版印刷は中国の宋の時代に
　普及し、金属活字は1230年頃に朝鮮の高麗で発明されたとさ
　れる。これはグーテンベルクの発明よりも200年ほど早い。アジア
　の印刷技術が西欧に影響を与えた可能性は否定できない。

☑3646 明代において、薬学をはじめとして自己の体験に基
+++ づき自然科学全般について書かれた『本草綱目』の
　作者は◯◯、産業技術を図示した『天工開物』の作
　者は◯◯である。　　　　（センター試験、日本女子大）

李時珍、
宋応星

　☶『本草綱目』には「なめくじは塩に弱い」などの記述がある。

☑3647 徐光啓が著した中国農書の集成は『◯◯』である。
+++ また、彼は◯◯の協力で『崇禎暦書』を著した。
　　　　　　　　　　　　　　　　　　　（東京大、明治大）

農政全書、

アダム=シャール

　☶『崇禎暦書』の暦は時憲暦の名で全国に公布された。

☑3648 代表的な百科事典の『◯◯』や、漢字字書である
+++ 『◯◯』は清代に編纂された。　　　（東京大、早稲田大）

古今図書集成、
康熙字典

☑3649 清朝は◯◯◯や**文字の獄**を行い、**反清的な言論や思想**を弾圧し、『**康煕字典**』『**古今図書集成**』『◯◯◯』などの編纂過程でも、**反清的な表現を削除した**とされる。 （共通テスト、センター試験）	禁書、四庫全書
☑3650 **清の乾隆帝時代**に編纂された『**五体清文鑑**』は、上の段から◯◯◯**文字**、**チベット文字**、**モンゴル文字**、**ウイグル文字**、◯◯◯**字**の順で書かれた**対訳字書**である。 （東京大、早稲田大）	満州、漢
☑3651 **イタリア**出身の**イエズス会宣教師カスティリオーネ**は、バロック式と中国様式を融合した**清朝の離宮**である◯◯◯の設計に参加した。 （上智大）	円明園
☑3652 **ドイツ**出身の**アダム＝シャール**は**イエズス会**宣教師として◯◯◯と名乗って中国に入り、◯◯◯らとともに『**崇禎暦書**』を完成させた。 （上智大）	湯若望、徐光啓
☑3653 **ベルギー**出身の**イエズス会宣教師**◯◯◯は、**アダム＝シャール**を補佐して、布教や**西洋学術の紹介**に努めた。 （上智大） ☞**フェルビースト**が製造した大砲は**三藩の乱**の鎮圧に活躍した。	フェルビースト（南懐仁）
☑3654 **イタリア**出身の◯◯◯は◯◯◯宣教師として中国に初めて入り、**利瑪竇**と名乗って**徐光啓**とともに諸学問の伝授を行った。 （予想問題） 🗐 マテオ＝リッチは日本への伝道も考えて日本語を学んだが、あまりの難しさに断念した。	マテオ＝リッチ、イエズス会
☑3655 「◯◯◯」は**イエズス会宣教師マテオ＝リッチ**が作成した、**中国最初の世界地図**であった。 （東京大） ☞「坤輿万国全図」の「坤輿」の意味は、「万物（坤）が乗っているみこし（輿）」。つまり、地球のことを指す。	坤輿万国全図
☑3656 **フランス**出身の**イエズス会宣教師**◯◯◯や**レジス**（雷孝思）らは、清朝第4代◯◯◯の命で、大規模な実測をもとに「◯◯◯」という中国全図を作成する中心的な役割を担った。 （東京大）	ブーヴェ（白進）、康煕帝、皇輿全覧図

☑3657 『◯◯◯』はエウクレイデスの『幾何学原本(きかがくげんぽん)』前半の
+++ 漢訳本であり、イエズス会宣教師マテオ=リッチの口
述を明末の学者である◯◯◯が漢文で記述したもの
である。　　　　　　　　　　（慶應義塾大）

幾何原本

徐光啓

☑3658 イタリア出身のイエズス会宣教師◯◯◯は、清朝第5
+++ 代雍正帝(ようせいてい)と第6代乾隆帝に仕え、宮廷画家として西
洋画法を紹介し、◯◯◯とも名乗った。　（上智大）

カスティリオーネ

郎世寧(ろうせいねい)

☑3659 乾隆帝は『◯◯◯』において古今の典籍を集めた。
+++　　　　　　　　　　（東京大、慶應義塾大、共通テスト）

四庫全書

☞乾隆帝は歴代皇帝を超えようと「四」つも倉「庫」が必要なくら
いに数多くの書物を集めた。

MEMO

さくいん

- さくいんでは、問題文の空欄に入る「正解」、および問題文中や☞・🖊マークのついた解説中にある赤文字の用語を中心に、主な世界史用語を五十音順に配列しています。
- アルファベット用語は、アルファベット順で、最後尾にまとめてあります。

521

535

斎藤の世界史
一問一答
探究対応版

装丁アートディレクション
細山田光宣

装丁デザイン
川口 匠（細山田デザイン事務所）

装丁イラスト
伊藤 寛（細山田デザイン事務所）

帯イラスト
芦野公平

本文デザイン
川口 匠（細山田デザイン事務所）／
高橋明香（おかっぱ製作所）

本文イラスト
佐藤ヒロシ

本文アイコンイラスト
平松 慶

編集協力
高木直子
山本尚幸
佐藤玲子
関口裕二